DIARIO

de Santa María Faustina Kowalska

*La Divina Misericordia
en mi alma*

MARIAN PRESS
STOCKBRIDGE MA 01263

2016

Edición original en polaco:
© 1981 Zgromadzenie Sióstr Matki Bożej Miłosierdzia, ul. Żytnia 3/9, 01-014 Warszawa, Poland,

Nihil Obstat:
Cracovia, Polonia, 17 de abril de 1979, Rev. Ignacio Rozycki
Imprimatur:
Curia Metropolitana de Cracovia 1141, Polonia,
18 de abril de 1979, † Francisco Macharski, Arzobispo
***Imprimatur* para edición polaca en la cual se basó esta edición autorizada:**
Curia Metropolitana de Cracovia L. 2059/86/87, 27 de febrero de 1987

Para esta edición:

Nihil Obstat:
Rev. P. Walter M. Dziordz, M.I.C.
Provincial
8 de mayo de 1996, Stockbridge, MA, EE.UU.
Imprimatur:
† Thomas L. Dupré
Obispo de Springfield, MA, EE.UU., 8 de mayo de 1996

El NIHIL OBSTAT y el *IMPRIMATUR* son declaraciones de que un libro o panfleto se consideran libres de errores doctrinales o morales. No implica que aquellos que han otorgado el NIHIL *OBSTAT* o el *IMPRIMATUR* estén de acuerdo con el contenido, las opiniones o las declaraciones aquí expresadas.

Traducido del polaco por:

Eva Bylicka

Revisado por:

Rev. P. Javier Guadalupe Ochoa, O.S.B., M. Div., M. Ed. (†)
Hna. Bárbara de Jesús Tomaszewska

Redactor técnico:

Hno. Andrés R. Mączyński, M.I.C.

En la portada: la imagen de Santa Ma. Faustina Kowalska, pintada por Elena Tchórzewska, que fue colocada enfrente de la basílica de San Pedro en Roma el 18 de abril de 1993, durante la ceremonia de su beatificación. © 1993 Congregación de las Hermanas de la Madre de Dios de la Misericordia.

Biblioteca del Congreso Catálogo No. 2004113979

ISBN 978-1-59614-107-0

© 1996 Congregation of Marian Fathers of the Immaculate Conception of the B.V.M., Eden Hill, Stockbridge, Massachusetts 01262, U.S.A.

Todos los derechos reservados.

Prohibida la reproducción total o parcial de este libro sin la autorización por escrito de los Padres Marianos de la Inmaculada Concepción de la Bienaventurada Virgen María. Para más información escriba a: Association of Marian Helpers, Stockbridge, MA 01263, o llame libre de costo al teléfono: 1-800-462-7426.

Impreso en los Estados Unidos de América.
Printed in the USA by RR Donnelley & Sons Company

ÍNDICE GENERAL

PRÓLOGO
DE LA PRIMERA EDICIÓN

Al dar a conocer el **Diario en castellano** nos sentimos muy felices de haber podido satisfacer, con la gracia de Dios, el anhelo de muchas almas que deseaban conocer este testimonio espiritual y místico sobre la Divina Misericordia.

Su autora, la beata [santa] María Faustina del Santísimo Sacramento, de la Congregación de la Madre de Dios de la Misericordia, de Cracovia, Polonia, lo escribió por orden de su Director Espiritual, el Rev. P. Miguel Sopoćko, queriendo además, cumplir y obedecer la voluntad de Jesús: *Hija Mía, sé diligente en apuntar cada frase que te digo sobre Mi misericordia porque están destinadas para un gran número de almas que sacarán provecho de ellas* (Diario, 1142).

Su misión era transmitir lo que quería Nuestro Señor, es decir que todo el mundo conociera la Misericordia de Dios. Su **Diario** es un impresionante relato de las ascensiones y de la oscuridad del alma, es un testimonio de una fe difícil e inquebrantable. Es, ante todo, un testimonio de la confianza total en la infinita misericordia de Cristo.

El **Diario** está contenido en seis cuadernos. Sor Faustina escribía como pensaba y como hablaba. Cada frase es una fuente de conocimiento divino.

En 1980, el Santo Padre Juan Pablo II, dedicó a la Divina Misericordia su segunda encíclica: *Rico en misericordia*. Sería muy de desear su estudio detallado para indicar los puntos de contacto entre el **Diario** de Sor Faustina y la mencionada encíclica. Los puntos de contacto son seguramente numerosos porque se inspiran en la misma fuente, es decir, la revelación de Dios y las enseñanzas de Cristo.

Ahora un poco de la historia de la devoción a la Divina Misericordia. Sor Faustina en su **Diario** escribió: *"Oh Dios mío, Amor mío, porque sé que en el momento de la muerte empezará mi misión"*(# 1729). Pues, así fue. Después de su muerte, el 5 de octubre de 1938, la devoción a la Divina Misericordia, aunque con muchas dificultades, se ha propagado por todo el mundo como "un incendio". La confianza en la Divina Misericordia fue transmitida a los Estados Unidos por el Rev. P. José Jarzębowski, de la Congregación de los Padres Marianos de la Inmaculada Concepción de la Bienaventurada Virgen María. Él supo del Mensaje de la Divina Misericordia gracias al confesor de Sor Faustina, el Rev. P. Miguel Sopoćko. Después de su milagrosa liberación de manos de los hitlerianos y los rusos, pasando por el Lejano Oriente, en 1941 vino a los Estados Unidos. El Rev. P. José animó a sus hermanos de la futura Provincia de San Estanislao Kostka, a propagar el Mensaje de la Divina Misericordia. En poco tiempo, la devoción a la Divina Misericordia llegó a México junto con el Rev. P. Jarzębowski.

Para nosotros es una satisfacción muy especial el presentar el **Diario** de la beata [santa] Faustina Kowalska, a toda la población de habla hispana, a todas las naciones del mundo que no lo poseían en esta versión, y que seguramente apreciarán su valor incuestionable y lo extraordinario de las enseñanzas teológicas contenidas en el mismo, despertando en el lector un mejor conocimiento de la Misericordia de Dios, de manera que Jesús sea mejor conocido y más tiernamente amado como Rey de Misericordia.

La presente primera edición es *autorizada*. La Editorial de los Padres Marianos, deseando participar espiritualmente en este importante acto, entrega a las manos de los lectores el **Diario de la beata** [santa]**Faustina**. Esperamos que además de ser una expresión de veneración y de memoria, indicará también cómo amar, escuchar y suplicar a Dios Misericordioso.

Padre Estanislao Serafín Michalenko, M.I.C.

Vicepostulador de la causa
de canonización de la beata Sor Faustina

Stockbridge - Eden Hill, 5 de octubre de 1996

INTRODUCCIÓN A LA PRIMERA EDICIÓN EN POLACO

Al presentar esta edición del *Diario* de Sor Faustina Kowalska, estoy plenamente consciente de ofrecer un documento de la mística católica de un valor excepcional no sólo para la Iglesia en Polonia, sino también para la Iglesia Universal. Es una edición crítica y fidedigna, preparada por la Postulación [en el proceso informativo] de Sor Faustina, bajo la supervisión de la Arquidiócesis de Cracovia, órgano competente en ese terreno.

El *Diario* cuyo tema es la devoción a la Divina Misericordia, últimamente se hizo muy actual por dos razones:

Primero, la Congregación para la Enseñanza de la fe, con su declaración de hace dos años, revocó definitivamente los reparos presentados anteriormente por la Congregación del Santo Oficio, acerca de los escritos de Sor Faustina. La revocación de la "Notificación" hizo que la devoción a la Divina Misericordia, presentada en el mencionado *Diario*, ha cobrado una nueva vitalidad en todos los continentes, de lo que dan prueba numerosos testimonios que llegan continuamente a la Postulación y a la Congregación a la que Sor Faustina perteneció.

Segundo, la encíclica últimamente publicada *Dives in misericordia* del Papa Juan Pablo II ha enfocado, felizmente, la mirada de la Iglesia y también la del mundo laico hacia este admirable atributo de Dios y, al mismo tiempo, este extraordinario aspecto de la economía de la salvación, que es la misericordia de Dios.

Sería oportuno presentar un detallado estudio para indicar la convergencia entre el *Diario* de Sor Faustina y la citada encíclica. Estos puntos de contacto seguramente son numerosos, ya que toman la inspiración de la misma fuente, es decir de la revelación de Dios y de la enseñanza de Cristo. Además nacieron en el mismo ambiente espiritual de Cracovia, ciudad donde, según sé, está la más antigua iglesia dedicada al culto de la Divina Misericordia. Cabe subrayar también que fue el propio cardenal Karol Wojtyła, el entonces arzobispo de Cracovia, quien empezó trámites para abrir el proceso de beatificación de Sor Faustina Kowalska y dio inicio a este proceso.

A la luz de lo dicho, el *Diario* de Sor Faustina ha cobrado una enorme importancia para la espiritualidad católica y de allí la necesidad de preparar su edición fidedigna para evitar la deformación del texto por personas que, tal vez actúen de buena fe, sin embargo no estén suficientemente preparadas para ello. De este modo se evitarán ediciones que difieran entre sí, e incluso contengan contradicciones, tal y como fue con el diario espiritual de santa Teresa del Niño Jesús, *Historia de un Alma*.

Durante una lectura superficial del *Diario* llama la atención la sencillez del lenguaje e incluso las faltas gramaticales y estilísticas. Pero el lector debe tener presente que la autora del *Diario* tenía apenas una formación básica, no completa. Las enseñanzas teológicas expuestas en el *Diario* no dejan en el lector la menor duda de que son de carácter extraordinario. Ya este contraste entre la formación de Sor Faustina y lo sublime que es su enseñanza teológica indica la influencia especial de la gracia de Dios.

Deseo recordar aquí mi encuentro con la bien conocida alma mística de nuestros tiempos, Sor Speranza, que en Colle Valenza, cerca de Todi, Italia, dio inicio al santuario *Amore Misericordioso*, lugar de numerosas peregrinaciones. Le pregunté a Sor Speranza si conocía los escritos de Sor Faustina y qué pensaba de ellos. Me contestó con sencillez: "Los escritos contienen una enseñanza maravillosa, pero durante su lectura hay que tener presente que Dios habla a los filósofos con el lenguaje de filósofos y a las almas sencillas con lenguaje sencillo, y que sólo a estas últimas revela las verdades ocultas para los sabios y los sensatos de este mundo."

Antes de terminar esta introducción, me permito citar un recuerdo personal más. En 1952, asistí por primera vez a una solemne beatificación en la basílica de San Pedro. Después de la ceremonia unas personas que también habían participado en ella, me preguntaron: ¿Quién era el beatificado o la beatificada? La pregunta me produjo gran confusión, porque en aquel momento ni siquiera me recordaba quienes eran esos beatificados, aunque me daba cuenta de que el sentido de una beatificación consiste, realmente, en proporcionar al pueblo de Dios un modelo de vida para contemplar e imitar.

Entre los beatos y candidatos a subir a los altares, figuran dos polacos. Todo el mundo los conoce y sabe quiénes han sido, qué han hecho durante sus vidas y qué mensaje nos han traído. Son: el beato [santo] Maximiliano Kolbe, "mártir del amor" y Sor [santa] Faustina Kowalska, apóstol de la Divina Misericordia.

† Andrzej M. Deskur
Arzobispo Titular de Tene

Roma, 20 de diciembre de 1980

INTRODUCCIÓN

1. La vida y el llamado de Santa Faustina

Santa María Faustina Kowalska, conocida actualmente en el mundo entero como la Apóstol de la Divina Misericordia, ha sido incluida por los teólogos entre los destacados místicos de la Iglesia. Nació como la tercera hija entre diez hermanos de una pobre y piadosa familia campesina de Głogowiec, una aldea en el corazón de Polonia. En su bautizo celebrado en la iglesia parroquial de Świnice Warckie, se le dio el nombre de "Elena." Desde pequeña se destacó por la piedad, el amor por la oración, la laboriosidad y la obediencia, y por una gran sensibilidad ante la pobreza humana. Su educación escolar no duró ni siquiera tres años, y al cumplir los dieciséis años abandonó la casa familiar para trabajar como empleada doméstica en Aleksandrów y Łódź, para mantenerse a sí misma y ayudar a sus padres.

Desde los siete años Elena sintió el llamado a la vida religiosa, pero sus padres no le dieron el permiso para que entrara en el convento. Ante la negativa, la niña intentó apagar dentro de sí el llamado de Dios; sin embargo, apresurada por la visión de Cristo sufriente y las palabras de reproche: **¿Hasta cuándo Me harás sufrir, hasta cuándo Me engañarás?** (*Diario*, 9) empezó a buscar ser aceptada en algún convento. Llamó a muchas puertas, pero en ningún convento fue aceptada. Finalmente, el 1 de agosto de 1925, Elena entró al convento de la Congregación de las Hermanas de la Madre de Dios de la Misericordia en la calle Żytnia en Varsovia, Polonia. En su *Diario*, confesó: "Me pareció que entré en la vida del paraíso. De mi corazón brotó una sola oración, la de acción de gracias" (*Diario*, 17).

Sin embargo, unas semanas después, sintió una fuerte tentación de trasladarse a otra congregación donde pudiera tener más tiempo para rezar. Entonces, el Señor Jesús, enseñándole su desgarrado y martirizado rostro, dijo: **Tú Me causarás un dolor semejante, si sales de esta Congregación. Te he llamado aquí y no a otro lugar, y te tengo preparadas muchas gracias** (*Diario*, 19).

En la Congregación recibió el nombre de Sor María Faustina. El noviciado lo pasó en Cracovia, donde en presencia del

Obispo Estanislao Rospond hizo los primeros votos y cinco años después los votos perpetuos de castidad, pobreza y obediencia. Trabajó en distintas casas de la Congregación. Sor Faustina pasó los períodos más largos en Cracovia, Plock y Vilna trabajando como cocinera, jardinera y portera.

Externamente, nada delataba su extraordinaria y rica vida mística. Cumplía diligentemente con sus deberes y observaba fielmente todas las reglas del convento. Sor Faustina era recogida y callada, pero a la vez natural, tranquila, llena de amor benévolo y desinteresado al prójimo. Toda su vida se concentró en caminar con constancia a la cada vez más plena unión con Dios y en una abnegada colaboración con Jesús en la obra de la salvación de las almas. En su *Diario*, escribió: "Jesús mío, Tú sabes que desde los años más tempranos deseaba ser una gran santa, es decir, deseaba amarte con un amor tan grande como ninguna alma Te amó hasta ahora" (*Diario*, 1372).

El *Diario* revela la profundidad de la vida espiritual de Santa Faustina. Una lectura atenta de estos escritos permite conocer un alto grado de unión de su alma con Dios. Permite conocer hasta qué punto estaba Dios presente para ella y evidencia también sus esfuerzos y combates en el camino hacia la perfección cristiana. El Señor la colmó de muchas gracias extraordinarias: los dones de la contemplación y el profundo conocimiento del misterio de la Divina Misericordia, visiones, revelaciones, estigmas ocultos, los dones de profecía, de leer los corazones humanos, y el don de compromisos místicos. Colmada de tantas gracias, escribió: "Ni las gracias ni las revelaciones, ni los éxtasis, ni ningún otro don concedido al alma la hacen perfecta, sino la comunión interior del alma con Dios. ... Mi santidad y perfección consisten en una estrecha unión de mi voluntad con la voluntad de Dios" (*Diario*, 1107).

El austero modo de vida y los agotadores ayunos que practicaba desde antes de entrar a la Congregación, debilitaron tanto su organismo que siendo postulante, fue enviada al balneario de Skolimów, cerca de Varsovia, para recuperar la salud.

Tras el primer año de noviciado, tuvo experiencias místicas sumamente dolorosas, llamadas noches oscuras de los sentidos y del alma. Luego, le vinieron sufrimientos espirituales y morales relacionados con la realización de su misión que le fue encomendada por el Señor. Al ofrecer su vida por la salvación de los pecadores, experimentó también diversos sufrimientos y tribulaciones. En los últimos años de su vida aumentaron los sufrimientos interiores, la llamada noche pasiva del espíritu y las dolencias del cuerpo: la tuberculosis le atacó los pulmones y el sistema digestivo. A causa de ello dos veces fue internada por varios meses en el hospital de la calle Prądnik en Cracovia.

Extenuada físicamente por completo, pero plenamente adulta de espíritu y unida místicamente con Dios, falleció en olor de santidad, el 5 de octubre de 1938. Tenía 33 años de edad y había pasado 13 años en la vida religiosa. Su cuerpo fue sepultado en una tumba del cementerio del convento en Cracovia-Łagiewniki, y luego, durante el proceso informativo en 1966, trasladado a la capilla del convento.

En 1968 comenzó en el Vaticano el proceso de beatificación de Sor María Faustina Kowalska. Fue beatificada en Roma, el Domingo de la Divina Misericordia, el 18 de abril de 1993, por el Papa Juan Pablo II. Luego, el Domingo de la Divina Misericordia, el 30 de abril del 2000, fue canonizada en Roma como la primera santa del nuevo milenio.

El Señor le encomendó Su misión a esta religiosa sencilla y sin estudios, pero valerosa y llena de una confianza de niño en Él. Esta gran misión era proclamar Su mensaje de la Divina Misericordia al mundo entero. El Señor le dijo, **Te envío a toda la humanidad con Mi misericordia. No quiero castigar a la humanidad doliente, sino que deseo sanarla, abrazarla a Mi Corazón Misericordioso** (*Diario*, 1588). **Tú eres la secretaria de Mi misericordia; te he escogido para este cargo, en ésta y en la vida futura** (*Diario*, 1605) **… para que des a conocer a las almas la gran misericordia que tengo con ellas, y que las invites a confiar en el abismo de Mi misericordia** (*Diario*, 1567).

2. Un modelo de la perfección cristiana

La espiritualidad de Santa Faustina se basa en el amor misericordioso de Dios por cada ser humano. Esta verdad es el misterio más bello de nuestra fe. Sor Faustina era fiel a la regla de su congregación, procurando meditar sobre el propósito de Dios

Padre al crear al hombre, en el gran sufrimiento del Hijo por nuestra redención y en los grandes tesoros que Él nos dejó en Su Iglesia a través del Espíritu Santo. Estas reflexiones apuntaban a la gloria celestial que Dios ha preparado para nosotros. Estas consideraciones resuenan en el *Diario* al reflejar la bondad de Dios: en la creación del mundo (vea el *Diario*, 1749), la creación de los ángeles (vea el *Diario*, 1741-1742), y la creación de los hombres (vea el *Diario*, 1743-1744); en el misterio de la Encarnación y el nacimiento del Hijo de Dios (vea el *Diario*, 1745-1746) y en la Redención (vea el *Diario*, 1747-1748). Sor Faustina reflexionaba sobre el misterio de la misericordia de Dios, no sólo en las Sagradas Escrituras, sino también en su propia vida. Estas reflexiones sobre el misterio de la misericordia de Dios la llevaron a concluir que no existe un solo momento en la vida humana sin la misericordia de Dios, ya que la Divina Misericordia es como un hilo de oro tejido en los momentos de nuestra existencia humana.

Reconocer este misterio de nuestra fe llevó a Sor Faustina a descubrir a Dios en su alma. Ella escribió: "El interior de mi alma es como un mundo grande y magnífico en el que vivimos Dios y yo. Fuera de Dios nadie más tiene acceso a él" (*Diario*, 582). Ella comparaba a su alma con el tabernáculo, el cual conservaba la Sagrada Hostia. En su *Diario*, escribió: "No busco la felicidad fuera de mi interior donde mora Dios. Gozo de Dios en mi interior, aquí vivo continuamente con Él, aquí existe mi relación más íntima con Él, aquí vivo con Él segura, aquí no llega la mirada humana. La Santísima Virgen me anima a relacionarme así con Él" (*Diario*, 454). Sor Faustina apoyaba diariamente la contemplación de Dios viviente en su alma con prácticas constantes, que consistían en unir su corazón a Jesús a través de breves oraciones u ofreciéndole lo que estaba viviendo en su trabajo, sus sufrimientos, y sus gozos.

El conocimiento más profundo del misterio de la misericordia de Dios hizo que se desarrollara en su alma una actitud de confianza hacia el Señor. Deseaba reflejar este atributo de Dios en su propio corazón y mostrar misericordia al prójimo a través de sus obras. Al dirigir su vida interior, el Señor Jesús le exigió tal actitud hacia Dios y el prójimo. Él le dijo: **Hija**

Mía, si por medio de ti exijo de los hombres el culto a Mi misericordia, tú debes ser la primera en distinguirte por la confianza en Mi misericordia. Exijo de ti obras de misericordia que deben surgir del amor hacia Mí. Debes mostrar misericordia al prójimo siempre y en todas partes. No puedes dejar de hacerlo ni excusarte ni justificarte (*Diario*, 742).

La confianza, según Sor Faustina, no es ni un sentimiento piadoso, ni una aceptación intelectual de las verdades de la fe, sino una actitud hacia Dios, expresada por el cumplimiento de la voluntad de Dios, contenida en los mandamientos, las obligaciones de estado o en las inspiraciones del Espíritu Santo. El hombre que va conociendo el misterio de la misericordia de Dios sabe que Su voluntad tiene como único objetivo el bien de cada persona desde la perspectiva de la eternidad, y por lo tanto, esa persona lo acepta como un regalo y procura cumplirlo con confianza. Sor Faustina escribió en su Diario: "A una palabra presto atención y de esta palabra siempre dependo, y esta palabra es todo para mí, por ella vivo y por ella muero y ésta es la santa voluntad de Dios. Ella es mi alimento cotidiano, toda mi alma está atenta para escuchar los deseos de Dios. Cumplo siempre lo que Dios quiere de mí a pesar de que alguna vez mi naturaleza tiemble y siente que su grandeza supera mis fuerzas" (*Diario*, 652).

En la espiritualidad de Sor Faustina, la palabra "confianza" determina su actitud ante Dios, mientras que la palabra "misericordia" significa su actitud hacia el prójimo. La fuente, el modelo, y el motivo de la misericordia humana es la Divina Misericordia. En este caso, la misericordia humana se diferencia fundamentalmente de las diversas obras de caridad que son motivadas por la filantropía. Sor Faustina podía ver la belleza y la grandeza de la misericordia cristiana, la cual participa en la misericordia de Dios. Por lo tanto, quería reflejar tal misericordia. Ella rezaba: "Oh Jesús mío, cada uno de Tus santos refleja en sí una de Tus virtudes, yo deseo reflejar Tu Corazón compasivo y lleno de misericordia, deseo glorificarlo. Que Tu misericordia, oh Jesús, quede impresa sobre mi corazón y mi alma como un sello y éste será mi signo distintivo en esta vida y en la otra" (*Diario*, 1242). Al hacer obras de misericordia, Santa Faustina seguía los pasos de Jesús en el camino hacia la Cruz, donde ella sacrificaba su vida por los pecadores, especialmente las almas en peligro de perder su salvación.

La espiritualidad de Santa Faustina se basa en el amor por la Iglesia como la mejor de las Madres y como el Cuerpo Místico de Jesucristo. Su espiritualidad también se basa en el carisma de proclamar el misterio de la misericordia de Dios a través de las obras, la palabra y la oración, especialmente por las almas rebeldes, y a través del amor por la Eucaristía y la devoción sincera a Nuestra Señora de la Misericordia. En la escuela de espiritualidad de Santa Faustina, se puede entonces, aprender el misterio de la misericordia de Dios, aprender cómo contemplar a Dios en la vida cotidiana, y desarrollar una actitud de confianza en Dios y misericordia hacia el prójimo. Se puede igualmente vivir un encuentro con Jesús en la Eucaristía y con la Santísima Madre. Es una espiritualidad profundamente evangélica, sencilla y que se puede vivir en cada vocación y en todas las circunstancias de la vida. Esta es la razón del por qué le llama la atención a tanta gente hoy en día.

3. La misión de Sor Faustina

Como Su secretaria y apóstol de la Divina Misericordia, el Señor Jesús escogió a Santa Faustina para proclamar Su mensaje de misericordia al mundo. Le dijo: **En el Antiguo Testamento enviaba a los profetas con truenos a Mi pueblo. Hoy te envío a ti a toda la humanidad con Mi misericordia. No quiero castigar a la humanidad doliente, sino que deseo sanarla, abrazarla a Mi Corazón misericordioso** (*Diario*, 1588).

La misión de Sor Faustina consiste en los siguientes tres deberes:

- Propagar y proclamar al mundo la verdad revelada en las Sagradas Escrituras sobre el amor misericordioso de Dios por cada ser humano.

- Suplicar la misericordia de Dios para el mundo entero, especialmente a través de las nuevas formas de devoción de la Divina Misericordia dadas por el Señor Jesús. Estas son: la Imagen de la Divina Misericordia con la inscripción: "Jesús, en Ti confío"; la Fiesta del Domingo de la Divina Misericordia el Segundo Domingo de Pascua (Domingo de la Divina Misericordia); la Coronilla a la Divina Misericordia; y la oración y meditación sobre Su Pasión a la Hora de la Gran Misericordia (3 de la tarde).

• Inspirar al movimiento apostólico de la Divina Misericordia, el cual continúa la misión de Santa Faustina de proclamar y suplicar la misericordia de Dios para el mundo, al igual que esforzarse por la perfección en los pasos de Santa Faustina. Esto consiste en mostrar una confianza de niño en Dios y una actitud de misericordia hacia el prójimo.

El *Diario de Santa Faustina*, escrito durante los últimos cuatro años de su vida por un claro mandato del Señor Jesús, es una forma de memorial, en el que la autora registraba, al corriente y en retrospectiva, sobre todos los encuentros de su alma con Dios. Para sacar de estos apuntes la esencia de su misión, fue necesario un análisis científico. El mismo fue hecho por el conocido y destacado teólogo, Padre Ignacy Różycki.

Su extenso análisis fue resumido en la disertación titulada *La Divina Misericordia. Líneas fundamentales de la devoción a la Divina Misericordia*. El texto completo se encuentra en este libro: Nabożeństwo do Miłosierdzia Bożego ("Devoción a la Divina Misericordia"). A la luz de este trabajo resulta que todas las publicaciones anteriores a él, dedicadas a la devoción a la Divina Misericordia transmitida por Sor Faustina, contienen solamente algunos elementos de esta devoción, acentuando a veces cuestiones sin importancia para ella. Por ejemplo, destacan la letanía o la novena, haciendo caso omiso a la Hora de la Misericordia.

El mismo Padre Różycki hace referencia a ese aspecto diciendo: "Antes de conocer las formas concretas de la devoción a la Divina Misericordia, cabe decir que no figuran entre ellas las conocidas y populares novenas ni letanías."

La base para distinguir éstas y no otras oraciones o prácticas religiosas como nuevas formas de culto a la Divina Misericordia, lo son las concretas promesas que el Señor Jesús prometió cumplir bajo la condición de confiar en la bondad de Dios y practicar misericordia para con el prójimo. El Padre Różycki distingue cinco formas de la devoción a la Divina Misericordia.

a. La Imagen de Jesús Misericordioso. Su imagen le fue revelada a Sor Faustina en la visión del 22 de febrero de 1931 en su celda del convento de Plock. Ella escribió en su *Diario*: "Al anochecer, estando yo en mi celda, vi al Señor vestido con una túnica blanca. Tenía una mano levantada para bendecir y con la otra tocaba la túnica sobre el pecho. De la abertura de la túnica en el pecho, salían dos grandes rayos: uno rojo y otro pálido. … Después de un momento, Jesús me dijo: **Pinta una imagen según el modelo que ves, y firma: Jesús, en Ti confío** (*Diario*, 47). **Quiero que esta imagen… sea bendecida con solemnidad el primer domingo después de la Pascua de Resurrección; ese domingo debe ser la Fiesta de la Misericordia**" (*Diario*, 49).

El contenido de la imagen se relaciona, pues, muy estrechamente con la liturgia de ese domingo. Ese día la Iglesia lee el evangelio según San Juan sobre la aparición de Cristo resucitado en el Cenáculo y la institución del sacramento de la penitencia (Jn 20, 19-29). Así, la imagen presenta al Salvador resucitado que trae la paz a la humanidad por medio del perdón de los pecados, a precio de Su Pasión y muerte en la cruz.

Los rayos de la Sangre y del Agua que brotan del Corazón (invisible en la imagen) traspasado por la lanza y las señales de los clavos, evocan los acontecimientos del Viernes Santo (Jn 19, 17-18, 33-37). Así pues, la imagen de Jesús Misericordioso une en sí estos dos actos evangélicos que hablan con la mayor claridad del amor de Dios al hombre.

Los elementos más característicos de esta imagen de Cristo son los rayos. El Señor Jesús, preguntando por lo que significaban, explicó: **El rayo pálido simboliza el Agua que justifica a las almas. El rayo rojo simboliza la Sangre que es**

la vida de las almas. ... Bienaventurado quien viva a la sombra de ellos (*Diario*, 299). Purifican el alma los sacramentos del bautismo y de la penitencia, mientras que la alimenta plenamente la Eucaristía. Entonces, ambos rayos significan los sacramentos y todas las gracias del Espíritu Santo cuyo símbolo bíblico es el agua y también la nueva alianza de Dios con el hombre contraída en la Sangre de Cristo. A la imagen de Jesús Misericordioso se le da con frecuencia el nombre de imagen de la Divina Misericordia, lo que es apropiado, porque la Misericordia de Dios hacia el hombre se reveló con la mayor plenitud en el misterio pascual de Cristo.

La imagen no presenta solamente la Misericordia de Dios, sino que también es una señal que ha de recordar el deber cristiano de confiar en Dios y amar activamente al prójimo. Según la voluntad de Cristo, en la imagen figura la firma: "Jesús, en Ti confío." **Esta imagen ha de recordar las exigencias de Mi misericordia, porque la fe sin obras, por fuerte que sea, es inútil** (*Diario*, 742).

Cuando veneramos esta imagen con una confianza personal en Jesús y hacemos obras de misericordia por amor a Él y al prójimo, el Señor cumple Su promesa al ofrecernos gracias extraordinarias: la salvación eterna, grandes progresos en el camino hacia la perfección cristiana, la gracia de una muerte feliz, y todas las demás gracias que le fueran pedidas con confianza. Por medio de esta imagen colmaré a las almas con muchas gracias. **Por eso quiero, que cada alma tenga acceso a ella** (*Diario*, 570).

b. La Fiesta de la Divina Misericordia. De entre todos los elementos del mensaje y la devoción a la Divina Misericordia reveladas a Sor Faustina, ésta es la que tiene mayor importancia. El Señor Jesús habló por primera vez del establecimiento de esta Fiesta en Plock en 1931, cuando comunicó a Sor Faustina Su deseo de que pintara la imagen: **Deseo que haya una Fiesta de la Misericordia. Quiero que esta imagen que pintarás con el pincel sea bendecida con solemnidad el primer domingo después de la Pascua de Resurrección; ese domingo debe ser la Fiesta de la Misericordia** (*Diario*, 49).

La elección del primer domingo después de la Pascua para la Fiesta de la Misericordia, tiene su profundo sentido teológico e indica una estrecha relación entre el misterio pascual de redención y el misterio de la Divina Misericordia. Esta relación se ve subrayada aún más por la Novena de Coronillas a la Divina Misericordia que antecede la Fiesta y que empieza el Viernes Santo.

La Fiesta no es solamente un día de adoración especial de Dios en el misterio de la misericordia, sino también el tiempo en que Dios colma de gracias a todas las personas. El Señor dijo: **Deseo que la Fiesta de la Misericordia sea un refugio y amparo para todas las almas y, especialmente, para los pobres pecadores** (*Diario*, 699). **Las almas mueren a pesar de Mi amarga Pasión. Les ofrezco la última tabla de salvación, es decir, la Fiesta de Mi Misericordia. Si no adoran Mi misericordia morirán para siempre** (*Diario*, 965). **Mi Corazón se regocija de esta Fiesta. Ese día los sacerdotes han de hablar a las almas sobre Mi misericordia infinita** (*Diario*, 570).

Las promesas extraordinarias que el Señor Jesús vinculó a la Fiesta demuestran la grandeza de la misma: **Quien se acerque ese día a la Fuente de Vida recibirá el perdón total de las culpas y las penas** (*Diario*, 300). **Ese día están abiertas las entrañas de Mi misericordia. Derramo todo un mar de gracias sobre aquellas almas que se acercan al manantial de Mi misericordia. ... que ningún alma tenga miedo de acercarse a Mí, aunque sus pecados sean como escarlata** (*Diario*, 699).

Para poder recibir este gran don **del perdón total de las culpas y las penas**, debemos primero confesarnos y recibir el perdón de Dios por nuestros pecados y ofensas. Luego, en estado de gracia santificante, el Domingo de la Divina Misericordia, podemos recibir al Señor Jesús presente en la Santa Comunión. De esta manera, podemos cumplir las condiciones del Señor: **El alma que se confiese y reciba la Santa Comunión obtendrá el perdón total de las culpas y de las penas** (*Diario*, 699). Recibir al Señor en estado de gracia es esencial para obtener la gracia prometida, pero nuestra fe se debe reflejar en nuestra confianza y nuestros actos de amor: **No encontrará alma ninguna**

justificación hasta que no se dirija con confianza a Mi misericordia (*Diario*, 570). Debemos poner la fe en la bondad de Dios y en Su amor hacia nosotros, Sus hijos desobedientes. Debemos poner nuestra confianza en Su tierna Misericordia sin importar qué tan grande es nuestra ofensa. Debemos acercarnos a Él quien nos redimió a través de Su sufrimiento y Su muerte, y de esta forma, acercarnos a nuestros hermanos necesitados y sufrientes para llevarles alivio a través de obras corporales y espirituales de amor y misericordia. Eso es lo que nos exige Jesús: **Exijo de ti obras de misericordia que deben surgir del amor hacia Mí. Debes mostrar misericordia al prójimo siempre y en todas partes** (*Diario*, 742).

    c. La Coronilla a la Divina Misericordia. El Señor dictó esta oración a Sor Faustina entre el 13 y el 15 de septiembre de 1935 en Vilna, como una oración para aplacar la ira divina (vea el *Diario*, 474-476). Cuando rezamos esta coronilla, ofrecemos a Dios Padre "el Cuerpo y la Sangre, el Alma y la Divinidad" de Jesucristo como propiciación de nuestros pecados, los pecados de nuestros familiares y los del mundo entero. Al unirnos al sacrificio de Jesús, apelamos a este amor con el que Dios Padre ama a Su Hijo y en Él a todas las personas.

    En esta oración, también pedimos a Dios misericordia para nosotros y para el mundo entero, haciendo de este modo, un acto de misericordia. Agregando a ello una actitud de confianza y cumpliendo las condiciones que deben caracterizar cada oración buena (la humildad, la perseverancia, la sumisión a la voluntad de Dios), podemos esperar el cumplimiento a las promesas de Cristo que se refieren especialmente a la hora de la muerte: la gracia de la conversión y una muerte serena.

    Gozarán de estas gracias no sólo las personas que recen esta coronilla, sino también los moribundos por cuya intercesión la recen otras personas. Dijo el Señor: **Cuando la coronilla es rezada junto al agonizante, se aplaca la ira divina y la insondable misericordia envuelve al alma** (*Diario*, 811). La promesa general es la siguiente: **Quienes recen esta coronilla, me complazco en darles todo lo que me pidan** (*Diario*, 1541) **… si lo que me pidan esté conforme con Mi voluntad** (*Diario*, 1731). Todo lo que es contrario a la voluntad de Dios no es bueno para el hombre, particularmente para su felicidad eterna. En otra ocasión, dijo Jesús: **Por el rezo de esta coronilla, Me acercas la humanidad** (*Diario*, 929). **A las almas que recen esta coronilla, Mi misericordia las envolverá de vida y especialmente a la hora de la muerte** (*Diario*, 754).

d. La Hora de la Misericordia. En octubre de 1937, en unas circunstancias poco aclaradas por Sor Faustina, el Señor Jesús encomendó adorar la hora de Su muerte: **Cuantas veces oigas el reloj dando las tres, sumérgete en Mi misericordia, adorándola y glorificándola; suplica su omnipotencia para el mundo entero y, especialmente, para los pobres pecadores, ya que en ese momento, se abrió de par en par para cada alma** (*Diario*, 1572).

El Señor Jesús definió claramente las oraciones apropiadas para esta forma de devoción a la Divina Misericordia: **... procura rezar el Vía Crucis, en cuanto te lo permitan tus deberes; y si no puedes rezar el Vía Crucis, por lo menos entra un momento en la capilla y adora en el Santísimo Sacramento a Mi Corazón que está lleno de misericordia. Y si no puedes entrar en la capilla, sumérgete en oración allí donde estés, aunque sea por un brevísimo instante** (*Diario*, 1572).

El Padre Różycki habla de tres condiciones para que sean escuchadas las oraciones de esa hora:

1. La oración ha de ser dirigida a Jesús,
2. Ha de ser rezada a las tres de la tarde,
3. Ha de apelar a los valores y méritos de la Pasión de Cristo.

El Señor Jesús prometió: **En esa hora puedes obtener todo lo que pidas para ti o para los demás. En esa hora se estableció la gracia para el mundo entero: la misericordia triunfó sobre la justicia** (*Diario*, 1572).

e. Rendir honor a la Misericordia de Dios. Entre los elementos esenciales del mensaje y devoción de la Divina Misericordia, el Padre Różycki distingue además el rendir honor a la misericordia de Dios, porque con ello también se relacionan algunas promesas de Cristo: **A las almas que propagan la**

devoción a Mi misericordia, las protejo durante toda su vida como una madre cariñosa a su niño recién nacido y a la hora de la muerte no seré para ellas el Juez, sino el Salvador Misericordioso (*Diario*, 1075).

Rendimos honor a Dios en Su misericordia cuando practicamos la esencia del mensaje y la devoción. El Señor Jesús dijo: **Deseo la confianza de Mis criaturas** (*Diario*, 1059), y espera que hagan obras de misericordia a través de sus actos, sus palabras y su oración. **Debes mostrar misericordia al prójimo siempre y en todas partes. No puedes dejar de hacerlo, ni excusarte, ni justificarte** (*Diario*, 742). Cristo desea que sus devotos hagan al día por lo menos un acto de amor hacia el prójimo.

Rendir honor a la misericordia de Dios no requiere necesariamente de muchas palabras, pero sí una actitud cristiana de fe, de confianza en Dios y el propósito de ser cada vez más misericordioso. Un ejemplo de tal apostolado lo dio Sor Faustina durante toda su vida.

4. El movimiento apostólico de la Divina Misericordia

El mensaje y devoción de la Divina Misericordia tiene como fin renovar la vida religiosa en la Iglesia en el espíritu de confianza cristiana y misericordia. En este contexto hay que leer la idea de "la nueva congregación" que encontramos en las páginas del *Diario*. En la mente de la propia Sor Faustina este deseo de Cristo maduró poco a poco, teniendo cierta evolución: de la orden estrictamente contemplativa al movimiento formado también por Congregaciones activas, masculinas y femeninas, así como por un amplio círculo de laicos en el mundo.

Esta gran comunidad internacional de personas constituye una sola familia unida por Dios en el misterio de Su misericordia, por el deseo de reflejar este atributo de Dios en sus propios corazones y en sus obras y de reflejar Su gloria en todas las almas. Es una comunidad de personas de diferentes estados y vocaciones que viven en el espíritu evangélico de confianza y misericordia, profesan y propagan con sus vidas y sus palabras el inabarcable misterio de la Divina Misericordia e imploran la Divina Misericordia para el mundo entero.

La misión de Sor Faustina tiene su profunda justificación en la Sagrada Escritura y en algunos documentos de la Iglesia. Corresponde plenamente a la encíclica *Dives in misericordia* (Rico en misericordia) del Santo Padre Juan Pablo II.

¡Para mayor gloria de la Divina Misericordia!

Cracovia, abril de 2002
Sor Ma. Elzbieta Siepak, OLM

Nota al lector

En el apéndice está incluida la disertación escrita por el Padre Jerzy Mrówczynski, S. J., sobre la composición del Diario de Santa Faustina, la cual sirvió como introducción a las primeras dos ediciones.

CUADRO CRONOLÓGICO DE LA VIDA DE SANTA MARÍA FAUSTINA KOWALSKA DE LA CONGREGACIÓN DE LAS HERMANAS DE LA MADRE DE DIOS DE LA MISERICORDIA

25 de agosto de 1905 — Sor Faustina nace en la aldea de Głogowiec (actualmente la provincia de Konin).

27 de agosto de 1905 — Es bautizada en la parroquia de San Casimiro en Świnice Warckie (diócesis de Włoclawek), y recibe el nombre de Elena.

1912 — Por primera vez oye en su alma la voz que la llama a la vida perfecta.

1914 — Recibe la Primera Comunión.

Noviembre de 1917 — Comienza la educación en la escuela primaria.

1919 — Empieza a trabajar en casa de los amigos de la familia Bryszewski en Aleksandrów Łódzki.

30 de octubre de 1921 — Recibe el Sacramento de la Confirmación administrado por el obispo Vicente Tymieniecki en Aleksandrów Łódzki.

1922 — Vuelve a la casa familiar para pedir a los padres el permiso de entrar en un convento; recibe la negativa.

Otoño de 1922 — Elena va a Łódź. Durante un año trabaja en la tienda de Marcjanna Sadowska, en la calle Abramowskiego 29 (2 II 1923 - 1 VII 1924).

Julio de 1924 — Sale a Varsovia con la intención de entrar en un convento. Se presenta en la casa de la Congregación de la Madre de Dios de la Misericordia, en la calle Żytnia 3/9. La Superiora promete recibirla, pero antes le encomienda reunir una pequeña dote.

1 de agosto de 1925 — Después de un año de trabajo como sirvienta, Elena Kowalska vuelve a presentarse a la Superiora del convento en la calle Żytnia. Es admitida al postulantado.

23 de enero de 1926 — Va a la casa del noviciado en Cracovia.

30 de abril de 1926 — Recibe el hábito y el nombre de Sor María Faustina.

Marzo - abril de 1927 — Pasa por el período de oscuridad espiritual que durará un año y medio.

16 de abril de 1928 — El Viernes Santo el ardor del amor divino penetra a la novicia sufriente que olvida los sufrimientos experimentados, conoce con más claridad lo mucho que Cristo sufrió por ella.

30 de abril de 1928 — Al terminar el noviciado y después del retiro espiritual de

8 días, hace los primeros votos (temporales).

6-10 de octubre de 1928 — El Capítulo General que se celebra en la Congregación elige como Superiora General a la Madre Micaela Moraczewska que va a ser la Superiora de Sor Faustina durante toda la vida. Será también su ayuda y consuelo en los momentos difíciles.

31 de octubre de 1928 — Sale a casa de la Congregación en Varsovia, en la calle Żytnia, para trabajar en la cocina.

21 de febrero — - 11 de junio de 1929 Viaja a Vilna para sustituir a una hermana que tiene su tercera probación.

Junio de 1929 — Es mandada a la recién fundada casa de la Congregación en la calle Hetmańska, en Varsovia.

7 de julio de 1929 — Una breve estancia en Kiekrz, cerca de Poznań, para sustituir en la cocina a una hermana enferma.

Octubre de 1929 — Sor Faustina está en la casa varsoviana de la Congregación, en la calle Żytnia.

Mayo - junio de 1930 — Viene a la casa de la Congregación en Płock. Trabaja en la panadería, en la cocina y en la tienda adjunta a la panadería.

22 de febrero de 1931 — Tiene una visión del Señor Jesús que le encomienda pintar una imagen según el modelo que ella ve.

Noviembre de 1932 —	Sor Faustina viene a Varsovia para su tercera probación (de cinco meses), a la que las hermanas de la Congregación se someten antes de hacer los votos perpetuos. Antes de la probación tiene el retiro espiritual en Walendów.
18 de abril de 1933 —	Sale a Cracovia para celebrar el retiro espiritual de 8 días, antes de los votos perpetuos.
1 de mayo de 1933 —	Hace los votos perpetuos (el obispo Estanislao Rospond preside la ceremonia).
25 de mayo de 1933 —	Viaja a Vilna.
2 de enero de 1934 —	Por primera vez visita al pintor E. Kazimirowski que ha de pintar la imagen de la Divina Misericordia.
29 de marzo de 1934 —	Se ofrece por los pecadores y especialmente por aquellas almas que han perdido confianza en la Misericordia de Dios.
Junio de 1934 —	Queda terminada la imagen de la Divina Misericordia. Sor Faustina llora porque el Señor Jesús no es tan bello como ha sido en la visión.
12 de agosto de 1934 —	Un fuerte desfallecimiento de Sor Faustina. El Padre Miguel Sopoćko le administra el sacramento de los enfermos.

13 de agosto de 1934 — El mejoramiento del estado de salud de Sor Faustina.

26 de octubre de 1934 — Cuando Sor Faustina, junto con las alumnas, regresa del jardín para cenar (a las seis menos diez), ve al Señor Jesús encima de la capilla en Vilna tal y como lo vio en Płock, es decir con los rayos, pálido y rojo. Los rayos envuelven la capilla de la Congregación, la enfermería de las alumnas y después se extienden sobre el mundo entero.

15 de febrero de 1935 — Recibe la noticia de una grave enfermedad de su madre y va a la casa familiar en Głogowiec. En el camino de regreso a Vilna, se detiene en Varsovia para ver a la Madre General, Micaela Moraczewska, y a su antigua maestra, Sor María Josefa Brzoza.

19 de octubre de 1935 — Sale a Cracovia para participar en el retiro espiritual de 8 días.

8 de enero de 1936 — Hace una visita al arzobispo Romuald Jałbrzykowski, metropolitano de Vilna y le comunica que el Señor Jesús exige la fundación de una Congregación nueva.

21 de marzo de 1936 — Sale de Vilna y viene a Varsovia.

25 de marzo de 1936 — Es trasladada a la casa de la Congregación en Walendów.

Abril de 1936 —	Es trasladada a la casa en la localidad de Derdy (a 2 Km. de Walendów).
11 de mayo de 1936 —	Sale de Derdy y va a Cracovia para estar allí hasta su muerte.
14 de septiembre de 1936 —	Un encuentro con el arzobispo Jałbrzykowski quien, estando de paso en Cracovia, visita la casa de la Congregación.
19 de septiembre de 1936 —	Un examen en el sanatorio de Pradnik (hoy, el hospital Juan Pablo II).
9 de diciembre de 1936 — **- 27 de marzo de 1937**	La estancia en el hospital de Prądnik.
29 de julio — **- 10 de agosto de 1937**	La estancia en el balneario de Rabka.
21 de abril de 1938 —	El empeoramiento del estado de salud y el retorno de Sor Faustina
Agosto de 1938 —	La última carta a la Superiora General en la que Sor Faustina pide perdón por las desobediencias de toda la vida y la que termina con las palabras: "Hasta la vista en el cielo."
25 de agosto de 1938 —	Sor Faustina recibe el sacramento de los enfermos.
2 de septiembre de 1938 —	Al visitar a Sor Faustina en el hospital, el Padre Sopoćko la encuentra en éxtasis.
17 de septiembre de 1938 —	El regreso del hospital al convento.

5 de octubre de 1938 — A las once menos cuarto de la noche, Sor María Faustina Kowalska, tras largos sufrimientos soportados con gran paciencia, ha ido a encontrarse con el Señor para recibir la recompensa.

7 de octubre de 1938 — Su cuerpo fue sepultado en la tumba común, en el cementerio de la Comunidad, situado al fondo del jardín de la casa de la Congregación de las Hermanas de la Madre de Dios de la Misericordia en Cracovia - Łagiewniki.

21 de octubre de 1965 — En la arquidiócesis de Cracovia es iniciado el proceso informativo sobre la beatificación de Sor Faustina.

25 de noviembre de 1966 — El traslado de los restos mortales de Sor Faustina del cementerio a la capilla de las Hermanas de la Madre de Dios de la Misericordia en Cracovia - Łagiewniki.

20 de septiembre de 1967 — Una solemne sesión presidida por el cardenal Karol Wojtyła pone el punto final al proceso informativo diocesano. Las actas del proceso son enviadas a Roma.

31 de enero de 1968 — Con decreto de la Congregación para la Causa de los Santos se abre el proceso de beatificación de la Sierva de Dios Sor Faustina.

19 de junio de 1981 —	La Sagrada Congregación de la Causa de los Santos, después de completar la investigación de todos los escritos de la Sierva de Dios Sor Faustina, emite un documento declarando que "nada se interpone para continuar" con su causa.
7 de marzo de 1992 —	En presencia del Santo Padre, la Congregación de la Causa de los Santos promulga el decreto de las Virtudes Heroicas mediante el cual la Iglesia reconoce que Sor Faustina practicó todas las virtudes cristianas de manera heroica. Como resultado, ella recibe el título de "Venerable" Sierva de Dios y se abre el camino para verificar el milagro atribuido a su intercesión.
21 de diciembre de 1992 —	El Santo Padre publica la aceptación del milagro como concedido por la intercesión de Sor Faustina y anuncia la fecha para su solemne beatificación.
18 de abril de 1993 —	Sor Faustina es beatificada por el Papa Juan Pablo II en Roma el primer domingo después de Pascua (día revelado por Nuestro Señor a Sor Faustina como la Fiesta de la Misericordia).
30 de abril de 2000 —	Beata Faustina es canonizada por el Papa Juan Pablo II en Roma el primer domingo después de Pascua, en la Fiesta de la Misericordia.

PRIMER CUADERNO

La Divina Misericordia
en mi alma

DIARIO

Sor Faustina

(1)*

1 Oh Amor Eterno, mandas pintar Tu Santa Imagen [1]
Y nos revelas la fuente inconcebible de la misericordia,
Bendices a quien se acerca a Tus rayos,
Y el alma negra se convierte en nieve.

> Oh dulce Jesús, aquí [2] has establecido el trono de
> Tu misericordia
> Para dar alegría y ayudar al pecador,
> De Tu Corazón abierto, como de un manantial puro,
> Fluye el consuelo para el alma y el corazón contrito.

Que el honor y la gloria para esta imagen
no dejen de fluir de las almas de los hombres,
Que cada corazón glorifique la Divina Misericordia
Ahora y por los siglos de los siglos y en cada hora.

Oh, Dios mío

2 Cuando miro hacia el futuro, me atemorizo,
Pero ¿por qué sumergirse en el futuro?
Para mí solamente el momento actual es de gran
valor,
Ya que quizá el futuro nunca llegue a mi alma.

> El tiempo que ha pasado no está en mi poder.
> Cambiar, corregir o agregar,
> No pudo hacerlo ningún sabio ni profeta.
> Así que debo confiar a Dios lo que pertenece al
> pasado.

---

* La cifra árabe entre paréntesis redondo ( ), localizada al principio
odentro del texto, indica la página correspondiente en el manuscrito
del Diario. Por otra parte las palabras entre paréntesis cuadrado [ ] han
sido agregadas por la Editorial para aclarar pasajes del texto.
Las cifras que se encuentran al margen del texto del Diario permiten
al lector encontrar diferentes temas en el índice de temas, personas y
localidades.

Oh momento actual, tú me perteneces por completo,
Deseo aprovecharte cuanto pueda,
Y aunque soy débil y pequeña,
Me concedes la gracia de tu omnipotencia.

Por eso, confiando en Tu misericordia,
Camino por la vida como un niño pequeño
Y cada día Te ofrezco mi corazón
Inflamado del amor por Tu mayor gloria.

(2)   +
                          JMJ [Jesús, María y José]
3   Dios y las almas
               Oh, Rey de Misericordia, guía mi alma.
                          Sor M. Faustina
                      del Santísimo Sacramento
                                   Vilna, 28 VII 1934

4 Oh Jesús mío, por la confianza en Ti
Trenzo miles de coronas y sé
Que todas florecerán,
Y sé que florecerán todas cuando las
ilumine el Sol Divino.

+ Oh gran y Divino Sacramento
Que ocultas a mi Dios,
Jesús acompáñame en cada momento,
Y ningún temor invadirá mi corazón.

(3) +   Vilna, 28 VII 1934
JMJ   + Primer cuaderno

                    Dios y las almas

5 Seas adorada, oh Santísima Trinidad, ahora y siempre.
Seas alabada en todas Tus obras y en todas Tus criaturas.
Que la grandeza de Tu misericordia, oh Dios, sea admi-
rada y glorificada.

6 Debo tomar nota [3] de los encuentros de mi alma Contigo, oh Dios, en los momentos particulares de Tus visitas. Debo escribir de Ti, oh Inconcebible en la misericordia hacia mi pobre alma. Tu santa voluntad es la vida de mi alma. He recibido este mandato de quien Te sustituye para mí, oh Dios, aquí en la tierra y que me enseña Tu santa voluntad; Jesús Tú ves qué difícil es para mí escribir, y que no sé describir claramente lo que siento en el alma. Oh Dios, ¿puede la pluma describir cosas para las cuales, a veces, no hay palabras? Pero me mandas escribir, oh Dios, esto me basta.

Varsovia, 1 VIII 1925

Ingreso al convento

7 Desde los siete años sentía la suprema llamada de Dios, la gracia de la vocación a la vida consagrada. A los siete años por primera vez oí la voz de Dios en mi alma, es decir, la invitación a una vida más perfecta. Sin embargo, no siempre obedecí la voz de la gracia. No encontré a nadie quien me aclarase esas cosas.

8 El decimoctavo año de mi vida, insistente pedido a mis padres el permiso para entrar en un convento; una categórica negativa de los padres. Después de esa negativa me entregué a las vanidades de la vida [4] sin hacer caso alguno a la voz de la gracia, aunque mi alma (4) en nada encontraba satisfacción. Las continuas llamadas de la gracia eran para mí un gran tormento, sin embargo intenté apagarlas con distracciones. Evitaba a Dios dentro de mí y con toda mi alma me inclinaba hacia las criaturas. Pero la gracia divina venció en mi alma.

9 Una vez, junto con una de mis hermanas fuimos a un baile [5]. Cuando todos se divertían mucho, mi alma sufría [tormentos] interiores. En el momento en que empecé a bailar, de repente vi a Jesús junto a mí. A Jesús martirizado, despojado de sus vestiduras, cubierto de heridas, diciéndome esas palabras: **¿Hasta cuándo Me harás sufrir, hasta cuándo Me engañarás?** En aquel

momento dejaron de sonar los alegres tonos de la música, desapareció de mis ojos la compañía en que me encontraba, nos quedamos Jesús y yo. Me senté junto a mi querida hermana, disimulando lo que ocurrió en mi alma con un dolor de cabeza. Un momento después abandoné discretamente a la compañía y a mi hermana y fui a la catedral de San Estanislao Kostka. Estaba anocheciendo, había poca gente en la catedral. Sin hacer caso a lo que pasaba alrededor, me postré en cruz delante del Santísimo Sacramento, y pedí al Señor que se dignara hacerme conocer qué había de hacer en adelante.

10 Entonces oí esas palabras: **Ve inmediatamente a Varsovia, allí entrarás en un convento.** Me levanté de la oración, fui a casa y solucioné las cosas necesarias. Como pude, le confesé a mi hermana lo que había ocurrido en mi alma, le dije que me despidiera de mis padres, y con un solo vestido, sin nada más, llegué a Varsovia.

11 Cuando bajé del tren y vi que cada uno se fue por su camino, me entró miedo: ¿Qué hacer? ¿A dónde dirigirme si no conocía a nadie? Y dije a la Madre de Dios: María, dirígeme, guíame. Inmediatamente oí en el alma estas palabras: que saliera de la ciudad a una aldea [6] donde pasaría una noche tranquila. Así lo hice y encontré todo tal y como la Madre de Dios me había dicho.

12 Al día siguiente, a primera hora regresé a la ciudad y entré en la primera iglesia [7] que encontré y empecé a rezar para que siguiera revelándose en mí la voluntad de Dios. Las Santas Misas seguían una tras otra. Durante una oí estas palabras: **Ve a hablar con este sacerdote** [8] **y dile todo, y él te dirá lo que debes hacer en adelante.** Terminada la Santa Misa (5) fui a la sacristía y conté todo lo que había ocurrido en mi alma y pedí que me indicara en qué convento debía estar.

13 Al principio el sacerdote se sorprendió, pero me recomendó confiar mucho en que Dios lo arreglaría. Entretanto yo te mandaré [dijo] a casa de una señora piadosa [9], donde tendrás alojamiento hasta que entres en un

convento. Cuando me presenté en su casa, la señora me recibió con gran amabilidad. Empecé a buscar un convento, pero donde llamaba me despedían [10]. El dolor traspasó mi corazón y dije al Señor Jesús: Ayúdame, no me dejes sola. Por fin llamé a nuestra puerta [11].

14 Cuando [salió] a mi encuentro la Madre Superiora [12], la actual Madre General Micaela, tras una breve conversación, me ordenó ir al Dueño de la casa y preguntarle si me recibía. En seguida comprendí que debía preguntar al Señor Jesús. Muy feliz fui a la capilla y pregunté a Jesús: Dueño de esta casa, ¿me recibes? Una de las hermanas de esta casa me ha dicho que Te lo pregunte.

En seguida oí esta voz: **Te recibo, estás en Mi Corazón.** Cuando regresé de la capilla, la Madre Superiora, primero me preguntó: "Pues bien, ¿te ha recibido el Señor?" Contesté que sí. "Si el Señor te ha recibido, yo también te recibo."

15 Tal fue mi ingreso. Sin embargo, por varias razones, más de un año tuve que estar en el mundo, en casa de esta piadosa señora [13], pero no volví ya a mi casa.

En aquella época tuve que luchar contra muchas dificultades, sin embargo Dios no me escatimaba su gracia. Mi añoranza de Dios se hacía cada vez más grande. Esta señora, aunque muy piadosa, no comprendía la felicidad que da la vida consagrada y en su bondad, empezó a proyectarme otros planes de vida, pero yo sentía que tenía un corazón tan grande que nada podía llenarlo.

16 Entonces, me dirigí a Dios con toda mi alma sedienta de Él. Eso [fue] durante la octava de *Corpus Cristi* [14]. Dios llenó mi alma con la luz interior para que lo conociera más profundamente como el bien y la belleza supremos. Comprendí cuánto Dios me amaba. Es eterno Su amor hacia mí. Eso fue durante las vísperas. Con las palabras sencillas que brotaban del corazón, hice a Dios (6) el voto de castidad perpetua. A partir de aquel momento sentí una mayor intimidad con Dios, mi Esposo. En aquel momento hice una celdita en mi corazón donde siempre me encontraba con Jesús.

17 Por fin, llegó el momento cuando se abrió para mí la puerta del convento. Eso fue el primero de agosto [15], al anochecer, en vísperas de la fiesta de la Madre de Dios de los ángeles. Me sentía sumamente feliz, me pareció que entré en la vida del paraíso. De mi corazón brotó una sola oración, la de acción de gracias.

18 Sin embargo, tres semanas después vi que aquí había muy poco tiempo para la oración y que muchas otras cosas me empujaban interiormente a entrar en un convento de regla más estricta. Esta idea se clavó en mi alma, pero no había en ella la voluntad de Dios. No obstante, la idea, es decir la tentación, se hacía cada vez más fuerte hasta que un día decidí hablar con la Madre Superiora y salir decididamente. Pero Dios guió las circunstancias de tal modo que no pude hablar con la Madre Superiora [16]. Antes de acostarme, entré en una pequeña capilla [17] y pedí a Jesús la luz en esta cuestión, pero no recibí nada en el alma, sólo me llenó una extraña inquietud que no llegaba a comprender. A pesar de todo decidí que a la mañana siguiente, después de la Santa Misa, le comunicaría a la Madre Superiora mi decisión.

19 Volví a la celda, las hermanas estaban ya acostadas y la luz apagada. Llena de angustia y descontento, entré en la celda. No sabía qué hacer [conmigo]. Me tiré al suelo y empecé a rezar con fervor para conocer la voluntad de Dios. En todas partes había un silencio como en el tabernáculo. Todas las hermanas como las hostias blancas, descansan encerradas en el cáliz de Jesús, y solamente desde mi celda Dios oye el gemido de mi alma. No sabía que después de las nueve, sin autorización no estaba permitido rezar en las celdas [18]. Después de un momento, en mi celda se hizo luz y en la cortina vi el rostro muy dolorido del Señor Jesús. Había llagas abiertas en todo el rostro y dos grandes lágrimas caían en la sobrecama. Sin saber lo que todo eso significaba, pregunté a Jesús: Jesús, ¿quién te ha causado tanto dolor? Y Jesús contestó: **Tú Me vas a herir dolorosamente si sales de este convento.**

Te llamé aquí y no a otro lugar y te tengo preparadas muchas gracias. Pedí perdón al Señor Jesús e inmediatamente cambié la decisión que había tomado.

(7) Al día siguiente fue día de confesión. Conté todo lo que había ocurrido en mi alma, y el confesor [19] me contestó que había en ello una clara voluntad de Dios que debía quedarme [en] esta Congregación y que ni siquiera podía pensar en otro convento. A partir de aquel momento me siento siempre feliz y contenta.

20 Poco después me enfermé [20]. La querida Madre Superiora me mandó de vacaciones junto con otras dos hermanas [21] a Skolimów, muy cerquita de Varsovia. En aquel tiempo le pregunté a Jesús : ¿Por quién debo rezar todavía? Me contestó que la noche siguiente me haría conocer por quién debía rezar.

Vi al Ángel de la Guarda que me dijo seguirlo. En un momento me encontré en un lugar nebuloso, lleno de fuego y había allí una multitud de almas sufrientes. Estas almas estaban orando con gran fervor, pero sin eficacia para ellas mismas, sólo nosotros podemos ayudarlas. Las llamas que las quemaban, a mí no me tocaban. Mi Ángel de la Guarda no me abandonó ni por un solo momento. Pregunté a estas almas ¿cuál era su mayor tormento? Y me contestaron unánimamente que su mayor tormento era la añoranza de Dios. Vi a la Madre de Dios que visitaba a las almas en el Purgatorio. Las almas llaman a María "La Estrella del Mar". Ella les trae alivio. Deseaba hablar más con ellas, sin embargo mi Ángel de la Guarda me hizo seña de salir. Salimos de esa cárcel de sufrimiento. [Oí una voz interior] que me dijo: **Mi misericordia no lo desea, pero la justicia lo exige.** A partir de aquel momento me uno más estrechamente a las almas sufrientes.

21 Fin del postulantado [29 IV 1926]. Las Superioras [22] me mandaron al noviciado a Cracovia. Una alegría inimaginable reinaba en mi alma. Cuando llegamos al noviciado [23], la hermana ... [24] estaba muriendo. Unos días después vino la hermana ... y me mandó ir a la

Madre Maestra [25] y decirle que su confesor, Padre Rospond [26], celebrara en su intención una Santa Misa y tres jaculatorias. Al principio consentí, pero al día siguiente pensé que no iría a la Madre Maestra, porque no entendía bien si había sido un sueño o (8) realidad. Y no fui. La noche siguiente se repitió lo mismo pero más claramente, no lo dudaba. No obstante a la mañana siguiente decidí no decirlo a la Maestra. Se lo diría sólo cuando la viera durante el día. Un momento después la encontré en el pasillo [a aquella hermana fallecida], me reprochaba [que] no había ido en seguida y mi alma se llenó de gran inquietud. Entonces fui inmediatamente a hablar con la Madre Maestra y le conté todo lo que había sucedido. La Madre dijo que ella lo arreglaría. En seguida la paz volvió a mi alma y tres días después aquella hermana vino y me dijo: "Dios se lo pague."

22 Durante la toma de hábito [27] Dios me dio a conocer lo mucho que iba a sufrir. Vi claramente a que me estaba comprometiendo. Fue un minuto de ese sufrimiento. Dios volvió a colmar mi alma con muchos consuelos.

23 Al final del primer año del noviciado, en mi alma empezó a oscurecer. No sentía ningún consuelo en la oración, la meditación venía con gran esfuerzo, el miedo empezó a apoderarse de mí. Penetré más profundamente en mí interior y lo único que vi fue una gran miseria. Vi también claramente la gran santidad de Dios, no me atrevía a levantar los ojos hacia Él, pero me postré como polvo a sus pies y mendigué su misericordia. Pasaron casi seis meses y el estado de mi alma no cambió nada. Nuestra querida Madre Maestra [28] me daba ánimo [en] esos momentos difíciles. Sin embargo este sufrimiento aumentaba cada vez más y más. Se acercaba el segundo año del noviciado. Cuando pensaba que debía hacer los votos, mi alma se estremecía. No entendía lo que leía, no podía meditar. Me parecía que mi oración no agradaba a Dios. Cuando me acercaba a los santos sacramentos me parecía que ofendía aún más a Dios. Sin embargo el

confesor [29] no me permitió omitir ni una sola Santa Comunión. Dios actuaba en mi alma de modo singular. No entendía absolutamente nada de lo que me decía el confesor. Las sencillas verdades de la fe se hacían incomprensibles, mi alma sufría sin poder encontrar satisfacción en alguna parte.(9) Hubo un momento en que me vino una fuerte idea de que era rechazada por Dios. Esta terrible idea atravesó mi alma por completo. En este sufrimiento mi alma empezó a agonizar. Quería morir, pero no podía. Me vino la idea de ¿a qué pretender las virtudes? ¿Para qué mortificarme si todo es desagradable a Dios? Al decirlo a la Madre Maestra, recibí la siguiente respuesta: Debe saber, hermana, que Dios la destina para una gran santidad. Es una señal que Dios la quiere tener en el cielo, muy cerca de sí mismo. Hermana, confíe mucho en el Señor Jesús.

Esta terrible idea de ser rechazados por Dios, es un tormento que en realidad sufren los condenados. Recurría a las heridas de Jesús, repetía las palabras de confianza, sin embargo esas palabras se hacían un tormento aún más grande. Me presenté delante del Santísimo Sacramento y empecé a decir a Jesús: Jesús, Tú has dicho que antes una madre olvide a su niño recién nacido que Dios olvide a su criatura, y aunque ella olvide, Yo, Dios, no olvidaré a Mi criatura. Oyes, Jesús, ¿cómo gime mi alma? Dígnate oír los gemidos dolorosos de Tu niña. En Ti confío, oh Dios, porque el cielo y la tierra pasarán, pero Tu Palabra perdura eternamente. No obstante, no encontré alivio ni por un instante.

24 Un día, al despertarme, mientras me ponía en la presencia de Dios, empezó a invadirme la desesperación. La oscuridad total del alma. Luché cuanto pude hasta el mediodía. En las horas de la tarde empezaron a apoderarse de mí los temores verdaderamente mortales, las fuerzas físicas empezaron a abandonarme. Entré apresuradamente en la celda y me puse de rodillas delante del crucifijo y empecé a implorar la misericordia. Sin embargo, Jesús no

oyó mis llamamientos. Me sentí despojada completamente de las fuerzas físicas, caí al suelo, la desesperación se apoderó de toda mi alma, sufrí realmente las penas infernales, que no difieren en nada de las del infierno. En tal estado permanecí durante tres cuartos de hora. Quise ir a la Maestra pero no tuve fuerzas. Quise llamar, la voz me faltó, pero, felizmente, en la celda entró una de las hermanas [30]. Al verme en el estado tan extraño, en seguida avisó a la Maestra. La Madre vino en seguida. Al entrar en la celda dijo estas palabras: En nombre de la santa obediencia [31], levántese del suelo. Inmediatamente alguna fuerza me levantó del suelo y me puse de pie junto a la querida Maestra. (10) En una conversación cordial me explicó que era una prueba de Dios. Hermana, tenga una gran confianza, Dios es siempre Padre aunque somete a pruebas. Volví a mis deberes como si me hubiera levantado de la tumba. Los sentidos impregnados de lo que mi alma había experimentado. Durante el oficio vespertino mi alma empezó a agonizar en una terrible oscuridad; sentí que estaba bajo el poder de Dios Justo y que era objeto de su desdén. En esos terribles momentos dije a Dios: Jesús que en el Evangelio Te comparas a la más tierna de las madres, confío en Tus palabras, porque Tú eres la Verdad y la Vida. Jesús confío en Ti contra toda esperanza, contra todo sentimiento que está dentro de mí y es contrario a la esperanza. Haz conmigo lo que quieras, no me alejaré de Ti, porque Tú eres la fuente de mi vida. Lo terrible que es este tormento del alma, solamente lo puede entender quien experimentó momentos semejantes.

25 Durante la noche me visitó la Madre de Dios con el Niño Jesús en los brazos. La alegría llenó mi alma y dije: María, Madre mía, ¿sabes cuánto sufro? Y la Madre de Dios me contestó: *Yo sé cuánto sufres, pero no tengas miedo, porque yo comparto contigo tu sufrimiento y siempre lo compartiré.* Sonrió cordialmente y desapareció. En seguida mi alma se llenó de fuerza y de gran valor. Sin embargo eso duró apenas un día. Como si el infierno se hubiera

conjurado contra mí. Un gran odio empezó a irrumpir [en] mi alma, el odio hacia todo lo santo y divino. Me parecía que esos tormentos del alma iban a formar parte de mi existencia por siempre. Me dirigí al Santísimo Sacramento y dije a Jesús: Jesús, Amado de mi alma, ¿no ves que mi alma está muriendo anhelándote? ¿Cómo puedes ocultarte tanto a un corazón que Te ama con tanta sinceridad? Perdóname, Jesús, que se haga en mí Tu voluntad. Voy a sufrir en silencio como una paloma, sin quejarme. No permitiré a mi corazón ni un solo gemido.

26 Final del noviciado. El sufrimiento no disminuyó nada. El debilitamiento físico, exención de todos los ejercicios espirituales [32], es decir, la sustitución de los mismos por jaculatorias [33]. El Viernes Santo [34], Jesús lleva mi corazón al ardor mismo del amor. Eso fue durante la adoración vespertina. De inmediato me penetró la presencia de Dios. Me olvidé de todo. Jesús me hizo conocer cuánto ha sufrido (11) por mí. Eso duró muy poco tiempo. Una añoranza tremenda. El deseo de amar a Dios.

27 Los primeros votos [35]. Un ardiente deseo de anonadarme por Dios mediante el amor activo, pero inadvertido incluso para las hermanas más cercanas.

Después de los votos, la oscuridad reinó en mi alma todavía durante casi seis meses. Durante la oración Jesús penetró toda mi alma. La oscuridad cedió. En el alma oí esas palabras: **Tú eres Mi alegría, tú eres el deleite de Mi Corazón.** A partir de aquel momento sentí en el corazón, es decir dentro de mí, a la Santísima Trinidad. De modo sensible, me sentía inundada por la luz divina. Desde aquel momento mi alma está en la comunión con Dios, como el niño con su querido padre.

28 En algún momento Jesús me dijo: **Ve a la Madre Superiora** [36] **y dile que te permita llevar el cilicio** [37] **durante siete días, y durante la noche te levantarás una vez y vendrás a la capilla.** Contesté que sí, pero tuve cierta dificultad en hablar con la Superiora. Por la noche Jesús me preguntó: **¿Hasta cuándo lo vas a aplazar?**

Decidí decirlo a la Madre Superiora durante el primer encuentro. Al día siguiente, antes del mediodía, vi que la Madre Superiora iba al refectorio y como la cocina, el refectorio y la habitación de Sor Luisa están casi contiguas, entonces invité a la Madre Superiora a la habitación de Sor Luisa y le comuniqué lo que el Señor Jesús solicitaba. La Madre Superiora me contestó: No le permito llevar ningún cilicio. En absoluto. Si el Señor Jesús le da la fuerza de un gigante, yo le permitiré estas mortificaciones. Me disculpé con la Madre por haberle ocupado el tiempo y salí de la habitación. Entonces vi al Señor Jesús en la puerta de la cocina y dije al Señor: Me mandas ir a pedir estas mortificaciones y la Madre Superiora no quiere permitírmelas. Entonces Jesús me dijo: **Estuve aquí durante la conversación con la Superiora y sé todo. No exijo tus mortificaciones, sino la obediencia. Con ella Me das una gran gloria y adquieres méritos para ti.**

29 Al saber una de las Madres, de mi relación tan estrecha con el Señor Jesús, dijo que era una ilusa. Me dijo: Jesús mantiene esas relaciones con los santos y no con las almas pecadoras como la suya, hermana. (12) Desde aquel momento era como si yo desconfiara de Jesús. Durante una conversación matutina dije a Jesús: Jesús, ¿no eres Tú una ilusión? Jesús me contestó: **Mi amor no desilusiona a nadie.**

30 + Una vez, estaba yo reflexionando sobre la Santísima Trinidad, sobre la esencia divina. Quería penetrar y conocer necesariamente, quién era este Dios... En un instante mi espíritu fue llevado como al otro mundo, vi un resplandor inaccesible y en él como tres fuentes de claridad que no llegaba a comprender. De este resplandor salían palabras en forma de rayos y rodeaban el cielo y la tierra. No entendí nada de ello, me entristecí mucho. De repente del mar del resplandor inaccesible, salió nuestro amado Salvador de una belleza inconcebible, con las llagas resplandecientes. Y de aquel resplandor se oyó la voz: **Quién es Dios en su esencia, nadie lo sabrá, ni una mente**

angélica ni humana. Jesús me dijo: **Trata de conocer a Dios a través de meditar sus atributos.** Tras un instante, Jesús trazó con la mano la señal de la cruz y desapareció.

31 + Una vez vi una multitud de gente en nuestra capilla y delante de ella y en la calle por no poder caber dentro [38]. La capilla estaba adornada para una solemnidad. Cerca del altar había muchos eclesiásticos, además de nuestras hermanas y las de muchas otras Congregaciones. Todos estaban esperando a la persona que debía ocupar lugar en el altar. De repente oí una voz de que era yo quien iba a ocupar lugar en el altar. Pero en cuanto salí de la habitación, es decir del pasillo, para cruzar el patio e ir a la capilla siguiendo la voz que me llamaba, todas las personas empezaron a tirar contra mí lo que podían: lodo, piedras, arena, escobas. Al primer momento vacilé si avanzar o no, pero la voz me llamaba aún con más fuerza y a pesar de todo comencé a avanzar con valor. Cuando crucé el umbral de la capilla, las Superioras, las hermanas y las alumnas [39] e incluso los Padres empezaron a golpearme con lo que podían, así que, queriendo o no, tuve que subir rápido al lugar destinado en el altar.

En cuanto ocupé el lugar destinado, (13) la misma gente y las alumnas, y las hermanas, y las Superioras, y los Padres, todos empezaron a alargar las manos y a pedir gracias. Yo no les guardaba resentimiento por haber arrojado contra mí todas esas cosas, y al contrario tenía un amor especial a las personas que me obligaron a subir con más prisa al lugar del destino. En aquel momento una felicidad inconcebible inundó mi alma y oí esas palabras: **Haz lo que quieras, distribuye gracias como quieras, a quien quieras y cuando quieras.** La visión desapareció en seguida.

32 Una vez oí estas palabras: **Ve a la Superiora y pide que te permita hacer todos los días una hora de adoración durante 9 días; [en] esta adoración intenta unir tu oración con Mi Madre. Reza con todo corazón en unión con María, también trata de hacer el Vía Crucis en**

este tiempo. Recibí el permiso, pero no para una hora entera, sino para el tiempo que me permitían los deberes.

33 Debía hacer aquella novena por intención de mi patria. En el séptimo día de la novena vi a la Madre de Dios entre el cielo y la tierra, con una túnica clara. Rezaba con las manos juntas en el pecho, mirando hacia el cielo. De su corazón salían rayos de fuego, algunos se dirigían al cielo y otros cubrían nuestra tierra.

34 Cuando conté algunas de estas cosas al confesor [40], me dijo que podían venir verdaderamente de Dios, pero también podían ser ilusiones. Como me trasladaba a menudo, no tenía a un confesor permanente, además tenía una dificultad increíble [en] explicar estas cosas. Rezaba con ardor que Dios me diera esta enorme gracia de tener al director espiritual. La recibí sólo después de los votos perpetuos, cuando fui a Vilna. Es el Padre Sopoćko [41]. Dios me permitió conocerlo primero interiormente, antes de venir a Vilna [42].

35 Oh, si hubiera tenido al director espiritual desde el principio, no hubiera malgastado tantas gracias de Dios. El confesor puede ayudar mucho al alma, pero también puede destruir mucho. Oh, cómo los confesores deben prestar atención a la actuación de la gracia de Dios en las almas de sus penitentes. Es una cuestión de gran importancia. De las gracias que hay en el alma se puede conocer su estrecha relación con Dios.

36 (14) Una vez fui llamada al juicio de Dios. Me presenté delante del Señor, a solas. Jesús se veía como durante la Pasión. Después de un momento, estas heridas desaparecieron y quedaron sólo cinco: en las manos, en los pies y en el costado. Inmediatamente vi todo el estado de mi alma tal y como Dios la ve. Vi claramente todo lo que no agrada a Dios. No sabía que hay que rendir cuentas ante el Señor, incluso de las faltas más pequeñas. ¡Qué momento! ¿Quién podrá describirlo? Presentarse delante del tres veces Santo. Jesús me preguntó: **¿Quién eres?** Contesté: Soy Tu sierva, Señor. **Tienes la deuda de un día**

de fuego en el Purgatorio. Quise arrojarme inmediatamente a las llamas del fuego del Purgatorio, pero Jesús me detuvo y dijo: **¿Qué prefieres, sufrir ahora durante un día o durante un breve tiempo en la tierra?** Contesté: Jesús, quiero sufrir en el Purgatorio y quiero sufrir en la tierra los más grandes tormentos aunque sea hasta el fin del mundo. Jesús dijo: **Es suficiente una cosa. Bajarás a la tierra y sufrirás mucho, pero durante poco tiempo y cumplirás Mi voluntad y Mis deseos. Un fiel siervo Mío te ayudará a cumplirla.**

Ahora, pon la cabeza sobre Mi pecho, sobre Mi Corazón y de él toma fuerza y fortaleza para todos los sufrimientos, porque no encontrarás alivio ni ayuda ni consuelo en ninguna otra parte. Debes saber, que vas a sufrir mucho, mucho, pero que esto no te asuste, Yo estoy contigo.

37 Poco después de ese [suceso] me enfermé [43]. Las dolencias físicas fueron para mí una escuela de paciencia. Sólo Jesús sabe cuántos esfuerzos de voluntad tuve que hacer para cumplir los deberes [44].

38 Jesús, cuando quiere purificar un alma, utiliza los instrumentos que Él quiere. Mi alma se siente completamente abandonada por las criaturas. A veces la intención más pura es interpretada mal por las hermanas [45]. Este sufrimiento es muy doloroso, pero Dios lo admite y hay que aceptarlo, ya que a través de ello nos hacemos más semejantes a Jesús. Durante mucho tiempo no pude [comprender] una cosa, a saber, ¿por qué Jesús me mandó informar de todo a las Superioras? Y las Superioras no creían en mis palabras, manifestándome compasión como si estuviera bajo la influencia de la ilusión o la imaginación.

Debido a que [temía] que estaba en ilusión, decidí evitar a Dios dentro de mí, temiendo las ilusiones. (15) Sin embargo la gracia de Dios me perseguía a cada paso. Y cuando menos lo esperaba, Dios me hablaba.

39 + Un día Jesús me dijo que iba a castigar una ciudad, que

es la más bonita de nuestra patria. El castigo iba a ser igual a aquel con el cual Dios castigó a Sodoma y Gomorra. Vi la gran ira de Dios y un escalofrío traspasó mi corazón. Rogué en silencio. Un momento después Jesús me dijo: **Niña Mía, durante el sacrificio, únete estrechamente Conmigo y ofrece al Padre Celestial Mi Sangre y Mis Llagas como propiciación de los pecados de esta ciudad. Repítelo ininterrumpidamente durante toda la Santa Misa. Hazlo durante siete días.** Al séptimo día vi a Jesús en una nube clara y me puse a pedir que Jesús mirara aquella ciudad y todo nuestro país. Jesús miró con bondad. Al ver la benevolencia de Jesús empecé a rogarle por la bendición. De repente Jesús dijo: **Por ti bendigo al país entero.** Y con la mano hizo una gran señal de la cruz encima de nuestra patria. Al ver la bondad de Dios, una gran alegría llenó mi alma.

40 + El año 1929. Una vez durante la Santa Misa sentí la cercanía de Dios de un modo muy particular, a pesar de que me defendía de Dios y le daba la espalda. A veces rehuía de Dios porque no quería ser víctima del espíritu maligno, dado que más de una vez me habían dicho que lo era. Esta incertidumbre duró mucho tiempo. Durante la Santa Misa, antes de la Santa Comunión, tuvo lugar la renovación de los votos [46]. Al levantarnos de los reclinatorios empezamos a repetir la fórmula de los votos y de repente, el Señor Jesús se puso a mi lado, vestido con una túnica blanca, ceñido con un cinturón de oro y me dijo: **Te concedo el amor eterno para que tu pureza sea intacta y para confirmar que nunca experimentarás tentaciones impuras,** Jesús se quitó el cinturón de oro y ciñó con él mis caderas. Desde entonces no experimento ningunas turbaciones contrarias a la virtud, ni en el corazón ni en la mente. Después comprendí que era una de las gracias más grandes que la Santísima Virgen María obtuvo para mí, ya que durante muchos años le había suplicado recibirla. A partir de aquel momento tengo mayor devoción a la Madre de Dios. Ella me ha enseñado a

amar interiormente a Dios y cómo cumplir su santa voluntad en todo. María, Tú eres la alegría, porque por medio de Ti, Dios descendió a la tierra [y] a mi corazón.

41 (16) Una vez vi a un siervo de Dios en el peligro del pecado grave que iba a ser cometido un momento después. Empecé a pedir a Dios que me cargara con todos los tormentos del infierno, todos los sufrimientos que quisiera, pero que liberase a ese sacerdote y lo alejara del peligro de cometer el pecado. Jesús escuchó mi súplica y en un momento sentí en la cabeza la corona de espinas. Las espinas de la corona penetraron hasta mi cerebro. Esto duró tres horas. El siervo de Dios fue liberado de aquel pecado y Dios fortaleció su alma con una gracia especial.

42 + En un momento, el día de la Navidad, siento que me envuelve la omnipotencia, la presencia de Dios. Otra vez evito dentro de mí el encuentro con el Señor. Pedí a la Madre Superiora el permiso de ir a "Józefinek" [47], [para] visitar a las hermanas. La Madre Superiora nos dio el permiso y una vez terminado el almuerzo, empezamos a prepararnos. Las hermanas ya me estaban esperando en la puerta. Fui corriendo a la celda a buscar la capita; al volver de la celda y pasar cerca de la pequeña capilla, en el umbral vi al Señor Jesús quien me dijo estas palabras: **Ve, pero Yo Me tomo tu corazón.** De pronto sentí que no tenía corazón en el pecho. Como las hermanas me llamaron la atención de que debía darme prisa porque ya era tarde, en seguida me fui con ellas. Pero un gran descontento empezó a molestarme. Una añoranza penetró mi alma, sin embargo nadie, excepto Dios, sabía lo que había pasado en mi alma.

Tras pasar apenas un momento en "Józefinek", dije a las hermanas: Volvamos a casa. Las hermanas pidieron un pequeño descanso, sin embargo mi espíritu no llegaba a calmarse. Les expliqué que teníamos que volver a casa antes de que oscureciera y había un buen trecho de camino por hacer, y regresamos a casa en seguida. Cuando la Madre Superiora nos encontró en el pasillo, me preguntó:

¿No han salido todavía o ya están de vuelta? Contesté que ya habíamos regresado porque no quería volver de noche. Me quité la capita e inmediatamente fui a la capilla. En cuanto entré, Jesús me dijo: **Ve a decir a la Madre Superiora que no has vuelto para estar en casa antes del anochecer, sino porque te he quitado el corazón.** Aunque me costó mucho, fui (17) a ver a la Madre Superiora y le expliqué sinceramente el motivo por el cual había vuelto tan pronto y pedí perdón al Señor por todo lo que no le agrada. En aquel momento Jesús inundó mi alma de gran alegría. Entendí que no hay satisfacción fuera de Dios.

43 Una vez vi a dos hermanas que iban a entrar en el infierno. Un dolor inexpresable me rasgó el alma; pedí a Dios por ellas, y Jesús me dijo: **Ve a decir a la Madre Superiora que estas dos hermanas están en ocasión de cometer un pecado grave.** Al día siguiente se lo dije a la Superiora. Una de ellas ya se había arrepentido y se encontraba en estado de fervor y la otra aún estaba [en] un gran combate.

44 Un día Jesús me dijo: **Abandonaré esta casa... porque hay cosas que no Me gustan en ella.** Y la Hostia salió del tabernáculo y descansó en mis manos y yo [con] alegría La coloqué en el tabernáculo. Eso se repitió otra vez y yo hice con Ella lo mismo, sin embargo [eso] se repitió la tercera vez y la Hostia se transformó en el Señor Jesús vivo, y Jesús me dijo: **No Me quedaré aquí más tiempo.** De repente, en mi alma se despertó un inmenso amor a Jesús y dije: Yo no Te dejaré ir de esta casa Jesús. Y Jesús desapareció nuevamente y la Hostia descansó en mis manos. Otra vez La puse en el cáliz y La encerré en el tabernáculo. Y Jesús se quedó con nosotras. Durante tres días traté de hacer la adoración reparadora.

45 Una vez me dijo Jesús: **Dile a la Madre General que en esta casa sucede tal cosa que no Me gusta y que Me ofende mucho.** No lo dije a la Madre inmediatamente, pero la inquietud que Dios me infundió no me permitió esperar más y no tardé nada en escribir a la Madre General y la paz entró en mi alma.

46 A menudo sentí la Pasión del Señor Jesús en mi cuerpo; aunque esto fue invisible, me alegro de eso, porque Jesús quiere que sea así. Eso duró muy poco tiempo. Estos sufrimientos incendiaban mi alma con un fuego de amor hacia Dios y hacia las almas inmortales. El amor soportará todo, el amor continuará después de la muerte, el amor no teme nada...

(18)   +1931, 22 de febrero

47 Al anochecer, estando en mi celda, vi al Señor Jesús vestido con una túnica blanca. Tenía una mano levantada para bendecir y con la otra tocaba la túnica sobre el pecho. De la abertura de la túnica en el pecho, salían dos grandes rayos: uno rojo y otro pálido. En silencio, atentamente miraba al Señor, mi alma estaba llena del temor, pero también de una gran alegría. Después de un momento, Jesús me dijo: **Pinta una imagen según el modelo que ves, y firma*: Jesús, en Ti confío. Deseo que esta imagen sea venerada primero en su capilla y** [luego] **en el mundo entero.**

48 **Prometo que el alma que venere esta imagen no perecerá. También prometo, ya aquí en la tierra, la victoria sobre los enemigos y, sobre todo, a la hora de la muerte. Yo Mismo la defenderé como Mi gloria.**

49 Cuando lo dije al confesor [48] recibí como respuesta que eso se refería a mi alma. Me dijo: Pinta la imagen de Dios en tu alma. Cuando salí del confesionario, oí nuevamente estas palabras: **Mi imagen está en tu alma. Deseo que haya una Fiesta de la Misericordia. Quiero que esta imagen que pintarás con el pincel, sea bendecida con solemnidad el primer domingo después de la Pascua de Resurrección; ese domingo debe ser la Fiesta de la Misericordia.**

---

* Jesús exigía que la imagen llevase, como firma, y no como inscripción, estas palabras: "Jesús, en Ti confío".

50 + **Deseo que los sacerdotes proclamen esta gran misericordia que tengo a las almas pecadoras. Que el pecador no tenga miedo de acercarse a Mí. Me queman las llamas de la misericordia, deseo derramarlas sobre las almas humanas.**

Jesús se quejó conmigo con estas palabras: **La desconfianza de las almas desgarra Mis entrañas. Aún más Me duele la desconfianza de las almas elegidas; a pesar de Mi amor inagotable no confían en Mí. Ni siquiera Mi muerte ha sido suficiente para ellas. ¡Ay de las almas que abusen de ella!**

51 (19) Cuando dije a la Madre Superiora [49] lo que Dios me pedía, me contestó que Jesús debía explicarlo más claramente a través de alguna señal.

Cuando pedí al Señor Jesús alguna señal como prueba de que verdaderamente Él era Dios y Señor mío y de que de Él venían estas peticiones, entonces dentro de mí oí esta voz: **Lo haré conocer a las Superioras a través de las gracias que concederé por medio de esta imagen.**

52 Cuando quise liberarme de estas inspiraciones, Dios me dijo que en el día del juicio exigiría de mí un gran número de almas.

Una vez, cansadísima por las múltiples dificultades que tenía por el hecho de que Jesús me hablaba y exigía que fuese pintada la imagen, decidí firmemente, antes de los votos perpetuos, pedir al Padre Andrasz [50] que me dispensara de estas inspiraciones interiores y de la obligación de pintar la imagen. Al escuchar la confesión, el Padre Andrasz me dio la siguiente respuesta: No la dispenso de nada, hermana y no le está permitido sustraerse a estas inspiraciones interiores, sino que debe decir todo al confesor, eso es necesario, absolutamente necesario, porque de lo contrario se desviará a pesar de estas grandes gracias del Señor. De momento usted se confiesa conmigo, pero ha de saber que debe tener un confesor permanente, es decir un director espiritual.

53 Me afligí muchísimo. Pensaba poder liberarme de todo y había pasado todo lo contrario: una orden clara de seguir las demandas de Jesús. Y otra vez el tormento de no tener al confesor permanente. Si durante algún tiempo me confieso [con alguno], no puedo descubrir mi alma delante de él en cuanto a las gracias; es la causa de un dolor inexpresable. Le pido a Jesús que conceda estas gracias a otra persona, porque yo no sé aprovecharlas y solamente las malgasto. Jesús, ten compasión de mí, no me encomiendes cosas tan grandes, ves que soy un puñado de polvo inútil.

Sin embargo la bondad de Jesús no tiene límites, me prometió una ayuda visible en la tierra y [la] recibí poco después (20) en Vilna. En el Padre Sopoćko reconocí esa ayuda de Dios. Le había conocido en una visión interior antes de llegar a Vilna. Un día lo vi en nuestra capilla entre el altar y el confesionario. De repente en mi alma oí una voz: **He aquí la ayuda visible para ti en la tierra. Él te ayudará cumplir Mi voluntad en la tierra.**

54 + Un día cansada de esas incertidumbres, pregunté a Jesús: Jesús, ¿eres Tú mi Dios o eres un fantasma? Las Superioras me dicen que existen ilusiones y toda clase de fantasmas. Si eres mi Señor, Te pido, bendíceme. De repente, Jesús hizo una gran señal de la cruz encima de mí, y yo me santigüé. Cuando pedí perdón a Jesús por haberle hecho esa pregunta, Jesús contestó que con esta pregunta no le causé ningún disgusto y el Señor me dijo que mi confianza le agradaba mucho.

55 1933.+ Consejos espirituales que me dio el Padre Andrasz, S.J.

P r i m e r o: Hermana, usted no debe evitar estas inspiraciones interiores, sino que debe decir siempre todo al confesor. Si usted reconoce que estas inspiraciones interiores atañen, es decir son provechosas para su alma o para otras almas, sígalas y no las descuide, sino que consúltelas siempre con su confesor.

S e g u n d o: Si estas inspiraciones no concuerdan con la fe y con el espíritu de la Iglesia, se deben rechazar inmediatamente, porque vienen del espíritu maligno.

T e r c e r o: Si estas inspiraciones no se refieren a las almas en general, ni a su bien en particular, no se preocupe mucho por ellas, hermana, y no les haga caso en absoluto.

No obstante, no decida por sí sola en esta materia, en este sentido o en otro, porque puede desviarse a pesar de estas grandes gracias del Señor. Humildad, humildad y siempre humildad porque por nosotros mismos no podemos hacer nada. Todo esto es solamente la gracia de Dios.

Me dice que Dios exige mucha confianza de las almas, pues sea la primera en mostrar esa confianza. Una palabra más: Acepte todo esto con serenidad.

(21) Las palabras de uno de los confesores [51]: Hermana, Dios está preparándole muchas gracias especiales, pero procure que su vida sea pura como las lágrimas delante del Señor sin hacer caso a lo que puedan pensar de usted. Que le baste Dios. Solo Él.

Al final del noviciado el confesor [52] me dijo estas palabras: Camine por la vida haciendo el bien para que yo pueda escribir en las páginas de su vida: Vivió haciendo el bien; que Dios realice esto en usted, hermana.

En otra oportunidad el confesor me dijo: Pórtese delante del Señor como la viuda del Evangelio que puso en la alcancía una monedita de poco valor; pero para Dios, ésta pesó más que las grandes ofrendas de los demás.

El otro día recibí esta enseñanza: Procure que quien trate con usted, se aleje feliz. Difunda a su alrededor la fragancia de la felicidad porque de Dios ha recibido mucho y por eso sea generosa con los demás. Que todos puedan alejarse de usted felices aunque hayan apenas rozado el borde de su túnica [53]. Recuerde bien las palabras que le estoy diciendo ahora.

Otra vez me dijo estas palabras: Permita que el Señor empuje la barca de su vida a la profundidad insondable de la vida interior.

Algunas palabras del coloquio con la Madre Maestra al final del noviciado: Que su alma, hermana, se distinga particularmente por la sencillez y la humildad. Camine por la vida como una niña, siempre confiada, siempre llena de sencillez y humildad, contenta de todo, feliz de todo. Allí donde otras almas se asustan usted, hermana, pase tranquilamente gracias a la sencillez y la humildad. Recuerde para toda la vida que como las aguas descienden de las montañas a los valles, las gracias del Señor descienden sólo sobre las almas humildes.

56 Oh Dios mío, entiendo bien que exiges de mí la infancia espiritual, porque me la pides continuamente a través de Tus representantes.

(22) Los sufrimientos y contrariedades al inicio de la vida religiosa me habían asustado, me habían quitado el valor. Por eso rogaba continuamente que Jesús me hiciera más fuerte y me concediera el vigor de su Santo Espíritu para poder cumplir en todo su santa voluntad ya que desde el comienzo conocía y conozco mi debilidad. Sé bien lo que soy por mí misma, porque Jesús descubrió a los ojos de mi alma todo el abismo de mi miseria y por lo tanto me doy cuenta perfectamente que todo lo que hay de bueno en mi alma es sólo su santa gracia. El conocimiento de mi miseria me permite conocer al mismo tiempo el abismo de Tu misericordia. En mi vida interior, con un ojo miro hacia el abismo de miseria y de bajeza que soy yo, y con el otro hacia el abismo de Tu misericordia, oh Dios.

57 Oh mi Jesús, Tú eres la vida de mi vida, Tú sabes bien que lo único que deseo es la gloria de Tu nombre y que las almas conozcan Tu bondad. ¿Por qué las almas Te evitan, oh Jesús?, no lo entiendo. Oh si pudiera dividir mi corazón en partículas mínimas y ofrecerte, oh Jesús, cada partícula como un corazón entero para compensarte, aunque parcialmente, por los corazones que no Te aman. Te amo, Jesús, con cada gota de mi sangre y la derramaría voluntariamente por Ti para darte la prueba de mi amor sincero. Oh Dios, cuanto más Te conozco tanto menos Te

puedo entender, pero esa incapacidad de comprenderte me permite conocer lo grande que eres, oh Dios. Y esa incapacidad de comprenderte incendia mi corazón hacia Ti con una nueva llama, oh Señor. Desde el momento en que permitiste, oh Jesús, sumergir la mirada de mi alma en Ti, descanso y no deseo nada más. He encontrado mi destino en el momento en que mi alma se sumergió en Ti, en el único objeto de mi amor. Todo es nada en comparación Contigo. Los sufrimientos, las contrariedades, las humillaciones, los fracasos, las sospechas que enfrento, son espinas que incendian mi amor hacia Ti, Jesús.

Locos e irrealizables son mis anhelos. Deseo ocultarte que estoy sufriendo. No quiero ser recompensada jamás por (23) mis esfuerzos y mis buenas obras. Oh Jesús, Tú Mismo eres mi recompensa. Tú me bastas, oh Tesoro de mi corazón. Deseo compartir los sufrimientos del prójimo, esconder mis sufrimientos en mi corazón no sólo ante el prójimo, sino también ante Ti, oh Jesús.

El sufrimiento es una gran gracia. A través del sufrimiento el alma se hace semejante al Salvador, el amor se cristaliza en el sufrimiento. Cuanto más grande es el sufrimiento, tanto más puro se hace el amor.

58 + Una noche vino a visitarme una de nuestras hermanas que había muerto hacía dos meses antes. Era una de las hermanas del primer coro. La vi en un estado terrible. Toda en llamas, la cara dolorosamente torcida. [La visión] duró un breve instante y desapareció. Un escalofrío traspasó mi alma y aunque no sabía dónde sufría, en el purgatorio o en el infierno, no obstante redoblé mis plegarias por ella. La noche siguiente vino de nuevo, pero la vi en un estado aún más espantoso, entre llamas más terribles, en su cara se notaba la desesperación. Me sorprendí mucho que después de las plegarias que había ofrecido por ella la vi en un estado más espantoso y pregunté: ¿No te han ayudado nada mis rezos? Me contestó que no le ayudaron nada mis rezos y que no le iban a ayudar. Pregunté: ¿Y las oraciones que toda la Congregación ofreció

por ti, tampoco te han ayudado? Me contestó que nada. Aquellas oraciones fueron en provecho de otras almas. Y le dije: Si mis plegarias no te ayudan nada, hermana, te ruego que no vengas a verme. Y desapareció inmediatamente. Sin embargo yo no dejé de rezar. Después de algún tiempo volvió a visitarme de noche, pero en un estado distinto. No estaba entre llamas como antes y su rostro era radiante, los ojos brillaban de alegría y me dijo que yo tenía el amor verdadero al prójimo, que muchas almas se aprovecharon de mis plegarias y me animó a no dejar de [interceder] por las almas que sufrían en el purgatorio y me dijo que ella no iba a permanecer ya por mucho tiempo en el purgatorio. ¡Los juicios de Dios son verdaderamente misteriosos!

59 (24) 1933. Una vez oí en mi alma esta voz: **Haz una novena por la patria. La novena consistirá en las letanías de todos los santos. Pide el permiso al confesor.** Durante la confesión siguiente obtuve el permiso y a la noche empecé en seguida la novena.

60 Terminando las letanías vi una gran claridad y en ella a Dios Padre. Entre la luz y la tierra vi a Jesús clavado en la cruz de tal forma que Dios, deseando mirar hacia la tierra, tenía que mirar a través de las heridas de Jesús. Y entendí que Dios bendecía la tierra en consideración a Jesús.

61 Jesús, Te agradezco por esta gran gracia, es decir por el confesor que Tú Mismo Te dignaste elegirme y que me hiciste ver primero en una visión, antes de conocerlo [personalmente] [54]. Cuando había ido a confesarme con el Padre Andrasz, pensaba que iba a ser liberada de estas inspiraciones interiores. El Padre me contestó que no podía liberarme de ellas, y dijo: Ruegue hermana, para [obtener] un director espiritual.

Después de una breve y ferviente plegaria vi de nuevo al Padre Sopoćko en nuestra capilla, entre el confesionario y el altar. En aquel tiempo me encontraba en Cracovia. Fueron estas dos visiones que me fortalecieron en el espíritu, tanto más que lo encontré tal cual lo había visto en las visiones, tanto en Varsovia durante la tercera probación [55], como en Cracovia. Te agradezco, Jesús, por esta gran gracia.

Ahora tiemblo cuando oigo, a veces, a un alma diciendo que no tiene confesor, es decir director espiritual, porque sé qué graves daños tuve yo cuando no tenía esta ayuda. Sin el director espiritual es fácil desviarse del camino.

62 ¡Oh vida gris y monótona, cuántos tesoros encierras! Ninguna hora se parece a la otra, pues la tristeza y la monotonía desaparecen cuando miro todo con los ojos de la fe. La gracia que hay para mí en esta hora no se repetirá en la hora siguiente. Me será dada en la hora siguiente, pero no será ya la misma. El tiempo pasa y no vuelve nunca. Lo que contiene en sí, no cambiará jamás; lo sella con el sello para la eternidad.

63 (25) + El Padre Sopoćko debe ser muy amado por el Señor. Lo digo porque pude comprobar cuánto Dios se preocupa por él en ciertos momentos; al ver esto estoy enormemente contenta de que el Señor tenga tales elegidos.

1928. Excursión a Kalwaria [56].

64 Había venido a Vilna por dos meses para sustituir a una hermana [57] que había ido a la tercera probación, pero permanecí algo más de dos meses. Un día la Madre Superiora [58], deseando complacerme, me dio el permiso de ir, en compañía de otra hermana [59], a Kalwaria para hacer el llamado "paseo de los caminitos". Me alegré mucho. Debíamos ir en barco, a pesar de que estaba tan cerca, pero tal fue el deseo de la Madre Superiora. Por la noche me dijo Jesús: **Yo deseo que te quedes en casa.** Contesté: Jesús, ya todo está preparado, debemos salir por la mañana, ¿qué voy a hacer ahora? Y el Señor me contestó: **Esta excursión causará daño a tu alma.** Contesté a Jesús: Tú puedes siempre remediarlo, dispón las circunstancias de tal forma que se haga Tu voluntad. En ese momento se oyó la campanilla para el descanso. Con una mirada saludé a Jesús y fui a la celda.

Por la mañana hacía un día hermoso, mi compañera se alegraba [pensando] que tendríamos una gran satisfacción, que podríamos visitar todo, pero yo estaba segura de que no saldríamos, aunque hasta el momento no había ningún obstáculo que nos lo impidiera.

Primero debíamos recibir la Santa Comunión y salir en seguida después del agradecimiento. De repente, durante la Santa Comunión, la espléndida mañana que hacía, cambió completamente. Sin saber de dónde, vinieron las nubes y cubrieron todo el cielo, y empezó una lluvia torrencial. Todos se extrañaban, ya que en un día tan bello ¿quién podía esperar la lluvia, y que cambiara así en tan poco tiempo?

(26) La Madre Superiora me dice: Cuánto siento que ustedes, hermanas, no pueden ir. Contesté: Querida Madre, no importa que no podamos ir, la voluntad de Dios es que nos quedemos en casa. Sin embargo nadie sabía que era un claro deseo de Jesús que me quedara en casa. Pasé todo el día en el recogimiento y la meditación; agradecí al Señor por haberme hecho quedar en casa. En aquel día Dios me concedió muchas consolaciones celestiales.

65 Un día en el noviciado, cuando la Madre Maestra me había destinado a la cocina de las niñas, me afligí mucho por no estar en condiciones de cargar con las ollas que eran enormes. Lo más difícil para mí era escurrir las papas, a veces caía la mitad de ellas. Cuando lo dije a la Madre Maestra me contestó que poco a poco me acostumbraría y adquiriría práctica. No obstante esta dificultad no desaparecía ya que mis fuerzas iban disminuyendo cada día y debido a la falta de fuerzas me apartaba cuando venía el momento de escurrir las papas. Las hermanas se dieron cuenta de que evitaba ese trabajo y se extrañaban muchísimo; no sabían que no podía ayudarles a pesar de empeñarme con todo fervor y sin ningún cuidado para mí misma. Al mediodía, durante el examen de conciencia me quejé al Señor por la falta de fuerzas. De repente oí en el alma estas palabras: **A partir de hoy te resultará**

muy fácil. Aumentaré tus fuerzas. Por la noche, cuando vino el momento de escurrir las papas corrí la primera, confiada en las palabras del Señor. Cogí la olla con facilidad y las escurrí bastante bien. Pero cuando quité la tapadera para hacer salir el vapor, en vez de papas vi en la olla ramilletes de rosas rojas, tan bellas que es difícil describirlas. Jamás había visto semejantes. Me quedé sorprendida sin entender su significado, pero en aquel momento oí una voz en mí alma: **Tu pesado trabajo lo transformo en ramilletes de las flores más bellas y su perfume sube hasta Mi trono.** Desde ese momento traté de escurrir las papas no solamente durante la semana (27) asignada a mí en la cocina [60], sino que trataba de sustituir en este trabajo a otras hermanas durante su turno. Pero no solamente [en] este trabajo, sino en cada trabajo pesado trataba de ser la primera en ayudar, porque había experimentado cuánto eso agradaba a Dios.

66 ¡Oh tesoro inagotable de la pureza de la intención que haces perfectas y tan agradables a Dios todas nuestras acciones!

Oh Jesús, Tú sabes qué débil soy, por eso quédate siempre conmigo, guía mis acciones, todo mi ser. Tú, mi mejor Maestro. De verdad, oh Jesús, me invade el miedo cuando veo mi miseria, pero a la vez me tranquilizo viendo Tu misericordia insondable que es más grande que mi miseria desde toda una eternidad. Y esta disposición de ánimo me reviste de Tu poder. Oh gozo que se deriva del conocimiento de mí misma. Oh verdad inmutable. Eterna es Tu firmeza.

67 Cuando, poco tiempo después de mis primeros votos, me enfermé [61] y a pesar del cordial y cariñoso cuidado de las Superioras, a pesar de los tratamientos médicos, no estaba ni mejor ni peor, entonces empezaron a llegarme voces de que fingía. Y así comenzó mi sufrimiento, se duplicó y duró un tiempo bastante largo. Un día me quejé ante Jesús que yo era una carga para las hermanas. Me contestó Jesús: **No vives para ti, sino para las almas.**

Otras almas se beneficiarán de tus sufrimientos. Tus prolongados sufrimientos les darán luz y fuerza para aceptar Mi voluntad.

68 El sufrimiento más grande para mí era la impresión de que mis oraciones y mis buenas obras no agradaban al Señor. No me atrevía a mirar hacia el cielo. Eso me producía un sufrimiento tan grande que cuando estaba en la capilla para los ejercicios espirituales comunitarios, terminados aquellos, la Madre Superiora [62] me llamaba y me decía: Pida, hermana, a Dios, gracia y consolación, porque yo misma veo y (28) me lo dicen otras hermanas, que al sólo verla, hermana, usted suscita compasión. De verdad, no sé qué hacer con usted. Le ordeno no afligirse por nada. Sin embargo, todos esos coloquios con la Madre Superiora no me dieron alivio, ni me aclararon nada. Una oscuridad aún más densa me ocultaba a Dios. Busqué ayuda en el confesionario, pero tampoco allí la encontré. Un sacerdote virtuoso quiso ayudarme, pero yo estaba tan preocupada que ni siquiera supe explicar mis tormentos y eso me causó sufrimientos aún mayores. Una tristeza mortal se apoderó de mi alma hasta tal punto que no lograba ocultarla y se manifestaba también exteriormente. Perdí la esperanza. La noche cada vez más oscura. El sacerdote con quién me confesaba me dijo: Yo veo en usted, hermana, unas gracias particulares y estoy completamente tranquilo por usted. ¿Por qué, pues, se atormenta tanto? Pero, en aquel entonces, yo no lo entendía, pues me extrañaba enormemente cuando por penitencia me hacía rezar el *Te Deum* o el *Magníficat* , o a veces, al atardecer, debía correr rápidamente por el jardín o reírme ruidosamente diez veces al día. Esas penitencias me asombraban mucho, pero a pesar de ellas ese sacerdote no me ayudó mucho. El Señor quería, quizá, que yo lo alabase con el sufrimiento. El sacerdote me consolaba [diciendo] que encontrándome en ese estado agradaba más a Dios que si estuviera inundada de las más grandes consolaciones. Qué gracia tan grande de Dios, hermana, que usted en el actual

estado de tormentos espirituales en que se encuentra, no ofenda a Dios, sino que trata de ejercitarse en las virtudes. Yo observo su alma, veo en ella grandes planes de Dios y gracias especiales, y viendo esto en usted, hermana, doy gracias al Señor. Sin embargo y a pesar de todo mi alma se encontraba en suplicios y tormentos inexpresables. Imitaba al ciego que se fía de su guía y agarra con fuerza su mano y ni por un momento me alejaba de la obediencia que era mi tabla de salvación en la prueba de fuego.

69 (29) + Jesús, Verdad Eterna, fortalece mis fuerzas débiles. Tú, oh Señor, lo puedes todo. Sé que sin Ti mis esfuerzos no valen nada. Oh Jesús, no Te ocultes ante mí, porque no puedo vivir sin Ti. Escucha el llamado de mi alma; no se ha agotado, Señor, Tu misericordia pues ten piedad de mi miseria. Tu misericordia supera la inteligencia de los ángeles y de los hombres juntos, y aunque me parece que no me escuchas, no obstante he depositado mi confianza en el mar de Tu misericordia y sé que mi esperanza no será defraudada.

70 Sólo Jesús sabe cuán pesado y difícil es cumplir con sus deberes cuando el alma se encuentra en ese estado de tormentos interiores, las fuerzas físicas están debilitadas y la mente ofuscada. En el silencio de mi corazón me repetía: Oh Cristo, para Ti las delicias y el honor y la gloria, y para mi el sufrimiento. No retrasaré ni un solo paso para seguirte, aunque las espinas hieran mis pies.

71 Cuando me enviaron para un tratamiento a la casa de Płock, tuve la suerte de adornar con flores la capilla. Eso fue en Biala [63]. La Hermana Tecla no siempre tenía tiempo, pues a menudo yo sola adornaba la capilla. Un día recogí las más bellas rosas para adornar la habitación de cierta persona. Al acercarme al pórtico, vi al Señor Jesús que estaba de pie en ese pórtico y me preguntó amablemente: **Hija Mía, ¿a quién llevas estas flores?** Mi silencio fue la respuesta al Señor, porque en aquel momento me di cuenta de que tenía un sutil apego a esa persona de lo que antes no me daba cuenta. Jesús desapareció en seguida.

En el mismo instante tiré las flores al suelo y fui delante del Santísimo Sacramento con el corazón lleno de agradecimiento por la gracia de haberme conocido a mí misma.

Oh Sol Divino, en Tus rayos el alma ve aún los más pequeños granitos de polvo que no Te agradan.

72. (30) Jesús, Verdad Eterna, Vida nuestra, Te suplico e imploro Tu misericordia para los pobres pecadores. Dulcísimo Corazón de mi Señor, lleno de piedad y de misericordia insondable, Te suplico por los pobres pecadores. Oh Sacratísimo Corazón, Fuente de Misericordia de donde brotan rayos de gracias inconcebibles sobre toda la raza humana. Te pido luz para los pobres pecadores. Oh Jesús, recuerda Tu amarga Pasión y no permitas que se pierdan almas redimidas con tan Preciosa, Santísima Sangre Tuya. Oh Jesús, cuando considero el alto precio de Tu Sangre, me regocijo en su inmensidad porque una sola gota habría bastado para salvar a todos los pecadores. Aunque el pecado es un abismo de maldad e ingratitud, el precio pagado por nosotros jamás podrá ser igualado. Por lo tanto, haz que cada alma confíe en la Pasión del Señor y que ponga su esperanza en su misericordia. Dios no le negará su misericordia a nadie. El cielo y la tierra podrán cambiar, pero jamás se agotará la misericordia de Dios. ¡Oh, qué alegría arde en mi corazón, cuando contemplo Tu bondad inconcebible, oh Jesús mío! Deseo traer a todos los pecadores a Tus pies para que glorifiquen Tu misericordia por los siglos de los siglos.

73 Oh mi Jesús, a pesar de la noche oscura en torno mío y de las nubes sombrías que me cubren el horizonte, sé que el sol no se apaga. Oh Señor, aunque no Te puedo comprender ni entiendo Tu actuación, confío, sin embargo, en Tu misericordia. Si es Tu voluntad, Señor, que yo viva siempre en tal oscuridad, seas bendito. Te pido una sola cosa, no dejes que Te ofenda de ningún modo. Oh Jesús mío, sólo Tú conoces las añoranzas y los sufrimientos de mi corazón. Me alegro de poder sufrir aunque sea un poco por Ti. Cuando siento que el sufrimiento supera mis fuerzas, entonces me refugio en el Señor en el Santísimo

Sacramento y un profundo silencio es mi oración al Señor.

(31) Confesión de una de nuestras alumnas.

74 Desde el momento cuando una fuerza misteriosa empezó a apremiarme a que solicitara aquella Fiesta y a que fuera pintada la imagen, no puedo lograr la paz. Algo me satura por completo y, sin embargo, me invade el temor de si sólo es una ilusión. Estas dudas siempre venían de fuera, porque en el fondo de mi alma sentía que era el Señor quien traspasaba mi alma. El confesor con quien me confesaba entonces me decía que existían casos de ilusiones, y yo sentía que aquel confesor parecía tener miedo de confesarme. Era para mí un tormento. Al haberme dado cuenta de que tenía poco apoyo por parte de los hombres, me refugié aún más en el Señor Jesús, en el mejor Maestro. En algún momento, cuando me invadió la duda de si la voz que oía era del Señor, me dirigí a Jesús en un coloquio interior, sin pronunciar una palabra. De repente alguna fuerza penetró mi alma, dije: Si Tú eres verdaderamente mi Dios que estás en comunión conmigo y me hablas, Te pido, Señor, que esa alumna [64] se confiese hoy mismo y esa señal me fortalecerá. En ese mismo instante aquella muchacha pidió la confesión.

75 La Madre de la clase, sorprendida de su cambio repentino, no tardó en buscar a un sacerdote y esa persona se confesó muy arrepentida. De inmediato oí en mi alma la siguiente voz: **¿Me crees ahora?** Otra vez una fuerza extraña llenó mi alma, me reforzó y me fortaleció hasta tal punto que yo misma me asombré de haber podido dudar por un momento. Sin embargo estas dudas siempre venían de fuera y eso me llevó a encerrarme aún más en mí misma. Al sentir durante la confesión la incertidumbre del confesor, no descubro mi alma a fondo sino que solamente me acuso de mis pecados. Si el sacerdote mismo no tiene serenidad, no la da a otras almas.

Oh sacerdotes, cirios encendidos que alumbran las almas, que su claridad no oscurezca jamás. Comprendí que no era la voluntad de Dios que descubriera entonces el fondo de mi alma. Dios me concedió esta gracia más tarde.

76 (32) Jesús mío, guía mi mente, toma posesión absoluta de todo mi ser, enciérrame en el fondo de Tu Corazón y protégeme del asalto del enemigo. En Ti toda mi esperanza. Habla a través de mi boca cuando yo, miseria absoluta, esté con los poderosos y los sabios para que reconozcan que esta causa es Tuya y de Ti proviene.

Tinieblas y tentaciones.

77 Mi mente estaba extrañamente obscurecida, ninguna verdad me parecía clara. Cuando me hablaban de Dios, mi corazón era como una roca. No lograba sacar del corazón ni un solo sentimiento de amor hacia Él. Cuando con un acto de voluntad trataba de permanecer junto a Dios, experimentaba grandes tormentos y me parecía que con ello causaba una ira mayor de Dios. No podía absolutamente meditar tal y como meditaba anteriormente. Sentía un gran vacío en mi alma y no conseguía llenarlo con nada. Empecé a sentir el hambre y el anhelo de Dios, pero veía toda mi impotencia. Trataba de leer despacio, frase por frase y meditar del mismo modo, pero fue en vano. No comprendía nada de lo que leía. Delante de los ojos de mi alma estaba constantemente todo el abismo de mi miseria. Cuando iba a la capilla por algunos ejercicios espirituales, siempre experimentaba aún más tormentos y tentaciones. A veces, durante toda la Santa Misa luchaba con los pensamientos blasfemos que trataban de salir de mis labios. Sentía aversión por los santos sacramentos. Me parecía que no sacaba ninguno de los beneficios que los santos sacramentos ofrecen. Me acercaba [a ellos] solamente por obediencia al confesor y esa ciega obediencia era para mí el único camino que debía seguir y [mi] tabla de salvación. Cuando el sacerdote me explicó que ésas eran las pruebas enviadas por Dios y que, "con el estado en que te encuentras no sólo no ofendes a Dios,

sino que le agradas mucho, (33) es una señal que Dios te ama inmensamente y que confía en ti, porque te visita con estas pruebas." No obstante esas palabras no me consolaron, me parecía que no se referían en nada a mí. Una cosa me extrañaba. A veces cuando sufría enormemente, en el momento de acercarme a la confesión, de repente todos estos terribles tormentos cesaban; pero cuando me alejaba de la rejilla, todos esos tormentos volvían a golpearme [con] mayor furia. Entonces me postraba delante del Santísimo Sacramento y repetía esas palabras: Aunque me mates, yo confiaré en Ti [65]. Me parecía que agonizaba en aquellos dolores. El pensamiento que más me atormentaba era que yo era rechazada por Dios. Luego venían otros pensamientos: ¿Para qué empeñarme en las virtudes y en buenas obras? ¿Para qué mortificarme y anonadarme? ¿Para qué hacer votos? ¿Para qué rezar? ¿Para qué sacrificarme e inmolarme? ¿Para qué ofrecerme como víctima en cada paso? ¿Para qué, si ya soy rechazada por Dios? ¿Para qué estos esfuerzos? Y aquí solamente Dios sabe lo que ocurría en mi corazón.

78 Terriblemente atormentada por estos sufrimientos entré en la capilla y de la profundidad de mi alma dije estas palabras: Haz conmigo, Jesús, lo que Te plazca. Yo Te adoraré en todas partes. Y que se haga en mí Tu voluntad, oh Señor y Dios mío, y yo glorificaré Tu infinita misericordia. Después de este acto de sumisión cesaron estos terribles tormentos. De repente vi a Jesús que me dijo: **Yo estoy siempre en tu corazón.** Un gozo inconcebible inundó mi alma y [llenó] de gran amor de Dios que inflamó mi pobre corazón. Veo que Dios nunca permite [sufrimientos] por encima de lo que podemos soportar. Oh, no temo nada; si manda al alma grandes tribulaciones, la sostiene con una gracia aún mayor, aunque no la notamos para nada. Un solo acto de confianza en tal momento da más gloria a Dios que muchas horas pasadas en el gozo de consolaciones durante la oración. Ahora veo que si Dios quiere mantener a un alma en la oscuridad, no la iluminará ningún libro ni confesor.

79 (34) Oh María, Madre y Señora mía. Te ofrezco mi alma y mi cuerpo, mi vida y mi muerte y todo lo que vendrá después de ella. Pongo todo en tus manos, oh mi Madre. Cubre mi alma con tu manto virginal y concédeme la gracia de la pureza de corazón, alma y cuerpo. Con tu poder defiéndeme de todo enemigo, especialmente de aquellos que esconden su malicia bajo una máscara de virtud. Oh Espléndida Azucena, Tú eres mi espejo, oh mi Madre.

80 Jesús, Divino prisionero del amor, cuando considero Tu amor y como Te has anonadado por mí, mis sentidos desfallecen. Encubres Tu Majestad inconcebible y Te humillas rebajándote a mí, un ser miserable. Oh Rey de la Gloria, aunque ocultas Tu hermosura, el ojo de mi alma desgarra el velo. Veo a los coros de ángeles que Te honran incesantemente y a todas las potencias celestiales que Te alaban sin cesar y que Te dicen continuamente: *Santo, Santo, Santo*.

Oh ¿quién comprenderá Tu amor y Tu misericordia insondable hacia nosotros? Oh prisionero del amor, encierro mi pobre corazón en este tabernáculo para adorarte sin cesar día y noche. No sé de ninguna objeción a esta adoración, y aunque estoy físicamente lejos de Ti, mi corazón está siempre Contigo. Nada puede impedir mi amor hacia Ti. No existe ningún obstáculo para mí. Oh Jesús, Te consolaré por todas las ingratitudes, por las blasfemias, por la tibieza, por el odio de los impíos, por los sacrilegios. Oh Jesús, deseo arder como víctima pura y anonadada delante del trono de Tu escondite. Te ruego incesantemente por los pecadores agonizantes.

81 Oh Santa Trinidad, Dios Uno e Indivisible, bendito seas por este gran regalo y testamento de misericordia. Oh Jesús mío, para compensarte por los blasfemos, callaré cuando me reprendan injustamente, para satisfacerte aunque sea en una pequeña parte. En mi alma Te estoy cantando continuamente un himno y nadie lo puede sospechar ni entender. El canto de mi alma lo conoces sólo Tú, oh Creador y Señor mío.

82 (35) No me dejaré arrebatar por el trabajo hasta el punto

de olvidarme a Dios. Pasaré todos los momentos libres a los pies del Maestro oculto en el Santísimo Sacramento. Él me enseña desde los años más tiernos.

83 **Escribe esto: Antes de venir como el Juez Justo, vengo como el Rey de Misericordia. Antes de que llegue el día de la justicia, les será dado a los hombre este signo en el cielo.**

Se apagará toda luz en el cielo y habrá una gran oscuridad en toda la tierra. Entonces, en el cielo aparecerá el signo de la cruz y de los orificios donde fueron clavadas las manos y los pies del Salvador, saldrán grandes luces que durante algún tiempo iluminarán la tierra. Eso sucederá poco tiempo antes del último día.

84 Oh Sangre y Agua que brotaste del Corazón de Jesús, como una Fuente de Misericordia para nosotros, en Ti confío.

Vilna, 2 VIII 1934

85 El viernes, después de la Santa Comunión fui trasladada en espíritu delante del trono de Dios. Delante del trono de Dios vi las Potencias Celestiales que adoran a Dios sin cesar. Más allá del trono vi una claridad inaccesible a las criaturas; allí entra solamente el Verbo Encarnado como Intercesor. Cuando Jesús entró en esa claridad, oí estas palabras: **Escribe en seguida lo que vas a oír: Soy el Señor en Mi Esencia y no conozco mandatos ni necesidades. Si llamo a las criaturas a la vida, esto es el abismo de Mi misericordia.** En aquel mismo momento me vi en nuestra capilla, como antes en mi reclinatorio. La Santa Misa terminó. Ya tenía escritas estas palabras.

86 + Cuando vi cuánto mi confesor [66] debía sufrir a causa de la obra que Dios realizaba a través de él, me espanté durante un momento y dije al Señor: Jesús, después de todo esta obra es Tuya, pues ¿por qué (36) Te portas con él de tal modo que parece que se la dificultas, mientras exiges que la lleve adelante?

Escribe que día y noche Mi mirada descansa sobre él y permito estas contrariedades para multiplicar sus méritos. Yo no recompenso por el resultado positivo sino por la paciencia y el trabajo emprendido por Mí.

Vilna, 26 X 1934. Viernes.

87 Cuando iba con las alumnas [67] de la huerta a cenar, eran las seis menos diez, vi al Señor Jesús encima de nuestra capilla bajo la misma apariencia que tenía cuando lo había visto por primera vez. Tal y como está pintado en esta imagen. Esos dos rayos que salían del Corazón de Jesús, envolvieron nuestra capilla y la enfermería y después toda la ciudad y se extendieron sobre el mundo entero. Eso duró quizás unos cuatro minutos y desapareció. Una de las jovencitas que estaba junto a mí, un poco detrás de las otras, también vio esos rayos, pero no vio a Jesús ni vio de dónde esos rayos salían. Quedó muy impresionada y [lo] contó a otras muchachas. Las muchachas empezaron a reírse de ella, [diciendo] que fue una alucinación o tal vez la luz de un aeroplano, pero ella se obstinaba fuertemente en su opinión y decía que nunca en su vida había visto tales rayos. Cuando las jovencitas le reprochaban que a lo mejor era un reflector, ella contestó que conocía la luz del reflector. Rayos como aquellos nunca los había visto. Después de la cena esa muchacha se dirigió a mí y me dijo que esos rayos la habían impresionado tanto que no conseguía calmarse: habría hablado continuamente de ello, sin embargo no vio al Señor Jesús. Y me recordaba esos rayos sin cesar poniéndome así en cierta dificultad, dado que no le podía decir que había visto al Señor Jesús. Oré por esa querida alma pidiendo que el Señor le concediera las gracias que ella tanto necesitaba. Mi corazón se alegró porque Jesús Mismo se hace conocer en su obra. Aunque por ese motivo tuve grandes disgustos, no obstante por Jesús se puede soportar todo.

88 (37) + Cuando fui a la adoración, sentí la cercanía de Dios. Después de un momento vi a Jesús y a María. Esta

visión llenó mi alma de alegría y le pregunté al Señor: ¿Cuál es tu voluntad, Jesús, en esta cuestión en la que el confesor me ordena preguntar? Jesús me contestó: **Es Mi voluntad que esté aquí y que no se dispense a sí mismo.** Y pregunté a Jesús si estaba bien la inscripción: "Cristo, Rey de Misericordia". Jesús me contestó: **Soy Rey de Misericordia,** y no dijo "Cristo". **Deseo que esta imagen sea expuesta en público el primer domingo después de Pascua de Resurrección. Ese domingo es la Fiesta de la Misericordia. A través del Verbo Encarnado doy a conocer el abismo de Mi misericordia.**

89 + Sucedió que, tal y como el Señor había pedido, el primer acto de veneración a esta imagen por parte del público [68] tuvo lugar el primer domingo después de Pascua. Durante tres días la imagen estuvo expuesta en público, y recibió la veneración pública porque había sido colocada en Ostra Brama, en un ventanal, en lo alto, por eso se la veía desde muy lejos. Durante esos tres días en Ostra Brama fue celebrada con solemnidad la clausura del Jubileo de la Redención del Mundo, el 19 centenario de la Pasión del Salvador. Ahora veo que la obra de la Redención está ligada a la obra de la misericordia que reclama el Señor.

90 Un día vi interiormente lo mucho que iba a sufrir mi confesor. Los amigos lo abandonarán y todos se opondrán a usted y las fuerzas físicas disminuirán. Lo vi como un racimo de uva elegido por el Señor y arrojado bajo la prensa de los sufrimientos. su alma, Padre, en algunos momentos estará llena de dudas respecto a mí y a esta obra.

Y vi como si Dios Mismo le fuera contrario, y pregunté al Señor ¿por qué se portaba así con él?, como si le dificultara lo que le encomendaba. Y el Señor dijo: **Me porto así con él para dar testimonio de que esta obra es Mía. Dile que (38) no tenga miedo de nada, Mi mirada está puesta en él, día y noche. En su corona habrá tantas coronas cuántas almas se salvarán a través de esta obra. Yo no premio por el éxito en el trabajo sino por el sufrimiento.**

91 Jesús mío, Tú solo sabes cuántas persecuciones sufro, y solamente porque Te soy completamente fiel a Ti y a Tus ordenes. Tú eres mi fuerza; apóyame para que siempre cumpla con fidelidad todo lo que exiges de mí. Yo, por mi misma, no puedo hacer nada, pero si Tú me apoyas, todas las dificultades son nada para mí. Oh Señor, veo que desde el primer momento en que mi alma recibió la capacidad de conocerte, mi vida es una lucha continua y cada vez más violenta. Cada mañana durante la meditación me preparo para la lucha de todo el día, y la Santa Comunión es mi garantía de que venceré, y así sucede. Temo el día en que no tenga la Santa Comunión. Este Pan de los fuertes me da toda la fuerza para continuar esta obra y tengo el valor de cumplir todo lo que exige el Señor. El valor y la fortaleza que están en mí no son míos sino de quien habita en mí, la Eucaristía.

Jesús mío, ¡qué grandes son las incomprensiones! a veces, si no tuviera la Eucaristía, no tendría la fuerza para seguir el camino que me has indicado.

92 La humillación es [mi] alimento cotidiano. Comprendo que la esposa acepta todo lo que atañe a su Esposo, por eso la vestimenta del desprecio que lo ha cubierto a Él debe cubrirme a mí también. En los momentos en que sufro mucho, trato de callarme, porque desconfío de la lengua que en esos momentos es propensa a hablar de sí misma, en lugar de servirme para alabar a Dios por todos los beneficios y dones que me han sido proporcionados. Cuando recibo a Jesús en la Santa Comunión, le ruego con fervor que se digne sanar mi lengua para que no ofenda con ella ni a Dios ni al prójimo. Deseo que mi lengua alabe a Dios sin cesar. Grandes culpas se cometen con la lengua. Un alma no llegará a la santidad si no tiene cuidado con su lengua.

93 (39) + Resumen del Catecismo de los votos religiosos [69].

P. ¿Qué es un voto?

R. El voto es una promesa hecha a Dios voluntariamente de realizar actos cada vez más perfectos.

P. ¿Obliga el voto en la materia prescrita por los mandamientos?

R. Sí. Realizar un acto en la materia prescrita por los mandamientos tiene doble valor y dobles méritos, mientras que descuidarlo es un delito doble y una maldad, porque si se quebranta un voto, entonces al pecado contra el mandamiento se agrega el pecado de sacrilegio.

P. ¿Por qué los votos religiosos tienen tan alto valor?

R. Porque constituyen el fundamento de la vida religiosa, aprobada por la Iglesia, en la que los miembros unidos en una Comunidad religiosa, se comprometen a tender incesantemente a la perfección por medio de los tres votos religiosos de pobreza, castidad y obediencia, según la regla de la Congregación.

P. ¿Qué significa tender hacia la perfección?

R. Tender hacia la perfección significa que el estado religioso, por sí solo, no exige la perfección ya adquirida, sino que obliga, bajo la pena de pecado, a un trabajo diario para alcanzarla. Por lo tanto, un religioso que no quiere perfeccionarse, descuida la principal obligación de su estado.

P. ¿Qué son los votos religiosos (solemnes)?

R. Los votos religiosos (solemnes) son tan absolutos que sólo el Santo Padre puede dispensar de ellos y solamente en casos excepcionales.

P. ¿Qué son los votos simples?

R. Son los votos menos absolutos, de los votos perpetuos y anuales que dispensa la Santa Sede.

(40) P. ¿Qué diferencia hay entre el voto y la virtud?

R. El voto abarca solamente lo que es mandado por la regla, bajo la pena de pecado, mientras que la virtud se eleva más alto y facilita cumplir el voto, y en caso contrario, al quebrantar el voto se falta a la virtud y la daña.

P. ¿A qué comprometen los votos religiosos?

R. Los votos religiosos obligan a pretender alcanzar las

virtudes y a la sumisión total a los Superiores y a la regla, con lo cual el religioso entrega su persona a favor de la Congregación, renunciando a todos los derechos sobre ella y sobre sus actividades que dedica al servicio de Dios.

El voto de pobreza

El voto de pobreza es una renuncia voluntaria al derecho de propiedad o de su uso, para agradar a Dios.

P. ¿A qué objetos se refiere el voto de pobreza?

R. A todos los bienes y objetos pertenecientes a la Congregación. A lo que uno ha entregado, objetos o dinero, como han sido aceptados, ya no tiene derecho. Todas las limosnas o donaciones que uno recibiría a título de agradecimiento u otro, pertenecen a la Congregación. Todo ingreso por trabajo o incluso rentas, no pueden ser usadas sin violar el voto.

P. ¿Cuándo se infringe o viola el voto según el séptimo mandamiento?

R. Se infringe cuando sin permiso se toma para sí o para alguien una cosa perteneciente a la casa; cuando sin permiso se guarda alguna cosa con la finalidad de apropiarse de ella; cuando sin autorización se vende o cambia alguna cosa perteneciente a la Congregación; cuando se usa una cosa con otra finalidad a la encomendada por el Superior; cuando se da o se recibe de alguien cualquier cosa sin permiso; cuando se destruye o estropea algo por negligencia; cuando al trasladarse de una casa a otra se lleva algo sin permiso. En caso de infringir el voto de pobreza el religioso (41) debe igualmente la restitución a la Congregación.

La virtud de la pobreza

Es una virtud evangélica que compromete al corazón a separarse de los bienes temporales a lo cual el religioso está obligado estrictamente en virtud de su profesión.

P. ¿Cuándo se peca contra la virtud de la pobreza?

R. Cuando se desean cosas contrarias a esta virtud; cuando se toma apego a alguna cosa, cuando usa cosas superfluas.

P. ¿Cuántos y cuáles son los grados de pobreza?

R. En la práctica de la profesión hay cuatro grados de pobreza: no disponer de nada sin depender de los Superiores (estricta materia del voto); evitar la opulencia, conformarse con lo indispensable (constituye la virtud); tender de buena gana a las cosas más míseras y esto con la satisfacción interior; como la celda, la ropa, la comida, etcétera; estar contento de la escasez.

El voto de castidad

P. ¿A qué obliga este voto?

R. A renunciar al matrimonio y a evitar todo lo que está prohibido por el sexto y el noveno mandamientos.

P. ¿La falta contra la virtud es una violación del voto?

R. Cualquier falta contra la virtud es a la vez una violación del voto, porque en esto no hay tal diferencia entre el voto y la virtud como en la pobreza y la obediencia.

(42) P. ¿Todo pensamiento malo es pecado?

R. No todo pensamiento malo es pecado, pero llega a serlo solamente cuando a la reflexión de la mente se una la conformidad de la voluntad y el consentimiento.

P. ¿Además de los pecados contra la castidad hay algo más que perjudica la virtud?

R. La virtud se ve perjudicada por la falta de control de los sentidos de la imaginación, y de los sentimientos, la familiaridad y las amistades sentimentales.

P ¿Cuáles son los métodos para conservar la virtud?

R. Combatir las tentaciones interiores con la presencia de Dios y además luchar sin temor. En cuanto a las tentaciones exteriores, evitando las ocasiones. En total hay siete métodos principales. El primero, la guarda de los sentidos, y [luego] evitar las ocasiones, evitar el ocio, alejar prontamente las tentaciones, evitar cualquier amistad y especialmente las particulares, [cultivar] el espíritu de mortificación, revelar las tentaciones al confesor.

Además hay cinco medios para conservar la virtud: la humildad, el espíritu de oración, la observancia de la modestia, la fidelidad a la regla, una devoción sincera a la Santísima Virgen María.

El voto de la obediencia

El voto de la obediencia es superior a los dos primeros, ya que en realidad es el que constituye el holocausto, y es el más necesario porque forma y mantiene en vida toda la estructura religiosa.

P. ¿A qué obliga el voto de obediencia?

R. Con el voto de obediencia el religioso promete a Dios obedecer a sus legítimos superiores en todo lo que le manden en virtud de la regla. El voto de obediencia hace al religioso dependiente de su Superior en virtud de la regla durante toda su vida y en todos los asuntos. El religioso comete un pecado grave contra el voto cada vez que no obedece una orden recibida (43) en virtud de la obediencia o de la regla.

La virtud de la obediencia

La virtud de la obediencia va más allá del voto, abarca la regla, los decretos, e incluso los consejos de los Superiores.

P. ¿Es necesaria al religioso la virtud de la obediencia?

R. La virtud de la obediencia es tan necesaria al religioso que aunque obrase bien [pero] en contra de la obediencia, (sus actos) se convertirían en malos o sin mérito.

P. ¿Se puede pecar gravemente contra la virtud de la obediencia?

R. Se peca gravemente si se desprecia la autoridad o la orden del Superior; si de la desobediencia resulta un daño espiritual o temporal para la Congregación.

P. ¿Qué faltas ponen en peligro el voto?

R. Los prejuicios y antipatías hacia el Superior, murmuraciones y críticas, la holgazanería y la negligencia.

Los grados de la obediencia

Ejecución solícita y total. La obediencia de la voluntad, cuando la voluntad impulsa al intelecto a someterse a la opinión del Superior. San Ignacio da, además, tres métodos que facilitan [la obediencia]: siempre ver a Dios en el Superior, cualquiera que sea; justificar interiormente la orden o la opinión del Superior; aceptar cada orden como si fuera de Dios, sin discutir y sin reflexionar. El medio general - la humildad. No hay nada difícil para una persona humilde.

94 (44) Oh Señor mío, incendia mi amor hacia Ti, para que entre tormentas, sufrimientos y pruebas, no desfallezca mi espíritu. Tú ves qué débil soy yo. El amor lo puede todo.

95 + Un conocimiento más profundo de Dios y el terror del alma.

Al principio Dios se hace conocer como santidad, justicia, bondad, es decir misericordia. El alma no conoce todo esto a la vez, sino singularmente en relámpagos, es decir en los acercamientos de Dios. Eso no dura mucho tiempo, porque no podría soportar esta luz. Durante la oración el alma recibe un relámpago de esta luz, que le imposibilita orar al alma como hasta entonces. Puede esforzarse cuanto quiera, y esforzarse a orar como antes, todo en vano, se hace absolutamente imposible continuar rezando como se rezaba antes de recibir esta luz. La luz que tocó al alma, es viva en ella y nada la puede extinguir ni obscurecer. Este relámpago de conocimiento de Dios arrastra su alma e incendia el amor hacia Él. Pero a la vez este mismo relámpago permite al alma conocer lo que es y ella ve todo su interior en una luz superior y se levanta horrorizada y asustada. Sin embargo no permanece en aquel espanto, sino que empieza a purificarse y humillarse, postrarse ante el Señor, y estas luces se hacen más fuertes y más frecuentes; cuánto más cristalina se hace el alma, tanto más penetrantes son estas luces. Sin embargo si el alma ha respondido fiel y resueltamente a estas primeras gracias, Dios la llena con sus consuelos y se entrega a ella de modo sensible. Entonces el alma entra casi en relación de intimidad con Dios y se alegra enormemente; piensa que ya ha alcanzado el grado designado de perfección, ya que los errores y los defectos están dormidos en ella y piensa que ya no los tiene. Nada le parece difícil, está preparada para todo. Empieza a sumergirse en Dios y a disfrutar de las delicias de Dios. Es llevada por la gracia y no se da cuenta en absoluto de que puede llegar el momento de la prueba y de la lucha. Y en realidad este estado no dura mucho tiempo. Llegarán otros momentos, pero debo mencionar que el alma responde con más fidelidad a la gracia de Dios si tiene un confesor experimentado a quien confía todo.

96 (45) + Pruebas enviadas por Dios a un alma particularmente amada. Tentaciones y oscuridades; Satanás.

El amor del alma no es todavía como Dios lo desea. De repente el alma pierde la presencia de Dios. Se manifiestan en ella distintas faltas y errores con los cuales tiene que llevar a cabo una lucha encarnizada. Todos los errores levantan la cabeza, pero su vigilancia es grande. En el lugar de la anterior presencia de Dios ha entrado la aspereza y la sequía espiritual, no encuentra satisfacción en los ejercicios espirituales, no puede rezar, ni como antes, ni como oraba ahora. Lucha por todas partes y no encuentra satisfacción. Dios se le ha escondido y ella no encuentra satisfacción en las criaturas, y ninguna criatura sabe consolarla. El alma desea a Dios apasionadamente, pero ve su propia miseria, empieza a sentir la justicia de Dios. Ve como si hubiera perdido todos los dones de Dios, su mente está como nublada, la oscuridad envuelve toda su alma, empieza un tormento inconcebible. El alma ha intentado presentar su estado al confesor, pero no ha sido comprendida. Se hunde en una inquietud aún mayor. Satanás comienza su obra.

97 La fe queda expuesta al fuego, la lucha es dura, el alma hace esfuerzos, persevera junto a Dios con un acto de voluntad. Con el permiso de Dios, Satanás sigue más adelante, la esperanza y el amor están puestos a prueba. Estas tentaciones son terribles, Dios sostiene al alma ocultamente. Ella no lo sabe, ya que de otra forma no podría resistir. Y Dios sabe lo que puede mandar al alma. El alma [es] tentada de incredulidad respecto a las verdades reveladas, a la falta de sinceridad frente al confesor. Satanás le dice: Mira, nadie te comprenderá ¿para qué hablar de todo esto? En sus oídos suenan las palabras de las cuales ella queda aterrorizada y le parece que las pronuncia contra Dios. Ve lo que no le gustaría ver. Oye lo que no quiere oír, y es terrible no tener en tales momentos al confesor experto. Ella soporta sola todo el peso; pero dentro de lo que está en su poder, debe buscar a un confesor bien informado, porque puede quebrarse bajo este peso, y ocurre con frecuencia que está al borde del abismo. (46) Todas estas pruebas son duras y difíciles. Dios no las da a un alma que anteriormente no haya sido admitida a una comunión más profunda con Él, y no haya disfrutado de las dulzuras del Señor, y también Dios tiene en eso sus fines insondables para nosotros. Muchas veces Dios prepara de modo semejante al alma a los designios futuros y a grandes obras. Y quiere probarla como oro puro, pero éste no es todavía el fin de la prueba. Existe todavía la prueba de las pruebas, esto es [sentir] el rechazo total por parte de Dios.

+ La prueba de las pruebas,

el abandono absoluto - la desesperación.

98 Cuando el alma sale victoriosa de las pruebas anteriores, aunque quizás tropezando, pero sigue luchando y con

profunda humildad clama al Señor: Sálvame porque perezco. Y está todavía en condiciones de luchar.

Ahora una terrible oscuridad envuelve al alma. El alma ve dentro de sí solamente pecados. Lo que siente es terrible. Se ve completamente abandonada de Dios, siente como si fuera objeto de su odio y se encuentra al borde de la desesperación. Se defiende como puede, intenta despertar la confianza, pero la oración es para ella un tormento todavía mayor; le parece que empuja a Dios a una mayor ira. Está colocada en un altísimo pico que se encuentra sobre un precipicio.

El alma anhela fervientemente a Dios, pero se siente rechazada. Todos los tormentos y suplicios del mundo son nada en comparación con la sensación en la que se encuentra sumergida, es decir, el rechazo por parte de Dios. Nadie la puede aliviar. Ve que se encuentra sola, no tiene a nadie en su defensa. Levanta los ojos al cielo, pero sabe que no es para ella, todo está perdido para ella. De una oscuridad cae en una oscuridad aún mayor, le parece que ha perdido a Dios para siempre, a ese Dios que tanto amaba. Este pensamiento le produce un tormento indescriptible. Sin embargo no se conforma con eso, intenta mirar al cielo, pero en vano; eso le causa un tormento todavía mayor.

99 (47) Nadie puede iluminar tal alma si Dios quiere mantenerla en las tinieblas. Este rechazo por parte de Dios ella lo siente muy vivamente, de modo terrorífico. De su corazón brotan gemidos dolorosos, tan dolorosos que ningún sacerdote los puede comprender si no lo ha pasado él mismo. En esto el alma padece todavía sufrimientos por parte del espíritu maligno. Satanás se burla de ella: Ves, ¿seguirás siendo fiel? He aquí la recompensa, estás en nuestro poder. Pero Satanás tiene tanto poder sobre aquella alma cuanto Dios permite; Dios sabe cuánto podemos resistir. ¿Y qué has ganado por haberte mortificado? ¿Y qué has conseguido siendo fiel a la regla? ¿A qué todos estos esfuerzos? Estás rechazada por Dios. La palabra "rechazada" se convierte en fuego que penetra cada nervio hasta la médula de los huesos. Traspasa todo su ser por completo.

Viene el momento supremo de la prueba. El alma ya no busca ayuda en ninguna parte, se encierra en sí misma y pierde de vista todo y es como si aceptara este tormento de rechazo. Es un momento que no sé definir. Es la agonía del alma. Cuando ese momento empezó a acercarse a mí por primera vez, fui liberada de él en virtud de la santa obediencia. La Maestra de novicias al verme se asustó y me mandó a confesarme; pero el confesor no me entendió, no experimenté siquiera una sombra de alivio. Oh Jesús, danos sacerdotes con experiencia.

Cuando dije que experimentaba en mi alma tormentos del infierno, me contestó que él estaba tranquilo por mi alma, porque veía en mi alma una gran gracia de Dios. Sin embargo yo no comprendí nada de eso y ni un pequeño rayo de luz penetró en [mi] alma.

100 Ahora ya empiezo a sentir la falta de las fuerzas físicas y ya no llego a cumplir las tareas. Ya no puedo ocultar los sufrimientos; aunque no digo ni una palabra de lo que sufro, no obstante el dolor que se refleja en mi rostro, me delata y la Superiora ha dicho que las hermanas vienen a ella y le dicen que cuando me ven en la capilla, sienten compasión por mí, tan espantoso es el aspecto que tengo. Sin embargo, a pesar de los esfuerzos, el alma no es capaz de ocultar este sufrimiento.

101 Jesús, sólo Tú sabes cómo el alma gime en estos tormentos, sumergida en la oscuridad, y con todo eso tiene hambre y sed de Dios, como los labios quemados [tienen sed] del agua. Muere y aridece; muere de una muerte sin morir, es decir no puede morir. Sus esfuerzos son nada; está bajo una mano poderosa. (48) Ahora su alma pasa bajo el poder del Justo. Cesan todas las tentaciones externas, calla todo lo que la rodea, como un moribundo, pierde la percepción de lo que tiene alrededor, toda su alma está recogida bajo el poder del justo y tres veces santo Dios. Rechazada por la eternidad. Este es el momento supremo y solamente Dios puede someter un alma a tal prueba, porque sólo Él sabe que el alma es capaz de soportarla.

Cuando el alma ha sido compenetrada totalmente por este fuego infernal, cae en la desesperación. Mi alma experimentó este momento cuando estaba sola en la celda. Cuando el alma comenzó a hundirse en la desesperación, sentí que estaba llegando mi agonía, entonces cogí un pequeño crucifijo y lo estreché fuertemente en la mano; sentí que mi cuerpo iba a separarse del alma y aunque deseaba ir a las Superioras, no tenía ya las fuerzas físicas, pronuncié las últimas palabras, confío en Tu misericordia, y me pareció que había impulsado a Dios a una ira aún mayor, y me hundí en la desesperación, y solamente de vez en cuando de mi alma irrumpía un gemido doloroso, un gemido sin consuelo. El alma en la agonía. Y me parecía que ya me quedaría en ese estado, porque no habría salido de él con mis propias fuerzas. Cada recuerdo de Dios es un mar indescriptible de tormentos, y sin embargo hay algo en el alma que anhela fervientemente a Dios, pero a ella le parece que es solamente para que sufra más. El recuerdo del amor con el que Dios la rodeaba antes, es para ella un tormento nuevo. Su mirada la traspasa por completo y todo ha sido quemado por ella en su alma.

102 Después de un largo momento, al entrar en la celda una de las hermanas me encontró casi muerta. Se asustó y fue a la Maestra que en virtud de la santa obediencia me ordenó levantarme del suelo y en seguida sentí las fuerzas físicas, y me levanté del suelo, temblando toda. La Maestra se dio cuenta inmediatamente del estado de mi alma, me habló de la inconcebible misericordia de Dios y dijo: No se preocupe por nada, hermana, se lo ordeno en virtud de la santa obediencia. Y continuó: Ahora veo que Dios la llama a una gran santidad, el Señor la desea tener cerca de sí, permitiendo estas cosas, tan pronto. Sea fiel a Dios, hermana, porque esto es una señal de que la quiere tener en lo alto del cielo. Pero yo no entendí nada de estas palabras.

103 (49) Al entrar en la capilla, sentí como si todo se hubiera alejado de mi alma; como si yo hubiera salido recientemente de la mano de Dios, sentí que mi alma era intangible,

que yo era una niña pequeña. De repente vi interiormente al Señor quien me dijo: **No tengas miedo, hija Mía, Yo estoy contigo.** En aquel mismo momento desaparecieron todas las tinieblas y los tormentos, los sentidos [fueron] inundados de una alegría inconcebible, las facultades del alma colmados de luz.

104 Quiero decir también que, aunque mi alma ya estaba bajo los rayos de su amor, no obstante, las huellas del suplicio soportado quedaron en mi cuerpo dos días más. El rostro pálido como de una muerta y los ojos inyectados de sangre. Sólo Jesús sabe lo que sufrí. Comparado con la realidad, es pálido lo que he escrito. No sé expresarlo, me parece que he vuelto del más allá. Siento aversión a todo lo que está creado. Me abrazo al Corazón de Dios, como el niño recién nacido al pecho de su madre. Miro todo con ojos distintos. Estoy consciente de lo que el Señor ha hecho en mi alma con una palabra; de esto vivo. El recuerdo del martirio sufrido me da escalofríos. No hubiera creído que es posible sufrir tanto si yo misma no lo hubiera pasado. Es un sufrimiento totalmente espiritual.

105 Sin embargo, en todos estos sufrimientos y combates no abandoné la Santa Comunión. Cuando me parecía que no debía recibirla, entonces iba a ver a la Maestra y le decía que no podía ir a la Santa Comunión, que me parecía que no debía recibirla. Sin embargo ella no me permitía abandonar la Santa Comunión ; y yo iba a recibirla, y me daba cuenta de que sólo la obediencia me había salvado.

La Maestra misma me dijo después que "estas experiencias habían pasado pronto solamente porque usted, hermana, fue obediente. [Fue por] el poder de la obediencia que usted pasó tan valientemente [la prueba]." Es verdad que el Señor mismo me liberó de este suplicio, pero la fidelidad a la obediencia le agradó.

Aunque estas cosas son espantosas, no obstante ningún alma debería asustarse demasiado, porque Dios nunca da por encima de lo que podemos soportar. Y por otra parte, quizás nunca nos dé a nosotros suplicios semejantes, y lo

106 escribo porque si el Señor quiere llevar un alma a través de (50) tales sufrimientos, que no tenga miedo, sino que sea fiel a Dios en todo lo que depende de ella. Dios no hará daño al alma, porque es el Amor Mismo y por este amor inconcebible la llamó a la existencia. Pero cuando yo me encontraba angustiada, no lo comprendía.

107 Oh Dios mío, he conocido que no soy de esta tierra, el Señor me lo ha inculcado en mi alma, [en] alto grado. Estoy presente más en el cielo que en la tierra, aunque no descuido en nada mis deberes.

108 En esos momentos no tenía al director espiritual y no conocía ninguna dirección. Rogaba al Señor, pero no me daba ningún director. Jesús Mismo es mi Maestro desde la niñez hasta ahora. Me ha conducido a través de todas las selvas y todos los peligros; veo claramente que solamente Dios pudo llevarme por un peligro tan grande sin ningún daño ni perjuicio y mi alma quedó intacta y vencía siempre todas las dificultades que eran inimaginables. Salía [...] [70]. Sin embargo el Señor me dio el director, pero más tarde.

109 Después de esos sufrimientos el alma se encuentra en gran pureza de espíritu y en una gran cercanía con Dios, aunque tengo que decir que durante los tormentos espirituales, ella está cerca de Dios, pero está ciega. La mirada de su alma está envuelta en tinieblas y Dios está más cerca de esta alma sufriente, pero todo el secreto está precisamente en que ella no lo sabe. No sólo afirma que Dios la ha abandonado, sino que dice ser el objeto de su odio. ¡Qué enfermedad tan grave de la vista del alma que deslumbrada por la luz de Dios, afirma que Él está ausente, mientras es tan fuerte que la ciega. Sin embargo, conocí después que Dios está más cerca de ella en aquellos momentos que en cualquier otra circunstancia, ya que con la ayuda normal de la gracia no podría superar las pruebas. La omnipotencia de Dios y una gracia extraordinaria operan aquí, porque al no ser así, sucumbiría bajo el primer golpe.

110 Oh Divino Maestro, esto [es] solamente Tu obra en mi alma. Tú, oh Señor, no temes poner al alma al borde de un

abismo terrible, donde ella se asusta y tiene miedo y Tú vuelves a llamarla. Estos son Tus misterios inconcebibles.

111 (51) Cuando en estos tormentos del alma trataba de acusarme en la confesión de los detalles más pequeños, aquel sacerdote se extrañó de que no cometía faltas más graves y me dijo las siguientes palabras: Si en estos tormentos, hermana, usted es tan fiel a Dios, esto ya me da prueba de que Dios la sostiene con su gracia particular y si usted no lo entiende, no se preocupe. Es extraño, sin embargo, que en estas cosas los confesores no pudieran ni comprenderme, ni tranquilizarme, hasta el encuentro con el Padre Andrasz y luego con el Padre Sopoćko.

112 + Algunas palabras sobre la confesión y los confesores. Recordaré solamente lo que experimenté y viví en mi propia alma. Hay tres cosas por las cuales el alma no saca provecho de la confesión en aquellos momentos excepcionales.

La primera es que el confesor conoce poco los caminos extraordinarios y muestra asombro si un alma le revela los grandes misterios que Dios realiza en el alma. Este asombro suyo pone en alarma a un alma sutil, y advierte que el confesor está indeciso en expresar su opinión; y si el alma nota esto, no se tranquiliza, sino que tiene aún más dudas después de la confesión de cuantas tenía antes de ella, porque siente que el confesor la tranquiliza, [pero] él mismo no está seguro. O bien, lo que me ha ocurrido a mí, que el confesor, sin poder penetrar algunos misterios del alma, le rehusa la confesión, muestra un cierto temor al acercarse esa alma a la rejilla. ¡Cómo puede un alma en tal estado, adquirir tranquilidad en el confesionario, visto que es tan sensible a cada palabra del confesor. Según mi parecer, en estos momentos de visitas especiales de Dios en el alma, si [el sacerdote] no la entiende, debería referirla a un confesor con experiencia y conocimiento, o él mismo adquirir luces para dar al alma lo que ella necesita, y no rehusarle simplemente la confesión, porque de este modo la expone a un gran peligro y más de un alma puede abandonar el camino, en el cual Dios quería tenerla de modo particular. Es una cosa de gran importancia, porque yo misma lo experimenté, [esto es] que ya empezaba a vacilar a pesar de estos singulares dones de Dios; aunque Dios Mismo me tranquilizaba, no obstante deseaba siempre tener el sello de la Iglesia.

(52) La segunda cosa es que el confesor no permite expresarse sinceramente, manifiesta la impaciencia. El alma entonces se calla y no dice todo y por lo tanto no saca provecho; y tanto menos saca provecho, cuando sucede que el confesor empieza a someter al alma a pruebas, y sin conocerla, en vez de ayudarle, le hace daño. Y eso porque ella sabe que el confesor no la conoce, dado que no le ha permitido revelarse completamente en cuanto a las gracias, ni tampoco en cuanto a la miseria. Pues la prueba no es apropiada. Tuve algunas pruebas de las cuales me reí. Expresaré mejor esto con las palabras de que el confesor es el médico del alma, y, ¿cómo el médico, sin conocer la enfermedad, puede dar una medicina apropiada? Nunca. Porque no tendrá ningún efecto deseado, o le recetará demasiado fuerte y agravará la enfermedad y a veces, Dios no lo quiera, puede provocar la muerte, porque [es] demasiado fuerte. Lo digo por experiencia, que en algunos casos fue Dios Mismo que me sostenía.

La tercera cosa es que, a veces el confesor da poca importancia a las cosas pequeñas. En la vida espiritual no hay nada pequeño. A veces, una cosa aparentemente pequeña descubre algo de gran importancia, y para el confesor es un haz de luz para conocer al alma. Muchos matices espirituales se esconden en cosas pequeñas.

No se levantará jamás un magnífico edificio si tiramos los ladrillos pequeños. De ciertas almas Dios exige una gran pureza, pues les envía un conocimiento más profundo de la miseria. Iluminadas con la luz [que viene] de lo alto, conocen mejor lo que agrada a Dios y lo que no le agrada. El pecado es según el conocimiento y la luz del alma, lo mismo también las imperfecciones, aunque ella sabe que lo que se refiere estrictamente al sacramento es el pecado. Pero estas pequeñas cosas tienen una gran importancia en la aspiración hacia la santidad y el confesor no las puede menospreciar. La paciencia y la benevolencia del confesor abren el camino a los más profundos secretos del alma. El alma casi inconscientemente revela la profundidad abismal y se siente más fuerte y más resistente, ahora lucha con más valor, hace más esfuerzos, porque sabe que debe rendir cuenta de ello.

(53) Recordaré una cosa más respecto al confesor. En ocasiones tiene que experimentar, tiene que poner a prueba, tiene que ejercitar, tiene que conocer si está tratando con la paja o con el hierro, o con el oro puro. Cada una de estas tres almas necesita ejercitarse de un modo diferente. El confesor debe necesariamente formarse una opinión clara de cada una, para saber lo que puede soportar en determinados momentos, circunstancias y casos. En cuanto a mí, después de muchas experiencias, cuando me di cuenta de no ser comprendida, no revelaba mi alma y no turbaba mi tranquilidad. Pero esto sucedió sólo, desde el momento en que todas estas gracias estaban bajo el juicio del confesor con discernimiento, instruido y con experiencia. Ahora sé como comportarme en ciertos casos.

113 Y deseo nuevamente decir tres palabras al alma que desea decididamente tender hacia la santidad y obtener frutos, es decir, provechos de la confesión.

La primera, total sinceridad y apertura. El más santo y más sabio confesor no puede infundir por la fuerza en el alma lo que él desea si el alma no es sincera y abierta. El alma insincera, cerrada se expone a un gran peligro en la vida espiritual y el Señor Jesús Mismo no se ofrece a tal alma de modo superior, porque sabe que ella no sacaría ningún provecho de estas gracias particulares.

La segunda palabra, la humildad. El alma no saca el debido provecho del sacramento de la confesión si no es humilde. La soberbia mantiene al alma en la oscuridad. Ella no sabe y no quiere penetrar exactamente en lo profundo de su miseria, se enmascara y evita todo lo que la debería sanar.

La tercera palabra es la obediencia. El alma desobediente no conseguirá ninguna victoria, aunque el Señor Jesús Mismo la confiese directamente. El más experto confesor no ayudará nada a tal alma. El alma desobediente se expone a gran peligro y no progresará nada en la perfección y no se defenderá en la vida espiritual. Dios colma generosamente con gracias al alma, pero al alma obediente.

114 (54) + Oh, ¡qué gratos son los himnos que fluyen de un alma víctima! Todo el cielo queda admirado por tal alma, especialmente si es probada por Dios. [Ella] dirige hacia Él sus nostálgicos lamentos. Su belleza es grande, porque fluye de Dios. Camina por la selva de la vida herida por el amor divino. Toca la tierra con un solo pie.

115 + El alma, al salir de aquellos tormentos, es profundamente humilde. La pureza de su alma es grande. Sin reflexionar, en cierto modo, ella sabe mejor lo que conviene hacer en un momento determinado y lo que [conviene] abandonar. Siente el más delicado toque de la gracia y es muy fiel a Dios.

Ella reconoce a Dios desde lejos y goza de Dios incesantemente. En muy poco tiempo descubre a Dios en las almas de otras personas y en general en su alrededor. El alma es purificada por Dios Mismo. Dios, como puro Espíritu, introduce al alma en la vida puramente espiritual. Dios Mismo primero preparó y purificó a esta alma, es decir la hizo capaz para una estrecha convivencia con Él. De modo espiritual ella está en la comunión con el Señor en un descanso de amor. Habla con el Señor sin uso de los sentidos. Dios llena al alma con su luz. Su mente, iluminada, ve claramente y distingue los grados en esta vida espiritual. Ve como se unía a Dios de un modo imperfecto, cuando participaban los sentidos y la espiritualidad estaba unida a los sentidos, aunque de una manera ya superior y especial, no obstante imperfecta. Existe la unión con el Señor superior y más perfecta, es decir la intelectual. Aquí el alma se ve más protegida de las ilusiones, su espiritualidad es más profunda y más pura. En una vida donde intervienen los sentidos, uno está más expuesto a las ilusiones. Debería ser mayor la prudencia de ella misma [del alma] y de los confesores. Hay momentos, en los cuales Dios introduce al alma en el estado puramente espiritual. Los sentidos se apagan y están como muertos. El alma está unida a Dios de manera más íntima posible, está sumergida en la divinidad, su conocimiento es total y perfecto, no parcial, como antes, sino general y completo. Se deleita en ello. Pero quiero hablar todavía de los momentos de la prueba. En tales momentos es necesario que los confesores tengan paciencia con esa alma. Pero la mayor paciencia la debe tener el alma consigo misma.

116 (55) Oh Jesús mío, Tú sabes lo que experimenta mi alma al recordar aquellos tormentos. Más de una vez me he extrañado de que los ángeles y los santos queden silenciosos cuando un alma soporta semejantes sufrimientos. Sin embargo ellos nos aman muy especialmente en tales momentos. Más de una vez mi alma gritó hacia Dios, como un niño pequeño grita con todas sus fuerzas cuando la madre tapa su rostro y él no la puede reconocer. Oh Jesús mío, por esas pruebas de amor, sea gloria y honor a Ti. Tu misericordia es grande e inconcebible. Oh Señor, todos Tus proyectos respecto a mi alma están llenos de Tu misericordia.

117 Recordaré aquí que los que conviven con tal persona no deben agregar sufrimientos exteriores, ya que de verdad cuando el alma tiene el cáliz lleno hasta el borde, a veces justamente esta gota que nosotros agregamos a su cáliz, será aquella que sobra y rebosará el cáliz de la amargura. ¿Y quién responde por aquella alma? Guardémonos de agregar sufrimientos a los demás, porque eso no agrada al Señor. Si las hermanas o las Superioras supieran o sospecharan que el alma dada está soportando esas pruebas y a pesar de eso, por su parte le agregaran sufrimientos, pecarían mortalmente y Dios Mismo pediría por esta alma. No hablo aquí de los casos que por [su] naturaleza son pecados, sino que hablo de algo que en otro momento

sería pecado. Tengamos cuidado de tener a aquellas almas sobre nuestra conciencia. Es un gran defecto de la vida religiosa y de la vida en general que, al ver a un alma en sufrimiento, siempre se tiene ganas de agregarle aún más. No hablo de todos, pero sí existen. Nos permitimos hacer juicios de todo tipo y hablamos allí donde muchas veces no deberíamos repetirlo.

118 La lengua es un órgano pequeño, pero hace cosas grandes. Una religiosa que no es callada, nunca llegará a la santidad, es decir no será santa. No se haga ilusiones; a no ser que el Espíritu de Dios hable por ella, en tal caso no debe callar. Pero para poder oír la voz de Dios, hay que tener la serenidad en el alma y observar el silencio, no un silencio triste, sino un silencio en el alma, es decir el recogimiento en Dios. Se pueden decir muchas cosas sin interrumpir el silencio y, al contrario, se puede hablar poco y romper continuamente el silencio. Oh, que daños irreparables causa no guardar (56) el silencio. Se hace muchos daños al prójimo, pero sobre todo a su propia alma.

119 Según mi opinión y mi experiencia, la regla del silencio debería estar en el primer lugar. Dios no se da a una alma parlanchina, que como un zángano en la colmena zumba mucho, pero no produce miel. El alma hablantina está vacía en su interior. No hay en ella ni virtudes fundamentales, ni intimidad con Dios. Ni hablar de una vida más profunda, ni de una paz dulce, ni del silencio en el que mora Dios. El alma sin gustar la dulzura del silencio interior, es un espíritu inquieto y perturba este silencio en los demás. Vi a muchas almas en los abismos infernales por no haber observado el silencio. Ellas mismas me lo dijeron cuando las pregunté cuál había sido la causa de su ruina. Eran almas consagradas. Oh Dios mío, qué dolor al pensar que podrían estar no solamente en el paraíso, sino hasta ser santas. Oh Jesús, Misericordia, tiemblo al pensar que debo rendir cuenta de la lengua, en la lengua está la vida, pero también la muerte, a veces con la lengua matamos, cometemos un verdadero asesinato ¿Y podemos considerar

esto como una cosa pequeña? De verdad, no entiendo estas conciencias. Conocí a una persona que, al enterarse por otra de cierta cosa que se decía de ella... se enfermó gravemente, perdió allí mucha sangre y muchas lágrimas y luego vino una triste consecuencia, no causada por la espada sino por la lengua. Oh mi Jesús silencioso, ten misericordia de nosotros.

120 He pasado al tema del silencio, pero no quiero hablar de esto, sino de la vida del alma con Dios y de su respuesta a la gracia. Cuando el alma ha sido purificada y el Señor está en relación de intimidad con ella, ahora se concentra toda la fuerza del alma en tender hacia Dios. Pero ella de por sí no puede nada. Aquí solamente Dios arregla todo, el alma lo sabe y está consciente de ello. Ella vive todavía en el destierro y comprende bien que [puede] haber todavía días nublados y lluviosos, pero ella debe mirar todo esto con la actitud distinta a la mantenida hasta ahora. No se refugia en una paz engañosa, sino que se dispone a la lucha. Ella sabe que es de la estirpe guerrera. Ahora se da cuenta mejor de todo. Ella sabe que es de la estirpe real; todo lo grande y santo la concierne.

121 (57) + Una serie de gracias que Dios derrama sobre el alma después de aquellas pruebas de fuego. Goza de una estrecha unión con Dios. Tiene muchas visiones sensibles y espirituales, oye muchas palabras sobrenaturales y a veces órdenes precisas; pero a pesar de estas gracias, no se basta a sí misma. Tanto menos precisamente, porque Dios la visita con estas gracias, debido a que está expuesta a varios peligros y puede fácilmente caer en la ilusión. Debería pedir a Dios un guía espiritual, pero no solamente pedir un guía, sino que solicitar y buscar a un director que entienda las cosas como el caudillo que tiene que conocer los caminos por los cuales conduce a la batalla. A un alma que está unida a Dios, es necesario prepararla para grandes y encarnizados combates.

+ Después de estas purificaciones y pruebas, Dios trata con el alma de modo especial, pero el alma no siempre colabora con estas gracias. No porque ella misma de por sí no quiera colaborar, sino que enfrenta tan grandes dificultades interiores y exteriores que, de verdad, hace falta un milagro para que esa alma se mantenga a estas alturas. Aquí necesita obligatoriamente al director. A menudo llenaban mi alma de dudas y algunas veces [mi alma] se asustaba de por sí, al pensar que después de todo yo era una ignorante, no entendía muchas cosas y menos todavía las cosas espirituales. No obstante, cuando las dudas aumentaban, buscaba luz en un confesor o en las Superioras. Pero no obtenía lo que deseaba.

122 Cuando me descubrí ante las Superioras, una de ellas [71] conoció mi alma y el camino por el cual Dios quería conducirme. Siguiendo sus indicaciones, empecé a avanzar rápidamente en el camino de la perfección. Sin embargo eso no duró mucho tiempo. Al descubrir mi alma más a fondo, no recibí lo que deseaba y a la Superiora estas gracias le parecieron inverosímiles, así que ya no pude obtener nada de ella. Me decía que no era posible que Dios conviviera tan íntimamente con una criatura. Yo temo por usted, hermana, si acaso no sea alguna ilusión. (58) Tome consejo de un sacerdote. Pero el confesor no me entendió y dijo: Es mejor que usted, hermana, hable de estas cosas con las Superioras. Y así andaba de las Superioras al confesor, del confesor a las Superioras, pero sin encontrar la paz. Estas gracias de Dios empezaron a ser para mí un gran sufrimiento. Más de una vez dije directamente al Señor: Jesús, tengo miedo de Ti, ¿no eres acaso algún fantasma? Jesús siempre me tranquilizaba, pero yo siempre desconfiaba. Una cosa extraña, cuanto más yo desconfiaba, tanto Jesús me daba más pruebas de que Él era el autor de estas cosas.

123 + Al darme cuenta de que no obtenía ninguna tranquilidad de las Superioras, decidí no hablar más de esas cosas puramente interiores. Por fuera procuraba, como una buena religiosa, hablar de todo con las Superioras, pero de la necesidad del alma hablaría solamente en el confesionario.

Por muchas y muy justas razones entendí que la mujer no es llamada para discernir tales misterios. Me expuse a muchos sufrimientos inútiles. Durante mucho tiempo fui considerada como poseída por el espíritu maligno y me miraban con lástima y la Superiora tomó precauciones respecto a mí. Llegaba a mis oídos que las hermanas me miraban como si yo fuera así. Y oscurecía el horizonte en alrededor. Empecé a evitar estas gracias de Dios, pero si ello no estaba en mi poder. De repente me invadió un recogimiento tan grande, que en contra de la voluntad me sumergí en Dios y el Señor me tenía a su lado.

124 En los primeros momentos mi alma siempre está un poco asustada, pero después una paz y una fuerza extrañas llenan mi alma.

125 + Hasta aquí se pudo soportar todo. Pero cuando el Señor me pidió que pintara esta imagen, entonces, de verdad, empezaron a hablar y a mirarme como a una histérica y una exaltada, y eso empezó a propagarse aún más. Una de las hermanas vino para hablar conmigo en privado. Y se puso a compadecerme. Me dice: Oigo hablar que usted, hermana, es una exaltada, que tiene algunas visiones. Pobre hermana, defiéndase de ello. (59) Fue sincera aquella alma y lo que había oído me lo dijo con sinceridad. Pero tuve que oír cosas semejantes todos los días. Solamente Dios sabe cuánto eso me atormentaba.

126 Sin embargo decidí soportar todo en silencio y no dar explicaciones a las preguntas que me hacían. A algunas les irritaba mi silencio, especialmente a las más curiosas. Otras, las de pensamiento más profundo, decían que seguramente Sor Faustina estaría muy cerca de Dios, visto que tenía la fuerza de soportar tantos sufrimientos. Y veía delante de mí como dos grupos de jueces. Traté de conseguir el silencio interior y exterior. No decía nada referente a mi persona, aunque era interrogada por algunas hermanas directamente. Mi boca calló. Sufría como una paloma, sin quejarme. Sin embargo algunas hermanas encontraban casi un placer en inquietarme de cualquier

modo. Les irritaba mi paciencia, sin embargo Dios me daba tanta fuerza interior, que lo soportaba con calma.

127 + Me di cuenta de que en aquellos momentos no tendría la ayuda de nadie y empecé a rezar, y a pedir al Señor un confesor. Anhelaba que algún confesor me dijera esta única palabra: Quédate tranquila, estás en un buen camino, o bien rechaza todo eso, porque no viene de Dios. Sin embargo no encontraba a un sacerdote tan decidido que me dijera estas palabras claras en nombre del Señor. Pues, continuaba en la incertidumbre. Oh Jesús, si es Tu voluntad que viva en tal incertidumbre, sea bendito Tu Nombre. Te ruego, Señor, Tú Mismo guía mi alma y quédate conmigo, porque sola soy nada.

128 Pues ya soy juzgada por todos lados, ya no queda nada de lo que hay en mí que se haya escapado al juicio de las hermanas; pero, en cierto sentido, ya se agotó todo y empezaron a dejarme en paz. Mi alma atormentada descansó un poco, pero conocí que en aquellas persecuciones el Señor estuvo muy cerca de mí. Eso duró un brevísimo instante. Estalló nuevamente una violenta tempestad. Ahora las sospechas anteriores se hicieron seguras para ellas y hay que escuchar nuevamente las mismas canciones. Así lo dispone el Señor. Pero lo extraño es que, incluso por fuera, empezaran para mí (60) distintas adversidades [72]. Esto provocó distintos sufrimientos, conocidos solamente por Dios. Sin embargo trataba como podía, hacer todo con la intención más pura posible. Veo que soy vigilada en todas partes como un ladrón: en la capilla, cuando hago mis deberes, en la celda [73]. Ahora sé que además de la presencia de Dios tengo siempre la presencia humana; de verdad, más de una vez esta presencia humana me molestó mucho. Hubo momentos en que reflexionaba si desvestirme o no para lavarme. De verdad, mi pobre cama también fue controlada muchas veces. A veces me daba risa saber que no dejaban en paz ni siquiera la cama. Una hermana me dijo, ella misma, que cada noche me miraba en la celda, para ver como me comportaba en ella.

Sin embargo los Superiores son siempre los Superiores. Y si bien me humillaban personalmente y más de una vez me llenaron de dudas, no obstante siempre me permitieron lo que exigía el Señor, aunque no tal y como yo pedía, pero sí de otro modo satisfacieron las demandas del Señor y me permitieron esas penitencias y mortificaciones.

129 Un día, una de las Madres se enojó tanto conmigo y me humilló tanto, que pensé que no lo soportaría. Me dijo: Extravagante, histérica, visionaria, vete de mi habitación, no quiero conocerte. Todo lo que pudo cayó sobre mi cabeza. Al volver a la celda, me caí de cara al suelo delante de la cruz y miré a Jesús sin poder pronunciar ni una sola palabra. Y sin embargo ocultaba a los demás y disimulaba como si no hubiera pasado nada entre nosotras. Satanás siempre aprovecha tales momentos, comenzaron a venirme los pensamientos de desánimo: He aquí tu premio por la fidelidad y la sinceridad. ¿Cómo ser sincera, si se es tan incomprendida? Oh Jesús, Jesús, ya no aguanto más. Otra vez caí al suelo bajo aquel peso y comencé a sudar y el miedo empezó a dominarme. No tengo en quien apoyarme interiormente. De repente oí en mi alma la voz: **No tengas miedo, Yo estoy contigo**, y una luz extraña iluminó mi mente y comprendí que no debía someterme a tales tristezas y una fuerza me llenó, y salí de la celda con un nuevo ánimo para enfrentar los sufrimientos.

130 (61) Sin embargo empecé a descuidarme un poco [74]. No hacía caso a estas inspiraciones interiores, trataba de distraerme. Pero a pesar del ruido y de las distracciones, veía lo que pasaba en mi alma. La Palabra Divina es muy elocuente y nada puede sofocarla. Empecé a evitar el encuentro del Señor en mi propia alma, porque no quería ser víctima de la ilusión. Sin embargo el Señor en cierto modo me persiguió con sus dones y, de verdad, experimentaba, por turno, sufrimientos y alegrías. No menciono aquí diferentes visiones y gracias que en aquel tiempo Dios me concedió, porque las tengo apuntadas en otro lugar [75], pero diré que aquellos distintos sufrimientos

ya llegaron al colmo y me decidí acabar con estas dudas antes de los votos perpetuos. Durante todo el tiempo de la probación rogué por la luz para el sacerdote, a quien debía revelar mi alma hasta lo más profundo. Y rogué a Dios que Él Mismo me ayudara en esto y me diera la gracia de contar las cosas más secretas que había entre mí y el Señor, y que me predispusiera a que yo considerara cualquier cosa que aquel sacerdote decidiera como decidida por Jesús Mismo. No importa cuál será el juicio sobre mí, yo deseo solamente la verdad y una respuesta decidida a ciertas preguntas. Me he encomendado a Dios completamente y mi alma desea la verdad. No puedo seguir viviendo en dudas; aunque en el alma tenía una certeza tan grande de que esas cosas procedían de Dios que ofrecería mi vida por ellas, sin embargo por encima de todo eso puse la opinión del confesor y decidí comportarme de acuerdo con lo que él considería justo y según sus indicaciones. Veo aquel momento [como] el que decidirá de cómo debo comportarme durante toda la vida. Sé que de él [aquel momento] dependerá todo. No tiene importancia si lo que me dirá será de acuerdo con mis inspiraciones o todo lo contrario, eso ya no me importa. Yo deseo conocer la verdad y seguirla.

131 Oh Jesús, Tú puedes ayudarme. Y a partir de aquel [momento] empecé. Escondo todas las gracias en el alma y espero a quien el Señor me mandará. Sin dudar en nada en mi corazón, rogué al Señor que Él Mismo se dignara ayudarme en estos momentos y el ánimo entró en mi alma.

132 (62) Debo mencionar todavía que hay algunos confesores que ayudan al alma y son, según puede parecer, Padres espirituales, pero hasta cuando todo va bien; y cuando el alma tiene mayores necesidades, entonces son indecisos y no pueden, o más bien no quieren entender al alma. Procuran liberarse de ella lo antes posible, pero si el alma es humilde siempre saca alguna pequeña ventaja. A veces, Dios Mismo envía un rayo de luz a lo profundo del alma, por su humildad y su fe. A veces, el confesor dice

lo que no pensaba decir en absoluto y él mismo no se da cuenta de ello. Oh, que el alma crea que son las palabras del Señor Mismo; aunque tenemos que creer que cada palabra en el confesionario es de Dios, pero lo de que he mencionado más arriba, es algo que viene directamente de Dios. Y el alma siente que el sacerdote no depende de sí mismo sino que dice lo que no quisiera pronunciar. Pues, de este modo Dios recompensa la fe. Lo experimenté muchas veces en mí misma. Me sucedió una vez confesarme con un cierto sacerdote, muy docto y muy estimado. Siempre me era severo y contrario en esas cosas, pero una vez me dijo: Debes saber, hermana, que si Dios quiere que hagas eso, pues no debes oponerte. A veces, Dios quiere ser alabado de este modo. Quédate tranquila, si Dios ha empezado, terminará, pero te digo: La fidelidad a Dios y la humildad, y una vez más la humildad. Recuerda lo que te he dicho hoy. Me alegré y pensé que tal vez aquel sacerdote me hubiera entendido. Pero las circunstancias fueron tales que no me confesé nunca más con él.

133 + Una vez, me llamó una de las Madres de mayor edad y de un cielo sereno empezaron [a caer] truenos de fuego, de tal modo que ni siquiera sabía de que se trataba. Pero poco después entendí que se trataba de lo que no dependía de mí. Me dijo: Quítese de la cabeza, hermana, que el Señor Jesús trate con usted tan familiarmente, con una persona tan mísera, tan imperfecta. El Señor Jesús trata solamente con las almas santas, recuérdelo bien. Reconocí que tenía plenamente razón, porque yo soy miserable, sin embargo confío en la misericordia de Dios. Cuando me encontré con el Señor, me humillé y dije: Jesús, según dicen, ¿Tú no tratas con las personas miserables? **Quédate tranquila, hija Mía, precisamente a través de tal miseria quiero mostrar el poder de Mi misericordia.** Entendí que la Madre quiso solamente humillarme.

134 (63) + Oh Jesús mío, me has sometido a muchas pruebas en mi corta vida, entendí muchas cosas, incluidas tales

que estoy sorprendida. Oh, qué bueno es someterse en todo a Dios y permitir a Dios obrar en el alma con toda la plenitud.

135 En la tercera probación el Señor me dio a entender que me ofreciera a Él para que pudiera hacer conmigo lo que le agradaba. Debo estar siempre delante de Él como víctima. En un primer momento me asusté, sintiéndome infinitamente miserable y conociéndome bien, contesté al Señor una vez más: Soy la miseria misma, ¿cómo puedo ser rehén? **Hoy no lo entiendes. Mañana te lo daré a conocer durante la adoración.** El corazón y el alma me temblaban. Estas palabras se imprimieron tan profundamente en mi alma. La Palabra de Dios es viva. Cuando vine a la adoración, sentí en el alma que entré en el templo de Dios viviente, cuya Majestad es grande e inconcebible. Y el Señor me dio a conocer lo que son frente a Él incluso los espíritus más puros. Aunque por fuera no veía nada, la presencia de Dios me envolvió por completo. En aquel momento mi mente fue iluminada de modo singular. Delante de los ojos de mi alma pasó una visión, como aquella que el Señor Jesús tuvo en el Huerto de los Olivos. Primero los sufrimientos físicos y todas las circunstancias que los aumentan; los sufrimientos espirituales en toda su extensión y los de los cuales nadie sabrá. En aquella visión entra todo: sospechas injustas, pérdida del propio buen nombre. He descrito eso de modo resumido, pero el conocimiento de eso fue tan claro que lo que viví después no difería en nada de lo que conocí en aquel momento. Mi nombre debe ser "víctima". Cuando la visión terminó, un sudor frío fluyó por mi frente.

136 Jesús me dio a conocer que aunque no lo aceptara, no obstante podría salvarme y Él no disminuiría las gracias que me había concedido y seguiría en la misma intimidad conmigo, esto es que aunque no aceptara este sacrificio, la generosidad de Dios no disminuiría. Y el Señor me dio a conocer que todo el misterio dependía de mí, de mi consentimiento voluntario a ese sacrificio con toda la conciencia de mi mente. En este acto voluntario y consciente está

todo el poder y valor delante de su Majestad. Aunque no me sucediera nada de aquello a lo que me había ofrecido, delante del Señor es como si ya todo (64) hubiera sucedido. En aquel momento entendí que entraba en unión con la Majestad inconcebible. Sentí que Dios esperaba mi palabra, mi consentimiento. De repente mi alma se sumergió en el Señor y dije: Haz conmigo lo que Te agrade, me someto a Tu voluntad. Desde hoy Tu santa voluntad es mi alimento. Seré fiel a Tus demandas, con la ayuda de Tu gracia. Haz conmigo lo que Te agrade. Te suplico, Señor, quédate conmigo en cada momento de mi vida.

137 Súbitamente, cuando acepté este sacrificio con la voluntad y el corazón, la presencia de Dios me traspasó totalmente. Mi alma fue sumergida en Dios e inundada de una felicidad tan grande que no alcanzo a describirla ni siquiera parcialmente. Sentía que su Majestad me envolvía. Fui fusionada con Dios de modo singular. Vi una gran complacencia de Dios hacia mí e igualmente mi espíritu se sumergió en Él. Consciente de haberme unido con Dios, siento que soy amada de modo particular, y recíprocamente, amo con toda la fuerza de mi alma. Un gran misterio se produjo durante aquella adoración, un misterio entre yo y el Señor; y me parecía que iba a morir de amor bajo su mirada. Aunque hablé mucho con el Señor, pero sin una palabra. Y el Señor dijo: **Eres un deleite para Mi Corazón, desde hoy cada acción tuya, la más pequeña, encuentra la complacencia en Mis ojos, cualquier cosa que hagas.** En aquel momento me sentí reconsagrada. La envoltura del cuerpo es la misma, pero el alma es otra, en ella mora Dios con toda su predilección. No un sentimiento, sino una realidad consciente a la que nada me puede ofuscar. Un gran misterio se entrelazó entre Dios y yo. El ánimo y la fuerza quedaron en mi alma. Al salir de la adoración, con serenidad miré a los ojos de todo lo que antes tanto temía.

138 Cuando salí al pasillo, en seguida tuve un gran sufrimiento y humillación por parte de cierta persona. Lo acepté

sometiéndome a la voluntad superior y me estreché profundamente al Sacratísimo Corazón de Jesús, el Señor, dando a conocer que estaba dispuesta a aquello a lo que me había ofrecido. El sufrimiento brotó como de debajo de la tierra, la misma Madre Margarita se extrañó. A las otras se les perdonan muchas cosas, porque de verdad, no vale la pena hacerles caso, pero a mí no se me perdona nada, cada palabra es analizada, cada paso controlado. Una de las hermanas me dijo: Prepárese (65), hermana, a aceptar una pequeña cruz que la espera de parte de la Madre Superiora, ¡cuánto lo siento por usted! Y yo en mi alma estoy contenta de eso y desde hace mucho tiempo estoy preparada para ello. Al ver mi valor, se sorprendió. Ahora veo que el alma de por sí no puede mucho, pero con Dios puede todo. He aquí lo que puede la gracia de Dios. Son pocas las almas que siempre están atentas a la inspiración de Dios, pero aún menos numerosas son las almas que siguen fielmente la inspiración de Dios.

139 Sin embargo, el alma fiel a Dios no puede confirmar por sí sola sus inspiraciones, tiene que someterlas al control de un sacerdote muy culto y experimentado, y hasta no tener certeza, debe mantener una actitud de incredulidad. Que no se fíe por sí sola de estas inspiraciones y de todas las gracias superiores, porque puede exponerse a muchos daños.

Aunque el alma distingue en seguida las inspiraciones falsas de las que proceden de Dios, no obstante debe ser prudente, porque hay muchas cosas dudosas. A Dios le gusta y se alegra cuando el alma no se fía de Él Mismo por Él Mismo; porque lo ama, es prudente y pregunta, y ella misma busca ayuda, para asegurarse de que quien obra en ella es verdaderamente Dios. Y al asegurarse por un confesor instruido, esté tranquila y se entregue a Dios según sus indicaciones, es decir según las indicaciones del confesor.

140 El amor puro es capaz de grandes empresas y no lo destruyen ni las dificultades ni las contrariedades, si el amor

[es] fuerte [a pesar] de grandes dificultades, también es perseverante en la vida cotidiana, gris, monótona. Sabe que para agradar a Dios, una cosa es necesaria, es decir hacer las cosas más pequeñas con gran amor, amor y siempre amor.

El amor puro no se equivoca, tiene singularmente mucha luz y no hará nada que no agrade a Dios. Es ingenioso en hacer lo que es más agradable a Dios y no hay nadie que lo iguale; es feliz cuando puede anonadarse y arder como un sacrificio puro. Cuanto más se entrega, tanto más es feliz. Además, nadie sabe presentir los peligros desde tan lejos como él; sabe quitar la máscara y sabe con quién trata.

141 (66) + Pero mis tormentos están llegando a su fin. El Señor me da la ayuda prometida, la veo en dos sacerdotes es decir en los Padres Andrasz y Sopoćko. Durante los ejercicios espirituales antes de los votos perpetuos [76], por primera vez fui tranquilizada profundamente [77] y después fui guiada en la misma dirección por el Padre Sopoćko. En esto se cumplió la promesa del Señor.

142 Cuando fui tranquilizada e instruida sobre cómo avanzar por estos caminos de Dios, mi espíritu se regocijó en el Señor y me parecía que no caminaba, sino que corría; me fueron desatadas las alas para el vuelo y empecé a volar hacia el ardor mismo del sol y no bajaré hasta descansar en Aquel, en el cual mi alma se sumergió para la eternidad. Y me entregué completamente a la influencia de la gracia. Son grandiosos los descensos divinos hacia mi alma. No me retiro, ni me excuso, sino que me ahogo en Él, como en mi único tesoro. Soy una sóla cosa con el Señor, en cierto modo desaparece el abismo entre nosotros, el Creador y la criatura. Durante unos días mi alma estaba en casi continuo éxtasis. La presencia de Dios no me abandonaba ni por un momento. Y mi alma permanecía en una continua unión amorosa con el Señor. Sin embargo eso no me impedía cumplir mis deberes. Sentía que era transformada en el amor, ardía toda, pero sin [daño]. Me sumergía continuamente en Dios, Dios me atraía hacia

Sí con tanta fuerza y fortaleza, que en algunos momentos no me daba cuenta de estar en la tierra. Durante mucho tiempo había reprimido la gracia de Dios y la había temido, ahora Dios Mismo, por medio del Padre Andrasz eliminó todas las dificultades. Mi espíritu fue dirigido hacia el sol y floreció en sus rayos para Él Mismo, ya no entien [aquí interrumpe y en un párrafo nuevo empieza una idea nueva].

143 + Malgasté muchas gracias de Dios, porque siempre tenía miedo de la ilusión. Y aunque Dios me atraía a Sí con tanta fuerza que a menudo no estaba en condiciones de oponerme a su gracia, cuando de repente era sumergida en Él y en aquellos momentos Jesús me llenaba tanto con su paz que después, aunque quisiera inquietarme, no podría. Entonces oí en mi alma estas palabras: **Para que estés tranquila de que soy Yo el autor de todas estas demandas** [hechas] **a ti te daré una tranquilidad tan profunda,** (67) **que aunque quisieras inquietarte y asustarte, hoy no estaría en tu poder, pero el amor inundará tu alma hasta hacerte olvidar de ti misma.**

144 Más tarde Jesús me dio otro sacerdote [78], delante del cual me ordenó descubrir mi alma. En el primer momento lo hice con cierta vacilación, pero una severa amonestación de Jesús dio a mi alma una profunda humildad. Bajo su dirección mi alma avanzó rápidamente en el amor de Dios y muchas exigencias del Señor fueron cumplidas en la práctica [79]. Muchas veces su ánimo y la profundidad de su humildad me hicieron reflexionar.

145 Oh, qué mísera es mi alma que malgastó tantas gracias. Me escapaba de Dios, y Él me perseguía con sus gracias. Muchas veces recibía las gracias de Dios cuando menos las esperaba. Desde el momento en que el Señor me dio un director espiritual, soy más fiel a la gracia. Gracias al director y su vigilancia sobre mi alma, entendí lo que es la dirección espiritual y cómo la ve Jesús. Jesús me amonestaba por el menor descuido y acentuaba que los asuntos que yo confiaba al confesor, Él Mismo los juzgaba,

y cualquier desobediencia frente a él, Me alcanza a Mí. Cuando, bajo su dirección, mi alma empezó a gozar del profundo recogimiento y paz, a menudo oía en el alma estas palabras: **Fortalécete para la lucha**, a veces repetidas más de una vez.

+ Muchas veces Jesús me da a conocer lo que no le agrada en mi alma, y más de una vez me amonestó por cosas que parecían insignificantes, pero que en realidad tenían gran importancia, me amonestaba y adiestraba como un Maestro. Durante muchos años me educó Él Mismo, hasta el momento en que me dio un director espiritual. Antes Él Mismo me daba a conocer lo que no entendía, y ahora me hace preguntar [por] todo al confesor y a menudo me dice así: **Y Yo te contestaré por su boca, quédate tranquila.** (68) No me ha sucedido todavía recibir una respuesta contraria a lo que exigía el Señor y que yo presenté al director espiritual [80]. A veces ocurre que Jesús me recomienda algunas cosas, de las cuales nadie tiene conocimiento y cuando me acerco a la rejilla, lo mismo me recomienda el confesor, pero eso no es frecuente.

+ Cuando el alma recibió mucha luz y muchas inspiraciones durante largo tiempo y cuando los confesores le confirmaron la tranquilidad y la procedencia de ellas [las inspiraciones], si su amor es grande, ahora Jesús le da a conocer que es el tiempo para poner en práctica lo que recibió. El alma conoce que el Señor cuenta con ella y este conocimiento le da más fuerza, ella sabe que, para ser fiel, tendrá que exponerse a distintas dificultades más de una vez, pero ella confía en Dios y gracias a esta confianza llega allí a donde Dios la llama. Las dificultades no la espantan, son para ella como el pan de cada día no la espantan nada, ni asustan, como al soldado que continuamente está en el combate, no le espanta el tronar de los cañones. [Está] lejos de asustarse, pero aguza los oídos, de qué lado ataca el enemigo, para vencerlo. No hace nada ciegamente, sino que examina, reflexiona profundamente y sin contar consigo, reza ardientemente y pide consejo de oficiales expertos y con discernimiento; y comportándose así, gana casi siempre.

Hay ataques, cuando el alma no tiene tiempo de reflexionar, ni de pedir consejo, ni de nada; entonces se debe luchar por la vida o por la muerte; a veces es bueno recurrir a la herida del Corazón de Jesús, sin contestar una sola palabra y por ese [acto] mismo el enemigo está derrotado.

Durante el tiempo de la paz el alma hace esfuerzos al igual que en el tiempo de la lucha. Tiene que ejercitarse mucho, porque de lo contrario ni hablar de la victoria. El tiempo de la paz lo considero como el tiempo de preparación para la victoria. Tiene que vigilar continuamente, vigilancia y, una vez más, vigilancia. El alma que reflexiona recibe mucha luz. El alma disipada se expone a sí misma a la caída, y que no se sorprenda si cae. Oh Espíritu Divino, Guía del alma, es sabio aquel a quien Tú adiestras. Pero, para que el Espíritu Divino pueda obrar en el alma se necesita silencio y recogimiento.

146 (69) La oración. A través de la oración el alma se arma para enfrentar cualquier batalla. En cualquier condición en que se encuentre un alma, debe orar. Tiene que rezar el alma pura y bella, porque de lo contrario perdería su belleza; tiene que implorar el alma que tiende a la pureza, porque de lo contrario no la alcanzaría; tiene que suplicar el alma recién convertida, porque de lo contrario caería nuevamente; tiene que orar el alma pecadora, sumergida en los pecados, para poder levantarse. Y no hay alma que no tenga el deber de orar, porque toda gracia fluye por medio de la oración.

147 Recuerdo que recibí luz en la mayor abundancia durante la adoración de media hora que hacía todos los días durante la Cuaresma, postrándome en cruz delante del Santísimo Sacramento. En aquel tiempo me conocí más profundamente a mí y a Dios. Para hacer aquella oración encontré muchos obstáculos, a pesar de tener el permiso de las Superioras. El alma debe saber que para orar y perseverar en la oración, tiene que armarse de paciencia y con

esfuerzo superar las dificultades exteriores e interiores. Las dificultades interiores: el desaliento, la aridez, la pereza, las tentaciones; las exteriores: el respeto humano y la necesidad de respetar los momentos destinados a la oración. Yo misma experimenté que si no rezaba la oración en el momento establecido, después tampoco la rezaba, porque no me lo permitían los deberes y si la recé, fue con gran dificultad, porque el pensamiento huía hacia los deberes. Me sucedió también esta dificultad que si el alma había rezado bien la oración y había salido de ella con un profundo recogimiento interior, otras personas perturbaban ese recogimiento. Así, pues, es necesaria la paciencia, para perseverar en la oración. Me sucedió más de una vez que cuando mi alma estaba sumergida en Dios más profundamente y sacaba mayor provecho de la oración, y la presencia de Dios la acompañaba durante el día, y en el trabajo había más concentración y más perfección, y más empeño en el deber, no obstante me sucedía que justamente entonces recibía el mayor número de reproches de ser negligente, indiferente a todo, porque las almas menos recogidas quieren que las demás se les parezcan, ya que constituyen para ellas un remordimiento continuo.

148 (70) + Un alma noble y delicada puede ser también la más sencilla, pero de sentimientos delicados; tal alma en todo ve a Dios, lo encuentra en todas partes, sabe encontrar a Dios incluso en las cosas más insignificantes. Para ella todo tiene algún significado, aprecia mucho todo, agradece a Dios por cada cosa, de cada cosa saca provecho para el alma y dirige a Dios toda alabanza. Confía en Él y no se impresiona cuando llega el momento de la prueba. Sabe que Dios siempre es el mejor Padre y da poca importancia a las consideraciones humanas. Sigue fielmente el más pequeño soplo del Espíritu Santo, goza por este Huésped espiritual y se agarra a Él como un niño a la madre. Allí otras almas se detienen y asustan. Ella sigue adelante sin temor y sin dificultad.

149 Cuando el Señor Mismo quiere estar al lado de un alma y guiarla, aleja todo lo que es exterior. Cuando me enfermé y fui trasladada a la enfermería, tuve muchos disgustos por este motivo. Éramos dos las internadas en la enfermería. A Sor N. venían a visitarla otras hermanas, a mí nadie me visitó. Es verdad que la enfermería es una sola, pero cada una tiene su propia celda. Las noches de invierno eran largas, la Hermana N. tenía la luz, los auriculares de la radio y yo ni siquiera pude preparar las meditaciones por falta de luz.

Así pasaron casi dos semanas, una noche me quejaba al Señor de tener muchos tormentos, de no poder ni siquiera preparar las meditaciones por no tener luz y me dijo el Señor que vendría todas las noches y me dictaría los temas para la meditación del día siguiente. Los temas se referían siempre a su dolorosa Pasión. Me decía: **Contempla Mi tormento delante de Pilato.** Y así, punto por punto, durante toda la semana contemplé su dolorosa Pasión. Desde aquel momento una gran alegría entró en mi alma y ya no deseaba ni visitas, ni luz. Me bastaba Jesús por cada cosa. Las Superioras cuidaban muchísimo a las enfermas, sin embargo, el Señor dispuso las cosas de tal manera que me sentí abandonada. Pero este mejor Maestro, para poder obrar directamente en el alma, apartará todo lo que es creado. Más de una vez sufrí tantas y tan distintas persecuciones y tormentos, que la misma Madre M. [81] me dijo: En su camino, hermana, los sufrimientos brotan directamente de debajo de la tierra. Me dijo: Yo la miro, hermana, (71) como si estuviera crucificada, pero he observado que Jesús de algún modo entra en esto. Sea fiel al Señor, hermana.

150 + Deseo anotar un sueño que tuve sobre Santa Teresa del Niño Jesús. Era todavía novicia y tenía ciertas dificultades que no lograba resolver. Eran dificultades interiores relacionadas con las dificultades exteriores. Hice muchas novenas a varios santos, sin embargo la situación se hacía cada vez más pesada. Mis sufrimientos debidos a esto

eran tan grandes que ya no sabía como seguir viviendo; pero de repente me vino la idea de rogar a Santa Teresa del Niño Jesús. Empecé la novena a esta Santa, porque antes de entrar [en el convento] le tenía una gran devoción. Ahora la había descuidado un poco, pero en esta necesidad, empecé a rogar nuevamente con todo el fervor. El quinto día de la novena soñé con Santa Teresa, pero como si estuviera todavía en la tierra. Me encubrió a mí el conocimiento de que era santa y comenzó a consolarme, que no me entristeciera por ese asunto, sino que confiara más a Dios. Me dijo: *Yo también sufrí muchísimo.* Pero yo no estaba muy convencida de que ella hubiera sufrido mucho y le dije que me parecía que: Tú no sufriste nada. Pero Santa Teresa contestó, asegurándome que había sufrido mucho y me dijo: *Sepa, hermana, que dentro de tres días usted resolverá este asunto de la mejor manera.* Como yo no estaba muy dispuesta a creerle, ella se me dio a conocer como santa. Entonces la alegría llenó mi alma y le dije: Tú eres santa. Y ella me contestó: *Sí, soy santa y tú ten confianza en que resolverás este asunto dentro de tres días.* Y le dije: Santa Teresita, dime si estaré en el cielo. Me contestó: *Estarás en el cielo, hermana.* ¿Y seré santa? Me contestó: *Serás santa, hermana.* Pero Teresita, ¿seré tan santa como tú, en los altares? Y ella me contestó: *Serás tan santa como yo, pero tienes que confiar en el Señor Jesús.* Y le pregunté si [mi] padre y [mi] madre estarían en el cielo, si (72) [la frase sin terminar] me contestó: *Estarán.* Y pregunté todavía: Y mis hermanas y hermanos ¿estarán en el cielo? Me contestó que rogara por ellos mucho, sin darme una respuesta clara. Entendí que necesitaban muchas oraciones.

Fue un sueño y según dice el proverbio [polaco]: El sueño es una ilusión, mientras Dios es certeza, pero tal y como me había dicho, al tercer día resolví ese difícil problema con gran facilidad. Según me había dicho, se cumplió en todos los detalles lo referente al asunto. Fue un sueño, pero tuvo su significado.

151 + Una vez, estaba en la cocina con la Hermana N. [82] y ella se enfadó un poco conmigo y como penitencia me ordenó sentarme en la mesa, mientras ella se puso a trabajar mucho, a arreglar, a fregar, y yo estaba sentada sobre la mesa. Otras hermanas venían y se sorprendían de que estaba sentada en la mesa, cada una dijo lo que quiso. Una, que yo era holgazana, otra que era extravagante. En aquel entonces yo era postulante. Otras decían ¿Qué clase de hermana será ésta? Pero, yo no podía bajar, porque aquella hermana me ordenó, bajo obediencia [83], quedarme sentada hasta que me permitiera bajar. De verdad, solamente Dios sabe cuántos actos de mortificación hice entonces.

Pensaba que iba a quemarme por la vergüenza. Dios Mismo lo permitía a veces para mi formación interior, pero el Señor me recompensó por aquella humillación con un gran consuelo. Durante la bendición lo vi bajo un aspecto de gran belleza. Jesús me miró amablemente y dijo: **Hija Mía, no tengas miedo de los sufrimientos, Yo estoy contigo.**

152 Una noche estaba yo de guardia [84] y sufría tanto en el alma por esta imagen que debía pintar, que ya no sabía qué hacer: los continuos intentos de hacerme creer que era una ilusión y por otro lado, un sacerdote me dijo que quizás a través de esta imagen, Dios quisiera ser adorado, por eso se debía procurar pintarla. Pero mi alma estaba muy cansada. Al entrar en la pequeña capilla, acerqué mi cabeza al tabernáculo y llamé (73), y dije: Jesús, mira qué grandes dificultades tengo por esta imagen, y oí una voz que salía del tabernáculo: **Hija Mía, tus sufrimientos ya no durarán mucho tiempo**.

153 Un día vi dos caminos: un camino ancho, cubierto de arena y flores, lleno de alegría y de música y de otras diversiones. La gente iba por este camino bailando y divirtiéndose, llegaba al final sin advertir que ya era el final. Pero al final del camino había un espantoso precipicio, es decir el abismo infernal. Aquellas almas caían ciegamente en ese abismo; a medida que llegaban, caían. Y eran tan numerosas que fue imposible contarlas. Y vi también otro

camino o más bien un sendero, porque era estrecho y cubierto de espinas y de piedras, y las personas que por él caminaban [tenían] lágrimas en los ojos y sufrían distintos dolores. Algunas caían sobre las piedras, pero en seguida se levantaban y seguían andando. Y al final del camino habían un espléndido jardín, lleno de todo tipo de felicidad y allí entraban todas aquellas almas. En seguida, desde el primer momento olvidaban sus sufrimientos.

154 Cuando era la adoración de las Hermanas de la Familia de María [85], al anochecer, con una de las hermanas fui a esa adoración. Cuando entré en la capilla, la presencia de Dios envolvió mi alma en seguida. Oraba así como en ciertos momentos, sin decir una palabra. De repente vi al Señor que me dijo: **Has de saber que si descuidas la cuestión de pintar esta imagen y de toda la obra de la misericordia, en el día del juicio responderás de un gran número de almas.** Después de estas palabras del Señor cierto temblor y un temor entraron en mi alma. No lograba tranquilizarme sola. Me sonaban estas palabras: Sí, el día del juicio divino deberé responder no solamente de mí misma, sino también de otras almas. Estas palabras se grabaron profundamente en mi corazón. Cuando volví a casa, entré en el pequeño Jesús [86], caí de cara al suelo delante del Santísimo Sacramento y dije al Señor: Haré todo lo que esté en mi poder, pero Te ruego, quédate siempre conmigo y dame fortaleza para cumplir Tu santa voluntad, porque Tú puedes todo, y yo no puedo nada por mí misma.

155 (74) + Desde hace algún tiempo me sucede sentir en el alma cuando alguien reza por mí, lo siento inmediatamente en el alma; y en cambio cuando algún alma me pide la oración, aunque no me lo diga, yo lo siento igualmente en el alma. Lo siento como una inquietud, como si alguien me llamara; cuando rezo, obtengo la paz.

156 + Una vez deseaba mucho acercarme a la Santa Comunión, pero tenía cierta duda y no me acerqué. Sufrí terriblemente a causa de ello. Me parecía que el corazón se

me reventaría del dolor. Cuando me dediqué a mis tareas, con el corazón lleno de amargura, de repente Jesús se puso a mi lado y me dijo: **Hija Mía, no dejes la Santa Comunión, a no ser que sepas bien de haber caído gravemente, fuera de esto no te detengan ningunas dudas en unirte a Mí en Mi misterio de amor. Tus pequeños defectos desaparecerán en Mi amor como una pajita arrojada a un gran fuego. Debes saber que Me entristeces mucho, cuando no Me recibes en la Santa Comunión.**

157 + Por la noche, al entrar en la pequeña capilla, oí en el alma estas palabras: **Hija Mía, considera estas palabras: y sumido en la angustia, oraba más tiempo.** Cuando empecé a reflexionar más profundamente sobre ellas, mucha luz me iluminó que de tal fatigosa oración depende a veces nuestra salvación.

158 + Cuando fui a Kiekrz [87], para sustituir algún tiempo a una de las hermanas [88], una tarde atravesé la huerta y me detuve a la orilla del lago, y durante un largo momento me quedé pensando en aquel elemento de la naturaleza. De repente vi a mi lado al Señor Jesús que me dijo amablemente: **Lo he creado todo para ti, esposa Mía, y has de saber que todas las bellezas son nada en comparación con lo que te he preparado en la eternidad.** Mi alma fue inundada de un consuelo tan grande que me quedé allí hasta la noche y me pareció que estuve un breve instante. Aquel día lo tenía libre, destinado al retiro espiritual de un día [89], (75) pues tenía plena libertad para dedicarme a la oración. Oh, que infinitamente bueno es Dios, nos persigue con su bondad. Con mucha frecuencia el Señor me concede las mayores gracias cuando yo no las espero en absoluto.

159 + Oh, Hostia Santa, Tú estás encerrada para mí
en un cáliz de oro,
para que en la grande selva del exilio
yo camine pura, inmaculada, intacta,
y que lo haga el poder de Tu amor.

Oh, Hostia Santa, habita en mi alma,
purísimo Amor de mi corazón;
que Tu luz disipe las tinieblas;
Tú no niegas la gracia a un corazón humilde.

Oh, Hostia Santa, Delicia del Paraíso,
aunque ocultas Tu belleza
y Te presentas a mí en una miga de pan,
la fuerte fe desgarra este velo.

160 + El día de la cruzada [90] - que es el quinto día de cada
mes, cayó en el primer viernes. Hoy es mi día para estar
de guardia delante de Jesús. En este día mío, mi tarea es
compensar al Señor por todos los insultos y faltas de respeto, rogar para que en este día no se cometa ningún sacrilegio. En aquel día mi espíritu estaba inflamado de un
amor singular hacia la Eucaristía. Me parecía que estaba
transformada en el ardor. Cuando, para tomar la Santa
Comunión, me acerqué al sacerdote que me daba a Jesús,
otra Hostia se pegó a la manga y yo no sabía cuál tomar.
Cuando estaba deliberando así un momento, el sacerdote,
impaciente, hizo una señal con la mano para que la tomara. Cuando tomé la Hostia que me entregaba, la otra me
cayó en las manos. El sacerdote fue al final del comulgatorio para distribuir la Santa Comunión y yo tuve al Señor Jesús en las manos durante todo ese tiempo. Cuando
el sacerdote se acercó otra vez, le di la Hostia para que la
pusiera en el cáliz, porque en el primer momento, al haber recibido a Jesús, no pude decir que la otra había caído
sólo después de haberla pasado. Cuando tenía la Hostia
(76) en las manos, sentí tanta fortaleza del amor que durante el día entero no pude comer nada, ni recobrar el conocimiento. De la Hostia oí estas palabras: **Deseaba descansar en tus manos, no solamente en tu corazón,** y de
repente en aquel momento vi al Niño Jesús. Pero al acercarse el sacerdote, otra vez vi la Hostia.

161 Oh María, Virgen Inmaculada,
Puro cristal para mi corazón,

Tú eres mi fuerza, oh ancla poderosa,
Tú eres el escudo y la defensa para el corazón débil.

Oh María, Tú eres pura e incomparable,
Virgen y Madre a la vez,
Tú eres bella como el sol, sin mancha alguna,
Nada se puede comparar con la imagen de Tu alma.

Tu belleza encantó el ojo del tres veces Santo,
Y bajó del cielo, abandonando el trono de la sede eterna,
Y tomó el cuerpo y la sangre de Tu Corazón,
Durante nueve meses escondiéndose en el Corazón
de la Virgen.

Oh Madre, Virgen, nadie comprenderá,
Que el inmenso Dios se hace hombre,
Sólo por amor y por su insondable misericordia,
A través de Ti, oh Madre, viviremos con Él eternamente.

Oh María, Virgen Madre y Puerta Celestial,
A través de Ti nos ha llegado la salvación,
Todas las gracias brotan para nosotros
a través de Tus manos,
Y me santificará solamente un fiel seguimiento de Ti.

Oh María, Virgen, Azucena más bella,
Tu Corazón fue el primer tabernáculo para Jesús
en la tierra,
Y eso porque Tu humildad fue la más profunda,
Y por eso fuiste elevada por encima de los coros de los
ángeles y de los santos.

Oh María, dulce Madre mía,
Te entrego el alma, el cuerpo y mi pobre corazón,
Sé [tú] la custodia de mi vida,
Y especialmente en la hora de la muerte,
en el último combate.

162 (77) JMJ. Jesús, en Ti confío. Año 1937, mes I, día 1

Anotación para el control interior del alma. Examen particular - unirme a Cristo misericordioso. Práctica: el silencio interior, estricta observancia del silencio.

La conciencia

Enero   Dios y el alma, silencio.

Victorias - 41, caídas -4.

Jaculatoria: Y Jesús callaba.

Febrero   Dios y el alma, silencio.

Victorias - 36, caídas - 3.

Jaculatoria: Jesús, en Ti confío.

Marzo   Dios y el alma, silencio.

Victorias - 51, caídas - 2.

Jaculatoria: Jesús, incendia mi corazón con amor.

Abril   Dios y el alma, silencio.

Victorias - 61, caídas - 4.

Jaculatoria: Con Dios lo puedo todo.

Mayo   Dios y el alma, silencio.

Victorias - 92, caídas - 3.

Jaculatoria: En su Nombre está mi fuerza.

Junio   Dios y el alma, silencio.

Victorias - 64, caídas - 1.

Jaculatoria: Todo para Jesús.

Julio   Dios y el alma, silencio.

Victorias - 62, caídas - 8.

Jaculatoria: Jesús, descansa en mi corazón.

Agosto   Dios y el alma, silencio.

Victorias 88, caídas - 7.

Jaculatoria: Jesús, Tú sabes...

Septiembre Dios y el alma, silencio.

Victorias - 99, caídas - 1.

Jaculatoria: Jesús, escóndeme en Tu Corazón.

Octubre Dios y el alma, silencio.

Victorias - 41, caídas - 3.

Jaculatoria: María, úneme a Jesús.

[Aquí viene otra anotación - retiro].

Noviembre Dios y el alma, silencio. Victorias, caídas.

Jaculatoria: Oh Jesús mío, misericordia.

Diciembre Dios y el alma, silencio. Victorias, caídas.

Jaculatoria: Te saludo, Hostia viviente.

163 (78) JMJ   Año 1937

Ejercicio general

+ Cuantas veces respira mi pecho, cuantas veces late mi corazón, cuantas veces pulsa la sangre en mi cuerpo, esa cantidad por mil, es el número de veces que deseo glorificar Tu misericordia, oh Santísima Trinidad.

+ Deseo transformarme toda en Tu misericordia y ser un vivo reflejo de Ti, oh Señor. Que este más grande atributo de Dios, es decir su insondable misericordia, pase a través de mi corazón al prójimo.

Ayúdame, oh Señor, a que mis ojos sean misericordiosos, para que yo jamás recele o juzgue según las apariencias, sino que busque lo bello en el alma de mi prójimo y acuda a ayudarla.

Ayúdame a que mis oídos sean misericordiosos para que tome en cuenta las necesidades de mi prójimo y no sea indiferente a sus penas y gemidos.

Ayúdame, oh Señor, a que mi lengua sea misericordiosa para que jamás hable negativamente de mis prójimos sino que tenga una palabra de consuelo y perdón para todos.

Ayúdame, oh Señor, a que mis manos sean misericordiosas y llenas de buenas obras para que sepa hacer sólo el bien a mi prójimo y cargue sobre mí las tareas más difíciles y más penosas.

Ayúdame a que mis pies sean misericordiosos para que siempre me apresure a socorrer a mi prójimo, dominando mi propia fatiga y mi cansancio. Mi reposo verdadero está en el servicio a mi prójimo.

Ayúdame, oh Señor, a que mi corazón sea misericordioso para que yo sienta todos los sufrimientos de mi prójimo. A nadie le rehusaré mi corazón. Seré sincera incluso con aquellos de los cuales sé que abusarán de mi bondad. Y yo misma me encerraré en el misericordiosísimo Corazón de Jesús. Soportaré mis propios sufrimientos en silencio. Que Tu misericordia, oh Señor mío, repose dentro de mí.

+ Tú Mismo me mandas ejercitar los tres grados de la misericordia. El primero: la obra de misericordia, de cualquier tipo que sea. El segundo: la palabra de misericordia; si no puedo llevar a cabo una obra de misericordia, ayudaré con mis palabras. El tercero: la oración. Si no puedo mostrar misericordia por medio de obras o palabras, siempre puedo mostrarla por medio de la oración. Mi oración llega hasta donde físicamente no puedo llegar.

Oh Jesús mío, transfórmame en Ti, porque Tú puedes hacer todo.

[En este lugar hay cuatro páginas en blanco].

164 (83) + JMJ   Varsovia, año 1933

La probación antes de los votos perpetuos [91]

Cuando supe que debía salir a la probación, la alegría latió en mi corazón frente a la gracia tan inconcebible, como lo es el voto perpetuo. Fui donde estaba el Santísimo Sacramento y cuando me sumergí en una oración de gracias, oí en el alma estas palabras: **Niña Mía, tú eres Mi deleite, tú eres la frescura de Mi Corazón. Te concedo tantas gracias, cuantas puedes llevar. Siempre que quieras agradarme, habla al mundo de Mi gran e insondable misericordia.**

165 Algunas semanas antes de que me anunciaran la probación, al haber entrado yo un momento en la capilla, Jesús me había dicho: **En este momento las Superioras están anunciando cuáles de las hermanas tendrán los votos perpetuos. No todas obtendrán esta gracia, pero son ellas mismas las que tienen la culpa. Quien no se beneficia de las gracias pequeñas - no recibirá las grandes. Pero a ti, niña Mía, esta gracia es concedida.** Un asombro gozoso envolvió mi alma y eso porque unos días antes una de las hermanas me había dicho, usted, hermana, no tendrá la tercera probación. Yo misma procuraré que usted no sea admitida a los votos. No había contestado a aquella hermana, pero eso fue muy desagradable para mí, sin embargo traté de esconder mi dolor, cuanto pude.

Oh Jesús, que admirable es Tu obrar. Ahora veo que los hombres por sí solos pueden muy poco, porque tuve la probación tal y como me había dicho Jesús.

166 En la oración siempre encuentro luz y fortaleza del espíritu, aunque a veces hay momentos pesados y muy desagradables, hasta tal punto que a veces no se alcanza a comprender que tales cosas pueden suceder en un convento. Por razones misteriosas Dios lo permite a veces, pero eso sucede siempre para que en el alma destaque una virtud, o para que se forme. Para esto sirven los disgustos.

167 (84) Hoy [noviembre de 1932] llegué a Varsovia para la tercera probación. Tras un cordial saludo con las queridas Madres, entré un momento en la pequeña capilla. La presencia de Dios inundó mi alma y oí estas palabras: **Hija Mía, deseo que tu corazón sea formado a semejanza de Mi Corazón misericordioso. Debes ser impregnada completamente de Mi misericordia.**

La querida Madre Maestra [92] en seguida me preguntó si este año había hecho los ejercicios espirituales. Contesté que no. "Pues, primero, tiene que hacer usted por lo menos tres días de ejercicios espirituales."

Gracias a Dios, en Walendów [93] había ejercicios espirituales de ocho días, así que pude aprovecharlos. Sin embargo empezaron las dificultades cuando se trató de ir a esos ejercicios. Cierta persona estaba muy en contra, y yo ya no iba a partir. Después de comer fui a una adoración de cinco minutos. Entonces vi a Jesús que me dijo: **Hija Mía, te estoy preparando muchas gracias que recibirás durante los ejercicios espirituales, que empezarás mañana.** Contesté: Jesús, los ejercicios han empezado ya, y yo no voy a ir. Y me dijo: **Tú, prepárate, porque mañana empezarás los ejercicios espirituales y tu salida, Yo la arreglaré con tus Superioras.** Y Jesús desapareció repentinamente. Me puse a pensar en cómo sucedería eso. Pero en un solo instante dejé de pensarlo, dedicando ese momento a la oración, pidiendo al Espíritu Santo que me diera la luz para conocer toda la miseria que soy. Y después de un instante salí de la capilla a mis deberes. Poco después la Madre General [94] me llama y me dice: Hermana, hoy mismo usted irá a Walendów con la Madre Valeria, para que ya desde mañana pueda empezar los ejercicios espirituales. Afortunadamente está [aquí] la Madre Valeria, entonces irán juntas. No habían pasado dos horas y ya estaba en Walendów. Me ensimismé un momento y entendí que solamente Jesús pudo solucionar las cosas de esta manera.

168 (85) Cuando me vio aquella persona que se oponía intensamente a que yo hiciera los ejercicios espirituales, mostró su sorpresa y su descontento. Sin embargo yo, sin reparar en nada, la saludé cordialmente y fui a hacer una visita al Señor, para pedir instrucciones cómo comportarme durante los ejercicios espirituales.

169 Mi conversación con el Señor Jesús antes de empezar los ejercicios espirituales. Jesús me dijo que esos ejercicios serían un poco diferentes de los otros. **Al tratar Conmigo**

procurarás alcanzar una profunda calma. **Eliminaré todas las incertidumbres al respecto. Yo sé que ahora estás tranquila, mientras te estoy hablando; pero en cuanto deje de hablar, empezarás a buscar dudas, pero has de saber que fortaleceré tu alma hasta tal punto que aunque quisieras inquietarte no estaría en tu poder. Y como prueba de que soy Yo quien te habla, el segundo día de los ejercicios espirituales irás a confesarte con el sacerdote que dirige los ejercicios. Irás a él en cuanto termine la meditación y preséntale los temores que tienes respecto a Mí, y Yo te contestaré por su boca y entonces terminarán tus dudas. Durante esos ejercicios espirituales observa un silencio tan riguroso como si en tu alrededor no existiera nada. Hablarás solamente Conmigo y con el confesor, a las Superioras les pedirás solamente penitencias.** Me alegré muchísimo de que el Señor Jesús me hubiera mostrado tanta benevolencia y de que se hubiera humillado hacia mí.

170 Primer día de los ejercicios espirituales. Por la mañana procuré ser la primera en llegar a la capilla, antes de la meditación tuve todavía un momento para la oración al Espíritu Santo y a la Santísima Madre. Pedí ardientemente a la Virgen que me obtuviera la gracia de ser fiel a esas inspiraciones interiores y que yo cumpliera fielmente toda la voluntad de Dios. Inicié esos ejercicios con un ánimo muy especial.

171 (86) Lucha por mantener el silencio. Como sucede normalmente, a los ejercicios espirituales vienen hermanas de varias casas. Una de las hermanas que yo no había visto desde hacía mucho tiempo, vino a mi celda y dijo que tenía algo que decirme. No le contesté nada y ella se dio cuenta de que yo no quería romper el silencio. Me contestó: No sabía, hermana, que usted fuera tan rara, y se fue. Entendí que esa persona no tenía otro interés hacia mí que el de satisfacer su curioso amor propio. Oh Dios, mantenme en la fidelidad.

172 El Padre [95] que dirigía los ejercicios espirituales, era de América. Vino a Polonia por poco tiempo y coincidió que nos predicara los ejercicios a nosotras. En ese hombre se

reflejaba una profunda vida interior. Su aspecto revelaba la grandeza del espíritu; la mortificación y el recogimiento caracterizaban a aquel sacerdote. Sin embargo, a pesar de las grandes virtudes que aquel sacerdote poseía, experimenté enormes dificultades para revelarle mi alma en cuanto a las gracias, porque en cuanto a los pecados es siempre fácil, pero en lo que se refiere a las gracias, de verdad tengo que imponerme un gran esfuerzo y aún con esto no digo todo.

173 Tentaciones de Satanás durante las meditaciones. Me invadió extrañamente el temor de que el sacerdote no me entendiera o no tuviera tiempo para que pudiera exponerle todo. ¿Cómo le hablaré de todo esto? Si fuese el Padre Bukowski, me resultaría más fácil, pero a este jesuita lo veo por primera vez. En ese momento me vino a la mente el consejo del Padre Bukowski [96], quien me había dicho que cuando hiciera los ejercicios espirituales, debería tomar nota, aunque brevemente, de la luz que Dios me mandaría y por lo menos de eso darle cuenta, aunque brevemente. Oh Dios mío, un día y medio me ha pasado tan fácilmente; ahora está empezando la lucha de vida o muerte. Dentro de media hora debe haber la meditación y después tengo que ir a confesarme. Satanás me hace creer que si las Superioras dijeron que mi vida es una ilusión, ¿para qué preguntar todavía (87) y molestar al confesor? Después de todo, la M. X. [97] te dijo que Jesús no tiene ese tipo de relaciones con almas tan miserables; lo mismo te dirá ese confesor. ¿A qué hablar de esto? Al fin y al cabo no son pecados, y la Madre X te dijo explícitamente que todos esos contactos con el Señor Jesús son un sueño, pura histeria, pues, ¿para qué hablar de eso a ese sacerdote? Vas a hacer mejor si lo rechazas todo como una ilusión. Mira, cuántas humillaciones sufriste y cuántas sufrirás todavía, además las hermanas saben que eres histérica. ¡Oh Jesús!, grité con toda la fuerza de mi alma. Justo en aquel momento el Padre salió para dar la conferencia. Habló brevemente, como si tuviera prisa.

Terminada la conferencia se sentó en el confesionario. Miré alrededor, ninguna hermana se acercaba. Me levanté rápidamente de mi reclinatorio y en un momento estaba junto a la rejilla. No hubo tiempo para ninguna reflexión.

174 En vez de hablar al Padre de mis dudas que me fueron infundidas respecto a Jesús, comencé a relatarle todas las tentaciones que he descrito arriba. Sin embargo el confesor se dio cuenta en seguida de mi situación y dijo: Hermana, usted no confía en Jesús, porque se comporta con usted con tanta benevolencia. Pues, hermana, esté completamente tranquila. Jesús es su Maestro y su comunión con Jesús no es ni una histeria, ni un sueño, ni una ilusión. Sepa, hermana, que está en el buen camino. Trate de ser fiel a estas gracias y no debe evitarlas. No es nada necesario que usted hable de estas gracias interiores a las Superioras, si no fuera por una orden clara de Jesús, y antes consulte al confesor. Pero si Jesús pide alguna cosa que está al exterior, entonces, tras consultar al confesor, usted debe cumplir lo que el Señor pide, aunque eso la cueste muchísimo. Y por otra parte, usted, hermana tiene que hablar de todo con el confesor. No hay absolutamente otro camino para usted. Ore, hermana (88), para obtener un director espiritual, porque en el caso contrario, usted desperdiciará estos grandes dones de Dios. Le repito otra vez esté tranquila, usted está en el buen camino. Ignore todo y siempre sea fiel al Señor Jesús, sin reparar en lo que digan de usted, hermana. Precisamente con tales almas miserables el Señor Jesús trata de esta manera y cuánto más usted se humille, tanto más Jesús se unirá a usted.

175 Cuando me alejé de la rejilla, una alegría inconcebible inundó mi alma hasta tal punto que me retiré a un lugar apartado en el jardín, para esconderme de las hermanas y permitir al corazón desbordarse plenamente hacia Dios. La presencia de Dios me penetró por completo y en un solo momento toda mi nada se sumergió en Dios y en aquel momento sentí, es decir distinguí las Tres Personas Divinas que habitaban en mí, y la paz que tenía en el alma

era tan grande que me asombraba yo misma, de cómo había sido posible estar intranquila.

176 + Propósito: Fidelidad a las inspiraciones interiores, aunque eso me costara no sé cuánto. No hacer nada por mí misma sin consultar antes al confesor.

177 + Renovación de los votos. Desde la primera hora, cuando me desperté, en seguida mi alma se sumergió entera en Dios, en este océano de amor. Sentía que estaba toda sumergida entera en Él. Durante la Santa Misa mi amor hacia Él alcanzó una gran intensidad. Después de renovar los votos y de la Santa Comunión, de repente vi al Señor Jesús que me dijo con benevolencia: **Hija Mía, mira Mi Corazón misericordioso.** Cuando me fijé en este Corazón Santísimo, salieron los mismos rayos que están en la imagen, como Sangre y Agua, y entendí lo grande que es la misericordia del Señor. Y Jesús volvió a decir muy amablemente: **Hija Mía, habla a los sacerdotes de esta inconcebible misericordia Mía. Me queman las llamas de la misericordia, las quiero derramar sobre las almas, [y] las almas no quieren creer en Mi bondad.** De repente Jesús desapareció. Sin embargo, todo el día mi espíritu estuvo (89) sumergido en la sensible presencia de Dios, a pesar del ruido y de la conversación que suele haber después de los ejercicios espirituales. A mí eso no me molestó nada. Mi espíritu estaba en Dios, a pesar de que exteriormente yo tomaba parte en las conversaciones y hasta fui con una visita a Derdy [98].

178 Hoy empezamos la tercera probación [99]. Nos reunimos las tres junto a la M. Margarita, porque las demás hermanas tenían la tercera probación en el noviciado. La Madre Margarita empezó con una plegaria y una explicación sobre lo que consiste la tercera probación, y recordó lo grande que es la gracia de los votos perpetuos. De repente me vino un gran llanto. En un solo momento, delante de los ojos de mi alma aparecieron todas las gracias de Dios y me vi tan miserable e ingrata frente a Dios. Las hermanas empezaron a reprenderme ¿por qué se puso a llorar tanto?, pero la Madre Maestra me defendió y dijo que eso no la asombraba.

Terminada la hora fui delante del Santísimo Sacramento y como la miseria y la nada más grandes, le supliqué por su misericordia y que se dignara sanar y purificar mi pobre alma. De repente oí estas palabras: **Hija Mía, todas tus miserias han sido quemadas en el fuego de Mi amor, como una pajita arrojada en unas llamas enormes. Y con esta humillación atraes a ti y a otras almas todo el mar de Mi misericordia.** Y contesté: Jesús, forma mi pobre corazón según Tu divina complacencia.

179 Durante todo el período de la probación mi tarea fue la de ayudar a la hermana en el vestuario [100]. Esta tarea me dio muchas ocasiones para ejercitarme en las virtudes. Más de una vez, iba tres veces [seguidas] a llevar ropa interior a ciertas hermanas y no era suficiente para satisfacerlas. Pero conocí también grandes virtudes de algunas hermanas, que pedían siempre traerles (90) lo peor de todo el vestuario. Admiraba ese espíritu de humildad y de mortificación.

180 + Durante el Adviento se despertó en mi alma un vivo deseo de Dios. Mi espíritu anhelaba a Dios con toda la fuerza de su ser. En aquel tiempo el Señor me dio mucha luz para que conociera sus atributos.

El primer atributo que el Señor me dio a conocer, fue su Santidad. Esta Santidad es tan grande que delante de Él tiemblan todas las Potencias y todas las Fuerzas. Los espíritus puros encubren sus rostros y se sumergen en adoración permanente, y la única expresión de su adoración sin límites es Santo... La Santidad de Dios es derramada sobre la Iglesia de Dios y sobre cada alma que vive en ella pero no en grado igual. Hay almas completamente divinizadas, pero hay también almas apenas vivas.

El segundo atributo que el Señor me dio a conocer, fue su Justicia. Su Justicia es tan grande y penetrante que llega hasta el fondo de la esencia de las cosas y delante de Él todo se presenta en desnuda verdad, y nada podría continuar subsistiendo.

El tercer atributo fue el Amor y la Misericordia. Y entendí que el mayor atributo es el Amor y la Misericordia. El une la criatura al Creador. El amor más grande y el abismo de la misericordia los reconozco en la Encarnación del Verbo, en su redención, y de esto entendí que éste es el más grande atributo de Dios.

181 Hoy limpiaba la habitación de una de las hermanas. A pesar de que trataba de limpiarla con máximo esmero, ella me seguía diciendo durante todo el tiempo: Aquí hay polvo, allí una manchita en el suelo. A cada señal suya yo pasaba y repasaba lo mismo, hasta diez veces (91), para tenerla contenta. No es el trabajo que cansa sino la habladuría y las exigencias desmedidas. No la satisfizo mi martirio de un día entero, sino que fue a la Maestra para quejarse. Le digo, Madre, ¡qué hermana tan desatenta!, no sabe apresurase. Al día siguiente fui a hacer el mismo trabajo sin una palabra de explicación. Cuando volvió a molestarme, pensé: Jesús, es posible ser un mártir silencioso; las fuerzas disminuyen no por el trabajo, sino por este martirio.

182 Comprendí que algunas personas tienen un don especial de atormentar a los demás. Los ejercitan a más no poder. Pobre aquella alma que cae bajo su mano. No cuenta nada, las mejores cosas son juzgadas al revés.

+ Vigilia de la Noche Buena.

Hoy me uní estrechamente a la Santísima Virgen, viví sus momentos íntimos. Por la noche, antes de partir "oplatek"*, entré en la capilla, para intercambiarlo espiritualmente con las personas queridas y pedí a la Virgen las gracias para ellas. Mi espíritu estaba sumergido completamente en Dios. Durante la Santa Misa de Medianoche

---

* En Polonia antes de empezar la cena de la Nochebuena, todos los miembros de la familia y otras personas reunidas en torno a la mesa navideña, parten "oplatek" (leer - opuatek, que es un trozo de la hostia no consagrada) y se dan augurios para todo el año. Es una tradición muy antigua y muy difundida.

vi al Niño Jesús en la Hostia; mi espíritu se sumergió en Él. Aunque era un Niñito, su Majestad penetró mi alma. Me impresionó profundamente este misterio, este gran humillarse de Dios, este inconcebible anonadamiento Suyo. Durante toda la fiesta de la Navidad lo tuve vivo en el alma. Oh, nosotros nunca comprenderemos este gran humillarse de Dios; cuanto más lo medito [aquí la frase ha quedado interrumpida].

183 Una mañana, después de la Santa Comunión, oí esta voz: **Deseo que Me acompañes cuando voy a los enfermos.** Contesté que estaba de acuerdo, pero un momento después reflexioné: ¿Cómo voy a hacerlo? dado que las hermanas del segundo coro [101] no acompañan al Santísimo Sacramento, siempre van las Hermanas Directoras. (92) Pensé que Jesús lo solucionaría. Pocos minutos después, la Madre Rafaela mandó llamarme y me dijo: Hermana, usted va a acompañar al Señor Jesús, cuando el sacerdote visite a los enfermos. Y durante todo el tiempo de la probación, siempre iba con luz, acompañando a Jesús y como un oficial de Jesús procuraba siempre ceñirme con un pequeño cinturón de hierro [102], porque no estaría bien acompañar al Rey vestida como de costumbre. Esa mortificación la ofrecía por los enfermos.

184 + La Hora Santa. Durante esta hora procuraba meditar la Pasión del Señor. No obstante mi alma fue inundada de gozo y de repente vi al pequeño Niño Jesús. Y su Majestad me penetró y dije: Jesús, Tú eres tan pequeño, pero yo sé que Tú eres mi Creador y Señor. Y Jesús me contestó: **Lo soy y trato contigo como un niño para enseñarte la humildad y la sencillez.**

Todos los sufrimientos y las dificultades las ofrecía a Jesús como una ofrenda floral para el día de nuestros desposorios perpetuos. Nada me resultaba difícil al recordar que lo hacía por mi Esposo, como una prueba de mi amor hacia Él.

185 + Mi silencio para Jesús. Procuraba mantener un gran silencio por Jesús. En medio del mayor ruido, Jesús siempre

encontraba silencio en mi corazón, aunque a veces eso me costó mucho. Pero por Jesús, ¿qué puede resultar grande por Aquel a quien amo con toda la fuerza de mi alma?

186 + Hoy, Jesús me dijo: **Deseo que conozcas más profundamente el amor que arde en Mi Corazón por las almas y tú comprenderás esto cuando medites Mi Pasión. Apela a Mi misericordia para los pecadores, deseo su (93) salvación. Cuando reces esta oración con corazón contrito y con fe por algún pecador, le concederé la gracia de la conversión. Esta oración es la siguiente:**

187 **Oh Sangre y Agua que brotaste del Corazón de Jesús como una Fuente de Misericordia para nosotros, en Ti confío.**

188 En los últimos días de carnaval, mientras celebraba la Hora Santa, vi al Señor Jesús sufriendo la flagelación. ¡Oh, que suplicio inimaginable! ¡Cuán terriblemente sufrió Jesús durante la flagelación! Oh pobres pecadores, ¿cómo se encontrarán, el día del juicio, con este Jesús a quien ahora están torturando tanto? Su Sangre fluyó sobre el suelo y en algunos puntos la carne empezó a separarse. Y vi en la espalda algunos de sus huesos descarnados... Jesús emitía un gemido silencioso y un suspiro.

189 En cierta ocasión Jesús me dio a conocer lo mucho que le agrada el alma que observa fielmente la regla. El alma obtiene mayor recompensa por ser fiel a la regla que por las penitencias y por grandes mortificaciones. Pero si éstas son emprendidas fuera de la regla, aunque también reciben la recompensa, pero no superior a la de la regla.

190 Durante una adoración el Señor me pidió que me ofreciera a Él como víctima por un sufrimiento que serviría de reparación en la causa de Dios y no solamente en general por los pecados del mundo, sino en particular por las faltas cometidas en esta casa. Dije en seguida que sí, que estaba dispuesta. No obstante, Jesús me dio a conocer lo que debía sufrir y en un solo momento se presentó y pasó

delante de los ojos de mi alma todo el martirio. Primero, mis intenciones no serían reconocidas, varias sospechas y desconfianzas, toda clase de humillaciones y contrariedades, no las enumero todas. (94) Delante de los ojos de mi alma todo se presentó como una tempestad sombría, de la que un momento después iban a soltarse rayos, que estaban esperando solamente mi consentimiento. Mi alma quedó espantada durante un momento. De repente sonó la campanilla para el almuerzo. Salí de la capilla temblorosa e indecisa. Sin embargo aquel sacrificio estaba continuamente delante de mí, porque ni había decidido aceptarlo ni tampoco había dicho no al Señor. Quería someterme a su voluntad. Si Jesús Mismo me la asignaba, estaba preparada. Pero Jesús me dio a conocer que era yo quien debía aceptar voluntariamente y con pleno conocimiento, porque si no, no tendría ningún significado. Todo su valor consistía en mi acto voluntario frente a Él, pero al mismo tiempo el Señor me dio a conocer que eso estaba en mi poder. Lo podía hacer, pero [podía] también no hacerlo. En aquel momento contesté: Jesús, acepto todo, cualquier cosa que quieras mandarme; confío en Tu bondad. En un instante sentí que con este acto rendí un gran honor a Dios. Pero me armé de paciencia. Al salir de la capilla, me enfrenté en seguida con la realidad. No quiero describirlo con detalles, pero hubo tanto cuanto pude soportar, no hubiera podido soportar ni una gota más.

191 + Una mañana oí en el alma estas palabras: **Ve a la Madre General** [103] **y dile que tal cosa, en tal casa no Me agrada.** No puedo decir qué cosa ni en que casa, pero a la Madre General se lo dije, aunque me costó muchísimo.

192 Una vez me cargué con una espantosa tentación que atormentaba a una de nuestras alumnas en la casa de Varsovia. Era la tentación del suicidio. Sufrí durante siete días y después de siete días Jesús le concedió la gracia y entonces terminó mi sufrimiento. Es un gran sufrimiento. A menudo me cargo con tormentos de nuestras alumnas. Jesús me lo permite, y los confesores [también] [104].

193 (95) Mi corazón es la morada estable de Jesús. Además de Jesús nadie tiene acceso a él. De Jesús recojo fuerzas para luchar contra todas las dificultades y contrariedades. Deseo transformarme en Jesús para poder dedicarme perfectamente a las almas. Sin Jesús no me acercaría a las almas, porque sé lo que soy yo por mí misma. Absorbo a Dios en mí, para entregarlo a las almas.

194 + 27 III. Deseo cansarme, trabajar, anonadarme por nuestra obra de salvación de las almas inmortales. No importa si estos esfuerzos acortan mi vida, dado que ella ya no me pertenece, porque es la propiedad de la Congregación. Por la fidelidad a la Congregación deseo ser útil a toda la Iglesia.

195 Oh Jesús, hoy mi alma está como ensombrecida por el sufrimiento. Ni un solo rayo de luz. La tormenta arrecia y Jesús está dormido. Oh mi Maestro, no voy a despertarte, no voy a interrumpir Tu dulce sueño. Yo creo que Tú me estás fortificando, sin que yo lo sepa.

Hay horas enteras en las cuales Te adoro, oh Pan Vivo, entre una gran aridez del alma. Oh Jesús, Amor Puro, no necesito consolaciones, me alimento de Tu voluntad, oh Soberano. Tu voluntad es el fin de mi existencia. Me parece que el mundo entero está a mi servicio y depende de mí. Tú, oh Señor, comprendes mi alma en todas sus aspiraciones.

Jesús, cuando yo misma no puedo cantarte el himno del amor, admiro el canto de los serafines, tan amados por Ti. Deseo, como hacen ellos, ahogarme en Ti. A tal amor nada puede detenerlo, porque ninguna fuerza tiene poder sobre él. El se parece a un relámpago que ilumina la oscuridad, (96) pero no se queda en ella. Oh Maestro mío, Tú Mismo modela mi alma según Tu voluntad y Tus proyectos eternos.

196 Cierta persona se propuso como tarea ejercitarme de distintos modos en la virtud. Un día me detuvo en el pasillo y empezó por decirme que no tenía por qué llamarme la atención, no obstante me mandó estar de pie durante media hora enfrente de la pequeña capilla [105] y esperar a la Madre Superiora, y cuando aquella regresara después

del recreo [106], inculparme de diversas cosas, que ella me dijo para que me acusara de ellas. Aunque en el alma no tenía la menor idea de eso, no obstante obedecí y esperé media hora a la Superiora. Cada hermana que pasaba a mi lado, miraba sonriendo. Al haberme acusado frente a la Madre Superiora [107], me mandó al confesor; cuando me acerqué a la confesión, el sacerdote se dio cuenta en seguida de que eso era algo que no procedía de mi alma, y que yo no tenía la menor idea de aquellas cosas y se extrañó de que aquella persona hubiera podido decidirse a dar tales ordenes.

197 Oh Iglesia de Dios, tú eres la mejor madre, sólo tú sabes educar y hacer crecer al alma. Oh, cuánto amor y cuánta veneración tengo para la Iglesia, la mejor de las madres.

198 Una vez el Señor me dijo: **Hija Mía, tu confianza y tu amor impiden Mi justicia y no puedo castigar porque Me lo impides.** Oh, cuánta fuerza tiene el alma llena de confianza.

199 Cuando pienso en los votos perpetuos y en quién es Aquel que desea unirse a mí, este pensamiento me induce a meditar sobre Él durante horas enteras. ¿Cómo va a suceder esto? Tú eres Dios y yo una criatura Tuya, Tú eres el Rey Inmortal y yo una mendiga y la miseria misma. Pero ahora ya lo tengo todo claro, en realidad, (97) este abismo, Señor, lo llenarán Tu gracia y amor. Este amor llenará el abismo que hay entre Tú, Jesús, y yo.

200 Oh Jesús, qué profundamente herida queda un alma cuando trata siempre de ser sincera y la acusan de hipocresía y la tratan con desconfianza. Oh Jesús, Tú has sufrido esto también para dar una reparación a Tu Padre.

201 Deseo esconderme de manera que ninguna criatura conozca mi corazón. Oh Jesús, sólo Tú conoces mi corazón y lo posees totalmente. Nadie conoce nuestro secreto; con una mirada nos entendemos mutuamente. Desde el momento en que nos hemos conocido, soy feliz. Tu grandeza me llena plenamente. Oh Jesús, cuando estoy en el

último lugar y el más bajo de las postulantes, incluso las más jóvenes, entonces me siento en el lugar apropiado para mí. No sabía que en aquellos rinconcitos oscuros el Señor había colocado tanta felicidad. Ahora entiendo que incluso en la cárcel, de un corazón puro puede prorrumpir una abundancia de amor por Ti, Señor. Las cosas exteriores no tienen importancia para un amor puro, él penetra todo. Ni las puertas de una cárcel, ni las puertas del cielo presentan alguna fuerza para él. Él llega a Dios Mismo y nada es capaz de apagarlo. Para él no existen barreras, es libre como un rey y tiene la entrada libre en todas partes. La muerte misma tiene que bajar la cabeza frente a él...

202 Hoy ha venido a visitarme una hermana mía de sangre [108]. Cuando me ha contado sus intenciones he temblado de miedo, ¿es posible esto? Esta querida alma bella frente a Dios, no obstante unas grandes tinieblas habían bajado sobre ella y no sabía defenderse. Todo lo veía en negro. El buen Dios me la ha confiado, durante dos semanas pude trabajar sobre ella. Sin embargo, cuántos sacrificios me ha costado, solamente Dios lo sabe. Por ninguna otra alma he llevado al trono de Dios tantos sacrificios, sufrimientos y oraciones como por ella. (98) Sentía que había forzado a Dios a concederle la gracia. Cuando pienso en todo esto, veo un verdadero milagro. Ahora veo cuánto poder tiene la plegaria de intercesión ante Dios.

203 Ahora, en esta Cuaresma, a menudo siento la Pasión del Señor en mi cuerpo; todo lo que sufrió Jesús, lo vivo profundamente en mi corazón, aunque por fuera mis sufrimientos no se delatan por nada, solamente el confesor sabe de ellos.

204 Una breve conversación con la Madre Maestra [109]. Cuando le pregunté por algunos detalles para progresar en la vida interior, esta santa Madre me contestó a todo con gran claridad de argumentos. Me dijo: Si usted, hermana, continúa cooperando así con la gracia de Dios, estará a un paso de una estrecha unión con Dios. Usted, comprende en que sentido lo digo. Que la fidelidad a la gracia del Señor sea su característica. No a todas las almas Dios las conduce por este camino.

205 + Pascua de Resurrección. Hoy durante la ceremonia pascual, vi al Señor Jesús [en] un gran esplendor; se acercó a mí y me dijo: **Paz a ustedes, hijos Míos,** y levantó la mano y nos bendijo. Las llagas de las manos y de los pies, y del costado no estaban borradas sino resplandecientes. Luego me miró con tanta benevolencia y amor, que mi alma se sumergió totalmente en Él, y me dijo: **Has tomado gran parte en Mi Pasión, por eso te doy esta gran participación en Mi gloria y en Mi alegría**. Toda la ceremonia pascual me pareció un minuto. Un extraño recogimiento envolvió mi alma y se mantuvo durante toda la fiesta. La amabilidad de Jesús es tan grande que es imposible expresarla.

206 (99) Al día siguiente, después de la Santa Comunión oí la voz: **Hija Mía, mira hacia el abismo de Mi misericordia y rinde honor y gloria a esta misericordia Mía, y hazlo de este modo: Reúne a todos los pecadores del mundo entero y sumérgelos en el abismo de Mi misericordia. Deseo darme a las almas, deseo las almas, hija Mía. El día de Mi Fiesta, la Fiesta de la Misericordia - recorrerás el mundo entero y traerás a las almas desfallecidas a la fuente de Mi misericordia. Yo las sanaré y las fortificaré.**

207 Hoy recé por un alma agonizante que estaba muriendo sin los santos sacramentos, aunque los deseaba ardientemente. Pero ya era demasiado tarde. Se trata de una pariente mía, la esposa de un tío paterno. Era un alma querida de Dios. En aquel momento no hubo distancia para nosotras.

208 Oh vosotros, pequeños, insignificantes sacrificios cotidianos, sois para mí como las flores del campo con las cuales cubro los pies del amado Jesús. A veces, yo comparo estas pequeñeces con las virtudes heroicas, porque para su incesante continuidad exigen heroísmo.

209 Durante los sufrimientos no busco ayuda de las criaturas, sino que Dios es todo para mí, aunque a veces me parece que el Señor tampoco me escucha. Me armo de paciencia y de silencio, como la paloma que no se queja ni muestra

dolor cuando le quitan sus pequeños. Deseo volar hacia el ardor mismo del sol y no quiero detenerme entre el humo y la neblina. No me cansaré, porque me he apoyado en Ti ¡mi fuerza!

210 Ruego ardientemente al Señor que se digne reforzar mi fe para que en mi gris vida cotidiana no me guíe según las consideraciones humanas, sino según el espíritu. Oh, cómo todo atrae al hombre hacia la tierra, pero una fe viva mantiene el alma en una esfera más alta y al amor propio le asigna el lugar que le corresponde, es decir, el último.

211 (100) + Una oscuridad terrible cae nuevamente sobre mi alma. Me parece que estoy bajo la influencia de ilusiones. Cuando fui a confesarme para obtener luz y serenidad, no las encontré. El confesor [110] me creó todavía más dudas de las que tenía antes. Me dijo: No puedo entender qué poder obra en usted, hermana, tal vez Dios o tal vez el espíritu maligno. Al alejarme del confesionario, empecé a considerar sus palabras. Cuanto más las contemplaba, tanto más mi alma se hundía en la oscuridad. ¿Qué hacer, Jesús? Cuando Jesús se acercaba a mí bondadosamente, yo tenía miedo. ¿Eres verdaderamente Tú, Jesús? Por un lado me atrae el amor, por el otro el miedo. Qué tormento, no sé describirlo.

212 Cuando fui a confesarme de nuevo, recibí la respuesta: Yo no la entiendo a usted, hermana, es mejor que usted no se confiese conmigo. Dios mío, yo tengo que hacerme tanta violencia antes de decir cualquier cosa sobre mi vida interior y he aquí la respuesta que obtengo ¡yo no la entiendo!

213 Cuando me alejé del confesionario fui asaltada por innumerables tormentos. Fui delante del Santísimo Sacramento y dije: Jesús, sálvame, Tú ves que soy débil. Entonces escuché estas palabras: **Durante los ejercicios espirituales, antes de los votos perpetuos, te daré una ayuda.** Fortalecida por estas palabras, comencé a avanzar sin pedir consejo a nadie; sin embargo sentía tanta desconfianza hacia mí misma, que decidí acabar con esas

dudas una vez por todas. Así pues, esperaba ansiosamente esos ejercicios espirituales que debían preceder los votos perpetuos; ya unos días antes pedía incesantemente al Señor la luz para el sacerdote que iba a confesarme, para que él decidiera de una vez, categóricamente, sí o no, y yo pensaba: Estaré tranquila una vez por todas. Pero estaba preocupada si alguien quisiera escuchar todas esas cosas. Sin embargo, decidí no pensar nada en eso, y tener toda la confianza en el Señor. Me resonaban esas palabras: "Durante los ejercicios espirituales."

214 (101) Todo ya está preparado. Mañana por la mañana hemos de salir a Cracovia para los ejercicios espirituales. Hoy entré en la capilla para agradecer a Dios las innumerables gracias que me había concedido durante esos cinco meses. Mi corazón estaba profundamente conmovido frente a tantas gracias y la tutela de las Superioras.

215 **Hija Mía, quédate tranquila, Me encargo de todos los asuntos. Yo Mismo los resolveré con las Superioras y con el confesor. Habla con el Padre Andrasz con la misma sencillez y confianza con la que hablas Conmigo.**

216 Hoy [18 IV 1933] llegamos a Cracovia. Qué alegría encontrarme nuevamente aquí, donde aprendí a dar los primeros pasos en la vida espiritual. La querida Madre Maestra, [111] siempre la misma, alegre y llena de amor al prójimo. Entré un momento en la capilla; la alegría inundó mi alma. En un momento me acordé de todo un mar de gracias que había recibido aquí siendo novicia.

217 Y hoy empezamos a reunirnos todas para ir por una hora al noviciado. La Madre Maestra M. Josefa nos dirigió algunas palabras y preparó el plan de los ejercicios espirituales. Cuando nos decía esas pocas palabras, me vino delante de los ojos todo lo bueno que esa querida Madre había hecho por nosotras. Sentí en el alma un gran agradecimiento hacia ella. La pena de estar en el noviciado por última vez, estrechó mi corazón. Ya debo luchar con Jesús, trabajar con Jesús, sufrir con Jesús; en una palabra, vivir y morir con Jesús. La Maestra ya no seguirá mis pasos para instruirme,

advertirme, amonestarme, alentarme o reprenderme. Sola, siento un extraño miedo. Oh Jesús, da algún remedio. Sí, tendré la Superiora, es verdad, pero desde ahora estaré más sola.

(102)   Cracovia 21 IV 1933

+ A la mayor gloria de Dios.

Ejercicios espirituales de ocho días antes de los votos perpetuos.

218 Hoy empiezo los ejercicios espirituales. Jesús, Maestro mío, guíame, dispón de mí según Tu voluntad, purifica mi amor para que sea digna de Ti, haz de mí lo que desea Tu misericordiosísimo Corazón. Jesús, en estos días estaremos a solas, hasta el momento de nuestra unión; mantenme, Jesús, en el recogimiento del espíritu.

219 Por la noche el Señor me dijo: **Hija Mía, que nada te asuste ni te perturbe, mantén una profunda tranquilidad, todo está en Mis manos, te haré entender todo por la boca del Padre Andrasz. Sé como una niña frente a él.**

Un momento delante del Santísimo Sacramento.

220 Oh Señor y mi eterno Creador, ¿cómo podré agradecerte por esta gran gracia de que Te dignaste elegirme a mí, miserable, como Tu esposa y me unes a Ti con un vínculo eterno? Amabilísimo tesoro de mí corazón, Te ofrezco todos los actos de adoración y de agradecimiento de las almas santas, de los coros angélicos y me uno especialmente a Tu Madre. Oh María, Madre mía, Te ruego humildemente, cubre mi alma con Tu manto virginal en este momento tan importante de mi vida, para que así, me haga más agradable a Tu Hijo y pueda glorificar dignamente la misericordia de Tu Hijo delante del mundo entero y durante toda la eternidad.

221 (103) Hoy no pude entender la meditación. Mi espíritu estaba admirablemente sumergido en Dios. No pude forzarme a pensar en lo que el Padre decía durante los ejercicios espirituales. A menudo no está en mi poder pensar según determinados esquemas, mi espíritu está con el Señor y tal es mi meditación.

222 Algunas palabras de mi conferencia con la Madre Maestra María Josefa. Me aclaró muchas cosas y me tranquilizó respecto a la vida interior, [diciendo] que estoy en el buen camino. Le agradecí al Señor Jesús por esta gran gracia, ya que ella era la primera entre las Superioras que no me engendraba dudas en este aspecto. Oh, cuán infinitamente bueno es Dios.

223 Oh Hostia Viva, mi única Fortaleza, Fuente de Amor y de Misericordia, abraza al mundo entero, fortifica a las almas débiles. Oh, bendito sea el instante y el momento en que Jesús [nos] dejó su misericordiosísimo Corazón.

224 Sufrir sin quejarse, consolar a los demás y ahogar sus propios sufrimientos en el Sacratísimo Corazón de Jesús.

Todos los momentos libres de los deberes los pasaré a los pies del Santísimo Sacramento. A los pies del Señor buscaré luz, consuelo y fuerza. Incesantemente mostraré el agradecimiento a Dios por la gran misericordia hacia mí, sin olvidarme jamás de los beneficios [que] me ofreció y especialmente la gracia de la vocación.

Me esconderé entre las hermanas como una violeta pequeñita entre las azucenas. Deseo florecer para mi Creador y Señor, olvidarme de mí misma, anonadarme completamente a favor de las almas inmortales es un deleite para mí.

225 (104) + Algunos de mis propósitos.

En lo que concierne a la confesión, elegiré lo que más me humilla y cuesta. A veces una pequeñez cuesta más que algo más grande. Antes de cada confesión recordaré la Pasión del Señor Jesús y con esto despertaré la contrición del corazón. Si es posible, con la gracia de Dios, ejercitarse siempre en el dolor perfecto. A esta contrición le dedicaré más tiempo. Antes de acercarme a la rejilla, entraré en el Corazón abierto y misericordiosísimo del Salvador. Cuando me aleje de la rejilla, despertaré en mi alma una gran gratitud hacia la Santísima Trinidad por este extraordinario e inconcebible milagro de la misericordia que se produce en el alma; y cuanto más miserable es mi alma, tanto mejor siento que el mar de la misericordia de Dios me absorbe y me da una enorme fuerza y fortaleza.

226 Las reglas que desobedezco con más frecuencia: a veces interrumpo el silencio, no obedezco el llamado de la campanilla, a veces me meto en los deberes de las demás; haré los máximos esfuerzos para corregirme.

Evitar a las hermanas que murmuran y si no es posible evitarlas, por lo menos callar en presencia de ellas, dando a entender lo penoso que es para nosotras escuchar cosas similares.

No hacer caso a las consideraciones humanas, sino que tener en cuenta mi propia conciencia, el testimonio que me da. Tener a Dios como testigo de todas las obras. Comportarme ahora y resolver cada asunto mío de tal modo como quisiera solucionarlo y comportarme en el momento de la muerte. Por eso en cada asunto siempre tener presente a Dios.

Evitar los supuestos permisos [112]. Relatar a las Superioras aún las cosas pequeñas, si es posible detalladamente. Fidelidad en las prácticas de piedad; no pedir con facilidad excepciones de las prácticas de piedad; callar, excepto durante el recreo; evitar bromas y palabras chistosas que hacen reír a los demás y rompen el silencio; valorar enormemente (105) las más pequeñas prescripciones; no dejarse llevar por el frenesí del trabajo; interrumpir un momento para mirar hacia el cielo; hablar poco con la gente, pero mucho con Dios; evitar la familiaridad; fijarse poco en quién está conmigo y quién está en contra; no compartir con otros lo que he tenido que soportar; evitar de comunicarse en voz alta durante el trabajo; en los sufrimientos conservar la serenidad y el equilibrio; en los momentos difíciles recurrir a las llagas de Jesús, en las llagas de Jesús buscar consuelo, alivio, luz y fuerza.

227 + En las pruebas trataré de ver la amorosa mano de Dios. No hay nada tan constante como el sufrimiento; él siempre hace fielmente compañía al alma. Oh Jesús, en el amor hacia Ti no me dejaré superar por nadie.

228 + Oh Jesús, escondido en el Santísimo Sacramento, ves que hoy salgo del noviciado [113], haciendo los votos perpetuos. Jesús, Tú conoces mi debilidad y mi pequeñez, por lo tanto desde hoy de modo más particular paso a tu noviciado. Sigo siendo novicia, pero novicia Tuya, Jesús, y Tú serás mi Maestro hasta el último día. Todos los días vendré a Tus pies a tomar lecciones. No emprenderé sola la más pequeña cosa sin consultarte antes, como a mi Maestro. Oh Jesús, estoy tan contenta de que Tú Mismo me hayas atraído y recibido en tu noviciado, es decir en el Tabernáculo. Pronunciando los votos perpetuos no me vuelvo en absoluto una religiosa perfecta no, no. Sigo siendo una pequeña y débil novicia de Jesús y trataré de alcanzar la perfección como en los primeros días del noviciado, procurando tener la disposición del alma que tenía en el primer día, en que se abrió para mí la puerta del convento.

Con la confianza y la sencillez de un niño pequeño, me entrego a Ti, Señor Jesús, mi Maestro; Te dejo una libertad absoluta de guiar mi alma. Guíame por los caminos que Tú quieras; no voy a averiguarlos. Te seguiré confiada. Tu Corazón misericordioso lo puede todo.

La pequeña novicia de Jesús - Sor Faustina

229 (106) + Al comienzo de los ejercicios espirituales Jesús me dijo: **En estos ejercicios espirituales, seré Yo Mismo quien dirija tu alma; quiero confirmarte en la tranquilidad y en el amor.** Y así me transcurrieron los primeros días. Al cuarto día comenzaron a atormentarme grandes dudas de que ¿no me encontraba, acaso, en una falsa tranquilidad? De pronto oí estas palabras: **Hija Mía, figúrate que eres la reina de toda la tierra y que tienes la posibilidad de disponer de todo según te parezca; tienes toda posibilidad de hacer el bien que te agrade y, de repente, a tu puerta llama un niño muy pequeño, todo tembloroso, con lágrimas en los ojos, pero con gran confianza en tu bondad y te pide un pedazo de pan para no morir de**

hambre, ¿cómo te comportarías con este niño? **Contéstame, hija Mía.** Y dije: Jesús, le daría todo lo que me pida, pero también mil veces más. Y el Señor me dijo: **Así Me comporto Yo con tu alma. Durante estos ejercicios espirituales no solamente te daré la tranquilidad, sino también tal disposición de ánimo, que aunque quieras inquietarte, no podrás. Mi amor ha tomado posesión de tu alma y quiero que te fortifiques en él. Acerca tu oído a Mi Corazón y olvídate de todo, y considera Mi inconcebible misericordia. Mi amor te dará la fuerza y el ánimo que te es necesario en esta obra.**

230 Oh Jesús, Hostia Viva, Tú eres mi madre, Tú eres todo para mí. Vendré a Ti, oh Jesús, con sencillez y con amor, con fe y con confianza. Compartiré todo Contigo, como un niño con la madre amada, los gozos y los sufrimientos, en una palabra todo.

231 Cuando pienso en que Dios se une a mí por medio de los votos o más bien yo a Él, nadie puede comprender lo que experimenta mi corazón. Ya ahora Dios me da a conocer toda la inmensidad de su amor con el que me ha amado ya antes de los siglos, mientras yo he comenzado a amarlo solamente en el tiempo. Su amor es grandísimo, puro y desinteresado y mi amor hacia Él es para conocerlo. Cuanto más lo conozco, tanto (107) más ardiente y fuertemente lo amo y mis acciones son más perfectas. Sin embargo cuando pienso que dentro de pocos días voy a hacerme una sola cosa con el Señor por medio del voto perpetuo, un gozo tan inconcebible inunda mi alma que no logro describirlo en absoluto. Desde la primera vez que conocí al Señor, la mirada de mi alma se ha hundido en Él por la eternidad. Cada vez que el Señor se acerca a mí, y se produce en mí un conocimiento más profundo, crece en mi alma un amor más perfecto.

232 + Antes de la confesión oí en el alma estas palabras: **Hija Mía, dile todo y descubre tu alma delante de él como lo haces delante de Mí. No tengas miedo de nada; para tu tranquilidad pongo a ese sacerdote entre Yo y tu alma, y las palabras que te contestará son Mías. Descubre**

delante de él las cosas más secretas que tienes en el alma. Yo le daré luz para que conozca tu alma.

233 Al acercarme a la rejilla sentí en el alma una facilidad tan grande para hablar de todo, que más tarde yo misma me extrañaba. Sus respuestas dieron a mi alma una tranquilidad muy profunda. Sus palabras fueron, son y quedarán para siempre unas columnas de fuego que iluminaron y seguirán iluminando mi alma en su aspiración a la máxima santidad.

Las indicaciones que recibí del Padre Andrasz, las tengo apuntadas en otra página de este cuaderno [114].

234 Terminada la confesión, mí espíritu se sumergió en Dios y permanecí orando durante tres horas, y me parecieron unos pocos minutos. Desde entonces no pongo obstáculos a la gracia que obra en mi alma. Jesús sabía por qué yo tenía miedo de tratar con Él [115], y no se ofendía en absoluto. Desde el momento en que el Padre me aseguró que no se trataba de ningunas ilusiones, sino de la gracia de Dios, trato de ser fiel a Dios en todo. Ahora veo que son pocos los sacerdotes que comprenden toda la profundidad de la acción de Dios en el alma. Desde aquel momento tengo las alas desatadas para el vuelo (108) y deseo volar hacia el ardor mismo del sol. Mi vuelo no se detendrá hasta que no descanse en Él por la eternidad. Si volamos muy alto, toda la oscuridad, la niebla y las nubes las tenemos debajo de los pies y toda la parte sensitiva de nuestro ser tiene que someterse al espíritu.

235 Oh Jesús, deseo la salvación de las almas, almas inmortales. En el sacrificio desahogaré mi corazón, en el sacrificio que ni siquiera alguien sospecha; me anonadaré y quemaré inadvertidamente en el sagrado fuego del amor de Dios. La presencia de Dios es la ayuda para que mi sacrificio sea perfecto y puro.

236 Oh, qué equívocas son las apariencias y los juicios injustos. Oh, cuántas veces la virtud sufre la opresión sólo porque es silenciosa. Convivir sinceramente con quienes molestan continuamente, eso requiere un gran espíritu de sacrificio.

Uno siente que sangra, pero las heridas no se ven. Oh Jesús, cuántas cosas nos revelará solamente el último día. ¡Qué alegría! de nuestros esfuerzos no se pierde nada.

237 La Hora Santa. En esta hora de adoración conocí todo el abismo de mi miseria. Todo lo que hay de bueno en mí, es Tuyo, Señor, pero como soy tan miserable y pequeña, tengo el derecho de contar con Tu infinita misericordia.

238 El anochecer. Jesús, mañana por la mañana he de pronunciar los votos perpetuos [116]. Pedí a todo el cielo y la tierra, y todo lo que existe llamé a agradecer a Dios por esta gran e inconcebible gracia. De repente oí estas palabras: **Hija Mía, tu corazón es el cielo para Mí.** Todavía un momento de oración y después hay que salir corriendo ya que nos echan de todas partes, porque arreglan todo para mañana: la capilla, el refectorio, la sala, y la cocina, y nosotras debemos acostarnos (109). Pero de dormir ni hablar. La alegría quitó el sueño. Pensaba ¿qué habrá en el cielo si ya aquí, en este destierro, Dios colma mi alma de tal modo?

239 La oración durante la Santa Misa en el día de los votos perpetuos. Hoy dejo mi corazón en la patena donde está colocado Tu Corazón, Jesús, y hoy me ofrezco junto a Ti, a Dios, Padre Tuyo y mío, como víctima de amor y de adoración. Padre de misericordia, mira la ofrenda de mi corazón, pero a través de la herida del Corazón de Jesús.

1933 año V, 1 día.

La unión con Jesús en el día de los votos perpetuos. Oh Jesús, Tu Corazón desde hoy es mi propiedad y mi corazón es Tu propiedad exclusiva. El simple recuerdo de Tu Nombre, Jesús, es una delicia para mi corazón. De verdad, no podría vivir ni un instante sin Ti, oh Jesús. Hoy mi alma está anegada en Ti, como en su único tesoro. Mi amor no conoce impedimentos en dar pruebas a su Dilecto.

Las palabras del Señor Jesús durante los votos perpetuos: **Esposa Mía, nuestros corazones están unidos por la eternidad. Recuerda a quién** [te] **has consagrado...** no es posible referir todo.

Mi petición [hecha] en el momento cuando me postré en cruz bajo el paño fúnebre [117]. Rogué al Señor que me concediera la gracia de no ofenderle nunca, con ningún pecado, ni el más pequeño, ni tampoco con una imperfección, voluntaria y conscientemente.

Jesús, en Ti confío. Jesús, Te amo con todo el corazón.

En los momentos más difíciles Tú eres mi Madre.

Por amor hacia Ti, oh Jesús, yo muero hoy completamente para mí misma y empiezo a vivir para la mayor gloria de Tu santo Nombre.

(110) + El amor. Por amor, oh Santísima Trinidad, me ofrezco a Ti como víctima de adoración, como holocausto de mi total anonadamiento y con este anonadamiento de mí misma, deseo la exaltación de Tu Nombre, oh Señor. Como un pequeñito pimpollo de rosa me arrojo a Tus pies, oh Señor; que el perfume de esta flor sea conocido solamente por Ti.

240 Tres peticiones en el día de los votos perpetuos. Jesús, yo sé que en el día de hoy no me negarás nada.

Primera petición. Oh Jesús, mi amadísimo Esposo, Te ruego por el triunfo de la Iglesia, sobre todo en Rusia y en España, por la bendición para el Santo Padre Pío XI y todo el clero, por la gracia de conversión para los pecadores empedernidos; Te pido, oh Jesús, una bendición especial y luz para los sacerdotes ante los cuales me confesaré durante toda mi vida.

Segunda petición. Por una bendición para nuestra Congregación, por gran fervor en la Congregación. Bendice, oh Jesús, a la Madre General y a la Madre Maestra, y a todo el noviciado, y a todas las Superioras, a mis queridísimos padres; concede, oh Jesús, Tu gracia a nuestras alumnas, fortalécelas firmemente con Tu gracia para que las que dejan nuestras casas, no Te ofendan más con ningún pecado. Oh Jesús, Te ruego por la patria, defiéndela de los ataques de los enemigos.

Tercera petición. Oh Jesús, Te ruego por las almas que más necesitan la oración. Te ruego por los agonizantes, sé misericordioso con ellos. Te ruego también, oh Jesús, por la liberación de todas las almas del purgatorio.

Oh Jesús, Te recomiendo las personas siguientes: mis confesores, las personas recomendadas a mis plegarias, cierta persona..., el Padre Andrasz, el Padre Czaputa y aquel sacerdote que conocí en Vilna [118], que ha de ser mi confesor, cierta alma...(111) y cierto sacerdote, cierto religioso a quien - Tú lo sabes, Jesús - debo muchísimo, y todas las personas que son recomendadas a mi plegaria. Oh Jesús, en este día Tú puedes hacer todo para aquellos por los cuales Te ruego. Para mí Te ruego, Señor, transfórmame completamente en Ti, mantenme siempre en el santo fervor para Tu gloria, dame la gracia y la fuerza del espíritu para cumplir en todo Tu santa voluntad. Te agradezco, oh mi amadísimo Esposo, por la dignidad que me has ofrecido y especialmente por las insignias reales que desde hoy me adornan, y que ni siquiera los ángeles tienen, que son; la cruz, la espada y la corona de espinas. Pero sobre todo, oh Jesús mío, Te agradezco por Tu Corazón. Él me basta por todo.

Oh Madre de Dios, Santísima María, Madre mía, Tú ahora eres mi Madre de modo más particular y esto porque Tu amado Hijo es mi Esposo, pues los dos somos Tus hijos. Por consideración a Tu Hijo, debes amarme. Oh María, Madre mía amadísima, dirige mi vida interior de modo que sea agradable a Tu Hijo.

+ Oh Santo, Omnipotente Dios en este momento de la enorme gracia con la cual me unes a Ti para siempre, yo, pequeña nulidad, me arrojo a Tus pies con el mayor agradecimiento, como una pequeña, desconocida florecita y la fragancia de esta flor de amor subirá todos los días a Tu trono.

En los momentos de la lucha y los sufrimientos, de las tinieblas y las tempestades, de la añoranza y la tristeza, en los momentos de las pruebas difíciles, en los momentos en los cuales no seré comprendida por ninguna criatura y más bien seré condenada y despreciada por todos, recordaré el día de los votos perpetuos, el día de una inconcebible gracia de Dios.

(112) + JMJ.   1 V 1933

241 Propósitos especiales de los ejercicios espirituales.

El amor al prójimo primero: ser servicial con las hermanas; segundo: no hablar de los ausentes y defender el buen nombre del prójimo; tercero: alegrarse de los éxitos del prójimo.

242 + Oh Dios, cuánto deseo ser una niña pequeña. Tú eres mi Padre, Tú sabes lo pequeñita y débil que soy, pues Te ruego, tenme cerca de Ti en todos los momentos de mi vida y especialmente en la hora de la muerte. Oh Jesús, yo sé que Tu bondad supera la bondad de la más tierna de las madres.

243 Agradeceré al Señor Jesús por cada humillación, rogaré especialmente por la persona que me ha dado la oportunidad de humillarme. Me anonadaré a favor de las almas. No reparar en ningún sacrificio, tirándose bajo los pies de las hermanas como una pequeña alfombra, sobre la cual pueden no sólo caminar, sino que pueden también limpiarse los pies. Mi lugar está bajo los pies de las hermanas. Lo procuraré en la práctica de manera inadvertida para los ojos humanos. Basta que Dios lo vea.

244 Han empezado ya los días grises, cotidianos. Han pasado los momentos solemnes de los votos perpetuos, pero en el alma ha quedado mucha gracia de Dios. Siento que soy toda de Dios, siento que soy su hija, siento que soy totalmente la propiedad de Dios. Lo noto incluso física y sensiblemente. Estoy completamente tranquila por todo, porque sé que el deber del Esposo es pensar en mí. Me he olvidado completamente de mí misma. Mi confianza está puesta sin límites en su misericordiosísimo Corazón. Estoy continuamente unida a Él. Veo como si Jesús no pudiera ser feliz sin mí y yo sin Él. Aunque entiendo bien que siendo Dios es feliz en Sí mismo, y para ser feliz no

necesita absolutamente ninguna criatura, no obstante su bondad lo fuerza a darse a las criaturas, y esto con una generosidad inconcebible.

245 (113) Oh Jesús mío, ahora procuraré el honor y la gloria de Tu Nombre, luchando hasta el día en que Tú Mismo me digas: Basta. A cada alma que me has confiado, oh Jesús, procuraré ayudarla con la oración y el sacrificio, para que Tu gracia pueda obrar en ella. Oh gran Amante de las almas, oh Jesús mío, Te agradezco por esta gran confianza, ya que Te has dignado confiar estas almas a nuestro cuidado. Oh días grises de trabajo, para mí no son tan grises en absoluto, porque cada momento me trae nuevas gracias y la oportunidad de hacer el bien.

246   + 25 IV 1933

Permisos mensuales [119]

Pasando, entrar en la capilla.

En los momentos libres de los deberes, rezar.

Tomar, dar, prestar alguna cosa pequeña.

Almorzar y merendar.

A veces no podré participar en el recreo.

A veces tampoco podré participar en los ejercicios comunes.

A veces no podré participar en las plegarias de la noche ni de la mañana.

A veces continuar con mis ocupaciones un momento después de las nueve y otras veces hacer las prácticas de piedad después de las nueve.

Si tengo un momento libre, escribir o anotar algo.

Hablar por teléfono.

Salir de casa.

Cuando estoy en la ciudad, entrar en una iglesia.

Visitar a las hermanas enfermas.

Entrar en las celdas de otras hermanas en caso de necesidad.

A veces beber agua fuera del horario.

Pequeñas mortificaciones.

La coronilla a la Divina Misericordia con los brazos en cruz.
Los sábados una parte del rosario con los brazos en cruz.
A veces alguna plegaria postrándome en cruz.
Los jueves la Hora Santa.
Los viernes una mortificación mayor por los pecadores moribundos.

247 (114) Oh Jesús, Amigo del Corazón solitario, Tú eres mi puerto, Tú eres mi paz, Tú eres mi única salvación, Tú eres la serenidad en los momentos de lucha y en el mar de dudas. Tú eres el rayo brillante que ilumina el sendero de mi vida. Tú eres todo para el alma solitaria. Tú comprendes al alma, aunque ella permanezca callada. Tú conoces nuestras debilidades y como un buen médico consuelas y curas, ahorrándonos sufrimientos, como un buen experto.

248 Las palabras del obispo [120] que figuran en la ceremonia de los votos perpetuos de las hermanas: "Toma este cirio en tu mano, en señal de iluminación celestial y de amor ardiente."

Al entregar el anillo: "Te desposo a Jesucristo, Hijo del Padre Altísimo, el Cual te guarde sin mancilla. Recibe este anillo como signo de eterna alianza que contraes con Cristo, Esposo de las vírgenes. Que éste sea para ti el anillo de la fidelidad, el signo del Espíritu Santo para que te llames esposa de Cristo y si le sirves fielmente, seas coronada por la eternidad."

249 + Jesús, en Ti confío, confío en el mar de Tu misericordia, Tú eres la madre para mí.

250 + Este año 1933 es para mí particularmente solemne, porque en este año del Jubileo de la Pasión del Señor hice los votos perpetuos. Mi sacrificio lo he unido de modo singular al sacrificio de Jesús Crucificado para así hacerme más agradable a Dios. Todas mis tareas las hago con Jesús, por Jesús y en Jesús.

251 Después de los votos perpetuos, todavía me quedé en Cracovia todo mayo, porque mi destinación oscilaba entre Rabka y Vilna. Cuando una vez la Madre General [121] me preguntó: ¿Por qué usted, hermana, se queda tan silenciosa y no se prepara para ir a alguna parte? Contesté: Yo quiero sólo la voluntad de Dios. Donde usted, querida Madre, me mande, sin mi intervención, yo sabré que será para mí la pura voluntad de Dios.

(115) La Madre General me respondió: Muy bien. Al día siguiente la Madre General me llamó y dijo: Como deseaba tener la pura voluntad de Dios, pues usted, hermana, va a Vilna. Le agradecí y esperaba el día en el que me dijeran de salir. Sin embargo una alegría y un temor a la vez llenaron mi alma. Sentía que allí Dios me preparaba grandes gracias, pero también grandes sufrimientos. De todas maneras, hasta el 27 de mayo me quedé en Cracovia. Como no tenía una tarea fija e iba solamente a ayudar en la huerta y como coincidió que trabajaba sola, durante todo el mes tuve la posibilidad de hacer los ejercicios espirituales según el sistema de los jesuitas. Aunque participaba en recreos comunes, no obstante hacía los ejercicios espirituales según el sistema de los jesuitas. En ellos recibí mucha luz de Dios.

252 + Pasaron cuatro días después de los votos perpetuos. Traté de hacer la Hora Santa. Era el primer jueves del mes. En cuanto entré en la capilla, la presencia de Dios me inundó. Sentía claramente que el Señor estaba a mi lado. Un momento después vi al Señor, todo cubierto de llagas, y me dijo: **Mira, con quién te has desposado**. Yo comprendí el significado de esas palabras y contesté al Señor: Jesús, Te amo más viéndote tan herido y anonadado que como Te viera en Tu Majestad. Jesús preguntó: **¿Por qué?** Contesté: Una gran Majestad me da miedo a mí, a esta pequeñita nulidad que soy, mientras que Tus llagas me atraen a Tu Corazón y me hablan de Tu gran amor hacia mí. Después de esta conversación se hizo el silencio. Miraba atentamente sus santas llagas y me sentía feliz sufriendo con Él. Sufriendo no sufría, porque me

sentía feliz conociendo la profundidad de su amor y una hora me pasó como si fuera un minuto.

253 + No juzgar nunca a nadie, para los demás tener el ojo indulgente y para mí severo. Relacionar todo a Dios y en mis propios ojos sentirme lo que soy, es decir la más grande miseria y la nulidad. En los sufrimientos estar paciente y tranquila, sabiendo que con el tiempo todo pasará.

254 (116) + De los momentos que viví durante los votos perpetuos, mejor no debo hablar de ellos.

Estoy en Él y Él está en mí. En el momento en que el obispo me puso el anillo, Dios penetró todo mi ser y como no sé expresarlo, dejo este momento en silencio. Desde los votos perpetuos mis relaciones con Dios se hicieron tan estrechas como nunca antes. Siento que amo a Dios y siento también que Él me ama. Mi alma, habiendo conocido a Dios, no sabría vivir sin Él. Me es más agradable una hora a los pies del altar, pasada en la más grande aridez del espíritu, que cien años de deleites en el mundo. Prefiero ser una muchacha de los mandados en el convento que una reina en el mundo.

255 + Esconderé a los ojos de la gente cualquier cosa buena que haga, para que sólo Dios sea mi recompensa; y como una pequeña violeta escondida entre la hierba no hiere el pie de la persona que la pisa, sino que emana perfume, [y] olvidándose completamente de sí misma, trata de ser gentil con la persona por la que fue pisada. Aunque para la naturaleza esto es muy difícil, la gracia de Dios viene en ayuda.

256 + Te agradezco, oh Jesús, esta gran gracia de permitirme conocer todo el abismo de mi miseria; yo sé que soy un abismo de nulidad y si Tu santa gracia no me sostuviera, en un solo momento me volvería a la nada. Pues, con cada latido del corazón Te agradezco, oh Dios, Tu gran misericordia conmigo.

257 Mañana he de salir para Vilna. Hoy fui a confesarme con el Padre Andrasz, este sacerdote que tiene un profundo espíritu de Dios, el que me ha desatado las alas para el

vuelo, hacia las mayores alturas. Me ha tranquilizado en todo y me hace creer en la Divina Providencia. Tú confía y avanza con valor. Después de esa confesión he sentido una misteriosa fuerza (117) divina. El Padre ha insistido en que sea fiel a la gracia de Dios y dijo: Si continúas conservando la sencillez y la obediencia, no te sucederá nada malo. Confía en Dios, estás en el buen camino y en buenas manos estás, en las manos de Dios.

258 + Por la noche me quedé más tiempo en la capilla. Hablaba con el Señor de cierta alma. Animada por su bondad, dije: Jesús, me has dado a este Padre que ha comprendido mis inspiraciones y vuelves a quitármelo. ¿Qué voy a hacer en Vilna? No conozco a nadie, hasta el dialecto, de aquella gente es ajeno para mí. Y me dijo el Señor: **No tengas miedo, no te dejaré sola.** Mi alma se sumergió en la oración de agradecimiento por todas las gracias que el Señor me concedió por medio del Padre Andrasz.

De súbito recordé aquella visión en la que había visto a un sacerdote entre el confesionario y el altar, confiando en conocerlo algún día y volvieron bien claras las palabras que había escuchado: **Él te ayudará a cumplir Mi voluntad en la tierra.**

259 Hoy, 27 de [mayo de 1933] voy a Vilna. Al salir delante de la casa, eché una mirada a toda la huerta y a la casa; al dirigir la mirada al noviciado, de repente por mis mejillas rodaron las lágrimas. Recordé todos los beneficios y las gracias que el Señor me había concedido. De repente e inesperadamente vi al Señor junto al florero, que me dijo: **No llores, Yo estoy siempre contigo.** La presencia de Dios que me penetró mientras el Señor Jesús estaba hablando, duró todo el tiempo del viaje.

260 Tenía el permiso de detenerme en Częstochowa. Por primera vez vi a la Santísima Virgen cuando a las cinco de la madrugada fui para asistir al descubrimiento de la imagen. Estuve orando sin interrupción hasta las once y me parecía que acababa de llegar. La Madre Superiora del lugar [122] mandó una hermana para llamarme a desayunar

y porque estaba preocupada (118) de que yo no perdiera el tren. La Virgen me dijo muchas cosas. Le ofrecí mis votos perpetuos, sentía que yo era su niña y Ella mi Madre. No me rehusó nada de lo que yo le había pedido.

261 + Hoy ya estoy en Vilna. Pequeñas casitas, dispersas, forman el convento. Me parecen algo extrañas después de los grandes edificios de Józefów. Hay solamente dieciocho hermanas. La casita es pequeña, pero la armonía en esta Comunidad es grande. Todas las hermanas me recibieron muy cordialmente, lo que me dio mucho ánimo antes de afrontar las fatigas que me esperaban. La Hermana Justina [123] hasta había lavado el piso con motivo de mi llegada.

262 + Cuando fui a la *Bendición*, Jesús me iluminó sobre como comportarme con ciertas personas. Con todas mis fuerzas me abracé al Dulcísimo Corazón de Jesús al ver que exteriormente sería expuesta a distracciones debido a la tarea que iba a tener en la huerta y por la que tenía que mantener contactos con laicos.

263 + Llegó la semana de la confesión y con alegría vi a aquel sacerdote al que había conocido antes de venir a Vilna. Lo había conocido en una visión. En ese momento oí en el alma estas palabras: **He aquí Mi fiel siervo, él te ayudará a cumplir Mi voluntad aquí en la tierra.** Sin embargo yo no me hice conocer de él, tal y como lo deseaba el Señor. Y durante algún tiempo luché con la gracia. En cada confesión la gracia de Dios me penetraba misteriosamente, pero yo no le revelé mi alma y pensaba no confesarme con este sacerdote. Tras este propósito una inquietud terrible se adueñó de mi alma. Dios me reprochó enérgicamente. Cuando revelé toda mi alma a este sacerdote, Jesús derramó sobre mi alma todo un mar de gracias. Ahora comprendo lo que es la fidelidad a una simple gracia y cómo ella atrae toda una serie de otras gracias.

264 (119) + Oh Jesús, mantenme a tu lado, mira lo débil que soy, por mi misma no avanzaré ni un paso, por eso Tú, oh Jesús, tienes que estar continuamente conmigo, como la madre cerca de su niño débil, y aún más.

265 Empezaron los días de trabajo, de lucha y de sufrimientos. Todo va con su ritmo de convento. Uno queda siempre novicio, tiene que aprender y conocer muchas cosas, porque si bien la regla es igual, cada casa tiene sus propias costumbres, por eso cada cambio es un pequeño noviciado.

266 5 VIII 1933 fiesta de Nuestra Señora de la Misericordia [124].

Hoy recibí una gracia grande e inconcebible, puramente interior, por la cual agradeceré a Dios en esta vida y por la eternidad...

267 Jesús me dijo que yo le agradaría más meditando su dolorosa Pasión, y a través de esta meditación mucha luz fluye sobre mi alma. Quien quiera aprender la verdadera humildad, medite la Pasión de Jesús. Cuando medito la Pasión de Jesús, se me aclaran muchas cosas que antes no llegaba a comprender. Yo quiero parecerme a Ti, oh Jesús, a Ti crucificado, maltratado, humillado. Oh Jesús, imprime en mi alma y en mi corazón Tu humildad. Te amo, Jesús, con locura. Te [amo] anonadado, como Te describe el profeta [125], que por los grandes sufrimientos no lograba ver en Ti el aspecto humano. En este estado Te amo, Jesús, con locura. Dios Eterno e Inmenso, ¿qué ha hecho de Ti el amor...?

268 11 X 1933 - jueves. Procuré hacer la Hora Santa, pero la empecé con gran dificultad. Algún anhelo comenzó a desgarrar mi corazón. Mi mente quedó ofuscada de manera que no lograba entender las formas simples de las plegarias. Y así pasó una hora de oración o más bien de lucha. Decidí orar otra hora, pero los sufrimientos interiores aumentaron. Una gran (120) aridez y un gran disgusto. Decidí orar durante la tercera hora. En esa tercera hora de plegaria que decidí hacer arrodillada sin ningún apoyo, mi cuerpo empezó a reclamar un descanso. Sin embargo yo no cedí nada. Extendí las manos en forma de cruz y sin pronunciar una palabra, seguí así con un acto de voluntad. Un momento después me quité el anillo del dedo y pedí a Jesús que mirara ese anillo que es el símbolo de nuestra unión eterna y ofrecí al Señor Jesús los sentimientos del día de los votos perpetuos. Un momento después sentí

que una ola de amor empezaba a inundar mi corazón. Un repentino recogimiento del espíritu, el silencio de los sentidos, la presencia de Dios penetra al alma. Sé únicamente que estamos Jesús y yo. Lo vi bajo la misma apariencia que [tenía] cuando lo vi en el primer momento después de los votos perpetuos, cuando también hacía la Hora Santa. Jesús se presentó delante de mí inesperadamente, despojado de las vestiduras, cubierto de llagas en todo el cuerpo, con los ojos llenos de sangre y de lágrimas, la cara desfigurada, cubierta de salivazos. De repente el Señor me dijo: **La esposa debe asemejarse a su Esposo.** Entendí estas palabras en profundidad. Aquí no hay lugar para ninguna duda. Mi semejanza a Jesús debe realizarse a través del sufrimiento y de la humildad. **Mira lo que ha hecho Conmigo el amor por las almas humanas, hija Mía; en tu corazón encuentro todo lo que Me niega el número tan grande de almas. Tu corazón es un descanso para Mí, muchas veces guardo las gracias grandes para el fin de la plegaria.**

269 Una vez, mientras hacía una novena al Espíritu Santo por mi confesor, el Señor me contestó: **Te lo di a conocer** [126] **antes de que las Superioras te enviaran aquí; como tú te comportarás con el confesor, así Yo Me comportaré contigo. Si te escondes de él, aunque se trate de la más pequeña de Mis gracias, Yo también Me esconderé de ti y te quedarás sola.** Y yo hice según el deseo de Dios y una profunda paz reinó en mi alma. Ahora entiendo cuánto Dios defiende a los confesores y cuánto se pone de parte de ellos.

270 (121) Un consejo del Rev. Sopoćko.

Sin humildad no podemos agradar a Dios. Ejercítate en el tercer grado de la humildad, es decir no solamente no recurras a explicaciones y justificaciones cuando te reprochen algo, sino que alégrate de la humillación.

Si las cosas de las que me hablas, proceden verdaderamente de Dios, entonces prepara tu alma a grandes sufrimientos. Encontrarás desaprobaciones y persecuciones.

Te van a mirar como a una histérica, una extravagante, pero Dios no escatimará su gracia. Las verdaderas obras de Dios siempre enfrentan dificultades y se caracterizan por el sufrimiento. Si Dios quiere realizar algo, tarde o temprano, lo realizará, lo realizará a pesar de las dificultades y tú, mientras tanto, ármate de gran paciencia.

271 Cuando el Rev. Sopoćko fue a la Tierra Santa, confesaba a la Comunidad el Padre jesuita, Dabrowski [127]. Durante una confesión me preguntó si estaba consciente de la vida superior que había en mí alma y que era de un grado sumamente alto. Contesté que estaba consciente de ello y de lo que sucedía en mi interior. A esto el Padre me contestó: No le está permitido, hermana, destruirlo en su alma ni [puede] modificar nada por sí misma. No en todas las almas es evidente esta gran felicidad de la vida superior, en usted, hermana, es visible, porque es de un grado altísimo. Tenga cuidado, hermana, de no malgastar estas grandísimas gracias de Dios, grande por su [la frase interrumpida].

272 Antes, sin embargo, este Padre me había expuesto a muchas pruebas. Y cuando le dije que el Señor quería de mí aquellas cosas [128], se burló de mí y me hizo venir a confesarme a las ocho de la noche. Y cuando fui a las ocho, el hermano estaba cerrando ya la iglesia. Y cuando le dije que informara al Padre que yo había venido (122) y que había sido el Padre que me había dicho venir a esa hora, el buen frailecito fue y advirtió al Padre. El Padre le ordenó decirme que a esa hora los Padres no confesaban. Y volví a casa con nada y no me confesé más con él, pero hice por él una hora de adoración y ciertas mortificaciones, para impetrarle la luz de Dios para que pudiera entender las almas. Pues, cuando el Rev. Sopoćko salía y él lo sustituía, me vi obligada a confesarme con él. Sin embargo, si bien antes no quería reconocerlas, ahora me obliga a una gran fidelidad a estas inspiraciones interiores. A veces Dios permite que sucedan esas cosas, pero sea adorado en todo. Pero es necesaria, sin embargo, una gran gracia para no vacilar.

273 Ejercicios espirituales anuales 10 I 1934.

Oh Jesús mío, se acerca nuevamente el momento en que me quedaré Contigo a solas. Oh Jesús, Te ruego con todo mi corazón, permíteme conocer lo que no Te agrada en mí y al mismo tiempo dame a conocer lo que tengo que hacer para agradarte más. No me niegues esta gracia y quédate conmigo. Yo sé que sin Ti, oh Señor, mis esfuerzos valen poco. Oh, cuánto me alegro de Tu grandeza, oh Señor. Cuanto más Te conozco, tanto más ardientemente Te deseo y anhelo.

274 Jesús me concedió el conocimiento de mí misma. En esta luz de Dios veo mi defecto principal, es la soberbia, su característica el cerrarme en mí misma, la falta de sencillez en las relaciones con la Madre Superiora [129].

La segunda iluminación, respecto al hablar. A veces hablo demasiado. Para un asunto que podría ser solucionado con dos o tres palabras, yo empleo demasiado tiempo. Mientras tanto Jesús desea que ese tiempo yo lo emplee para pequeñas plegarias con indulgencias por las almas del Purgatorio. Y me dice el Señor que cada palabra será pesada el Día del Juicio.

(123) La tercera iluminación, respecto a nuestra regla. Evito poco las ocasiones que llevan a infringir la regla y especialmente en lo que concierne al silencio. Me comportaré como si la regla hubiera sido escrita solamente para mí y no es asunto mío ver cómo se comportan los demás, con tal que yo me comporte como Dios desea.

Propósito. Cualquier cosa que Jesús desee de mí y que se refiera a cosas exteriores, ir en seguida a decirlo a las Superioras; en el trato con la Superiora procuraré ser abierta y sincera como un niño.

275 Jesús ama a las almas escondidas. Una flor escondida es la que más perfume tiene dentro de sí. Buscar un retiro para el Corazón de Jesús en mi propio interior. En los momentos difíciles y dolorosos Te entono, oh Creador, un himno de la confianza, porque el abismo de mi confianza hacia Ti, hacia Tu misericordia, es inconmensurable.

276 Desde el momento en que empecé a amar el sufrimiento, este mismo dejó de ser sufrimiento para mí. El sufrimiento es el alimento continuo de mi alma.

277 No hablaré con cierta persona, porque sé que a Jesús esto no le agrada y ella no saca de eso ningún provecho.

278 A los pies del Señor. Oh Jesús escondido, Amor eterno, Vida nuestra, Divino Insensato que Te has olvidado de Ti Mismo y nos ves solamente a nosotros. Aún antes de crear el cielo y la tierra, nos llevabas en Tu Corazón. Oh Amor, oh abismo de Tu humillación, oh misterio de felicidad, ¿por qué es tan pequeño el número de los que Te conocen? ¿Por qué no encuentras reciprocidad? Oh Amor Divino, ¿por qué ocultas Tu belleza? Oh Inconcebible e Infinito, cuanto más Te conozco Te comprendo menos; pero como no alcanzo a comprenderte, comprendo más Tu grandeza. No envidio el fuego a los serafines, porque en mi corazón tengo depositado un don mayor. (124) Ellos Te admiran en éxtasis, pero Tu Sangre se une a la mía. El amor, es el cielo que nos está dado ya aquí en la tierra. Oh, ¿por qué Te escondes detrás de la fe? El amor rasga el velo. No hay velo delante de los ojos de mi alma, porque Tú Mismo me has atraído desde la eternidad al seno de un amor misterioso. Oh indivisible Trinidad, único Dios, a Ti honor y gloria por todos los siglos.

279 Dios me dio a conocer en qué consiste el verdadero amor y me concedió la luz cómo demostrárselo en la práctica. El verdadero amor a Dios consiste en cumplir la voluntad de Dios. Para demostrar a Dios el amor en la práctica, es necesario que todas nuestras acciones, aún las más pequeñas, deriven del amor hacia Dios. Y me dijo el Señor: **Niña Mía, más que nada Me agradas a través del sufrimiento. En tus sufrimientos físicos, y también morales, hija Mía, no busques compasión de las criaturas. Deseo que la fragancia de tus sufrimientos sea pura, sin ninguna mezcla. Exijo que te distancies no solamente de las criaturas, sino también de ti misma. Hija Mía, quiero deleitarme con el amor de tu corazón:**

amor puro, virginal, intacto, sin ninguna sombra. Hija Mía, cuanto más amarás el sufrimiento, tanto más puro será tu amor hacia Mí.

280 Jesús me ordena celebrar la Fiesta de la Divina Misericordia el primer domingo después de la Pascua de Resurrección por el recogimiento interior y por mortificación exterior. Durante tres horas llevé un cinturón [de hierro], orando incesantemente por los pecadores y para obtener misericordia para el mundo entero; y Jesús me dijo: **Hoy Mi mirada se posa con complacencia sobre esta casa.**

281 Siento muy bien que mi misión no terminará con mi muerte, sino que empezará. Oh almas que dudan, les descorreré las cortinas del cielo para convencerlas de la bondad de Dios, para que ya no hirieran más el Dulcísimo Corazón de Jesús con desconfianza. Dios es Amor y Misericordia.

282 (125) Una vez el Señor me dijo: **Mi Corazón ha sido conmovido por una gran compasión hacia ti, hija Mía queridísima, cuando te he visto hecha pedazos por el gran dolor que sufrías mientras deplorabas tus pecados. Yo veo tu amor tan puro y sincero que te doy la prioridad entre las vírgenes, tú eres el honor y la gloria de Mi Pasión. Veo cada humillación de tu alma y nada se escapa a Mi atención; elevo a los humildes hasta Mi trono, porque así es Mi voluntad.**

283 Oh Dios único en la Santísima Trinidad, deseo amarte como hasta ahora ninguna alma humana Te ha amado; y aunque soy particularmente mísera y pequeñita, no obstante arrojé muy profundamente el ancla de mi confianza en el abismo de Tu misericordia, oh Dios y Creador mío. A pesar de mi gran miseria no tengo miedo de nada, sino que espero cantar eternamente el himno de la gloria. Que no dude alma ninguna mientras viva, aunque sea la más miserable, cada una puede ser una gran santa, porque es grande el poder de la gracia de Dios. De nosotros depende solamente no oponernos a la actuación de Dios.

284 Oh Jesús, ojalá pudiera transformarme en una neblina delante de Ti para cubrir la tierra con el fin de que Tu santa mirada no vea los terribles crímenes. Oh Jesús, cuando miro el mundo y su indiferencia frente a Ti, siempre me vienen lágrimas a los ojos, pero cuando miro un alma consagrada que es tibia, entonces mi corazón sangra.

285 1934. Una vez vine a mi celda y estaba tan cansada que antes de comenzar a desvestirme tuve que descansar un momento, y cuando estaba desvestida, una de las hermanas me pidió que le trajera un vaso de agua caliente. A pesar del cansancio, me vestí rápidamente y le traje el agua que (126) deseaba, aunque de la cocina a la celda había un buen trecho de camino y el barro llegaba a los tobillos. Al entrar en mi celda vi un copón con el Santísimo Sacramento y oí esta voz: **Toma este copón y llévalo al tabernáculo.** En un primer momento vacilé, pero me acerqué y cuando toqué el copón, oí estas palabras: **Con el mismo amor con que te acercas a Mí, acércate a cada una de las hermanas y todo lo que haces a ellas Me lo haces a Mí.** Después de un momento me di cuenta de que estaba sola.

286 + Una vez, cuando se hacía la adoración por nuestra patria, un dolor estrechó mi alma y empecé a orar de modo siguiente: Jesús Misericordiosísimo, Te pido por la intercesión de Tus Santos y, especialmente, por la intercesión de Tu Amadísima Madre, que Te crió desde la niñez, Te ruego bendigas a mi patria. Jesús, no mires nuestros pecados, sino las lágrimas de los niños pequeños, el hambre y el frío que sufren. Jesús, en nombre de estos inocentes, concédeme la gracia que Te pido para mi patria. En aquel instante vi al Señor Jesús con los ojos llenos de lágrimas y me dijo: **Ves, hija Mía, cuánta compasión les tengo; debes saber que son ellos los que sostienen el mundo.**

287 + Oh Jesús mío, cuando observo la vida de las almas, veo que muchas Te sirven con cierta desconfianza. Y en ciertos momentos, especialmente cuando hay ocasión para demostrar el amor hacia Dios, justo entonces veo cómo estas almas huyen del campo de batalla. Entonces me dijo Jesús:

¿**Tú también, hija Mía, quieres comportarte así?** Le contesté al Señor: Oh no, Jesús mío, no me retiraré del campo de batalla, aunque el sudor de la muerte bañe mi frente, no dejaré caer de la mano la espada, hasta que no descanse a los pies de la Santísima Trinidad. Para cualquier cosa que hago, no cuento con mis propias fuerzas, sino con la gracia de Dios. Con la gracia de Dios el alma puede superar victoriosamente las más grandes dificultades.

288 (127) + Una vez, hablé con Jesús mucho tiempo de nuestras alumnas y animada por su bondad le pregunté si también entre nuestras alumnas tenía almas que eran un consuelo para su Corazón. Y el Señor me contestó que **las tenía, pero su amor es débil, por eso las confío a tu cuidado especial; ruega por ellas.**

Oh Dios Inmenso, admiro Tu bondad. Tú eres el Señor de las huestes celestiales y Te humillas de ese modo hacia una miserable criatura. Oh, con que ardor deseo amarte con cada latido de mi corazón. No me basta toda la superficie de la tierra, el cielo es demasiado pequeño y el espacio celeste es nada. Únicamente Tú solo me bastas, Dios Eterno. Sólo Tú puedes llenar la profundidad de mi alma.

289 Los momentos más felices para mí son aquellos cuando me quedo a solas con mi Señor. En aquellos momentos conozco la grandeza de Dios y mi propia miseria.

Una vez Jesús me dijo: **No te extrañes si a veces sospechan de ti injustamente. Yo por amor a ti, fui el primero en beber este cáliz de sufrimientos injustos.**

290 Un día, cuando estaba muy conmovida por la eternidad y sus misterios, mi alma empezó a tener miedo y después de reflexionar un momento más, empezaron a atormentarme varias dudas. Entonces Jesús me dijo: **Niña Mía, no tengas miedo de la casa de tu Padre. Deja a los sabios de este mundo las investigaciones inútiles, Yo quiero verte siempre como una niña pequeña. Pregúntale todo con sencillez a tu confesor y Yo te contestaré por su boca.**

291 En cierta ocasión conocí a una persona que pensaba cometer un pecado grave. Pedí al Señor que me enviara los peores tormentos, para que aquella alma fuera preservada. (128) De repente sentí en la cabeza el atroz dolor de la corona de espinas. Eso duró bastante tiempo, pero aquella persona permaneció en la gracia de Dios. Oh Jesús, que fácil es santificarse; es necesario solamente un poco de buena voluntad. Si Jesús descubre en el alma ese poquito de buena voluntad, entonces se apresura a entregarse al alma y nada puede detenerlo, ni los errores, ni las caídas, nada en lo absoluto. Jesús tiene prisa por ayudar a esa alma, y si el alma es fiel a esta gracia de Dios, entonces en muy poco tiempo puede llegar a la máxima santidad a la que una criatura puede llegar aquí en la tierra. Dios es muy generoso y no rehusa a nadie su gracia, da más de lo que nosotros le pedimos. La fidelidad en el cumplimiento de las inspiraciones del Espíritu Santo es el camino más corto.

292 + Cuando un alma ama sinceramente a Dios, no debe temer nada en su vida espiritual. Que se someta a la influencia de la gracia y que no ponga límites a la unión con el Señor.

293 + Cuando Jesús me fascinó con su belleza y me atrajo a sí, entonces vi lo que no le agradaba en mi alma y decidí eliminarlo a toda costa y con la ayuda de la gracia lo eliminé en seguida. Esta generosidad le agradó al Señor y desde aquel momento Dios empezó a concederme gracias superiores. No hago ningunos razonamientos en la vida interior, no analizo nada por cuáles caminos me lleva el Espíritu Divino; me basta saber que soy amada y que yo amo. El amor puro me permite conocer a Dios y comprender muchos misterios. El confesor es para mí un oráculo, su palabra es sacrosanta para mí, estoy hablando del director espiritual [130].

294 + Una vez el Señor me dijo: **Compórtate como un mendigo que cuando recibe una limosna grande no la rehusa, sino que más bien agradece con más cordialidad; y tú también, si te concedo unas gracias más grandes,**

no las rehuses diciendo que eres indigna. Yo lo sé; pero tú más bien alégrate y goza, y toma tantos (129) tesoros de Mi Corazón cuantos puedes llevar, ya que haciendo así Me agradas más. Te diré algo más: no tomes estas gracias solamente para ti, sino también para el prójimo, es decir invita a las almas con las cuales estás en contacto a confiar en Mi misericordia infinita. Oh, cuánto amo a las almas que se Me han confiado totalmente, haré todo por ellas.

295 + En ese momento Jesús me preguntó: **Niña Mía, ¿cómo van tus ejercicios espirituales?** Contesté: Jesús, Tú bien sabes como me van. **Sí, lo sé, pero quiero oírlo** [de] **tu boca y** [de] **tu corazón.** Oh mi Maestro, cuando Tú me guías todo me va con facilidad y Te ruego, Señor, no Te alejes nunca de mí. Y me dijo Jesús: **Sí, estaré siempre junto a ti si eres siempre una niña pequeña y no tengas miedo de nada; como he sido aquí tu principio, así seré también tu fin. No cuentes con ninguna criatura, ni siquiera en la cosa más pequeña, ya que esto no Me agrada. Yo quiero estar en tu alma solo. Fortificaré tu alma y te daré luz, y conocerás por la boca de Mi sustituto que Yo estoy en ti, y la inquietud se desvanecerá como una niebla ante los rayos del sol.**

296 + Oh Bien Supremo, deseo amarte como hasta ahora nadie Te ha amado en la tierra. Deseo adorarte con cada momento de mi vida y unir estrechamente mi voluntad a Tu santa voluntad. Mi vida no es monótona ni gris, sino variada como un jardín de flores perfumadas, donde no sé que flor recoger primero: el lirio del sufrimiento o la rosa del amor del prójimo o la violeta de la humildad. No voy a enumerar estos tesoros que cada día tengo en abundancia. Es una gran cosa saber aprovechar el momento presente.

297 + Oh Jesús, Luz Suprema, haz que yo me conozca y penetra con Tu luz mi alma oscura, y llena de Ti el abismo de mi alma, ya que solamente Tú [...].

298 Oh Jesús mío, Vida, Camino y Verdad, Te ruego, tenme cerca de Ti, como la madre estrecha al seno a su niño pequeño, ya que yo no soy solamente una niña incapaz, sino un cúmulo de miseria y de nulidad.

299 (130) + Un secreto del alma.   Vilna 1934

Una vez, cuando el confesor me mandó preguntar al Señor Jesús por el significado de los dos rayos que están en esta imagen [131]; contesté que sí, que se lo preguntaría al Señor.

Durante la oración oí interiormente estas palabras: **Los dos rayos significan la Sangre y el Agua. El rayo pálido simboliza el Agua que justifica a las almas. El rayo rojo simboliza la Sangre que es la vida de las almas...**

Ambos rayos brotaron de las entrañas más profundas de Mi misericordia cuando Mi Corazón agonizante fue abierto en la cruz por la lanza.

Estos rayos protegen a las almas de la indignación de Mi Padre. Bienaventurado quien viva a la sombra de ellos, porque no le alcanzará la justa mano de Dios. Deseo que el primer domingo después de la Pascua de Resurrección sea la Fiesta de la Misericordia.

300 **+ Pide a Mi siervo fiel** [132] **que en aquel día hable al mundo entero de esta gran misericordia Mía; que quien se acerque ese día a la Fuente de Vida, recibirá el perdón total de las culpas y de las penas.**

+ La humanidad no conseguirá la paz hasta que no se dirija con confianza a Mi misericordia.

+ Oh, cuánto Me hiere la desconfianza del alma. Esta alma reconoce que soy santo y justo, y no cree que Yo soy la Misericordia, no confía en Mi bondad. También los demonios admiran Mi justicia, pero no creen en Mi bondad.

Mi Corazón se alegra de este título de misericordia.

301 **Proclama que la misericordia es el atributo más grande de Dios. Todas las obras de Mis manos están coronadas por la misericordia.**

302 (131) + Oh Amor Eterno, deseo que Te conozcan todas las almas que has creado. Desearía hacerme sacerdote, para hablar incesantemente de Tu misericordia a las almas pecadoras, hundidas en la desesperación. Desearía ser misionero y llevar la luz de la fe a los países salvajes para darte a conocer a las almas y morir en el martirio, sacrificada por ellas como Tú has muerto por mí y por ellas. Oh Jesús, sé perfectamente que puedo ser sacerdote, misionero y predicador, puedo morir en el martirio anonadándome totalmente y negándome a mí misma por el amor hacia Ti, Jesús, y hacia las almas inmortales. Un gran amor sabe transformar las cosas pequeñas en cosas grandes y solamente el amor da valor a nuestras acciones; y cuánto más puro se hace nuestro amor, tanto menos tendrá por destruir en nosotros el fuego del sufrimiento, y el sufrimiento dejará de serlo para nosotros. Se convertirá en un gozo. Con la gracia de Dios he recibido ahora esta disposición del corazón, de que nunca estoy tan feliz como cuando sufro por Jesús, al que amo con cada latido del corazón.

303 Una vez, cuando tenía un gran sufrimiento, dejé mi trabajo para correr a Jesús y pedirle que me ayudara. Después de una corta plegaria volví al trabajo llena de entusiasmo y alegría. En ese momento una hermana me dijo: Sin duda, hermana, usted tiene hoy muchas consolaciones, dado que está tan radiante. Dios seguramente no le da ningún sufrimiento, sino exclusivamente consolaciones. Contesté: Usted, hermana, está equivocada, ya que justamente cuando sufro mucho, mi gozo es mayor, mientras que cuando sufro poco, también mi gozo es más pequeño. Pero aquella alma me daba a entender que no me comprendía. Traté de explicárselo: Cuando sufrimos mucho, tenemos una gran oportunidad de demostrarle a Dios que lo amamos, mientras cuando sufrimos poco, tenemos poca posibilidad

de demostrar a Dios nuestro amor y cuando no sufrimos nada, entonces nuestro amor no es grande ni puro. Con la gracia de Dios podemos llegar [al punto] en que el sufrimiento se transformará para nosotros en gozo, puesto que el amor sabe hacer tales cosas en las almas puras.

304 (132) + Oh Jesús mío, mi única esperanza, Te agradezco este gran libro que has abierto delante de los ojos de mi alma. Este gran libro es Tu Pasión afrontada por amor hacia mí. De este libro he aprendido cómo amar a Dios y a las almas. En él están encerrados inagotables tesoros para nosotros. Oh Jesús, qué pocas son las almas que Te entienden en Tu martirio de amor. Oh, qué grande es el fuego del amor purísimo que arde en Tu Sacratísimo Corazón. Feliz el alma que ha entendido el amor del Corazón de Jesús.

305 Mi mayor deseo es que las almas Te conozcan, que sepan que eres su eterna felicidad, que crean en Tu bondad y que alaben Tu infinita misericordia.

306 He rogado a Dios que me conceda la gracia de que mi naturaleza sea fuerte y resistente a las influencias que a veces quieren distraerme del espíritu de la regla y de las pequeñas normas, ya que éstas son como pequeñas polillas que quieren destruir en nosotros la vida interior y sin duda la destruirán, si el alma es consciente de estas pequeñas transgresiones y a pesar de eso, las toma a la ligera como cosas de poca importancia. En una orden religiosa yo no veo nada de poca importancia. No me importa que a veces me exponga a disgustos e ironías, lo importante es que mi espíritu esté en buena armonía con el espíritu de las reglas, de los votos y de las normas religiosas.

Oh Jesús mío, deleite de mi corazón, Tú conoces mis deseos. Quisiera esconderme a los ojos humanos, viviendo de modo como si no viviera. Quiero vivir pura como una flor de campo; quiero que mi amor esté dirigido siempre hacia Ti, como la flor que gira siempre hacia el sol. Deseo que el perfume y la frescura de la flor de mi corazón estén siempre guardados exclusivamente para Ti. Quiero vivir bajo Tu mirada divina, ya que Tú solo me bastas. Cuando estoy Contigo, oh Jesús, no tengo miedo de nada, porque nada puede dañarme.

307 (133) + 1934. Una vez, durante la Cuaresma, encima de nuestra capilla y de nuestra casa, vi una gran claridad y una gran oscuridad. Vi la lucha de estas dos potencias...

308 1934. Jueves Santo. Jesús me dijo: **Deseo que te ofrezcas como víctima por los pecadores y, especialmente, por las almas que han perdido la esperanza en la Divina Misericordia.**

Dios y las almas. - Acto de ofrecimiento.

309 Ante el cielo y la tierra, ante todos los coros de los ángeles, ante la Santísima Virgen María, ante todas las Potencias Celestes declaro a Dios, Uno y Trino, que hoy en unión con Jesucristo, Redentor de las almas, me ofrezco voluntariamente como víctima por la conversión de los pecadores y especialmente por las almas que han perdido la esperanza en la Divina Misericordia. Este ofrecimiento consiste en que tomo [con] la total sumisión a la voluntad de Dios, todos los sufrimientos, y los temores, y los miedos que llenan a los pecadores y en cambio les cedo todas las consolaciones que tengo en el alma, que provienen de mi comunión con Dios. En una palabra, les ofrezco todo: las Santas Misas, las Santas Comuniones, las penitencias, las mortificaciones, las plegarias. No temo los golpes, los golpes de la Justicia de Dios, porque estoy unida a Jesús. Oh Dios mío, con esto deseo compensarte por las almas que no confían en Tu bondad. Contra toda [la esperanza] confío en el mar de Tu misericordia. Oh Señor y Dios mío, mi destino... mi destino para la eternidad, no pronuncio este acto de ofrecimiento basándome en mis propias fuerzas, sino en el poder que deriva de los méritos de Jesucristo. Este acto de ofrecimiento lo repetiré todos los días con la siguiente plegaria que Tú Mismo me enseñaste, oh Jesús:

Oh Sangre y Agua que brotaste del Corazón de Jesús, como Fuente de Misericordia para nosotros, en Ti confío.

Sor. M. Faustina del Santísimo Sacramento
Jueves Santo, durante la Santa Misa,
29 d., 3 m., 1934 año [29 de marzo de 1934].

310 (134)**Te doy una pequeña parte en la Redención del género humano. Tú eres el alivio en el momento de Mi agonía.**

311 Al haber recibido el permiso de mi confesor [133] para hacer este acto de ofrecimiento, en poco tiempo conocí que este acto fue agradable a Dios, ya que empecé a sentir sus consecuencias. En un momento mi alma se hizo como una roca: árida, llena de tormentos y de inquietud. Varias blasfemias e imprecaciones retumbaban en mis oídos. La desconfianza y la desesperación se albergaron en mi corazón. He aquí la condición de los miserables que yo había tomado sobre mí. En un primer momento me asusté mucho de estos horrores, pero con la primera confesión fui tranquilizada.

312 + Una vez, cuando fui a confesarme fuera del convento, sucedió que mi confesor [134] estaba celebrando la Santa Misa. Un momento después vi sobre el altar al Niño Jesús que cariñosamente y con alegría extendía sus manitas hacia él, pero aquel sacerdote, un momento después, tomó este bello Niño en las manos y lo partió y lo comió vivo. En un primer momento sentí aversión a ese sacerdote por comportarse así con Jesús, pero en seguida fui iluminada al respecto y conocí que el sacerdote era muy agradable a Dios.

313 + Una vez, cuando estaba en [el taller] de aquel pintor [135] que pintaba esa imagen, vi que no era tan bella como es Jesús. Me afligí mucho por eso, sin embargo lo oculté profundamente en mi corazón. Cuando salimos del taller del pintor, la Madre Superiora [136] se quedó en la ciudad para solucionar diferentes asuntos, yo volví sola a casa. En seguida fui a la capilla y lloré muchísimo. Le dije al Señor: ¿Quién Te pintará tan bello como Tú eres?

Como respuesta oí estas palabras: **No en la belleza del color, ni en la del pincel, está la grandeza de esta imagen, sino en Mi gracia.**

314 + En cierta ocasión, cuando por la tarde fui a la huerta, el Ángel Custodio me dijo: *Ruega por los agonizantes*. Comencé en seguida el rosario por los agonizantes junto con las jovencitas que ayudaban en la huerta. Terminado el rosario rezamos varias invocaciones por los agonizantes. Terminadas las plegarias, las alumnas se pusieron a hablar alegremente. (135) A pesar del ruido que hacían oí en el alma estas palabras: Ruega por mí. Como no lograba entender bien estas palabras, me alejé unos pasos de las alumnas, pensando en ¿quién podría ser aquel que me hacía rezar? De repente oí estas palabras: Soy Sor [137]... Esa hermana estaba en Varsovia, mientras yo estaba entonces en Vilna. Ruega por mí hasta que te diga cesar. Estoy agonizando. En seguida empecé a orar con fervor por ella al Corazón agonizante de Jesús y, sin descansar, rogué así desde las tres hasta las cinco de la tarde. A las cinco oí esta palabra: Gracias. Entendí que ya había muerto. No obstante, al día siguiente, durante la Santa Misa rogué con fervor por su alma. Por la tarde llegó una tarjeta que decía que la hermana... había fallecido a tal hora. Me di cuenta de que era la misma hora en la que me dijo ruega por mí.

315 Oh Madre de Dios, Tu alma estuvo sumergida en el mar de amargura, mira a Tu niña y enséñale a sufrir y a amar en el sufrimiento. Fortalece mi alma, para que el dolor no la quebrante. Madre de la gracia, enséñame a vivir en Dios.

316 Una vez me visitó la Virgen Santísima. Estaba triste con los ojos clavados en el suelo; me dio a entender que tenía algo que decirme, pero por otra parte me daba a conocer como si no quisiera decírmelo. Al darme cuenta de ello, empecé a pedir a la Virgen que me lo dijera y que volviera la mirada hacia mí. En un momento María me miró sonriendo cordialmente y dijo: *Vas a padecer ciertos sufrimientos a causa de una enfermedad y de los médicos, además padecerás muchos sufrimientos por esta imagen,*

pero no tengas miedo de nada. Al día siguiente me puse enferma y sufrí mucho, tal y como me lo había dicho la Virgen, pero mi alma está preparada para los sufrimientos. El sufrimiento es el compañero permanente de mi vida.

317 Oh Dios mío, mi única esperanza, en Ti he puesto toda mi confianza y sé que no me desilusionaré.

318 (136) A veces, después de la Santa Comunión, siento la presencia de Dios de modo particular, sensible. Siento que Dios está en mi corazón. Y el hecho de sentir a Dios en el alma, no me impide en absoluto cumplir mis tareas; aún cuando realizo los más importantes asuntos que requieren atención, no pierdo la presencia de Dios en el alma y quedo estrechamente unida a Él. Con Él voy al trabajo, con Él voy al recreo, con Él sufro, con Él gozo, vivo en Él y Él en mí. No estoy nunca sola, ya que Él es mi compañero permanente. Siento su presencia en cada momento. Nuestra familiaridad es estrecha a causa de la unión de la sangre y de la vida.

319 9 VIII 1934. La adoración nocturna del jueves [138]. Hice la adoración desde las once hasta las doce. Hice esta adoración por la conversión de los pecadores empedernidos y especialmente por los que perdieron la esperanza en la Divina Misericordia. Meditaba sobre lo mucho que Dios sufrió y lo grande que es el amor que nos mostró, y nosotros no creemos que Dios nos ama tanto. Oh Jesús, ¿quién lo comprenderá? ¡Qué dolor para nuestro Salvador! y ¿Cómo puede convencernos de su amor si [su] muerte no llega a convencernos? Invité a todo el cielo a que se uniera a mí para compensar al Señor la ingratitud de ciertas almas.

320 Jesús me enseñó cuánto le agrada la plegaria reparadora; me dijo: **La plegaria de un alma humilde y amante aplaca la ira de Mi Padre y atrae un mar de bendiciones.** Después de la adoración, a medio camino hacia mi celda, fui cercada por una gran jauría de perros negros, enormes, que saltaban y aullaban con una intención de desgarrarme en pedazos. Me di cuenta de que no eran perros sino demonios.

Uno de ellos dijo con rabia: Como esta noche nos has llevado muchas almas, nosotros te desgarraremos en pedazos. Contesté: Si tal es la voluntad de Dios misericordiosísimo, desgárrenme en pedazos, porque me lo he merecido justamente, siendo la más miserable entre los pecadores y Dios es siempre santo, justo e infinitamente misericordioso. A estas palabras, los demonios todos juntos contestaron: Huyamos porque no está sola, sino que el Todopoderoso está con ella. Y desaparecieron del camino como polvo, como rumor, mientras yo tranquila, terminando el *Te Deum,* iba a la celda contemplando la infinita e insondable misericordia Divina.

(137)   12 VIII 1934

321 Un desmayo repentino, sufrimiento preagónico. No era la muerte, es decir el pasaje a la verdadera vida, sino una muestra de los sufrimientos de la misma. La muerte es espantosa a pesar de darnos la vida eterna. De repente me sentí mal, la falta de respiración, la oscuridad delante de los ojos, la sensación del debilitamiento de los miembros este sofocamiento es atroz. Un instante de este sofocamiento es infinitamente largo... A pesar de la confianza, viene también un extraño miedo. Deseé recibir los últimos santos sacramentos. Sin embargo la Confesión resulta muy difícil a pesar del deseo de confesarme. Uno no sabe lo que dice; comienza a decir una cosa, deja la otra sin terminar. Oh, que Dios preserve a cada alma de aplazar la confesión a la última hora. Conocí el gran poder de las palabras del sacerdote que descienden sobre el alma del enfermo. Cuando pregunté al Padre espiritual si estaba preparada para presentarme delante de Dios y si podía estar tranquila, recibí la respuesta: Puedes estar completamente tranquila no solamente ahora, sino después de cada confesión semanal. La gracia de Dios que acompaña estas palabras del sacerdote es grande. El alma siente la fortaleza y el arrojo para la lucha.

322 Oh Congregación, madre mía, ¡qué dulce es vivir en ti, pero todavía mejor es morir!

323 Recibidos los últimos santos sacramentos, se produjo una mejoría total. Me quedé sola, eso duró una media hora y el ataque se repitió, pero ya no tan fuerte, porque el tratamiento médico lo impidió.

Mis sufrimientos los uní a los sufrimientos de Jesús y los ofrecí por mí y por la conversión de las almas que no confiaban en la bondad de Dios. De repente mi celda se llenó de figuras negras, llenas de furia y de odio hacia mí. Una de ellas dijo: Maldita tú y Aquel que está en ti, porque ya empiezas a atormentarnos en el infierno. En cuanto pronuncié: Y el Verbo se hizo carne y habitó entre nosotros, en seguida esas figuras desaparecieron ruidosamente.

324 Al día siguiente me sentía muy débil, pero ya no experimentaba ningún sufrimiento. Después de la Santa Comunión vi al Señor Jesús bajo la apariencia que ya había visto durante una de las adoraciones. La mirada del Señor traspasó mi alma por completo y ni siquiera el más pequeño polvillo se escapó a su atención. Y dije a Jesús: Jesús, pensé que me ibas a llevar. Y Jesús me contestó: **Aún no se ha cumplido plenamente Mi voluntad en ti; te quedarás todavía en la tierra, pero no mucho tiempo. Me agrada mucho tu confianza, pero el amor ha de ser más ardiente.** (138) **El amor puro da fuerza al alma en la agonía misma. Cuando agonizaba en la cruz, no pensaba en Mí, sino en los pobres pecadores y rogaba al Padre por ellos. Quiero que también tus últimos momentos sean completamente semejantes a los Míos en la cruz. Hay un solo precio con el cual se compran las almas, y éste es el sufrimiento unido a Mi sufrimiento en la cruz. El amor puro comprende estas palabras, el amor carnal no las comprenderá nunca.**

325 Año 1934. El día de la Asunción de la Santísima Virgen no fui a la Santa Misa. La doctora [139] no me lo permitió, pero oré con fervor en la celda. Poco después vi a la Virgen que era de una belleza indescriptible y que me dijo: *Hija mía, exijo de ti oración, oración y una vez más oración por el mundo, y especialmente por tu patria. Durante nueve*

días recibe la Santa Comunión reparadora, únete estrechamente al sacrificio de la Santa Misa. Durante estos nueve días estarás delante de Dios como una ofrenda, en todas partes, continuamente, en cada lugar y en cada momento, de día y de noche, cada vez que te despiertes, ruega interiormente. Es posible orar interiormente sin cesar.

326 Una vez Jesús me dijo: **Mi mirada en esta imagen es igual a la mirada en la cruz**.

327 Una vez el confesor [140] me preguntó cómo debía ser colocada la inscripción, ya que todo eso no cabía en la imagen.

Contesté que rezaría y que daría la respuesta la semana siguiente. Al alejarme del confesionario, y pasando cerca del Santísimo Sacramento, recibí el entendimiento interior de cómo debía ser la inscripción. Jesús me recordó lo que me había dicho la primera vez, es decir, que estas tres* palabras debían ser puestas en evidencia. Las palabras son éstas: **Jesús, en Ti confío**. Entendí que Jesús deseaba que fuera colocada esa frase, pero además de estas palabras no daba otras órdenes precisas.

Ofrezco a los hombres un recipiente con el que han de venir a la Fuente de la Misericordia para recoger gracias. Ese recipiente es esta imagen con la firma: Jesús, en Ti confío.

328 Oh Amor purísimo, reina totalmente en mi corazón y ayúdame a cumplir Tu santa voluntad del modo más fiel posible.

329 (139) Al final del retiro espiritual de tres días, me di cuenta que estaba andando por un camino escabroso y tropezaba a cada instante, y veía que detrás de mí iba otra figura que me sostenía continuamente y yo no estaba contenta de esto y pedí a esa figura que se apartara de mí, porque

---

* La inscripción en polaco tiene tres palabras: Jezu, ufam Tobie.

yo quería andar sola. Sin embargo, esa figura a la que yo no lograba reconocer, no me dejó ni por un instante. Eso me impacientó, me volví hacia ella y la rechacé de mí. En aquel instante reconocí en esa figura a la Madre Superiora [141] y en el mismo momento vi que no era la Madre Superiora, sino el Señor Jesús que me miró profundamente y me dio a conocer lo mucho que le dolía cuando en las cosas más pequeñas yo no trataba de cumplir la voluntad de la Superiora **que es Mi voluntad**. Pedí vivamente perdón al Señor y esa advertencia la tomé muy a pecho.

330 + Una vez me dijo el confesor que rogara según su intención, y comencé una novena a la Santísima Virgen. Esa novena consistía en rezar nueve veces la *Salve Regina*. Al final de la novena vi a la Virgen con el Niño Jesús en los brazos y vi también a mi confesor que estaba arrodillado a sus pies y hablaba con Ella. No entendía de que hablaba con la Virgen porque estaba ocupada en hablar con el Niño Jesús que había bajado de los brazos de la Santísima Madre y se acercó a mí. No dejaba de admirar su belleza. Oí algunas palabras que la Virgen le decía, pero no oí todo. Las palabras son éstas: *Yo soy no sólo la Reina del Cielo, sino también la Madre de la Misericordia y tu Madre*. En ese momento extendió la mano derecha en la que tenía el manto y cubrió con él al sacerdote. En ese instante la visión desapareció.

331 Oh, qué grande es la gracia de tener al director espiritual. Se progresa más rápidamente en las virtudes, se conoce más claramente la voluntad de Dios, se la cumple más fielmente, se avanza en un camino cierto y seguro. El director espiritual sabe evitar las rocas contra las cuales [el alma] podría estrellarse. Dios me concedió esta gracia más bien tarde, pero gozo de ella mucho, viendo como Dios consiente los deseos del director espiritual. Menciono un solo hecho de entre un millar que me sucede. Como de costumbre, una noche pedí al Señor Jesús que me diera los puntos para la meditación del día siguiente [142]. Recibí la respuesta: **Medita sobre el profeta Jonás y sobre su misión**.

Agradecí al Señor, pero dentro de mí empecé a pensar: Qué meditación tan diferente (140) de otras. Sin embargo, con toda la fuerza del alma trataba de meditar y en aquel profeta me descubrí a mí, en el sentido de que yo también con frecuencia me excusaba delante de Dios [diciendo] que otra persona podría cumplir mejor su santa voluntad, sin entender que Dios lo puede todo, que tanto más destaca todo su poder, cuanto más mísero es el instrumento que utiliza. Dios me lo explicó. Por la tarde hubo confesión de la Comunidad. Cuando presenté al director espiritual el temor que me envuelve a razón de esta misión [143] a la que Dios me utiliza como un instrumento inhábil, el Padre espiritual me contestó que queramos o no queramos, debemos cumplir la voluntad de Dios y me dio el ejemplo del profeta Jonás. Terminada la confesión, contemplaba cómo el confesor sabía que Dios me había mandado meditar sobre Jonás, ya que yo no le había hablado de eso. Entonces oí estas palabras: **El sacerdote, cuando Me sustituye, no es él quien obra, sino Yo a través de él, sus deseos son Míos.** Veo cómo Jesús defiende a sus sustitutos. Él Mismo interviene en su actuar.

332 + Jueves. Al empezar la Hora Santa, quería sumergirme en la agonía de Jesús en el Huerto de los Olivos. De repente oí en el alma la voz: **Medita los misterios de la Encarnación.** Y de pronto, delante de mí apareció el Niño Jesús de una belleza resplandeciente. Me dijo cuánto agradaba a Dios la sencillez del alma. **Aunque Mi grandeza es inconcebible, trato solamente con los pequeños, exijo de ti la infancia del espíritu.**

333 Ahora veo claramente cómo Dios obra por medio del confesor y cómo es fiel a sus promesas. Hace dos semanas el confesor me ordenó meditar sobre la infancia del espíritu. Al principio eso me resultaba algo difícil, sin embargo, el confesor sin hacer caso a mi dificultad, me ordenó continuar la meditación sobre la infancia del espíritu. En la práctica esta infancia debe manifestarse así: El niño no se ocupa del pasado ni del futuro, sino que

aprovecha el momento presente. Deseo destacar esta infancia del espíritu en usted, hermana, y doy a eso mucha importancia.

334 Veo cómo [el Señor Jesús] se inclina a los deseos del confesor, ya que en este período no se me aparece como maestro en la plenitud de fuerzas y de humanidad como adulto, sino que se me aparece como un niño pequeño. Este Dios infinito, se humilla hasta mí bajo la apariencia de un niñito pequeño. Pero la mirada de mi alma no se detiene en la superficie. Aunque tomas la apariencia de un niñito pequeño, yo veo en Ti al Inmortal, al Infinito Señor de los señores, adorado (141) día y noche por los espíritus puros, para el cual arden los corazones de los serafines con el fuego del amor purísimo. Oh Cristo, oh Jesús, deseo superarlos en el amor hacia Ti. Les pido el perdón, oh espíritus puros, por haber osado compararme con ustedes. Yo, un abismo de miseria, una vorágine de miseria, pero Tú, oh Dios, que eres un abismo inconcebible de misericordia, absórbeme como el ardor del sol absorbe una gota de rocío. Tu mirada amorosa allana todo abismo. Me siento sumamente feliz de la grandeza de Dios. Ver la grandeza de Dios, es para mí absolutamente suficiente para sentirme feliz por toda la eternidad.

335 Una vez, al ver a Jesús bajo la apariencia de un niñito pequeño, pregunté: Jesús, ¿por qué ahora tratas conmigo tomando el aspecto de un niñito pequeño? Después de todo, yo veo en Ti a Dios Infinito, al Creador y a mi Señor. Jesús me contestó que hasta que yo no aprendiera la sencillez y la humildad, trataría conmigo como a un niño pequeño.

336 + 1934. Durante la Santa Misa en la que Jesús fue expuesto en el Santísimo Sacramento, antes de la Santa Comunión vi dos rayos que salían de la Hostia Santísima, tal y como están pintados en la imagen: uno rojo y otro pálido. Se reflejaban sobre cada una de las hermanas y sobre las alumnas, pero no sobre todas de modo igual. Sobre algunas estaban apenas esbozados. Era el día en que terminábamos los ejercicios espirituales de las jovencitas.

337 22 XI 1934. + Una vez, el Padre espiritual [144] me ordenó reflexionar bien sobre mí, y analizar si no había en mí
algún apego a alguna cosa o criatura o a mí misma, y si
no había en mí una inclinación a hablar inútilmente, ya
que todo eso impedía al Señor Jesús administrar libremente en mi alma. Dios está celoso de nuestros corazones y quiere que lo amemos exclusivamente a Él.

338 Cuando comencé a reflexionar profundamente sobre mí,
no noté estar apegada a alguna cosa, pero, como en todas
mis cosas, también en ésta tenía miedo de mí misma y no
me fiaba de mí misma. Cansada de este minucioso análisis, fui delante del Santísimo Sacramento y rogué a Jesús
con toda la fuerza de mi alma: Jesús, Esposo mío, Tesoro
de mi corazón, (142) Tú sabes que Te conozco solamente
a Ti y que no conozco otro amor fuera de Ti, pero, Jesús,
si tomara apego a cualquier cosa fuera de Ti, Te ruego y
Te suplico, Jesús, por el poder de Tu misericordia, hazme
morir inmediatamente, porque prefiero morir mil veces,
que engañarte una vez en la cosa más pequeña.

339 En aquel momento, Jesús se presentó súbitamente delante de mí, no sé de dónde, resplandeciente de una belleza
indecible, con una túnica blanca, con las manos levanta-
das, y me dijo estas palabras: **Hija Mía, tu corazón es
Mi descanso, es Mi complacencia. En él encuentro
todo lo que un gran número de almas Me niega. Dilo
a Mi sustituto.** Y repentinamente no vi nada más, solamente todo un mar de consolaciones entró en mi alma.

340 Ahora comprendo que nada puede ponerme barreras en
el amor hacia Ti, Jesús, ni el sufrimiento, ni las contrariedades, ni el fuego, ni la espada, ni la muerte misma. Me
siento más fuerte que todo eso. Nada puede compararse
con el amor. Veo que las cosas más pequeñas, cumplidas
por un alma que ama sinceramente a Dios, tienen un
valor inestimable en los ojos de sus santos.

341 11 V 1934. Una mañana, después de haber abierto la puerta
para dejar salir a nuestra gente [145] que traía el pan, entré un
momento en la pequeña capilla, para hacer a Jesús una visita

de un minuto y para renovar las intenciones del día. Oh Jesús, hoy todos los sufrimientos, las mortificaciones, las plegarias, las ofrezco por el Santo Padre para que apruebe esta Fiesta de la Misericordia. Pero, Jesús, debo decirte todavía una palabra. Estoy muy sorprendida de que me ordenas hablar de esta Fiesta de la Misericordia, mientras esta Fiesta [146] según me dicen, ya existe, entonces ¿para qué he de hablar de ella?

Y Jesús me contestó: **¿Quién, de entre la gente, sabe de ella? Nadie. Y hasta aquellos que han de proclamarla y enseñar a la gente esta misericordia, muchas veces ellos mismos no lo saben; por eso quiero que la imagen sea bendecida solemnemente el primer domingo después de Pascua y que se la venere públicamente para que cada alma pueda saber de ella.**

Haz una novena según la intención del Santo Padre, que debe constar de treinta y tres actos, es decir de repetir este mismo número de veces la oración a la misericordia que te he enseñado.

342 (143) El sufrimiento es el tesoro más grande que hay en la tierra, purifica al alma. En el sufrimiento conocemos quién es nuestro verdadero amigo. El amor verdadero se mide con el termómetro del sufrimiento.

343 Oh Jesús, Te doy gracias por las pequeñas cruces cotidianas, por las contrariedades con las que tropiezan mis propósitos, por el peso de la vida comunitaria, por una mala interpretación de [mis] intenciones, por las humillaciones por parte de los demás, por el comportamiento áspero frente a nosotros, por las sospechas injustas, por la salud débil y por el agotamiento de las fuerzas, por repudiar yo mi propia voluntad, por el anonadamiento de mi propio yo, por la falta de reconocimiento en todo, por los impedimentos hechos a todos [mis] planes.

Te doy gracias, Jesús, por los sufrimientos interiores, por la aridez del espíritu, por los miedos, los temores y las dudas, por las tinieblas y la densa oscuridad interior, por las tentaciones y las distintas pruebas, por las angustias que son difíciles de expresar y especialmente por aquellas en las que nadie nos comprende, por la hora de la muerte, por el duro combate durante ella, por toda la amargura.

Te agradezco, Jesús, que has bebido el cáliz de la amargura antes de dármelo endulzado. He aquí, he acercado los labios a este cáliz de Tu santa voluntad; hágase de mí según Tu voluntad, que se haga de mí lo que Tu sabiduría estableció desde la eternidad. Deseo beber hasta la última gotita el cáliz de la predestinación, no quiero analizar esta predestinación; en la amargura mi gozo, en la desesperación, mi confianza. En Ti, oh Señor, todo lo que da Tu Corazón paternal es bueno; no pongo las conglobaciones por encima de las amarguras, ni las amarguras por encima de las consolaciones, sino que Te agradezco todo, oh Jesús. Mi deleite consiste en contemplarte, oh Dios Inconcebible. En estas existencias misteriosas está mi alma, es allí donde siento que estoy en mi casa. Conozco bien la morada de mi Esposo. Siento que en mí no hay ni una gota de sangre que no arda de amor hacia Ti.

Oh Belleza Eterna, quien Te conoce una vez solamente, no puede amar ninguna otra cosa. Siento la vorágine insondable de mi alma y que nada la puede llenar, sino Dios Mismo. Siento que me hundo en Él como un granito de arena en un océano sin fondo.

(144)   20 XII 1934

344 Una noche, al entrar yo en la celda, vi al Señor Jesús expuesto en la custodia, como si estuviera a cielo abierto. A los pies del Señor Jesús vi a mi confesor y detrás de él a un gran número de eclesiásticos de alto rango, con ropa que nunca había visto, salvo en visión. Y detrás de ellos varias clases de eclesiásticos; más allá vi una multitud tan grande de gente que no pude abarcarla con la vista. Vi saliendo de la Hostia estos dos rayos que están en la imagen, que se unieron estrechamente, pero no se confundieron y pasaron a las manos de mi confesor, y después a las

manos de los eclesiásticos y de sus manos pasaron a las manos de la gente, y volvieron a la Hostia... y en aquel momento me vi entrando en la celda.

345 22 XII 1934. Cuando me tocó en la semana de ir a confesarme, llegué cuando mi confesor estaba celebrando la Santa Misa. En la tercera parte de la Santa Misa vi al Niño Jesús, un poco más pequeño que de costumbre y con la diferencia de que tenía un delantalcito de color violeta, mientras habitualmente lo tenía blanco.

346 24 XII 1934. La Vigilia de la Navidad. Por la mañana durante la Santa Misa sentí la cercanía de Dios, mi espíritu se sumergió en Dios inconscientemente. De repente escuché estas palabras: **Tú eres una morada agradable para Mí, en ti descansa Mi Espíritu.**

Después de estas palabras sentí la mirada del Señor dirigida al fondo de mi corazón y viendo mi miseria me humillé en espíritu y admiré la gran misericordia de Dios, y que este Altísimo Señor se acercaba a tal miseria.

Durante la Santa Comunión la alegría inundó mi alma, sentía que estaba unida estrechamente a la Divinidad; su omnipotencia absorbió todo mi ser, durante el día entero sentí la cercanía de Dios de modo particular, y aunque los deberes no me permitieron ir a la capilla ni por un momento durante todo el día, sin embargo no hubo ni un instante en que no estuviera unida a Dios, lo sentí dentro (145) de mí de una manera más sensible que cualquier otra vez. Saludaba sin cesar a la Santísima Virgen, ensimismándome en su Espíritu, le rogaba enseñarme un verdadero amor a Dios. De repente oí estas palabras: *Te revelaré el secreto de mi felicidad en la noche, durante la Santa Misa.*

La cena fue antes de las seis; a pesar de la alegría y el ruido exterior que hay cuando se parte el "oplatek" [y durante] las felicitaciones mutuas, ni por un instante fui privada de la presencia de Dios. Después de la cena nos apresuramos con el trabajo y a las nueve pude ir a la adoración a la capilla. Había obtenido el permiso de no acostarme, sino esperar la Misa de Medianoche. Me alegré muchísimo; desde las nueve hasta las doce tenía el tiempo libre. De nueve a diez hice la adoración por mis padres y por toda mi familia; de diez a once hice la adoración por mi director espiritual; primero agradecí a Dios que se dignó darme aquí en la tierra esta gran ayuda visible tal y como me lo había prometido y por otro lado, pedí a Dios que le diera luz para que pudiera conocer mi alma y guiarme según a Dios le agradaba. Desde las once hasta las doce rogué por la Santa Iglesia y por el clero, por los pecadores, por las misiones, por nuestras casas; las indulgencias las ofrecí por las almas del purgatorio.

347 Las doce, 25 XII 1934.

Misa de Medianoche. En cuanto empezó la Santa Misa, el recogimiento interior empezó a adueñarse de mí, el gozo inundó mi alma. Durante el ofertorio vi a Jesús en el altar, [era] de una belleza incomparable. Durante todo el tiempo el Niñito miró a todos, extendiendo sus manitas. Durante la elevación el Niñito no miraba hacia la capilla, sino hacia el cielo; después de la elevación volvió a mirarnos, pero muy poco tiempo, porque como siempre fue partido y comido por el sacerdote. Pero el delantalcito ya lo tenía blanco. Al día siguiente vi lo mismo y al tercer día igual. Es difícil expresar la alegría que tenía en el alma. (146) Esta visión se repitió durante tres Santas Misas, igual como en las primeras.

348 Año 1934.

Primer jueves después de Navidad. Olvidé completamente que hoy es jueves, por eso no hice la adoración. Junto con otras [hermanas] fui al dormitorio a las nueve. Extrañamente no lograba dormir. Me parecía que no había cumplido algo. En la memoria hice un repaso de mis obligaciones y no pude recordar nada; eso duró hasta las diez. A las diez vi el rostro martirizado de Jesús. De pronto Jesús me dijo estas palabras: **Te esperé para compartir contigo el sufrimiento, ya que ¿quién puede comprender Mis sufrimientos mejor que Mi esposa?**

Pedí el perdón a Jesús por ser tibia. Avergonzada, sin atreverme a mirar a Jesús, pero con el corazón contrito, pedí que Jesús se dignara darme una espina de su corona. Jesús contestó que me daría esa gracia, pero al día siguiente e inmediatamente la visión desapareció.

349 Por la mañana, durante la meditación sentí una espina dolorosa en la parte izquierda de la cabeza; el dolor duró el día entero, pensé continuamente como Jesús había logrado soportar el dolor de tantas espinas que hay en la corona. Uní mis sufrimientos a los sufrimientos de Jesús y los ofrecí por los pecadores. A las cuatro, al venir a la adoración, vi a una de nuestras alumnas ofendiendo terriblemente a Dios con los pecados impuros de pensamiento. Vi también a cierta persona por la cual pecaba. Un temor atravesó mi alma y pedí a Dios, por los dolores de Jesús, que se dignara sacarla [de] esa horrible miseria. Jesús me contestó que le concedería la gracia no por ella, sino por mi plegaria; entonces comprendí cuánto deberíamos rogar por los pecadores y especialmente por nuestras alumnas.

350 Nuestra vida es verdaderamente apostólica, no sé imaginarme a una religiosa que viva en nuestras casas, es decir en la Congregación nuestra, que no tenga el espíritu apostólico; el celo por la salvación de las almas debería arder en nuestros corazones.

351 (147) Oh Dios mío, cómo es dulce sufrir por Ti, sufrir en los rincones más secretos del corazón, muy ocultamente, arder como una víctima sin ser vista por nadie, pura como el cristal, sin consolación alguna ni compasión. Mi espíritu arde con el amor activo, no pierdo tiempo en ninguna fantasía, tomo cada momento por separado, ya que esto está en mi poder; el pasado no me pertenece, el futuro no [es] mío, el tiempo presente trato de aprovecharlo con toda el alma.

352 4 I 1935. Primer capítulo [147] de la Madre Borgia.

Durante este capítulo la Madre [148] resaltaba la vida de fe y la fidelidad en las cosas pequeñas. En la mitad del capítulo oí estas palabras: **Deseo que haya en ustedes más fe en el momento actual. ¡Qué gran alegría Me da la fidelidad de Mi esposa en las más pequeñas cosas!** De repente miré el crucifijo y vi que Jesús tenía la cabeza vuelta al refectorio y que sus labios se movían.

353 Cuando lo dije a la Madre Superiora, me contestó: Usted ve, hermana, cómo Jesús exige que nuestras vidas sean de fe. Cuando la Madre se fue a la capilla y yo me quedé para limpiar la habitación, de pronto percibí estas palabras: **Di a todas las hermanas que exijo que vivan con el espíritu de fe respecto a las Superioras en el momento actual.** Pedí al confesor de liberarme de esta obligación.

354 Cuando estaba hablando con cierta persona que debía pintar esta imagen, pero que por ciertas razones no la pintaba, durante la conversación con ella oí esta voz en el alma: **Deseo que sea más obediente.** Comprendí que los esfuerzos, aunque sean los más grandes, pero no tienen el sello de la obediencia, no son agradables a Dios, estoy hablando de un alma consagrada. Oh Dios, qué fácil es conocer Tu voluntad en el convento. Nosotras, almas consagradas, desde la mañana hasta la noche tenemos claramente indicada la voluntad de Dios y en los momentos de incertidumbre tenemos a las Superioras, a través de las cuales habla Dios.

355 (148) 1934 -1935. Víspera del Año Nuevo. Recibí el permiso de no acostarme, sino de orar en la capilla. Una de las hermanas me pidió ofrecer por ella una hora de adoración. Le contesté que sí y rogué por ella una hora entera. Durante la oración Dios me dio a conocer cuánto esta pequeña alma le era agradable.

La segunda hora de la adoración la ofrecí por la conversión de los pecadores y, especialmente, estuve compensando a Dios por las ofensas del momento actual; ¡cuánto Dios es ofendido!

La tercera hora la ofrecí según la intención de mi Padre espiritual, pedí con fervor la luz para él en un asunto particular.

Por fin dieron las doce, la última hora del año; la terminé en nombre de la Santísima Trinidad y también en nombre de la Santísima Trinidad empecé la primera hora del Año Nuevo. Pedí a cada Persona la bendición y con gran confianza miré hacia el Año Nuevo, que seguramente no escatimaría sufrimientos.

356 Oh Santa Hostia, en la que está encerrado el testamento de la Divina Misericordia para nosotros y, especialmente, para los pobres pecadores.

Oh Santa Hostia, en [la que] está oculto el Cuerpo y la Sangre del Señor Jesús como testimonio de la infinita misericordia hacia nosotros y, especialmente, hacia los pobres pecadores.

Oh Santa Hostia, que contiene la vida eterna que [de] la infinita misericordia es donada en abundancia a nosotros y, especialmente, a los pobres pecadores.

Oh Santa Hostia, en la que está la misericordia del Padre, del Hijo y del Espíritu Santo hacia nosotros y, especialmente, a los pobres pecadores.

(149) Oh Santa Hostia, en la que está encerrado el precio infinito de la misericordia, que compensará todas nuestras deudas y, especialmente, las de los pobres pecadores.

Oh Santa Hostia, en la que encierra la fuente de agua viva que brota de la infinita misericordia hacia nosotros y, especialmente, para los pobres pecadores.

Oh Santa Hostia, en la que está encerrado el fuego del amor purísimo que arde del seno del Padre Eterno, como del abismo de la infinita misericordia para nosotros y, especialmente, para los pobres pecadores.

Oh Santa Hostia, en la que está guardado el remedio para todas nuestras debilidades, [remedio] que mana de la infinita misericordia, como de una fuente para nosotros y, especialmente, para los pobres pecadores.

Oh Santa Hostia, en la que está encerrado el vínculo de unión entre Dios y nosotros, gracias a la infinita misericordia para nosotros y, especialmente, para los pobres pecadores.

Oh Santa Hostia, en la que están encerrados todos los sentimientos del dulcísimo Corazón de Jesús hacia nosotros y, especialmente, hacia los pobres pecadores.

Oh Santa Hostia, nuestra única esperanza en todos los sufrimientos y contrariedades de la vida.

Oh Santa Hostia, nuestra única esperanza entre las tinieblas y las tormentas interiores y exteriores.

Oh Santa Hostia, nuestra única esperanza en la vida y en la hora de la muerte.

Oh Santa Hostia, nuestra única esperanza entre los fracasos y el abismo de la desesperación.

Oh Santa Hostia, nuestra única esperanza entre las mentiras y las traiciones.

Oh Santa Hostia, nuestra única esperanza entre las tinieblas y la impiedad que sumergen la tierra.

Oh Santa Hostia, nuestra única esperanza entre la nostalgia y el dolor, en el que nadie nos comprende.

(150) Oh Santa Hostia, nuestra única esperanza entre las fatigas y la vida gris de todos los días.

Oh Santa Hostia, nuestra única esperanza cuando nuestras ilusiones y nuestros esfuerzos se esfuman.

Oh Santa Hostia, nuestra única esperanza entre los golpes de los enemigos y los esfuerzos del infierno.

Oh Santa Hostia, confiaré en Ti cuando las dificultades excedan mis fuerzas y cuando mis esfuerzos resulten inútiles.

Oh Santa Hostia, confiaré en Ti cuando las tormentas agiten mi corazón y el espíritu aterrorizado comience a inclinarse hacia la desesperación.

Oh Santa Hostia, confiaré en Ti cuando mi corazón comience a temblar y el sudor mortal nos bañe la frente.

Oh Santa Hostia, confiaré en Ti cuando todo se conjure contra mí y la negra desesperación comience a introducirse en mi alma.

Oh Santa Hostia, confiaré en Ti cuando mi vista se apague para todo lo que es terrenal y mi espíritu vea por primera vez los mundos desconocidos.

Oh Santa Hostia, confiaré en Ti cuando mis obligaciones estén por encima de mis fuerzas y el fracaso sea mi destino habitual.

Oh Santa Hostia, confiaré en Ti cuando el cumplimiento de las virtudes me parezca difícil y mi naturaleza se rebele.

Oh Santa Hostia, confiaré en Ti cuando los golpes de los enemigos sean dirigidos contra mí.

Oh Santa Hostia, confiaré en Ti cuando las fatigas y los esfuerzos sean condenados por la gente.

Oh Santa Hostia, confiaré en Ti cuando Tu juicio resuene sobre mí, en aquel momento confiaré en el mar de Tu misericordia.

357 + Oh Santísima Trinidad, confío en Tu infinita misericordia. Dios es mi Padre, entonces yo, su niña, tengo todo el derecho sobre su Corazón Divino y cuanto más grandes son las tinieblas, tanto más plena debe ser nuestra confianza.

358 No comprendo, cómo es posible no tener confianza en Aquel que lo puede todo; con Él todo y sin Él nada. Él, el Señor, no permitirá ni dejará que queden confundidos aquellos que han puesto en Él toda su confianza.

359 (151) 10 I 1935. + Jueves. Por la noche, durante la *Bendición* [149], comenzaron a atormentarme los pensamientos de este tipo: Todo lo que digo sobre esta gran misericordia de Dios ¿no es por casualidad una mentira o una ilusión?... y quería reflexionar sobre esto durante un momento; de repente oí una voz interior clara y fuerte: **Todo lo que dices sobre Mi bondad es verdad y no hay expresiones suficientes para exaltar Mi bondad.** Estas palabras fueron tan llenas de fuerza y tan claras que daría la vida por ellas, de que procedían del Señor. Las reconozco por una profunda serenidad que me acompañó en aquellos momentos y que quedó después. Esta serenidad

me da una fortaleza y un poder tan grandes que nada son todas las dificultades y las contrariedades, y los sufrimientos, y la muerte misma. Esta luz me ha levantado un velo del misterio de que todos los esfuerzos que emprendo para que las almas conozcan la misericordia del Señor, son muy agradables a Dios y de eso viene a mi alma tanta alegría que no sé si en el paraíso puede haber mayor. Oh, si las almas quisieran escuchar al menos un poco la voz de la conciencia y la voz, es decir la inspiración del Espíritu Santo! Digo: Al menos un poco, ya que si una vez nos dejamos influir por el Espíritu de Dios, Él Mismo completará lo que nos falte.

360 + Año Nuevo 1935

A Jesús le agrada participar en los más pequeños detalles de nuestra vida y a veces cumple mis deseos secretos, aquellos que más de una vez le oculto a Él mismo, aunque sé que para Él no puede haber nada secreto.

El día del Año Nuevo hay entre nosotras la costumbre de sacar por suerte el patrono [150] particular para todo el año. Por la mañana, durante la meditación, se despertó en mí uno de estos deseos secretos: aquel que Jesús Eucarístico fuera mi patrono particular también para ese año, como anteriormente. Sin embargo, ocultando a mi Dilecto ese deseo, hablé con Él de todo excepto de aquello que deseaba tenerlo como patrono. Al venir al refectorio a desayunar, después de hacer la señal de la cruz, empezó el sorteo de los patronos. Al acercarme a las estampitas con los nombres de los patronos, tomé una, sin reflexionar, sin leer (152) en seguida; quise mortificarme algunos minutos. De repente oí una voz en el alma: **Soy tu patrono, lee.** En aquel mismo momento miré la inscripción y leí: "Patrono para el año 1935 la Santísima Eucaristía." Mi corazón se estremeció de alegría y me alejé secretamente del grupo de las hermanas y fui delante del Santísimo Sacramento, al menos por un breve instante y allí me desahogué de los sentimientos de mi corazón. Sin embargo, Jesús me llamó dulcemente la atención de que estuviera en aquel momento junto con otras hermanas; fui inmediatamente, ateniéndome a la regla.

361 Oh Santa Trinidad, Único Dios, inconcebible en la grandeza de la misericordia hacia las criaturas y especialmente hacia los pobres pecadores. Has revelado el abismo de Tu misericordia inconcebible, impenetrable para toda mente humana o angélica. Nuestra nulidad y nuestra miseria se hunden en Tu grandeza. Oh Bondad infinita, ¿quién puede adorarte dignamente? ¿hay algún alma que entienda tu amor? Oh Jesús, tales almas existen, pero son pocas.

362 + Un día, durante la meditación matutina, oí esta voz: **Yo Mismo soy tu guía, he sido, soy y seré; pero como Me pediste una ayuda visible, te la he dado. Lo había elegido antes de que Me lo pidieras, porque ésto lo requiere Mi causa. Has de saber que las faltas que cometes contra él, hieren Mi Corazón; evita especialmente actuar a tu gusto, que en cada cosa más pequeña haya un sello de la obediencia.**

Con el corazón humillado y anonadado pedí el perdón al Señor Jesús por aquellas faltas. Pedí el perdón también al Padre espiritual y decidí más bien no hacer nada que hacer mucho y mal.

363 Oh Jesús bueno, Te agradezco por esta gran gracia, es decir, de darme a conocer lo que soy por mí misma, miseria y pecado, nada más. Por mí misma puedo hacer una cosa solamente, es decir, ofenderte, oh Dios mío, porque la miseria por sí misma no puede hacer nada más sino ofenderte, oh Bondad infinita.

364 (153) + Una vez me pidieron rezar por cierta alma. Decidí hacer en seguida una novena a la misericordia del Señor y a esa novena agregué una mortificación que consistía en llevar en ambas piernas una cadenita [151] durante la Santa Misa. Hacía tres días que me ejercitaba en esa mortificación, cuando fui a confesarme y dije al Padre espiritual

que había comenzado aquella mortificación con el supuesto permiso. Pensaba que el Padre espiritual no tendría nada en contra, sin embargo oí algo contrario, es decir, que no hiciera nada sin permiso. Oh Jesús mío, otra vez el arbitrio, pero no me desaniman mis caídas, sé perfectamente que soy la miseria. A causa de mi salud no recibí el permiso y el Padre espiritual se sorprendió de cómo hubiera podido ejercitarme en mayores mortificaciones sin su permiso. Le pedí perdón por mi comportamiento arbitrario o más bien por haberme guiado por permisos supuestos y pedí que cambiara [esas mortificaciones] por otras. El Padre espiritual me las cambió por una mortificación interior que consistió en meditar durante la Santa Misa ¿por qué el Señor Jesús se bautizó? Esta meditación no era para mí ninguna mortificación, ya que pensar en Dios es un deleite y no una mortificación, pero hubo en ello una mortificación de la voluntad, visto que yo no hacía lo que me gustaba, sino lo que me había sido indicado y en eso consiste la mortificación interior.

365 Al alejarme del confesionario y empezar a hacer la penitencia, oí estas palabras: **He concedido la gracia al alma, la cual Me habías pedido para ella, pero no por tu mortificación que habías escogido tú misma, sino solamente por el acto de obediencia total frente a Mi suplente he dado la gracia a esta alma, por la que has intercedido ante Mí y por la que has mendigado la misericordia. Has de saber que cuando aniquilas en ti tu propia voluntad, entonces la Mía reina en ti.**

366 Oh Jesús mío, ten paciencia conmigo. Estaré ya más atenta en el futuro; no lo fundo en mí misma, sino en Tu gracia y en Tu bondad que es tan grande para mí, una miserable.

367 (154) + En cierta ocasión Jesús me hizo conocer que cuando le ruego por alguna intención que a veces me recomiendan, está siempre dispuesto a conceder sus gracias, pero las almas no siempre quieren aceptarlas. **Mi Corazón está colmado de gran misericordia para las almas y especialmente para los pobres pecadores. Oh,**

si pudieran comprender que Yo soy para ellas el mejor Padre, que para ellas de Mi Corazón ha brotado Sangre y Agua como de una fuente desbordante de misericordia; para ellas vivo en el tabernáculo; como Rey de Misericordia deseo colmar las almas de gracias, pero no quieren aceptarlas. Por lo menos tú ven a Mí lo más a menudo posible y toma estas gracias que ellas no quieren aceptar y con esto consolarás Mi Corazón. Oh, qué grande es la indiferencia de las almas por tanta bondad, por tantas pruebas de amor. Mi Corazón está recompensado solamente con ingratitud, con olvido por parte de las almas que viven en el mundo. Tienen tiempo para todo, solamente no tienen tiempo para venir a Mí a tomar las gracias.

Entonces, Me dirijo a ustedes, a ustedes, almas elegidas, ¿tampoco ustedes entienden el amor de Mi Corazón? Y aquí también se ha desilusionado Mi Corazón: no encuentro el abandono total en Mi amor. Tantas reservas, tanta desconfianza, tanta precaución. Para consolarte te diré que hay almas que viven en el mundo, que Me quieren sinceramente, en sus corazones permanezco con delicia, pero son pocas. También en los conventos hay almas que llenan de alegría Mi Corazón. En ellas están grabados Mis rasgos y por eso el Padre Celestial las mira con una complacencia especial. Ellas serán la maravilla de los ángeles y de los hombres. Su número es muy pequeño, ellas constituyen una defensa ante la Justicia del Padre Celestial e imploran la misericordia por el mundo. El amor y el sacrificio de estas almas sostienen la existencia del mundo. Lo que más dolorosamente hiere Mi Corazón es la infidelidad del alma elegida por Mí especialmente; esas infidelidades son como espadas que traspasan Mi Corazón.

368 (155) 29 I 1935. En la mañana de este martes, durante la meditación vi interiormente al Santo Padre celebrando la Santa Misa. Después del *Pater Noster* conversó con Jesús

sobre el asunto que Jesús me había ordenado decirle. Aunque yo no lo dije al Santo Padre personalmente, sino que estos asuntos fueron tratados por otra persona [152], no obstante yo sé, por conocimiento interior, que en este momento el Santo Padre está reflexionando sobre esta cuestión que en poco tiempo se cumplirá según el deseo de Jesús.

369 Antes de los ejercicios espirituales de ocho días fui a mi director espiritual y le pedí algunas mortificaciones para el tiempo de los ejercicios, pero no obtuve el permiso para todo lo que había pedido, sino solamente para algunas cosas. Recibí el permiso para una hora de meditación de la Pasión del Señor Jesús y para cierta humillación. Pero estaba un poco descontenta de no haber recibido la autorización para todo lo que había pedido. Cuando regresamos a casa, entré un momento en la capilla; de repente escuché en el alma una voz: **Una hora de meditación de Mi dolorosa Pasión tiene mayor mérito que un año entero de flagelaciones a sangre; la meditación de Mis dolorosas llagas es de gran provecho para ti y a Mí Me da una gran alegría. Me extraña que no hayas renunciado todavía completamente a tu propia voluntad, pero Me alegro enormemente de que este cambio se produzca durante los ejercicios espirituales.**

370 Este mismo día, mientras estaba en la iglesia esperando la confesión, vi los mismos rayos que salieron de la custodia y se extendieron por toda la iglesia. Eso duró todo el tiempo del oficio; después de la bendición [se proyectaron] sobre ambos lados y volvieron a la custodia. Eran claros y transparentes como el cristal. Pedí a Jesús que se dignara incendiar el fuego de su amor en todas las almas tibias. Bajo estos rayos se calentaría el corazón aunque estuviera frío como un pedazo de hielo, aunque fuera duro como una roca, se volvería polvo.

+

371 (156) JMJ   Vilna 4 II 1935

Ejercicios espirituales de ocho días.

Oh Jesús, Rey de Misericordia, he aquí de nuevo el momento en que estoy contigo a solas. Por eso Te suplico por todo el amor con el que arde Tu Corazón Divino, aniquila en mí completamente el amor propio y en cambio incendia mi corazón con el fuego de Tu amor purísimo.

372 Al anochecer, terminada la prédica, oí estas palabras: **Yo estoy contigo. Durante estos ejercicios espirituales consolidaré tu paz y tu ánimo, para que no desfallezcan tus fuerzas para el cumplimiento de Mis propósitos. Por lo tanto durante estos ejercicios borrarás absolutamente tu propia voluntad y se cumplirá en ti toda Mi voluntad. Has de saber que esto te costará mucho, por eso escribe en una página en blanco estas palabras: Desde hoy no existe en mí mi propia voluntad, y táchala. En otra página escribe estas palabras: Desde hoy cumplo la voluntad de Dios en todas partes, siempre, en todo. No te asustes de nada, el amor te dará fuerzas y facilitará la realización.**

373 En la meditación fundamental sobre el objetivo, es decir, sobre la elección del amor. El alma tiene que amar, tiene la necesidad de amar; el alma tiene que volcar su amor, pero no en el barro, ni en el vacío, sino en Dios. Cuánto me alegro meditándolo, ya que siento claramente que en mi corazón está solamente Él, únicamente Jesús Mismo; y amo a las criaturas tanto cuanto me ayudan a unirme a Dios. Amo a todos los hombres porque veo en ellos la imagen de Dios.

+

374 (157) JMJ   Vilna, 4 II 1935

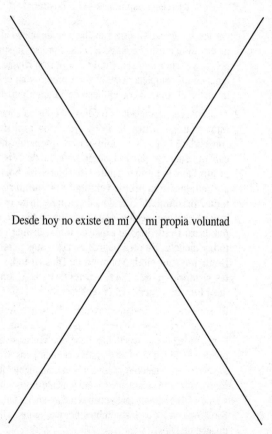

Desde hoy no existe en mí ✕ mi propia voluntad

En el momento en que me arrodillé para tachar mi propia
voluntad, como me había mandado el Señor, oí en el alma esta voz: **Desde hoy no tengas miedo del juicio de
Dios, ya que no serás juzgada.**

+
(158) JMJ   Vilna, 4 II 1935

Desde hoy cumplo la voluntad de Dios,
en todas partes, siempre, en todo [153].

+

(159) JMJ   Vilna, 8 II 1935

375 Trabajo interior particular, es decir, examen de conciencia. Sobre negarme a mí misma y mi propia voluntad.

I. Negación de la razón, es decir, someterla a la razón de
aquellos que aquí en la tierra sustituyen para mí a Dios.

II. Negación de la voluntad, es decir, cumplir la voluntad
de Dios que se me revela a través de la voluntad de aquellos que aquí sustituyen para mí a Dios y que está expresada en las reglas de nuestra Congregación.

III. Negación del juicio, es decir, aceptar inmediatamente
sin pensar, sin analizar, sin razonar cualquier orden que
recibo de aquellos que sustituyen para mí a Dios.

IV. Negación de la lengua. No le daré la más pequeña libertad; en un solo caso se la daré total, es decir en proclamar la gloria de Dios. Siempre cuando recibo la Santa Comunión, pido que Jesús se digne reforzar y limpiar mi lengua, para que yo no hiera con ella al prójimo. De ahí que tenga el máximo respeto para la regla que habla del silencio.

376 Oh Jesús mío, tengo confianza en que Tu gracia me ayudará a cumplir estos propósitos. A pesar de que los puntos
mencionados arriba están incluidos en el voto de la obediencia, deseo ejercitarme en ello de modo más especial,
ya que es la esencia de la vida consagrada. Oh Jesús Misericordioso, Te ruego ardientemente, ilumina mi intelecto para que pueda conocerte mejor a Ti que eres el Ser Infinito y para que pueda conocerme mejor a mí, que no soy
más que la nada.

377 (160) Sobre la confesión. De la confesión deberíamos obtener dos beneficios:

1. nos confesamos para ser sanados;

2. para ser educados: nuestras almas necesitan una continua educación, como el niño pequeño.

Oh Jesús mío, entiendo profundamente estas palabras y sé por experiencia que un alma con sus propias fuerzas no llegará lejos, se cansará mucho sin hacer nada para la gloria de Dios; se desvía constantemente porque nuestra mente es oscura y no sabe distinguir su propia causa. Llamaré una atención especial a dos cosas: primero, elegiré para la confesión lo que más me humilla, aunque fuera algo muy pequeño, pero que me cuesta y por eso lo confesaré; segundo, me ejercitaré en la contrición; no solamente a ocasión de la confesión sino en cada examen de conciencia suscitar en mí la contrición perfecta y, especialmente, antes de ir a descansar. Una palabra más: el alma que desea sinceramente progresar en la perfección, debe seguir estrictamente los consejos del director espiritual. Tanta santidad cuanta dependencia.

378 Una vez, mientras hablaba con el director de mi alma, en un relámpago más veloz que el de un rayo, vi interiormente su alma en gran sufrimiento, en tal tormento que son pocas las almas a las cuales Dios prueba con este fuego. Este sufrimiento se debe a esta obra. Llegará un momento en que esta obra que Dios recomienda tanto, parecerá ser completamente destruida, y de repente Dios intervendrá con gran fuerza que dará el testimonio de la veracidad. Ella [la obra] será un nuevo esplendor para la Iglesia, a pesar de estar en ella desde hace mucho tiempo. Nadie puede negar que Dios es infinitamente misericordioso; Él desea que todos lo sepan; antes de volver como Juez, desea que las almas lo conozcan como Rey de Misericordia. Cuando venga este triunfo, nosotros estaremos ya en la nueva vida, en la que no hay sufrimientos, pero antes tu alma será saturada de amargura al ver la destrucción de tus esfuerzos. Sin embargo esta destrucción es sólo aparente, ya que Dios no cambia lo que ha establecido una vez. Pero aunque la destrucción (161) será aparente, el sufrimiento será real. ¿Cuándo sucederá esto? no sé; ¿cuánto tiempo durará? no sé [154]. Pero Dios prometió una gran gracia, **especialmente a ti y a todos**

[155] **que proclamen esta gran misericordia Mía. Yo
Mismo los defenderé en la hora de la muerte como Mi
gloria aunque los pecados de las almas sean negros como la noche; cuando un pecador se dirige a Mi misericordia, Me rinde la mayor gloria y es un honor para Mi
Pasión. Cuando un alma exalta Mi bondad, entonces
Satanás tiembla y huye al fondo mismo del infierno.**

379 Durante una adoración Jesús me prometió: **Con las almas que recurran a Mi misericordia y con las almas
que glorifiquen y proclamen Mi gran misericordia a
los demás, en la hora de la muerte Me comportaré según Mi infinita misericordia.**

Mi Corazón sufre, continuaba Jesús, **a causa de que ni
las almas elegidas entienden lo grande que es Mi misericordia; en su relación** [conmigo] **en cierto modo
hay desconfianza. Oh, cuánto esto hiere Mi Corazón.
Recuerden Mi Pasión y si no creéis en Mis palabras,
creed al menos en Mis llagas.**

380 No hago ningún movimiento, ningún gesto a mi gusto,
porque estoy vinculada a la gracia; siempre estoy atenta
a lo que es más agradable a Jesús.

381 Durante una meditación sobre la obediencia oí estas
palabras: **En esta meditación, el sacerdote habla** [156]
**de modo especial para ti, has de saber que Yo Me
presto su boca.** Traté de escuchar con la mayor atención
y todo lo aplicaba a mi corazón, tal como en cada meditación. Cuando el sacerdote afirmó que el alma obediente
se llena de la fuerza de Dios... **Sí** [157], **cuando eres obediente, te quito tu debilidad y te doy Mi fortaleza. Me
sorprende mucho que las almas no quieran hacer este
cambio Conmigo.** Dije al Señor: Jesús, ilumina Tú mi
alma, ya que de lo contrario también yo entenderé muy
poco de estas palabras.

382 (162) Sé que no vivo para mí, sino para un gran número de
almas. Sé que las gracias a mí concedidas, no son solamente para mí, sino para las almas. Oh Jesús, el abismo de Tu

misericordia se ha volcado en mi alma que es el abismo de la miseria misma. Te agradezco, Jesús, por las gracias y los pedacitos de la cruz que me das para cada momento de la vida.

383 Al comienzo de los ejercicios espirituales vi al Señor Jesús clavado en la cruz en el techo de la capilla, mirando con gran amor a las hermanas, pero no a todas. Había tres hermanas a las cuales dirigió una mirada severa. No sé, no sé por que razón, sé solamente que es una cosa terrible ver tal mirada que es una mirada del Juez severo. Aquella mirada no me correspondía, sin embargo me paralizó el miedo; cuando lo escribo, tiemblo toda. No me atreví a decir a Jesús ni una sola palabra, las fuerzas físicas me abandonaron y pensé que no resistiría hasta el fin de la prédica. Al día siguiente volví a ver lo mismo que la primera vez y me atreví a decir estas palabras: Oh Jesús, qué grande es Tu misericordia. Al tercer día se repitió otra vez la misma mirada sobre todas las hermanas con gran benevolencia, excepto esas tres hermanas. Entonces, me llené de atrevimiento que venía del amor hacia el prójimo y dije al Señor: Tú eres la Misericordia misma, como Tú Mismo me has dicho, pues Te ruego por el poder de Tu misericordia, vuelve Tu mirada bondadosa también a esas tres hermanas y si esto no es según Tu Sabiduría, Te ruego hacer un cambio: Que Tu mirada bondadosa hacia mi alma sea para ellas y que Tu mirada severa hacia sus almas sea para mí. De súbito Jesús me dijo estas palabras: **Hija Mía, por tu amor sincero y generoso les concedo muchas gracias, aunque ellas no Me las piden, pero por la promesa que te he hecho.** Y en aquel momento envolvió también a esas tres hermanas con una mirada misericordiosa. De gran gozo palpitó mi corazón al ver la bondad de Dios.

384 (163) Cuando me quedé en la adoración entre las 9 y las 10, se quedaron también cuatro hermanas más. Al acercarme al altar y empezar a meditar la Pasión del Señor Jesús, un terrible dolor inundó mi alma a causa de la ingratitud de tan grande número de almas que viven en el mundo, pero

me dolía especialmente la ingratitud de las almas elegidas particularmente por Dios. No hay modo de expresarla ni de compararla. Al ver esta más negra ingratitud sentí como si el corazón se me desgarrara, me abandonaron completamente las fuerzas físicas y caí con la cara al suelo sin reprimir un llanto irrefrenable. Cada vez que recordaba la gran misericordia de Dios y la ingratitud de las almas, el dolor traspasaba mi corazón y entendí cuánto eso hería el Corazón dulcísimo de Jesús. Con un corazón ardiente renové mi acto de ofrecimiento por los pecadores.

385 Con gozo y deseo he acercado los labios a la amargura del cáliz que tomo de la Santa Misa todos los días. La pequeña porción que Jesús me ha asignado para cada momento y la cual no cederé a nadie. Consolaré incesantemente el dulcísimo Corazón Eucarístico, tocaré cánticos de agradecimiento en las cuerdas de mi corazón, el sufrimiento es el tono más armonioso. Estaré muy atenta para presentir ¿con qué puedo alegrar Tu Corazón?

Los días de la vida no son uniformes; cuando los nubarrones me cubran el sol, trataré como el águila de atravesar las olas y de dar a conocer a los demás que el sol no se apaga.

386 Siento que Dios me permitirá levantar el velo para que la tierra no dude de su bondad. Dios no está sujeto a eclipses ni a cambios, queda por la eternidad Uno y [siempre] Él Mismo; a su voluntad nada puede oponerse. Siento en mí una fuerza sobrehumana, siento el arrojo y la fortaleza debidas a la gracia que vive en mí. Comprendo a las almas que sufren en contra de la esperanza, porque experimenté en mí este fuego. Sin embargo Dios no da [sufrimientos] por encima de las fuerzas. A menudo he vivido con la esperanza contra la esperanza, y he empujado mi esperanza hasta la total confianza en Dios. Que se haga conmigo lo que ha establecido desde la eternidad.

(164) Máxima general.

387 Sería muy impropio que una hermana religiosa buscara alivio en el sufrimiento.

388 [He aquí] lo que ha hecho la gracia y la meditación del criminal más grande. El que muere tiene un gran amor. "Acuérdate de mí cuando estés en el paraíso." El arrepentimiento sincero transforma inmediatamente a un alma. La vida espiritual debe practicarse con seriedad y con sinceridad.

389 El amor debe ser recíproco. Como el Señor Jesús ha bebido por mí toda la amargura, entonces yo, su esposa, para dar prueba de mi amor hacia Él, aceptaré todas las amarguras.

390 Quien sabe perdonar, se prepara muchas gracias de parte de Dios. Siempre que mire la cruz, perdonaré sinceramente.

391 La unión con las almas la hemos recibido con el santo bautizo. La muerte refuerza el amor. Debo ser siempre de ayuda para los demás. Si soy una buena religiosa, seré útil no solamente a la Congregación sino también a toda la patria.

392 Dios ofrece las gracias de dos maneras: a través de las inspiraciones y las iluminaciones. Si pedimos una gracia, Dios la da, pero debemos querer aceptarla; pero para aceptarla es necesaria la abnegación. El amor no consiste en las palabras ni en los sentimientos, sino en la acción. Es un acto de la voluntad, es un don, es decir, una donación; el intelecto, la voluntad, el corazón, debemos ejercitar estas tres facultades durante la oración. Resucitaré en Jesús, pero primero tengo que vivir en Él. Si no me separo de la cruz, entonces se manifestará en mí el Evangelio. Todas mis deficiencias las completa en mí Jesús, su gracia que obra sin cesar. La Santa Trinidad me ofrece su vida abundantemente con el don del Espíritu Santo. Las Tres Personas divinas viven en mí. Si Dios ama, [lo hace] con todo su Ser, con todo el poder de su Ser. Si Dios me ha amado así, ¿cómo [debo corresponder] a esto yo, su esposa?

393 (165) Durante una prédica Jesús me dijo: **En el pequeño racimo elegido tú eres la uva dulce; deseo que el jugo que circula en ti se transmita a otras almas.**

394 Durante la renovación [158] vi al Señor Jesús del lado de la epístola, con una túnica blanca y un cinturón de oro, y

en la mano tenía una espada terrible. Eso duró hasta el momento en que las hermanas comenzaran a renovar los votos. Súbitamente vi una claridad inconcebible, delante de esa claridad vi una nube blanca en forma de balanza. En aquel momento se acercó el Señor Jesús y puso la espada sobre uno de los platillos y éste con todo aquel peso, bajó hasta la tierra y faltó poco para que la tocara completamente. Justo entonces las hermanas terminaron de renovar los votos. De repente vi a los ángeles que de cada una de las hermanas tomaron algo en un recipiente de oro, en forma como de un incensario. Cuando recogieron de todas las hermanas y pusieron el recipiente en el segundo platillo, éste prevaleció sobre el primero, en el cual había sido puesta la espada. En aquel momento, del incensario salió una llama que [alcanzó] la claridad. En seguida oí una voz desde la claridad: **Reponed la espada en su lugar, la ofrenda es mayor.** En aquel momento Jesús nos dio a todos una bendición y todo lo que yo veía desapareció. Las hermanas empezaron a recibir la Santa Comunión. Cuando recibí la Santa Comunión, mi alma fue inundada de un gozo tan grande que no logro describirlo.

395 15 II 1935. Viaje de unos días a la casa familiar para ver a mi madre moribunda.

Al saber que mi madre estaba gravemente enferma y ya cerca de la muerte, y que me pidió venir porque deseaba verme una vez más antes de morir, en aquel momento se despertaron todos los sentimientos del corazón. Como una niña que amaba sinceramente a su madre, deseaba ardientemente cumplir su deseo, pero dejé a Dios la decisión y me abandoné plenamente a su voluntad; sin reparar en el dolor del corazón, seguía la voluntad de Dios. En la mañana del día de mi onomástico, 15 de febrero, (166) la Madre Superiora me entregó otra carta de mi familia y me dio el permiso de ir a la casa familiar para cumplir el deseo y la petición de la madre moribunda. En seguida empecé a prepararme para el viaje y ya al anochecer salí de Vilna. Toda la noche la ofrecí por la madre gravemente enferma para que Dios le concediera la gracia de que los sufrimientos que estaba pasando no perdieran nada de su mérito.

396 Durante el viaje tuve una compañía muy agradable, ya que en el mismo compartimiento viajaban algunas señoras pertenecientes [a una asociación religiosa mariana]; sentí que una de ellas sufría mucho y que en su alma se desarrollaba una lucha encarnizada. Comencé a rezar mentalmente por ella. A las once las demás señoras pasaron al otro compartimiento para platicar, mientras nosotras nos quedamos solas. Sentía que mi plegaria había provocado en ella una lucha aún mayor. Yo no la consolaba sino que rezaba con más ardor. Por fin, esa alma se dirigió a mí y me pidió que le dijera si ella tenía la obligación de cumplir cierta promesa hecha a Dios. En aquel momento conocí dentro de mí qué promesa era y le contesté: Usted está absolutamente obligada a cumplir esta promesa, porque de lo contrario será infeliz durante toda su vida. Este pensamiento no la dejará en paz. Sorprendida de esa respuesta reveló delante de mí toda su alma.

Era una maestra que antes de examinarse hizo a Dios la promesa de que si pasaba los exámenes se dedicaría al servicio de Dios, es decir, entraría en el convento. Pero dijo: Después de aprobar muy bien los exámenes ahora me he dejado llevar por el torbellino del mundo y no quiero entrar en el convento, pero la conciencia no me deja en paz, y a pesar de las distracciones me siento siempre descontenta.

Tras una larga conversación esa persona fue completamente cambiada y dijo que inmediatamente emprendería gestiones para ser recibida en un convento. Me pidió que rogara por ella; sentí que Dios no le escatimaría sus gracias.

397 Por la mañana llegué a Varsovia, y a las 8 de la noche ya estaba en casa. Es difícil describir la alegría de los padres y de toda la familia. (167) Mi madre mejoró un poco, pero el médico no daba ninguna esperanza para su restablecimiento completo. Después de saludarnos, nos arrodillamos todos para agradecer a Dios por la gracia de podernos ver todos una vez más en la vida.

398 Al ver cómo rezaba mi padre me avergoncé mucho, porque yo después de tantos años en el convento, no sabía rezar con tanta sinceridad y tanto ardor. No dejo de agradecer a Dios por los padres que tengo.

399 Oh, cómo ha cambiado todo en estos 10 años, todo es desconocido: el jardín era tan pequeño y ahora es irreconocible, los hermanos y las hermanas eran todavía pequeños y ahora no los puedo reconocer, todos grandes y me sorprendí de no haberles encontrado tales como eran cuando nos habíamos separado.

400 Stasio me acompañaba a la iglesia todos los días. Sentía que aquella querida alma era muy agradable a Dios. El último día, cuando ya no había nadie en la iglesia, fui con él delante del Santísimo Sacramento y rezamos juntos el *Te Deum*. Tras un instante de silencio ofrecí esta querida alma al dulcísimo Corazón de Jesús. ¡Cuánto pude rezar en esta iglesia! Recordé todas las gracias que en este lugar había recibido y que en aquel tiempo no comprendía y a menudo abusaba de ellas; y me sorprendí yo misma de cómo había podido ser tan ciega. Mientras reflexionaba y lamentaba mi ceguera, de súbito vi al Señor Jesús resplandeciente de una belleza inexpresable que me dijo con benevolencia: **Oh elegida Mía, te colmaré con gracias aún mayores para que seas testigo de Mi infinita misericordia por toda la eternidad.**

401 Aquellos días en casa me pasaron entre mucha compañía porque todos quisieron verme y decirme algunas palabras. Muchas veces conté hasta 25 personas. Les interesaron mis relatos sobre la vida de los santos. Me imaginaba que nuestra casa era una verdadera casa de Dios, porque cada noche se hablaba en ella sólo de Dios. Cuando, cansada de relatar y deseosa de la soledad y del silencio, me aparté por la noche al jardín para poder hablar con Dios a solas, ni siquiera conseguí esto, ya que vinieron en seguida los hermanos y las hermanas y me llevaron a casa y tuve que seguir hablando, todos los ojos clavados (168) en mí. Pero logré encontrar el modo de tomar

aliento, pedí a los hermanos que cantasen para mí, porque tenían bellas voces y además uno tocaba el violín y otro la mandolina, y así en ese tiempo pude dedicarme a la oración interior sin evitar su compañía. Me costó mucho el tener que besar a los niños. Venían las vecinas con niños y pedían que los tomara al menos un momento en brazos y les diera un beso. Consideraban eso como un gran favor y para mí era una ocasión para ejercitarme en la virtud, porque más de uno estaba bastante sucio, pero para vencerme y no mostrar aversión, a aquellos niños sucios les daba dos besos. Una vecina trajo a su niño enfermo de los ojos, los cuales estaban llenos de pus y me dijo: Hermana, tómalo en brazos un momento. La naturaleza sentía aversión, pero sin reparar en nada, tomé en brazos y besé dos veces los purulentos ojos del niño y pedí a Dios por la mejoría. Tuve muchas ocasiones para ejercitarme en la virtud. Escuché a todos que decían sus quejas y advertí que no había corazones alegres, porque no había corazones que amaran sinceramente a Dios, y no me sorprendía nada. Me afligí mucho de que no pudiera ver a mis dos hermanas. Sentí interiormente en qué gran peligro se encontraban sus almas. El dolor estrechó mi corazón sólo al pensar en ellas. Una vez, al sentirme muy cerca de Dios, pedí ardientemente al Señor la gracia para ellas y el Señor me contestó: **Les concedo no solamente las gracias necesarias, sino también las gracias particulares.** Comprendí que el Señor las llamaría a una más estrecha unión Consigo. Me alegro enormemente de que en nuestra familia reine el amor tan grande.

402 Cuando me despedí de mis padres y les pedí su bendición, sentí el poder de la gracia de Dios que fluyó sobre mi alma. Mi padre, mi madre y mi madrina, entre lágrimas, me bendijeron y felicitaron la máxima fidelidad a la gracia de Dios, y pidieron que no olvidara nunca las numerosas gracias que Dios me había concedido llamándome a la vida consagrada. Pidieron mis oraciones. (169) A pesar de que lloraban todos, yo no derramé ni una sola

lagrimita; traté de ser valiente y los consolé a todos como pude, recordándoles el cielo y que allí no habría más separaciones. Stasio me acompañó al automóvil; le dije cuánto Dios ama a las almas puras; le aseguré de que Dios estaba contento con él. Mientras le hablaba de la bondad de Dios y de cómo [Dios] piensa en nosotros, se puso a llorar como un niño pequeño y yo no me sorprendí porque es un alma pura, pues conoce a Dios fácilmente.

403 Cuando subí al automóvil, desahogué el corazón y también me puse a llorar de alegría como una niña, porque Dios concedía tantas gracias a nuestra familia y me sumergí en una oración de agradecimiento.

404 Por la noche estaba ya en Varsovia. Primero saludé al Dueño de casa [159] y después saludé a toda la Comunidad. Cuando, antes de ir a descansar, fui a decir buenas noches al Señor y le pedí perdón por haber hablado tan poco con Él durante mi estancia en casa, oí en el alma una voz: **Estoy muy contento de que no hayas hablado Conmigo, y que hayas dado a conocer Mi bondad a las almas y las hayas invitado a amarme.**

405 La Madre Superiora [160] me dijo que al día siguiente iríamos a Józefinek [161] las dos y que yo tendría la oportunidad de hablar con la Madre General. [162] Me alegré muchísimo de eso. La Madre General como siempre, la misma, llena de bondad, serenidad y espíritu de Dios; hablé con ella mucho tiempo. Asistimos a un oficio de la tarde. Cantaron la Letanía del Sagrado Corazón de Jesús. El Señor Jesús estaba expuesto en la custodia, un momento después vi al pequeño Señor Jesús que salió de la Hostia y Él Mismo descansó en mis brazos.

406 Eso duró un breve momento, una enorme alegría inundó mi alma. El Niño Jesús tenía el mismo aspecto que cuando entré en la pequeña capilla junto con la Madre Superiora, anteriormente mi Maestra, María Josefina.

407 Al día siguiente estaba ya en mi querida Vilna. Oh, cómo me sentía feliz de haber vuelto a nuestro convento. Me

parecía como si entrara otra vez, no dejaba de alegrarme del silencio y de la calma gracias a las cuales el alma se sumerge en Dios tan fácilmente, todos le ayudan en esto y nadie estorba.

(170) La Cuaresma.

408 Cuando me sumerjo en la Pasión del Señor, a menudo en la adoración veo al Señor Jesús bajo este aspecto: después de la flagelación los verdugos tomaron al Señor y le quitaron su propia túnica que ya se había pegado a las llagas; mientras la despojaban volvieron a abrirse sus llagas. Luego vistieron al Señor con un manto rojo, sucio y despedazado sobre las llagas abiertas. El manto llegaba a las rodillas solamente en algunos lugares. Mandaron al Señor sentarse en un pedazo de madero y entonces trenzaron una corona de espinas y ciñeron con ella la Sagrada Cabeza; pusieron una caña en su mano, y se burlaban de Él homenajeándolo como a un rey. Le escupían en la Cara y otros tomaban la caña y le pegaban en la Cabeza; otros le producían dolor a puñetazos, y otros le taparon la Cara y le golpeaban con los puños. Jesús lo soportaba silenciosamente. ¿Quién puede entender, su dolor? Jesús tenía los ojos bajados hacia la tierra. Sentí lo que sucedía entonces en el dulcísimo Corazón de Jesús. Que cada alma medite lo que Jesús sufría en aquel momento. Competían en insultar al Señor. Yo pensaba ¿de dónde podía proceder tanta maldad en el hombre? La provoca el pecado. Se encontraron el Amor y el pecado.

409 Cuando, junto con una hermana, estábamos en un templo durante la Santa Misa, sentí la grandeza y la Majestad de Dios; sentía que aquel templo estaba impregnado de Dios. Su Majestad me envolvió; a pesar de darme miedo me llenaba de calma y alegría; conocí que nada podía oponerse a su voluntad. Oh, si todas las almas [supieran] quién vive en nuestros templos, no habría tantos insultos y tantas faltas de respeto en aquellos lugares santos.

410 Oh Amor eterno e inconcebible, Te pido una gracia, ilumina mi mente con la luz de lo alto, permíteme conocer

y apreciar todas las cosas según su valor. Al conocer la verdad, mi alma se llena de máxima alegría.

411 (171) 21 III 1935. Muchas veces durante la Santa Misa veo al Señor en mi alma, siento su presencia que me invade por completo. Siento su mirada divina, hablo mucho con Él sin decir una sola palabra. Conozco lo que desea su Corazón Divino y siempre hago lo que Él prefiere. Amo hasta la locura y siento que soy amada por Dios. En los momentos cuando me encuentro con Dios en la profundidad de mis entrañas, me siento tan feliz que no sé expresarlo. Estos momentos son cortos, porque el alma no los soportaría más, debería producirse la separación del cuerpo. Aunque estos momentos son muy cortos, no obstante su poder que pasa al alma permanece muchísimo tiempo. Sin el menor esfuerzo siento un profundo recogimiento que entonces me envuelve y que no disminuye a pesar de que converso con la gente, ni me molesta en el cumplimiento de mis deberes. Siento su constante presencia sin ningún esfuerzo del alma, siento que estoy unida a Dios tan estrechamente como una gota de agua con el océano sin fondo.

Este jueves sentí esta gracia al final de las oraciones; duró excepcionalmente mucho tiempo, es decir, toda la Santa Misa, pensaba que moriría de gozo. En esos momentos conozco mejor a Dios y sus atributos, y también me conozco mejor a mí y mi miseria, y me sorprende que Dios se humille tanto hacia un alma tan miserable como la mía. Después de la Santa Misa me sentía sumergida totalmente en Dios y tenía presente cada mirada suya a la profundidad de mi corazón.

412 Hacia el mediodía entré un momento en la capilla y otra vez el poder de la gracia golpeó mi corazón. Mientras permanecía en recogimiento, Satanás tomó un tiesto de flores y con rabia lo tiró al suelo con toda su fuerza. Vi toda su furia y su envidia. No había nadie en la capilla, así que me levanté y recogí el tiesto roto y replanté la flor, y quise ponerla rápidamente en su lugar antes de que alguien

viniera a la capilla. Sin embargo no lo logré, porque entraron en seguida la Madre Superiora [163] y la hermana sacristana [164] y algunas otras hermanas. La Madre Superiora se sorprendió de que hubiera tocado algo en el pequeño altar y (172) que el tiesto hubiera caído; la sacristana mostró su descontento; yo traté de no excusarme ni justificarme. Pero, al anochecer me sentía muy agotada y no pude hacer la Hora Santa, y pedí a la Madre Superiora el permiso de acostarme más temprano. Una vez acostada, me dormí en seguida; no obstante cerca de las once, Satanás sacudió mi cama. Me desperté inmediatamente y comencé a rezar con calma a mi Ángel Custodio. De súbito vi las almas que estaban expiando en el purgatorio; su aspecto era como una sombra y entre ellas vi muchos demonios; uno de ellos trató de molestarme arrojándose en forma de gato sobre mi cama y mis pies, y era tan pesado como si [pesara] algunos pud*.

Todo aquel tiempo rezaba el rosario; de madrugada aquellas figuras se fueron y pude dormirme. Por la mañana, cuando fui a la capilla, oí en el alma la voz: **Estás unida a Mí y no tengas miedo de nada, pero has de saber, niña Mía, que Satanás te odia; él odia muchas almas, pero arde de un odio particular hacia ti, porque arrancaste a muchas almas de su poder.**

413   Jueves Santo, 18 IV

Por la mañana escuché estas palabras: **Desde hoy hasta la Resurrección no sentirás Mi presencia, pero tu alma se llenará de gran añoranza,** y en seguida un gran deseo inundó mi alma; sentía la separación del amado Jesús y al acercarse el momento de la Santa Comunión, vi en el cáliz, en cada Hostia el Rostro doliente de Jesús. A partir de aquel momento sentí en mi corazón una añoranza aún mayor.

---

* pud - es una antigua medida de peso rusa equivalente a 40 libras

414 Viernes Santo. A las tres de la tarde, cuando entré en la capilla, oí estas palabras: **Deseo que esta imagen sea venerada en público** (173). Luego vi al Señor Jesús que agonizaba en la cruz entre terribles tormentos y del Corazón de Jesús salieron estos dos rayos que están en la imagen.

415 Sábado. Durante las vísperas vi al Señor Jesús resplandeciente como el sol, con una túnica clara, y me dijo: **Que se alegre tu corazón.** Y me inundó una gran alegría y me traspasó totalmente la presencia de Dios que es un tesoro inexplicable para el alma.

416 Cuando esta imagen [165] fue expuesta, vi un vivo movimiento de la mano de Jesús que trazó una gran señal de la cruz. Por la noche del mismo día, al acostarme, vi que la imagen estaba pasando sobre una ciudad y aquella ciudad estaba cubierta de redes y de trampas. Jesús, al pasar cortó todas las redes y por fin trazó una gran señal de la santa cruz y desapareció. Y yo me vi rodeada de muchas figuras malignas que ardían de gran odio hacia mí. De sus bocas salían diferentes amenazas, pero ninguna me tocó. Después de un momento esa visión desapareció, pero no pude dormirme durante mucho tiempo.

417 26 IV. El viernes, cuando estaba en Ostra Brama durante las solemnidades en las cuales fue expuesta esta imagen, estuve presente en la homilía que dijo mi confesor [166]; la homilía fue sobre la Divina Misericordia, fue la primera de las que exigía el Señor Jesús desde hacía mucho tiempo. Cuando empezó a hablar de esta gran misericordia del Señor, la imagen tomó un aspecto vivo y los rayos penetraron en los corazones de las personas reunidas, pero no en grado igual, unos recibieron más y otros menos. Una gran alegría inundó mi alma viendo la gracia de Dios.

(174) Entonces oí estas palabras: **Tú eres testigo de Mi misericordia, por los siglos estarás delante de Mi trono como un vivo testigo de Mi misericordia.**

418 Terminada la homilía, no esperé el final del oficio, por que tenía prisa para volver a casa. Al dar yo algunos pasos,

me cerraron el camino toda una multitud de demonios que me amenazaron con terribles tormentos, y se dejaron oír las voces: Nos has quitado todo por lo que habíamos trabajado tantos años. Cuando les pregunté: ¿De dónde llegan en tal multitud? Estas figuras malignas me contestaron: De los corazones humanos, no nos molestes.

419 Viendo su tremendo odio hacia mí, entonces pedí ayuda al Ángel Custodio y en un solo momento apareció la figura luminosa y radiante del Ángel de la Guarda que me dijo: No tengas miedo, esposa de mi Señor, estos espíritus no te van a hacer ningún mal sin su permiso Los espíritus malignos desaparecieron en seguida y el fiel Ángel de la Guarda me acompañó de modo visible hasta la casa misma. Su mirada era modesta y serena, y de la frente brotaba un rayo de fuego.

Oh Jesús, desearía fatigarme y cansarme, y sufrir durante toda la vida por este único momento en que vi Tu gloria, Señor, y los beneficios de las almas.

Domingo, 28 IV 1935

420 El primer domingo después de la Pascua de Resurrección, es decir, Fiesta de la Misericordia del Señor, clausura del Jubileo de Redención. Cuando fuimos a esta solemnidad, el corazón me latía de alegría por estar unidas estas dos solemnidades tan estrechamente. Pedí a Dios la misericordia para las almas pecadoras. Cuando terminó el oficio y el sacerdote tomó el Santísimo Sacramento para impartir la bendición, súbitamente vi al Señor Jesús con el mismo aspecto que tiene en esta imagen. El Señor impartió la bendición y los rayos se extendieron sobre todo el mundo. De repente vi una claridad inaccesible en forma de una habitación de cristal, tejida de ondas de luz impenetrable (175) a cualquier criatura o espíritu. Para entrar en la claridad [había] tres puertas y en ese instante Jesús, con el mismo aspecto que tiene en la imagen, entró en aquel resplandor a través de la segunda puerta, hasta el interior de la unidad. Es la Unidad Trinitaria que es

inconcebible, infinita. Oí la voz: **Esta Fiesta ha salido de las entrañas de Mi misericordia y está confirmada en el abismo de Mis gracias. Toda alma que cree y tiene confianza en Mi misericordia, la obtendrá.** Me alegré enormemente de la bondad y de la grandeza de mi Dios.

29 IV 1935

421 En víspera de exponer la imagen fui con nuestra Madre Superiora a ver a nuestro confesor [167]. Cuando en la conversación fue abordado el tema de esta imagen, el confesor pidió que una de las hermanas ayudara a trenzar guirnaldas. La Madre Superiora dijo que Sor Faustina ayudaría. Eso me alegró muchísimo. Cuando regresamos a casa me dediqué en seguida a preparar los ramos verdes y con ayuda de una de las alumnas los transportamos. Ayudó también una persona que trabaja cerca de la iglesia. A las siete de la tarde estaba ya todo listo, la imagen estaba ya colgada; sin embargo algunas señoras notaron que yo iba y venía por allí, ya que seguramente más estorbaba [168] que ayudaba, pues al día siguiente preguntaron a las hermanas ¿qué cosa era aquella bella imagen y qué significado tenía? Ustedes, hermanas, lo sabrán seguramente, porque ayer una de las hermanas la adornaba. Las hermanas muy sorprendidas porque no sabían nada, todas quisieron verla y en seguida sospecharon de mí. Decían: Sor Faustina lo sabrá seguramente todo.

Cuando empezaron a preguntarme, callaba, porque no pude decir la verdad. Mi silencio incitó su curiosidad; redoblé mi vigilancia para no mentir ni decir la verdad, porque no tenía permiso. Entonces empezaron a mostrarme su descontento y reprocharme abiertamente: ¿Cómo (176) es posible que la gente de fuera lo sepa y nosotras no? Empezaron diferentes juicios sobre mí. Sufrí mucho durante tres días, pero una extraña fuerza entró en mi alma. Me alegré de poder sufrir para Dios y para las almas que habían obtenido su misericordia en esos días. Al ver tantas almas que habían obtenido la misericordia de Dios en esos días, considero nada las fatigas y el sufrimiento aunque sean las más grandes y aunque duren hasta el fin del mundo, porque ellos tienen límite mientras las almas que se han convertido [son salvadas] de los tormentos que nunca tienen fin. Experimentaba un gran gozo viendo a otros que volvían a la fuente de la felicidad, al seno de la Divina Misericordia.

422 Viendo la dedicación y el empeño del Padre Sopoćko en este asunto, admiraba en él su paciencia y su humildad; todo esto costó no sólo mucho empeño y varios disgustos, sino también mucho dinero, y todo lo subvencionó el Padre Sopoćko. Veo que la Providencia Divina lo había preparado a cumplir esta obra de la misericordia antes de que yo lo pidiera a Dios. Oh, que misteriosos son Tus caminos, Dios, y felices las almas que siguen la voz de la gracia de Dios.

423 Oh alma mía, adora al Señor por todo y glorifica su misericordia, porque su bondad no tiene límites. Todo pasará, pero su misericordia no tiene límites ni fin; si bien la maldad llegue a llenar su medida, en la misericordia no hay medida.

Oh Dios mío, aun en los castigos con que hieres la tierra veo el abismo de Tu misericordia, porque castigándonos aquí en la tierra, nos liberas del castigo eterno. Alégrense, todas las criaturas, porque están más cerca de Dios en su infinita misericordia que el niño recién nacido del corazón de su madre. Oh Dios, que eres la Piedad misma para los más grandes pecadores arrepentidos sinceramente; cuanto más grande es el pecador, tanto mayor es el derecho que tiene a la Divina Misericordia (177).

424 En un momento, 12 V 1935.

Por la noche, apenas me acosté, me dormí, pero si me dormí rápidamente, más rápidamente todavía fui despertada. Vino a mí un Niño pequeño y me despertó. Este Niño podía tener cerca de un año y me sorprendí de que hablara muy bien, ya que los niños de esta edad no hablan nada o hablan de manera poco comprensible. Era indeciblemente bello, parecido al Niño Jesús y me dijo estas palabras: **Mira al cielo.** Y cuando miré al cielo, vi las estrellas brillantes y la luna. Ese Niño me preguntó: ¿**Ves la luna y las estrellas?** Contesté que las veía y Él me replicó con esta palabras: **Aquellas estrellas son las almas de los cristianos fieles y la luna son las almas consagradas. Ves la gran diferencia de luz que hay entre la luna y las estrellas, igual de grande es en el cielo la diferencia entre el alma de un religioso y la de un cristiano fiel.** Y continuó que **la verdadera grandeza está en amar a Dios y en la humildad.**

425 Entonces vi cierta alma que estaba separándose del cuerpo en terribles tormentos. Oh Jesús, cuando lo escribo tiemblo toda, viendo las atrocidades que atestiguan contra ella... Vi, como de un abismo barroso salían almas de niños pequeños y más grandes, de unos nueve años. Estas almas eran repugnantes y asquerosas, semejantes a los monstruos más espantosos, a los cadáveres en descomposición, pero esos cadáveres estaban vivos y atestiguaban en voz alta contra el alma a la que yo veía agonizando; y el alma a la que veía en agonía era un alma que en el mundo había recibido muchos honores y aplausos, cuyo fin es el vacío y el pecado. Por fin salió una mujer que en una especie de delantal llevaba lágrimas y que atestiguó mucho contra él.

426 Oh hora terrible, (178) en la que se nos presentarán todas nuestras obras en su completa desnudez y [miseria]; ni una de ellas se pierde, nos acompañarán fielmente hasta el juicio de Dios. No tengo palabras ni términos de comparación para expresar cosas tan terribles y aunque me parece que esta alma no está condenada, no obstante sus tormentos no difieren en nada de los tormentos infernales, con la única diferencia de que un día terminarán.

427 Un momento después vi nuevamente a ese mismo Niño que me había despertado, y que era de una belleza espléndida, y me repitió estas palabras: **La verdadera grandeza del alma está en amar a Dios y en la humildad.**

Pregunté a ese Niño: ¿Cómo sabes que la verdadera grandeza del alma está en amar a Dios y en la humildad?, estas cosas las pueden saber solamente los teólogos, mientras Tú ni siquiera has estudiado el catecismo y ¿cómo lo sabes? Y Él me contestó: **Lo sé y sé todo**, y en aquel momento desapareció.

428 Pero yo no me dormí en absoluto, mi mente estaba cansada de lo que empecé a meditar sobre lo que había visto. Oh, almas humanas, conocen la verdad muy tarde. Oh, abismo de la Divina Misericordia, derrámate lo antes posible sobre el mundo entero, según lo que Tú Mismo has dicho.

429 Mayo de 1935. En un momento, cuando me di cuenta de los grandes designios de Dios respecto a mí, me asusté de su grandeza y me sentí completamente incapaz de cumplirlos y empecé a evitar interiormente las conversaciones con Él, y sustituía ese tiempo con la oración oral. Lo hacía de humildad, pero pronto conocí que no era una verdadera humildad, sino una gran tentación de Satanás. Una vez, cuando en lugar de la oración interior comencé a leer un libro espiritual, oí en el alma estas palabras, explícitas y fuertes: **Prepararás al mundo para Mi última venida.** Estas palabras me conmovieron profundamente y aunque fingía (179) como si no las hubiera oído, no obstante las comprendí bien y no tenía ninguna duda al respecto. Una vez, cansada de esta lucha de amor con Dios y de excusarme constantemente de ser incapaz de cumplir esta obra, quise salir de la capilla, pero alguna fuerza me detuvo, me sentía inmovilizada. Entonces oí estas palabras: **Piensas salir de la capilla, pero no saldrás de Mí, porque estoy en todas partes; tú sola no podrás hacer nada por ti misma, pero Conmigo puedes todo.**

430 Durante la semana, cuando fui a mi confesor [169] y descubrí el estado de mi alma y especialmente que evito la conversación interior con Dios, recibí la respuesta que no debía evitar la conversación interior con Dios, sino que tenía que escuchar las palabras que me decía.

431 Actué según las indicaciones del confesor y en el primer encuentro con el Señor, caí a los pies de Jesús y con el corazón destrozado pedí perdón por todo. Luego Jesús me levantó del suelo y me sentó a su lado, y me permitió poner la cabeza sobre su pecho para que pudiera comprender y percibir mejor los deseos de su dulcísimo Corazón. Luego Jesús me dijo estas palabras: **Hija Mía, no tengas miedo de nada, Yo estoy siempre contigo; cualquier adversario te puede hacer daño solamente si Yo se lo permito. Tú eres Mi morada y Mi estable descanso, por ti detengo la mano castigadora, por ti bendigo la tierra.**

432 En el mismo instante siento algún fuego en mi corazón, siento que voy a perder los sentidos, no sé que pasa alrededor de mí, siento que me traspasa la mirada del Señor, conozco bien su grandeza y mi miseria, un extraño sufrimiento penetra mi alma y un gozo que no logro comparar con nada, me siento inerte en los brazos de Dios, siento que estoy con Él y me disuelvo como una gota de agua en el océano. No sé expresar lo que experimento; después de tal plegaria interior siento fuerza y fortaleza para cumplir las más difíciles virtudes, siento aversión a todas las cosas que el mundo aprecia, con toda mi alma deseo la soledad y el silencio.

433 (180) V [mayo] de 1935. Durante el oficio de cuarenta horas [170] vi el Rostro del Señor Jesús en la Santa Hostia que estaba expuesta en la custodia; Jesús miraba amablemente a todos.

434 A menudo veo al Niño Jesús durante la Santa Misa. Es sumamente bello, en cuanto a la edad, parece que va cumplir un año. Una vez, al ver el mismo Niño en nuestra capilla durante la Santa Misa, me invadió un fortísimo deseo y ansia irresistible de acercarme al altar y de tomar al Niño Jesús. En el mismo instante el Niño Jesús se puso junto a mí al borde del reclinatorio y con las dos manitas se agarró a mi brazo, encantador y alegre, su mirada llena de profundidad y penetrante. Pero cuando el sacerdote partió la Hostia, Jesús estaba en el altar y fue partido y consumido por aquel sacerdote.

Después de la Santa Comunión vi al idéntico Jesús en mi corazón y durante todo el día lo sentí física, realmente en mi corazón. Un recogimiento muy profundo se apoderó de mí inconscientemente y no dije a nadie ni una palabra, evitaba en lo posible la presencia de la gente, contestaba siempre a las preguntas relacionadas con mis tareas, fuera de eso ni una palabra.

435 9 VI 1935. La venida del Espíritu Santo. Al anochecer, cuando pasaba por la huerta, oí estas palabras: **Junto con tus compañeras implorarás la misericordia por ustedes y por el mundo.** Comprendí que no estaré en la Congregación en la que estoy actualmente [171]. Veo claramente que la voluntad de Dios respecto a mí es otra; sin embargo, me excuso constantemente delante de Dios de que yo soy incapaz de cumplir esta obra. Jesús, es que Tú sabes perfectamente lo que soy, y me puse a enumerar delante del Señor mis insuficiencias y me escondía detrás de ellas para que aceptara mis excusas de que era incapaz de cumplir (181) sus proyectos. Luego oí estas palabras: **No tengas miedo, Yo Mismo completaré lo que te falta.** Estas palabras me penetraron hasta el fondo y conocí aún más mi miseria, conocí que la Palabra del Señor es viva y penetra hasta el fondo. Entendí que Dios exigía de mí un modo de vida más perfecto, sin embargo me excusaba continuamente con mi incapacidad.

436 29 VI 1935. Cuando hablaba con el director [172] de mi alma sobre diferentes cuestiones que el Señor exigía de mí, pensaba que me contestaría que era incapaz de cumplir esas cosas y que el Señor Jesús no se servía de las almas tan miserables como yo, para las obras que deseaba realizar. No obstante oí las palabras de que en la mayoría de los casos Dios escogía justamente a tales almas para realizar sus proyectos. Pero este sacerdote era guiado por el Espíritu de Dios, penetró el secreto de mi alma y los más escondidos secretos que había entre mí y Dios, y de los cuales no le había hablado nunca antes; no se los había contado porque yo misma no los entendía bien y el

Señor no me había dado una orden clara para que lo dijera. El secreto era éste que Dios exigía que hubiera una Congregación que proclamara la Divina Misericordia y la implorase para el mundo.

437 Cuando aquel sacerdote me preguntó si no había tenido tales inspiraciones, contesté que no había tenido ordenes precisas, pero en aquel instante una luz penetró en mi alma y comprendí que el Señor hablaba por medio de él; me defendía inútilmente diciendo que no tenía una orden precisa, ya que al final de la conversación vi al Señor Jesús en el umbral, con el mismo aspecto como está pintado en la imagen, que me dijo: **Deseo que haya tal Congregación** [173]. Eso duró un momento. (182) Pero no hablé de eso en seguida, tenía prisa de volver a casa y repetía continuamente al Señor: Yo soy incapaz de cumplir Tus proyectos, oh Dios. Pero, lo curioso es que Jesús, sin reparar en esta invocación mía me dio luz y me hizo conocer cuánto le agradaba esta obra y no tomó en consideración mi debilidad, sino que me dio a conocer cuántas dificultades tenía que superar. Y yo, su pobre criatura, no sabía decir otra cosa sino que era incapaz, oh Dios.

438 30 VI 1935. Al día siguiente, una vez comenzada la Santa Misa, vi al Señor Jesús de una belleza inexpresable. Me dijo **que exige que esa Congregación sea fundada lo antes posible, y tú vivirás en ella con tus compañeras. Mi Espíritu será la regla de su vida. Su vida debe modelarse sobre Mí, desde el pesebre hasta la muerte en la cruz. Penetra en Mis secretos y conocerás el abismo de Mi misericordia para con las criaturas y Mi bondad insondable, y harás conocer ésta a todo el mundo. A través de la oración intermediarás entre la tierra y el cielo.**

439 Era el tiempo de acercarse a la Santa Comunión, Jesús desapareció y vi un gran resplandor. Luego oí estas palabras: **Te impartimos nuestra bendición,** y en aquel momento de ese resplandor salió un rayo claro y traspasó mi corazón, un extraño fuego se incendió en mi alma, pensaba que moriría de gozo y de felicidad; sentí la separación

del espíritu con respecto al cuerpo, sentí una inmersión total en Dios, sentí que era raptada por el Omnipotente como un granito de polvo a los espacios desconocidos.

Temblando de felicidad en los brazos del Creador, sentía que Él Mismo me sostenía para que pudiera soportar la gran felicidad y mirar su Majestad. Ahora sé que si (183) Él Mismo no me hubiera fortalecido antes con la gracia, mi alma no habría soportado tanta felicidad y en un momento habría sobrevenido la muerte. La Santa Misa terminó no sé cuándo, porque no era en mi poder notar lo que sucedía en la capilla. Sin embargo, al volver en mí, sentía la fortaleza y el valor para cumplir la voluntad de Dios, nada me parecía difícil y si antes me excusaba delante del Señor, ahora sentía el ánimo y la fuerza del Señor que estaban en mí y le dije al Señor: Estoy preparada para cada señal de Tu voluntad. Dentro de mí experimenté todo lo que iba a pasar en el futuro.

440 Oh Creador y Señor mío, aquí tienes todo mi ser. Dispón de mí según Tu divina complacencia y según Tus designios eternos y Tu misericordia insondable. Que cada alma conozca cuán bueno es el Señor; que ninguna alma tenga miedo de tratar con el Señor, y que no se excuse de ser indigna y que nunca aplace para después las invitaciones de Dios, ya que esto no agrada a Dios. No hay alma más miserable que yo, como verdaderamente me considero, y estoy sorprendida de que la Majestad Divina se humille tanto. Oh eternidad, me parece que eres demasiado corta para glorificar la infinita misericordia del Señor.

441 Una vez, cuando la imagen estaba expuesta en el altar, durante la procesión de *Corpus Cristi* [174], cuando el sacerdote expuso el Santísimo Sacramento y el coro empezó a cantar, los rayos de la imagen traspasaron la Santa Hostia y se difundieron sobre el mundo entero. Entonces oí estas palabras: **A través de ti, como a través de esta Hostia, los rayos** (184) **de la misericordia pasarán al mundo.** Después de estas palabras un gran gozo penetró en mi alma.

442 En una ocasión, cuando mi confesor [175] celebraba la Santa Misa, como siempre vi al Niño Jesús en el altar desde el momento del ofertorio. Pero un momento antes de la elevación el sacerdote desapareció y se quedó Jesús y cuando llegó el momento de la elevación Jesús tomó en sus manitas la Hostia y el Cáliz y los levantó juntos y miró hacia el cielo y un momento después vi otra vez a mi confesor y pregunté al Niño Jesús dónde estaba el sacerdote mientras no lo veía. Y Jesús me contestó: **En Mi Corazón**. Sin embargo no pude comprender nada más de aquellas palabras de Jesús.

443 Una vez oí estas palabras: **Deseo que vivas según Mi voluntad en los más secretos rincones de tu alma**. Comencé a meditar estas palabras que llegaron hasta lo más profundo de mi corazón. Aquel día había confesión de la Comunidad [176]. Cuando fui a confesarme, después de acusarme de los pecados, el sacerdote me repitió las palabras que antes me había dicho el Señor.

444 El sacerdote me dijo estas palabras profundas: Hay tres grados en el cumplimiento de la voluntad de Dios. El primero: es cuando el alma cumple todo lo que está notoriamente comprendido en los reglamentos y en estatutos de la observancia exterior. El segundo grado consiste en que el alma sigue las inspiraciones interiores y las cumple. El tercer grado es aquel en que el alma, entregándose a la voluntad de Dios, le deja la libertad de disponer de ella, y Dios hace con ella lo que le agrada, porque es un instrumento dócil en sus manos. Y me dijo ese sacerdote que yo estaba en el segundo grado del cumplimiento de la voluntad de Dios, y que no tenía todavía el (185) tercer grado del cumplimiento de la voluntad de Dios; no obstante debía empeñarme para cumplir ese tercer grado de la divina voluntad. Esas palabras penetraron mi alma por completo. Veo claramente que muchas veces Dios da a conocer al sacerdote lo que pasa en el fondo de mi alma; eso no me sorprende nada, más bien agradezco al Señor que tiene a estos elegidos.

445 Jueves. Adoración nocturna.

Al venir a la adoración, en seguida me envolvió un recogimiento interior y vi al Señor Jesús atado a una columna, despojado de las vestiduras y en seguida empezó la flagelación. Vi a cuatro hombres que por turno azotaban al Señor con disciplinas. El corazón dejaba de latir al ver esos tormentos. Luego el Señor me dijo estas palabras: **Estoy sufriendo un dolor aún mayor del que estás viendo.** Y Jesús me dio a conocer por cuales pecados se sometió a la flagelación, son los pecados impuros. Oh, cuánto sufrió Jesús moralmente al someterse a la flagelación. Entonces Jesús me dijo: **Mira y ve el género humano en el estado actual.** En un momento vi cosas terribles: Los verdugos se alejaron de Jesús, y otros hombres se acercaron para flagelar los cuales tomaron los látigos y azotaban al Señor sin piedad. Eran sacerdotes, religiosos y religiosas y máximos dignatarios de la Iglesia, lo que me sorprendió mucho, eran laicos de diversa edad y condición, todos descargaban su ira en el inocente Jesús. Al verlo mi corazón se hundió en una especie de agonía; y mientras los verdugos lo flagelaban, Jesús callaba y miraba a lo lejos, pero cuando lo flagelaban aquellas almas que he mencionado arriba, Jesús cerró los ojos y un gemido silencioso pero terriblemente doloroso salió de su Corazón. Y el Señor me dio a conocer detalladamente el peso de la maldad de aquellas almas ingratas: **Ves, he aquí un suplicio mayor que Mi muerte.** Entonces mis labios callaron y empecé a sentir (186) en mí la agonía y sentía que nadie me consolaría ni me sacaría de ese estado sino aquel que a eso me había llevado. Entonces el Señor me dijo: **Veo el dolor sincero de tu corazón que ha dado un inmenso alivio a Mi Corazón, mira y consuélate.**

446 Entonces vi a Jesús clavado en la cruz. Después de estar Jesús colgado en ella un momento, vi toda una multitud de almas crucificadas como Jesús. Vi la tercera muchedumbre de almas y la segunda de ellas. La segunda infinidad de

almas no estaba clavada en la cruz, sino que las almas sostenían fuertemente la cruz en la mano; mientras tanto la tercera multitud de almas no estaba clavada ni sostenía la cruz fuertemente, sino que esas almas arrastraban la cruz detrás de sí y estaban descontentas. Entonces Jesús me dijo: **Ves, esas almas que se parecen a Mí en el sufrimiento y en el desprecio, también se parecerán a Mí en la gloria; y aquellas que menos se asemejan a Mí en el sufrimiento y en el desprecio, serán menos semejantes a Mí también en la gloria.**

Las mayor parte de las almas crucificadas pertenecían al estado eclesiástico; vi también almas crucificadas que conozco y eso me dio mucha alegría. De repente Jesús me dijo: **En la meditación de mañana reflexionarás sobre lo que has visto hoy.** Y en seguida el Señor Jesús desapareció.

447 Viernes. Estaba enferma y no pude ir a la Santa Misa. A las siete de la mañana vi a mi confesor celebrando la Santa Misa durante la cual veía al Niño Jesús. Al final de la Santa Misa la visión desapareció y me vi, como antes, en la celda. Me llenó una alegría inexpresable de que aunque no pude asistir a la Santa Misa en nuestra capilla, la escuché de una iglesia muy lejana. Jesús puede solucionar todo.

(187) 30 de julio de 1935.

448 Día de San Ignacio. Recé fervorosamente a este Santo reprochándole ¿cómo podía mirarme y no venía en ayuda en las cuestiones tan importantes como lo es el cumplimiento de la voluntad de Dios? Le decía a este Santo: Oh nuestro Patrono, que has sido inflamado por el fuego del amor y del celo por la mayor gloria de Dios, te ruego humildemente, ayúdame a cumplir los designios de Dios. Fue durante la Santa Misa. Entonces al lado izquierdo del altar vi a San Ignacio con un gran libro en la mano, diciéndome estas palabras: Hija mía, no soy indiferente a tu causa. Esta regla se puede aplicar también a esta Congregación; indicando el libro con la mano desapareció. Me alegré muchísimo viendo cuánto los santos piensan en nosotros y lo estrecha que es la unión con ellos. Oh bondad

de Dios, que bello es el mundo interior porque ya aquí en la tierra nos relacionamos con los santos. Durante el día entero sentí la cercanía de este querido Patrono mío.

449 5 de agosto de 1935: Fiesta de Nuestra Señora de la Misericordia. Me preparé para esta fiesta con mayor fervor que en los años anteriores. En la mañana de ese día experimenté la lucha interior al pensar que debía abandonar esta Congregación que goza de la protección especial de María. En esta lucha transcurrió la meditación, la primera Santa Misa, durante la segunda Santa Misa rezaba a la Santísima Madre, diciéndole que me es difícil separarme de la Congregación que está bajo Tu protección especial, oh María. Entonces vi a la Santísima Virgen, indeciblemente bella, que se acercó a mí, del altar a mi reclinatorio y me abrazó y me dijo estas palabras: *Soy Madre de todos gracias a la insondable misericordia de Dios. El alma más querida para mí es aquella que cumple fielmente la voluntad de Dios*. Me dio a entender que cumplo fielmente todos los deseos (188) de Dios y así he encontrado la gracia ante sus ojos. *Sé valiente, no tengas miedo de los obstáculos engañosos, sino que contempla atentamente la Pasión de mi Hijo y de este modo vencerás*.

450 Adoración nocturna.

Me sentía muy sufriente y me parecía que no podría ir a la adoración, sin embargo reuní toda la fuerza de mi voluntad y a pesar de haberme caído en la celda, no reparaba en lo que me dolía teniendo delante de los ojos la Pasión de Jesús. Al venir a la capilla entendí interiormente lo grande que es la recompensa que Dios nos prepara, no solamente por las buenas obras, sino también por el sincero deseo de cumplirlas. Qué gracia más grande de Dios es ésta.

Oh, qué dulce es trabajar por Dios y para las almas. No quiero descansar en el combate, sino que lucharé hasta el último soplo de vida por la gloria de mi Rey y Señor. No rendiré la espada hasta que me llame delante de su trono; no temo los golpes porque Dios es mi escudo. El enemigo debe tener miedo de nosotros y no nosotros del enemigo. Satanás vence solamente a los soberbios y a los cobardes, porque los humildes tienen la fortaleza. Nada confunde ni asusta a un alma humilde. He dirigido mi vuelo hacia el ardor mismo del sol y nada logrará bajármelo. El amor no se deja encarcelar, es libre como una reina, el amor llega hasta Dios.

451 Una vez, después de la Santa Comunión, oí estas palabras: **Tú eres nuestra morada.** En aquel momento sentí en el alma la presencia de la Santísima Trinidad: Padre, Hijo y Espíritu Santo, me sentía el templo de Dios, sentía que era hija del Padre; no sé explicar todo, pero el espíritu lo entiende bien. Oh bondad infinita, cuánto Te humillas hasta una miserable criatura.

452 Si las almas quisieran vivir en el recogimiento, Dios les hablaría en seguida, ya que la distracción sofoca la voz de Dios.

453 (189) Una vez el Señor me dijo: **¿Por qué tienes miedo y tiemblas cuando estás unida a Mí? No Me agrada el alma que se deja llevar por inútiles temores. ¿Quién se atreve a tocarte cuando estás Conmigo? El alma más querida para Mí es la que cree fuertemente en Mi bondad y la que Me tiene confianza plenamente; le ofrezco Mi confianza y le doy todo lo que pide.**

454 En cierta ocasión el Señor me dijo: **Hija Mía, toma las gracias que la gente desprecia; toma cuantas puedas llevar**. En aquel instante mi alma fue inundada del amor de Dios. Siento que estoy unida al Señor tan estrechamente que no encuentro palabras con las cuales podría expresar bien esta unión; siento que todo lo que Dios tiene, todos los bienes y los tesoros, son míos, aunque me ocupo poco de ellos, ya que me basta solamente Él. En Él veo todo, fuera de Él, nada.

No busco la felicidad fuera de mi interior donde mora Dios. Gozo de Dios en mi interior, aquí vivo continuamente con Él, aquí existe mi relación más íntima con Él, aquí vivo con Él segura, aquí no llega la mirada humana. La Santísima Virgen me anima a relacionarme así con Él.

455 Ahora ya no me da amargura cuando padezco un sufrimiento, ni tampoco las grandes consolaciones me exaltan; se ha adueñado de mí la paz y el equilibrio del espíritu que proviene del conocimiento de la verdad.

¿Qué me importa vivir rodeada de corazones enemigos, si tengo la plenitud de la felicidad en mi alma? O también, ¿a qué me ayudará la bondad de otros corazones, si no tengo a Dios en mi interior? Teniendo a Dios en mi interior ¿quién puede perjudicarme de algún modo?

+

(190) JMJ   Vilna, 12 VIII 1935

456   Ejercicios espirituales de tres días.

Al anochecer del día anterior a los ejercicios espirituales, durante [la asignación] nocturna de los puntos [de la meditación], oí estas palabras: **Durante estos ejercicios espirituales te hablaré por boca de este sacerdote para asegurarte y fortalecerte sobre la veracidad de Mis palabras con las cuales hablo en el fondo de tu alma. Aunque estos ejercicios espirituales los hacen todas las hermanas, no obstante tengo una atención especial por ti para fortalecerte y hacerte impávida frente a todas las contrariedades que te esperan; por eso escucha atentamente sus palabras y medítalas en el fondo de tu alma.**

457 Oh, cómo quedé sorprendida, dado que todo lo que el Padre decía sobre la unión con Dios y sobre los impedimentos en esta estrecha unión, yo lo experimentaba exactamente en el alma y lo oía de Jesús que hablaba en el fondo de ella. La perfección consiste en [esta] estrecha unión con Dios.

458 En la meditación de las diez, el sacerdote [177] habló de la misericordia de Dios y de la bondad de Dios para con nosotros. Dijo que cuando examinamos la historia de la humanidad, a cada paso vemos esta gran bondad de Dios.

Todos los atributos de Dios, tales como la omnipotencia, y la sabiduría contribuyen a revelarnos este máximo atributo, es decir, la bondad de Dios. La bondad divina es el mayor atributo de Dios. Sin embargo, muchas almas que tienden a la perfección, no conocen esta gran bondad de Dios. Todo lo que el sacerdote dijo en esa meditación sobre la bondad de Dios, correspondía con lo que Jesús me había dicho [y] se (191) refería exactamente a la Fiesta de la Misericordia. Ahora de verdad [he comprendido] claramente lo que el Señor me prometió y no tengo ninguna duda, la Palabra de Dios es clara y explícita.

459 Durante toda la meditación vi al Señor Jesús sobre el altar, con una túnica blanca, teniendo en la mano mi cuaderno en el que estoy escribiendo estas cosas. Durante toda la meditación Jesús hojeaba las páginas del cuaderno y callaba, pero mi corazón no lograba soportar el ardor que se había incendiado en mi alma. A pesar de los esfuerzos de la voluntad para dominarme y para no dejar conocer a los que me rodeaban lo que pasaba en mi alma, al final de la meditación sentí que no dependía de mí en absoluto. De repente Jesús me dijo: **No has escrito en este cuaderno todo sobre Mi bondad hacia los hombres; deseo que no omitas nada; deseo que tu corazón esté basado en una completa tranquilidad.**

460 Oh Jesús, mi corazón deja de latir cuando contemplo todo lo que haces por mí. Te admiro, Señor, por humillarte tanto hasta mi alma miserable. Qué métodos inexplicables usas para convencerme.

461 Por primera vez en mi vida tengo los ejercicios espirituales de este tipo: cada palabra del sacerdote la entiendo de modo singular y claro, ya que todo esto lo viví antes en mi alma. Ahora veo que Jesús no deja en incertidumbre a un alma que lo ama sinceramente. Jesús desea que un alma que se relaciona con Él estrechamente, esté plenamente tranquila, a pesar de los sufrimientos y las contrariedades.

462 Ahora comprendo bien que lo que une más estrechamente el alma a Dios es negarse a sí mismo, es decir, unir su voluntad a la voluntad de Dios. Esto hace verdaderamente

libre al alma y ayuda al profundo recogimiento del espíritu, hace livianas todas las penas de la vida y dulce la muerte.

463 (192) Jesús me dijo que si tengo alguna duda respecto a esta Fiesta o a la fundación de esta Congregación, **o respecto a cualquier cosa de que te hablé en el fondo de tu alma, te contestaré en seguida por la boca de este sacerdote.**

464 Durante una meditación sobre la humildad me volvió la vieja duda de que un alma tan miserable como la mía, no cumpliría la tarea que el Señor exigía. En el mismo momento en que yo analizaba esa duda, el sacerdote que predicaba los ejercicios espirituales, interrumpió el tema de la prédica y dijo justamente lo que yo tenía en duda, es decir, que Dios elige generalmente a las almas más débiles y más simples como instrumentos para realizar sus obras más grandes, y ésta es una verdad incontestable. Veamos a quiénes eligió como Apóstoles, o veamos la historia de la Iglesia, qué obras tan grandes realizaron las almas que eran las menos aptas para hacerlo, porque justamente en esa forma las obras de Dios se revelan como tales. Cuando mi duda cedió completamente, el sacerdote volvió al tema sobre la humildad.

Jesús, como siempre durante cada prédica, estaba en el altar y no me decía nada, sino que con su mirada penetraba amablemente mi pobre alma que [ya] no tenía ninguna excusa.

465 Jesús, Vida mía, siento bien que me estás transformando en Ti, en lo secreto del alma donde los sentidos perciben muy poco. Oh Salvador mío, escóndeme entera en lo profundo de Tu Corazón y protégeme con Tus rayos de todo lo que me aleja de Ti. Te suplico, oh Jesús, que estos dos rayos que salieron de Tu Misericordiosísimo Corazón, alimenten continuamente mi alma.

466 (193) El momento de la confesión.

El confesor [178] me preguntó si en aquel momento estaba Jesús y si lo veía. Sí, está y lo veo. Me ordenó preguntar por ciertas personas. Jesús no me contestó nada, pero lo miró. Pero terminada la confesión, mientras hacía la penitencia, Jesús me dijo estas palabras: **Ve y consuélalo de Mi parte.** Sin entender el significado de estas palabras, en seguida repetí lo que Jesús me había ordenado.

467 Durante todo el tiempo de los ejercicios espirituales estuve sin cesar en contacto con Jesús y me uní a Él con toda la fuerza de mi corazón.

468 El día de la renovación de los votos. Al comienzo de la Santa Misa como siempre vi a Jesús que nos bendijo y entró en el tabernáculo. Luego vi a la Santísima Virgen con una túnica blanca, un manto azul, y la cabeza descubierta, que desde el altar se me acercó, me tocó con sus manos, me cubrió con su manto, y me dijo: *Ofrece estos votos por Polonia. Reza por ella.* 15 VIII.

469 En la noche del mismo día sentí en el alma una gran nostalgia de Dios; no lo veo con los ojos del cuerpo como antes, sino que lo siento y no comprendo; eso me produce un anhelo y un tormento indescriptibles. Me muero del deseo de poseerlo para sumergirme en Él por la eternidad. Mi espíritu tiende a Él con todas las fuerzas, no hay nada en el mundo que pueda consolarme.

Oh Amor Eterno, ahora entiendo en qué estrechas relaciones de intimidad estaba mi corazón Contigo. ¿Qué podrá satisfacerme en el cielo o en la tierra fuera de Ti?, oh Dios mío, en Quien se ahogó mi alma.

470 (194) Una noche, cuando desde mi celda miré al cielo y vi un espléndido firmamento sembrado de estrellas y la luna, de repente entró en mi alma el fuego de amor inconcebible hacia mi Creador, y sin saber soportar el deseo que había crecido en mi alma hacia Él, me caí de cara al suelo humillándome en el polvo. Lo adoré por todas sus obras y cuando mi corazón no pudo soportar lo que en él pasaba, irrumpí en llanto. Entonces me tocó el Ángel Custodio y me dijo estas palabras: *El Señor me hace decirte que te levantes del suelo.* Lo hice inmediatamente, pero mi alma no tuvo consuelo. El anhelo de Dios me invadió aún más.

471 Un día en que estaba en la adoración, y mi espíritu como si estuviera en agonía [añorándolo] a Él y no lograba retener las lágrimas, vi a un espíritu de gran belleza, que me dijo estas palabras: *No llores, dice el Señor*. Un momento después pregunté: ¿Quién eres? Y él me contestó: *Soy uno de los siete espíritus que día y noche están delante del trono de Dios y lo adoran sin cesar*. Sin embargo este espíritu no alivió mi añoranza, sino que suscitó en mí un anhelo más grande de Dios. Este espíritu es muy bello y su belleza se debe a una estrecha unión con Dios. Este espíritu no me deja ni por un momento, me acompaña en todas partes.

472 Al día siguiente, durante la Santa Misa, antes de la elevación, aquel espíritu empezó a cantar estas palabras: *Santo, Santo, Santo*. Su voz era como miles de voces, imposible describirlo. De repente mi espíritu fue unido a Dios, en un momento vi la grandeza y la santidad inconcebibles de Dios y al mismo tiempo conocí (195) la nulidad que soy de por mí. Conocí más claramente que en cualquier otro momento del pasado, las Tres Personas Divinas: el Padre, el Hijo y el Espíritu Santo. Sin embargo su esencia es Una, como también la igualdad y la Majestad. Mi alma se relaciona con las Tres Personas, pero no logro explicarlo con palabras, pero el alma lo comprende bien. Cualquiera que esté unido con una de estas Tres Personas, por este mismo hecho está unido con toda la Santísima Trinidad, porque su unidad es indivisible. Esa visión, es decir, ese conocimiento inundó mi alma de una felicidad inimaginable, por ser Dios tan grande. Lo que he descrito arriba, no lo vi con los ojos, como anteriormente, sino dentro de mí, de modo puramente espiritual e independiente de los sentidos. Eso duró hasta el fin de la Santa Misa.

Ahora, esto me sucede a menudo y no solamente en la capilla, sino también durante el trabajo y cuando menos lo espero.

473 Cuando nuestro confesor [179] estaba ausente, yo me confesaba con el arzobispo [180]. Al descubrirle mi alma,

recibí esta respuesta: Hija mía, ármate de mucha paciencia, si estas cosas vienen de Dios, tarde o temprano, se realizarán y te digo estar completamente tranquila. Yo, hija mía, te entiendo bien en estas cosas; y ahora, en cuanto al abandono de la Congregación y la idea de [fundar] otra, ni siquiera pienses en esto, ya que sería una grave tentación interior. Terminada la confesión, le dije a Jesús: ¿Por qué me mandas hacer estas cosas y no me das la posibilidad de cumplirlas? De repente, después de la Santa Comunión vi al Señor Jesús en la misma capilla en la que me había confesado, con el mismo aspecto con el que está pintado en esta imagen; el Señor me dijo: **No estés triste, le haré comprender las cosas que exijo de ti.** Cuando salíamos, (196) el arzobispo estaba muy ocupado pero nos dijo volver y esperar un momento. Cuando entramos otra vez en la capilla, oí en el alma estas palabras: **Dile lo que has visto en esta capilla.** En aquel momento entró el arzobispo y preguntó si no teníamos nada que decirle. Sin embargo, aunque tenía la orden de hablar, no pude porque estaba en compañía de una de las hermanas.

Todavía una palabra sobre la confesión: Impetrar la misericordia para el mundo, es una idea grande y bella, ruegue mucho, hermana, por la misericordia para los pecadores, pero hágalo en su propio convento.

474 El día siguiente, viernes 13 IX 1935.

Por la tarde, estando yo en mi celda, vi al ángel, ejecutor de la ira de Dios. Tenía una túnica clara, el rostro resplandeciente; una nube debajo de sus pies, de la nube salían rayos y relámpagos e iban a las manos y de su mano salían y alcanzaban la tierra. Al ver esta señal de la ira divina que iba a castigar la tierra y especialmente cierto lugar, por justos motivos que no puedo nombrar, empecé a pedir al ángel que se contuviera por algún tiempo y el mundo haría penitencia. Pero mi súplica era nada comparada con la ira de Dios. En aquel momento vi a la Santísima Trinidad. La grandeza de su Majestad me penetró profundamente y no me atreví a repetir la plegaria. En aquel mismo instante sentí en mi alma la fuerza de la gracia de Jesús que mora en mi alma; al darme cuenta de esta gracia, en el mismo momento fui raptada delante del trono de Dios. Oh, que grande es el Señor y Dios nuestro e inconcebible es su santidad. No trataré de describir esta grandeza porque dentro de poco la veremos todos, tal como es. Me puse a rogar (197) a Dios por el mundo con las palabras que oí dentro de mí.

475 Cuando así rezaba, vi la impotencia del ángel que no podía cumplir el justo castigo que correspondía por los pecados. Nunca antes había rogado con tal potencia interior como entonces. Las palabras con las cuales suplicaba a Dios son las siguientes: **Padre Eterno, Te ofrezco el Cuerpo y la Sangre, el Alma y la Divinidad de Tu Amadísimo Hijo, nuestro Señor Jesucristo, por nuestros pecados y los del mundo entero. Por Su dolorosa Pasión, ten misericordia de nosotros.**

476 Al la mañana siguiente, cuando entré en nuestra capilla, oí esta voz interior: **Cuantas veces entres en la capilla, reza en seguida esta oración que te enseñé ayer.** Cuando recé esta plegaria, oí en el alma estas palabras: **Esta oración es para aplacar Mi ira, la rezarás durante nueve días con un rosario común, de modo siguiente: primero rezarás una vez el Padre nuestro y el Ave María y el Credo, después, en la cuentas correspondientes al Padre nuestro, dirás las siguientes palabras: Padre Eterno, Te ofrezco el Cuerpo y la Sangre, el Alma y la Divinidad de Tu Amadísimo Hijo, nuestro Señor Jesucristo, como propiciación de nuestros pecados y los del mundo entero; en las cuentas del Ave María, dirás las siguientes palabras: Por su dolorosa Pasión, ten misericordia de nosotros y del mundo entero. Para terminar, dirás tres veces estas palabras: Santo Dios, Santo Fuerte, Santo Inmortal, ten piedad de nosotros y del mundo entero** [181].

477 El silencio es una espada en la lucha espiritual; un alma platicadora no alcanzará la santidad. Esta espada del silencio

cortará todo lo que quiera pegarse al alma. Somos sensibles a las palabras y queremos responder de inmediato, sensibles, sin reparar si es la voluntad de Dios que hablemos. El alma silenciosa es fuerte; ninguna contrariedad le hará daño si persevera en el silencio. El alma (198) silenciosa es capaz de la más profunda unión con Dios; vive casi siempre bajo la inspiración del Espíritu Santo. En el alma silenciosa Dios obra sin obstáculos.

478 Oh Jesús mío, Tú sabes, solamente Tú sabes bien que mi corazón no conoce otro amor fuera de Ti. Todo mi amor virginal es anegado en Ti, oh Jesús, por la eternidad. Siento bien que Tu Sangre divina circula en mi corazón; no hay duda alguna que con Tu preciosísima Sangre ha entrado en mi corazón Tu purísimo Amor. Siento que moras en mí con el Padre y el Espíritu Santo o más bien siento que yo vivo en Ti, oh Dios inimaginable. Siento que me disuelvo en Ti como una gota en el océano. Siento que estás fuera de mí y en mis entrañas, siento que estás en todo lo que me rodea, en todo lo que me sucede. Oh Dios mío, Te he conocido dentro de mi corazón y Te he amado por encima de cualquier cosa que exista en la tierra o en el cielo. Nuestros corazones se entienden mutuamente, pero ningún hombre lo comprenderá.

479 La segunda confesión con el arzobispo [182]. Has de saber, hija mía, que si ésta es las voluntad de Dios, tarde o temprano, se realizará, porque la voluntad de Dios tiene que cumplirse. Ama a Dios en tu corazón, ten... [la frase queda interrumpida].

480 29 IX. Fiesta de San Miguel Arcángel [183]. He quedado unida íntimamente a Dios. Su presencia me penetra profundamente y me llena de serenidad, de alegría y de asombro. Después de esos momentos de plegaria estoy llena de fuerza, de una valentía misteriosa para afrontar sufrimientos y la lucha; nada me espanta, aunque el mundo entero esté en contra de mí; todas las contrariedades tocan la superficie, pero no tienen acceso a (199) mi interior, porque allí mora Dios que me da fuerza, que me

colma. Contra su escabel se estrellan todas las embosca-
das del enemigo. En estos momentos de la unión Dios me
sostiene con su poder; me da su poder, y me capacita para
amarlo. El alma nunca lo alcanza con sus propios esfuerzos. Al comienzo de esta gracia interior, me llenaba el
miedo y empecé a guiarme, es decir dejarme llevar por el
temor, pero poco después el Señor me dio a conocer
cuánto eso le desagradaba. Pero también esto lo decidió
Él Mismo, mi tranquilidad.

481 Casi cada solemnidad en la santa Iglesia me da un conocimiento más profundo de Dios y una gracia especial, por
eso me preparo a cada solemnidad y me uno estrechamente al espíritu de la Iglesia. Qué alegría ser una hija
fiel de la Iglesia. Oh, cuánto amo a la santa Iglesia y a todos quienes viven en ella. Los miro como miembros vivos de Cristo que es su Cabeza. Me inflamo de amor con
los que aman, sufro con los que sufren, el dolor me con-
sume mirando a los tibios y a los ingratos; entonces procuro un amor tan grande hacia Dios que compense por
aquellos que no lo aman, que alimentan a su Salvador
con negra ingratitud.

482 Oh Dios mío, estoy consciente de mi misión en la santa
Iglesia. Mi empeño continuo es impetrar la misericordia
para el mundo. Me uno estrechamente a Jesús y me presento como víctima que implora por el mundo. Dios no
me rehusará nada cuando le suplico con la voz de Su
Hijo. Mi sacrificio es nada por sí mismo, pero cuando lo
uno al sacrificio de Jesús, se hace omnipotente y tiene la
fuerza para aplacar la ira divina. Dios nos ama en Su Hijo, la dolorosa Pasión del Hijo de Dios es un continuo
aplacamiento de la ira de Dios.

483 (200) Oh Dios, cuánto deseo que las almas Te conozcan,
que sepan que las creaste por Tu amor inconcebible; oh
Creador y Señor, siento que descorreré las cortinas del
cielo para que la tierra no dude de Tu bondad.

Haz de mí, oh Jesús, una víctima agradable y pura delante del Rostro de Tu Padre. Oh Jesús, transfórmame

miserable y pecadora, en Ti, ya que Tú puedes todo y entrégame a Tu Padre Eterno. Deseo transformarme en la hostia expiatoria delante de Ti, pero en una hostia no consagrada delante de los hombres; deseo que la fragancia de mi sacrificio sea conocida sólo por Ti. Oh Dios Eterno, arde en mí el fuego inextinguible de la súplica por Tu misericordia; siento y comprendo que ésta es mi tarea, aquí y en la eternidad. Tú Mismo me has ordenado hablar de esta gran misericordia Tuya y de Tu bondad.

484 En cierta ocasión comprendí, cuánto le desagrada a Dios la acción, aunque sea la más laudable, sin el sello de la intención pura; tales acciones incitan a Dios más bien al castigo que a la recompensa. Que en nuestra vida las haya lo menos posible, mientras en la vida religiosa no deberían existir en absoluto.

485 Con igual disposición recibo la alegría y el sufrimiento, la alabanza y la humillación; recuerdo que la una y la otra son pasajeras. ¿Qué me importa lo que digan de mí? Ya hace mucho he renunciado de todo lo que concierne a mi persona. Mi nombre es hostia, es decir, víctima, pero no en la palabra sino en la acción, en el anonadamiento de mí misma, en asemejarme a Ti en la cruz, oh Buen Jesús y Maestro mío.

486 (201) Oh Jesús, cuando vienes a mí [en] la Santa Comunión, Tú que Te has dignado morar con el Padre y el Espíritu Santo en el pequeño cielo de mi corazón, procuro acompañarte durante el día entero, no Te dejo solo ni un momento. Aunque estoy en compañía de otras personas o con las alumnas, mi corazón está siempre unido a Él. Cuando me duermo, le ofrezco cada latido de mi corazón, cuando me despierto, me sumerjo en Él sin decir una palabra. Al despertarme, adoro un momento la Santísima Trinidad y le agradezco por haberme ofrecido un día más, que una vez más va a repetirse en mí el misterio de la Encarnación de Su Hijo, que una vez más delante de mis ojos va a repetirse su dolorosa Pasión. Trato entonces de facilitar a Jesús el paso a través de mí a otras almas. Con Jesús voy a todas partes, su presencia me acompaña en todas partes.

487 En los sufrimientos del alma o del cuerpo trato de callar porque entonces mi espíritu adquiere fortaleza que viene de la Pasión de Jesús. Delante de mis ojos tengo siempre su Rostro doloroso, insultado y desfigurado, su Corazón divino, traspasado por nuestros pecados y especialmente por la ingratitud de las almas elegidas.

488 Doble advertencia para que me preparase a los sufrimientos que me esperaban [en] Varsovia; la primera advertencia fue interior, a través de una voz, escuchada, la segunda fue durante la Santa Misa. Antes de la elevación vi a Jesús crucificado que me dijo: **Prepárate a los sufrimientos**. Agradecí al Señor esta gracia de haberme advertido y le dije al Señor que seguramente no sufriré más que Tú, Salvador mío. No obstante me lo tomé a pecho e iba fortaleciéndome con la plegaria y con pequeños sufrimientos para poder soportar mayores cuando llegasen.

(202)   19 X 1935

489 Salida de Vilna a Cracovia para los ejercicios espirituales de ocho días.

El viernes por la noche durante el rosario cuando pensaba en el viaje del día siguiente y en la importancia de la cuestión que iba a presentar al Padre Andrasz [184], me invadió el miedo viendo claramente mi miseria y mi inaptitud frente a la grandeza de la obra de Dios. Aplastada por ese sufrimiento, me sometí a la voluntad de Dios. En aquel instante vi a Jesús junto a mi reclinatorio, con una túnica clara, y me dijo estas palabras: **¿Por qué tienes miedo de cumplir Mi voluntad? ¿Crees que no te ayudaré como hasta ahora? Repite cada exigencia Mía delante de aquellos que Me sustituyen en la tierra y haz solamente lo que te manden.** En aquel momento una [gran] fuerza entró en mi alma.

490 A la mañana siguiente vi al Ángel Custodio que me acompañó en el viaje hasta Varsovia. Cuando entramos al convento desapareció. Cuando pasábamos junto a una pequeña

capillita para saludar a las Superioras, en un momento me envolvió la presencia de Dios y el Señor me llenó del fuego de su Amor. En tales momentos siempre conozco mejor la grandeza de su Majestad.

Al subirnos al tren de Varsovia a Cracovia, vi nuevamente a mi Ángel Custodio junto a mí, que rezaba contemplando a Dios, y mi pensamiento lo siguió, y cuando entramos en la puerta del convento desapareció.

491 Al entrar en la capilla, la Majestad de Dios me envolvió otra vez, me sentía sumergida totalmente en Dios, toda sumergida en Él y penetrada, viendo cuánto el Padre Celestial nos ama. Oh, qué gran felicidad llena mi alma por el conocimiento de Dios, de la vida de Dios. Deseo compartir esta felicidad con todos los hombres, no puedo encerrar esta felicidad en mi corazón solamente, porque sus rayos me queman y hacen estallar mi pecho y mis entrañas. Deseo atravesar el mundo entero y hablar a las almas de la gran misericordia de Dios. Oh sacerdotes, ayúdenme en esto, usen las palabras más convincentes sobre su misericordia, porque toda expresión es muy débil para expresar lo misericordioso que es.

+

(203) JMJ   Cracovia 20 X 1935

492 Ejercicios espirituales de ocho días.

Oh Dios Eterno, Bondad misma, inconcebible en Tu misericordia por ninguna mente humana ni angélica, ayúdame, una niña débil, a cumplir Tu santa voluntad, tal y como me la das a conocer. No deseo otra cosa que cumplir los deseos de Dios. He aquí, Señor, mi alma y mi cuerpo, mi mente y mi voluntad, mi corazón y todo mi amor y dispón de mí según Tus eternos designios.

493 Después de la Santa Comunión mi alma fue inundada nuevamente por el amor de Dios. Gozo de su grandeza; aquí veo claramente su voluntad la cual debo cumplir y a la vez veo mi debilidad y mi miseria, veo que sin su ayuda no puedo hacer nada.

494 En el segundo día de los ejercicios espirituales.

Antes de ir al locutorio del Padre Andrasz, sentí el miedo debido a que, después de todo, el secreto existe solamente en el confesionario; fue un temor infundado. La Madre Superiora me tranquilizó con una sola palabra. Pero cuando entré en la capilla, oí en el alma estas palabras: **Deseo que para con Mi suplente seas tan sincera y simple como una niña, así como eres Conmigo; de lo contrario te abandonaré y no Me relacionaré contigo.**

De veras, Dios me concedió esta gran gracia de la confianza absoluta y, terminada la conversación, Dios me concedió la gracia de una profunda serenidad y de luz respecto a estas cosas.

495 Oh Jesús, Luz eterna, ilumina mi mente, fortalece mi voluntad e incendia mi corazón. Quédate conmigo como me has prometido, porque sin Ti no soy nada. Tú sabes, oh Jesús mío, lo débil que soy seguro que no tengo que decírtelo, ya que Tú eres quien sabe mejor lo miserable que soy. En Ti toda mi fuerza.

496 (204) El día de la confesión.

Desde la primera hora empecé a sentir la lucha interior tan fuerte como nunca antes. El abandono total de parte de Dios; sentí toda la debilidad que soy, me agobiaban los pensamientos: ¿Por qué debería abandonar este convento donde me quieren las hermanas y las Superioras?, la vida [es] tan tranquila; ligada por los votos perpetuos, cumplo mis deberes con facilidad; ¿por qué escuchar la voz de la conciencia? ¿por qué seguir fielmente la inspiración? ¿quién sabe de quién proviene? ¿no es mejor comportarme como todas las hermanas? Quizá pueda sofocar las palabras del Señor, sin hacerles caso. Quizá Dios no me pida hacer cuentas de ellas en el día del juicio. ¿A dónde me llevará esta voz interior? Si la sigo, me esperan terribles tribulaciones, sufrimientos y contrariedades; tengo miedo del futuro y en el día de hoy estoy agonizando.

Ese sufrimiento duró el día entero con igual tensión. Al

anochecer, al acercarme a la confesión, a pesar de haberme preparado antes, no pude confesarme en absoluto; recibí la absolución, me alejé sin saber lo que pasaba conmigo. Al acostarme, el sufrimiento creció al máximo grado, o mejor dicho se transformó en un fuego que como un relámpago penetró todas las facultades del alma, hasta la médula de los huesos, hasta la más secreta célula del corazón. En ese sufrimiento no lograba hacer nada: Que se haga Tu voluntad, Señor; pero en algunos momentos ni siquiera pude pensar en eso; de verdad, me ahogaba un miedo mortal y me tocaba el fuego infernal. En la madrugada reinó el silencio y los sufrimientos desaparecieron en un abrir y cerrar de ojos, pero sentía un agotamiento tan tremendo que no pude hacer el más pequeño movimiento; poco a poco me volvían las fuerzas mientras hablaba con la Madre Superiora, pero solamente Dios sabe cómo me sentí durante todo el día.

497 Oh Verdad eterna, Palabra encarnada que has cumplido la voluntad de Tu Padre de manera más fiel, hoy me vuelvo mártir de Tus inspiraciones por no poder realizarlas, visto que carezco de mi propia voluntad; a pesar de conocer claramente Tu santa voluntad (205) dentro de mí, me someto en todo a la voluntad de las Superioras y del confesor; yo la cumpliré en la medida en que Tú me lo permitas por medio de Tu representante. Oh Jesús mío, antepongo la voz de la Iglesia a la voz con la cual Tú me hablas.

498 Después de la Santa Comunión.

Vi a Jesús, como siempre, diciéndome estas palabras: **Apoya tu cabeza en Mi brazo y descansa y toma fuerza. Yo estoy siempre contigo. Dile al amigo de Mi Corazón, dile, que Me sirvo de tan débiles criaturas para realizar Mis obras**. Después mi espíritu fue fortalecido con una extraña fuerza. **Dile que le permití conocer tu debilidad en la confesión, lo que eres por ti misma.**

499 Cada lucha mantenida con valentía me trae alegría y paz, luz y experiencia, ánimo para el futuro, honor y gloria a Dios y a mí la recompensa final.

Hoy es la fiesta de Cristo Rey [185].

500 Durante la Santa Misa rogué con fervor que Jesús sea el Rey de todos los corazones, que la gracia de Dios resplandezca en cada alma. Entonces vi a Jesús, tal y como está pintado en esta imagen, diciéndome estas palabras: **Hija Mía, Me rindes la mayor gloria cumpliendo fielmente Mis deseos.**

501 Oh, qué grande es Tu belleza, Jesús, Esposo mío, Flor viva, vivificante, en la que está encerrado el rocío que da la vida al alma sediente. En Ti se sumergió mi alma. Tú solamente eres el objeto de mis aspiraciones y de mis deseos, úneme lo más estrecho posible a Ti y al Padre y al Espíritu Santo para que viva y muera en Ti.

502 Sólo el amor tiene importancia, es él que eleva nuestras más pequeñas acciones hasta la infinidad.

503 Oh Jesús mío, de verdad, yo no sabría vivir sin Ti, mi espíritu se ha fundido con el Tuyo. Nadie lo comprenderá bien, primero hay que vivir de Ti para conocerte en los demás.

(206)   Cracovia 25 X 1935

504 Propósitos después de los ejercicios espirituales.

No hacer nada sin el permiso del confesor y la aceptación de las Superioras en todo y especialmente en las inspiraciones y las exigencias del Señor.

Todos los momentos libres los pasaré con el Huésped Divino dentro de mí; procuraré mantener el silencio interior y exterior para que Jesús descanse en mi corazón.

Mi descanso más grato será en servir y ser disponible a las hermanas. Olvidarme de mí misma y pensar en agradar a las hermanas.

No me justificaré ni excusaré de ningún reproche que me hagan, permitiré juzgarme por cualquiera y en cualquier modo.

Tengo a un solo Confidente a quien revelo todo y lo es Jesús en la Eucaristía y en substitución de Él, el confesor.

En todos los sufrimientos del alma o del cuerpo, en las tinieblas o en el abandono me callaré como una paloma sin quejarme.

Me anonadaré en cada momento como una víctima [postrándome] a sus pies para impetrar misericordia por las pobres almas.

505 Toda mi nulidad se ahoga en el mar de Tu misericordia; con la confianza del niño me arrojo entre Tus brazos, Padre de Misericordia, para compensarte de la desconfianza de tantas almas que tienen miedo de confiar en Ti. Oh, qué pequeño es el número de almas que Te conocen verdaderamente. Oh, cómo deseo que la Fiesta de la Misericordia sea conocida por las almas. La misericordia es la corona de Tus obras; Tú dispones todo con el cariño de la madre más tierna.

+

506 (207) JMJ   Cracovia 27 X 1935

Padre Andrasz - consejo espiritual.

No hacer nada sin el consentimiento de las Superioras. Esta cuestión hay que reflexionarla bien y rezar mucho. En estas cosas hay que ser muy prudente, ya que usted, hermana, tiene aquí la voluntad de Dios segura y evidente, porque está unida a esta orden por los votos, perpetuos además; pues no debe haber dudas, y lo que tiene dentro de sí, son apenas relámpagos de la creación de algo. Dios puede hacer algún cambio, pero estas cosas suceden muy raramente. Hasta que usted no reciba un conocimiento más evidente, no tenga prisa. Las obras de Dios van lentamente; si son de Dios, los conocerá claramente y si no, se esfumarán y usted obedeciendo no se extraviará. Pero debe hablar de todo sinceramente con el confesor y escucharlo ciegamente.

Ahora, no le queda, hermana, otra cosa que aceptar el sufrimiento hasta que esto se aclare, es decir, hasta la solución de este problema. Su disposición respecto a estas cosas es buena y siga así, llena de sencillez y de espíritu de obediencia es una buena señal. Si usted, hermana, sigue en esta disposición, Dios no le permitirá extraviarse; en la medida en que es posible, mantenerse alejada de estas cosas y si, a pesar de eso, suceden, tomarlas con tranquilidad, no tener miedo de nada. Está en las buenas manos de Dios tan bueno. En todo lo que me ha dicho, no veo ninguna ilusión ni contradicción a la fe; éstas son las cosas buenas de por sí y hasta sería bueno que hubiera un grupo de almas que pidieran a Dios por el mundo, porque todos necesitamos oraciones. Tiene un buen director espiritual y aténgase a él y esté tranquila. Sea fiel a la voluntad de Dios y cúmplala. En cuanto a las tareas, haga lo que manden, tal y como lo manden aunque fuera una cosa más humillante y penosa. Elija siempre el último lugar y entonces le dirán: Siéntate más arriba. En el alma y en el comportamiento debe considerarse la última de toda la casa y de toda la Congregación. En todo y siempre la máxima fidelidad a Dios.

507 (208) Deseo, Jesús mío, sufrir y arder con el fuego del amor en todos los acontecimientos de la vida. Pertenezco a Ti entera, deseo abismarme en Ti, oh Jesús, deseo perderme en Tu divina belleza. Tú me persigues, Señor, con Tu amor, como un rayo del sol penetras dentro de mí y transformas la oscuridad de mi alma en Tu claridad. Siento bien que vivo en Ti como una chispa pequeñita absorbida por un ardor increíble, en que Tú ardes, oh Trinidad impenetrable. No existe un gozo mayor que el amor de Dios. Ya aquí en la tierra podemos gustar la vida de los habitantes del cielo por medio de una estrecha unidad con Dios, misteriosa y a veces inconcebible para nosotros. Se puede obtener la misma gracia con la simple fidelidad del alma.

508 Cuando se apodera de mí el sentido de desgana y de monotonía en cuanto a mis deberes, entonces me recuerdo de que estoy en la casa del Señor donde no hay nada pequeño, donde de la pequeña acción mía, llevada acabo

con la intención dirigida al cielo, puede depender la gloria de la Iglesia y el progreso de más de un alma, pues no hay nada pequeño en el convento.

509 Entre las contrariedades que estoy experimentando, recuerdo que el tiempo de la lucha no ha terminado, me armo de paciencia y de este modo venzo a mi adversario.

510 No busco con curiosidad la perfección en ninguna parte, sino que penetro en el espíritu de Jesús y contemplo sus acciones que tengo relatadas en el Evangelio y aunque viviera mil años, no agotaría lo que en él está contenido.

511 Cuando mis intenciones no son aceptadas y [más bien] condenadas, no me sorprendo mucho, ya que sé que solamente Dios penetra mi corazón. La verdad no se pierde y el corazón herido se tranquilizará con el tiempo y mi espíritu se fortalece en las contrariedades. No siempre escucho lo que me dice el corazón, sino que pido a Dios luz; cuando siento que he recuperado el equilibrio, entonces hablo más.

512 (209) El día de la renovación de los votos. La presencia de Dios inundó mi alma. Durante la Santa Misa vi a Jesús que me dijo estas palabras: **Tú eres para Mí un gran gozo, tu amor y tu humildad hacen que dejo los tronos del cielo y Me uno a ti. El amor allana el abismo que hay entre Mi grandeza y tu nulidad.**

513 El amor inunda mi alma, estoy sumergida en el océano del amor, siento que me desmayo y me pierdo completamente en Él.

514 Oh Jesús, haz a mi corazón semejante al Tuyo, o más bien transfórmalo en Tu propio [Corazón] para que pueda sentir las necesidades de otros corazones y, especialmente, de los que sufren y están tristes. Que los rayos de la misericordia descansen en mi corazón.

515 Una vez, al anochecer, cuando paseaba por la huerta rezando el rosario, llegué hasta el cementerio [186], entreabrí la puerta y me puse a rezar un momento y les pregunté a ellas dentro de mí: ¿Seguramente serán muy felices?

De repente oí estas palabras: Somos felices en la medida en que hemos cumplido la voluntad de Dios... y después, el silencio como antes. Me ensimismé y pensé mucho tiempo cómo yo cumplo la voluntad de Dios y cómo aprovecho el tiempo que Dios me concede.

516 Ese mismo día, cuando fui a descansar, durante la noche me vino a visitar un alma pequeña que golpeando en la mesilla de noche, me despertó y pidió oración. Quise preguntarle quién era, pero mortifiqué mi curiosidad y uní esa pequeña mortificación a la oración y la ofrecí por ella.

517 Una vez, cuando fui a visitar a una hermana enferma [187] que tenía ya ochenta y cuatro años y se distinguía por muchas virtudes, le pregunté: ¿Seguramente ya estará usted, hermana, preparada a presentarse delante del Señor? Me contestó que durante toda la vida venía preparándose para esta última hora y añadió que la edad no dispensa de la lucha.

518 (210) + En víspera del día de los difuntos, cuando al atardecer fui al cementerio que estaba cerrado, pero entreabrí un poco la puerta y dije: Si desean, queridas almas, alguna cosa, la haré con gusto, dentro de lo que me permite la regla. Entonces oí estas palabras: Cumple la voluntad de Dios. Nosotras somos felices en la medida en que hemos cumplido la voluntad de Dios.

519 Por la noche aquellas almas vinieron y me pidieron orar; recé mucho por ellas. Mientras la procesión volvía del cementerio, vi una multitud de almas que junto con nosotras iban a la capilla, rezaban junto con nosotras. Recé mucho porque tenía el permiso de las Superioras [188].

520 En la noche volvió a visitarme un alma que ya había visto anteriormente, pero esa alma no me pidió oraciones, sino que me reprochó que antes yo era muy vanidosa y soberbia, y ahora intercedes tanto por otros teniendo aún algunos defectos. Contesté que había sido muy soberbia y vanidosa, pero que ya me confesé e hice penitencia por mi estupidez y confío en la bondad de mi Dios, y si ahora

caigo, es más bien involuntariamente y nunca con premeditación, aunque sea en la cosa más pequeña. Sin embargo aquella alma empezó a hacerme reproches: ¿Por qué no quieres reconocer mi grandeza? Todos me reconocen por mis grandes obras, ¿por qué solamente tú no me das gloria? Entonces vi que en aquella figura estaba Satanás y dije: A Dios Mismo es debida la gloria, ¡lárgate, Satanás! Y de inmediato esa alma cayó en un abismo horrible, inconcebible, indescriptible; y dije a aquella miserable alma que yo se lo diría a toda la Iglesia.

521 El sábado volvimos ya de Cracovia a Vilna. En el camino pasamos por Częstochowa. Cuando recé delante de la imagen milagrosa, sentí que eran agradables [la frase interrumpida].

[Fin del primer cuaderno del manuscrito del Diario].

SEGUNDO CUADERNO

Cantaré por la eternidad
la misericordia del Señor

La Divina Misericordia
en mi alma

DIARIO

Sor M. Faustina

(1) +

JMJ

522   + Cantaré eternamente la misericordia del Señor
Delante de todo el pueblo,
Ya que éste es el mayor atributo de Dios,
Y para nosotros un milagro continuo.

> Brotas de la Divina Trinidad,
> Pero de un único seno amoroso;
> La misericordia del Señor aparecerá en el alma
> En toda su plenitud, cuando caiga el velo.

De la fuente de Tu misericordia, oh Señor,
Fluyen toda felicidad y toda vida;
Y así, todas las criaturas y todas las cosas
Cantad con éxtasis el himno de la misericordia.

> Las entrañas de la Divina Misericordia abiertas
> para nosotros,
> Por la vida de Jesús extendido en la cruz;
> No deberías dudar ni desesperar, oh pecador,
> Sino confiar en la misericordia,
> porque tú también puedes ser santo.

Dos manantiales brotaron en forma de rayos
Del Corazón de Jesús,
No para los ángeles, ni querubines, ni serafines,
Sino para salvar al hombre pecador.

(2) +

JMJ

523   Oh voluntad de Dios,

                                       sé mi amor.

Oh Jesús mío, Tú sabes que por mí misma no hubiera
escrito ni una sola letra y si escribo es por una clara orden
de la santa obediencia [189].

Dios y las almas

Sor M. Faustina
del Santísimo Sacramento [190]

524   + Oh Jesús, Dios oculto,
Mi corazón Te siente,
Aunque Te cubren los velos,
Tú sabes que Te amo.

525 (3)   +   Vilna, 24 XI 1935
      JMJ   + Segundo cuaderno

Dios sea adorado

Oh Santísima Trinidad, en la que está encerrada la vida interior de Dios, Padre, Hijo y Espíritu Santo, oh gozo eterno, inconcebible abismo de amor que Te derramas sobre todas las criaturas y las haces felices, honor y gloria a Tu nombre por los siglos de los siglos. Amén.

Cuando conozco Tu grandeza y Tu belleza, oh Dios mío, me alegro indeciblemente por ser tan grande el Señor a quien sirvo. Con amor y alegría cumplo su santa voluntad y cuanto más lo conozco, tanto más ardientemente deseo amarlo. Me quema el deseo de amarlo cada vez más.

526 (4) + El 14. Este jueves, mientras hacíamos la adoración nocturna [191], al principio no pude rezar, una aridez se adueñó de mí; no pude contemplar la dolorosa Pasión de Jesús, pero me postré en cruz y ofrecí la dolorosa Pasión del Señor Jesús al Padre Celestial como satisfacción por los pecados del mundo entero. Al levantarme del suelo después de aquella plegaria y al volver a mi reclinatorio, de repente vi a Jesús junto a él. El Señor Jesús con el mismo aspecto que tenía durante la flagelación, en la mano tenía la túnica blanca con la que me vistió y un cinturón con el que me ciñó y me cubrió con un manto rojo igual al que le cubría a Él en la Pasión, y un velo del mismo color y me

dijo: **Tú y tus compañeras tendrán un hábito igual; Mi vida desde el nacimiento hasta la muerte en la cruz será su regla. Contémplame y vive según esto; deseo que penetres más profundamente en Mi espíritu** (5) y [tengas presente] **que soy manso y humilde de Corazón.**

527 Una vez sentí en el alma un apremio para que me pusiera a la obra y cumpliera todo lo que Dios exigía de mí. Entré un momento en la capilla, oí esta voz en el alma: **¿Por qué tienes miedo? ¿Piensas que Me faltará la omnipotencia para ayudarte?** Y [en] aquel momento sentí en el alma una extraña fuerza y me parecieron nada todas las contrariedades que me habrían podido suceder [en] el cumplimiento de la voluntad de Dios.

528 El viernes, durante la Santa Misa, siendo mi alma inundada por la felicidad de Dios, oí en el alma estas palabras: **Mi misericordia pasó a las almas a través del Corazón divino - humano de Jesús, como un rayo de sol a través del cristal.** Sentí en el alma y comprendí que cada acercamiento a Dios nos fue dado por Jesús, en Él y por Él.

529 (6) El día en que terminó la novena en Ostra Brama, al anochecer [192], cantadas las letanías, uno de los sacerdotes trajo el Santísimo Sacramento en la custodia; cuando lo puso en el altar, en seguida vi al pequeño Niño Jesús que tendía las manitas hacia su Madre que en aquel momento tenía un aspecto vivo. Mientras la Virgen me hablaba, Jesús tendía las manitas hacia el pueblo reunido. La Virgen Santísima me dijo aceptar todas las exigencias de Dios como una niña pequeña sin averiguar nada, lo contrario no agrada a Dios. En el mismo instante el Niño Jesús desapareció y la Virgen perdió el aspecto vivo y la imagen quedó como era antes, pero mi alma fue colmada de gozo y de gran alegría y dije al Señor: Haz de mí lo que Te agrade, estoy dispuesta a todo, pero Tú, oh Señor, no Te alejes de mí ni por un momento.

(7) +

530   JMJ   En honor de la Santísima Trinidad

Pedí a la Madre Superiora [193] el ayuno de cuarenta días, tomando una vez al día una rebanada de pan y un vaso de agua; sin embargo la Madre Superiora no me dio permiso para cuarenta días, sino para siete días, de acuerdo con la opinión del confesor [194]. "No puedo exonerarla del todo de las tareas, debido a que otras hermanas podrían notar algo; hermana, yo le doy permiso de dedicarse, en la medida en que pueda, a la plegaria y de tomar apuntes de algunas cosas, pero me será más difícil arreglar lo del ayuno, de verdad, aquí no logro inventar nada." Y dijo: Retírese, hermana, quizá me ilumine alguna luz. En la mañana del domingo comprendí interiormente que cuando la Madre Superiora me había destinado a la puerta a la hora de comer, pensó en darme la oportunidad de ayunar. Por la mañana no fui a desayunar, pero poco después fui (8) a la Madre Superiora y pregunté: Si estoy en la puerta será fácil no llamar la atención con mi persona. Y la Madre Superiora me contestó: Cuando la destinaba [195] pensaba en esto. En aquel momento comprendí que el mismo pensamiento yo lo había sentido dentro de mí.

531   24 XI 1935. Domingo, primer día. Fui inmediatamente delante del Santísimo Sacramento y me ofrecí con Jesús que está en el Santísimo Sacramento, al Padre Eterno. Entonces oí en el alma estas palabras: **Tu intención y la de tus compañeras es unirse a Mí lo más estrechamente posible a través del amor, reconciliarás la tierra con el cielo, mitigarás la justa cólera de Dios e impetrarás la misericordia por el mundo. Confío a tu cuidado dos perlas preciosas para Mi Corazón, que son las almas de los sacerdotes y las almas de los religiosos; por ellas rogarás de manera especial, la fuerza de ellas vendrá de tu anonadamiento. Las plegarias, los ayunos, las mortificaciones, las fatigas y todos los sufrimientos, los unirás a la oración, al ayuno, a la**

**mortificación, a la fatiga, al sufrimiento Mío y enton-
ces tendrán valor ante Mi Padre.**

532 Después de la Santa Comunión vi al Señor Jesús que me
dijo estas palabras: **Hoy, penetra en el espíritu de Mi
pobreza y organiza todo de tal modo que los más
pobres no tengan nada que envidiarte. No en los grandes palacios ni en las espléndidas instalaciones, sino
en el corazón puro y humilde Me complazco.**

533 Al quedarme sola empecé a reflexionar sobre el espíritu
de pobreza. Veo claramente que Jesús no poseía nada
siendo el Dueño del todas las cosas. El pesebre prestado;
camina por la vida haciendo el bien a todos sin tener dónde apoyar la cabeza. Y en la cruz veo el colmo de su pobreza, ya que ni siquiera tiene puesta una vestidura. Oh
Jesús, a través del solemne voto de pobreza deseo asemejarme a Ti; la pobreza será mi madre. (10) No poseer nada
exteriormente ni disponer de nada como de mi propiedad,
ni tampoco desear algo interiormente. Y en el Santísimo
Sacramento ¡qué grande es Tu pobreza! ¿Hubo alguna
vez un alma tan abandonada como Tú, Jesús, en la cruz?

534 La castidad, este voto se entiende por sí mismo, prohibe
todo lo que está prohibido por el sexto y el noveno mandamientos de Dios, naturalmente: obras, pensamientos,
palabras, sentimientos y... Entiendo que el voto solemne
difiere del voto simple, lo entiendo en toda la extensión.
Cuando lo estaba contemplando, escuché en el alma estas
palabras: **Tú eres Mi esposa para la eternidad, tu
pureza debe ser mayor que la de los ángeles, porque
con ningún ángel tengo relación de tan estrecha intimidad como contigo. La más pequeña acción de Mi
esposa tiene un valor infinito, el alma pura tiene una
potencia incalculable delante de Dios.**

535 (11) La obediencia. **He venido para cumplir la voluntad
de Mi Padre. He sido obediente a los padres, obediente
a los verdugos, soy obediente a los sacerdotes.**
Comprendo, oh Jesús, el espíritu de la obediencia y en que
consiste; no se refiere solamente a la ejecución exterior,

sino que abarca también la mente, la voluntad y el juicio. Obedeciendo a las Superioras, obedecemos a Dios. No tiene importancia si es un ángel o un hombre que me mande en nombre de Dios, tengo que ser obediente siempre. No voy a escribir mucho sobre los votos porque ellos son claros por sí mismos y se basan en lo concreto; aquí procuro más bien dar una idea de esta Congregación.

536 + Resumen general [196].

Nunca habrá casas fastuosas, sino una modesta capilla y junto a ella una pequeña Comunidad, un pequeño grupito de almas que estará compuesto a lo más por diez almas; además de ellas habrá dos almas que atenderán distintas (12) necesidades de la Comunidad por fuera del claustro, y prestarán varios servicios en la iglesia. No llevarán hábitos, sino que vestirán como laicas. Tendrán los votos pero simples y estarán estrictamente sometidas a la Superiora, quien estará detrás de la reja. Tendrán parte de todos los bienes espirituales de toda la Comunidad, pero no podrán ser nunca más de dos, preferiblemente una. Cada casa será independiente de las demás, pero sí, todas estarán muy estrechamente unidas por la regla y por los votos, y por el espíritu. Sin embargo, [en] casos excepcionales, se podrá enviar una hermana de una casa a otra; también es posible, al fundar una casa, tomar algunas religiosas, si es necesario. Cada casa estará sujeta al ordinario del lugar.

537 Cada religiosa vivirá en una celda individual, pero será conservada la vida comunitaria, se reunirán todas para la oración, la comida y el recreo. Cada religiosa, después de emitir la profesión (13) nunca más verá el mundo, ni siquiera por la reja que será tapada con un paño oscuro, y también los coloquios serán estrictamente limitados. Será como una persona muerta a la que el mundo no comprende y la que no comprende al mundo. Ha de presentarse entre el cielo y la tierra, e implorar incesantemente a Dios su

misericordia para el mundo, y la fortaleza para los sacerdotes, para que sus palabras no resuenen en vano, y para que ellos mismos logren mantenerse [en] esta inconcebible dignidad, tan expuestos, sin ninguna mancha... A pesar de ser pocas estas almas, serán heroicas. No habrá lugar para las almas cobardes ni débiles.

538 Entre ellas no se dividirán en ningunos coros ni en ningunas Madres, ni mamitas, [197], ni reverendas, ni reverendísimas, sino que todas serán iguales entre ellas, aunque hubiera una gran diferencia en su origen. Sabemos quien era Jesús y como se humilló y con quienes se relacionaba. Llevarán un hábito como el que Él llevaba durante la Pasión, pero no solamente la vestidura, (14) sino que tienen que imprimir en sí las señales con las cuales Él fue distinguido y éstas son: el sufrimiento y el desprecio. Cada una tenderá a negarse a sí misma en grado máximo y a amar la humildad, y la que más se distinga en esta virtud, será idónea a presidir a las demás.

539 Como Dios nos ha hecho las compañeras de su misericordia, o más bien, incluso las dispensadoras, nuestro amor debe ser grande para cada alma, comenzando por los elegidos y terminando en el alma que no conoce a Dios todavía. Con la oración y la mortificación llegaremos hasta los países más salvajes, abriendo el camino a los misioneros. Recordaremos que, como el soldado en el frente no puede resistir mucho tiempo sin el respaldo de la retaguardia que no toma parte directamente en la batalla, pero le provee de todo lo que necesite. Para [el misionero] lo es la plegaria. Cada una debe distinguirse por el espíritu del apostolado.

540 (15) Por la noche, mientras escribía, oí en la celda esta voz: No salgas de esta Congregación, ten piedad de ti misma, te esperan grandes sufrimientos. Cuando miré hacia allí de donde salía la voz, no vi nada y continué escribiendo. De repente oí un ruido y estas palabras: Cuando salgas, te destruiremos. No nos atormentes. Cuando miré vi muchos monstruos feos; cuando hice con el pensamiento la señal

de la cruz, se disiparon todos inmediatamente. Qué horriblemente feo es Satanás; pobres las almas que tienen que vivir en su compañía, verlo solamente es más repugnante que todos los tormentos del infierno.

541 Un momento después oí en el alma esta voz: **No tengas miedo de nada, no te sucederá nada sin Mi voluntad.** Después de estas palabras del Señor una fuerza misteriosa entró en mi alma; me alegro grandemente de la bondad de Dios.

542 (16) El postulantado. La edad para ser recibida. Puede ser recibida cada persona desde los quince hasta los treinta años. En primer lugar hay que reparar en el espíritu que inspira a la persona dada y en su carácter, si tiene la fuerte voluntad y el valor para seguir las huellas de Jesús, y esto con gozo y alegría, porque Dios ama a un donador alegre; tiene que despreciar al mundo y a sí misma. La falta de la dote nunca será un impedimento para ser aceptada; también todas las formalidades deben ser claras, no aceptar los casos complicados.

Sin embargo no pueden ser recibidas las personas melancólicas, inclinadas a la tristeza, con enfermedades contagiosas, caracteres ambiguos, recelosos, inadaptables a la vida religiosa. Hay que tener mucho cuidado con la elección de las miembros porque basta una persona no adaptada para provocar confusión en todo el convento.

543 La duración del postulantado. El postulantado será de un año. (17) Durante ese período la persona dada debe analizar si este tipo de vida le gusta y si es apta o no para ella; y también la Maestra debe observar atentamente si la persona dada es apta o no lo es para este tipo de vida. Después de un año, si resulta que tiene una buena voluntad y un sincero deseo de servir a Dios, hay que recibirla en el noviciado.

544 El noviciado ha de durar un año continuo. A la novicia hay que instruirla sobre las virtudes referentes a los votos y sobre su importancia. La Maestra debe poner todo el

empeño en darles una formación sólida. Debe ejercitarlas en la humildad ya que solamente el corazón humilde observa los votos con facilidad y experimenta grandes gozos que fluyen de Dios a un alma fiel.

No serán cargadas con trabajos de responsabilidad para que puedan dedicarse libremente a su propio perfeccionamiento. Son obligadas rigurosamente a observar las reglas y las normas al igual que las postulantes.

545 (18) Después de un año de noviciado, si la novicia se ha mostrado fiel, puede ser admitida a pronunciar los votos por un año; éstos deben repetirse durante tres años; entonces pueden asignársele ya los deberes de responsabilidad; no obstante pertenecerá al noviciado y una vez por semana tiene que asistir a las conferencias junto con las otras novicias, y los últimos seis meses los pasarán todas en el noviciado para prepararse bien a la profesión solemne.

546 En lo que se refiere a la alimentación, no comeremos carne; las comidas serán tales que ni aún los pobres tendrán nada que envidiarnos. Sin embargo los días festivos pueden diferir un poco de los días regulares. Comerán tres veces al día, observarán rigurosamente los ayunos en el espíritu primitivo y especialmente los dos grandes. Los alimentos serán iguales para todas las hermanas, excluyendo (19) cualquier excepción para que la vida comunitaria sea observada en toda su integridad, tanto en las comidas, como en el vestir o el arreglo de la celda; pero si una de las hermanas se pone enferma, debe gozar de todos los favores.

547 En cuanto a la oración. La meditación de una hora, la Santa Misa y la Santa Comunión, dos exámenes de conciencia, el oficio [198], el rosario, la lectura espiritual, una hora de oración durante la noche. En cuanto al orden del día según las horas, se podrá hacerlo mejor cuando comencemos a vivir según este sistema.

548 De repente oí en el alma estas palabras: **Hija Mía, te aseguro un ingreso fijo del cual vivirás. Tú empeño debe**

ser la total confianza en Mí bondad, el Mío, darte todo lo que necesites. Me hago dependiente de tu confianza; si tu confianza es grande Mi generosidad no conocerá límites.

549 (20) Sobre el trabajo. Siendo personas pobres, ellas mismas ejecutarán todos los trabajos que haya en el convento. Cada una debe estar contenta si le toca un trabajo humillante o contrario a su naturaleza ya que le será de ayuda para su formación interior. La Superiora cambiará a menudo los deberes de las hermanas y así las ayudará a separarse completamente de esos pequeños detalles a los que las mujeres sienten un gran apego. De verdad, a veces me da risa cuando veo con mis ojos que algunas almas han dejado cosas verdaderamente grandes y toman apego a los trapitos, es decir a la nadería. Cada una de las hermanas estará un mes en la cocina, no excluyendo ni siquiera a la Superiora. Que todas prueben cada fatiga que haya en el convento, que todas tengan siempre la intención pura en todo porque a Dios no le agrada en absoluto la confusión.

550 Que ellas mismas se acusen de las desobediencias exteriores (21) y pidan a la Superiora la penitencia; que la hagan en el espíritu de humildad. Que se amen unas a otras con el amor superior, con el amor puro, viendo en cada hermana la imagen de Dios. La característica singular de esta pequeña Comunidad lo es el amor, así que no estrechen sus corazones, sino que abracen al mundo entero, ofreciendo misericordia a cada alma a través de la oración, según su vocación. Si somos misericordiosas en este espíritu, también nosotras mismas alcanzaremos la misericordia.

551 Cada una debería tener un gran amor hacia la Iglesia. Como una buena hija que ama a su madre y reza por ella, así cada alma cristiana debe rezar por la Iglesia que para ella es madre. ¿Y qué decir de nosotras, las religiosas, que nos hemos comprometido particularmente a rezar por la Iglesia? Pues, qué grande es nuestro apostolado aunque tan

escondido. Estas pequeñas cosas de cada día serán depositadas a los pies de Jesús como una ofrenda de imploración por el mundo; pero para (22) que la ofrenda sea agradable a Dios, tiene que ser pura; para que la ofrenda sea pura, el corazón tiene que liberarse de todos los apegos naturales y dirigir todos los sentimientos hacia el Creador, amando en Él a todas las criaturas, según su santa voluntad. Y si cada una se comporta así, en el espíritu de fervor, le proporcionará alegría a la Iglesia.

552 Además de los votos veo una regla importantísima; aunque todas son importantes, ésta la pongo en el primer lugar y es el silencio. De verdad, si esta regla fuera observada rigurosamente, yo estaría tranquila por las demás. Las mujeres tienen una gran inclinación a hablar. De verdad, el Espíritu Santo no habla a un alma distraída y charlatana, sino que, por medio de sus silenciosas inspiraciones, habla a un alma recogida, a un alma silenciosa. Si se observara rigurosamente el silencio, no habría murmuraciones, amarguras, maledicencias, chismes, no sería tan maltratado el amor (23) del prójimo, en una palabra, muchas faltas se evitarían. Los labios callados son el oro puro y dan testimonio de la santidad interior.

553 Pero en seguida quiero hablar de otra regla, es decir del hablar. Callar cuando se debe hablar, es una imperfección y a veces hasta un pecado. Así, que todas tomen parte en el recreo, y que la Superiora no exima a las hermanas del recreo, si no es por alguna razón muy importante. Los recreos deben ser alegres en el espíritu de Dios. Los recreos nos dan la oportunidad de conocernos mejor; que cada una exprese su opinión con sencillez para edificar a las demás y no en el espíritu de alguna superioridad ni, Dios nos libre, para reñir. Eso no correspondería con la perfección ni con el espíritu de nuestra vocación que debe distinguirse por el amor. Dos veces al día habrá recreos de media hora. Pero si alguna hermana interrumpe el silencio (24) tiene la obligación de acusarse en seguida ante la Superiora y pedir la penitencia que la Superiora, por esa

falta, aplique una penitencia pública y si no fuera así, ella misma respondería ante el Señor.

554 Sobre la clausura [199]. En los lugares delimitados de la clausura no podrá entrar nadie sin una autorización especial del ordinario y esto en casos excepcionales, es decir, la administración de los sacramentos a los enfermos, o la asistencia y la preparación para la muerte, o en ocasión de los ritos fúnebres. Puede suceder también la absoluta necesidad de dejar entrar a la clausura a un obrero para hacer alguna reparación en el convento, pero antes debe haber un permiso especial. La puerta que conduce a la clausura debe estar siempre cerrada y de la llave dispondrá solamente la Superiora.

555 Sobre el acceso al locutorio. Ninguna hermana irá al locutorio sin un permiso especial de la Superiora y la Superiora no debe conceder fácilmente los permisos para ir (25) con frecuencia al locutorio. Las que han muerto para el mundo, no deben volver a él ni siquiera a través del coloquio. Pero si la Superiora considera oportuno que alguna hermana vaya al locutorio, debe atenerse a las siguientes indicaciones: acompañe ella misma a aquella hermana y si no puede, designe a una suplente, y ésta está obligada a la discreción, no repetirá lo que habrá oído en el locutorio, pero informará de todo a la Superiora. Los coloquios deben ser breves, a menos que el respeto a la persona la detiene un poco, pero nunca descorrerá la cortina, a no ser en casos excepcionales, como puede ser por un insistente pedido del padre o de la madre.

556 Sobre las cartas. Cada hermana puede escribir cartas selladas al ordinario de quien depende la casa; fuera de eso, pedirán permiso por cada carta y la entregarán abierta a la Superiora, y la Superiora debe guiarse por el espíritu de amor (26) y por prudencia. Tiene el derecho de despachar o de retenerla, según lo que será para la mayor gloria de Dios, pero desearía mucho que de esos escritos haya lo menos posible: ayudemos a las almas con la plegaria y la mortificación y no con cartas.

557 Sobre la confesión. El ordinario designará a los confesores para la Comunidad, tanto al ordinario como al extraordinario. El confesor ordinario será uno y escuchará las confesiones de toda la Comunidad una vez por semana. El confesor extraordinario vendrá cada tres meses y cada hermana tiene la obligación de presentarse a él aunque no tenga la intención de hacer una verdadera confesión. Ni el confesor ordinario ni él extraordinario permanecerá en su cargo más de tres años; al final del trienio habrá una votación secreta y según ella la Superiora presentará el pedido de las hermanas al ordinario; de todas maneras, el confesor puede ser designado para el segundo y también para el tercer (27) trienio. Las religiosas se confesarán junto a la reja cerrada; también las conferencias serán pronunciadas para la Comunidad a través de la reja cubierta con la cortina oscura. Las hermanas no hablarán nunca entre sí de la confesión ni de los confesores, más bien rueguen por ellos para que Dios los ilumine en dirigir sus almas.

558 Sobre la Santa Comunión. Las hermanas no deben hablar de cuáles de ellas se acercan a la Santa Comunión con menos frecuencia y cuáles más a menudo. Se abstengan de dar juicios en esta materia a la que no tienen derecho; cualquier juicio respecto a esto pertenece exclusivamente al confesor. La Superiora puede preguntar a una hermana dada, pero no para conocer la razón por la cual no se acerca a la Santa Comunión, sino más bien, para facilitarle la confesión. Que las Superioras no se atrevan a entrar en el ámbito de las conciencias de las hermanas. A veces, la Superiora puede disponer que la Comunidad ofrezca (28) la Comunión por cierta intención. Cada una debe aspirar a la máxima pureza del alma para poder recibir diariamente al Huésped Divino.

559 Una vez, al entrar en la capilla, vi los muros de una casa como abandonada [200], las ventanas estaban sin cristales, las puertas no terminadas sin hojas, sólo tenían los marcos . De repente oí en el alma estas palabras: **Aquí debe estar aquel convento**. A decir verdad, no me agradó mucho que había de estar en aquellas ruinas.

560 Jueves. Me sentía muy apremiada para dar comienzo a la obra lo antes posible, según el deseo del Señor. Cuando fui a confesarme, antepuse una opinión mía a la opinión del confesor. En un primer momento no me di cuenta de ello, pero mientras rezaba la Hora Santa, vi al Señor Jesús (29) con el aspecto que tiene en la imagen y me dijo que comunicara al confesor y a las Superioras todo lo que me decía y exigía. **Y haz solamente aquello para lo que recibirás permiso**. Y me dio a conocer Jesús, lo mucho que le desagrada el alma arbitraria; en aquella alma me reconocí a mí misma. Advertí en mí la sombra de arbitrariedad, me deshice en polvo delante de su Majestad y con el corazón despedazado, le pedí perdón. Pero Jesús no me permitió permanecer mucho tiempo en tal disposición, sino que su divina mirada llenó mi alma con un gozo tan grande que no encuentro palabras para expresarlo. Y me dio a conocer Jesús que debía preguntarle y consultarle más. De verdad, qué dulce es la mirada de mi Señor. Su mirada penetra mi alma hacia los lugares más secretos, mi espíritu se entiende con Dios sin pronunciar ni una sola palabra; siento que Él vive en mí y yo en Él.

561 (30) Una vez vi aquella imagen [201] [en] una pequeña capillita y en un momento vi que de aquella pequeña capillita se hizo un templo grande y bello, y en aquel templo vi a la Santísima Virgen con el Niño en los brazos. Luego el Niño Jesús desapareció de los brazos de la Virgen y vi una imagen viva de Jesús crucificado. La Virgen me dijo que me comportara como Ella: a pesar de los gozos, siempre mirara fijamente la cruz y me dijo también que las gracias que Dios me concedía no eran solamente para mí sino también para otras almas.

562 El Niño Jesús que veo durante la Santa Misa no es siempre igual, a veces muy alegre, a veces no mira nada hacia la capilla. Ahora, la mayoría de las veces está alegre cuando nuestro confesor [202] celebra la Santa Misa. Me sorprendí mucho al ver cuánto lo amaba el pequeño Niño Jesús. A veces lo veo con un delantalcito [203] de color.

563 (31) Antes de venir a Vilna y antes de conocer a este confesor, una vez había visto una iglesia no muy grande y junto a ella esta Comunidad. El convento tenía doce celdas, cada religiosa iba a tener su celda particular. Vi al sacerdote que ayudaba a arreglar el convento y a quien conocí unos años más tarde, pero ya lo había conocido en visión. Vi su gran abnegación en arreglar todo en aquel convento y le ayudaba otro sacerdote que no he conocido hasta el momento. Vi las rejas de hierro tapadas con un paño oscuro. A aquella iglesia las hermanas no iban.

564 El día de la Inmaculada Concepción de la Virgen. Durante la Santa Misa oí el susurro de ropas y vi a la Santísima Virgen en un misterioso, bello resplandor. Tenía una túnica blanca con una faja (32) azul y me dijo: *Me das una gran alegría adorando a la Santísima Trinidad por las gracias y los privilegios que me ha concedido*, y desapareció en seguida.

565 Sobre las penitencias y las mortificaciones.

En el primer lugar están las mortificaciones interiores, pero además practicaremos las mortificaciones exteriores, definidas exactamente para que las practiquen todas. Estas son: tres días por semana observaremos el ayuno estricto. Estos días son: viernes, sábado y miércoles. Cada viernes, durante el tiempo necesario para rezar el salmo 50, se someterán a la disciplina [204], todas en la misma hora en sus propias celdas. La hora indicada, las tres de la tarde, por los pecadores agonizantes. Durante dos grandes ayunos [205], como los días del trimestre [206], las vigilias [207], la comida consistirá en: una vez al día un trozo de pan y un poco de agua.

Que cada una trate de practicar estas mortificaciones que están prescritas (33) para todas, pero si alguna hermana desea algo más, pida el permiso a la Superiora. Una mortificación general más: ninguna hermana puede entrar en la celda de otra sin un permiso especial de la Superiora, pero la Superiora debe a veces entrar inadvertidamente en las celdas de las hermanas, no para espiar, sino en el espíritu de amor y responsabilidad que tiene ante Dios; ninguna cerrará nada con llave, la regla será la llave general para todas.

566 Un día, después de la Santa Comunión vi repentinamente al Niño Jesús que estaba junto a mi reclinatorio y al que se agarraba con las dos manitas. Aunque era un Niño pequeño, no obstante, me penetró el temor y el miedo, viendo en Él a mi Juez, Señor y Creador ante cuya santidad tiemblan los ángeles, y por otra parte, mi alma fue inundada del amor (34) inconcebible y me pareció que moría bajo su influjo. Ahora veo que Jesús refuerza primero mi alma y la hace capaz para relacionarme con Él, porque de otro modo no podría soportar lo que estoy experimentando en este momento.

567 El comportamiento de las hermanas para con la Superiora.

Que todas las hermanas respeten a la Superiora como al Señor Jesús Mismo, tal y como lo mencioné hablando del voto de la obediencia. Que se porten con confianza infantil, sin murmurar nunca ni criticar sus ordenes porque eso desagrada mucho a Dios. Que cada una se guíe por el espíritu de fe para con las Superioras, que pida con sencillez todo lo que necesite. Dios nos guarde, y que nunca se repita ni ocurra que alguna de ustedes sea el motivo de tristeza o de lágrimas de la Superiora. Que cada una sepa que, como el cuarto mandamiento obliga a los hijos a respetar a los padres, lo mismo se refiere a la religiosa para con la Superiora. No es buena (35) la religiosa que se permite y se atreve juzgar a la Superiora. Que sean sinceras con la Superiora y le hablen de todo y de sus necesidades con la sencillez de una niña.

Las hermanas se dirigirán a su Superiora de este modo: le ruego, Hermana Superiora. Nunca le besarán la mano, pero cada vez que la encuentren en el pasillo, como también cuando vayan a la celda de la Superiora, dirán: Alabado sea Jesucristo, inclinando un poco la cabeza.

Las hermanas entre sí dirán: le ruego, hermana agregando el nombre. Respecto a la Superiora deben guiarse por el espíritu de la fe y no con sentimentalismos ni con adulaciones, cosas indignas de una religiosa que la humillarían mucho. Una religiosa debe ser libre como una reina y lo será si vive con el espíritu de la fe. Debemos escuchar y respetar a la Superiora no por ser buena, santa, prudente, no, no por todo esto, sino solamente porque para nosotras ocupa el lugar de Dios y escuchándola obedecemos a Dios mismo.

568 (36) El comportamiento de la Superiora para con las hermanas.

La Superiora debe distinguirse por la humildad y el amor hacia cada hermana, sin excepción alguna. Que no se deje guiar por simpatía o por antipatía, sino por el espíritu de Cristo. Debe saber que Dios le pedirá cuenta de cada hermana. Que no diga sermones a las hermanas, sino que dé el ejemplo de una profunda humildad y el de negarse a sí misma, ésta será la enseñanza más eficaz para las que dependen de ella. Que sea resuelta, pero nunca brusca; que tenga paciencia si la cansan con las mismas preguntas, aunque tenga que repetir cien veces la misma cosa, pero siempre con la misma calma. Que trate de presentir todas las necesidades de las hermanas sin esperar que le pidan ésta u otra cosa, porque son diversas las naturalezas de las almas. Si ve que alguna hermana está triste o doliente, trate de ayudarle de cualquier manera y de consolarla; que ruegue mucho y pida luz para saber (37) cómo comportarse con cada una de ellas porque cada alma es un mundo diferente. Dios tiene distintos modos para tratar con las almas que, a veces, para nosotros, son incomprensibles e inconcebibles, por eso la Superiora debe ser prudente para no impedir la actuación de Dios en ningún alma. Que nunca amoneste a las hermanas cuando está nerviosa, además los reproches deben siempre ir acompañados por palabras de estímulo. Hay que dar a conocer al alma su error para que lo reconozca, pero no se la debe desalentar. La Superiora debe distinguirse por el amor activo a las hermanas, debe encargarse de todas las penas para aliviar a las hermanas; que no exija ningunos servicios de las hermanas, que las respete como a las esposas de Jesús y que esté dispuesta a servirles tanto de día como de noche; debe más bien pedir que ordenar. Que tenga el corazón abierto a los sufrimientos de las hermanas y que ella misma estudie y contemple fijamente el libro abierto, es decir, a Jesús Crucificado. Que siempre pida con fervor la luz y, especialmente, cuando tenga que arreglar algo de importancia con alguna (38) hermana. Que se cuide de entrar en el ámbito de sus conciencias, porque en este campo es el sacerdote que tiene la gracia; pero sucede que algún alma sienta la necesidad de desahogarse ante la Superiora, entonces la Superiora puede recibir las confidencias de un alma, pero no se olvide del secreto, porque nada disgusta más a un alma que cuando se diga a otros lo que ella dijo en confianza, es decir en secreto. Las mujeres tienen siempre la cabeza débil respecto a esto; pocas veces se encuentra a una mujer con la mente de hombre. Procure una profunda unión a Dios y Dios gobernará a través de ella. La Virgen Santísima será la Superiora [208] de este convento y nosotras seremos sus hijas fieles.

569 15 XII 1935. Hoy desde muy temprano una fuerza misteriosa me empuja a obrar, no me deja en paz ni un momento; un ardor misterioso se ha encendido en mi corazón empujándome a obrar, no logro dominarlo; es un martirio silencioso conocido solamente a Dios, pero que haga (39) de mí lo que a Él le agrade; mi corazón está dispuesto a todo. Oh Jesús, mi queridísimo Maestro, no te alejes de mí ni por un momento. Oh Jesús, Tú sabes bien lo débil que soy de por mí, por eso sé que mi debilidad Te obliga a estar siempre conmigo.

570 Una vez vi al Señor Jesús con una túnica clara; eso fue en el invernadero [209]. **Escribe lo que te diré: Mi deleite**

es unirme a ti, espero con gran ansia y añoro este momento en que habitaré sacramentalmente en tu convento. Mi espíritu descansará en aquel convento, bendeciré especialmente las inmediaciones donde estará el convento. Por amor hacia ustedes alejaré todos los castigos que la justicia de Mi Padre administra merecidamente. Hija Mía, he inclinado Mi Corazón hacia tus súplicas: tu tarea y empeño aquí en la tierra es implorar la misericordia para (40) el mundo entero. No encontrará alma ninguna la justificación hasta que no se dirija con confianza a Mi misericordia y por eso el primer domingo después de Pascua ha de ser la Fiesta de la Misericordia. Ese día los sacerdotes han de hablar a las almas sobre Mi misericordia infinita. Te nombro dispensadora de Mi misericordia. Dile al confesor que la imagen esté expuesta en la iglesia y no en el convento dentro de la clausura. Por medio de esta imagen colmaré a las almas con muchas gracias, por eso, que cada alma tenga acceso a ella.

571 Oh Jesús mío, Verdad eterna, no tengo miedo de nada, de ningunas dificultades, de ningunos sufrimientos, temo solamente una cosa, es decir, ofenderte. Oh Jesús, preferiría no existir que entristecerte. Oh Jesús, Tú sabes que mi amor no conoce a nadie, solamente a Ti, en Ti se ahogó mi alma.

572 (41) Oh, qué grande debe ser el fervor de cada alma de este convento, si Dios desea morar con nosotras. Que cada una tenga presente que si no somos nosotras, almas religiosas, las que intercedan con Dios, entonces ¿quién lo hará? Que cada una arda como una víctima pura de amor delante de la Majestad de Dios; pero para ser agradable a Dios, debe unirse estrechamente a Jesús; solamente con Él, en Él y por Él podemos agradar a Dios.

573 21 XII 1935. Una vez el confesor [210] dijo que fuera a ver aquella casa, si era la misma que yo había visto en visión. Cuando fui con mi confesor a ver la casa [211], o más bien las ruinas, con un solo vistazo reconocí que

todo era igual a lo que había visto en visión. Cuando toqué las tablas que estaban clavadas formando algo como una puerta, en el mismo instante, una fuerza como un relámpago penetró mi alma dándome (42) la certeza inquebrantable. Me alejé rápido de aquel lugar con el alma llena de alegría; me parecía que alguna fuerza me clavaba en aquel lugar. Me alegré mucho de ver una conformidad absoluta de esas cosas con las que había visto en la visión. Cuando el confesor hablaba del arreglo de las celdas y de otras cosas, encontré todo idéntico a lo que me había dicho Jesús. Me alegro grandemente de que Dios obre por él, pero no me sorprendo nada de que Dios le dé tanta luz, ya que en el corazón puro y humilde mora Dios que es la Luz Misma y todos los sufrimientos y todas las contrariedades existen para que se manifieste la santidad del alma. Al regresar a casa, entré en seguida en nuestra capilla para descansar un momento, de repente oí en el alma estas palabras: **No tengas miedo de nada, Yo estoy contigo, estos asuntos están en Mis manos y los realizaré según Mi misericordia, y nada puede oponerse a Mi voluntad.**

574 (43)   Año 1935, Vigilia de Navidad

Desde la primera hora mi espíritu estaba sumergido en Dios. su presencia me traspasó por completo. Al anochecer, antes de cenar, entré un momento en la capilla para, a los pies de Jesús, compartir el "oplatek" con los que están lejos, a quienes Jesús ama mucho y a quienes yo agradezco mucho. Mientras estaba compartiendo el "oplatek" en espíritu con cierta persona, oí en el alma estas palabras: **Su corazón es para Mí el paraíso en la tierra.** Cuando salía de la capilla, en un solo momento me envolvió la omnipotencia de Dios. Entendí cuánto Dios nos ama; oh, si las almas pudieran darse cuenta y comprenderlo aunque sólo en parte.

La Misa de Medianoche. Durante la Santa Misa vi nuevamente al pequeño Niño Jesús, extraordinariamente bello que con alegría tendía las manitas hacia mí. (44) Después de la Santa Comunión oí estas palabras: **Yo siempre permanezco en tu corazón, no solamente en el momento en que Me recibes en la Santa Comunión, pero siempre**. Viví estas fiestas en una gran alegría.

576 Oh Santa Trinidad, Dios eterno, mi espíritu se sumerge en Tu belleza; para Ti los siglos no son nada, Tú eres siempre el Mismo. Oh, qué grande es Tu Majestad. Oh Jesús, ¿cuál es el motivo por el que escondes Tu Majestad, has abandonado el trono del cielo y estás con nosotros? El Señor me contestó: **Hija Mía, el amor Me ha traído y el amor Me detiene. Oh hija Mía, si tú supieras qué gran mérito y recompensa tiene un solo acto de amor puro hacia Mí, morirías de gozo. Lo digo para que te unas a Mí constantemente a través del amor, porque éste es el fin de la vida de tu alma; este acto consiste en el acto de voluntad; has de saber que el alma pura es humilde;** (45) **cuando te humillas y te anonadas ante Mi Majestad, entonces te persigo con Mis gracias, hago uso de la omnipotencia para enaltecerte.**

577 Una vez, cuando el confesor me dio por penitencia rezar un *Gloria*, eso me tomó mucho tiempo, más de una vez empezaba y no llegaba a terminar, porque mi espíritu se unía a Dios y no lograba estar presente en mí misma. En efecto, a veces, a pesar de mi voluntad, me envuelve la omnipotencia de Dios y estoy sumergida entera en Él por el amor y entonces no sé lo que pasa alrededor de mí. Cuando dije al confesor que esta breve oración me ocupaba a veces muchísimo tiempo y que a veces no lograba rezarla, el confesor me mandó rezarla en seguida en el confesionario. Sin embargo mi espíritu se sumergía en Dios y no lograba pensar lo que quería a pesar de hacer esfuerzos. Entonces el confesor me dijo: Recítela conmigo.

(46) Repetí cada palabra, pero mientras repetía cada palabra, mi espíritu se sumergía en la Persona que nombraba.

578 Una vez, Jesús me dijo de cierto sacerdote que esos años serían un adorno de su vida sacerdotal. Los días de los sufrimientos parecen siempre más largos, pero también ellos pasarán aunque lo hagan despacio, de manera que a veces nos parece que más bien van para atrás. Pero su fin es cercano y después un gozo eterno e inexpresable. La eternidad, ¿quién puede concebir y comprender al menos esta palabra que proviene de Ti, oh Dios inconcebible, es decir, la eternidad?

579 Sé que las gracias que Dios me concede, a veces son exclusivamente para ciertas almas. Este conocimiento me llena de un gran gozo; siempre me alegro del bien de otras almas como si lo poseyera yo misma.

580 (47) Una vez el Señor me dijo: **Me hieren más las pequeñas imperfecciones de las almas elegidas que los pecados de las almas que viven en el mundo.** Me entristecí mucho por el hecho de que Jesús padece sufrimientos a causa de las almas elegidas, y Jesús me dijo: **Estas pequeñas imperfecciones, no es todo; te revelaré el secreto de Mi Corazón, lo que sufro por parte de las almas elegidas: la ingratitud por tantas gracias es el alimento continuo de Mi Corazón por parte del alma elegida. Su amor es tibio, Mi Corazón no puede soportarlo; estas almas Me obligan a rechazarlas de Mí. Otras no tienen confianza en Mi bondad y nunca quieren sentir la dulce intimidad en su corazón, pero Me buscan por allí, lejos y no Me encuentran. Esta falta de confianza en Mi bondad es lo que más Me hiere. Si Mi muerte no las ha convencido de Mi amor, ¿qué es lo que las convencerá? Muchas veces un alma Me hiere mortalmente y en tal caso nadie Me consolará.** (48) **Hacen uso de Mis gracias para ofenderme. Hay almas que desprecian Mis gracias y todas las pruebas de Mi amor; no quieren oír Mi llamada, sino que van al abismo infernal. Esta pérdida de las almas**

Me sumerge en la tristeza mortal. En tales casos, a pesar de ser Dios, no puedo ayudar nada al alma, porque ella Me desprecia; disponiendo de la voluntad libre puede despreciarme o amarme. Tú, dispensadora de Mi misericordia, habla al mundo entero de Mi bondad y con esto consolarás Mi Corazón.

581 Muchas más cosas te diré cuando hables Conmigo en lo profundo de tu corazón; allí nadie puede impedir Mi actuar, es allí donde descanso como en un jardín cerrado.

582 El interior de mi alma es como un mundo grande y magnífico en el que vivimos Dios y yo. Fuera de Dios nadie más tiene acceso a él. Al comienzo de mi vida con Dios (49) me llenaba el temor y la ceguedad. Su resplandor me cegó y pensaba que Él no estaba en mi corazón, sin embargo eran los momentos cuando Dios trabajaba en mi alma y el amor se hacía cada vez más puro y más fuerte; y el Señor llevó mi voluntad a la más estrecha unión con su santa voluntad. Nadie puede entender lo que estoy viviendo en este magnífico palacio de mi alma donde estoy continuamente con mi Amadísimo. Ninguna cosa exterior perturban mis relaciones con Dios; aunque usara las palabras más fuertes, no expresaría ni una sombra de cómo mi alma está embriagada de felicidad y de amor inexpresable, tan grande y tan puro como la fuente de la que brota, es decir, Dios mismo. El alma es totalmente embebida de Dios, lo siento físicamente y el cuerpo participa en este gozo; aunque sucede que las inspiraciones de Dios son diversas en la misma alma, sin embargo provienen de la misma fuente.

583 (50) En una ocasión vi a Jesús sediento y a punto de desfallecer, y me dijo: **Tengo sed**. Cuando le di agua al Señor, la tomó, pero no la bebió y desapareció inmediatamente; estaba vestido como durante la Pasión.

584 Cuando contemplas en el fondo de tu corazón lo que te digo, sacas un provecho mucho mayor que si leyeras muchos libros. Oh, si las almas quisieran escuchar Mi voz cuando les hablo en el fondo de sus corazones, en poco tiempo llegarían a la cumbre de la santidad.

585 8 I 1936. Cuando fui a ver al arzobispo [212] y le dije que el Señor exigía de mí que rogara impetrando la Divina Misericordia para el mundo, y que surgiera una Congregación que implorase la Divina Misericordia para el mundo, le rogué que me diera la autorización para todo esto que Jesús quería de mí, el arzobispo (51) me contestó con estas palabras: En cuanto a las plegarias, hermana, le doy permiso e incluso la animo a rogar lo máximo posible por el mundo e impetrar por él la Divina Misericordia, porque todos necesitamos la misericordia y seguramente tampoco el confesor le impide, hermana, rogar según esta intención. Y en cuanto a la Congregación, pues, espere un poco, hermana, que las cosas se pongan un poco más favorables; esta obra en sí es buena, pero no se debe tener prisa; si tal es la voluntad de Dios, tarde o temprano, se realizará. ¿Por qué no?, después de todo existen tantas otras Congregaciones, pues también ésta surgirá, si Dios lo quiere. Esté completamente tranquila. Jesús puede todo; procure una estrecha unión con Dios y esté de buen ánimo. Estas palabras me llenaron de gran alegría.

586 Al alejarme del arzobispo, oí en el alma estas palabras: **Para confirmar tu espíritu (52) hablo por medio de Mis suplentes de acuerdo a lo que exijo de ti. Pero debes saber que no siempre será así; te contradecirán en muchas cosas y a través de esto se manifestará Mi gracia y que esta obra es Mía, pero tú no tengas miedo de nada, Yo estoy siempre contigo. Has de saber también, hija Mía, que todas las criaturas, sepan o no sepan, quieran o no quieran, siempre cumplen Mi voluntad.**

587 Una vez, vi de repente al Señor Jesús en una gran Majestad y me dijo estas palabras: **Hija Mía, si quieres, en este momento creo un mundo nuevo más bello que éste y pasarás en él el resto de tus días.** Contesté: No quiero ningún mundo, yo Te deseo a Ti, oh Jesús, deseo amarte con el amor con que Tú me amas; Te ruego una cosa: Haz mi corazón capaz de amarte. (53) Me sorprende mucho, Jesús mío, que hagas tal pregunta, porque en realidad

¿qué haría yo con estos mundos aunque me los des por millares? ¿Qué provecho tendría? Tú sabes bien, Jesús, que mi corazón muere de nostalgia por Ti; todo lo que está fuera de Ti, para mí no es nada. En aquel momento no vi nada más, pero una fuerza envolvió mi alma y un extraño fuego se incendió en mi corazón, y entré en una especie de agonía por Él; entonces oí estas palabras: **A ningún alma Me uno tan estrechamente y de este modo como a ti y esto por la profunda humildad y el amor ardiente que tienes por Mí.**

588 Una vez oí en mi interior estas palabras: **Percibo cada latido de tu corazón; has de saber, hija Mía, que una mirada tuya hacia alguien Me heriría** (54) **más que muchos pecados cometidos por otra alma.**

589 El amor expulsa el temor del alma. Desde que amé a Dios con todo mi ser, con toda la fuerza de mi corazón, desde entonces cedió el temor y aunque me digan no sé qué de su justicia, no le tengo miedo en absoluto, porque lo conocí bien: Dios es el Amor y su Espíritu es la paz. Y ahora veo que mis obras que surgieron del amor son más perfectas que las obras que cumplí por temor. He puesto mi confianza en Dios y no tengo miedo de nada, me he entregado totalmente a su santa voluntad; que haga de mí lo que quiera y yo, de todas maneras, Lo amaré siempre.

590 Cuando recibo la Santa Comunión, pido y suplico al Salvador que sane mi lengua para que nunca ofenda el amor del prójimo.

591 (55) Oh Jesús, Tú sabes cuán ardiente es mi deseo de esconderme para que nadie me conozca, excepto Tu dulcísimo Corazón. Deseo ser una violeta pequeñita escondida entre las hierbas, desconocida en un magnífico jardín cerrado, donde crecen espléndidas rosas, y lirios. La bella rosa y el maravilloso lirio se dejan ver desde lejos, pero para ver la violeta pequeña hay que encorvarse mucho, sólo su perfume permite descubrirla. Oh, cuánto me alegro de poder esconderme así. Oh mi Esposo divino, para Ti son la flor de mi corazón y el perfume del amor puro.

Mi alma se ha ahogado en Ti, Dios eterno, desde el momento en que Tú Mismo me has atraído hacia Ti; oh Jesús

592 mío, cuánto más Te conozco, tanto más ardientemente Te deseo. Conocí en el Corazón de Jesús, que para las almas elegidas en el cielo mismo hay otro cielo al que no todos tienen acceso sino solamente las almas elegidas. Una felicidad inconcebible en la que será sumergida el alma. Oh Dios mío, es que no logro describirlo ni siquiera en una mínima parte. (56) Las almas están penetradas por su divinidad, pasan de claridad en claridad, luz inmutable, pero nunca monótona, siempre nueva, y que no cambia nunca. Oh Santa Trinidad, déjate conocer a las almas.

593 Oh Jesús mío, no hay nada mejor para un alma que las humillaciones. En el desprecio está el secreto de la felicidad; cuando el alma llega a conocer que es una nulidad, la miseria personificada y que todo lo que tiene de bueno en sí misma, es exclusivamente don de Dios, cuando el alma ve que todo lo que tiene en sí le ha sido dado gratuitamente y que de sí tiene solamente la miseria, esto la mantiene continuamente humilde delante de la Majestad de Dios y Dios, viendo tal disposición del alma, la persigue con sus gracias. Cuando el alma se hunde en el abismo de su miseria, Dios hace uso de su omnipotencia para enaltecerla. Si hay en la tierra un alma verdaderamente feliz, ésta es solamente (57) un alma verdaderamente humilde. Al principio el amor propio sufre mucho a causa de eso, pero si el alma enfrenta valerosamente repetidos combates, Dios le concede mucha luz en la que ella ve lo miserable y engañoso que es todo. En su corazón está solamente Dios; un alma humilde no confía a sí misma, sino que pone su confianza en Dios. Dios defiende al alma humilde y Él Mismo se introduce en las cosas de ella y entonces el alma permanece en máxima felicidad que nadie puede comprender.

594 Una noche vino a mí una de las hermanas difuntas que ya antes había venido a verme algunas veces; la primera vez la vi en un estado de gran sufrimiento, después los sufrimientos

eran cada vez menores y aquella noche, la vi resplandeciente de felicidad y me dijo que ya estaba en el paraíso; y me dijo que Dios (58) probó esta casa con aquella tribulación porque la Madre General había dudado, no prestando fe a lo que yo había dicho de esta alma. Pero ahora, como signo de que sólo ahora está en el cielo, Dios bendecirá esta casa. Luego se acercó a mí y me abrazó cordialmente y dijo: Tengo que irme ya. Comprendí lo estrecha que es la unión entre estas tres etapas de la vida de las almas, es decir, la tierra, el purgatorio, el cielo.

595 Noté muchas veces que Dios somete a pruebas a algunas personas porque, según me dice, no le agrada la incredulidad. Una vez, al ver que Dios sometió a prueba a un arzobispo que estaba mal dispuesto y no creía en esta causa [213]... me dio lástima y pedí a Dios por él y el Señor le dio alivio. A Dios le desagrada mucho la desconfianza y por eso algunas almas pierden muchas gracias. La desconfianza (59) de un alma hiere su dulcísimo Corazón que está lleno de bondad y de amor inconcebible hacia nosotros; porque es grande la diferencia entre el deber del sacerdote que a veces no debe creer, pero para convencerse más profundamente de la veracidad de los dones o de las gracias en cierta alma, y cuando lo hace para guiar mejor a un alma y empujarla hacia una más profunda unión con Dios; será grande e incalculable su recompensa por ello. Pero menospreciar y desconfiar de las gracias de Dios en un alma por no poder penetrarlas ni entenderlas, esto no agrada al Señor. Siento mucho por las almas que se encuentran con sacerdotes inexpertos.

596 Una vez un sacerdote [214] me pidió que rogara según su intención; prometí rogar y pedí una mortificación. Cuando recibí el permiso para (60) cierta mortificación, sentí en el alma el deseo de ceder en aquel día a aquel sacerdote todas las gracias que la bondad de Dios me había destinado y pedí a Jesús que se dignara destinarme todos los sufrimientos y todas las tribulaciones exteriores e interiores que aquel sacerdote iba a soportar aquel día. Dios

aceptó en parte este deseo mío y en seguida, sin saber de dónde, empezaron a surgir distintas dificultades y contrariedades hasta tal punto que una de las hermanas dijo en voz alta estas palabras: El Señor Jesús debe tener algún plan en que todos ejerciten a Sor Faustina. Los hechos referidos eran tan sin fundamento que algunas hermanas los afirmaban y otras los negaban, mientras yo, en silencio, me ofrecía por aquel sacerdote. Pero eso no fue todo; tuve sufrimientos interiores. Primero me dominó un desánimo y una aversión hacia las hermanas, luego comenzó a atormentarme una extraña inseguridad (61), no logré concentrarme para rezar, varias cuestiones pasaban por mi cabeza causándome preocupaciones. Cuando cansada entré en la capilla, un extraño dolor estrechó mi alma y empecé a llorar silenciosamente; entonces oí en el alma esta voz: **Hija Mía, ¿por qué lloras? si tú misma te has ofrecido a este sufrimiento; debes saber que lo que tú has recibido por aquella alma es una parte muy pequeña. El sufre todavía más.** Y le pregunté al Señor: ¿Por qué Te comportas con él de este modo? El Señor me contestó que por la triple corona que le era destinada: la de la virginidad, del sacerdocio y del martirio. En aquel momento una gran alegría dominó mi alma al ver una gran gloria que él recibiría en el cielo. Entonces recé el *Te Deum* [215] por esta singular gracia de Dios, es decir, por haber conocido que Dios se comporta así con aquellos a los cuales desea tener cerca de Él. Pues, nada son todos los sufrimientos en comparación con lo que nos espera en el cielo.

597 (62) Un día, después de nuestra Santa Misa, vi de repente a mi confesor [216] celebrando la Santa Misa en la iglesia de San Miguel delante de la imagen de Nuestra Señora. Estaba en el ofertorio de la Santa Misa y vi al pequeño Niño Jesús que se estrechaba a él como si estuviera huyendo de algo, en él buscando refugio. Pero al llegar el momento de la Santa Comunión, desapareció como siempre. De repente vi a la Santísima Virgen que lo cubrió con su manto

y dijo: *Ánimo, Hijo mío; valor, Hijo mío*. Y dijo algo más que yo no alcancé oír.

598 Oh, qué ardiente es mi deseo de que cada alma glorifique Tu misericordia. Feliz el alma que invoca la misericordia del Señor; experimentará lo que ha dicho el Señor, es decir, que la defenderá como su gloria, ¿y quién se atreva a luchar contra Dios? Que toda alma exalte la misericordia del Señor (63) con la confianza en su misericordia, durante toda su vida y especialmente en la hora de la muerte. Alma querida, no tengas miedo de nada, quienquiera que seas; y cuanto más grande es el pecador, tanto mayor derecho tiene a Tu misericordia, Señor. Oh bondad inconcebible, Dios es el primero en humillarse hacia el pecador. Oh Jesús, deseo glorificar Tu misericordia para miles de almas. Yo sé bien, oh Jesús, que debo hablar a las almas de Tu bondad, de Tu inconcebible misericordia.

599 En cierta ocasión una persona me pidió rogar por ella; cuando me encontré con el Señor, le dije estas palabras: Jesús, yo amo particularmente las almas a las que amas Tú. Y Jesús me contestó con estas palabras: **Y Yo concedo gracias particulares a las almas por las cuales tú intercedes delante de Mí.**

600 Jesús me defiende de manera misteriosa, de verdad, es una gran gracia de Dios que experimento desde hace mucho tiempo.

601 (64) Una vez, cuando una de las hermanas [217] se enfermó y estaba a punto de morir, se reunió toda la Comunidad [218] y estaba también presente un sacerdote que le dio a la enferma la absolución; súbitamente vi una multitud de espíritus de las tinieblas. En aquel momento, olvidándome que estaba en compañía de las hermanas, tomé el aspersorio y los rocié con agua bendita y desaparecieron en seguida. Pero cuando las hermanas vinieron al refectorio, la Madre Superiora [219] me llamó la atención a que no habría debido rociar a la enferma en presencia del sacerdote al que correspondía tal función. Acepté la admonición con espíritu de penitencia, pero el agua bendita da un gran alivio a los moribundos.

602 Oh Jesús mío, Tú ves lo débil que soy por mí misma, por eso dirige Tú Mismo todas mis cosas. Sabes, oh Jesús, que sin Ti no me acerco a ningún problema, pero Contigo afrontaré las cosas más difíciles.

603 (65) 29 I 1936. Por la noche, estando yo en mi celda, vi repentinamente una gran claridad y en lo alto de esta claridad una enorme cruz gris oscura y de inmediato fui atraída cerca de esta cruz; pero mirándola fijamente no comprendía nada y rezaba [para conocer] lo que significaba. De pronto vi a Jesús y la cruz desapareció. El Señor Jesús estaba sentado entre una gran luz, los pies y las piernas hasta las rodillas se hundían en esta luz de modo que no los veía. Jesús se inclinó a mí y me miró amablemente y me habló sobre la voluntad del Padre Celestial. Me dijo que el alma más perfecta y santa es aquella que cumple la voluntad de su Padre, pero son pocas estas almas. Con un amor singular mira al alma que vive según su voluntad; y Jesús me dijo que yo cumplo la voluntad de Dios de modo perfecto, es decir, perfectamente y **por eso Me uno a ti y Me relaciono contigo de una manera tan particular y tan estrecha.** Dios envuelve con un amor inconcebible al alma que (66) vive según su voluntad. Comprendí cuánto Dios nos ama, cuán sencillo es aunque incomprensible, qué fácil es tratar con Él aunque su Majestad es tan grande. Con nadie me relaciono tan fácilmente y con tanta soltura como con Él; ni siquiera la madre natural con su hijo que la ama sinceramente se entienden tanto como mi alma con Dios. Mientras estaba en esta unión con el Señor, vi dos personas y no estaba escondido delante de mí su interior; triste el estado de estas almas, pero confío en que también ellas glorificarán la misericordia del Señor.

604 En el mismo momento vi también a cierta persona [220] y en parte el estado de su alma y grandes pruebas que Dios enviaba a esta alma; esos sufrimientos tenían relación con su mente y en una forma tan aguda que me dio lástima y dije al Señor: ¿Por qué la tratas así? Y el Señor

me contestó: **Por su triple corona.** Y el Señor me dio a conocer qué gloria más inefable le espera al alma que es (67) semejante a Jesús doliente aquí en la tierra; tal alma será semejante a Jesús en su gloria. El Padre Celestial honrará y estimará nuestras almas en cuanto vea en nosotros la semejanza a Su Hijo. Comprendí que esta semejanza con Jesús nos es dada aquí en la tierra. Veo almas puras e inocentes a las cuales Dios administra su justicia y estas almas son las víctimas que sostienen el mundo y completan lo que ha faltado a la Pasión de Jesús; son pocas estas almas. Me alegro enormemente de que Dios me haya permitido conocer a tales almas.

605 Oh Santa Trinidad, Dios eterno, Te agradezco por haberme permitido conocer la grandeza y la diferencia entre los grados de la gloria que dividen a las almas. Oh, qué grande es la diferencia entre un solo grado de más profundo conocimiento de Dios. Oh, si las almas pudiesen saberlo. Oh Dios mío, si pudiera conquistar uno más, soportaría con gusto todos los tormentos que habían padecido [todos] los mártires juntos. (68) De verdad, todos estos tormentos me parecen nada en comparación con la gloria que nos espera por toda la eternidad. Oh Señor, sumerge mi alma en el océano de Tu divinidad y concédeme la gracia de conocerte, porque cuanto mejor Te conozco, tanto más ardientemente Te deseo, y mi amor hacia Ti se fortalece. Siento en mi alma un abismo insondable que solamente Dios llena; me deshago en Él como una gota en el océano; el Señor bajó hacia mi miseria como un rayo de sol hacia la tierra infértil y rocosa y, sin embargo, bajo el poder de sus rayos, mi alma se cubrió de verde, de flores y de frutas y se convirtió en un bello jardín para su descanso.

606 Oh Jesús mío, a pesar de Tus gracias, siento y veo toda mi miseria. Comienzo el día luchando y lo termino luchando; en cuanto aparto una dificultad, en su lugar surgen (69) diez por superar, pero no me aflijo por ello, porque sé muy bien que éste es el tiempo de la lucha y no de

la paz. Cuando la lucha se hace tan dura que supera mis fuerzas, me arrojo como una niña en los brazos del Padre Celestial y tengo confianza que no pereceré. Oh Jesús mío, soy tan propensa al mal y eso me obliga a vigilarme continuamente, pero nada me desalienta, confío en la gracia de Dios, que abunda donde la miseria es la más grande.

607 Entre las más grandes dificultades y contrariedades no pierdo la paz interior ni el equilibrio en lo exterior y esto desanima a los adversarios. Entre las contrariedades la paciencia refuerza al alma.

608 2 de febrero [1936]. Por la mañana, al despertarme al sonido de la campanilla, me entró un sueño tan grande que no logrando despertarme del todo, di un salto al agua fría y dos minutos después el sueño se me quitó. Al venir a la meditación (70) se agolpó en mi cabeza toda una confusión de pensamientos necios y luché durante toda la meditación. Lo mismo ocurrió durante las plegarias, pero cuando comenzó la Santa Misa, en mi alma reinó una extraña calma y alegría. En ese momento vi a la Santísima Virgen con el Niño Jesús y al Santo Anciano [221] que estaba detrás de Nuestra Señora. La Santísima Virgen me dijo: *Aquí tienes el tesoro más precioso*. Y me dio al Niño Jesús. Cuando tomé al Niño Jesús en brazos, la Virgen y San José desaparecieron; me quedé sola con el Niñito Jesús. Le dije:

609 Sé que eres mi Señor y Creador, a pesar de ser tan pequeño. Jesús tendió sus bracitos y me miraba sonriendo, mi espíritu estaba lleno de un gozo incomparable. De repente Jesús desapareció y la Santa Misa llegó al momento de acercarse a la Santa Comunión. Fui en seguida con otras hermanas a tomar la Santa Comunión con el alma llena [de su presencia]. Después de la Santa Comunión (71) oí en el alma estas palabras: **Yo soy en tu corazón el mismo al que tuviste en tus brazos.** Entonces rogué al Señor por cierta alma [222] para que le concediera la gracia en la lucha y le quitara esa prueba. **Se hará según pides, pero su mérito no disminuirá.** Una alegría reinó en mi

alma por ser Dios tan bueno y tan misericordioso; Dios concede todo lo que pedimos con confianza.

610 Después de cada conversación con el Señor mi alma es singularmente fortalecida, una profunda calma reina en mi alma y me hace tan valiente que no temo nada en el mundo; tengo un solo temor, el de entristecer a Jesús.

611 Oh Jesús mío, Te ruego por la bondad de Tu dulcísimo Corazón, que se calme Tu ira y muéstranos Tu misericordia. Que Tus heridas sean nuestro escudo ante la justicia (72) de Tu Padre. Te conocí, oh Dios, como una Fuente de Misericordia con que se anima y alimenta cada alma. Oh, qué grande es la misericordia del Señor, por encima de todos sus atributos; la misericordia es el mayor atributo de Dios, todo lo que me rodea, me habla de ello. La misericordia es la vida de las almas, su compasión es inagotable. Oh Señor, míranos y trátanos según Tu piedad infinita, según Tu gran misericordia.

612 Una vez tenía dudas de si lo que me había sucedido, no hubiese ofendido gravemente a Jesús. Como no lograba darme cuenta de ello, decidí no acercarme a la Santa Comunión antes de confesarme, aunque en seguida hice un acto de contrición, porque tengo la costumbre de que después de la menor falta, me ejercito en la contrición. En los días en que no me acercaba a la Santa Comunión (73) no sentía la presencia de Dios, sufría indeciblemente a causa de esto, pero lo soportaba como el castigo por el pecado. Sin embargo durante la confesión recibí una amonestación, que podía acercarme a la Santa Comunión, ya que lo que me había sucedido no era un impedimento para recibir la Santa Comunión. Después de la confesión recibí la Santa Comunión, y vi a Jesús que me dijo estas palabras: **Has de saber, hija Mía, que no uniéndote a Mí en la Santa Comunión Me has desagradado más que** [cometiendo] **aquella pequeña falta.**

613 Un día vi una pequeña capilla y dentro de ella seis hermanas que estaban recibiendo la Santa Comunión, administrada por nuestro confesor vestido con un sobrepelliz

y una estola [223]. En aquella capilla no había ni adornos ni reclinatorios; después de la Santa Comunión vi al Señor Jesús como aparece en la imagen. Jesús estaba caminando y yo llamé: ¿Señor, cómo puedes pasar y no decirme nada? Yo (74) no haré nada sin Ti, tienes que quedarte conmigo y bendecirme a mí y a esta Comunidad y a mi patria. Jesús hizo la señal de la cruz y dijo: **No tengas miedo de nada, Yo estoy siempre contigo.**

614 Los dos últimos días antes de la Cuaresma, junto con las alumnas [224], tuvimos una hora de adoración reparadora. Durante ambas horas vi al Señor Jesús con el aspecto que tuvo después de la flagelación; el dolor que estrechó mi alma era tan grande que tenía la sensación de experimentar todos estos tormentos en mi propio cuerpo y en mi propia alma.

615 1 III 1936. Ese día durante la Santa Misa me envolvió una extraña fuerza y un impulso para que me pusiera a realizar los deseos de Dios [225]. Me vino una comprensión tan clara de las cosas que el Señor exigía de mí que, verdaderamente, si dijera, o sea, me justificara (75) diciendo que no comprendía algo de lo que el Señor exigía de mí, mentiría. Porque el Señor me da a conocer su voluntad explícita y claramente y en estas cosas no tengo ni una sombra de duda. Y comprendí que sería la ingratitud más grande diferir más esta cuestión que el Señor quiere realizar para su gloria y para el provecho de un gran número de almas y se sirve de mí como de un miserable instrumento por el cual ha de realizar sus eternos planes de misericordia. De verdad, sería muy ingrata mi alma si se opusiera más tiempo a la voluntad de Dios. Ya nada me detiene en esto: ni la persecución, ni el sufrimiento, ni el escarnio, ni las amenazas, ni las súplicas, ni el hambre, ni el frío, ni las lisonjas, ni las amistades, ni las contrariedades, ni los amigos, ni los enemigos, ni las cosas que estoy viviendo ahora, ni las cosas que vendrán, ni el odio del infierno nada me impedirá cumplir la voluntad de Dios. (76) No me apoyo en mis propias fuerzas, sino en su omnipotencia, porque si me ha dado la gracia de conocer

su santa voluntad, asimismo me concederá la gracia de poder cumplirla. No puedo dejar de decir cuánto se opone a esta aspiración mi propia naturaleza despreciable que se presenta con sus ambiciones, y a veces en mi alma se arma una lucha tan grande que, como Jesús en el Huerto de los Olivos, también yo grito al Padre eterno: Si es posible aleja de mí este cáliz, pero no como yo quiero sino como Tú quieres, oh Señor, que se haga Tu voluntad. No es un secreto para mí todo lo que tendré que pasar, pero con pleno conocimiento acepto todo lo que me enviarás, Señor. Confío en Ti, Dios misericordioso y deseo ser la primera en mostrar la confianza que exiges de las almas. Oh Verdad eterna, ayúdame e ilumina en el camino de la vida y haz que se cumpla en mí Tu voluntad.

(77) No deseo nada sino cumplir Tu voluntad, Dios mío; no importa si me será fácil o difícil. Siento que una fuerza misteriosa me empuja a obrar, me detiene una sola cosa, la santa obediencia. Oh Jesús mío, me apremias y por otra parte me retienes y frenas. Oh Jesús mío, pero en esto también se haga Tu voluntad. En tal estado permanecí durante algunos días, sin interrupción; las fuerzas físicas disminuyeron y aunque no decía nada a nadie, la Madre Superiora [226] notó mi sufrimiento y dijo: He notado que usted, hermana, está cambiada y muy pálida. Me recomendó acostarme más temprano y dormir más tiempo y mandó traerme un vaso de leche caliente por las noches. Su corazón cariñoso y verdaderamente materno deseaba ayudarme, pero las cosas (78) exteriores no influyen en los sufrimientos del espíritu y no alivian mucho. En el confesionario sacaba fuerzas y consuelo de que ya no esperaría mucho para ponerme a la obra.

616 El jueves, cuando iba a la celda, encima de mí vi la Sagrada Hostia en un gran resplandor. De repente oí la voz que me parecía salir desde arriba de la Hostia: **En ella está tu fuerza, ella te defenderá.** Después de estas palabras la visión desapareció, pero en mi alma entró una fuerza y alguna luz misteriosa sobre en qué consiste nuestro amor hacia Dios; precisamente en cumplir la voluntad de Dios.

617 Oh Santa Trinidad, Dios eterno, deseo resplandecer en la corona de Tu misericordia como una piedra pequeñita cuya belleza depende de la luz (79) de Tu rayo y de Tu misericordia inconcebible. Todo lo que hay de bello en mi alma, es Tuyo, oh Dios; yo de por mí siempre soy nada.

618 Al comienzo de la Cuaresma pedí a mi confesor una mortificación para aquel período cuaresmal y recibí la de no reducirme los alimentos, sino de meditar durante las comidas sobre cómo Jesús en la cruz aceptó el vinagre con hiel: sería una mortificación. No sabía que de ella sacaría un provecho tan grande para mi alma. El provecho consistía en que meditaba continuamente su dolorosa Pasión y cuando estaba comiendo, no distinguía lo que comía sino que estaba ocupada por la muerte de mi Señor.

619 Al comienzo de la Cuaresma pedí también el cambio del examen particular de conciencia y recibí esto: que todo lo que iba a hacer, lo haría con pura intención de reparación por los pecadores. (80) Esto me mantiene en una continua unión con Dios y esta intención hace más perfectas mis obras, ya que todo lo que hago, lo hago por las almas inmortales. Todas las penas y todas las fatigas son nada cuando pienso que sirven para reconciliar las almas pecadoras con Dios.

620 María [es] mi instructora que me enseña siempre cómo vivir para Dios. Mi espíritu resplandece en Tu dulzura y humildad, oh María.

621 Una vez, cuando entré en la capilla por cinco minutos de adoración y recé por cierta alma, comprendí que no siempre Dios acepta nuestras plegarias por aquellas almas por las cuales rogamos, sino que las destina a otras almas, y no les llevamos alivio en las penas que sufren en el fuego del purgatorio; sin embargo nuestra plegaria no se pierde.

622 (81) La relación confidencial del alma con Dios. Dios se acerca al alma de manera particular, conocida solamente por Dios y el alma. Nadie se da cuenta de esta unión misteriosa, es el amor que preside en esta unión y solamente

el amor realiza todo. Jesús se da al alma de manera suave, dulce y en su profundidad está la serenidad. Jesús le concede muchas gracias y la hace capaz de compartir sus pensamientos eternos, y a veces le revela al alma sus designios divinos.

623 Cuando el Padre Andrasz me dijo que sería bien que en la Iglesia de Dios existiera un grupo de almas que impetraran la Divina Misericordia, porque, en realidad, todos necesitamos la misericordia, [227] después de estas palabras suyas una luz singular penetró en mi alma. Oh, qué bueno es el Señor.

624 (82) 18 III 1936. Una vez pedí a Jesús que Él Mismo diera el primer paso con algún cambio o con algún acto exterior, o que me expulsaran porque yo sola no era capaz de abandonar esta Congregación, y en este estado de ánimo estuve agonizando más de tres horas. No lograba rezar, pero sometí mi voluntad a la voluntad de Dios. A la mañana siguiente, la Madre Superiora [228] me dijo que la Madre General [229] me trasladaba a Varsovia. Contesté a la Madre que sería mejor, quizá, que ya no fuera sino que saliera [de la Congregación] allí mismo, en seguida. Consideraba que aquella era la señal exterior que había pedido a Dios. La Madre Superiora no me contestó a esto, pero un momento después volvió a llamarme y dijo: Sabe usted, hermana, vaya a pesar de todo; no piense que el viaje será un tiempo perdido aunque tuviera que volver en seguida. Contesté: De acuerdo, iré; a pesar de que el dolor me traspasó el alma, porque (83) sabía que por este viaje, la causa se aplazaría; no obstante, a pesar de todo, trato siempre de ser obediente.

625 Por la noche, mientras rezaba, la Virgen me dijo: *Su vida debe ser similar a la mía, silenciosa y escondida; deben unirse continuamente a Dios, rogar por la humanidad y preparar al mundo para la segunda venida de Dios.*

626 Por la noche, durante la *Bendición* [230], por un momento mi alma estuvo en contacto directo con Dios Padre; sentí que estaba en sus brazos como una niña y oí en el alma

estas palabras: **No tengas miedo, hija Mía, de nada, todos los adversarios quedarán destruidos a Mis pies.** Con estas palabras entraron en mi alma una profunda serenidad y un extraño silencio interior.

627 (84) Cuando me quejaba al Señor de que me quitaba esta ayuda y de que estaría sola otra vez, sin saber cómo actuar, oí estas palabras: **No tengas miedo, Yo estoy siempre contigo.** Después de estas palabras una profunda paz entró otra vez en mi alma. Su presencia me penetró totalmente de manera sensible. Mi espíritu fue inundado de luz y también el cuerpo participó en esto.

628 La noche del último día en que iba a salir de Vilna, una hermana [231], de edad ya avanzada, me reveló el estado de su alma; me dijo que desde hacía ya un par de años sufría interiormente, que le parecía que todas las confesiones habían sido mal hechas y que tenía dudas de si Jesús le había perdonado. Le pregunté si había hablado de eso alguna vez al confesor. Me contestó que ya muchas veces (85) había hablado de eso al confesor y siempre los confesores me dicen que esté tranquila; sin embargo sufro mucho y nada me da alivio, y siempre me parece que Dios no me ha perdonado. Le contesté: Obedezca, hermana, al confesor y esté completamente tranquila, porque seguramente es una tentación. No obstante, ella con lágrimas en los ojos, suplicó que preguntara a Jesús si la había perdonado y si sus confesiones habían sido buenas o no. Le contesté enérgicamente: Pregunte usted misma, hermana, si no cree a los confesores. Pero ella me apretó de la mano y no quería dejarme hasta que le dijera que rogaría por ella y le relataría lo que Jesús me contestaría. Llorando amargamente no quería dejarme y me dijo: Yo sé, hermana, que Jesús le habla. Y sin poder liberarme de ella, porque me sujetaba las manos, le prometí (86) rezar por ella. Por la noche, durante la *Bendición*, oí en el alma estas palabras: **Dile que su desconfianza hiere más Mi Corazón que los pecados que cometió.** Cuando se lo dije se puso a llorar como una niña y una

gran alegría entró en su alma. Comprendí que Dios deseaba consolar esa alma por mi medio, por lo tanto, a pesar de que esto me costó mucho, cumplí el deseo de Dios.

629 Cuando entré un momento en la capilla aquella misma noche, para agradecer a Dios por todas las gracias que me había concedido en aquella casa, de repente me envolvió la presencia de Dios. Me sentí como una niña en las manos del mejor Padre y oí estas palabras: **No tengas miedo de nada. Yo estoy siempre contigo.** Su amor me penetró por completo; sentí que entraba con Él en una intimidad tan estrecha que (87) no tengo palabras para expresarla.

630 De pronto vi junto a mí a uno de los siete espíritus, radiante como antes, con aspecto luminoso; lo veía [232] continuamente junto a mí cuando iba en tren. Veía que sobre cada iglesia que pasábamos había un ángel, pero en una luz más pálida que la del espíritu que me acompañaba en el viaje. Y cada uno de los espíritus que custodiaban los templos, se inclinaba ante el espíritu que estaba a mi lado.

En Varsovia, cuando entré por la puerta [del convento], el espíritu desapareció; agradecí a Dios por su bondad, por darnos a los ángeles como compañeros. Oh, qué poco piensa la gente en que tiene siempre a su lado a tal huésped y, a la vez, un testigo de todo. ¡Pecadores!, recuerden que tienen un testigo de sus acciones.

631 Oh Jesús mío, Tu bondad supera toda inteligencia y nadie agotará Tu misericordia. Perdición para (88) el alma que quiere perderse, porque para quién desea salvarse, para él es el mar inagotable de misericordia del Señor; ¿cómo puede un recipiente pequeño contener en sí un mar insondable?...

632 Cuando me despedía de las hermanas y estaba ya por partir, una de las hermanas me pidió mucho que la perdonara por haberme ayudado tan poco en mis deberes, y no solamente por no haberme ayudado en mis deberes, sino que por haber tratado siempre de hacérmelos difíciles. Sin embargo yo dentro de mí la consideraba mi gran bienhechora

porque me había ejercitado en la paciencia. Me ejercitaba hasta tal punto que una de las hermanas de mayor edad se expresó así: Sor Faustina es estúpida o santa, porque, a decir verdad, una persona normal no soportaría que alguien le llevara siempre la contraria. Yo sin embargo (89) me acercaba siempre a ella con amabilidad. Aquella hermana se empeñaba tanto en hacerme difícil el cumplimiento de mis deberes que, a pesar de mis esfuerzos, más de una vez consiguió estropear algo de lo que estaba bien hecho, como ella misma confesó en la despedida, pidiéndome mil disculpas. Sin querer analizar sus intenciones, tomé la cosa como una prueba de Dios...

633 Me extraña muchísimo cómo es posible tener una envidia tan grande. Yo, viendo el bien de alguien, me alegro como si yo misma lo tuviera, la alegría de los demás es mi alegría y el sufrimiento de los demás es mi sufrimiento, porque si no fuera así no me atrevería relacionarme con Jesús. El espíritu de Jesús es siempre simple, apacible, sincero; cada malicia, envidia, falta de bondad ocultada bajo una sonrisa de afabilidad es un diablito inteligente; una palabra dura pero que proviene del amor sincero, no hiere el corazón.

634 (90) 22 III 1936. Al llegar a Varsovia, entré un momento en la pequeña capilla para agradecer a Jesús por el viaje feliz y pedí al Señor la ayuda y la gracia en todo lo que me esperaba, sometiéndome en todo a su santa voluntad. Oí estas palabras: **No tengas miedo de nada, todas las dificultades servirán para que se realice Mi voluntad.**

635 El día 25 de marzo. Durante la meditación matutina me envolvió la presencia de Dios de modo singular, mientras reflexionaba sobre la grandeza infinita de Dios y, al mismo tiempo, sobre su condescendencia hacia la criatura. Entonces vi a la Santísima Virgen que me dijo: *Oh, cuán agradable es para Dios el alma que sigue fielmente la inspiración de su gracia. Yo di al mundo el Salvador y tú debes hablar al mundo de su gran misericordia y preparar al mundo para su segunda* (91) *venida. Él vendrá,*

no como un Salvador Misericordioso, sino como un Juez
Justo. Oh, qué terrible es ese día. Establecido está ya es
el día de la justicia, el día de la ira divina. Los ángeles
tiemblan ante ese día. Habla a las almas de esa gran mi-
sericordia, mientras sea aún el tiempo para conceder la
misericordia. Si ahora tú callas, en aquel día tremendo
responderás por un gran número de almas. No tengas
miedo de nada, permanece fiel hasta el fin, yo te acom-
paño con mis sentimientos.

636 Cuando llegué a Walendów, una de las hermanas [233] al
saludarme dijo: Como usted, hermana, ha venido aquí,
entonces todo irá bien ahora. Le pregunté: ¿Por qué lo
dice usted, hermana ? Y ella me contestó que lo sentía
dentro de sí. Aquella alma estaba llena de sencillez y era
muy agradable al Corazón de Jesús. Efectivamente aquella
casa estaba en una extrema situación económica [234]...
No voy a mencionar todo aquí.

637 (92) La confesión. Mientras me preparaba a la confesión,
dije a Jesús escondido en el Santísimo Sacramento: Jesús,
Te pido, háblame por la boca de este sacerdote [235] y para
mí la señal será ésta: él, naturalmente, no sabe nada de que
Tú, Jesús, exiges de mí esta fundación de la misericordia;
pues, que me diga algo sobre esta misericordia. Cuando
me acerqué al confesionario y empecé la confesión, el sacerdote me interrumpió la confesión y empezó a hablarme
de la gran misericordia de Dios con tanta fuerza que nunca
antes escuché hablar así, y me preguntó: ¿Sabes que la misericordia del Señor está por encima de todas sus obras,
que es la corona de sus obras? Escuchaba atentamente
aquellas palabras que el Señor me decía por la boca de
aquel sacerdote. Aunque creo que siempre en el confesionario Dios habla por la boca del sacerdote, no obstante en
aquel momento lo constaté de modo singular. (93) A pesar
de que no revelé nada de la vida de Dios que había en mi
alma y me acusé solamente de las faltas, no obstante aquel
sacerdote me habló mucho de lo que había en mi alma y
me comprometió a la fidelidad a las inspiraciones de Dios.

Me dijo: Estás caminando por la vida con la Santísima Virgen que contestó con fidelidad a cada inspiración de Dios. Oh Jesús mío, ¿quién logra comprender Tu bondad?

638 Oh Jesús, aleja de mi los pensamientos que no concuerdan con Tu voluntad. Veo que nada más me retiene a esta tierra sino esta obra de la misericordia.

639 Jueves. Durante la adoración de la tarde, vi a Jesús flagelado y martirizado que me dijo: **Hija Mía, deseo que dependas del confesor en las cosas más pequeñas. Tus más grandes sacrificios no Me agradan si los haces sin el permiso (94) del confesor y al contrario, el más pequeño sacrificio tiene una gran importancia a Mis ojos si tiene el permiso del confesor. Las más grandes obras no tienen importancia a Mis ojos si son fruto del propio arbitrio y muchas veces no concuerdan con Mi voluntad, mereciendo más bien un castigo y no un premio; mientras la más pequeña acción tuya con el permiso del confesor es agradable a Mis ojos y Me es inmensamente querida. Convéncete de esto para siempre, vigila sin cesar porque todo el infierno se empeña en contra de ti a causa de esta obra, ya que muchas almas se alejarán de la boca del infierno y glorificarán Mi misericordia. Pero no tengas miedo de nada, porque Yo estoy contigo; debes saber que por ti misma no puedes nada.**

640 El primer viernes del mes, antes de la Comunión, vi un gran copón (95) lleno de Hostias consagradas. Una mano me lo puso enfrente este copón y lo tomé en la mano, había en él mil Hostias vivas. Luego oí una voz: **Estas Hostias han sido recibidas por las almas a las cuales has impetrado la gracia de una sincera conversión durante esta Cuaresma.** Eso fue una semana antes del Viernes Santo. Pasé aquel día en un profundo recogimiento interior, anonadándome para el provecho de las almas.

641 Oh, qué alegría es anonadarse por el bien de las almas inmortales. Sé que un granito de trigo para transformarse en alimento debe ser destruido y triturado entre las piedras

de molienda, así yo, para que sea útil a la Iglesia y a las almas, tengo que ser aniquilada, aunque por fuera nadie se dé cuenta de mi sacrificio. Oh Jesús, deseo estar escondida por fuera, como esta hostia en la cual el ojo no distingue nada, y yo soy una hostia consagrada a Ti.

642 (96) El Domingo de Ramos. Este domingo experimenté de manera singular los sentimientos del dulcísimo Corazón de Jesús; mi espíritu estaba allí donde estaba Jesús. Vi a Jesús montado en un burrito, y a los discípulos, y a una gran muchedumbre que iba alegre junto a Jesús con ramos en las manos; y algunos los tiraban bajo los pies donde pasaba Jesús y otros mantenían los ramos en alto, brincando y saltando delante del Señor sin saber qué hacer de alegría. Y vi otra muchedumbre que salió al encuentro de Jesús, con rostros igualmente alegres y con ramos en las manos, gritando sin cesar de alegría; había también niños pequeños, pero Jesús estaba muy serio; el Señor me dio a conocer lo mucho que sufría en aquellos momentos. Yo no veía nada fuera de Jesús, que tenía el Corazón saturado por la ingratitud [de los hombres].

643 (97) La confesión trimestral. El Padre Bukowski. Cuando una fuerza interior me apremió nuevamente a que no aplazara más esta causa, no encontrando paz dije al confesor, Padre Bukowski, que ya no podía esperar más tiempo. El Padre me contestó: Hermana, es una ilusión, el Señor Jesús no puede exigir esto, usted tiene los votos perpetuos, todo esto es una ilusión; usted, hermana, está inventando alguna herejía, y me gritaba en alta voz. Pregunté si todo era ilusión; me contestó que todo. Y entonces ¿cómo debo comportarme?; dígame, por favor. Pues usted, hermana, no debe seguir ninguna inspiración, debe distraerse y no hacer caso a lo que oiga en el alma, tratar de cumplir bien sus deberes exteriores y no pensar nada en estas cosas, vivir en una continua distracción. Contesté: Está bien, (98) porque hasta ahora me he guiado por mi propia conciencia, pero ahora si usted, Padre, me ordena no hacer caso a mi propio interior, no lo haré.

Y dijo: Si el Señor Jesús vuelve a decirle algo, dígamelo, pero usted, hermana, no debe hacerlo. Contesté: Está bien, trataré de ser obediente. No sé de dónde le vino al Padre tanta severidad.

644 Cuando me alejé del confesionario, todo un enredo de pensamientos oprimió mi alma: ¿Para qué ser sincera?; al fin de cuentas lo que había dicho no eran pecados, pues no estaba obligada a hablar de eso al confesor; y también, oh, qué bueno es no necesitar más de hacer caso a mi interior, con tal que vayan bien las cosas por fuera. Ahora no tengo más necesidad de hacer caso a nada ni seguir estas voces interiores que a veces me cuestan muchas humillaciones; ahora seré ya libre. Pero a su vez, un extraño (99) dolor estrechó mi alma. Entonces ¿no puedo relacionarme con Aquel a quien anhelo tan ardientemente? ¿Con aquel que es toda la fuerza de mi alma? Comencé a gritar: ¿A quién iré, oh Jesús? Pero desde el momento de la prohibición del confesor, una inmensa oscuridad cayó en mi alma; tengo miedo de escuchar alguna voz dentro de mí para no infringir así la prohibición del confesor, pero por otra parte me muero de la nostalgia de Dios. Mi interior desgarrado; no teniendo mi propia voluntad, me he confiado totalmente a Dios.

Esto sucedió el Miércoles Santo, el sufrimiento aumentó todavía más el Jueves Santo. Cuando vine a la meditación, entré en una especie de agonía, no sentía la presencia de Dios, sino que toda la justicia de Dios pesó sobre mí. Me vi casi destruida por los pecados del mundo. Satanás comenzó a burlarse de mí: Ves, ahora ya no te ocuparás de las almas; mira, qué recompensa tienes; nadie te (100) va a creer que esto lo quiere Jesús; mira, cómo sufres ahora, y lo que vas a sufrir todavía. Después de todo el confesor te ha liberado de todo esto. Ahora puedo ya vivir según mi parecer, con tal que [todo] vaya bien por fuera. Estos pensamientos terribles me atormentaron durante una hora entera. Cuando se acercaba la Santa Misa, un dolor estrujó mi corazón. ¿Debo salir de la

Congregación? Y dado que el Padre me dijo que era una herejía, ¿debo separarme de la Iglesia? Grité al Señor con voz interior y dolorida: Jesús, sálvame. Sin embargo ni un rayo de luz entró en mi alma y sentí que las fuerzas me abandonaban, como si sucediera la separación del cuerpo con respecto al alma. Me someto a la voluntad de Dios y repito: Se haga de mí, oh Dios, lo que has decidido, ahora en mí ya no hay nada mío. De súbito me inundó la presencia de Dios y me compenetró totalmente, hasta la médula de los huesos. (101) Era el momento de la Santa Comunión. Un instante después de la Santa Comunión perdí el conocimiento de todo lo que me rodeaba y de dónde estaba.

645 Entonces vi a Jesús así como está pintado en la imagen y me dijo: **Dile al confesor, que esta obra es Mía y Me sirvo de ti como de un miserable instrumento.** Y dije: Jesús, yo no puedo hacer nada de lo que me ordenas ya que el confesor me dijo que todo esto es una ilusión y que no puedo seguir Tus ordenes; yo no haré nada de lo que ahora me recomendarás. Perdóname, Señor, a mí no me está permitido nada, yo tengo que ser obediente al confesor. Jesús, Te pido muchísimo perdón, Tú sabes cuánto sufro por esta razón, pero ¿qué hacer?, Jesús, el confesor me ha prohibido seguir Tus órdenes. Jesús escuchaba amablemente y con satisfacción mi argumentación y mis lamentos. Yo pensé (102) que esto ofendería mucho a Jesús y, al contrario, Jesús estaba contento y me dijo amablemente: **Relata siempre al confesor todo lo que Yo te recomiendo y lo que te digo y haz solamente aquello para lo cual recibirás el permiso; no te perturbes ni tengas miedo de nada. Yo estoy contigo.** Mi alma se llenó de gozo, y desaparecieron todos los pensamientos que la atormentaban, mientras entraron en el alma la certeza y la valentía.

646 Sin embargo, un momento después me sumergí en la Pasión que Jesús sufrió en el Huerto de los Olivos. Esto duró hasta la mañana del viernes. El viernes experimenté

la Pasión de Jesús, pero ya de modo diferente. Aquel día, vino a nosotras de Derdy el Padre Bukowski. Una fuerza misteriosa me empujó a ir a confesarme y decir todo lo que me había pasado y lo que Jesús me había dicho. Cuando lo dije al Padre, y él estaba completamente cambiado, me contestó (103): No tenga miedo de nada, hermana, no le va pasar nada malo, ya que Jesús no lo permitirá. Como usted es obediente y en esta disposición, no se preocupe de nada. Dios encontrará el modo de realizar esta obra, tenga siempre esta sencillez y sinceridad y hable de todo a la Madre General. Lo que yo le había dicho, era para prevenirla, porque las ilusiones se dan también en personas santas; a esto puede mezclarse, a veces alguna sugerencia del diablo y también alguna originada por nosotros mismos, por eso debe ser prudente. Siga como hasta ahora; usted ve que Jesús no se ha enojado por esto. Puede repetir estas cosas que han sucedido a su confesor permanente.

647 Comprendí que tengo que rezar mucho por cada confesor para que el Espíritu (104) Santo los ilumine, porque cuando me acerco al confesionario sin rezar antes ardientemente, el confesor me comprende poco. Ese Padre me animó a rogar fervientemente por la intención de que Dios me permitiera conocer y comprender mejor las cosas que exige de mí: Hermana, haga una novena tras otra y Dios no rehusará sus gracias.

648 Viernes Santo. A las tres de la tarde vi a Jesús crucificado que me miró y dijo: **Tengo sed**. De repente vi que de su costado salieron los dos mismos rayos que están en la imagen. En el mismo momento sentí en el alma el deseo de salvar las almas y de anonadarme por los pobres pecadores. Junto a Jesús agonizante me ofrecí al Padre eterno por el mundo. Con Jesús y por Jesús (105) y en Jesús estoy unida a Ti, oh Padre eterno. El Viernes Santo, Jesús sufrió ya de manera distinta en el alma que el Jueves Santo.

649 La Santa Misa de la Resurrección [12 IV 1936]. Cuando

entré en la capilla, mi espíritu se sumergió en Dios, en su único tesoro; su presencia [me] inundó.

650 Oh Jesús mío, Maestro y Director espiritual, fortifícame, ilumíname en estos momentos difíciles de mi vida, no espero ayuda de parte de los hombres, en Ti toda mi esperanza. Siento que estoy sola frente a Tus deseos, Señor. A pesar de los temores y la aversión de la naturaleza, cumplo Tu santa voluntad y deseo cumplirla con máxima fidelidad en toda mi vida y en la hora de la muerte. Oh Jesús, Contigo puedo todo, haz de mí lo que Te agrade, dame solamente Tu Corazón misericordioso y será suficiente para mí.

(106) Oh Jesús y Señor mío, ayuda para que se haga de mí lo que has establecido antes de los siglos, estoy lista para cada señal de Tu santa voluntad. Concede luz a mi mente para que pueda conocer cuál es Tu santa voluntad. Oh Dios, que penetras mi alma, Tú sabes que no deseo nada más sino Tu gloria.

Oh, voluntad divina, deleite de mi corazón, alimento de mi alma, luz de mi intelecto, fuerza todopoderosa de mi voluntad, ya que cuando me uno a Tu voluntad, Señor, entonces Tu potencia obra a través de mí, ocupando el lugar de mi débil voluntad. Todos los días trato de cumplir los deseos de Dios.

651 Oh Dios inconcebible. La grandeza de Tu misericordia sobrepasa cualquier entendimiento humano y angélico puestos juntos. Todos los ángeles (107) y todos los hombres salieron de las entrañas de Tu misericordia. La misericordia es la flor del amor; Dios es amor y la misericordia es su acción, en el amor se engendra, en la misericordia se manifiesta. Por donde miro, todo me habla de su misericordia, hasta la justicia misma de Dios me habla de su insondable misericordia, porque la justicia proviene del amor.

652 A una palabra presto atención y de esta palabra siempre dependo, y esta palabra es todo para mí, por ella vivo y por ella muero y ésta es la santa voluntad de Dios. Ella es

mi alimento cotidiano, toda mi alma está atenta para escuchar los deseos de Dios. Cumplo siempre lo que Dios quiere de mí a pesar de que alguna vez mi naturaleza tiemble y siente que su grandeza supera mis fuerzas. Sé bien lo que soy por mí misma, pero sé también lo que es la gracia de Dios que me sostiene.

653 (108) 25 IV 1936. Walendów. Aquel día el sufrimiento de mi alma fue tan duro como pocas veces antes. Desde la mañana sentía en el alma como la separación del cuerpo con respecto al alma; sentía que Dios me penetraba totalmente, sentía en mí toda la justicia de Dios, sentía que estaba sola frente a Dios. Pensé que una sola palabra del director espiritual me calmaría completamente, pero ¿qué hacer?, él no estaba allí. Sin embargo decidí buscar luz en la confesión. Cuando descubrí mi alma, al sacerdote le entró miedo de seguir escuchando mi confesión, lo que me provocó un sufrimiento aún más grande. Cuando veo el temor de un sacerdote, entonces no obtengo ninguna tranquilidad interior, por eso decidí tratar de revelar mi alma en todo, desde la cosa más grande hasta la más pequeña, solamente ante el director espiritual y seguir estrictamente sus indicaciones.

654 Ahora comprendo que la confesión es solamente (109) la declaración de los pecados y la dirección espiritual es [algo] completamente diferente, pero no quiero hablar de esto. Deseo relatar una cosa extraña que me sucedió por primera vez; cuando el confesor comenzó a hablarme, no comprendía ni una palabra suya. De pronto vi a Jesús crucificado que me dijo: **Busca la fuerza y la luz en Mi Pasión.** Terminada la confesión medité la tremenda Pasión de Jesús y comprendí que lo que yo sufría era nada en comparación con la Pasión del Creador y que cada imperfección, hasta la más pequeña, había sido la causa de aquella tremenda Pasión. Luego mi alma fue compenetrada por un gran arrepentimiento y sólo entonces sentí que estaba en el mar insondable de la misericordia de Dios. Oh, qué pocas palabras tengo para expresar lo que siento.

Siento que soy como una gota de rocío absorta por el profundo océano sin límites de la misericordia de Dios.

655 (110) + 11 de mayo de 1936. Llegué a Cracovia y me puse contenta esperando que pudiera cumplir, por fin, todo lo que exigía Jesús.

Una vez, al ver al Padre A. [236] y después de decirle todo, recibí esta respuesta: Rece, hermana, hasta la fiesta del Sagrado Corazón y agregue alguna mortificación, y el día de la fiesta del Sagrado Corazón le daré la respuesta. Pero un día oí en el alma esta voz: **No tengas miedo de nada, Yo estoy contigo.** Después de estas palabras sentí en el alma un apremio tan grande que sin esperar la fiesta del Sagrado Corazón, declaré en la confesión que abandonaba la Congregación ya. [237] El Padre me contestó: Si usted misma, hermana, ha tomado esta decisión, tomará también la responsabilidad por sí misma. Pues vaya. Me alegré de que ya saliera.

A la mañana siguiente, de pronto me abandonó (111) la presencia de Dios, una gran oscuridad envolvió mi alma, no lograba rezar. Debido a este inesperado abandono de parte de Dios, decidí aplazar esta cuestión un poco, hasta consultar con el Padre.

El Padre Andrasz me contestó que los cambios de este tipo suceden frecuentemente y no es un impedimento para obrar.

656 La Madre General [238]. Cuando hablaba con la Madre sobre todo lo que había sucedido, me dijo estas palabras: Hermana, yo la guardo en el tabernáculo con Jesús, a dondequiera vaya de allí, será la voluntad de Dios.

657 19 de junio. Cuando fuimos a los jesuitas para la procesión del Sagrado Corazón, durante las vísperas, vi los mismos rayos que están pintados en la imagen, saliendo de la Santísima Hostia. Mi alma fue invadida por un gran anhelo de Dios.

658 (112) Junio de 1936. El coloquio con el Padre Andrasz.

Ha de saber que estas cosas son difíciles y duras; su director principal lo es el Espíritu Santo, nosotros podemos solamente encaminar estas inspiraciones, pero su verdadero director lo es el Espíritu Santo. Si usted, hermana, ha decidido salir por su iniciativa, yo ni le prohibo ni le ordeno, en esto usted toma la responsabilidad por sí misma. Esto lo digo para usted, hermana, que puede comenzar a obrar; está en condiciones, entonces puede. Estas son las cosas creíbles, todo lo que me ha dicho ahora y anteriormente [239], es a favor, pero en todo esto debe ser muy prudente y rezar mucho y pedir luz para mí.

659 Durante la Misa celebrada por el Padre Andrasz, vi al pequeño Niño Jesús que me dijo que debía depender de él en todo: **Ninguna acción hecha de propio arbitrio, aunque** (113) **te cueste mucho esfuerzo, no Me agrada.** Comprendí esta dependencia.

660 Oh Jesús mío, el día del juicio final Tú pedirás cuenta de esta obra de la misericordia; oh Juez justo, pero también Esposo mío, ayúdame a cumplir Tu santa voluntad. Oh misericordia, virtud divina.

Oh misericordiosísimo Corazón de Jesús, de mi Esposo, haz mi corazón semejante al Tuyo.

661 16 de julio. Hoy he pasado toda la noche en oración; contemplaba la Pasión del Señor, y mi alma estaba aplastada por la justicia de Dios. La mano de Dios me ha tocado.

662 17 de julio. Oh Jesús mío, Tú sabes qué grandes son las contrariedades con las cuales tropiezo en esta causa, cuántas objeciones debo soportar, cuántas sonrisas irónicas debo aceptar con serenidad. Oh, por mí misma no lo (114) soportaría, pero contigo puedo todo, oh Maestro mío. Oh, qué dolorosamente hiere una sonrisa irónica, cuando uno habla con gran sinceridad.

663 22 de julio. Oh Jesús mío, sé que de la grandeza del hombre da testimonio la obra y no la palabra ni el sentimiento. Las obras que han brotado de nosotros, éstas hablarán de nosotros. Oh Jesús mío, no me dejes soñar, sino que dame el valor y la fuerza para cumplir Tu santa voluntad.

Oh Jesús, si quieres dejarme en la incertidumbre, aún hasta el fin de mi vida, sea bendito por ello Tu nombre.

Junio

664 + Oh Jesús mío, cuánto me alegro de que me hayas asegurado que esta Congregación surgirá. Ya no tengo más dudas en esto, ni una sombra, y veo la gran gloria que dará a Dios; será un reflejo del mayor atributo que tiene Dios, es decir, la Divina Misericordia. Impetrarán incesantemente (115) la Divina Misericordia para sí y para el mundo entero, y cada acto de misericordia brotará del amor de Dios del que estarán colmadas. Este gran atributo de Dios, tratarán de asimilarlo y vivir de él, y procurarán que los demás lo conozcan y tengan confianza en la bondad de Dios. Esta Congregación de la Divina Misericordia será en la Iglesia de Dios como una colmena en un magnífico jardín, escondida, silenciosa. Las hermanas como abejas trabajarán para alimentar con miel las almas de los prójimos y la cera fluirá en honor de Dios.

+ 29 de junio de 1936

665 El Padre Andrasz me recomendó hacer una novena según la intención de conocer mejor la voluntad de Dios. Recé con fervor agregando una mortificación del cuerpo. Al final de la novena recibí una luz interior y la seguridad de que la Congregación surgiría y que era agradable a Dios. A pesar de las dificultades (116) y las contrariedades, en mi alma entró una tranquilidad absoluta y una fuerza desde lo alto. Conocí que a la voluntad de Dios nada se opondría, nada la anularía; comprendí que debía cumplir esta voluntad de Dios a pesar de las contrariedades, las persecuciones, los sufrimientos de todo tipo, a pesar de la aversión y el temor de la naturaleza.

666 Comprendí que toda aspiración a la perfección y toda la santidad consisten en cumplir la voluntad de Dios. El perfecto cumplimiento de la voluntad de Dios es la madurez en la santidad, aquí no hay lugar a dudas. Recibir la luz

de Dios, conocer lo que Dios exige de nosotros y no hacerlo es un gran ultraje a la Majestad de Dios. Tal alma merece que Dios la abandone completamente; se parece a Lucifer que tenía una gran luz y no cumplía la voluntad de Dios. Una misteriosa calma entró en mi alma mientras contemplaba que a pesar de las grandes dificultades, siempre seguí fielmente (117) la voluntad de Dios conocida [por mí]. Oh Jesús, concédeme la gracia de realizar Tu voluntad conocida [por mí], oh Dios.

667 14 de julio. A las tres recibí una carta [240]. Oh Jesús, Tú solamente sabes lo que sufro, pero callaré, no lo diré a ninguna criatura, porque sé que ninguna me consolará. Tú eres todo para mí, oh Dios, y Tu santa voluntad es mi alimento; ahora vivo de lo que viviré en la eternidad.

Tengo una gran veneración por San Miguel Arcángel, él no tuvo ejemplos en el cumplimiento de la voluntad de Dios y, sin embargo, cumplió fielmente los deseos de Dios.

668 + 15 de julio. Durante la Santa Misa me ofrecí al Padre Celestial por medio del dulcísimo Corazón de Jesús, como dispuesta a todo; que haga de mí lo que le agrade; yo por mí misma soy una nulidad y en mi miseria no tengo nada que sea digno, por lo tanto me arrojo en el mar de Tu misericordia, oh Señor.

669 (118) 16 de julio. De Jesús aprendo a ser buena, de Aquel que es la bondad misma, para poder ser llamada hija del Padre Celestial. Hoy, antes de mediodía, tuve un gran disgusto; en ese sufrimiento traté de unir mi voluntad a la voluntad de Dios y alabé a Dios con el silencio. Por la tarde fui por cinco minutos a la adoración, de repente, vi que la pequeña cruz que llevo en el pecho, estaba viva; Jesús me dijo: **Hija Mía, el sufrimiento será para ti la señal de que Yo estoy contigo.** Después de estas palabras una gran conmoción entró en mi alma.

670 Oh Jesús, mi Maestro y mi Director Espiritual, yo sé conversar solamente Contigo; con nadie es tan fácil el coloquio como Contigo, oh Dios.

671 En la vida espiritual siempre me tendré de la mano del sacerdote. De la vida del alma y de sus necesidades hablaré solamente con el sacerdote.

672 (119) + 4 de agosto de 1936. Un tormento interior de más de dos horas. Una agonía... De repente me penetra la presencia de Dios, siento que paso bajo el poder del Dios justo, esta justicia me penetra hasta la médula de los huesos, exteriormente pierdo las fuerzas y el conocimiento. Súbitamente conozco la gran santidad de Dios y mi gran miseria, en el alma nace un tormento tremendo, el alma ve todas sus obras que no son sin mancha. Después en el alma se despierta la fuerza de la confianza... y el alma con todas sus fuerzas anhela a Dios, pero ve lo miserable que es y lo mísero que es todo lo que la rodea. Y así, frente a aquella santidad, oh, pobre alma...

673 13 de agosto. Durante el día entero estuve atormentada por terribles tentaciones, me venían a la boca blasfemias, una aversión a todo lo santo y divino; no obstante luché todo el día; por la noche comenzó a aplastarme la idea: ¿Por qué hablar de ello al confesor?, (120) él se reirá de esto. Alguna aversión y un desaliento envolvieron mi alma y me parecía que en tal estado no podía acercarme de ningún modo a la Santa Comunión. Al pensar que no iba a acercarme a la Santa Comunión, un dolor tan tremendo estrechó mi alma que faltó poco para que gritara en voz alta en la capilla. No obstante me di cuenta de que estaban otras hermanas y decidí ir al jardín y esconderme para poder al menos llorar fuerte. De repente Jesús se presentó junto a mí y dijo: **¿A dónde piensas ir?**

674 No contesté nada a Jesús, pero desahogué ante Él todo mi dolor y cesaron todas las insidias de Satanás. Jesús me dijo que: **La paz interior que tienes es una gracia,** y desapareció súbitamente. Yo me sentía feliz y extrañamente tranquilizada. De verdad, sólo Jesús, Él, el Señor Altísimo, puede hacer que en un momento vuelva una tranquilidad tan completa.

Cuando recibí este artículo [241] sobre la Divina Misericordia junto con la imagen [242], la presencia de Dios me
envolvió de modo singular. Cuando me sumergí en la
oración de agradecimiento, de repente vi al Señor Jesús
en una gran claridad tal y como está pintado y a los pies
de Jesús vi al Padre Andrasz y al Padre Sopoćko, los dos
tenían plumas en la mano y de las puntas de ambas plumas salían resplandores y fuego semejantes a un relámpago que tocaba a una gran multitud de gente que corría
no sé a dónde. Apenas [alguien] era alcanzado por aquel
rayo, daba la espalda a la muchedumbre y tendía los brazos a Jesús; algunos volvían con gran alegría y otros con
gran dolor y pena. Jesús miraba con gran amabilidad a
los dos. Un momento después me quedé a solas con Jesús
y le dije: Jesús, llévame ahora, porque Tu voluntad ya está
cumplida, y Jesús me contestó: (122) **Todavía no toda Mi
voluntad se ha cumplido en ti, sufrirás todavía mucho,
pero Yo estoy contigo, no tengas miedo**.

676 Hablo mucho con el Señor del Padre Andrasz y también
del Padre Sopoćko; sé que lo que pido al Señor, no me lo
niega y les concede lo que le pido. He sentido, y sé, cuánto Jesús los ama; no lo describo con detalles, pero lo sé y
me alegro enormemente.

+   + 15 de agosto de 1936

677 Durante la Santa Misa celebrada por el Padre Andrasz, un
momento antes de la elevación, la presencia de Dios penetró mi alma y que fue atraída hacia el altar. Luego vi a
la Santísima Virgen con el Niñito Jesús. El Niño Jesús se
tenía de la mano de la Virgen; en un momento el Niño Jesús corrió alegremente al centro del altar, y la Santísima
Virgen me dijo: *Mira, con qué tranquilidad confío a Jesús
en sus manos, así también tú debes* (123) *confiar tu alma y
ser como una niña frente a Él*. Después de estas palabras mi
alma fue llenada de una misteriosa confianza. La Santísima

Virgen vestía una túnica blanca, singularmente blanca, transparente, sobre la espalda tenía un manto transparente de color del cielo, es decir como el azul, la cabeza descubierta, el cabello suelto; espléndida e indeciblemente bella. La Santísima Virgen miraba al sacerdote con gran benevolencia, pero un momento después el Padre partió este espléndido Niño y salió sangre verdaderamente viva; el sacerdote se inclinó y tomó en sí a Jesús vivo y verdadero. Lo comió, no sé cómo esto sucede. Oh Jesús, Jesús, no alcanzo a seguirte, porque Tú en un momento Te haces inconcebible para mí.

678 La esencia de las virtudes es la voluntad de Dios; quien cumple fielmente la voluntad de Dios, se ejercita en todas las virtudes. En todos los casos y todas las circunstancias de la vida adoro y bendigo la santa voluntad de Dios. La santa voluntad de Dios es el objeto de mi amor. (124) En los más secretos rincones de mi alma vivo de su voluntad y por fuera obro en la medida en que conozco interiormente que tal es la voluntad de Dios. Los tormentos, los sufrimientos, las persecuciones y todo tipo de contrariedades que vienen de la voluntad de Dios, me son más agradables que los éxitos, los elogios y las alabanzas que vienen de mi voluntad.

679 Oh Jesús mío, buenas noches, la campanilla me llama a dormir. Oh Jesús mío, ves que estoy agonizando por el deseo de la salvación de las almas; buenas noches, Esposo mío, me alegro de estar un día más cerca de la eternidad, y si mañana me permites despertarme, oh Jesús, iniciaré un nuevo himno a Tu gloria.

680 + 13 de julio. Hoy, durante la meditación entendí que no debo hablar nunca de mis propias vivencias interiores; pero no ocultar nada al director espiritual. Pediré a Dios especialmente la luz para el director (125) de mi alma. Doy más importancia a la palabra del confesor que a todas las iluminaciones interiores que recibo.

681 + Durante los tormentos más duros fijo mi mirada en Jesús crucificado; no espero ayuda de parte de los hombres,

sino que tengo mi confianza en Dios; en su insondable misericordia está toda mi esperanza.

682 + Cuanto más siento que Dios me transforma, tanto más deseo sumergirme en el silencio. El amor de Dios realiza su obra en lo profundo de mi alma, veo que empieza mi misión, la que me ha encomendado el Señor.

683 + Una vez, cuando rogaba mucho a los santos jesuitas, de repente vi al Ángel Custodio que me llevó delante del trono de Dios; pasé (126) entre grandes huestes de santos, reconocí a muchos por sus imágenes; vi a muchos jesuitas que me preguntaron: ¿De qué Congregación es esta alma? Cuando les contesté, preguntaron: ¿Quién es tu director? Contesté que el Padre Andrasz. Cuando quisieron seguir hablando, mi Ángel Custodio hizo la señal de callar y pasé delante del trono mismo de Dios. Vi una claridad grande e inaccesible, vi el lugar destinado para mí en la cercanía de Dios, pero cómo es, no sé, porque lo cubría una nube, pero mi Ángel Custodio me dijo: *Aquí está tu trono, por la fidelidad en el cumplimiento de la voluntad de Dios.*

684 + La Hora Santa. Jueves. En aquella hora de plegaria Jesús me permitió entrar en el Cenáculo y estuve presente durante lo que sucedió allí. Sin embargo, lo que me conmovió más profundamente fue el momento [243] antes de la consagración en que Jesús levantó (127) los ojos al cielo y entró en un misterioso coloquio con su Padre. Aquel momento lo conoceremos debidamente sólo en la eternidad. Sus ojos eran como dos llamas, el rostro resplandeciente, blanco como la nieve, todo su aspecto majestuoso, su alma llena de nostalgia. En el momento de la consagración descansó el amor saciado, el sacrificio completamente cumplido. Ahora se cumplirá solamente la ceremonia exterior de la muerte, la destrucción exterior, la esencia está en el Cenáculo. En toda mi vida no tuve un conocimiento tan profundo de este misterio como en aquella hora de adoración. Oh, con qué ardor deseo que el mundo entero conozca este misterio insondable.

685 Terminada la Hora Santa, cuando fui a mi celda, conocí repentinamente cuánto Dios era ofendido por una persona

cercana a mi corazón. Al verlo, el dolor traspasó mi alma, me arrojé en el polvo delante del Señor e imploré misericordia. Durante dos horas, llorando, rogando y flagelándome me opuse (128) al pecado, y conocí que la Divina Misericordia envolvió a aquella pobre alma. Oh, cuánto cuesta un solo, único pecado.

686 + Septiembre. El primer viernes. Por la noche vi a la Santísima Virgen con el pecho descubierto, traspasado por una espada. Lloraba lágrimas ardientes y nos protegía de un tremendo castigo de Dios. Dios quiere infligirnos un terrible castigo, pero no puede porque la Santísima Virgen nos protege. Un miedo tremendo atravesó mi alma, ruego sin cesar por Polonia, por mi querida Polonia que es tan poco agradecida a la Santísima Virgen. Si no hubiera estado la Santísima Virgen, para muy poco habrían servido nuestros esfuerzos. Multipliqué mi empeño en las plegarias y sacrificios por mi querida patria, pero veía que era una gota frente a una oleada del mal. ¿Cómo una gota puede detener una oleada? Oh, sí, una gota por sí sola es nada, pero Contigo, Jesús, con valor haré frente a toda la oleada del mal e incluso (129) al infierno entero. Tu omnipotencia puede todo.

687 En una ocasión, mientras iba por el pasillo a la cocina, oí en el alma estas palabras: **Reza incesantemente esta coronilla que te he enseñado. Quienquiera que la rece recibirá gran misericordia a la hora de la muerte. Los sacerdotes se la recomendarán a los pecadores como la última tabla de salvación. Hasta el pecador más empedernido, si reza esta coronilla una sola vez, recibirá la gracia de Mi misericordia infinita. Deseo que el mundo entero conozca Mi misericordia; deseo conceder gracias inimaginables a las almas que confían en Mi misericordia.**

688 Oh Jesús, Vida y Verdad, Maestro mío, guía cada paso de mi vida para que proceda según Tu santa voluntad.

689 (130) + Una vez, vi la sede del Cordero de Dios y delante del trono a tres santos: Estanislao Kostka, Andrés Bobola

y el príncipe Casimiro que intercedían por Polonia. De pronto vi un gran libro que estaba delante del trono y me dieron el libro para que leyera. Aquel libro estaba escrito con sangre; sin embargo, no pude leer nada más que el nombre de Jesús. De repente oí una voz que me dijo: **No ha llegado todavía tu hora**. Me quitó el libro y oí estas palabras: **Tú darás el testimonio de Mi misericordia infinita. En este libro están inscritas las almas que han venerado Mi misericordia**. Me penetró una gran alegría viendo la gran bondad de Dios.

690 + Una vez conocí el estado de dos hermanas religiosas que tras una orden de la Superiora murmuraban interiormente y en consecuencia de esto Dios las privó de muchas gracias particulares. (131) El dolor me estrujó el corazón al verlo. Oh Jesús, qué triste es cuando nosotros mismos somos la causa de la pérdida de las gracias. Quien lo comprende permanece siempre fiel.

691 + Jueves. Hoy, a pesar de estar muy cansada, decidí hacer la Hora Santa. No pude rezar, tampoco pude estar arrodillada, pero me quedé en oración una hora entera uniéndome en espíritu a aquellas almas que adoran a Dios de manera ya perfecta. Pero al final de la hora, de repente vi a Jesús que me miró profundamente y con una dulzura indecible me dijo: **Tu plegaria Me es inmensamente agradable.** Después de estas palabras entró en mi alma una fuerza misteriosa y un gozo espiritual. La presencia de Dios impregnó mi alma. Oh, lo que pasa en el alma cuando se encuentra a solas con el Señor, ninguna pluma ha logrado expresar, ni jamás lo expresará...

692 (132) + Oh Jesús, comprendo que Tu misericordia va más allá de la imaginación y por tanto Te suplico que hagas mi corazón tan grande que pueda contener las necesidades de todas las almas que viven sobre toda la faz de la tierra. Oh Jesús, mi amor se extiende más allá, hasta las almas que sufren en el purgatorio y quiero expresar mi misericordia hacia ellas mediante las plegarias que tienen

las indulgencias. La Divina Misericordia es insondable e inagotable como Dios Mismo es insondable. Aunque usara palabras enérgicas para expresar la Divina Misericordia, todo esto sería nada en comparación con lo que es en realidad. Oh Jesús, haz mi corazón sensible a todos los sufrimientos de mi prójimo, sean de cuerpo o del alma. Oh Jesús mío, sé que Te comportas con nosotros como nosotros nos comportamos con el prójimo.

Oh Jesús mío, haz mi corazón semejante a Tu Corazón misericordioso. Jesús, ayúdame a pasar por la vida haciendo el bien a todo el mundo.

693 (133) 14 de septiembre de [1936]. Vino a visitarnos el arzobispo de Vilna. Aunque estuvo con nosotras muy poco tiempo, tuve la posibilidad de hablar de la obra de la misericordia con este venerable sacerdote. Me manifestó mucha simpatía para la causa de la misericordia: Esté completamente tranquila, hermana, si está en los designios de la Divina Providencia, surgirá. Mientras tanto pida una señal exterior más evidente; que el Señor Jesús le dé a conocer esto con más claridad. Espere todavía un poco. Jesús dispondrá las circunstancias de modo que todo sea bien.

694 19 de septiembre [1936]. Cuando salimos del médico [244] y entramos un momento en la pequeña capilla que está en el sanatorio, oí en el alma estas palabras: **Niña Mía, todavía unas cuantas gotas en el cáliz, no falta mucho.** La alegría (134) inundó mi alma, he aquí la primera llamada de mi Esposo y Maestro. Se enterneció mi corazón y hubo un momento en que mi alma se sumergió en todo el mar de la Divina Misericordia; sentí que mi misión empezaba en toda la plenitud. La muerte no destruye nada de lo que es bueno; ruego muchísimo por las almas que padecen sufrimientos interiores.

695 En cierta ocasión, recibí dentro de mí la luz respecto a dos hermanas; comprendí que no con todos podemos comportarnos de la misma manera. Hay personas que, de un modo extraño, saben trabar amistad y como amigas,

sacar palabra tras palabra, como para aliviar, pero en un momento oportuno usan las mismas palabras para causar disgustos. Oh Jesús mío, qué extraña es la debilidad humana. Tu amor, Jesús, da al alma esta gran sensatez en las relaciones con los demás.

696 (135)   + 24 de septiembre de 1936

La Madre Superiora [245] me ordenó rezar un misterio del rosario en lugar de los demás ejercicios y acostarme de inmediato. Una vez acostada me dormí en seguida porque estaba muy cansada. Sin embargo, un momento después me desperté un sufrimiento. Era un sufrimiento tan grande que no me permitía hacer el más pequeño movimiento, ni siquiera pude pasar la saliva. Duró unas tres horas. Pensé despertar a la hermana novicia con la que compartía el cuarto, pero pensé: ella no me ayudará nada, pues que duerma, me da pena despertarla. Me sometí completamente a la voluntad de Dios y pensaba que estaba llegando para mí el día de la muerte, día por mí deseado. Tenía la posibilidad de unirme a Jesús doliente en la cruz, no podía rezar de otro modo. Cuando el sufrimiento cedió, comencé (136) a sudar, pero no podía hacer ningún movimiento, porque volvía el dolor anterior. En la mañana me sentía muy cansada, pero físicamente no sufría más; no obstante no pude levantarme para la Santa Misa. Pensé: Si después de tales sufrimientos no hay muerte, entonces ¿qué grandes deben ser los sufrimientos mortales?

697 Oh Jesús, Tú sabes que amo el sufrimiento y deseo vaciar el cáliz de los sufrimientos hasta la última gota y, sin embargo, mi naturaleza notó un ligero escalofrío y cierto temor, pero en seguida mi confianza en la infinita misericordia de Dios se despertó con toda su potencia y todo tuvo que ceder delante de ella como la sombra delante de un rayo de sol. Oh Jesús, qué grande es Tu bondad; la infinita bondad Tuya que conozco bien me permite mirar con entereza a los ojos de la muerte misma. Sé que nada puede

sucederme sin su permiso. Deseo glorificar Tu misericordia infinita en la vida, en la hora de la muerte y en la resurrección y en la eternidad.

(137) + Oh Jesús mío, mi fuerza, mi paz y mi descanso, en los rayos de Tu misericordia se sumerge mi alma todos los días, no conozco ni un momento de mi vida en que no haya experimentado Tu misericordia, oh Dios. En toda mi vida no cuento con nada, sino con Tu misericordia infinita, oh Señor que es la guía de mi vida. Mi alma está llena de la misericordia de Dios.

698 + Oh, cuánto hiere a Jesús la ingratitud de un alma elegida. Su amor inefable padece un martirio. Dios nos ama con todo su Ser infinito, cual Él es, y un polvo miserable desprecia este amor. Mi corazón estalla de dolor cuando veo tal ingratitud.

699 Una vez, oí estas palabras: **Hija Mía, habla al mundo entero de la inconcebible** (138) **misericordia Mía. Deseo que la Fiesta de la Misericordia sea refugio y amparo para todas las almas y, especialmente, para los pobres pecadores. Ese día están abiertas las entrañas de Mi misericordia. Derramo todo un mar de gracias sobre las almas que se acercan al manantial de Mi misericordia. El alma que se confiese y reciba la Santa Comunión obtendrá el perdón total de las culpas y de las penas. En ese día están abiertas todas las compuertas divinas a través de las cuales fluyen las gracias. Que ningún alma tema acercarse a Mí, aunque sus pecados sean como escarlata. Mi misericordia es tan grande que en toda la eternidad no la penetrará ningún intelecto humano ni angélico. Todo lo que existe ha salido de las entrañas de Mi misericordia. Cada alma respecto a mí, por toda la eternidad meditará Mi amor y Mi misericordia. La Fiesta de la Misericordia ha salido de Mis entrañas** (139)**, deseo que se celebre solemnemente el primer domingo después de Pascua. La humanidad no conocerá paz hasta que no se dirija a la Fuente de Mi misericordia.**

700 + En una ocasión, cuando estaba muy cansada y doliente y lo dije a la Madre Superiora, recibí la respuesta de que debía familiarizarme con el sufrimiento. Escuché todo lo que la Madre me dijo y un momento después salí. Nuestra Madre Superiora tiene tanto amor al prójimo y, especialmente, a las hermanas enfermas, que todos la conocen por ello, pero en cuanto a mí, Jesús permitía que ella no me comprendiera y me ejercitara mucho en este aspecto.

701 Un día me sentía muy mal y fui al trabajo, pero en cada instante me parecía que iba a desmayarme; y el calor era tan grande que incluso sin trabajo uno no soportaba (14) aquel calor, sin hablar ya de si trabajaba y estaba doliente. Así, antes del mediodía, interrumpí el trabajo y miré hacia el cielo con gran confianza y le dije al Señor: Jesús, cubre el sol porque ya no soporto más este calor y una cosa rara, en aquel mismo instante, una nubecita blanca cubrió el sol y a partir de aquel momento ya no hacía tanto calor. Cuando, un momento después, empecé a reprocharme por no haber soportado el calor y por haber pedido el alivio, Jesús Mismo me tranquilizó.

702 13 de agosto de 1936. Esta noche me penetra la presencia de Dios, en un solo instante conozco la gran santidad de Dios. Oh, cómo me oprime esta grandeza de Dios, ya que al mismo tiempo conozco todo mi abismo y mi nulidad. Es un gran tormento, porque al conocimiento sigue el amor. El alma se lanza con ímpetu hacia Dios y se encuentran de frente dos amores: el Creador y la criatura; (141) una gotita quiere medirse con el océano. En un primer momento la gota quisiera encerrar en sí este océano ilimitado, pero en el mismo instante conoce que es una gotita y entonces queda vencida, pasa toda a Dios como una gota al océano... Al iniciarse aquel momento es un tormento, pero tan dulce que el alma, experimentándolo, es feliz.

703 Actualmente hago un examen de conciencia particular: unirme con Cristo Misericordioso. Este ejercicio me da una fuerza misteriosa, el corazón está siempre unido a Aquel que desea, y las acciones reguladas por la misericordia que brota del amor.

704 Paso cada momento libre a los pies de Dios escondido. Él es mi Maestro, le pregunto todo, con Él hablo de todo, de allí saco fuerza y luz, allí aprendo todo, de allí me llegan las luces sobre el modo de comportarme con el prójimo. Desde el momento en que (142) salí del noviciado, me encerré en el tabernáculo con Jesús, mi Maestro. Él Mismo me atrajo a este fuego de amor vivo, alrededor del cual se concentra todo.

705 25 IX. Padezco sufrimientos en las manos, los pies y el costado, en los lugares que Jesús tenía traspasados. Experimento particularmente estos sufrimientos cuando me encuentro con un alma que no está en el estado de gracia; entonces rezo ardientemente que la Divina Misericordia envuelva a aquella alma.

706 29 IX. En el día de San Miguel Arcángel vi a este gran guía junto a mí que me dijo estas palabras: *El Señor me recomendó tener un cuidado especial de ti. Has de saber que eres odiada por el mal, pero no temas. ¡Quién como Dios!* Y desapareció. Sin embargo siento su presencia y su ayuda.

707 (143) 2 X 1936. El primer viernes del mes. Después de la Santa Comunión, de repente vi a Jesús que me dijo estas palabras: **Ahora sé que no Me amas por las gracias ni por los dones, sino porque Mi voluntad te es más querida que la vida. Por eso Me uno a ti tan estrechamente como a ninguna otra criatura.**

708 En aquel momento Jesús desapareció. La presencia de Dios inundó mi alma; sé que estoy bajo la mirada de este Soberano. Me sumergí totalmente en el gozo que mana de Dios. El día entero viví sumergida en Dios, sin ningún intervalo. Por la noche, entré en una especie de desmayo, y en una extraña forma de agonía; mi amor deseaba ser igual al amor de aquel Soberano; estaba atraída hacia Él tan violentamente que, sin una gracia especial de Dios, era imposible soportar en esta vida tanta inmensidad de la gracia. Pero veo claramente que Jesús Mismo me sostiene y me fortifica y me hace capaz de relacionarme con Él. En esto el alma es activa de modo singular.

709 (144) 3 X 1936. Hoy, mientras rezaba el rosario, vi de repente el copón con el Santísimo Sacramento. El copón estaba descubierto y con bastantes Hostias. Desde el copón salió una voz: **Estas Hostias fueron recibidas por las almas convertidas con tus plegarias y tu sufrimiento.** En aquel momento sentí la presencia de Dios como una niña, me sentía extrañamente una niña.

710 Un día sentí que no aguantaría estar de pie hasta las nueve y pedí a la Hermana N. darme algo de comer porque iba a acostarme antes, ya que me sentía mal. La Hermana N. me contestó: Usted, hermana, no está enferma; han querido darle simplemente un descanso y por eso han fingido la enfermedad. Oh Jesús mío, pensar que la enfermedad ha avanzado hasta tal punto que el médico me ha separado de las demás hermanas [246] para que no se contagien, y he aquí cómo uno es juzgado. Pero está bien así, todo es para Ti, Jesús mío. No quiero escribir mucho de las cosas exteriores porque no son ellas el motivo para (145) escribir; yo deseo particularmente tomar nota de las gracias que el Señor me concede, porque ellas no son solamente para mí, sino para muchas almas.

711 5 X 1936. Hoy recibí una carta del Padre Sopoćko por la cual me enteré de que piensa hacer imprimir una estampita del Cristo Misericordioso, y me pidió enviarle cierta plegaria que quiere poner detrás, si obtiene la autorización del arzobispo. Oh, con qué gozo tan grande se llena mi corazón por el hecho de que Dios me ha permitido ver esta obra de su misericordia. Oh, qué grande es esta obra del Altísimo; yo soy solamente su instrumento. Oh, cuán ardiente es mi deseo de ver esta Fiesta de la Divina Misericordia que Dios exige a través de mí, pero si tal es la voluntad de Dios y si ella se celebra solemnemente sólo después de mi muerte, yo me alegro de ella ya ahora y la celebro dentro de mí con el permiso del confesor.

712 (146) + Hoy he visto al Padre Andrasz de rodillas, sumergido en la plegaria y de súbito Jesús se presentó a su lado, e impuso las dos manos sobre su cabeza, y me dijo: **Él te guiará, no tengas miedo.**

713 11 de octubre. Esta noche, mientras escribía sobre esta gran misericordia de Dios y sobre el gran provecho para las almas, Satanás irrumpió en la celda con gran rabia y furia, tomó el biombo y se puso a despedazarlo y quebrarlo. En un primer momento me asusté un poco, pero en seguida con un pequeño crucifijo hice la señal de la santa cruz; la bestia se calmó en seguida y desapareció. Hoy no vi esta figura monstruosa, pero solamente su rabia; la rabia de Satanás es terrible. El biombo, sin embargo, no estaba despedazado ni quebrado; con toda tranquilidad seguí escribiendo. Sé bien que sin la voluntad de Dios, aquel miserable no me tocará, pero ¿por qué se porta así? Comienza a asaltarme abiertamente (147) y con tanta rabia y tanto odio, pero no perturba mi paz ni por un momento, y esta serenidad mía provoca su rabia.

714 + Hoy el Señor me dijo: **Ve a la Superiora y dile que deseo que todas las hermanas y las alumnas recen la coronilla que te he enseñado. La deben rezar durante nueve días y en la capilla, con el fin de propiciar a Mi Padre e implorar la Divina Misericordia para Polonia.** Contesté al Señor que se lo diría a la Superiora, pero antes debía consultar al Padre Andrasz y decidí que en cuanto el Padre viniera, en seguida lo consultaría. Cuando el Padre vino, las circunstancias fueron tales que no pude verlo. No obstante, yo no habría debido reparar en ningunas circunstancias sino ir al Padre y arreglar el asunto. Pensé que [lo haría] cuando viniera otra vez.

715 Oh, cuánto (148) eso desagradó a Dios. En un instante la presencia de Dios me abandonó, esta gran presencia de Dios que está en mí incesantemente incluso de modo sensible. Pero en aquel momento me abandonó completamente; unas tinieblas dominaron mi alma hasta tal punto que no sabía si estaba en el estado de gracia o no. Debido a esto no me acerqué a la Santa Comunión durante cuatro días. Después de cuatro días vi al Padre Andrasz y le conté todo. El Padre me consoló diciendo: No ha perdido la gracia de Dios, pero de todos modos, dijo, sea fiel a Dios. En

el momento en que me alejé del confesionario, la presencia de Dios me envolvió nuevamente como antes. Comprendí que la gracia de Dios hay que aceptarla tal y como Dios la envía, del modo como Él quiere, y se debe aceptar en la forma bajo la cual Dios nos la envía.

716 Oh Jesús mío, en este momento estoy haciendo un propósito decidido y perpetuo, basándome en Tu gracia y misericordia: la fidelidad a la más pequeña de Tus gracias.

717 (149) Durante toda la noche me preparaba para recibir la Santa Comunión, ya que no pude dormir a causa de los sufrimientos físicos. Mi alma se hundía en el amor y la contrición.

718 Después de la Santa Comunión oí estas palabras: **Ves lo que eres por ti misma, pero no te asustes de eso. Si te revelara toda la miseria que eres, morirías del horror. Has de saber, sin embargo, lo que eres. Por ser tú una miseria tan grande, te he revelado todo el mar de Mi misericordia. Busco y deseo tales almas como la tuya, pero son pocas; tu gran confianza en Mí Me obliga a concederte gracias continuamente. Tienes grandes e inexpresables derechos sobre Mi Corazón, porque eres una hija de plena confianza. No soportarías la inmensidad de Mi amor que tengo por ti, si te lo revelara aquí en la tierra en toda su plenitud. A menudo levanto un poco el velo para ti, pero debes saber que es solamente Mi gracia excepcional. Mi amor y Mi misericordia no conocen límites.**

719 (150) Hoy escuché estas palabras: **Has de saber, niña Mía, que por ti concedo gracias a toda la comarca, pero debes agradecerme por ellos, porque ellos no Me agradecen por los beneficios que les concedo. A base de tu agradecimiento seguiré bendiciéndolos.**

720 Oh Jesús mío, Tú sabes lo difícil que es la vida comunitaria, cuántas incomprensiones y cuántos malentendidos, muchas veces a pesar de la más sincera voluntad de ambas partes; pero éste es Tu misterio, oh Señor, nosotros lo conoceremos en la eternidad. Sin embargo, nuestros juicios deben ser siempre benignos.

721 El tener al director espiritual es una gracia grande, es una grandísima gracia de Dios. Siento que ahora no sabría avanzar sola en mi vida espiritual; es grande el poder del sacerdote; no dejo de agradecer a Dios por darme al director espiritual.

722 (151) + Hoy escuché estas palabras: **Ves lo débil que eres y ¿cuándo podré contar contigo?** Contesté: Jesús, quédate siempre conmigo, porque soy Tu niña pequeñísima; Jesús, Tú sabes lo que hacen los niños pequeños.

723 + Hoy escuché estas palabras: **Las gracias que te concedo no son solamente para ti, sino también para un gran número de almas... Y en tu corazón está continuamente Mi morada. A pesar de la miseria que eres Me uno a ti y te quito tu miseria y te doy Mi misericordia. En cada alma cumplo la obra de la misericordia, y cuanto más grande es el pecador, tanto más grande es el derecho que tiene a Mi misericordia. Cada obra de Mis manos comprueba Mi misericordia. Quien confía en Mi misericordia no perecerá porque todos sus asuntos son Míos y los enemigos se estrellarán a los pies de Mi escabel.**

724 (152) En víspera de los ejercicios espirituales empecé a rogar que Jesús me diera al menos un poco de salud para que pudiera participar en los ejercicios, porque me sentía tan mal que posiblemente fuesen los últimos para mí. Pero en cuanto empecé a rezar, sentí en seguida un extraño descontento; interrumpí la plegaria de súplica y me puse a agradecer al Señor por todo lo que me enviaba, sometiéndome completamente a su santa voluntad, de inmediato sentí en el alma una profunda calma.

+ La fiel sumisión a la voluntad de Dios siempre y en todas partes, en todos los casos y todas las circunstancias de la vida, da a Dios una gran gloria; tal sumisión a la voluntad de Dios, a sus ojos tiene un valor mayor que largos ayunos, mortificaciones, y las más severas penitencias. Oh, qué grande es la recompensa por un solo acto de amorosa sumisión a la voluntad de Dios. Mientras lo escribo mi alma cae en éxtasis, ¡cuánto Dios la ama y de cuánta paz goza el alma ya aquí en la tierra!

+

(153) JMJ   Cracovia - 1936

Oh voluntad de Dios, sé mi amor.

725 + Ejercicios espirituales de ocho días, 20 X 1936

Oh Jesús mío, hoy me retiro al desierto para hablar solamente Contigo, mi Maestro y Señor. Que la tierra calle,
háblame Tú solo, Jesús; Tú sabes que no comprendo otra
voz que la Tuya, oh buen Pastor. En la morada de mi corazón se encuentra el desierto al que ninguna criatura tiene acceso. En él sólo Tú eres el Rey.

726 + Cuando entré en la capilla por cinco minutos de adoración, pregunté al Señor Jesús cómo debía hacer estos
ejercicios espirituales. Entonces oí en el alma esta voz:
**Deseo que te transformes entera en amor y que ardas
con el fuego como una víctima pura de amor...**

727 (154) Oh Verdad eterna, concédeme un rayo de Tu luz para que Te conozca, oh Señor, y glorifique dignamente Tu
misericordia infinita y dame a conocer, al mismo tiempo,
a mí misma, todo el abismo de miseria que soy.

728 + He elegido como patronos de estos ejercicios espirituales a San Claudio de la Colombière y a Santa Gertrudis
para que intercedan por mí ante la Santísima Virgen y el
Salvador Misericordioso.

729 En esta meditación sobre la creación... en un instante mi
alma se ha unido a mi Creador y Señor; durante esta
unión he conocido mi fin y mi destino. Mi objetivo es
unirme estrechamente a Dios a través del amor y mi destino es adorar y glorificar la Divina Misericordia.

El Señor me lo dio a conocer claramente y experimentar
incluso físicamente. No termino de asombrarme cuando
conozco y experimento el amor sin límites de Dios, con
el que Dios me ama. ¿Quién es Dios y quién soy yo? No
puedo continuar (155) reflexionando. Solamente el amor
entiende el encuentro y la unión entre estos dos espíritus,

es decir Dios Espíritu y el alma de la criatura. Cuanto más lo conozco, tanto más me sumerjo en Él con todo el poder de mi ser.

730 **+ Durante estos ejercicios espirituales te tendré incesantemente junto a Mi Corazón para que conozcas mejor Mi misericordia que tengo para los hombres y, especialmente, para los pobres pecadores.**

731 El día del comienzo de los ejercicios espirituales, vino a verme una de las hermanas que había llegado para pronunciar los votos perpetuos y me confió que no tenía ninguna confianza en Dios, y que le desanimaba cualquier cosa. Le contesté: Ha hecho bien, hermana, al decírmelo; voy a rogar por usted. Y le dije algunas palabras sobre cuánto le duele a Jesús la falta de confianza y especialmente si es por parte de un alma elegida. Me dijo que a partir de los votos perpetuos se ejercitaría en la confianza. Ahora sé que incluso a las almas elegidas y adelantadas (156) en la vida religiosa o espiritual, les falta el ánimo para confiar totalmente en Dios. Y eso sucede porque pocas almas conocen la insondable misericordia de Dios, su gran bondad.

732 **+** La gran Majestad de Dios que me ha penetrado hoy y sigue penetrando, ha despertado en mí un gran temor, pero un temor reverencial y no un temor servil que es muy distinto del temor reverencial. El temor reverencial ha surgido hoy en mi corazón del amor y del conocimiento de la grandeza de Dios y esto es un gran gozo para el alma. El alma tiembla frente a la más pequeña ofensa de Dios, pero esto no le perturba ni le empaña la felicidad. Donde impera el amor, allí todo va bien.

733 Me sucede, mientras escucho la meditación [247], que una palabra me introduce en una más estrecha unión con el Señor y no sé lo que está diciendo el Padre. Sé que estoy junto al misericordiosísimo Corazón de Jesús, todo mi espíritu se hunde en Él, y en un solo momento conozco (157) más que durante largas horas de búsquedas intelectuales o de meditación. Son relámpagos repentinos de

luz que me permiten conocer una cosa tal y como Dios la ve, tanto en los asuntos del mundo interior como también en los del mundo exterior.

734 Veo que Jesús Mismo actúa en mi alma durante estos ejercicios espirituales, yo trato solamente de ser fiel a su gracia. He confiado totalmente mi alma a la influencia de Dios, este Soberano celestial ha tomado mi alma en la posesión absoluta; siento que estoy elevada más allá de la tierra y del cielo, hacia la vida interior de Dios, donde conozco al Padre, al Hijo y al Espíritu Santo, pero siempre en la unidad de su Majestad.

735 + Me encerré en el cáliz de Jesús para consolarlo continuamente. Hacer todo lo que está en mi poder para salvar a las almas, hacerlo a través de la oración y el sufrimiento.

(158) + Trato de ser siempre para Jesús como una Betania [248], para que pueda descansar después de muchas fatigas. En la Santa Comunión mi unión con Jesús es tan estrecha e indecible que aunque quisiera describirla, no sabría porque no encontraría expresiones apropiadas.

736 Esta noche vi a Jesús con el aspecto que tenía en su Pasión: tenía los ojos levantados hacia su Padre y rezaba por nosotros.

737 A pesar de estar enferma decidí hacer hoy, como de costumbre, la Hora Santa. En esta hora vi a Jesús flagelado junto a la columna. Durante este terrible tormento Jesús rezaba y un momento después me dijo: **Son pocas las almas que contemplan Mi Pasión con verdadero sentimiento; a las almas que meditan devotamente Mi Pasión, les concedo el mayor número de gracias.**

738 + **No eres capaz de recibir ni siquiera Mis gracias sin Mi ayuda particular - sabes lo que eres.**

739 (159) Hoy, después de la Santa Comunión, he hablado muchísimo a Jesús de las personas que me son particularmente queridas. Entonces oí estas palabras: **Hija Mía, no te esfuerces con tal locuacidad. A quienes amas de modo particular, también Yo los amo de manera especial**

y por consideración a ti los colmo de Mis gracias. Me agrada cuando Me hablas de ellos, pero no lo hagas con esfuerzos excesivos.

740 + Oh Salvador del mundo, me uno a Tu misericordia. Oh Jesús mío, uno todos mis sufrimientos a los Tuyos y los deposito en el tesoro de la Iglesia para el provecho de las almas.

741 Hoy he estado en los abismos del infierno, conducida por un ángel. Es un lugar de grandes tormentos, ¡qué espantosamente grande es su extensión! Los tipos de tormentos que he visto: el primer tormento que constituye el infierno, es la pérdida de Dios; el segundo, el continuo remordimiento de conciencia; el tercero, aquel destino no cambiará jamás; (160) el cuarto tormento, es el fuego que penetrará al alma, pero no la aniquilará, es un tormento terrible, es un fuego puramente espiritual, incendiado por la ira divina; el quinto tormento, es la oscuridad permanente, un horrible, sofocante olor; y a pesar de la oscuridad los demonios y las almas condenadas se ven mutuamente y ven todos el mal de los demás y el suyo; el sexto tormento, es la compañía continua de Satanás; el séptimo tormento, es una desesperación tremenda, el odio a Dios, las imprecaciones, las maldiciones, las blasfemias. Estos son los tormentos que todos los condenados padecen juntos, pero no es el fin de los tormentos. Hay tormentos particulares para distintas almas, que son los tormentos de los sentidos: cada alma es atormentada de modo tremendo e indescriptible con lo que ha pecado. Hay horribles calabozos, abismos de tormentos donde un tormento se diferencía del otro. Habría muerto a la vista de aquellas terribles torturas, si no me hubiera sostenido la omnipotencia de Dios. Que el pecador sepa: con el sentido que peca, con ese será atormentado por (161) toda la eternidad. Lo escribo por orden de Dios para que ningún alma se excuse [diciendo] que el infierno no existe o que nadie estuvo allí ni sabe cómo es.

Yo, Sor Faustina, por orden de Dios, estuve en los abismos del infierno para hablar a las almas y dar testimonio de que el infierno existe. Ahora no puedo hablar de ello, tengo la orden de dejarlo por escrito. Los demonios me tenían un gran odio, pero por orden de Dios tuvieron que obedecerme. Lo que he escrito es una débil sombra de las cosas que he visto. He observado una cosa: la mayor parte de las almas que allí están son las que no creían que el infierno existe. Cuando volví en mí no pude reponerme del espanto, qué terriblemente sufren allí las almas. Por eso ruego con más ardor todavía por la conversión de los pecadores, invoco incesantemente la misericordia de Dios para ellos. Oh Jesús mío, prefiero agonizar en los más grandes tormentos hasta el fin del mundo, que ofenderte con el menor pecado.

+

742 (162) JMJ

Hija Mía, si por medio de ti exijo de los hombres el culto a Mi misericordia, tú debes ser la primera en distinguirte por la confianza en Mi misericordia. Exijo de ti obras de misericordia que deben surgir del amor hacia Mí. Debes mostrar misericordia al prójimo siempre y en todas partes. No puedes dejar de hacerlo ni excusarte ni justificarte.

Te doy tres formas de ejercer misericordia al prójimo: la primera - la acción, la segunda - la palabra, la tercera - la oración. En estas tres formas está contenida la plenitud de la misericordia y es el testimonio irrefutable del amor hacia Mí. De este modo el alma alaba y adora Mi misericordia. Sí, el primer domingo después de Pascua es la Fiesta de la Misericordia, pero también debe estar presente la acción y pido se rinda culto a Mi misericordia con la solemne celebración de esta Fiesta y con el culto a la imagen que ha sido pintada. A través de esta imagen concederé muchas gracias a las almas; ella ha de recordar a los hombres las exigencias de Mi misericordia, porque la fe sin obras, por fuerte (163) **que sea, es inútil.** Oh Jesús mío,

ayúdame en todo, porque ves lo pequeña que soy, por eso
cuento únicamente con Tu bondad, oh Dios.

+ Examen de conciencia particular

743 Unión con Cristo misericordioso. Con el corazón abarco
el mundo entero y, especialmente, los países salvajes y
perseguidos, para ellos pido misericordia.

Dos propósitos generales:

P r i m e r o: buscar el recogimiento interior y observar
rigurosamente la regla del silencio.

S e g u n d o: fidelidad a las inspiraciones interiores;
llevarlas a la práctica y a la acción, según la recomendación del director espiritual.

En esta enfermedad deseo adorar la voluntad de Dios; si
está en mi poder, trataré de participar (164) en todos los
ejercicios comunes; agradeceré ardientemente al Señor
por cada disgusto y sufrimiento.

744 + Siento a menudo que no recibo ayuda de nadie menos
de Jesús, aunque más de una vez necesito mucho las
aclaraciones de lo que el Señor pide.

Esta noche recibí de repente la luz de Dios respecto a un
asunto. Durante doce años reflexioné sobre cierta cuestión y no logré comprenderla; hoy Jesús me dio a
conocer lo mucho que esto le agradó.

Festividad de Cristo Rey [25 X 1936]

745 Durante la Santa Misa me envolvió un ardor interior de
amor a Dios y el deseo por la salvación de las almas tan
grande que no sé expresarlo. Siento que soy toda un fuego; lucharé contra todo el mal con el arma de la misericordia. Ardo del deseo de salvar a las almas; recorro el
mundo entero a lo largo y a lo ancho y penetro (165) hasta
sus confines, hasta los lugares más salvajes para salvar a
las almas. Lo hago a través de la oración y el sacrificio.
Deseo que cada alma glorifique la misericordia de Dios,

porque cada uno experimenta en sí mismo los efectos de esta misericordia. Los santos en el cielo adoran la misericordia del Señor, yo deseo adorarla ya aquí en la tierra y propagar su culto tal como Dios lo quiere de mí.

746 Comprendí que en algunos, los más duros momentos, estaré sola, abandonada de todos y tengo que hacer frente a todas las tempestades y luchar con toda la fuerza del alma incluso contra aquellos de los cuales esperaba ayuda.

Pero no estoy sola, porque Jesús está conmigo, con Él no tengo miedo de nada. Bien me doy cuenta de todo y sé que es lo que Dios exige de mí. El sufrimiento, el desprecio, el escarnio, la persecución, la humillación todo esto lo compartiré siempre, no conozco otro camino, por un amor sincero, la ingratitud. Este es mi sendero trazado por Jesús.

(166) Oh Jesús mío, mi fuerza y mi única esperanza, solamente en Ti toda mi esperanza. Mi confianza no se verá defraudada.

747 El día de renovación de los votos [249]. La presencia de Dios penetra mi alma de modo no solamente espiritual, sino que la siento aún físicamente.

748 2 de noviembre [1936]. Por la tarde, después de las vísperas fui al cementerio [250]. Después de rezar un momento, vi a una de nuestras hermanas que me dijo: Estamos en la capilla. Comprendí que debía ir a la capilla y rezar allí para adquirir indulgencias. Al día siguiente, durante la Santa Misa vi tres palomas blancas que se alzaron del altar hacia el cielo. Comprendí que no solamente estas tres almas queridas que había visto fueron al cielo, sino también muchas otras que habían muerto fuera de nuestro instituto. Oh, qué bueno y misericordiosos es el Señor.

749 (167) Coloquio con el Padre Andrasz al final de los ejercicios espirituales. Me sorprendió muchísimo una cosa que noté durante todas las conversaciones en las cuales pedí consejos e indicaciones del Padre, a saber: observé que el Padre Andrasz a todas mis preguntas que le hacía sobre las cosas que el Señor exigía de mí, me contestaba

con tanta claridad y determinación como si él mismo las hubiera vivido. Oh Jesús mío, si hubiera más guías espirituales como él, las almas bajo su dirección llegarían a las cumbres de la santidad en poco tiempo y no malgastarían tantas grandes gracias. Yo agradezco continuamente a Dios por esta gran gracia de haberse dignado en su bondad de poner en el camino de mi vida espiritual estas columnas luminosas que iluminan mi camino, para que no me desvíe, ni me retrase en tender a unirme estrechamente al Señor. Tengo un gran amor por la Iglesia que educa y conduce las almas a Dios.

(168) 31 X 1936. Coloquio con la Madre General [251].

750 Cuando hablé con la Madre General de la cuestión de salir, de la Congregación recibí esta respuesta: Si el Señor Jesús exige que usted, hermana, abandone esta Congregación, que me dé alguna señal de que Él lo quiere. Usted, hermana, ruegue por este signo, porque yo tengo miedo de que usted no sea víctima de alguna ilusión, aunque, por otra parte, no quisiera poner obstáculos a la voluntad de Dios ni oponerme a ella, ya que yo también quiero cumplir la voluntad de Dios. Así, pues, acordamos que yo me quedara donde estaba, hasta el momento en el que el Señor diera a conocer a la Madre General que era Él quien exigía que yo saliera de la Congregación.

751 Así, pues, todo el asunto se aplazó un poco. Ves, Jesús, que ahora depende solamente de Ti. A pesar de estos grandes apremios estoy completamente tranquila; yo por mi parte he hecho todo y ahora Te toca a Ti, oh Jesús mío, y así (169) resultará evidente que la causa es Tuya. Yo por mi parte estoy totalmente de acuerdo con Tu voluntad, haz de mí lo que quieras, oh Señor, dame solamente la gracia de que Te ame cada vez con más ardor; esto es lo que me es más querido, no deseo nada más fuera de Ti, Amor eterno. No importa por cuáles caminos me lleves, dolorosos o gozosos. Yo deseo amarte con cada momento

de mi vida. Me haces ir, oh Jesús, a cumplir Tu voluntad, iré; me haces quedarme, me quedaré; no importa lo que sufra, en uno u otro caso. Oh Jesús mío, si voy, sé lo que debo sobrellevar y soportar. Lo acepto plenamente consciente, y con un acto de voluntad ya he aceptado todo. No importa lo que está encerrado en este cáliz para mí, me basta saber que lo ha dado la mano amorosa de Dios. Si me haces volver de este camino y me ordenas quedarme, me quedaré a pesar de todas las urgencias interiores. Si las mantienes todavía (170) en mi alma y me dejas en esta agonía interior, aunque sea hasta el fin de la vida, lo acepto con plena conciencia de la voluntad y con amorosa sumisión a Ti, oh Dios mío. Si me quedo, me esconderé en Tu misericordia, Dios mío, tan profundamente que ningún ojo podrá verme. Deseo ser en mi vida un incensario lleno de fuego oculto y que el humo que se levanta hacia Ti, Hostia viva, Te sea agradable. Siento en mi propio corazón que cada pequeño sacrificio despierta un fuego de mi amor hacia Ti, aunque de modo tan silencioso y escondido que nadie alcanza verlo.

752 Cuando dije a la Madre General que el Señor exigía que la Congregación rezara esta coronilla para propiciar la ira divina, la Madre me contestó que de momento no podía introducir estas nuevas plegarias, no aprobadas, pero deme, hermana, esta coronilla, tal vez durante alguna adoración se pueda rezar, (171) vamos a ver. Sería bueno que el Padre Sopoćko editara algún folletito con la coronilla. Sería mejor y más fácil rezarla entonces en la Congregación, porque sin esto, es un poco difícil.

753 La misericordia del Señor la glorifican en el cielo las almas de los santos que han experimentado sobre sí esta misericordia infinita. Lo que aquellas almas hacen en el cielo, yo lo empezaré ya aquí en la tierra. Glorificaré a Dios por su bondad infinita y trataré de que otras almas conozcan y adoren esta inexpresable e inconcebible misericordia de Dios.

754   **+** Promesa del Señor: **A las almas que recen esta coronilla, Mi misericordia las envolverá en vida y especialmente a la hora de la muerte.**

755   Oh Jesús mío, enséñame a abrir las entrañas de la misericordia y del amor a todos los que me lo pidan. Oh Jesús, mi Guía, enséñame que todas las plegarias y obras mías tengan impreso el sello de Tu misericordia.

756   (172) 18 XI 1936. Hoy traté de hacer todas mis prácticas de piedad antes de la bendición, porque me sentía más enferma que de costumbre. Por eso, una vez terminada la bendición me acosté. Pero, al entrar en el dormitorio, de repente conocí dentro de mí que debía ir a la celda de Sor N., porque ella necesitaba ayuda. Entré en seguida en aquella celda y Sor N. me dijo: Oh, qué suerte que Dios la ha traído aquí, hermana. Y hablaba con una voz tan baja que apenas la oía. Me dijo: Hermana, traigame, por favor, un poco de té con limón porque tengo muchísima sed y no puedo moverme por sufrir mucho; y efectivamente sufría mucho y tenía mucha fiebre. La atendí y con ese poquito de té apagó sus labios sedientos. Cuando entré en mi celda, un gran amor de Dios envolvió mi alma y comprendí cuánto había que hacer caso a las inspiraciones interiores y seguirlas fielmente y la fidelidad a una gracia atrae otras.

757   (173) 19 XI [1936]. Hoy durante la Santa Misa vi a Jesús que me dijo: **Quédate tranquila, hija Mía, veo tus esfuerzos que Me agradan mucho.** Y el Señor desapareció y era el momento de acercarse a la Santa Comunión. Después de recibir la Santa Comunión, de repente vi el Cenáculo y en él a Jesús y a los apóstoles; vi la institución del Santísimo Sacramento. Jesús me permitió penetrar en su interior y conocí su gran Majestad y al mismo tiempo su gran humildad. Esta luz misteriosa que me permitió conocer su Majestad me reveló a la vez lo que hay dentro de mi alma.

758   Jesús me dio a conocer el abismo de su dulzura y humildad, y me hizo saber que lo exigía de mí decididamente. Sentí la mirada de Dios en mi alma que me llenó de un

amor inefable, pero comprendí que el Señor miraba con amor mis virtudes y mis esfuerzos heroicos y supe que ellos atraían a Dios hacia mi corazón. Por eso comprendí que no era suficiente preocuparme solamente por las virtudes ordinarias, sino que debía ejercitarme (174) en las virtudes heroicas, aunque por fuera parecieran cosas totalmente normales, sin embargo el modo sería distinto, distinguido solamente por el ojo del Señor. Oh Jesús mío, lo que escribí es solamente una pálida sombra de lo que entiendo en el alma, éstas son las cosas puramente espirituales, pero para describir algo de lo que el Señor me da a conocer, tengo que utilizar las palabras que me dejan insatisfecha porque no reflejan la realidad.

759 La primera vez que recibí estos sufrimientos [252], fue así: después de los votos anuales [253], un día, mientras rezaba vi una gran claridad y de esa claridad salieron dos rayos que me envolvieron y de repente sentí un tremendo dolor en las manos, los pies y el costado y el sufrimiento de la corona de espinas. Experimentaba este sufrimiento los viernes, durante la Santa Misa, pero era un momento muy breve. Eso se repitió unos cuantos viernes y después no sentí ningunos sufrimientos hasta el momento actual, es decir, hasta finales de septiembre (175) de este año. En esta enfermedad, el viernes, durante la Santa Misa sentí que me penetraron los mismos sufrimientos; y eso se repite cada viernes y a veces cuando encuentro a alguna alma que no está en el estado de gracia. Aunque eso sucede raramente y el sufrimiento dura muy poco tiempo, no obstante es terrible, y sin una gracia especial de Dios no podría soportarlo. Y por fuera no tengo ningunas señales de estos sufrimientos. ¿Qué va a venir después? No sé. Todo sea por las almas...

760 21 XI [1936]. Jesús, ves que no estoy gravemente enferma ni tampoco sana. Infundes en mi alma el entusiasmo para actuar y no tengo fuerzas, arde en mí el fuego de Tu amor y lo que no logro hacer con la fuerza física, lo compensa el amor.

761 Oh Jesús, mi espíritu Te añora mucho y deseo mucho unirme a Ti, pero me retienen Tus obras. No está todavía completo el número de almas que debo llevarte. Deseo las fatigas, los sufrimientos, que se cumpla en mí todo que has planeado (176) antes de todos los siglos, oh Creador mío y Señor. Comprendo solamente Tu palabra, solamente ella me da fuerzas. Tu Espíritu, oh Señor, es el espíritu de la paz y nada perturba mi interior, porque allí moras Tú, oh Señor.

Sé que estoy bajo Tu mirada especial, oh Señor. No analizo con temor Tus designios respecto a mí; mi tarea es aceptar todo de Tus manos, no tengo miedo de nada aunque la tempestad está enfurecida y tremendos rayos caen alrededor de mí y entonces me siento verdaderamente sola, no obstante mi corazón Te siente y mi confianza aumenta considerablemente y veo toda Tu omnipotencia que me sostiene. Contigo, Jesús, camino por la vida entre arco iris y tormentas, con un grito de gozo, entonando un himno de Tu misericordia. No interrumpiré este canto de amor hasta que lo entone el coro angélico. No existe ninguna fuerza que pueda detenerme en mi carrera hacia Dios. Veo que no siempre, ni siquiera las Superioras entienden el camino por el cual Dios me lleva, y eso no me extraña.

762 (177) En una ocasión vi al Padre Sopoćko rezando, reflexionando sobre este caso [254]. Vi como, de repente, se apareció un círculo de luz encima de su cabeza. Aunque nos separa alguna distancia, lo veo a menudo, especialmente, cuando trabaja junto al escritorio, a pesar del cansancio.

763 22 XI [1936]. Hoy, durante la confesión, Jesús me habló por la boca de cierto sacerdote. Aquel sacerdote no conocía mi alma y me acusé solamente de los pecados; sin embargo él me dijo estas palabras: Cumple fielmente todo lo que Jesús exige de ti, a pesar de las dificultades. Has de saber que aunque los hombres se molestan contigo, Jesús no se cansa y nunca se enfadará contra ti. No hagas caso de ninguna consideración humana. En el primer

momento esta enseñanza me extrañó; comprendí que el Señor habló a través de él, mientras él se dio poca cuenta de eso. Oh sagrado Misterio, qué grandes tesoros contienes. Oh fe santa, indicadora de mi camino.

764 (178) 24 XI. Hoy, recibí una carta del Padre Sopoćko [255]. Por la carta supe que Dios Mismo dirige esta causa y como el Señor la ha iniciado, del mismo modo el Señor la guiará, y cuanto mayores son las dificultades que veo, tanto más tranquila estoy. Oh, si en esta causa no hubiera una gran gloria de Dios ni el provecho para muchas almas, Satanás no se opondría de este modo, pero él intuye lo que va a perder. Ahora he comprendido que lo que Satanás odia más es la misericordia; ella es su mayor tormento. Pero la Palabra del Señor no pasará, la Palabra de Dios es viva, las dificultades no aniquilan las obras de Dios, sino que demuestran que son de Dios...

765 Una vez vi el convento de esta nueva Congregación. Mientras lo recorría y visitaba todo, de repente vi un grupito de niños cuya edad oscilaba entre cinco y once años. Al verme, me rodearon y se pusieron a gritar en voz alta: Defiéndenos del mal, y (179) me llevaron a la capilla que estaba en aquel convento. Cuando entré en la capilla, vi en ella a Jesús martirizado; Jesús me miró bondadosamente y me dijo que era **ofendido gravemente por los niños. Defiéndelos tú del mal.** A partir de aquel momento ruego por los niños, pero siento que la plegaria sola no es suficiente.

766 Oh Jesús mío, Tú sabes qué esfuerzos son necesarios para tratar sinceramente y con sencillez con aquellos de los cuales nuestra naturaleza huye, o con los que nos hicieron sufrir consciente o inconscientemente, esto es imposible humanamente. En tales momentos más que en otras ocasiones, trato de descubrir a Jesús en aquellas personas y por este Mismo Jesús hago todo para ellas. En tales acciones el amor es puro. Este ejercitarse en la caridad templa el alma y la refuerza. No espero nada de las criaturas, por lo tanto no experimento ninguna desilusión; sé

que la criatura es pobre en sí (180). Así, pues ¿qué puedo esperar de ella? Dios es todo para mí, deseo valorar todo a la luz de Dios.

767 + Actualmente mi relación con el Señor es plenamente espiritual; mi alma está tocada por Dios y se sumerge entera en Él, hasta olvidarse de sí misma. Embebida de Dios, totalmente, se hunde en su belleza, se hunde toda en Él. No sé describirlo, porque escribiendo uso los sentidos y allí, en aquella unión, los sentidos no funcionan; hay una fusión de Dios y del alma, hay una vida tan grande en Dios a la que el alma es admitida que es imposible expresarla con palabras. Cuando el alma vuelve a la vida normal, entonces ve que esta vida es una oscuridad, una niebla, una soñolienta confusión, unas fajas que envuelven a un niño pequeño. En tales momentos el alma recibe únicamente de Dios, porque ella por sí misma no hace nada, no hace el menor esfuerzo, Dios hace todo en ella. Pero cuando el alma vuelve al estado normal, ve que no está en su (181) poder permanecer más en esta unión. Aquellos momentos son breves, duraderos [en su efecto], el alma no puede permanecer mucho tiempo en tal estado, porque por fuerza se liberaría para siempre de los vínculos del cuerpo, a pesar de ser sostenida milagrosamente por Dios. Dios da a conocer claramente al alma cuánto la ama como si sólo ella fuera el objeto de su complacencia. El alma lo conoce de modo claro y casi sin velos, se lanza a todo correr hacia Dios, pero se siente como una niña pequeña. Sabe que esto no está en su poder, por lo tanto, Dios se humilla hacia ella y la une consigo de manera... aquí debo callarme porque lo que el alma experimenta, no sé describirlo.

768 Es una cosa extraña que aunque el alma viviendo esta unión con Dios no sabe darle una forma exacta ni definirla, no obstante, al encontrar otra alma semejante, las dos se entienden mutuamente en estas cosas a pesar de no hablar mucho consigo. El alma unida a Dios de este modo reconoce con facilidad a otra alma semejante, aunque

(182) aquella no le revele su interior y sólo hable normalmente con ella. Es una especie del parentesco espiritual. No hay muchas almas unidas a Dios de este modo, menos de lo que pensamos.

769 He notado que Dios concede esta gracia a las almas por dos razones: la primera es cuando el alma ha de cumplir una gran obra que absolutamente supera sus fuerzas, humanamente hablando. En el segundo caso, he notado que Dios la concede para guiar y tranquilizar a las almas semejantes, aunque el Señor puede conceder esta gracia cómo le agrade y a quién le agrade. He observado esta gracia en tres sacerdotes. Uno de ellos es sacerdote seglar y dos son religiosos, y dos religiosas [recibieron esta gracia], sin embargo no en el mismo grado.

770 En cuanto a mí, he recibido esta gracia por primera vez y por un brevísimo momento a la edad de dieciocho [256] años, en la octava de *Corpus Cristi*, durante las vísperas, cuando hice a Jesús el voto perpetuo (183) de castidad. Vivía aún en el mundo, pero poco después entré en el convento. Esta gracia duró un brevísimo momento, pero la potencia de esta gracia es grandísima. Después de aquella gracia hubo un largo intervalo. En verdad, durante ese intervalo recibí del Señor muchas gracias, pero de otra índole. Fue un período de pruebas y de purificación. Las pruebas fueron tan dolorosas que mi alma experimentó un abandono total de parte de Dios, fue sumergida en grandes tinieblas. Noté y comprendí que nadie lograría liberarme de aquellos tormentos y que no podían comprenderme. Hubo dos momentos en que mi alma fue sumergida en la desesperación, una vez por media hora, otra vez, por tres cuartos de hora. En cuanto a las gracias, no puedo describir exactamente su grandeza, lo mismo se refiere a las pruebas de Dios. Aunque usara no sé qué palabras, todo esto sería una pálida sombra. Sin embargo el Señor me sumergió en estos tormentos y el Señor me liberó. Eso duró un par de años y recibí nuevamente esta gracia excepcional de la unión, (184) que dura hasta hoy.

Sin embargo también en esta segunda unión hubo breves pausas. No obstante, desde hace algún tiempo, no experimento intervalos, sino que me sumerge [la gracia] cada vez más profundamente en Dios. La gran luz con la que es iluminado el intelecto, da a conocer la grandeza de Dios, no para que conociera en Él los distintos atributos, como antes, no, ahora es de otro modo: en un solo momento conozco toda la esencia de Dios.

771 En el mismo instante el alma se hunde entera en Él y siente una felicidad [257] tan grande como los elegidos en el cielo. Aunque los elegidos en el cielo ven a Dios cara a cara y son totalmente felices, de modo absoluto, sin embargo su conocimiento de Dios no es igual; Dios me lo ha dado a conocer. El conocimiento más profundo empieza aquí en la tierra, según la gracia, pero en gran parte depende de nuestra fidelidad a la gracia. Sin embargo, el alma que experimenta esta inefable gracia de la unión, no puede decir que ve a Dios cara a cara, ya que aquí hay un delgadísimo velo de la fe; pero tan (185) delgado que el alma puede decir que ve a Dios y habla con Él. Ella es "divinizada", Dios da a conocer al alma cuánto la ama y el alma ve que las almas mejores y más santas que ella no han recibido esta gracia. Por eso la envuelve el sagrado estupor, y la mantiene en una profunda humildad, y se hunde en su nada y en ese sagrado estupor. Cuanto más se humilla, tanto más estrechamente Dios se une a ella y se humilla hacia ella. En aquel momento el alma está como escondida, sus sentidos inactivos, en un momento conoce a Dios y se sumerge en Él. Conoce toda la profundidad del Insondable y cuanto más profundo es el conocimiento, tanto más ardientemente el alma lo anhela.

772 Es grande la reciprocidad entre el alma y Dios. Cuando el alma sale de su escondite, los sentidos gustan de lo que ella se deleitó. Esto también es una grandísima gracia de Dios, pero no es puramente espiritual; en la primera fase los sentidos no toman parte. Cada gracia da al alma fortaleza y fuerza para la acción, valentía para [afrontar] los

sufrimientos. El alma sabe bien qué es lo que Dios quiere de ella y cumple (186) su santa voluntad, a pesar de las contrariedades. Sin embargo, en estas cosas el alma no puede

773 avanzar sola, tiene que seguir el consejo de un confesor iluminado, porque, de lo contrario, puede desviarse o no obtiene ningún beneficio.

774 + Comprendo bien, oh Jesús mío, que como una enfermedad se mide con el termómetro y la fiebre alta nos indica la gravedad de la enfermedad, así en la vida espiritual el sufrimiento es el termómetro que mide el amor de Dios en el alma.

775 + Mi fin es Dios... Mi felicidad es el cumplimiento de la voluntad de Dios y nada en el mundo podrá turbarme esta felicidad, ninguna potencia, ninguna fuerza.

776 Hoy, el Señor estuvo en mi celda y me dijo: **Hija Mía, te dejaré en esta Congregación ya poco tiempo. Te lo digo para que aproveches con más diligencia las gracias que te concedo.**

777 (187) 27 XI [1936]. Hoy, en espíritu, estuve en el cielo y vi estas inconcebibles bellezas y la felicidad que nos esperan después de la muerte. Vi cómo todas las criaturas dan incesantemente honor y gloria a Dios; vi lo grande que es la felicidad en Dios que se derrama sobre todas las criaturas, haciéndolas felices; y todo honor y gloria que las hizo felices vuelve a la Fuente y ellas entran en la profundidad de Dios, contemplan la vida interior de Dios, Padre, Hijo y Espíritu Santo, que nunca entenderán ni penetrarán.

Esta fuente de felicidad es invariable en su esencia, pero siempre nueva, brotando para hacer felices a todas las criaturas. Ahora comprendo a San Pablo que dijo: *Ni el ojo vio, ni oído oyó, ni entró al corazón del hombre, lo que Dios preparó para los que le aman.*

778 Y Dios me dio a conocer una sola y única cosa que a sus ojos tiene el valor infinito, y éste es el amor de Dios, amor, amor y una vez más amor, y con un acto de amor

puro (188) de Dios nada puede compararse. Oh, qué ine-
fables favores Dios concede al alma que lo ama sinceramente. Oh, felices las almas que ya aquí en la tierra gozan
de sus particulares favores, y éstas son las almas pequeñas y humildes.

779 Esta gran Majestad de Dios que conocí más profundamente, que los espíritus celestes adoran según el grado de
la gracia y la jerarquía en que se dividen; al ver esta potencia y esta grandeza de Dios, mi alma no fue conmovida por espanto ni por temor, no, no absolutamente no. Mi
alma fue llenada de paz y amor, y cuanto más conozco a
Dios tanto más me alegro de que Él sea así. Y gozo inmensamente de su grandeza y me alegro de ser tan pequeña, porque por ser yo tan pequeña, me lleva en sus
brazos y me tiene junto a su Corazón.

780 Oh Dios mío, qué lástima me dan los hombres que no
creen en la vida eterna; cuánto ruego por ellos para que
los envuelva el rayo de la misericordia y para que Dios
los abrace a su seno paterno. Oh amor, oh rey.

781 El amor no conoce temor (189), pasa por todos los coros
angélicos que hacen guardia delante de su trono. No tiene
miedo de nadie; alcanza a Dios y se sumerge en Él como
en su único tesoro. El querubín con la espada de fuego
que vigila el paraíso, no tiene poder sobre él. Oh, puro
amor de Dios, qué inmenso e incomparable eres. Oh, si
las almas conocieran Tu fuerza.

782 + Hoy estoy muy débil, ni siquiera puedo hacer la meditación en la capilla, sino debo ir a acostarme. Oh Jesús
mío, Te quiero y deseo glorificarte con mi debilidad, sometiéndome totalmente a Tu santa voluntad.

783 + Tengo que vigilarme mucho, sobre todo hoy, porque
empieza a envolverme una excesiva sensibilidad por todo. Las cosas que, estando yo de buena salud, no llama-
rían mi atención, hoy me irritan. Oh Jesús mío, mi escudo
y mi fuerza, concédeme la gracia de salir victoriosa de tales circunstancias. Oh Jesús mío, transfórmame en Ti con

el poder de Tu amor, para que sea un digno instrumento para proclamar Tu misericordia.

784 (190) + Agradezco al Señor por esta enfermedad y las dolencias físicas, porque tengo tiempo para hablar con Jesús. Es mi deleite pasar largos momentos a los pies de Dios oculto; y las horas me pasan como minutos, sin saber cuándo. Siento que dentro de mí arde un fuego, y no comprendo otra vida sino la del sacrificio que fluye del amor puro.

785 29 XI [1936]. La Santísima Virgen me ha enseñado cómo debo prepararme para la fiesta de la Natividad del Señor. La he visto hoy sin el Niño Jesús; me ha dicho: *Hija mía, procura ser mansa y humilde para que Jesús que vive continuamente en tu corazón pueda descansar. Adóralo en tu corazón, no salgas de tu interior. Te obtendré, hija mía, la gracia de este tipo de la vida interior, que, sin abandonar tu interior, cumplas por fuera todos tus deberes con mayor aplicación. Permanece continuamente con Él en tu corazón, Él será tu fuerza. Mantén el contacto con las criaturas si la necesidad* (191) *y los deberes lo exigen. Eres una morada agradable a Dios viviente, en la que Él permanece continuamente con amor y complacencia, y la presencia viva de Dios que sientes de modo más vivo y evidente, te confirmará, hija mía, en lo que he dicho. Trata de comportarte así hasta el día de la Navidad, y después Él Mismo te dará a conocer cómo deberás tratar con Él y unirte a Él.*

786 30 XI [1936]. Hoy, durante las vísperas un dolor ha traspasado mi alma, veo que esta obra supera mis fuerzas en cada aspecto. Soy una niña pequeña frente a la inmensidad de esta obra y sólo por una orden clara de Dios procedo a cumplirla; y por otra parte también estas grandes gracias se han hecho una carga para mí y apenas la puedo llevar. Veo la incredulidad de las Superioras y las dudas de todo tipo y en consecuencia el comportamiento desconfiado hacia mí. Oh Jesús mío, veo que también las gracias tan grandes pueden ser un sufrimiento, y verdaderamente

es así; (192) no sólo puede haber sufrimientos por este motivo, sino que tienen que existir como una característica de la actuación de Dios. Entiendo bien que si Dios Mismo no reforzara al alma en estas distintas pruebas, el alma por sí misma no lograría nada, pues Dios Mismo es su escudo. Durante las vísperas, mientras continuaba contemplando esta especie de mezcla del sufrimiento y de la gracia, oí la voz de la Santísima Virgen: *Has de saber, hija mía, que a pesar de ser elevada a la dignidad de la Madre de Dios, siete espadas dolorosas me han traspasado el corazón. No hagas nada en tu defensa, soporta todo con humildad, Dios Mismo te defenderá.*

787 1 XII [1936]. Ejercicios espirituales de un día.

Hoy, durante la meditación matutina, el Señor me ha dado a conocer y comprender claramente el carácter invariable de sus deseos. Y veo claramente que nadie puede liberarme de este deber de cumplir la voluntad de Dios, conocida por mí. Una gran falta de salud y de las fuerzas físicas no es una razón suficiente, y no me dispensa (193) de esta obra que el Señor Mismo está realizando; debo ser solamente un instrumento en sus manos. Pues, Señor, heme aquí para cumplir Tu voluntad, mándame según Tus eternos designios y predilecciones, dame solamente la gracia de serte siempre fiel.

788 Cuando hablaba con el Dios oculto, me ha dado a conocer y comprender que no debo reflexionar mucho ni tener miedo de las dificultades que puedo encontrar. **Has de saber que Yo estoy contigo, establezco las dificultades, las supero, y en un solo instante puedo cambiar las posturas contrarias en actitudes favorables a esta causa.** Durante el coloquio de hoy el Señor me ha aclarado mucho, aunque no escribo todo.

789 Dar siempre la prioridad a los demás en todas las circunstancias, especialmente durante el recreo, escuchar tranquilamente sin interrumpir aunque me contaran diez veces

lo mismo. Nunca preguntaré por la cosa que me interese mucho.

790 (194) Propósito: continuar lo mismo, es decir unirme al Cristo misericordioso.

Propósito general: recogimiento interior, silencio.

791 Escóndeme, Jesús, en la profundidad de Tu misericordia, y el prójimo me juzgue, entonces, según le agrade.

792 Nunca hablar de mis propias vivencias. En el sufrimiento buscar alivio en la oración, en las dudas más pequeñas buscar solamente el consejo del confesor. Tener el corazón siempre abierto para recibir los sufrimientos de los demás y mis sufrimientos hundirlos en el Corazón de Dios para que no se noten por fuera, si es posible.

Tratar de mantener siempre el equilibrio aunque las circunstancias sean extremadamente tormentosas. No permitir turbar mi paz y mi silencio interior. Ninguna cosa puede compararse con la paz del corazón. Si me reprochan algo injustamente, no justificarme; si la Superiora quiere conocer (195) la verdad sobre si tengo o no tengo razón, lo sabrá no necesariamente de mí. Yo debo aceptar todo con una actitud interior de humildad.

Viviré este Adviento según las indicaciones de la Santísima Virgen: mansa y humildemente.

793 Vivo estos momentos con la Santísima Virgen. Con inmensa añoranza espero la venida del Señor. Mis deseos son grandes. Deseo que todos los pueblos conozcan al Señor, deseo preparar a todas las naciones para recibir al Verbo Encarnado. Oh Jesús, haz que la fuente de Tu misericordia brote con mayor abundancia, porque la humanidad está muy enferma y por eso más que nunca necesita Tu compasión. Tú eres un mar ilimitado de misericordia para nosotros, pecadores y cuanto mayor es nuestra miseria, tanto más grande es el derecho que tenemos a Tu misericordia. Tú eres la fuente que hace feliz a cada criatura por medio de Tu misericordia infinita.

794 (196) Hoy [9 XII 1936] salgo a Prądnik, a las cercanías de Cracovia, para la curación; he de estar allí tres meses. Me envía allí el gran cariño de las Superioras y, especialmente, de nuestra querida Madre General que tiene gran cuidado de las hermanas enfermas. He aceptado esta gracia del tratamiento, pero me someto totalmente a la voluntad de Dios, que Dios haga de mí lo que le agrade.

795 No deseo otra cosa que cumplir su santa voluntad. Me uno a la Santísima Virgen y abandono Nazaret para ir a Belén donde pasaré las fiestas de Navidad, entre extraños, pero con Jesús, María y José, porque ésta es la voluntad de Dios. Trato de cumplir en todo la voluntad de Dios, no deseo sanarme más que morir. Me abandono completamente a su misericordia infinita, y como una niña pequeña vivo en absoluta tranquilidad; procuro solamente que mi amor hacia Él sea cada vez más profundo y más puro, para ser un deleite de su mirada divina...

796 (197) El Señor me dijo rezar esta coronilla durante nueve días antes de la Fiesta de la Misericordia. Debe iniciarse el Viernes Santo. **Durante este novenario concederé a las almas toda clase de gracias.**

797 Cuando me dio un poco de miedo de tener que estar sola durante largo tiempo fuera de la Congregación, Jesús me dijo: **No estarás sola, porque Yo estoy contigo siempre y en todas partes; junto a Mi Corazón no tengas miedo de nada. Yo Mismo soy el artífice de tu salida. Has de saber que Mi ojo sigue con atención cada movimiento de tu corazón. Te traslado a aquel lugar aislado para conformar tu corazón según Mis designios futuros. ¿De qué tienes miedo? Si estás Conmigo ¿quién se atreverá a tocarte? Me alegro grandemente de que Me digas tus temores. Hija Mía, háblame de todo simplemente y así como hablan los hombres, Me complacerás muchísimo con esto; Yo te entiendo, porque soy Dios - Hombre.** (198) **Este lenguaje simple de tu corazón Me es más agradable que los himnos compuestos en Mi honor. Has de saber, hija Mía, que cuanto más**

sencillo es tu lenguaje, tanto más Me atraes hacia ti. Y ahora, quédate tranquila junto a Mi Corazón, deja la pluma y prepárate para salir.

798 9 XII 1936. Esta mañana he salido a Prądnik. Me ha acompañado Sor Crisóstoma. Tengo una habitación aislada sólo para mí; me parezco totalmente a una carmelita. Cuando Sor Crisóstoma se ha ido y me he quedado sola, me he sumergido en la plegaria, confiándome a la protección especial de la Santísima Virgen. Sólo ella está siempre conmigo. Ella, como una buena Madre, mira todas mis vivencias y mis esfuerzos.

799 Súbitamente vi a Jesús que me dijo: **Quédate tranquila, niña Mía, ves que no estás sola. Mi Corazón vela por ti.** Jesús me ha llenado de fuerza respecto a cierta persona, siento la fortaleza en el alma.

800 (199)   Un principio moral

Cuando no se sabe qué es mejor, hay que reflexionar y examinar y pedir consejo porque no se puede actuar en la duda de la conciencia. En la incertidumbre, decirse a sí mismo: cualquier cosa que haga estará bien hecha, tengo la intención de hacerla bien. Dios acepta lo que nosotros consideramos bueno, y Dios lo acepta y considera bueno. No preocuparme si después de algún tiempo, aquellas cosas no resulten ser buenas, Dios mira la intención con la cual empezamos y según ella dará la recompensa. Es un principio al que debemos atenernos.

801 También hoy he ido a hacer una breve visita [258] al Señor, antes de acostarme. Mi alma se ha sumergido en Él como en mi único tesoro, mi corazón ha descansado un momento junto al Corazón de mi Esposo. He sido iluminada sobre como comportarme con las personas que están alrededor de mí y he vuelto a mi soledad. El médico [259] me ha dedicado su mayor cuidado, alrededor de mí veo corazones muy bondadosos.

802 (200) 10 XII [1936]. Hoy me levanté temprano y todavía antes de la Santa Misa tuve la meditación. Aquí la Santa

Misa es a las seis. Después de la Santa Comunión mi espíritu se ha sumergido en el Señor como en el único objeto de mi amor. Me sentía absorbida por su omnipotencia. Al regresar a mi soledad me he sentido mal y he tenido que acostarme en seguida. La hermana [260] me
trajo gotas, pero me sentí mal durante todo el día. Por la
noche traté de hacer la Hora Santa, sin embargo no pude
hacerla, me uní solamente a Jesús en sus sufrimientos.

803 Mi habitación aislada está junto a la sala de los hombres;
no sabía que los hombres son tan charlatanes; desde la
mañana hasta altas horas de la noche conversan sobre
distintos temas; en la sala de las mujeres hay mucho más
silencio. Siempre se acusa de esto a las mujeres, pero he
tenido la posibilidad de convencerme [de lo contrario].
Me es difícil concentrarme para rezar entre las carcajadas
y los chistes. No me molestan sólo cuando la gracia de
Dios me toma en su absoluta (201) posesión, ya que entonces no me doy cuenta de lo que pasa alrededor de mí.
Oh Jesús mío, qué poco habla de Ti esta gente.

804 De todo menos de Ti, Jesús. Y si hablan poco, seguramente no pensarán nada; se ocupan del mundo entero,
pero acerca de Ti, oh Creador, el silencio. Me pongo triste, oh Jesús, al ver esta inmensa indiferencia e ingratitud
de las criaturas. Oh Jesús mío, deseo amarte por ellos y -
compensarte con mi amor.

805 La Inmaculada Concepción

Desde la mañana temprana sentía la cercanía de la Virgen
Santísima. Durante la Santa Misa la vi tan resplandeciente y bella que no encuentro palabras para expresar ni siquiera la mínima parte de su belleza. Era toda blanca,
ceñida con una faja azul, el manto también azul, la corona en su cabeza, de toda la imagen irradiaba un resplandor
inconcebible. *Soy la Reina del cielo y de la tierra, pero
especialmente la madre* [de su Congregación]. Me estrechó a su corazón y dijo: *Yo siempre me compadezco de ti.*

Sentí (202) la fortaleza de su Inmaculado Corazón que se transmitió a mi alma. Ahora comprendo porque desde hace dos semanas iba preparándome a esta fiesta y la anhelaba tanto. Desde hoy procuraré la máxima pureza del alma, para que los rayos de la gracia de Dios se reflejen con toda su claridad. Deseo ser el cristal para encontrar complacencia ante sus ojos.

806 + Aquel día vi a cierto sacerdote rodeado del resplandor que fluía de él; evidentemente aquella alma ama a la Inmaculada.

807 Una misteriosa añoranza envuelve mi alma, me sorprendo de que ella no separe el alma del cuerpo. Deseo a Dios, deseo sumergirme en Él. Entiendo que estoy en un terrible destierro, toda la fortaleza de mi alma muere por el anhelo de estar con Dios. Oh, habitantes de mi patria, recuerdan a esta desterrada. ¿Cuándo caerán los velos también para mí? Aunque veo y (203) casi siento lo finito que es el velo que me separa del Señor, yo deseo verlo cara a cara, pero que todo se haga según Tu voluntad.

808 11 XII. Hoy no pude asistir a toda la Santa Misa, estuve presente solamente en las partes más importantes y después de comulgar, volví en seguida a mi soledad. De repente me envolvió la presencia de Dios y en aquel mismo momento experimenté la Pasión del Señor durante un brevísimo momento. En aquel instante conocí más profundamente la obra de la misericordia.

809 Por la noche fui despertada súbitamente y conocí que un alma me pedía la o ración y que tenía una gran necesidad de plegarias. Brevemente, pero con toda mi alma pedí al Señor la gracia para ella.

810 Al día siguiente, pasado ya el mediodía, cuando entré en la sala vi a una persona agonizante y supe que la agonía había empezado en la noche. Después de haberlo verificado supe que había sido cuando (204) se me pidió rezar. De repente oí en el alma la voz: **Reza la coronilla que te he enseñado.** Corrí a buscar el rosario y me arrodillé junto a la agonizante y con todo el ardor de mi espíritu me

puse a rezar esta coronilla. De súbito la agonizante abrió los ojos y me miró, y no alcancé a rezar toda la coronilla porque ella murió con una misteriosa serenidad. Pedí ardientemente al Señor que cumpliera la promesa que me había dado por rezar la coronilla. El Señor me hizo saber que aquella alma recibió la gracia que el Señor me había prometido. Aquella alma fue la primera en experimentar la promesa del Señor. Sentí cómo la fortaleza de la misericordia cubría aquella alma.

811 Al entrar en mi soledad, oí estas palabras: **Defenderé como Mi gloria a cada alma que rece esta coronilla en la hora de la muerte, o cuando los demás la recen junto al agonizante, quienes obtendrán el mismo perdón. Cuando** (205) **cerca de un agonizante es rezada esta coronilla, se aplaca la ira divina y la insondable misericordia envuelve al alma y se conmueven las entrañas de Mi misericordia por la dolorosa Pasión de Mi Hijo.**

Oh, si todos conocieran qué grande es la misericordia del Señor y cuánto todos nosotros necesitamos esta misericordia, especialmente en aquella hora decisiva.

812 + Hoy he librado una lucha por un alma con los espíritus de las tinieblas. Qué odio tremendo tiene Satanás por la Divina Misericordia; veo cómo se opone a toda esta obra.

813 + ¡Oh Jesús misericordioso, tendido sobre la cruz, ten presente la hora de nuestra muerte! ¡Oh Corazón misericordiosísimo de Jesús, abierto con una lanza, protégeme a la hora de mi muerte! ¡Oh Sangre y Agua que brotaste del Corazón de Jesús como una fuente de insondable misericordia para mí en la hora de mi muerte! ¡Oh Jesús agonizante, Rehén de la misericordia [261], apacigua la ira divina en la hora de mi muerte!

814 (206) + 12 XII [1936]. Hoy he estado solamente en la Santa Comunión y un poco más en la Santa Misa. Toda mi fuerza está en Ti, Pan vivo. Me sería difícil vivir un día sin recibir la Santa Comunión. Él es mi escudo; sin Ti, Jesús, no sé vivir.

815 Jesús, Amor mío, hoy me hizo comprender cuánto me ama, aunque hay un abismo tan grande entre nosotros: el Creador y la criatura, pero en cierto modo es como si hubiera igualdad, el amor nivela este abismo. Él Mismo se humilla hacia mí y me hace capaz de tratar con Él. Me he sumergido en Él anonadándome casi completamente y, sin embargo, bajo su mirada amorosa mi alma adquiere fortaleza y fuerza y la conciencia de que ama y es amada muy especialmente; sabe que el Todopoderoso la defiende. Tal oración, aunque breve, sin embargo da mucho al alma y las horas enteras de oración ordinaria no dan al alma tanta luz como un breve momento de oración superior.

816 (207) + Por la tarde tuve mi primer descanso al aire libre [262]. Hoy me visitó Sor Felicia [263] trayéndome algunas cositas que necesitaba, unas cuantas magníficas manzanas y los saludos de la querida Madre Superiora y de las queridas hermanas.

817 13 XII [1936]. La confesión delante de Jesús.

Cuando reflexioné que hacía tres semanas que no me confesaba, irrumpí en llanto, viendo la fragilidad de mi alma y ciertas dificultades. No me había confesado porque así fueron las circunstancias: Cuando había confesión, yo estaba en la cama aquel día. A la semana siguiente la confesión fue por la tarde y por la mañana yo había salido al hospital. Esta tarde, en mi habitación aislada entró el Padre Andrasz y se sentó para que me confesara. Antes no dijo ni una palabra. Me alegré grandemente porque deseaba muchísimo confesarme. Como siempre revelé toda mi alma. El Padre me dio respuesta hasta a la cosa más pequeña. Me sentía extrañamente feliz de poder (208) decir todo. Como penitencia me dio: *Letanías del Nombre de Jesús*. Cuando quería presentarle la dificultad que tenía para rezar aquellas letanías, se levantó y me dio la absolución. De repente un gran resplandor comenzó a salir de su persona y vi que no era el Padre Andrasz sino

Jesús. Sus vestiduras eran claras como la nieve, y desapareció en seguida. Al principio me quedé un poco inquieta, pero un rato después cierta tranquilidad entró en mi alma. Noté que Jesús confiesa como los confesores, sin embargo, durante esta confesión mi corazón intuía extrañamente algo; en un primer momento no logré comprender qué significaba eso.

818 16 XII [1936]. El día de hoy lo ofrecí por Rusia, todos mis sufrimientos y mis oraciones los ofrecí por este pobre país. Después de la Santa Comunión Jesús me dijo que: **No puedo soportar este país más tiempo, no Me ates las manos, hija Mía.** (209) Comprendí que si no hubiera sido por las plegarias de las almas queridas a Dios, habría vuelto a la nada toda esta nación. Oh, cuánto sufro por este país que expulsó a Dios de sus fronteras.

819 + Oh, fuente inagotable de la Divina Misericordia, derrámate sobre nosotros. Tu bondad no tiene límites. Consolida, oh Señor, la potencia de Tu misericordia sobre el abismo de mi miseria, porque Tu piedad es sin límites. Misteriosa e inalcanzable es Tu misericordia, que llena de asombro la mente humana y la angélica.

820 El Ángel Custodio me recomendó que rezara por cierta alma, y a la mañana siguiente supe que era un hombre que en aquel mismo instante había empezado a agonizar. De modo sorprendente Jesús me da a conocer que alguien necesita mi plegaria. De manera particular me entero cuando mi oración la necesita un alma agonizante. Ahora eso sucede más a menudo que antes.

821 (210) El Señor Jesús me dio a conocer cuánto le es agradable el alma que vive de la voluntad de Dios, con esto da a Dios la mayor gloria...

822 Hoy comprendí que aunque no hiciera nada de lo que el Señor exige de mí, sé que recibiría la recompensa como si hubiera cumplido todo, porque Dios ve la intención con la que empiezo y aunque me llevara hoy mismo, la obra no sufriría nada, porque Él Mismo es el Dueño de la

obra y del operario. Mi tarea es amarlo hasta la locura; todas las obras son una gotita frente a Él, el amor tiene la importancia y la fuerza y el mérito. Reveló en mi alma amplios horizontes. El amor nivela los abismos.

823 17 XII [1936]. Ofrecí el día de hoy por los sacerdotes; hoy he sufrido más que cualquier otro día, interior y exteriormente. No sabía que era posible sufrir (211) tanto en un solo día. Traté de hacer la Hora Santa en la que mi espíritu ha probado la amargura del Huerto de los Olivos. Lucho sola, sostenida por su brazo, contra toda clase de dificultades que se presentan delante de mí como muros inmóviles, sin embargo tengo confianza en la potencia de su nombre y no tengo miedo de nada.

824 En esta soledad Jesús Mismo es mi Maestro. Él Mismo me educa y me enseña; siento que me encuentro bajo su actuación particular. Por sus inexplicables proyectos y sus insondables designios me une a Él de modo especial y me permite penetrar en los secretos inconcebibles. Hay un secreto que me une al Señor del que nadie puede saber, ni siquiera los ángeles; y aunque quisiera decirlo, no lo sabría expresar; sin embargo vivo de eso y viviré eternamente. Este secreto me distingue de entre otras almas aquí en la tierra y [en] la eternidad.

825 (212) + ¡Oh día luminoso y bello en que se cumplirán todos mis deseos! ¡Oh día deseado que serás el último de mi vida! Me alegro de ese último toque que mi artista divino dé a mi alma, otorgando a mi alma una belleza particular que me distinguirá de la belleza de las demás almas. ¡Oh gran día en que se confirmará el amor de Dios en mí! Aquel día, por primera vez cantaré delante del cielo y de la tierra el cántico de la misericordia insondable del Señor. Es mi obra y mi mensaje que el Señor me ha asignado desde el principio del mundo. Para que el canto de mi alma sea agradable a la Santísima Trinidad, guíe y modela Tú Mismo mi alma, oh Espíritu de Dios. Me armo de paciencia y espero Tu venida, oh Dios misericordioso, y [en cuanto] a los dolores tremendos y los temores de la agonía, en aquel

momento más que nunca confiaré en el abismo de (213) Tu misericordia y Te recordaré, oh Jesús misericordioso, dulce Salvador, todas las promesas que me has hecho.

826 Esta mañana he tenido una aventura, se me había parado el reloj y no sabía cuándo debía levantarme y pensé qué lástima sería dejar la Santa Comunión. Estaba siempre oscuro, pues no podía orientarme cuándo era la hora de levantarme. Me vestí, hice la meditación y fui a la capilla, pero estaba todavía cerrada y en todas partes había silencio; me sumergí en la oración, especialmente por los enfermos. Ahora veo cuánto necesitan la oración. Por fin la capilla fue abierta, me costó esfuerzo rezar porque me sentía muy agotada y después de la Santa Comunión volví en seguida a mi soledad. De repente vi al Señor que me dijo: **Debes saber, hija Mía, que Me es agradable el ardor de tu corazón y como tú deseas ardientemente unirte a Mí en la Santa Comunión, así también Yo deseo donarme entero a ti y en** (214) **recompensa de tu celo, descansa junto a Mi Corazón.** En aquel instante mi espíritu se ha sumergido en su Ser, como una gota en el océano sin fondo, me sumerjo en Él como en mi único tesoro; de esta manera he aprendido que el Señor permite ciertas dificultades para su mayor gloria.

827 18 XII [1936]. Hoy he sentido angustia porque hace ya una semana que no viene nadie a visitarme [264]; cuando me quejaba ante el Señor, me contestó: **¿No te es suficiente que Yo te visito todos los días?** He pedido perdón al Señor y la angustia ha desaparecido. Oh Dios, fortaleza mía, Tú me bastas.

828 Esta noche conocí que cierta alma necesitaba mi oración. Recé con ardor, pero sentía que era poco todavía, pues permanecí en la oración más tiempo. Al día siguiente conocí que precisamente en aquella hora había empezado la agonía de cierta alma y duró hasta la mañana. Conocí lo penosas que eran las luchas por las que pasó. (215) El Señor Jesús me hace saber extrañamente que el alma agonizante necesita mi plegaria. Siento a aquel alma que

me pide ayuda, de modo vivo y claro. No sabía que existía tal unión con las almas, y el Ángel Custodio me lo dice con frecuencia.

829 El pequeño Niño Jesús, durante la Santa Misa, es el gozo de mi alma. A menudo el espacio no existe. Veo a cierto sacerdote que lo trae. Con un vivo deseo espero la Navidad, vivo la espera con la Santísima Virgen.

830 ¡Oh Luz eterna que vienes a esta tierra, ilumina mi mente y refuerza mi voluntad para que no me detenga en los momentos de las pruebas difíciles! Que Tu luz disipe toda sombra de duda, que Tu omnipotencia obre a través de mí. En Ti confío, oh Luz increada. Tú, oh Niño Jesús, eres mi ejemplo en el cumplimiento de la voluntad de Tu Padre, Tú que dijiste: Vengo a cumplir Tu voluntad, haz que también yo (216) cumpla fielmente en todo la voluntad de Dios. Oh Divino Niño, otórgame esta gracia.

831 Oh Jesús mío, mi alma anhelaba los días de las pruebas, pero cuando mi alma está ofuscada no me dejes sola, sino que sostenme fuertemente junto a Ti, pon un sello en mis labios para que el perfume de los sufrimientos sea conocido y agradable solamente a Ti.

832 Oh Jesús misericordioso, con qué ardiente deseo Te has apresurado hacia el Cenáculo para consagrar la Hostia que yo he de recibir durante mi vida. Has deseado, oh Jesús, vivir en mi corazón, Tu sangre viva se une a mi sangre. ¿Quién comprenderá esta íntima unión? Mi corazón encierra al Todopoderoso, al Incomprensible. Oh Jesús, concédeme Tu vida divina, que Tu sangre pura y generosa lata con toda la fuerza en mi corazón. Te ofrezco todo mi ser (217), transfórmame en Ti y hazme capaz de cumplir en todo Tu santa voluntad, de compensarte con mi amor. Oh mi dulce Esposo, Tú sabes que mi corazón no conoce a nadie fuera de Ti. Has abierto en mi corazón un abismo insaciable de amor por Ti; desde el primer instante de conocerte, mi corazón Te ha amado y se ha sumergido en Ti como en su único objeto. Que Tu amor puro y omnipotente sea un estímulo para obrar. ¿Quién comprenderá y

concebirá este abismo de misericordia que ha brotado de Tu Corazón?

833 He conocido por experiencia cuánta envidia hay también en la vida de religiosos. Reconozco que son pocas las almas verdaderamente grandes que pisotean todo lo que no es Dios. Oh alma, fuera de Dios no encontrarás la belleza. Oh qué base tan frágil tiene quien se eleva a costa de los demás. Qué pérdida.

834 (218) 19 XII [1936]. Esta noche sentí en el alma que alguna persona necesitaba mi oración. En seguida me puse a rezar; de repente conocí interiormente y sentí al espíritu que me lo pedía; recé hasta que me sentí tranquila. La coronilla es una gran ayuda para los agonizantes. A menudo rezo según la intención que anteriormente conozco dentro de mí; siempre rezo hasta el momento de sentir en mi alma que la plegaria ha obtenido su efecto.

835 Especialmente ahora, cuando estoy aquí, en este hospital, experimento esta íntima unión con los agonizantes que al iniciarse la agonía me piden rezar. Dios me ha dado un contacto misterioso con los agonizantes. Como esto sucede con bastante frecuencia, he tenido la posibilidad de verificar incluso la hora. Hoy, a las once de la noche, fui despertada repentinamente, y sentí claramente que junto a mí estaba un espíritu que me pedía oraciones. Simplemente una fuerza misteriosa me obligaba a rezar. Mi visión es puramente espiritual, por medio de una luz repentina (219) que en aquel momento Dios me concede. Rezo hasta el momento de sentir la tranquilidad en el alma; no siempre dura el mismo tiempo, a veces ocurre que después de un *Ave María* ya estoy tranquila y entonces recito un *De Profundis* sin orar más; a veces sucede que rezo toda la coronilla y sólo entonces llega la tranquilidad. Y puedo observar también que cuando me siento forzada a orar por un tiempo más largo, es decir experimento aquella inquietud interior, aquella alma afronta luchas más duras y una agonía más larga. La manera con que verifico la hora es la siguiente: tengo el reloj y miro la

hora; al día siguiente cuando me hablan de la muerte de aquella persona, pregunto la hora, y corresponde exactamente; lo mismo sucede respecto a la agonía. Me dicen: Tal persona está llevando una lucha muy dura y otra vez me dicen: Hoy ha muerto tal persona, pero se ha dormido tan rápido y tranquilamente. Sucede que la persona moribunda está en el segundo o en el tercer pabellón, sin embargo para el espíritu el espacio no (220) existe. Ocurre que tengo el mismo conocimiento a unas centenas de kilómetros. Me sucedió algunas veces con mis parientes y familiares y también con las hermanas religiosas y las almas que de vida no conocía en absoluto.

Oh Dios de la misericordia insondable que me permites llevar alivio y ayuda a los agonizantes con mis plegarias indignas, seas bendito tantas miles de veces cuantas estrellas hay en el cielo y gotas de agua en todos los océanos. Que Tu misericordia resuene en toda la extensión de la tierra y se eleve hasta los pies de Tu trono, glorificando Tu mayor atributo, es decir Tu misericordia inconcebible.

Oh Dios, esta misericordia insondable lleva a un nuevo éxtasis a las almas santas y a todos los espíritus celestes. Aquellos espíritus puros se sumergen en un sagrado estupor glorificando esta inconcebible misericordia de Dios que los lleva a un nuevo éxtasis; su adoración se cumple de manera perfecta. Oh Dios eterno, cuánto deseo adorar este el más grande de Tus atributos (221), es decir, Tu insondable misericordia. Veo toda mi pequeñez y no puedo compararme con los habitantes del paraíso que en una santa admiración, glorifican la misericordia del Señor. Pero yo también he encontrado un modo perfecto para adorar esta inconcebible misericordia de Dios.

836 Oh Jesús dulcísimo que Te has dignado permitirme a mí miserable conocer esta insondable misericordia Tuya; oh Jesús dulcísimo que quisiste benignamente que yo hablara al mundo entero de esta inconcebible misericordia Tuya, he aquí hoy tomo en las manos estos dos rayos que brotaron de Tu Corazón misericordioso, es decir, Sangre

y Agua, y las derramo sobre toda la faz de la tierra para que toda alma experimente Tu misericordia y, al experimentarla, la adore por los siglos infinitos. Oh Jesús dulcísimo que en Tu inconcebible bondad Te has dignado unir mi corazón miserable a Tu Corazón tan misericordioso, pues entonces es con Tu propio Corazón que adoro a nuestro Dios Padre, como ningún alma jamás lo ha adorado.

837 (222) 21 XII [1936]. Por las tardes ponen el radio; así que, me hace falta el silencio. Hasta mediodía no cesan las conversaciones y el ruido. Dios mío, esperaba el silencio para poder hablar solamente con el Señor y aquí es todo lo contrario. Sin embargo, ahora no me molesta nada, ni las conversaciones ni el radio. En una palabra, nada. La gracia de Dios ha hecho que cuando rezo ni siquiera me doy cuenta dónde estoy, sé solamente que mi alma está unida al Señor y así me pasan los días en este hospital.

838 + Quedo admirada por tantas humillaciones y sufrimientos que afronta aquel sacerdote en toda esta causa, lo veo en momentos particulares y le sostengo con mi oración indigna [265]. Sólo Dios puede dar tanta valentía, porque de otra manera el alma cedería; pero veo con alegría que todas estas contrariedades contribuyen a una mayor gloria de Dios. El Señor tiene pocas almas como éstas. Oh eternidad infinita, tú revelarás los esfuerzos de las almas heroicas, porque la tierra recompensa estos esfuerzos con ingratitud y odio; estas almas no tienen amigos (223) son solitarias. Y en esta soledad se fortalecen, sacan fuerza solamente de Dios; aunque con humildad, pero también con arrojo afrontan todas las tempestades que las azotan. Ellas, como robles tan altos que llegan hasta el cielo, son inmóviles, y solamente en esto está su único secreto: que de Dios sacan su fuerza y todo lo que necesitan lo tienen para sí mismas y para los demás. Llevan su peso, pero saben y son capaces de cargar el peso de los demás. Son verdaderas columnas resplandecientes en los caminos de Dios que viven, ellas mismas, en la luz e iluminan a los demás. Ellas mismas viven en las alturas y a los otros, más pequeños, saben indicar y ayudar a [alcanzar] estas alturas.

839 + Oh Jesús mío, Tú ves que además de no saber escribir, no tengo una pluma buena que a veces escribe, de verdad, tan mal que tengo que componer frases letra por letra; y todavía no es todo: tengo esta dificultad de que tomo notas de estas cosas en secreto de las hermanas, pues, a veces tengo que cerrar el cuaderno a cada rato y escuchar pacientemente el relato (224) de una persona dada, y el tiempo que tengo dedicado a escribir pasa y cuando cierro repentinamente el cuaderno se mancha. Escribo con el permiso de las Superioras y por mandato del confesor. Es una cosa extraña que a veces escribo pasablemente y otras veces apenas puedo descifrarme.

840 23 XII [1936]. Vivo este tiempo con la Santísima Virgen y me preparo a este solemne momento de la venida de Jesús. La Santísima Virgen me enseña sobre la vida interior del alma con Jesús, especialmente en la Santa Comunión. Solamente en la eternidad conoceremos qué gran misterio realiza en nosotros la Santa Comunión. ¡Oh los momentos más preciosos de mi vida!

841 Oh Creador mío, Te añoro. Tú me comprendes, oh Señor mío. Todo lo que [hay] en la tierra me parece una sombra pálida; yo Te anhelo y deseo. Aunque haces por mí muchísimas cosas inconcebibles porque Tú Mismo me visitas de modo singular, sin embargo estas visitas no cicatrizan la herida del corazón, sino que me incitan a una mayor (225) nostalgia por Ti, Señor. Oh, llévame a donde estás, Señor, si ésta es Tu voluntad. Tú sabes que estoy muriendo y estoy muriendo por añorarte, pero no puedo morir. Oh muerte, ¿dónde estás? Me atraes al abismo de Tu Divinidad y Te escondes detrás de las tinieblas. Todo mi ser está sumergido en Ti, sin embargo yo deseo contemplarte cara a cara. ¿Cuándo sucederá esto para mí?

Hoy me visitó Sor Crisóstoma [266]. Me trajo limones y manzanas y un pequeño árbol de Navidad.

842 Me alegré muchísimo. La Madre Superiora pidió al médico a través de Sor Crisóstoma que me permitiera volver a casa para las fiestas y el médico [267] lo concedió con

gusto. Me puse contenta y lloré como una niña pequeña. Sor Crisóstoma se sorprendió al ver que tenía mal aspecto y que estaba muy cambiada. Y me dijo: Sabes, Faustinita, probablemente vas a morir; debes sufrir terriblemente. Contesté que aquel día sufría más que otros días, pero era nada, para salvar a las almas no era demasiado. Oh Jesús misericordioso, dame las almas de los pecadores.

843 (226) 24 XII [1936]. Hoy, durante la Santa Misa estuve particularmente unida a Dios y a su Madre Inmaculada. La humildad y el amor de la Virgen Inmaculada penetró mi alma. Cuanto más imito a la Santísima Virgen, tanto más profundamente conozco a Dios. Oh qué inconcebible anhelo envuelve mi alma. Oh Jesús, ¿cómo puedes dejarme todavía en este destierro? Me muero del deseo por Ti, cada vez que tocas mi alma, me hieres enormemente. El amor y el sufrimiento van juntos, sin embargo no cambiaría este dolor que Tú me produces por ningún tesoro, porque es el dolor de deleite inconcebible y es la mano amorosa que produce estas heridas a mi alma.

844 Sor C. [268] vino por la tarde y me llevó a casa para las fiestas. Estaba contenta de poder estar junto con la Comunidad. Mientras atravesaba la ciudad me imaginaba que era Belén. Al ver que toda la gente iba con prisa pensé: ¿Quién medita hoy este Misterio inconcebible en el recogimiento y en silencio? Oh Virgen purísima, Tú estás hoy de viaje y yo también estoy de viaje. Siento que el viaje (227) de hoy tiene su significado. Oh Virgen radiante, pura como el cristal, toda sumergida en Dios, Te ofrezco mi vida interior, arregla todo de manera que sea agradable a Tu Hijo; oh Madre mía, yo deseo con muchísimo ardor que me des al pequeño Jesús durante la Misa de Medianoche. Y en el fondo de mi alma sentí la presencia de Dios tan viva que con la fuerza de la voluntad tuve que contener el gozo para no dejar ver por fuera lo que pasaba en mi alma.

845 Antes de cenar entré un momento en la capilla para compartir espiritualmente el "oplatek" con las personas queridas

a mi corazón; las presenté todas por nombre a Jesús y pedí gracias para ellas. Pero no fue todo, recomendé al Señor a los perseguidos, a los que sufrían y a aquellos que no conocían su nombre y, especialmente, a los pobres pecadores. Oh pequeñito Jesús, Te ruego con ardor, encierra a todos en el mar de Tu misericordia inconcebible. Oh dulce, pequeñito Jesús, toma mi corazón para que sea Tu morada agradable y cómoda. Oh Majestad infinita con qué dulzura Te acercaste a nosotros. (228) Aquí no hay terror de los rayos de gran Yahvé, aquí está el dulce, pequeñito Jesús; aquí ningún alma tiene miedo, aunque Tu Majestad no ha disminuido sino que simplemente se ha ocultado. Después de la cena me sentía muy cansada y doliente, tuve que acostarme, no obstante velaba con la Santísima Virgen en espera de la venida del Niñito.

846 25 XII [1936]. Misa de Medianoche. Durante la Santa Misa la presencia de Dios me penetró por completo. Un momento antes de la elevación, vi a la Madre y al pequeño Niño Jesús, y al Anciano [269]. La Santísima Virgen me dijo estas palabras: *Hija mía, Faustina, toma este tesoro preciosísimo*, y me dio al pequeño Jesús. Cuando tomé a Jesús en brazos, mi alma experimentó un gozo tan inconcebible que no estoy en condiciones de describirlo. Pero una cosa extraña, un momento después Jesús se hizo terrible, horroroso, grande, doliente, y la visión desapareció. Poco después llegó el momento de acercarse a la Santa Comunión. Cuando recibí a Jesús en la Santa Comunión, toda mi alma temblaba bajo la influencia de la presencia de Dios. Al día siguiente vi (229) al divino Niñito un breve momento durante la elevación.

847 El segundo día de la fiesta vino a nuestra casa el Padre Andrasz a celebrar la Santa Misa, durante la cual vi al pequeño Jesús. Por la tarde fui a confesarme; el Padre no me dio respuestas a ciertas preguntas referentes a esta obra y dijo: Cuando estés sana, entonces hablaremos concretamente y ahora trata de aprovechar las gracias que Dios te concede y trata de restablecerte del todo, y lo demás.

Tú sabes cómo debes comportarte y qué reglas seguir en estas cosas. Por penitencia el Padre me hizo rezar la coronilla

848 que me enseñó Jesús. Mientras rezaba la coronilla, de repente, oí una voz: **Oh, qué gracias más grandes concederé a las almas que recen esta coronilla; las entrañas de Mi misericordia se enternecen por quienes rezan esta coronilla. Anota estas palabras, hija Mía, habla al mundo de Mi misericordia para que toda la humanidad conozca la infinita misericordia Mía. Es una señal de los últimos tiempos, después de ella vendrá (230) el día de la justicia. Todavía queda tiempo, que recurran, pues, a la Fuente de Mi Misericordia, se beneficien de la Sangre y del Agua que brotó para ellos.** Oh almas humanas, ¿dónde encontrarán refugio el día de la ira de Dios? Refúgiense ahora en la Fuente de la Divina Misericordia. Oh, qué gran número de almas veo que han adorado la Divina Misericordia y cantarán el himno de gloria por la eternidad.

849 27 XII. Hoy volví a mi soledad [270]. Tuve un viaje agradable porque iba conmigo cierta persona [271] que llevaba un niño a bautizar. La acompañamos hasta la iglesia de Podgórze [272]. Para poder bajar, me puso el niño en las manos. Al tomar el niño en brazos, en una oración ardiente lo ofrecí a Dios para que un día pudiera llevar una gloria especial al Señor; sentí en el alma que el Señor miró esa pequeña alma de modo especial. Al llegar a Prądnik, Sor N. [273] me ayudó a llevar un paquete; cuando entramos en mi habitación aislada, vimos un bellísimo ángel hecho de papel con la inscripción: *Gloria in...* Me dio la impresión de que era (231) de parte de la hermana enferma a la que había enviado el pequeño árbol de Navidad. Y así pasaron las fiestas. Nada es capaz de sosegar la añoranza de mi alma. El anhelo por Ti, oh Creador mío y Dios eterno, ni las solemnidades ni los bellos cantos alivian mi alma, sino que me provocan una mayor nostalgia. Al solo recuerdo de Tu nombre, mi espíritu se lanza hacia Ti, oh Señor.

851 28 XII [1936]. Hoy he iniciado la novena a la Divina Misericordia. Es decir, en espíritu me traslado delante de la imagen y rezo la coronilla que me enseñó el Señor. El segundo día de la novena vi esta imagen como si estuviera viva, rodeada de innumerables agradecimientos y veía una gran multitud de personas que acudían y vi que muchas de ellas eran felices. Oh Jesús, con que alegría latió mi corazón. Hago esta novena según la intención de dos personas, a saber el arzobispo [274] y el Padre Sopoćko. Ruego ardientemente al Señor que inspire al arzobispo para que apruebe esta coronilla tan agradable a Dios y esta imagen, que no aplace ni retrace esta obra...

852 (232) Hoy repentinamente la mirada de Dios me penetró como un relámpago; de súbito conocí los más pequeños polvillos de mi alma y al haber conocido mi nada hasta el fondo, caí de rodillas y pedí perdón al Señor y con gran confianza me arrojé en su misericordia infinita. Tal conocimiento no me desalienta ni aleja del Señor, sino que más bien despierta en mi alma un mayor amor y una confianza ilimitada y el arrepentimiento de mi corazón está unido al amor. Estos relámpagos particulares conforman mi alma. Oh dulce rayo divino, ilumíname hasta los rincones más secretos y más profundos porque deseo alcanzar la máxima pureza del corazón y del alma.

853 Por la noche una grandísima añoranza se adueñó de mi alma. Tomé el folleto [275] con la imagen de Jesús misericordioso y lo estreché a mi corazón y se me escaparon del alma estas palabras: Jesús, Amor eterno, para Ti vivo, para Ti muero y deseo unirme a Ti. Repentinamente vi al Señor en su belleza inconcebible que me miró benignamente y dijo: (233) **Hija Mía, también Yo por amor hacia ti he bajado del cielo, por ti he vivido, por ti he muerto y por ti he creado los cielos.** Y me abrazó a su Corazón y me dijo: **Dentro de poco; quédate tranquila, hija Mía**. Al quedarme sola, mi alma fue inflamada del deseo de sufrir hasta el momento en que el Señor dijera: Basta. Y aunque tuviera que vivir miles de años, a la luz

de Dios veo que es solamente un momento. + Las almas [la frase sin concluir].

854 29 XII [1936]. Hoy, después de la Santa Comunión oí en el alma una voz: **Hija Mía, vigila, porque llegaré inadvertidamente**. Jesús, no quieres decirme la hora que espero con tanto anhelo. **Hija Mía, para tu bien la conocerás, pero no ahora, vigila.** Oh Jesús, haz conmigo todo lo que Te agrade, sé que eres el Salvador misericordioso y sé que no cambiarás conmigo en la hora de la muerte. Si ahora me muestras un amor tan singular y Te dignas unirte a mí de una manera tan confidencial y cariñosa, entonces espero todavía (234) más en la hora de la muerte. Tú, mi Señor, Dios mío no puedes cambiarte, eres siempre el mismo; los cielos pueden cambiar y todo lo que ha sido creado, pero Tú, Señor, siempre el mismo, durarás por eternidad. Así que, ven cómo quieras y cuándo quieras. Padre de la Misericordia infinita, yo, Tu niña, espero con un vivo deseo Tu venida. Oh Jesús, Tú has dicho en el santo Evangelio: Te juzgo por tus labios, entonces Jesús, yo siempre hablo de Tu misericordia inconcebible, por lo tanto confío que me juzgarás según Tu misericordia insondable.

855 30 XII 1936. Termina el año. Hoy hice el retiro espiritual mensual. Mi espíritu penetró en los beneficios con los cuales Dios me colmó durante todo el año. Mi alma tembló a la vista de la inmensidad de las gracias del Señor. De mi alma brotó el himno de agradecimiento a Dios. Durante una hora entera me sumergí en la adoración y en el agradecimiento, considerando cada beneficio de Dios y también mis pequeñas imperfecciones. (235) Todo lo que este año encerró en sí, se fue al abismo de la eternidad. Nada se pierde, me alegro de que nada se pierda.

+ 30 XII [1936] Ejercicios espirituales de un día.

856 Durante la meditación matutina sentí aversión y repugnancia por todo lo que está creado. Todo es pálido a mis ojos, mi espíritu está apartado de todo, deseo solamente a

Dios Mismo, sin embargo tengo que vivir. Es un martirio indescriptible. Dios se entrega al alma de manera amorosa y la atrae al abismo de su divinidad inconcebible, pero al mismo tiempo la deja aquí en la tierra solamente para que sufra y agonice de nostalgia por Él. Y este amor fuerte es tan puro que Dios Mismo tiene en él su complacencia y a sus acciones el amor propio no tiene acceso, porque aquí todo está lleno completamente de amargura y entonces también es completamente puro. La vida es una muerte continua, dolorosa y tremenda y al mismo tiempo es el núcleo de una vida verdadera y de una felicidad inconcebible y la fuerza del espíritu, a través de eso [el alma] es capaz de hacer grandes obras para Dios.

857 (236) + Por la noche recé un par de horas, primero por los padres y los parientes, por la Madre General y por toda la Congregación y por las alumnas, por tres sacerdotes [276] a quienes debo mucho; recorrí el mundo entero a lo largo y a lo ancho y agradecí a la insondable misericordia de Dios por todas las gracias concedidas a los hombres y pedí perdón por todo con que lo habían ofendido.

858 Durante las vísperas vi al Señor Jesús que miró mi alma dulce y profundamente. **Hija Mía, ten paciencia, ya dentro de poco**. Aquella mirada profunda y aquellas palabras infundieron en mi alma fuerza, valor, entereza y una misteriosa confianza en que yo cumpliría todo lo que Él quería de mí, a pesar de enormes dificultades y la misteriosa convicción de que el Señor estaba conmigo, y con Él podía todo. Nada son para mí todas las potencias del mundo y de todo el infierno, todo tiene que caer frente a la potencia de su nombre. Dejo todo en Tus manos, oh Señor y Dios mío. Único guía de mi alma, dirígeme según Tus eternos deseos.

+

859 (237) JMJ   Cracovia - Prądnik, 1 I 1937

Jesús, en Ti confío

+ Hoy a medianoche despedí el Año Viejo 1936 y di la

bienvenida al año 1937. En esta primera hora del año, con temblor y temor, me enfrenté a nuevo período. Oh Jesús misericordioso, Contigo enfrentaré con arrojo y audacia luchas y batallas. En Tu nombre cumpliré todo y superaré todo. Oh Dios mío, Bondad infinita Te ruego que Tu misericordia ilimitada me acompañe siempre y en todo.

Entrando en este año, me envuelve el temor frente a la vida, pero Jesús me saca de este temor dándome a conocer la gran gloria que le traerá esta obra de la misericordia.

860 Hay momentos en la vida cuando el alma encuentra alivio solamente en una profunda plegaria. Ojalá las almas puedan perseverar en la oración en aquellos momentos. Esto es muy importante.

+

(238) JMJ   Jesús, en Ti confío

+ Propósitos para el año 1937, día 1, mes I

861 Propósito particular: continuar con lo mismo, es decir, unirme a Cristo misericordioso, o sea ¿qué haría Cristo en ese o en aquel caso?, y con el espíritu abrazar el mundo entero, especialmente Rusia y España.

Propósitos generales

I. Rigurosa observancia del silencio, el recogimiento interior.

II. En cada hermana ver la imagen de Dios y de este estímulo debe provenir todo el amor al prójimo.

III. En cada momento de la vida cumplir fielmente la voluntad de Dios y vivir de ella.

IV. Rendir cuentas fielmente de todo al director espiritual y no emprender nada de importante sin acordarlo con él. Trataré de revelar claramente los más secretos rincones de mi alma delante de él, recordando (239) que trato con

Dios Mismo, pero como sustituto está solamente un hombre, por lo tanto todos los días debo pedir la luz para él.

V. En el examen de conciencia de la noche preguntarme:

¿Y si me llamara hoy mismo?

VI. No buscar a Dios lejos, sino que en mi propio interior tratar con Él cara a cara.

VII. En los sufrimientos y en las tribulaciones acudir al tabernáculo y quedar en silencio.

VIII. Unir todos los sufrimientos, las plegarias, los trabajos, las mortificaciones a los méritos de Jesús a fin de implorar misericordia por el mundo.

IX. Los momentos libres, aunque breves, aprovecharlos para rogar por los agonizantes.

X. Que no haya ni un día en mi vida, en el que no recomiende fervorosamente la obra de nuestra Congregación. Nunca hacer caso a la consideración humana.

XI. No tener familiaridad con nadie. Con las alumnas, firmeza benévola, paciencia sin límites, castigarlas severamente pero con un castigo de este tipo: plegaria y sacrificio de mí misma; la fuerza que hay en el anonadarme por ellas es para (240) ellas un continuo remordimiento de conciencia y se ablandan sus corazones obstinados.

XII. La presencia de Dios es el fundamento de todas mis acciones y mis palabras y mis pensamientos.

XIII. Aprovechar toda ayuda espiritual. Poner siempre el amor propio en su debido lugar, es decir, en el último. Hacer los ejercicios espirituales como si los hiciera por última vez en la vida; de la misma manera cumplir todos mis deberes.

862 2 I [1937]. El nombre de Jesús. Oh, qué grande es Tu nombre, oh Señor, es la fortaleza de mi alma. Cuando las fuerzas faltan y las tinieblas se agolpan en el alma, entonces Tu nombre es el sol cuyos rayos iluminan, pero también calientan y el alma bajo su influencia se vuelve bella

e irradia el resplandor de Tu nombre. Cuando oigo el dulcísimo nombre de Jesús, mi corazón late con más fuerza y hay momentos en que oyendo el nombre de Jesús, caigo desvanecida. Mi espíritu se lanza hacia Él.

863 (241) Este día es para mí especialmente importante, este día he ido por primera vez a hacer pintar la imagen [277]; este día por primera vez, la Divina Misericordia ha sido honrada exteriormente de manera particular; a pesar de ser conocida desde hace mucho, pero ahora en la forma deseada por el Señor. Este día del dulcísimo nombre de Jesús me recuerda muchas gracias particulares.

864 3 I. Hoy me visitó la Madre Superiora de la Comunidad que atiende el hospital, con una de sus hermanas [278]. Un largo momento hemos hablado de cosas espirituales. Me di cuenta de que era una gran asceta, por eso nuestra conversación fue agradable a Dios.

Hoy ha venido a verme una señorita; me he dado cuenta de que sufría, no tanto del cuerpo, como del alma. La he confortado como he podido, pero mis palabras de consuelo no han sido suficientes. Era una pobre huérfana que tenía el alma inmersa en la amargura y en el dolor. Ha desnudado su alma delante de mí y me ha revelado todo; he comprendido (242) que en ese caso las palabras de simple consuelo eran insuficientes. He rogado ardientemente al Señor por aquella alma y he ofrecido a Dios mi alegría, para que se la dé a ella y a mí me quite toda sensación de gozo. Y el Señor ha escuchado mi plegaria; a mí me ha quedado el alivio de que ella ha sido consolada.

865 Adoración. El primer domingo. Durante la adoración fui tan apremiada a obrar [279] que rompí a llorar y dije al Señor: Jesús, no me apresures, sino que inspira a aquellos de los cuales sabes que retrasan esta obra. Y oí estas palabras: **Hija Mía, quédate tranquila, ya dentro de poco.**

866 Durante las vísperas oí estas palabras: **Hija Mía, deseo descansar en tu corazón, ya que muchas almas Me han arrojado hoy de su corazón, he experimentado**

una tristeza mortal. Traté de consolar al Señor ofreciéndole mil veces mi amor, sentí en el alma la repugnancia por el pecado.

867 (243) + Mi corazón bebe una continua amargura, porque anhelo ir a Ti, Señor, a la plenitud de la vida. Oh Jesús, qué horrible desierto me parece esta vida, en esta tierra no hay alimento para mi corazón y mi alma, sufro nostalgia por Ti, oh Señor. Me has dejado, oh Señor, la Santa Hostia, pero ella incendia aún más el anhelo de mi alma por Ti, Dios eterno y Creador mío. Oh Jesús, deseo unirme a Ti, escucha los suspiros de Tu esposa. Oh, cuánto sufro por no poder unirme todavía a Ti, pero que se haga según Tus deseos.

868 5 I 1937. Esta noche he visto a cierto sacerdote que estaba necesitado de oración por cierta causa. He rogado con fervor porque esta causa es también muy querida a mi corazón. Te agradezco, Jesús, por Tu bondad.

869 ¡Oh Jesús de la misericordia! Abraza al mundo entero y estréchame a Tu Corazón... Permite a mi alma, oh Señor, descansar en el mar de Tu misericordia insondable.

870 (244) 6 I 1937. Hoy, durante la Santa Misa me he sumergido inconscientemente en la Majestad infinita de Dios. Toda la inmensidad del amor de Dios inundaba mi alma; en aquel momento particular he conocido cuánto Dios se ha humillado por mí, este Señor de los señores. ¿Y qué soy yo, miserable, que Te relaciones así conmigo? El asombro que me ha invadido después de aquella gracia particular, se ha mantenido en forma muy viva durante todo el día. Aprovechando la confianza a la que el Señor me admite, le he rogado por el mundo entero. En tales momentos me parece que el mundo entero depende de mí.

871 + Oh Maestro mío, haz que mi corazón no espere la ayuda de nadie, sino que trate siempre de llevar a los demás la ayuda, el consuelo y todo alivio. Tengo el corazón siempre abierto a los sufrimientos de los demás y no cerraré mi corazón a sus sufrimientos, a pesar de que por

eso, con sorna fui llamada basurero, es decir que cada uno tira (245) su dolor a mi corazón; he contestado que todos tienen lugar en mi corazón, y a cambio yo lo tengo en el Corazón de Jesús. Las bromas referentes a las leyes de la caridad no estrecharán mi corazón. Mi alma es siempre sensible a este aspecto y sólo Jesús es mi estímulo para amar al prójimo.

872 7 I. Durante la Hora Santa el Señor me concedió experimentar su Pasión. Compartí la amargura de la Pasión de la que estaba colmada su alma. Jesús me dio a conocer cómo el alma debe ser fiel a la oración, a pesar de las tribulaciones y la aridez y las tentaciones, porque de tal plegaria en gran medida depende a veces la realización de los grandes proyectos de Dios; y si no perseveramos en tal plegaria, ponemos impedimentos a lo que Dios quiere hacer a través de nosotros o en nosotros. Que cada alma recuerde estas palabras: Y encontrándose en una situación difícil, rogaba más tiempo. Yo prolongo siempre tal oración por cuanto me es posible y compatible con mis deberes.

873 (246) 8 I. En la mañana del viernes cuando iba a la capilla a la Santa Misa, de repente vi en la vereda una gran mata de enebro y en ella un gato horrible que mirándome con maldad me impedía pasar a la capilla. Una sola invocación del nombre de Jesús y todo desapareció. Ofrecí un día entero por los pecadores agonizantes. Durante la Santa Misa sentí de manera particular la cercanía del Señor. Después de la Santa Comunión miré con confianza al Señor y le dije: Jesús, deseo mucho decirte una cosa, y el Señor me miró con amor y dijo: **¿Y qué es lo que quieres decirme?** Jesús, Te pido por el inconcebible poder de Tu misericordia que todas las almas que mueran hoy eviten el fuego infernal, aunque fuesen los pecadores más grandes; hoy es viernes, el memorial de Tu amarga agonía en la cruz; como Tu misericordia es inconcebible, los ángeles no se sorprenderán. Y Jesús me abrazó a su Corazón y dijo: **Hija** (247) **amada, has conocido bien el abismo de Mi misericordia. Haré como lo pides, pero**

no dejes de unirte continuamente a Mi Corazón agonizante y satisfaz Mi justicia. Debes saber que Me has pedido una gran cosa, pero veo que te la ha dictado el amor puro hacia Mí, por eso satisfago tu petición.

874 Oh María, Virgen Inmaculada, tómame bajo Tu protección más especial y custodia la pureza de mi alma, de mi corazón y de mi cuerpo. Tú eres el modelo y la estrella de mi vida.

875 Hoy he experimentado un gran tormento en el momento de la visita de nuestras hermanas. Me he enterado de cierta cosa que ha herido mucho mi corazón, sin embargo me he dominado de manera que las hermanas no se han dado cuenta de nada. Ese dolor me rasgaba el corazón durante largo momento, pero todo esto por los pobres pecadores... Oh Jesús, por los pobres pecadores... Oh Jesús, fuerza mía, quédate cerca de mí, ayúdame...

876 (248) 10 I 1937. Hoy he pedido al Señor que me dé fuerza desde por la mañana, para que pueda acercarme a la Santa Comunión. Oh Maestro mío, Te pido con todo mi corazón sediento, si está conforme a Tu santa voluntad, dame todos los sufrimientos y debilidades que quieras, deseo sufrir día y noche, pero Te ruego ardientemente, dame la fuerza en el momento en que debo acercarme a la Santa Comunión. Ves, oh Jesús, que no traen la Santa Comunión a los enfermos, por lo tanto si no me fortaleces en este momento para que pueda bajar a la capilla, ¿cómo Te recibiré en el Misterio de Amor? y Tú sabes cuánto mi corazón Te desea. Oh mi dulce Esposo, ¿para qué tantos razonamientos? Tú sabes con qué ardor Te deseo y si quieres, puedes hacérmelo. A la mañana siguiente sentí como si estuviera completamente sana, ya no venían ni desvanecimientos ni debilidades. Sin embargo, al regresar de la capilla, todos los sufrimientos y achaques volvieron en seguida, como si me esperasen, pero no les tenía miedo (249) en absoluto, porque me alimenté del Pan de los fuertes. Miro todo con entereza, incluso en los ojos de la muerte misma.

877 + Oh Jesús, escondido en la Hostia, mi dulce Maestro y fiel Amigo, oh qué feliz es mi alma por tener al amigo que siempre me hace compañía; no me siento sola, a pesar de estar en aislamiento. Oh Jesús Hostia, nos conocemos; esto me basta.

878 12 I 1937. Hoy, cuando entró a verme el médico, no le gustó mucho mi apariencia. En realidad, sufría más y la temperatura había aumentado considerablemente. Naturalmente decidió que yo no iría a comulgar hasta que la temperatura bajara completamente. Contesté que sí, aunque el dolor estrechó mi corazón, pero contesté que iría en cuanto bajara la fiebre. Consintió. Cuando el médico se fue, le dije al Señor: Oh Jesús, ahora depende de Ti si voy o no; y no lo pensé más, aunque cada momento me venía el pensamiento: ¿No voy a (250) tener a Jesús? No, es imposible, y además no una vez, sino un par de días hasta que la temperatura baje. Pero por la noche, le dije al Señor: Jesús, si Te agradan mis Santas Comuniones, Te pido humildemente, haz que mañana no tenga ni una décima de fiebre. A la mañana medí la temperatura y pensé: Si hay una sola décima, no me levantaré, ya que eso sería en contra de la obediencia. Pero saqué el termómetro ni una sola décima de fiebre. Me levanté en seguida y fui a recibir la Santa Comunión. Cuando vino el médico y le dije que no tenía ni una décima de fiebre y que fui a recibir la Santa Comunión quedó asombrado, y le pedí que no me dificultara ir a la Santa Comunión, porque eso influiría negativamente en el tratamiento. El médico contestó que: Para estar tranquilo en la conciencia y al mismo tiempo no llevarle la contraria, hermana, acordemos lo siguiente: si hace buen tiempo, no llueve, y usted, hermana, se siente bien, entonces vaya, pero esté atenta en esto en la conciencia. Me alegré de que hubiera un médico tan bien dispuesto (251) hacia mí. Ves, Jesús, ya he hecho lo que me correspondía a mí, ahora cuento Contigo y estoy completamente tranquila.

879 Hoy he visto que el Padre Andrasz celebraba la Santa Misa; antes de la elevación vi al pequeño Jesús que estaba

muy contento, con las manitas tendidas y un momento después no veía nada más. Estaba en mi habitación aislada y continuaba haciendo el agradecimiento. Sin embargo, luego pensé: ¿Por qué el Niño Jesús estuvo tan alegre? porque no siempre había estado tan alegre en mis visiones. De pronto oí dentro de mí estas palabras: **Porque estoy bien en su corazón.** Y eso no me sorprendió nada, porque sé que ama mucho a Jesús.

880 Mi unión con los agonizantes sigue siendo muy estrecha. Oh, qué inconcebible es la Divina Misericordia, ya que el Señor me permite ser de ayuda a los agonizantes con mi indigna oración. En la medida en que puedo, trato de estar cerca de cada agonizante. Tengan confianza en Dios, porque es bueno e inconcebible, su misericordia supera nuestra comprensión.

881 (252) 14 I 1937. Hoy Jesús ha entrado en mi pequeña habitación aislada, con una túnica clara, ceñido de un cinturón de oro; una gran Majestad resplandecía de toda su silueta y dijo: **Hija Mía, ¿por qué te dejas llevar por pensamiento de miedo?** Contesté: Oh Señor, Tú sabes por qué. Y me dijo: **¿Por qué?** Esta obra me asusta, Tú sabes que soy incapaz de cumplirla. Y me dijo: **¿Por qué?** Ves que no tengo salud, no tengo instrucción, no tengo dinero, soy un abismo de miseria, tengo miedo de tratar con la gente. Jesús, yo deseo solamente a Ti, Tú puedes liberarme de esto. Y el Señor me dijo: **Hija Mía, lo que Me has dicho es verdad. Eres muy miserable y a Mí Me ha agradado realizar la obra de la misericordia precisamente a través de ti que eres la miseria misma. No tengas miedo, no te dejaré sola. Haz por esta causa lo que puedas, yo completaré todo lo que te falta; tú sabes lo que está en tu poder, hazlo.** El Señor miró en lo profundo de mi ser con gran benevolencia; pensé que iba a morir de gozo bajo esta mirada. El Señor desapareció, se quedó en mi alma (253) la alegría, la fuerza y el ánimo para obrar, pero me sorprendí de que el Señor no quisiera liberarme, y no cambiara nada de lo que dijo una vez; y a

pesar de toda esta alegría, hay siempre una sombra de sufrimiento. Veo que el amor y el sufrimiento van juntos.

882 Visiones como ésta no las tengo muchas, pero más a menudo trato con el Señor de manera más profunda. Los sentidos quedan dormidos, pero, aunque inadvertidamente, cada cosa llega a ser para mí más real y más clara que como si la viera con los ojos. El intelecto conoce más en un momento que durante largos años de profundas reflexiones y meditaciones, tanto en lo referente a la esencia de Dios, como respecto a las verdades reveladas y también al conocimiento de su propia miseria.

883 Nada me perturba en esta unión con el Señor, ni la conversación con el prójimo, ni ninguna tarea, aunque tuviera que solucionar no sé qué importante asunto, eso no me molesta nada; mi espíritu está con Dios, mis entrañas están llenas de Dios, por eso no lo busco fuera (254) de mí. Él, el Señor, penetra mi alma como un rayo de luz el cristal puro. A mi madre natural, estando encerrada en su seno, no estaba tan unida a ella como a mi Dios; allá estaba la inconsciencia mientras aquí está la plenitud de la realidad y la conciencia de la unión. Mis visiones son puramente interiores, pero las comprendo mejor y en cambio me resulta más difícil expresarlas con palabras.

884 ¡Oh, qué bello es el mundo del espíritu! ¡Y qué real es! En comparación a él, esta vida exterior es una ilusión vana, una impotencia.

885 Oh Jesús, dame fortaleza y sabiduría para atravesar esta pavorosa selva, para que mi corazón sepa soportar pacientemente el deseo ardiente de Ti, oh Señor mío. Permanezco siempre en sagrado asombro cuando siento que Te estás acercando a mí. Tú, el soberano del trono terrible, bajas al miserable destierro y vienes a una pobre mendiga que no tiene nada más que la miseria; no sé hospedarte, oh mi Príncipe, pero Tú sabes que Te quiero con cada latido de mi corazón. Veo Tu humillación, sin embargo Tu Majestad no disminuye (255) a mis ojos. Sé que me amas con el amor del esposo y eso me basta, a pesar

de que nos separa un gran abismo, porque Tú eres el Creador y yo Tu criatura. Pero el amor es la única explicación de nuestra unión, fuera de él todo es inconcebible; sólo con el amor se comprende la inconcebible familiaridad con la que me tratas. Oh Jesús, Tu grandeza me espanta y permanecería en un continuo asombro y temor si no me tranquilizaras Tú Mismo; Tú me haces capaz de tratar Contigo siempre antes de acercarte.

886 15 I 1937. La tristeza no vendrá a un corazón que ama la voluntad de Dios. Mi corazón, lleno de nostalgia por Dios, experimenta toda la miseria del destierro. Avanzo con arrojo, a mi patria, aunque se hieran los pies y en este camino me alimento de la voluntad de Dios, ella es mi alimento. Sostenedme, oh felices habitantes de la patria celestial, para que vuestra hermana no pare en el camino. Aunque hay un terrible desierto, camino con la frente alta y miro hacia el sol, es decir al misericordioso Corazón de Jesús.

887 (256) 19 I 1937. En el momento actual mi vida pasa en un silencioso conocimiento [de la presencia] de Dios. De Él vive mi alma silenciosa, y esta consciente vida de Dios en mi alma es para mí una fuente de felicidad y de fortaleza. No busco la felicidad fuera de lo profundo de mi alma, donde mora Dios, estoy consciente de ello. Siento como una necesidad de darme a los demás, he descubierto en el alma la fuente de felicidad, es decir, a Dios. Oh Dios mío, veo que todo lo que me rodea está colmado de Dios y sobre todo mi alma adornada de la gracia de Dios. Comienzo ya a vivir de aquello de lo que viviré en la eternidad.

888 El silencio es un lenguaje tan poderoso que alcanza el trono del Dios viviente. El silencio es su lenguaje, aunque misterioso, pero poderoso y vivo.

889 Oh Jesús, me das a conocer y entender en qué consiste la grandeza del alma: no en grandes acciones, sino en un gran amor. Es el amor que tiene el valor y él confiere la grandeza a nuestras acciones; aunque nuestras acciones sean pequeñas y comunes de por sí, a consecuencia del

amor se harán grandes y poderosas delante de Dios gracias (257) al amor.

890 El amor es un misterio que transforma todo lo que toca en cosas bellas y agradables a Dios. El amor de Dios hace al alma libre; es como una reina que no conoce el constreñimiento del esclavo, emprende todo con gran libertad del alma, ya que el amor que vive en ella es el estímulo para obrar. Todo lo que la rodea, le da a conocer que solamente Dios es digno de su amor. El alma enamorada de Dios y en Él sumergida, va a sus deberes con la misma disposición con que va a la Santa Comunión y cumple también las acciones más simples con gran esmero, bajo la mirada amorosa de Dios; no se turba si con el tiempo alguna cosa resulta menos lograda, ella está tranquila, porque en el momento de obrar hizo lo que estaba en su poder. Cuando sucede que la abandona la viva presencia de Dios, de la que goza casi continuamente, entonces procura vivir de la fe viva; su alma comprende que hay momentos de descanso y momentos de lucha. Con la voluntad está siempre con Dios. Su alma es como un oficial adiestrado en la lucha, desde lejos ve dónde se esconde el enemigo y está preparada para (258) el combate, ella sabe que no está sola; Dios es su fortaleza.

891 21 I [1937]. Hoy, desde la primera hora estoy admirablemente unida al Señor. Por la noche ha venido a visitarme el sacerdote del hospital; despúes de un momento de conversar, he sentido que mi alma ha comenzado a sumergirse más en Dios y he empezado a perder la sensibilidad de lo que pasaba alrededor de mí. He rogado ardientemente a Jesús: Dame la posibilidad de conversar, y el Señor ha hecho que pudiera conversar libremente con Él, pero ha habido un momento en que no entendía lo que decía; oía su voz, pero no estaba en mi poder comprender y me disculpaba de no comprender lo que decía, a pesar de oír su voz. Este es el momento de la gracia de unión con Dios, pero imperfecta, porque por fuera los sentidos funcionan de modo también imperfecto; no hay una inmersión

plena en Dios, es decir, la suspensión de los sentidos, como sucede frecuentemente que por fuera no se oye ni se ve nada, el alma entera está sumergida libremente en Dios. Cuando esta gracia me visita deseo estar sola, le pido a Jesús que (259) me proteja de las miradas de las criaturas. De verdad, me daba mucha vergüenza ante ese sacerdote, pero me he tranquilizado, porque había conocido un poco mi alma durante la confesión.

892 Hoy, el Señor me ha dado a conocer en espíritu el convento de la Divina Misericordia; he visto en él un profundo espíritu, pero todo pobre y muy modesto. Oh Jesús mío, me haces tratar espiritualmente con aquellas almas y quizás nunca ponga allí mi pie, pero sea bendito Tu nombre y se haga lo que Tú has establecido.

893 22 I [1937]. Hoy es viernes. Mi alma está en un mar de sufrimientos. Los pecadores me han quitado todo; pero está bien así, he dado todo por ellos para que conozcan que Tú eres bueno e infinitamente misericordioso. Yo en todo caso Te seré fiel bajo el arco iris y bajo la tempestad.

894 Hoy el médico ha decidido que no debo ir a la Santa Misa, sino solamente a la Santa Comunión. Deseaba ardientemente asistir a la Santa Misa, pero el confesor de acuerdo con el médico me ha dicho que sea obediente. "Es la voluntad de Dios que usted sea (260) sana y no le está permitido, hermana, mortificarse en nada; sea obediente y Dios le recompensará." Sentía que aquellas palabras del confesor eran palabras del Señor Jesús y aunque me dolía dejar la Santa Misa, ya que Dios me concedía la gracia de ver al Niño Jesús, no obstante antepongo la obediencia a toda otra cosa.

Me sumergí en la plegaria e hice la penitencia; de súbito vi al Señor que me dijo: **Hija Mía, has de saber que con un acto de obediencia Me das mayor gloria que con largas plegarias y mortificaciones.** Oh, qué bueno es vivir en la obediencia, vivir en la conciencia de que todo lo que hago es agradable a Dios.

895 23 I [1937]. Hoy no he tenido ganas de escribir; de repente he oído en el alma una voz: **Hija Mía, no vives para ti, sino para las almas. Escribe para el bien de ellas. Conoces Mi voluntad en cuanto a escribir, te la han confirmado muchas** (261) **veces los confesores. Tú sabes lo que más Me agrada y si tienes alguna duda sobre Mis palabras, sabes a quién debes preguntar. Le concedo luz para que juzgue Mi causa, Mi ojo lo protege. Hija Mía, frente a él tienes que ser como una niña, llena de sencillez y sinceridad, antepón su opinión a todas Mis peticiones, él te guiará según Mi voluntad; si no te permite cumplir Mis solicitudes, quédate tranquila, no te juzgaré por ello; este asunto quedará entre Yo y él. Tú debes obedecer.**

896 25 I [1937]. Hoy mi alma está sumergida en amargura. Oh Jesús, oh Jesús mío, hoy a cada uno le está permitido añadir a mi cáliz de amargura, no importa si es amigo o enemigo, cada uno puede hacerme sufrir, y Tú, oh Jesús, estás obligado a darme fortaleza y fuerza en estos difíciles momentos. Oh Hostia Santa, sostenme y cierra mis labios a la murmuración y a las quejas. Cuando guardo silencio, sé que venceré.

897 (262) 27 I [1937]. Advierto una notable mejoría de mi salud. Jesús me lleva desde la puerta de la muerte a la vida; en realidad faltaba poco para morir, pero he aquí de nuevo el Señor me concede la plenitud de la vida, aunque debo quedarme todavía en el sanatorio, pero estoy casi completamente sana. Veo que no se ha cumplido todavía en mí la voluntad de Dios, por lo tanto tengo que vivir, porque sé que cuando cumpla todo lo que Dios ha establecido respecto a mí en la tierra, no me dejará más tiempo en el destierro, porque mi casa es el cielo. Pero antes de ir a la patria, tenemos que cumplir la voluntad de Dios en la tierra, es decir, superar hasta lo último nuestras pruebas y nuestras batallas.

898 Oh Jesús mío, me devuelves la salud y la vida, dame fortaleza para luchar, porque sin Ti no soy capaz de hacer

nada, dame fortaleza, porque Tú lo puedes todo, ves que soy una niña débil y ¿qué puedo [hacer]?

Conozco toda la omnipotencia de Tu misericordia y confío en que me darás todo lo que necesite Tu débil niña.

899 (263) ¡Cuánto he deseado la muerte! No sé si alguna otra vez en la vida desearé tanto a Dios. Hubo momentos en que me desmayaba por Él. Oh, qué fea es la tierra cuando se conoce el cielo. Debo violentarme para vivir. Oh voluntad de Dios, tú eres mi alimento.

900 ¡Oh vida gris y llena de incomprensiones! Se ejercita mi paciencia, y por lo tanto adquiero experiencia, conozco muchas cosas y aprendo cada día y veo que sé poco y continuamente descubro faltas en mi comportamiento, pero no me desanimo por eso, sino que agradezco a Dios que se digna concederme su luz para que me conozca a mí misma.

901 + Hay cierta persona que me ejercita en la paciencia, tengo que dedicarle mucho tiempo. Cuando hablo con ella, siento que miente y eso de continuo, pero como me habla de cosas lejanas que no puedo verificar, pues sus mentiras quedan impunes; sin embargo, interiormente estoy convencida de que no es (264) verdad lo que me dice. Una vez, cuando me vinieron dudas de que yo podía estar equivocada mientras ella decía, quizá, la verdad, pedí al Señor Jesús que me diera esa señal de que si ella verdaderamente mentía, confesara ella misma una de las cosas de las que yo estaba interiormente convencida que mentía; y si ella decía la verdad, que el Señor Jesús me quitara la convicción de que ella mentía. Poco después volvió a venir y me dijo: Hermana, le pido perdón, pero mentí en tal y tal cosa. Y comprendí que la luz que tenía dentro de mí respecto a aquella persona, no me había engañado.

902 29 I 1937. Hoy no me he despertado a tiempo, tengo apenas un breve momento para no llegar tarde a la Santa Comunión, porque la capilla dista un buen trecho de nuestro pabellón [280]. Cuando salí afuera, la nieve llegaba a las rodillas, pero antes de pensar que el médico no me hubiera

permitido ir con tanta nieve, ya estaba con (265) el Señor, en la capilla, recibí la Santa Comunión y en seguida estuve de vuelta. Oí en el alma estas palabras: **Hija Mía, descansa junto a Mi Corazón, conozco tus esfuerzos.** Mi alma se regocija más cuando estoy junto al Corazón de mi Dios.

30 I 1937. Retiro espiritual de un día.

903 Voy conociendo cada vez más la grandeza de Dios y me alegro por Él; trato con Él continuamente en lo profundo de mi corazón; es en mi propia alma dónde encuentro a Dios con la mayor facilidad.

904 Durante la meditación oí estas palabras: **Hija Mía, Me das la mayor gloria a través de la paciente sumisión a Mi voluntad, y te aseguras méritos tan grandes que no alcanzarías ni con ayunos ni con ningunas mortificaciones. Has de saber, hija Mía, que si sometes tu voluntad a la Mía, atraes sobre ti Mi gran complacencia; este sacrificio Me es agradable y lleno de dulzura, en él tengo complacencia, él es poderoso.**

905 (266) + Examen de conciencia: continuar lo mismo, unirme con el Cristo misericordioso. Práctica: el recogimiento interior, es decir, la rigurosa observancia del silencio.

906 + En los momentos difíciles, contemplaré el clavado y silencioso Corazón de Jesús en la cruz y de las llamas que brotan de su Corazón misericordioso fluirá sobre mí la fortaleza y la fuerza para luchar.

907 Cosa extraña que en invierno viene a mi ventana un canario y durante un momento canta de maravilla. Quise averiguar si estaba, quizá, por aquí en alguna jaula, pero no, no estaba en ninguna parte, tampoco en otro pabellón; una de las pacientes también lo oyó, pero una sola vez y se sorprendió de ¿cómo un canario pudiera cantar en una estación tan helada?

908 + Oh Jesús, qué lástima me dan los pobres pecadores. Oh Jesús, concédeles el arrepentimiento y la contrición. Recuerda

Tu dolorosa Pasión. Conozco Tu misericordia infinita, no puedo soportar que perezca el alma que Te costó tanto. Oh Jesús, dame las almas (267) de los pecadores. Que Tu misericordia descanse en ellas, quítame todo, pero dame estas almas. Deseo convertirme en la hostia expiatoria por los pecadores, que el cuerpo oculte mi sacrificio, ya que Tú también ocultas Tu Sacratísimo Corazón en la Hostia, a pesar de ser la inmolación viva.

Transfórmame en Ti, oh Jesús, para que sea una víctima viva y agradable a Ti; deseo satisfacerte en cada momento por los pobres pecadores, el sacrificio de mi espíritu se oculta bajo la envoltura del cuerpo, el ojo humano no lo alcanza, por lo tanto es puro y agradable a Ti. Oh Creador mío y Padre de gran Misericordia, confío en Ti, porque eres la Bondad Misma. Oh almas, no tengan miedo de Dios, sino que tengan confianza en Él, porque es bueno y su misericordia dura por los siglos.

909 + Nos conocemos mutuamente con el Señor en la morada de mi corazón. Sí, ahora yo Te hospedo en la casita de mi corazón, pero se acerca el tiempo cuando me llamarás a Tu morada que me habías preparado desde la creación del mundo. Oh, ¿quién soy yo frente a Ti, oh Señor?

910 (268) El Señor me lleva al mundo desconocido para mí, me da a conocer su gran gloria, pero yo tengo miedo de ella y no me dejaré influir por ella en lo que esté en mi poder hasta que me asegure, por el director espiritual, qué gracia es.

911 En cierto momento, la presencia de Dios penetró todo mi ser, mi mente fue singularmente iluminada en cuanto al conocimiento de su Esencia; [Dios] me permitió acercarme al conocimiento de su vida interior. Vi en espíritu las Tres Personas Divinas, pero su Esencia es única. Él es Solo, Uno, Único, pero en Tres Personas, cada una de las cuales no es ni más pequeña ni más grande; no hay diferencia ni en la belleza, ni en la santidad, porque son Uno. Uno, absolutamente Uno. Su Amor me ha llevado a este conocimiento y me ha unido a Él. Cuando estaba unida

con una [Persona Divina], estaba unida también con la segunda y con la tercera. Así pues, cuando nos unimos con una, por eso mismo nos unimos con otras dos Personas al igual que con una. Una es la voluntad, uno Dios, aunque en las Personas Trinitario. Cuando al alma se entrega a una (269) de las Tres Personas, entonces, con el poder de esa voluntad se encuentra unida a las Tres Personas y está inundada de la felicidad que fluye de la Santísima Trinidad; de esta felicidad se alimentan los santos. La felicidad que brota de la Santísima Trinidad, hace feliz a todo lo creado; brota la vida que vivifica y anima cada ser que de Él tiene principio. En aquellos momentos mi alma probó las delicias divinas tan grandes, que me es difícil expresarlas.

912 Luego oí pronunciar unas palabras, y fueron éstas: **Quiero tomarte como esposa**. Sin embargo, el temor traspasó mi alma, pero sin aprensión reflexionaba sobre ¿qué desposorio sería?; no obstante cada vez mi alma se llena de temor, pero la paz es mantenida en el alma por una fuerza superior.

En realidad, tengo los votos perpetuos y los hice con la voluntad sincera y total. Y reflexiono continuamente ¿qué puede significar esto?; siento e intuyo que es una gracia excepcional. Cuando la contemplo, me desmayo por desear a Dios, pero en ese desmayo la mente está clara y penetrada por la luz. Cuando estoy unida a Él (270), me desmayo del exceso de felicidad, pero mi mente está clara y limpia, sin confusiones. Humillas Tu Majestad para tratar con una pobre criatura. Te agradezco, oh Señor, por esta gran gracia que me hace capaz de tratar Contigo. Oh Jesús, Tu nombre es una delicia para mí; desde lejos percibo a mi Amado y mi alma llena de anhelo descansa en sus brazos, no sé vivir sin Él; prefiero estar con Él en los tormentos y en los sufrimientos que sin Él entre las más grandes delicias del cielo.

913 2 II 1937. Hoy, desde muy temprano, el recogimiento de Dios penetra mi alma; durante la Santa Misa pensaba ver

al pequeño Jesús, como frecuentemente lo veo, sin embargo, hoy durante la Santa Misa vi a Jesús crucificado. Jesús estaba clavado en la cruz y entre grandes tormentos. Mi alma fue compenetrada de los sufrimientos de Jesús, en mi alma y en mi cuerpo, aunque de modo invisible, pero igualmente doloroso. Oh, qué misterios tan asombrosos ocurren durante la Santa Misa.

914 Un gran misterio se hace durante la Santa Misa. (271) Con qué devoción deberíamos escuchar y participar en esta muerte de Jesús. Un día sabremos lo que Dios hace por nosotros en cada Santa Misa y qué don prepara para nosotros en ella. Sólo su amor divino puede permitir que nos sea dado tal regalo. Oh Jesús, oh Jesús mío, de qué dolor tan grande está penetrada mi alma, viendo una fuente de vida que brota con tanta dulzura y fuerza para cada alma. Y sin embargo veo almas marchitas y áridas por su propia culpa. Oh Jesús mío, haz que la fortaleza de Tu misericordia envuelva a estas almas.

915 + Oh María, hoy una espada terrible [281] ha traspasado Tu santa alma. Nadie sabe de Tu sufrimiento, excepto Dios. Tu alma no se quebranta, sino que es valiente porque está con Jesús. Dulce María, une mi alma a Jesús, porque sólo entonces podré resistir todas las pruebas y tribulaciones, y sólo mediante la unión con Jesús, mis pequeños sacrificios complacerán a Dios. Dulcísima Madre, continúa enseñándome sobre la vida interior. Que la espada del sufrimiento no me abata jamás. Oh Virgen pura, derrama valor en mi corazón y protégelo.

916 (272) + El día de hoy es para mí excepcional, a pesar de haber sufrido tanto, mi alma está inundada de un gran gozo. En la habitación aislada contigua a la mía, había una judía gravemente enferma; hace tres días fui a visitarla, sentí un dolor en mi alma al pensar que moriría en poco tiempo y que la gracia del bautismo no lavaría su alma. Hablé con la hermana que la cuidaba de administrarle el santo bautismo al acercarse el último momento. Pero existía esa dificultad de que siempre había judíos a su lado.

Sin embargo, sentí en el alma la inspiración de rogar delante de la imagen que Jesús me había ordenado pintar. Tengo un folleto en cuya cubierta figura la reproducción de la imagen de la Divina Misericordia. Y le dije al Señor: Jesús, Tú Mismo me has dicho que concederás muchas gracias a través de esta imagen, por eso Te pido la gracia del santo bautismo para esta judía; no importa quién la bautice con tal de que sea bautizada. Después de estas palabras fui extrañamente tranquilizada y tenía la certeza absoluta de que el agua del santo bautismo fluiría sobre su alma a pesar de las dificultades. Y durante la noche (273), cuando ella estaba muy débil, me levanté tres veces para estar con ella y esperar el momento oportuno para alcanzarle esta gracia. Por la mañana daba la impresión de sentirse mejor. Por la tarde empezó a acercarse el último momento; la hermana que la asistía dijo que sería difícil administrarle aquella gracia porque estaban junto a ella. Y llegó el momento cuando la enferma empezó a perder el conocimiento, pues algunos comenzaron a correr para buscar al médico y los demás en otras direcciones para salvar a la enferma y sucedió que la enferma se quedó sola y la hermana que la cuidaba la bautizó. Y antes de que todos volvieran, su alma se había vuelto bella, adornada de la gracia de Dios y expiró en seguida. La agonía duró poco tiempo, fue como si se hubiera dormido. De repente vi su alma de una belleza admirable entrando en el cielo. Oh, qué bella es el alma en la gracia santificante; el gozo dominó mi alma por haber obtenido delante de la imagen una gracia tan grande para aquella alma.

917 Oh, qué grande es la Divina Misericordia. Que la exalte toda criatura. Oh Jesús mío, esta alma Te cantará el himno de la misericordia por toda la eternidad. (274) No olvidaré la impresión que tuve en el alma aquel día. Es ya la segunda gran gracia obtenida aquí para las almas delante de esta imagen.

Oh, qué bueno es el Señor y lleno de compasión. Oh Jesús, Te agradezco tanto por estas gracias.

918 5 II 1937. Oh Jesús mío, a pesar de todo, deseo ardientemente unirme a Ti. Oh Jesús, si es posible, llévame a Ti,
porque me parece que mi corazón estallará por desearte
tanto.

Oh, cuánto siento estar en este destierro. ¿Cuándo estaré
en la casa de nuestro Padre y me llenaré de la felicidad
que fluye de la Santísima Trinidad? Pero si es Tu voluntad que siga viviendo y sufriendo, entonces deseo lo que
me has designado; tenme en esta tierra hasta cuando Te
plazca, aún hasta el fin del mundo. Oh, voluntad de mi
Señor, sé mi deleite y el encanto de mi alma. Aunque la
tierra está tan poblada, yo me siento sola y la tierra es
para mí un desierto espantoso. Oh Jesús, oh Jesús, Tú sabes y conoces el ardor de mi corazón, solamente Tú, oh
Señor, puedes colmarme.

919 (275) + Hoy, cuando le llamé la atención a cierta señorita
que no pasara horas enteras en el pasillo con los hombres,
porque eso no convenía a una doncella decente, me pidió
perdón y prometió corregirse; se puso a llorar al darse
cuenta de su poco juicio. Mientras le decía esas pocas palabras sobre la moral, los hombres de toda la sala se reu-
nieron y escucharon mis advertencias. Los judíos también
escucharon en parte y por su cuenta. Una persona me dijo
después que acercaron los oídos a la pared y escucharon
atentamente. Yo sentía extrañamente que ellos estaban escuchando, pero dije lo que tenía que decir. Aquí las paredes
son tan delgadas que aunque se hable en voz baja, se oye.

920 + Hay aquí cierta persona que antes era nuestra alumna.
Naturalmente me ejercita en la paciencia, me visita varias
veces al día; después de cada visita estoy cansada, pero
veo que es el Señor Jesús que me ha mandado esta alma.
Que todo Te alabe, oh Señor. La paciencia da gloria a
Dios. Oh, qué pobres son las almas.

921 (276) 6 II [1937]. Hoy el Señor me ha dicho: **Hija Mía,
Me dicen que tienes mucha sencillez, entonces ¿por
qué no Me hablas de todo lo que te concierne aún de
los más pequeños detalles? Háblame de todo. Has de**

saber que con esto Me procurarás mucho gozo. Contesté: Pero, Señor, Tú lo sabes todo. Y Jesús me contestó: **Sí, Yo sé, pero tú no te justifiques diciendo que Yo sé, sino que con la sencillez de una niña, háblame de todo, porque tengo el oído y el corazón vueltos hacia ti y tus palabras Me son agradables.**

922 + Al empezar esa gran novena por tres intenciones, vi en la tierra un pequeño gusano y pensé: ¿De dónde ha salido en pleno invierno? De repente oí en el alma estas palabras: **Ves, Yo pienso en él y lo mantengo y ¿qué es él en comparación contigo? ¿Por qué se ha asustado tu alma un momento?** Pedí perdón al Señor por aquel momento; Jesús quiere que siempre sea una niña y ponga en Él toda preocupación y me someta ciegamente a su santa voluntad; Él se ha encargado de todo.

923 (277) 7 II [1937]. Hoy el Señor me dijo: **Exijo de ti un sacrificio perfecto y en holocausto, el sacrificio de la voluntad; ningún otro sacrificio es comparable a éste. Yo Mismo dirijo tu vida y dispongo todo de manera que seas para Mí una ofrenda continua y hagas siempre Mi voluntad, y para completar esta ofrenda te unirás a Mí en la cruz. Conozco tus posibilidades. Yo Mismo te ordenaré directamente muchas cosas y la posibilidad de la ejecución la retrasaré y la haré depender de los demás; aquello que las Superioras no podrán alcanzar, lo completaré directamente Yo Mismo en tu alma y en el fondo más secreto de tu alma habrá un sacrificio perfecto de holocausto, y esto no por algún tiempo, sino que debes saber, hija Mía, que este sacrificio durará hasta la muerte. Pero vendrá el tiempo en que Yo, el Señor, cumpliré todos tus deseos; tengo en ti Mi complacencia como en una Hostia viva; no te espantes de nada, Yo estoy contigo.**

924 Hoy he recibido un recado reservado [282] de la Superiora prohibiéndome estar junto a los moribundos; así que, en vez de mi persona, enviaré a los moribundos la obediencia y ella sostendrá las almas (278) agonizantes.

Esta es la voluntad de Dios, esto me basta; aquello que no entiendo ahora, lo comprenderé después.

925 7 II 1937. Hoy, con más fervor que en cualquier otro momento, he rogado según la intención del Santo Padre y de tres sacerdotes [283], para que Dios les inspire lo que exige de mí, porque de ellos depende la realización de esta obra. Oh, cuánto me he alegrado de que el Santo Padre esté mejor de salud. Hoy escuché como estaba hablando al Congreso Eucarístico [284] y con el espíritu me he trasladado allí para recibir la bendición apostólica.

926 9 II 1937. Últimos días de carnaval. En estos dos últimos días de carnaval he conocido una enorme cantidad de penas y de pecados. En un instante el Señor me hizo saber los pecados cometidos estos días en el mundo entero. Me he desmayado de espanto, y a pesar de conocer todo el abismo de la Divina Misericordia, me he sorprendido de que Dios permita existir a la humanidad. Y el Señor me dijo quién sostiene la existencia de la humanidad: son las almas elegidas. Cuando acabe el número de los elegidos, el mundo dejará de existir.

927 Durante estos dos días recibí la Santa Comunión (279) como un acto de reparación y dije al Señor Jesús: Oh Jesús, hoy ofrezco todo por los pecadores. Que los golpes de Tu justicia se abatan sobre mí, y el mar de la misericordia alcance a los pobres pecadores. Y el Señor oyó mi plegaria. Muchas almas volvieron al Señor mientras yo agonizaba bajo el peso de la justicia de Dios. Sentía ser el blanco de la ira del Altísimo. Por la noche mi sufrimiento alcanzó un estado de abandono interior tan grande que los gemidos salían de mi pecho sin querer. Me encerré con llave en mi habitación aislada y comencé la adoración, es decir la Hora Santa. El abandono interior y el experimentar la justicia de Dios eran mi petición; mientras que el gemido y el dolor que salían de mi alma ocuparon el lugar del dulce coloquio con el Señor.

928 De repente vi al Señor, que me abrazó a su Corazón y me dijo: **Hija Mía, no llores, porque no puedo soportar**

tus lágrimas; les daré todo lo que pidas, pero deja de llorar. Y me llenó una gran (280) alegría y mi espíritu, como siempre, se sumergió en Él como en su único tesoro. Hoy hablé más con Jesús, animada por su bondad.

929 Y cuando descansé junto a su dulcísimo Corazón, Le dije: Jesús, tengo tantas cosas que decirte. Y el Señor me dijo con gran dulzura: **Habla, hija Mía.** Y empecé a expresar los sufrimientos de mi corazón, a saber: que me preocupa mucho toda la humanidad, que no todos Te conocen y los que Te conocen no Te aman como mereces ser amado. Además veo que los pecadores Te ofenden terriblemente y veo también la gran opresión y persecución de los fieles, especialmente de tus siervos y más aún veo muchas almas que se precipitan ciegamente en el terrible abismo infernal. Ves, oh Jesús, éste es el dolor que penetra mi corazón y mis huesos, y aunque me haces el don de Tu amor singular, e inundas mi corazón con los torrentes de Tu alegría, esto no atenúa los sufrimientos que acabo de mencionarte, sino que más bien penetran (281) mi pobre corazón de modo más vivo. Oh, qué ardiente es mi deseo de que toda la humanidad vuelva con confianza a Tu misericordia; entonces, tendrá alivio mi corazón viendo la gloria de Tu nombre. Jesús escuchó este desahogo de mi corazón con atención e interés, como si no supiera nada y casi escondiendo ante mí el conocimiento de aquellas cosas, así yo me sentía más libre en hablar. Y el Señor me dijo: **Hija Mía, Me son agradables las palabras de tu corazón y por el rezo de esta coronilla acercas a Mí la humanidad.** Después de estas palabras me encontré sola, pero la presencia de Dios está siempre en mi alma.

930 + Oh Jesús mío, cuando vaya a Tu casa y me colmes de Ti mismo, y esto será para mi la plenitud de la felicidad, no olvidaré la humanidad; deseo levantar las cortinas del cielo para que la tierra no dude de la Divina Misericordia. Mi descanso está en proclamar Tu misericordia. El alma rinde la mayor gloria a su Creador cuando se dirige con confianza a la Divina Misericordia.

931 (282) 10 II [1937]. Hoy es el Miércoles de Ceniza.

Durante la Santa Misa, por un breve momento he experimentado la Pasión de Jesús en mi cuerpo. La Cuaresma
es el período particular para el trabajo de los sacerdotes,
es necesario ayudarles en la salvación de las almas.

932 Hace algunos días escribí a mi director espiritual [285] pidiendo permiso para ciertas pequeñas prácticas por el
tiempo de la Cuaresma. Como no disponía del permiso
del médico para ir a la ciudad, he tenido que hacerlo por
carta. Sin embargo, hoy es el Miércoles de Ceniza y no
tengo aún la respuesta. Por la mañana, después de la Santa Comunión he comenzado a rogarle a Jesús que le inspire con su luz para que me conteste y he conocido en el
alma que el Padre no está en contra de aquellas prácticas
que le pedí y me concede su permiso; y con tranquilidad
he empezado a ejercitarme en esas prácticas que pedí.
Ese mismo día, por la tarde, he recibido la carta del Padre
diciendo que para las prácticas solicitadas me da su (283)
permiso. Me he alegrado muchísimo de que mi conocimiento interior haya estado conforme a la opinión del
Padre espiritual.

933 Luego oí en el alma estas palabras: **Obtendrás una mayor recompensa por la obediencia y la dependencia al
confesor que por las prácticas mismas en las que te
ejercitarás. Hija Mía, has de saber y comportarte según esto: aunque se trate de la cosa más pequeña, pero con el sello de la obediencia a Mi sustituto será una
cosa agradable y grande a Mis ojos.**

934 Pequeñas prácticas para la Cuaresma. No puedo ejercitarme en grandes mortificaciones, como antes, a pesar de mi
ardiente anhelo y deseo, ya que estoy bajo un estricto
control del médico, pero puedo ejercitarme en cosas más
pequeñas: primero, dormir sin almohada, sentirme un poco hambrienta, rezar todos los días la coronilla que me ha
enseñado el Señor, con los brazos en cruz, de vez en
cuando rezar con los brazos en cruz durante un tiempo

indeterminado (284) y rezando una plegaria espontánea. La intención: para impetrar la Divina Misericordia por los pobres pecadores y a los sacerdotes el poder de suscitar el arrepentimiento de los corazones pecadores.

935 Mi unión con las almas agonizantes sigue siendo como antes, estrecha. A menudo acompaño al alma agonizante a gran distancia, pero experimento la mayor alegría al ver que sobre esas almas se realiza la promesa de la misericordia. El Señor es fiel, lo que dice una vez, lo cumple.

936 + Cierta alma que estaba en nuestro pabellón, estaba muriendo, sufría tremendamente, estuvo agonizando tres días, recobrando el conocimiento de vez en cuando. Todos en la sala rogaban por ella. Yo también deseaba ir, pero la Madre Superiora me había prohibido visitar a los agonizantes, por eso rogaba por esa querida alma en mi habitación aislada. Pero al saber que aún sufría y que no se sabía cuánto tiempo iba a durar todavía, repentinamente algo agitó mi alma y le dije al Señor: Oh Jesús, si todo lo que hago Te es agradable, (285) Te ruego, como una prueba de esto, que esa alma no sufra más, sino que pase en seguida a la felicidad eterna. Pocos minutos después supe que aquella alma se había dormido tan serena y rápidamente que ni siquiera dio tiempo de encender la vela.

937 + Diré una palabra más sobre el director de mi alma. Una cosa extraña es que sean tan pocos los sacerdotes que saben infundir al alma fortaleza, y ánimo, y valor de modo que el alma, sin cansarse, avanza siempre. Bajo una dirección de esta clase, el alma, aunque disponiendo de poca fuerza, puede hacer mucho para la gloria de Dios. Y he conocido con esto un secreto, a saber, que el confesor, es decir, el director espiritual no menosprecia las cosas pequeñas que el alma le expone. Y el alma, al darse cuenta de que está controlada en esto, comienza a ejercitarse y no omite la más pequeña ocasión de virtud y evita también las más pequeñas faltas, y de esto, como de pequeñas piedras surge el magnífico templo (286) del alma. Y al contrario: si el alma se da cuenta de que el confesor

menosprecia esas pequeñas cosas, también ella comienza a despreciarlas, dejará de dar cuenta de ellas al confesor, y aún peor, comenzará a descuidarse de las cosas pequeñas, y así, en vez de avanzar, retrocede poco a poco. Y el alma se da cuenta de ello sólo al caer ya en las cosas más graves. Y ahora surge una pregunta seria ¿de quién es la culpa? ¿De ella o del confesor, es decir, del director espiritual? Aquí me refiero más bien al director espiritual. Me parece que toda la culpa debe ser imputada al director espiritual imprudente; y al alma hay que atribuirle solamente este error de haber elegido al director espiritual por sí sola. El director espiritual había podido guiar bien al alma por los caminos de la voluntad de Dios hacia la santidad.

938 El alma debería rogar ardientemente por el director espiritual durante un tiempo más largo, y pedir a Dios que se dignara elegirlo Él Mismo. Lo que se comienza con Dios, será de Dios, y lo que se comienza con medios puramente humanos, será humano. Dios es tan misericordioso que, para (287) ayudar al alma, Él Mismo le asigna un guía espiritual, y la ilumina de que es aquél delante del cual ella debe revelar los rincones más secretos de su alma, como delante del Señor Jesús. Y cuando el alma reflexione y conozca que todo ha sido dirigido por Dios, pida ardientemente a Dios que le conceda mucha luz para conocer su alma, y que no cambie a tal director, a menos que haya una razón seria. Como antes de elegir el director espiritual rogaba mucho y ardientemente para conocer la voluntad de Dios, así también cuando quiera cambiarlo, ruegue mucho y con fervor para saber si es verdaderamente la voluntad de Dios de que lo deje y elija al otro. Si no hay una evidente voluntad de Dios respecto a esto, no lo cambie, porque el alma por sí sola no llegará muy lejos y Satanás quiere precisamente que el alma que tiende a la santidad se guíe sola, ya que entonces, ni hablar de que la alcance.

939 Constituye una excepción el alma que Dios Mismo guía directamente, pero en tal caso el director espiritual en

seguida (288) se da cuenta de que tal alma es dirigida por Dios Mismo. Dios se lo da a conocer de modo claro y evidente; y tal alma, más que otra, debería estar bajo un control más estricto del director espiritual. En tal caso el director espiritual no tiene tanto el deber de dirigir e indicar los caminos por los cuales el alma debe caminar, cuanto, más bien, el de juzgar y confirmar que el alma sigue el camino justo y que está guiada por un buen espíritu. En tal caso el director no solamente debe ser santo, sino también experimentado y prudente, y el alma debe anteponer su opinión a la de Dios Mismo, ya que entonces estará a salvo de las ilusiones y las desviaciones. El alma que no sometiera tales inspiraciones al riguroso control de la Iglesia, es decir, del director espiritual, con eso mismo daría a conocer que la guía un espíritu malo. En esto el director espiritual debe ser muy prudente y experimentar al alma en la obediencia. Satanás puede ponerse el manto de la humildad, pero no es capaz de vestir el manto de la obediencia, (289) y es aquí dónde se revela toda su maldad. Pero el confesor no puede tenerle miedo exagerado a tal alma, porque si Dios le confía un alma tan excepcional, también le da una gran luz divina respecto a ella, ya que de otro modo ¿cómo podría juzgar bien los misterios tan grandes que ocurren entre el alma y Dios?

940 Yo misma sufrí mucho y fui muy probada en esto. Por lo tanto lo que escribo es solamente lo que he experimentado personalmente. Hice muchas novenas y muchas plegarias y muchas penitencias antes de que Dios me enviara un sacerdote que comprendió mi alma. Habría muchas más almas santas, si hubiera más directores espirituales con experiencia y santos. Más de un alma que tiende sinceramente a la santidad no logra salir por sí sola cuando llegan los momentos de la prueba y abandona el camino de la perfección. Oh Jesús, danos sacerdotes celosos y santos.

941 ¡Oh, cuán grande es la dignidad del sacerdote! pero también, ¡oh, gran responsabilidad del sacerdote! Oh sacerdote, te ha sido dado mucho, pero de ti se exigirá también mucho...

942 (290) 11 II [1937]. Hoy es viernes. Durante la Santa Misa sufrí unos dolores en mi cuerpo: en los pies, en las manos y en el costado. Jesús Mismo permite estos sufrimientos como reparación por los pecadores. El momento es breve, pero el sufrimiento grande; no sufro más que un par de minutos, pero la impresión queda mucho tiempo y es muy viva.

943 + Hoy me siento tan abandonada en el alma que no sé explicármelo. Me escondería de la gente y lloraría sin cesar; nadie comprenderá al corazón herido del amor, y cuando éste experimenta abandonos interiores, nadie lo consolará. Oh almas de los pecadores, me han arrebatado al Señor, pero, bien, bien; conozcan lo dulce que es el Señor y todo el mar de amargura inunde mi corazón; les he dado todas las consolaciones divinas.

944 + Hay momentos en los cuales no me tengo confianza a mí misma, estoy profundamente convencida de mi debilidad y miseria, y comprendo que en tales momentos puedo perseverar solamente confiando en la infinita misericordia (291) de Dios. La paciencia, la oración y el silencio refuerzan el alma. Hay momentos en los cuales el alma debe callar y no conviene que hable con las criaturas; aquellos son los momentos de insatisfacción de sí misma, y el alma se siente débil como un niño; entonces se agarra con toda la fuerza a Dios. En tales momentos vivo exclusivamente de la fe y cuando me siento fortalecida por la gracia de Dios, entonces estoy más valiente en la conversación y en las relaciones con el prójimo.

945 Por la noche el Señor me dijo: **Descansa, niña Mía, junto a Mi Corazón; veo que te has fatigado muchísimo en Mi viña,** y mi alma fue inundada del gozo divino.

946 12 II [1937]. Hoy la presencia de Dios me penetra totalmente como un rayo de sol. El anhelo de mi alma por Dios es tan grande que en cada momento me produce un desmayo. Siento que el Amor eterno toca mi corazón, mi pequeñez no logra soportarlo, (292) sino que me produce un desmayo; no obstante la fuerza interior es muy grande.

El alma desea igualar el Amor que la ama. En tales momentos el alma tiene un conocimiento muy profundo de Dios y cuanto más lo conoce, tanto más ardiente, más puro es su amor hacia Él. Oh, inconcebibles son los misterios del alma con Dios.

947 A veces hay horas enteras cuando mi alma está sumergida en el asombro viendo la Majestad infinita que se humilla tanto hacia mi alma. Es incesante mi asombro interior de que el Señor Altísimo tenga en mí su complacencia y Él Mismo me lo diga; y yo me hundo aún más en mi nada porque sé lo que soy por mí misma. Sin embargo, debo decir que amo igualmente a mi Creador hasta la locura, con cada latido del corazón, con cada nervio; sin saberlo, mi alma se hunde, se hunde... en Él. Siento que nada me separará del Señor, ni el cielo, ni la tierra, ni la actualidad, ni el futuro, todo puede cambiar, pero el amor nunca, nunca, él permanece siempre el mismo. (293) Él, el Soberano Inmortal, me da a conocer su voluntad para que lo ame de modo singular y Él Mismo infunde en mi alma la capacidad para tal amor con el cual desea que lo ame. Me sumerjo en Él cada vez más y no tengo miedo de nada. El amor ha ocupado todo mi corazón y aunque me hablaran de la justicia de Dios y de cómo tiemblan delante de Él hasta los espíritus puros y se cubren el rostro y sin cesar dicen: *Santo*, y que de eso resulta que mis relaciones familiares con el Señor es una falta de respeto para su honor y su Majestad, ¡oh, no, no y una vez más no! El amor puro comprende todo. El máximo honor y la más profunda adoración, pero es en la más profunda tranquilidad que el alma está sumergida en Él por el amor y todo lo que dicen exteriormente las criaturas no tiene influencia en ella. Lo que le dicen de Dios, es una pálida sombra en comparación a lo que ella vive interiormente con Dios y a veces se extraña de que las almas admiren alguna afirmación referente a Dios: porque para ella es el pan de todos los días, porque ella sabe que lo que se logra (294) expresar con palabras, no es al fin tan grande; acepta y escucha todo con respeto, pero ella tiene su vida particular en Dios.

948 13 II [1937]. Hoy, durante la Pasión [286], he visto a Jesús martirizado, coronado de espinas y con un pedazo de caña en la mano. Jesús callaba, mientras los soldadotes rivalizaban torturándolo. Jesús no decía nada, solamente me miró; en aquella mirada sentí su tortura tan tremenda que nosotros no tenemos ni siquiera una idea de lo que Jesús sufrió por nosotros antes de la crucifixión. Mi alma está llena de dolor y de nostalgia: sentí en el alma un gran odio por el pecado, y la más pequeña infidelidad mía me parece una montaña alta y la reparo con la mortificación y las penitencias. Cuando veo a Jesús martirizado, el corazón se me hace pedazos; pienso en lo que será de los pecadores si no aprovechan la Pasión de Jesús. En su Pasión veo todo el mar de la misericordia.

+

949 (295) JMJ   12 II 1937

+ El Amor de Dios es la flor y la Misericordia es el fruto.

Que el alma que duda lea estas consideraciones sobre la Divina Misericordia y se haga confiada [287].

Misericordia Divina, que brota del seno del Padre, en Ti confío

Misericordia Divina, supremo atributo de Dios, en Ti confío.

Misericordia Divina, misterio incomprensible, en Ti confío.

Misericordia Divina, fuente que brota del misterio de la Santísima Trinidad, en Ti confío.

Misericordia Divina, insondable para todo entendimiento humano o angélico, en Ti confío.

Misericordia Divina, de donde brotan toda vida y felicidad, en Ti confío.

Misericordia Divina, más sublime que los cielos.

Misericordia Divina, fuente de milagros y maravillas.

Misericordia Divina, que abarca todo el universo.

Misericordia Divina, que baja al mundo en la Persona del Verbo Encarnado.

(296) Misericordia Divina, que manó de la herida abierta del Corazón de Jesús.

Misericordia Divina, encerrada en el Corazón de Jesús para nosotros y especialmente para los pecadores.

Misericordia Divina, impenetrable en la institución de la Sagrada Hostia.

Misericordia Divina, en la institución de la Santa Iglesia.

Misericordia Divina, en el sacramento del Santo Bautismo.

Misericordia Divina, en nuestra justificación por Jesucristo.

Misericordia Divina, que nos acompaña durante toda la vida.

Misericordia Divina, que nos abraza especialmente a la hora de la muerte.

Misericordia Divina, que nos otorga la vida inmortal.

Misericordia Divina, que nos acompaña en cada momento de nuestra vida.

Misericordia Divina, que nos protege del fuego infernal.

Misericordia Divina, en la conversión de los pecadores empedernidos.

Misericordia Divina, asombro para los ángeles, incomprensible para los Santos.

Misericordia Divina, insondable en todos los misterios de Dios.

Misericordia Divina, que nos rescata de toda miseria.

Misericordia Divina, fuente de nuestra felicidad y deleite.

Misericordia Divina, que de la nada nos llamó a la existencia.

Misericordia Divina, que abarca todas las obras de sus manos.

Misericordia Divina, corona de todas las obras de Dios.

(297) Misericordia Divina, en la que estamos todos sumergidos.

Misericordia Divina, dulce consuelo para los corazones angustiados.

Misericordia Divina, única esperanza de las almas desesperadas.

Misericordia Divina, remanso de corazones, paz ante el temor.

Misericordia Divina, gozo y éxtasis de las almas santas.

Misericordia Divina, que infunde esperanza, perdida ya toda esperanza.

950 + Oh Dios Eterno, en quien la misericordia es infinita y el tesoro de compasión inagotable, vuelve a nosotros Tu mirada bondadosa y aumenta Tu misericordia en nosotros, para que en momentos difíciles no nos desesperemos ni nos desalentemos, sino que, con gran confianza, nos sometamos a Tu santa voluntad, que es el Amor y la Misericordia Mismos.

951 + Oh, incomprensible e impenetrable misericordia de Dios,
¿Quién puede glorificarte y adorarte dignamente?
Oh, supremo atributo de Dios todopoderoso,
Tú eres la dulce esperanza del pecador.

Oh estrellas, tierra y mar, unidos en un solo himno y unánimamente y en señal de agradecimiento, canten la incomprensible misericordia de Dios.

952 (298) Oh Jesús mío, Tú ves que Tu santa voluntad es todo para mí. Me es indiferente lo que hagas de mí: me ordenas ponerme a la obra, lo hago con tranquilidad, a pesar de saber que no soy idónea para esto; me haces esperar por medio de Tus sustitutos, así pues, espero con paciencia; llenas mi alma de entusiasmo, y no me das la posibilidad de obrar; me atraes detrás de Ti a los cielos, y me dejas en la tierra; infundes en mi alma el anhelo de Ti, y Te escondes de mí. Muero por el deseo de unirme Contigo por la eternidad, y no permites a la muerte acercarse a mí. Oh voluntad de Dios, Tú eres mi alimento y el

deleite de mi alma; cuando me someto a la santa voluntad de mi Dios, un abismo de paz inunda mi alma.

Oh Jesús mío, Tú no das la recompensa por el resultado de la obra, sino por la voluntad sincera y el esfuerzo emprendido; por lo tanto estoy completamente tranquila, aunque todas mis iniciativas y mis esfuerzos quedaran frustrados ni fueran realizados jamás. Si hago (299) todo lo que está en mi poder, lo demás no es cosa mía y por eso las más grandes tempestades no perturban la profundidad de mi paz. En mi conciencia reside la voluntad de Dios.

953 + 15 II 1937. Hoy mis sufrimientos han aumentado un poco, no solamente experimento mayores dolores en todos los pulmones, sino también unos extraños dolores en los intestinos. Sufro tanto cuanto mi débil naturaleza logra soportar, todo por las almas inmortales para impetrar la Misericordia Divina para los pobres pecadores, para impetrar la fortaleza para los sacerdotes. Oh, qué gran veneración tengo por los sacerdotes y le pido a Jesús, Sumo Sacerdote, muchas gracias para ellos.

954 Hoy, después de la Santa Comunión el Señor me dijo: **Hija Mía, es Mi deleite unirme a ti; Me rindes la mayor gloria cuando te sometes a Mi voluntad y con esto atraes sobre ti un mar de bendiciones. No tendría en ti una complacencia particular si no vivieras de Mi voluntad.** Oh mi dulce Huésped, por Ti estoy dispuesta a todos los sacrificios, sin embargo Tú sabes que (300) soy una debilidad misma, pero Contigo lo puedo todo. Oh Jesús mío, Te ruego quédate conmigo en cada momento.

955 15 II 1937. Hoy escuché en el alma estas palabras: **¡Oh hostia agradable a Mi Padre! Has de saber, hija Mía, que toda la Santísima Trinidad tiene en ti su particular complacencia, porque vives exclusivamente de la voluntad de Dios. Ningún sacrificio es comparable a éste.**

956 + Después de estas palabras ha venido a mi alma el conocimiento de la voluntad de Dios, es decir, que miro todo desde un punto de vista superior, y todos los acontecimientos y

todas las cosas desagradables o agradables, las acepto con amor, como demostración de la particular predilección del Padre Celestial.

957 En el altar del amor arderá la pura ofrenda de mi voluntad; para que mi ofrenda sea perfecta, me uno estrechamente al sacrificio de Jesús en la cruz. Y cuando, bajo el peso de los grandes sufrimientos, mi naturaleza tiemble y las fuerzas físicas y espirituales disminuyan, entonces me esconderé profundamente en la herida abierta del Corazón (301) de Jesús, callando como una paloma, sin quejarme. Que todas mis predilecciones, hasta las más santas y las más bellas y las más nobles, estén siempre en el último plano y en el primer lugar esté Tu santa voluntad. El más pequeño deseo Tuyo, oh Señor, me es más querido que el cielo con todos Tus tesoros. Sé bien que unas personas no me comprenden, por eso mi ofrenda será más pura a Tus ojos.

958 Hace algunos días vino a mí cierta persona pidiéndome que rogara mucho por su intención, porque tenía unos asuntos muy importantes y urgentes. De repente sentí en el alma que eso no era agradable a Dios y le contesté que no rogaría por esa intención, pero que rogaría por ella en general. Unos días después esa señora volvió a verme y me agradeció por no haber rogado según su intención sino por ella, ya que tenía un proyecto de venganza respecto a una persona a la cual debía honor y respeto en virtud (302) del cuarto mandamiento. El Señor la cambió interiormente y ella misma reconoció su culpa, pero se extrañó de que yo hubiera descubierto su secreto.

959 + Hoy recibí la carta del Padre Sopoćko con felicitaciones por motivo de mi santo [288]. Me he alegrado por las felicitaciones, pero me he entristecido mucho por su salud. Lo sabía por el conocimiento interior, pero no me lo creía; pero como me ha contestado que es así, entonces también las demás cosas, de las cuales no me ha escrito, son verdaderas, y mi conocimiento interior no me engaña. Y me recomienda subrayar todo de lo que sé que no

procede de mí. Es decir, todo lo que Jesús me dice, lo que oigo en el alma. Me lo ha pedido ya más de una vez, pero no he tenido tiempo, ni tampoco, a decir verdad, me he apresurado, pero al mismo tiempo ¿cómo sabe él que no lo he hecho? Eso me ha sorprendido enormemente, pero ahora me pondré a este trabajo con todo el corazón. Oh Jesús mío, la voluntad de Tus sustitutos es Tu santa voluntad evidente, sin sombra de duda.

960 (303) 16 II 1937. Hoy, por equivocación entré en la habitación aislada vecina, así que hablé un momento con aquella persona. Al volver a mi habitación, pensé en ella un momento, entonces el Señor Jesús se presentó junto a mí y me dijo: **Hija Mía, ¿en qué estás pensando en este momento?** Sin pensar, me estreché a su Corazón, porque comprendí que había pensado demasiado en la criatura.

961 + Esta mañana, después de haber hecho mis ejercicios espirituales, me puse en seguida a hacer labor de gancho. Sentía el silencio en mi corazón y que Jesús descansaba en él. Este profundo y dulce conocimiento de la presencia de Dios me impulsó a decir al Señor: Oh Santísima Trinidad que vives en mi corazón, Te ruego, da la gracia de la conversión a tantas almas cuantos puntos haré hoy con este gancho. De pronto oí en el alma estas palabras: **Hija Mía, tus peticiones son demasiado grandes**. Jesús, si para Ti es más fácil dar mucho que poco. **Es verdad, Me es más fácil dar mucho al alma que poco, pero cada conversión de un alma pecadora exige sacrificio.** Y por eso, Jesús, Te ofrezco (304) este sincero trabajo mío; este sacrificio no me parece demasiado pequeño por un número tan grande de almas; pues, Tú, oh Jesús, durante treinta años salvabas las almas con el trabajo manual y como la santa obediencia me prohibe penitencias y grandes mortificaciones, por eso Te ruego, oh Señor, acepta esas pequeñeces con el sello de la obediencia como cosas grandes. Entonces oí en el alma la voz: **Hija Mía, atiendo tu petición.**

962 + Veo, a menudo, a cierta persona agradable a Dios. El Señor tiene en ella una gran complacencia, no solamente

porque se interesa por el culto de la Misericordia Divina, sino también por el amor que tiene a Dios, aunque no siempre siente este amor en su corazón de modo sensible, y permanece casi siempre en el Huerto de los Olivos. Sin embargo, es siempre agradable a Dios y su gran paciencia vencerá todas las adversidades.

963 + Oh, si el alma que sufre supiera cuánto Dios la ama, moriría de gozo y de exceso de felicidad. Un día, conoceremos el valor del sufrimiento, pero entonces ya no podremos sufrir. El momento actual es nuestro.

964 (305) 17 II 1937. Esta mañana, durante la Santa Misa vi a Jesús doliente. Su Pasión se reflejó en mi cuerpo, aunque de modo invisible, pero no menos doloroso. Jesús me miró y dijo:

965 **Las almas mueren a pesar de Mi amarga Pasión. Les ofrezco la última tabla de salvación, es decir, la Fiesta de Mi misericordia [288a]. Si no adoran Mi misericordia, morirán para siempre. Secretaria de Mi misericordia, escribe, habla a las almas de esta gran misericordia Mía, porque está cercano el día terrible, el día de Mi justicia.**

966 + Hoy oí en el alma estas palabras: **Hija Mía, debes ponerte a la obra, Yo estoy contigo. Te esperan grandes persecuciones y sufrimientos, pero que te consuele la idea de que muchas almas se salvarán y se santificarán por medio de esta obra.**

967 + Cuando me puse a la obra y subrayaba las palabras del Señor [289] y volví a mirar todo, al llegar a la página en la que tengo apuntados los consejos y las indicaciones del Padre Andrasz, no sabía qué hacer: subrayar o no; de repente oí en el alma estas palabras: **Subraya, porque estas palabras son Mías; he pedido prestada la boca (306) del amigo de Mi Corazón para hablarte por tu tranquilidad y tienes que atenerte a aquellas indicaciones hasta la muerte. Me desagradaría mucho si te alejaras de estas indicaciones; has de saber que Yo**

Mismo lo puse entre Yo [y] tu alma, lo hago por tu tranquilidad y para que no cometas errores.

968 **Desde que te confié a una particular asistencia de los sacerdotes, quedas dispensada de rendir cuenta de modo detallado a las Superioras de cómo Yo trato contigo. Además de eso, debes ser como una niña frente a las Superioras, pero de lo que cumplo en el fondo de tu alma, habla sinceramente y de todo solamente a los sacerdotes.** Y observé que desde el momento en que Dios me dio el director espiritual, no exigía que hablara de todo, como antes, a las Superioras, a excepción de lo que se refería a las cosas exteriores. Por el resto, solamente el director espiritual conoce mi alma. Tener el director espiritual es una gracia excepcional de Dios. Oh, qué pocas son las almas que tienen esta gracia. Entre las más grandes dificultades, el alma vive continuamente en paz; todos los días, después de la Santa Comunión, agradezco al Señor Jesús por esta gracia y (307) cada día le pido al Espíritu Santo la luz para él. En verdad, yo misma sentí en el alma qué gran poder tienen las palabras del director espiritual. Que la misericordia de Dios sea adorada por esta gracia.

969 + Hoy fui a hacer la meditación delante del Santísimo Sacramento [290]. Cuando me acerqué al altar, la presencia de Dios penetró mi alma, fui sumergida en el océano de su divinidad y Jesús me dijo: **Hija Mía, todo lo que existe es tuyo**. Y le contesté al Señor: Mi corazón no desea nada fuera de Ti solo, oh tesoro de mi corazón. Te agradezco, Señor, por todos los dones que me ofreces, pero yo quiero solamente Tu Corazón. Aunque los cielos son grandísimos, para mí son nada sin Ti; Tú sabes muy bien, oh Jesús, que me desmayo continuamente por desearte con vehemencia. **Has de saber, hija Mía, que lo que las demás almas alcanzarán en la eternidad, tú lo gozas ya ahora.** Y de repente mi alma fue inundada de la luz del conocimiento de Dios.

970 Oh, si pudiera expresar al menos un poco lo que mi alma vive junto al Corazón de la inconcebible (308) Majestad.

No sé expresarlo. Esta gracia la comprende solamente el alma que la ha vivido por lo menos una vez en la vida. Al volver a mi habitación aislada, me pareció que volví de la verdadera vida a la muerte. Cuando el médico vino para tomarme el pulso, quedó asombrado: ¿Qué le ha pasado, hermana? Un pulso así usted no lo ha tenido nunca. Quisiera saber, sin embargo, ¿qué le ha provocado tal aceleración del pulso? ¿Qué le podía decir? si yo misma no sabía que tenía el pulso tan acelerado. Sé solamente que estoy muriendo por nostalgia de Dios, pero, naturalmente, no se lo dije ya que ¿cómo lo puede remediar la medicina?

971 19 II 1937. La unión con los agonizantes. Me piden oraciones; puedo rezar, el Señor me ha dado misteriosamente el espíritu de la plegaria, estoy continuamente unida a Él. Siento plenamente que vivo por las almas, para conducirlas a Tu misericordia, oh Señor; para tal fin ningún sacrificio es demasiado pequeño.

972 (309) Hoy el doctor [291] ha decidido que debo quedarme todavía hasta abril; la voluntad de Dios, aunque deseaba volver ya con las hermanas.

973 Hoy me enteré de la muerte de una de nuestras hermanas [292] que falleció en Płock, pero vino a verme antes de que me anunciaran su muerte.

974 22 II 1937. Hoy en la capilla del hospital han empezado los ejercicios espirituales para las mujeres de servicio, pero puede participar en ellos quien desee. Hay una prédica por día; el Padre Buenaventura, [293] religioso escolapio, habla durante una hora entera, habla directamente a las almas. He tomado parte en estos ejercicios espirituales porque deseo mucho conocer a Dios más profundamente y amarlo con más ardor, porque he comprendido que cuanto mayor es el conocimiento, tanto más fuerte es el amor.

975 Hoy escuché estas palabras: **Ruega por las almas para que no tengan miedo de acercarse al tribunal de Mi misericordia. No dejes de rogar por los pecadores. Tú**

sabes cuánto sus almas pesan sobre Mi corazón; alivia Mi tristeza mortal; prodiga Mi misericordia.

976 (310) 24 II 1937. Hoy durante la Santa Misa vi a Jesús agonizante; los sufrimientos del Señor traspasan mi alma y mi cuerpo, aunque invisible, pero el dolor es grande, dura muy poco tiempo.

977 Durante el canto de la Pasión [294] me compenetro tan vivamente de sus tormentos que no logro retener las lágrimas. Desearía esconderme en alguna parte para dar libre desahogo al dolor que me produce el reflexionar sobre su Pasión.

978 Cuando rogaba según la intención del Padre Andrasz, comprendí cuán amado es de Dios. Desde aquel momento le tengo un respeto aún más grande, como para un santo. Estoy muy contenta de eso, lo he agradecido fervorosamente a Dios.

979 Hoy, durante la bendición vi a Jesús que me dijo estas palabras: **Obedece en todo a tu director espiritual, su palabra es Mi voluntad; confírmate en lo profundo del alma en que Yo hablo por su boca y deseo que tú le reveles el estado de tu alma con la misma sencillez (311) y sinceridad como lo haces delante de Mí. Te repito una vez más, hija Mía, has de saber que su palabra es Mi voluntad para ti.**

980 Hoy vi al Señor con una gran belleza y me dijo: **Oh Mi querida hostia, ruega por los sacerdotes, especialmente en este tiempo de cosecha [295]. Mi Corazón ha encontrado en ti su complacencia y por ti bendigo la tierra.**

981 He comprendido que estos dos años de sufrimientos interiores que soporto sometiéndome a la voluntad de Dios, para conocer mejor esta voluntad de Dios, me han hecho progresar en la perfección más que los pasados diez años. Desde hace dos años estoy en la cruz, entre el cielo y la tierra, es decir, que estoy sujeta al voto de la obediencia, debo escuchar a la Superiora como a Dios Mismo; por otra parte, Dios Mismo me da a conocer directamente su

voluntad y por eso mi tormento interior es tan grande que nadie (312) puede imaginar ni comprender estos sufrimientos interiores. Me parece más fácil dar la vida que vivir, a veces, una hora en tal tormento. No voy a escribir mucho sobre eso, porque es imposible describir; conocer directamente la voluntad de Dios, y al mismo tiempo ser perfectamente obediente a la voluntad de Dios, conocida indirectamente por medio de las Superioras. Agradezco al Señor por haberme dado el director espiritual, porque de otro modo no habría dado ni un sólo paso hacia adelante.

982 + En estos días recibí una carta muy grata de mi hermanita de 17 años que me suplica encarecidamente de ayudarle a entrar en un convento [296]. Está dispuesta a todo sacrificio por Dios. De su escrito se deriva que el Señor Mismo la guía. Gozo de la gran misericordia de Dios.

983 + Hoy la Majestad de Dios ha abrazado y ha penetrado mi alma totalmente. La grandeza de Dios me hunde y me inunda de modo que me sumerjo toda en su grandeza; me disuelvo y desaparezco del todo en Él, mi vida y vida perfecta.

984 (313) Oh Jesús mío, yo comprendo bien que mi perfección no consiste en que me recomiendas realizar estas grandes obras, oh no, la grandeza del alma no consiste en esto, sino en un gran amor hacia Ti. Oh Jesús, entiendo en el fondo de mi alma que las más grandes obras no pueden compararse con un acto de amor puro hacia Ti. Deseo ser fiel a Ti y cumplir Tus deseos y aplico las fuerzas y el intelecto en cumplir todo lo que me mandes, oh Señor, pero no tengo ni una sombra de apego. Cumplo todo esto, porque ésta es Tu voluntad. Todo mi amor está anegado completamente no en Tus obras sino en Ti Mismo, oh Creador mío y Señor.

985 25 II 1937. Rogué ardientemente por una muerte feliz para cierta persona que sufría mucho. Llevaba dos semanas entre la vida y la muerte. Tenía lástima de esa persona, y le dije al Señor: Oh dulce Jesús, si Te es agradable la causa que he iniciado para Tu gloria, Te ruego llévala a Tu casa, (314) que descanse en Tu misericordia. Y estaba

extrañamente tranquila. Un momento después vinieron a decirme que esa persona que sufría tan terriblemente, ya había expirado.

986 Vi a cierto sacerdote en dificultades y rogué por él hasta que Jesús lo miró benignamente y le concedió su fuerza.

987 Hoy supe que una persona de mi familia ofende a Dios y que está en un grave peligro de muerte. Este conocimiento ha traspasado mi alma con un sufrimiento tan grande que pensaba no poder soportar tal ofensa a Dios. He pedido insistentemente perdón a Dios, pero veía su gran indignación.

988 Rogué según la intención de un sacerdote para que Dios le ayudara en ciertos asuntos. De repente vi al Señor Jesús crucificado; Jesús tenía los ojos cerrados y estaba sumergido en los tormentos. Hice una reverencia a sus cinco llagas, a cada una por separado y pedí la bendición para él. Jesús me hizo conocer dentro de mí cuánto le era querida (315) esa alma y sentí que de las llagas de Jesús fluyó la gracia para esa alma que estaba tendida en la cruz como Jesús.

989 Señor mío y Dios, Tú sabes que mi alma ha amado solamente a Ti. Mi alma entera se ha sumergido en Ti, oh Señor. Aunque no cumpliera nada de lo que me has dado a conocer, oh Señor, estaría completamente tranquila, porque he hecho lo que estaba en mi poder. Yo sé bien que Tú, oh Señor, no necesitas nuestras obras, Tú exiges el amor.

990 Amor, amor y una vez más amor de Dios, no hay nada más grande que él ni en el cielo ni en la tierra. La mayor grandeza es amar a Dios, la verdadera grandeza está en el amor de Dios, la verdadera sabiduría es amar a Dios. Todo lo que es grande y bello está en Dios; fuera de Dios no hay ni belleza ni grandeza.

Oh sabios del mundo y grandes intelectos reconozcan que la verdadera grandeza está en amar a Dios. Oh, cuánto me sorprendo que algunos hombres se engañen a si mismos diciendo: no hay eternidad.

991 (316) 26 II 1937. Hoy vi que los sagrados misterios eran celebrados sin vestiduras litúrgicas y en casas particulares,

por una tormenta pasajera, y miré el sol que ha salido del Santísimo Sacramento y se han apagado, es decir, han quedado ofuscadas otras luces y todos tenían los ojos vueltos hacia aquella luz; pero en este momento no comprendo el significado.

992 + Camino por la vida entre arcos iris y tempestades, pero con la frente orgullosamente alta, porque soy hija real, porque siento que la sangre de Jesús circula en mis venas y he puesto mi confianza en la gran misericordia del Señor.

993 + He rogado al Señor que cierta persona venga hoy a verme, que pueda verla una vez más y esto será para mí una señal de que ella es llamada a entrar en el convento que Jesús me manda fundar. Y una cosa extraña, aquella persona ha venido y he tratado de formarla un poco interiormente. He comenzado a indicarle el camino de negarse a sí misma y de sacrificio que ha aceptado de buena gana. Pero he puesto todo este asunto en las manos del Señor para que guíe todo según le agrade.

994 (317) Hoy, al oír por el radio la canción: "Buenas noches, oh Sagrada Cabeza de mi Jesús", súbitamente mi espíritu se sumergió en Dios y el amor de Dios inundó mi alma; durante un momento traté íntimamente con el Padre Celestial.

995 + Aunque no es fácil vivir en una continua agonía,
Estar clavada en una cruz de variados sufrimientos,
Sin embargo, amando ardo de amor,
Y como un serafín amo a Dios, aunque soy débil.

Oh, es grande el alma que en medida de los sufrimientos
Permanece fiel junto a Dios y cumple su voluntad,
Y entre los más grandes arcos iris y tempestades está sin consuelo,
Porque el puro amor de Dios endulza su suerte.

No es gran mérito amar a Dios en la prosperidad
Y agradecerle cuando todo nos va bien,
Sino adorarlo entre las más grandes adversidades,
Y amarlo por Él Mismo y poner la confianza en Él.

Cuando el alma permanece en las sombras del Huerto de
los Olivos,
Solitaria entre la amargura y el dolor,
(318) Se eleva a la altura de Jesús,
Y aunque beba continuamente la amargura, no está triste.

Cuando el alma cumple la voluntad del Altísimo,
Así sea entre continuos dolores y torturas,
Acercando los labios al cáliz que le entregan,
Se vuelve firme y nada la intimida.

Aunque esté atormentada, repite: hágase Tu voluntad,
Espera con paciencia el momento en que será transfor-
mada,
Ya que, aunque en las tinieblas más oscuras, oye la voz
de Jesús: Tú eres mía,
Y lo conocerá en toda la plenitud cuando caiga el velo.

996 28 II 1937. Hoy, durante un momento más largo he experimentado la Pasión del Señor Jesús y he conocido que
son muchas las almas que necesitan oraciones. Siento que
me transformo toda en plegaria para impetrar la Divina
Misericordia para cada alma. Oh Jesús mío, Te recibo en
mi corazón como prenda de misericordia para las almas.

997 Esta noche, al oír por el radio la canción: "Buenas noches, oh Sagrada Cabeza de mi Jesús", de repente mi espíritu fue raptado en el seno misterioso de Dios y comprendí en (319) qué consiste la grandeza del alma y lo que
tiene importancia ante Dios: amor, amor y una vez más
amor. Y conocí que lo que existe está saturado de Dios y
me inundó un amor tan grande de Dios que es imposible
describirlo. Feliz el alma que sabe amar sin reservas ya
que en esto está su grandeza.

998 Hoy hice un día de retiro espiritual. Cuando estaba en la
última predicación [297], el sacerdote habló de cuánto el
mundo necesita la Misericordia de Dios: [que] estos tiempos parecen excepcionales, que la humanidad necesita

mucho la Misericordia de Dios y de la oración. Luego oí en el alma una voz: **He aquí las palabras para ti, haz todo lo que está en tu poder en la obra de Mi misericordia. Deseo que Mi misericordia sea venerada; le doy a la humanidad la última tabla de salvación, es decir, el refugio en Mi misericordia. Mi corazón se regocija de esta Fiesta.** Después de estas palabras comprendí que nada puede liberarme de este deber que el Señor exige de mí.

999 Esta noche he sufrido tanto que pensaba que se acercaba ya el fin de mi vida. Los médicos no lograron definir qué enfermedad era. (320) Sentía como si tuviera arrancadas todas las entrañas, sin embargo tras unas horas de tales sufrimientos estoy sana. Todo esto por los pecadores. Que Tu misericordia, oh Señor, descienda sobre ellos.

1000 En el terrible desierto de la vida,
Oh mi dulcísimo Jesús,
Protege a las almas del desastre,
Ya que eres el manantial de la misericordia.

Que el resplandor de Tus rayos,
Oh dulce Guía de nuestras almas,
Con la misericordia cambie el mundo.
Y al recibir esta gracia, sirva a Jesús.

Debo recorrer un largo camino escarpado
Pero no tengo miedo de nada,
Porque para mí brota la fuente pura de misericordia,
Y con ella fluye la fuerza para los humildes.

Estoy agotada y rendida,
Pero la conciencia me da testimonio,
De que hago todo para la mayor gloria de Dios,
El Señor es mi descanso y mi herencia.

[Fin del segundo cuaderno del manuscrito del Diario].

TERCER CUADERNO

Cantaré la misericordia del Señor

Sor Faustina del Santísimo Sacramento
Congregación de las Hermanas
de la Madre de Dios de la Misericordia

+

(1) JMJ [298]

1001 Te doy gracias, oh Señor, Maestro mío,
Por haberme transformado toda en Ti
Y porque me acompañas a través de las adversidades
de la vida.
No temo nada cuando estás en mi corazón.

+

JMJ

1002 La cena del Señor está servida,
Jesús se sienta a la mesa con los Apóstoles,
Todo su Ser está transformado en amor,
Porque tal fue el consejo de la Santísima Trinidad.

Deseo ardientemente cenar con ustedes,
Antes de sufrir mortalmente,
Me voy el amor me retiene con ustedes.
Derrama su sangre, da la vida porque ama inmensamente.

El amor se oculta bajo la apariencia del pan,
Se va, para quedarse con nosotros.
No fue necesario tal anonadamiento,
Pero el amor ardiente lo ocultó bajo esta especie.

Sobre el pan y el vino dice estas palabras:
Esto es Mi Sangre, esto es Mi Cuerpo.
A pesar de ser misteriosas, son palabras de amor.
Y pasó el cáliz a sus discípulos.

Se estremeció Jesús dentro de Sí Mismo
Y dijo: uno de ustedes traicionará a su Maestro.
Callaron, un silencio de tumba,
Y Juan inclinó la cabeza sobre su pecho.

La cena terminada,
Vamos al Getsemaní,
El amor saciado,
Y allí ya está esperando el traidor.

+

(2) JMJ

1003 Oh, voluntad de Dios, tú eres mi alimento, tú eres mi
deleite. Anticipa, oh Señor, la Fiesta de la Misericordia
para que las almas conozcan el manantial de Tu bondad.

Dios y las almas

Sor Faustina
del Santísimo Sacramento

1004 Cracovia, 1 III 1937

Oh voluntad de Dios omnipotente,
Tú eres mi deleite, tú eres mi gozo,
Cualquier cosa que me dé la mano de mi Señor
La aceptaré con alegría, sumisión y amor.

Tu santa voluntad, es mi quietud,
En ella se encierra toda mi santidad,
Y toda mi salvación eterna,
Ya que cumplir la voluntad de Dios es la mayor gloria.

La voluntad de Dios son sus distintos deseos,
Mi alma los cumple sin reserva,
Porque éstas son sus divinas aspiraciones
En los momentos en que Dios concede sus confidencias.

Señor, haz de mí lo que Te agrade,
No Te pongo ningún impedimento ni restricción,
Porque Tú eres todo mi deleite y el amor de mi alma,
Y yo, igualmente, derramo ante Ti el torrente de mis
confidencias.

+

+ Tercer Cuaderno

1005   Dios y las almas

Gloria y adoración a la Divina Misericordia fluya de cada criatura por todos los siglos de los siglos.

1006 + Oh Señor y Dios mío, me haces escribir de las gracias que me concedes. Oh Jesús mío, si no fuera por una orden clara de los confesores [299] de describir todo lo que sucede en mi alma, yo por mí misma no escribiría ni una sola palabra. Y si escribo sobre mí, es por una orden clara de la santa obediencia.

1007 + Sea gloria y honor a Ti, oh Santísima Trinidad, Dios eterno; que la misericordia que brota de Tus entrañas nos proteja de Tu justa ira. Que resuene la alabanza a la inconcebible misericordia Tuya; en todas Tus obras está el sello de Tu insondable misericordia, oh Dios.

1008 1 III 1937. El Señor me ha hecho saber cuánto le desagrada un alma que habla mucho. **En tal alma no encuentro descanso. El ruido continuo Me cansa y en ese ruido el alma no distingue Mi voz.**

1009 Hoy pedí al Señor Jesús que pueda ver a cierta persona y esto sería para mí una señal de que el Señor la llama a este convento [que ha de fundarse]. Y estuve con ella y comprendí que aquella querida alma tiene la vocación y pedí al Señor que Él Mismo se digne formar su alma. He hablado con ella de la vocación muchas veces y lo demás lo hará el Señor.

1010 (4) + 5 III 1937. Hoy he sentido en mi cuerpo la Pasión del Señor durante bastante tiempo; es un gran dolor, pero todo por las almas inmortales.

1011 Hoy me visitó el Señor Jesús y me estrechó a su Corazón y dijo: **Descansa, niña Mía. Yo siempre estoy contigo.**

1012 + 8 III 1937. Hoy, mientras rezaba según la intención del Padre Andrasz, de repente he conocido lo íntimas que son las relaciones de esa alma con Dios, y lo agradable que ella es al Señor; me alegré enormemente, porque deseo muchísimo que todas las almas estén unidas a Dios lo más estrechamente posible.

1013 + Mientras rezaba hoy, se adueñó de mi alma un deseo tan grande de ponerme a la obra que no logré frenar ese entusiasmo. Oh, con qué ardor deseo que las almas de esta Congregación se presenten delante del trono de Dios e impetren continuamente la Divina Misericordia por el mundo entero, adorando y alabando esta inconcebible misericordia de Dios. Una fuerza misteriosa me empuja a la acción.

1014 12 III 1937. Vi la gran fatiga de cierto sacerdote a quien el Señor ha trazado un camino difícil y duro, pero son vivos los frutos de su trabajo. Ojalá Dios dé muchas almas como ésta que sepan amar a Dios entre los más grandes tormentos.

1015 + Hoy he sentido cuánto deseaba oraciones cierta alma agonizante. Recé hasta sentir que ya expiró. Oh, cuánta necesidad de plegarias tienen las almas agonizantes. Oh Jesús, inspira las almas a rezar frecuentemente por los agonizantes.

1016 (5) 15 III 1937. Hoy he entrado en la amargura de la Pasión del Señor Jesús; sufrí sólo espiritualmente, conocí cuán horrible es el pecado. El Señor me ha revelado toda la aversión al pecado. Interiormente, en el fondo de mi alma, conocí lo terrible que es el pecado, aunque sea el más pequeño, y lo mucho que torturó el alma de Jesús. Preferiría padecer mil infiernos que cometer aún el más pequeño pecado venial.

1017 El Señor me dijo: **Deseo darme a las almas y llenarlas de Mi amor, pero son pocas las almas que quieran aceptar todas las gracias que Mi amor les ha destinado. Mi gracia no se pierde; si el alma para la cual está destinada no la acepta, la recibe otra alma.**

1018 Siento, muchas veces, que ciertas personas rezan por mí; lo noto de repente en mi alma, pero no siempre sé quién es la persona que intercede por mí; y sé también cuando alguna persona tiene un disgusto por cualquier motivo que proviene de mí; también esto lo conozco dentro de mí, aunque suceda muy lejos [300].

1019 18 III 1937. Conocí cierta gracia que me introduce en una estrecha familiaridad y unión con el Señor. El Señor me la da a conocer a través de una luz interior, me muestra su grandeza y su santidad, y con cuánta benevolencia se humilla hacia mí; me enseña exclusivamente su amor hacia mí y que es el Dueño de todo absolutamente, y me dice que se da al alma, suspendiendo todas las leyes de la naturaleza. Él actúa como quiere.

1020 Estoy comprendiendo que los desposorios interiores del alma con Dios son sin ninguna manifestación exterior. Es un puro acto interior del alma con Dios. Esta gracia me ha atraído hacia el ardor mismo del amor de Dios, he conocido su Trinidad y la absoluta Unidad de su Ser. Esta gracia difiere de las demás gracias, es tan altamente espiritual que mi imprecisa descripción no logra expresar ni una sombra de ella.

1021 (6) + Tengo un gran deseo de esconderme: quisiera vivir como si no existiera en absoluto; siento una inclinación interior a esconderme profundamente de modo que me conozca solamente el Corazón de Jesús. Deseo ser una pequeña, silenciosa morada de Jesús para que Él pueda descansar en ella. No dejaré acercarse a ninguna cosa que pueda despertar a mi Amado. El esconderme me permite tratar continua y exclusivamente con mi Amado. Me relaciono con las criaturas sólo cuanto eso agrada a mi Amado. Mi corazón ha amado al Señor con todo el poder del amor y no conozco otro amor, porque desde el principio mi alma se ha sumergido en el Señor como en su único tesoro.

1022 + Aunque exteriormente tengo muchos sufrimientos y distintas adversidades, no obstante esto no disminuye mi vida interior ni por un momento, ni turba mi recogimiento interior. No temo el momento del abandono por parte de las criaturas, porque aunque me abandonaran todos, no estaría sola, porque el Señor está conmigo y aunque el Señor se ocultara también, el amor lo encontraría, porque para el amor no existen ni puertas ni guardias; ni siquiera el lúcido querubín con la espada de fuego logra detener el amor; éste atraviesa selvas y desiertos, se abre paso por entre tempestades, rayos y tinieblas y llega a la fuente de la cual ha salido y allí se quedará por la eternidad. Todo tiene un fin, pero el amor, nunca.

1023 + Hoy he recibido naranjas; cuando la hermana se fue, pensé: en vez de mortificarme y hacer penitencias durante la Santa Cuaresma, ¿comeré naranjitas? Si ya estoy un poco mejor. De repente oí una voz en el alma: **Hija Mía, Me agradas más si por obediencia y por amor hacia Mí comes naranjas, que si por tu propia voluntad ayunaras y te mortificaras. El alma que Me ama mucho, debe, tiene que vivir de Mi voluntad. Yo conozco tu corazón, sé que no lo satisface nada, sino únicamente Mi amor.**

1024 (7) + No sabría vivir sin el Señor; en este aislamiento Jesús me visita a menudo, me instruye, me tranquiliza, me reprende y me amonesta. Él Mismo conforma mi corazón según sus deseos y su complacencia divina, pero siempre lleno de misericordia y de bondad; nuestros corazones están fundidos en uno.

1025 19 III 1937. Hoy me uní a la adoración que se celebra en nuestra casa, sin embargo mi alma estaba llena de tormento y un extraño miedo traspasaba mi corazón, por eso dupliqué mis rezos. De repente he visto la mirada de Dios dirigida al fondo de mi corazón.

1026 Al sentarme para tomar un desayuno muy sabroso, dije al Señor: Te doy gracias por estos dones, sin embargo mi corazón agoniza por añorarte y nada de lo que proviene de la tierra tiene sabor para mí; deseo el alimento de Tu amor.

1027 Hoy una fuerza misteriosa me empujó a actuar [301], tuve que resistir a ese impulso, porque de lo contrario tomaría inmediatamente ese curso.

1028 21 III 1937. Domingo de Ramos. Durante la Santa Misa mi alma fue sumergida en la amargura y los sufrimientos de Jesús. Jesús me hizo saber cuánto había sufrido en ese cortejo triunfal. Los "Hosanna" resonaban en el Corazón de Jesús con "Crucifícalo". Jesús me lo hizo sentir de modo singular.

1029 El médico no me permitió ir a la Pasión a la capilla [302], a pesar de que lo deseaba ardientemente; pero he rezado en mi propia habitación. Entonces oí el timbre en la habitación contigua, y entré y atendí a un enfermo grave. (8) Al regresar a mi habitación aislada, de pronto he visto al Señor Jesús que me ha dicho: **Hija Mía, Me has dado una alegría más grande haciéndome este favor que si hubieras rezado mucho tiempo.** Contesté: Si no Te he atendido a Ti, oh Jesús mío, sino a este enfermo. Y el Señor me contestó: **Sí, hija Mía, cualquier cosa que haces al prójimo Me la haces a Mí.**

1030 + Oh Jesús mío, dame la sabiduría, dame una inteligencia grande e iluminada por Tu luz, solamente para que Te conozca mejor, oh Señor, porque cuanto mejor Te conozca, tanto más ardientemente Te amaré, único Objeto de mi amor. En Ti se ahoga mi alma, en Ti se deshace mi corazón; no sé amar a medias, sino con todo el poder de mi alma y con todo el ardor de mi corazón. Tú Mismo, oh Señor, has incendiado mi amor hacia Ti, en Ti se ha sumergido mi corazón por la eternidad.

1031 22 III 1937. Hoy, mientras hablaba con cierta persona he conocido que su alma sufría mucho, aunque por fuera fingía que no sufría nada y que estaba alegre. Y he sentido una inspiración para decirle que lo que la atormentaba era una tentación. Cuando le he revelado lo que la atormentaba, ha irrumpido en llanto y ha dicho que precisamente por eso había venido a hablar conmigo, porque sentía que eso la aliviaría. El sufrimiento consistía en que, por un lado, a esa alma la atraía la gracia de Dios, y por otro, el mundo. Padecía una lucha tremenda hasta romper a llorar como una niña pequeña; se retiró aliviada y en paz.

1032 + Durante la Santa Misa vi al Señor Jesús clavado en la cruz, entre grandes sufrimientos. Un silencioso gemido salía de su Corazón, un momento después dijo: **Deseo, deseo la salvación de las almas; ayúdame, hija Mía, a salvar las almas. Une tus sufrimientos a Mi Pasión y ofrécelos al Padre Celestial por los pecadores.**

1033 (9) + Cuando veo que una dificultad sobrepasa mis fuerzas, no pienso en ella ni la analizo ni la penetro, sino que, como una niña, recurro al Corazón de Jesús y le digo una sola palabra: Tú lo puedes todo. Y me callo, porque sé que Jesús Mismo interviene en el asunto y yo, en vez de atormentarme, dedico ese tiempo a amarlo.

1034 Lunes Santo. Rogué al Señor que me permitiera participar en su dolorosa Pasión, para que en el alma y en el cuerpo sintiera su dolorosa Pasión en el grado en que una criatura puede participar, a fin de que sienta toda su amargura. Y el Señor me contestó que me daría esta gracia el jueves, después de la Santa Comunión, de modo singular.

1035 + Esta noche estaba muriendo un hombre, todavía joven, pero sufría tremendamente. Empecé a rezar por él esta coronilla que me ha enseñado el Señor. La recé toda, sin embargo la agonía se prolongaba. Quería empezar las *Letanías a Todos los Santos*, pero de repente oí estas palabras: **Reza esta coronilla.** Comprendí que esa alma necesitaba muchas oraciones y gran misericordia. Me encerré en mi habitación aislada y me postré en cruz delante de Dios implorando misericordia para esa alma. Entonces sentí la gran Majestad de Dios y la gran justicia de Dios. Temblaba del espanto, pero no dejaba de suplicar a Dios la misericordia para esa alma, y me he quitado del pecho la pequeña cruz, la cruz de mis votos [303] y la he colocado en el pecho del agonizante y he dicho al Señor: Jesús, mira a esta alma con el amor con que has mirado mi holocausto el día de los votos perpetuos y en virtud de la promesa que has hecho para los agonizantes, a mí y a quienes invoquen Tu misericordia para ellos. Y dejó de sufrir y expiró sereno. Oh, cuánto deberíamos rezar por los agonizantes; aprovechemos la misericordia mientras es el tiempo de compasión.

1036 (10) + Conozco cada vez mejor cuánto necesita cada alma la Divina Misericordia durante toda la vida, pero especialmente en la hora de la muerte. Esta coronilla es para aplacar la ira divina, según me ha dicho el [Señor] Mismo.

1037 + Me veo tan débil que si no tuviera la Santa Comunión, caería continuamente; una sola cosa me sostiene y es la Santa Comunión. De ella tomo fuerza, en ella está mi fortaleza. Temo la vida si algún día no recibo la Santa Comunión. Tengo miedo de mí misma. Jesús oculto en la Hostia es todo para mí. Del tabernáculo tomo fuerza, poder, valor, luz; es aquí donde busco alivio en los momentos de tormento. No sabría cómo glorificar a Dios si no tuviera la Eucaristía en mi corazón.

1038 + Polonia, patria mía querida, oh si supieras cuántos sacrificios y cuántas oraciones ofrezco a Dios por ti. Pero presta atención y rinde gloria a Dios, Dios te enaltece y te trata de manera especial, pero has de ser agradecida.

1039 + Experimento un terrible dolor cuando veo los sufrimientos del prójimo. Todos los dolores del prójimo repercuten en mi corazón, llevo en mi corazón sus angustias de tal modo que me agotan incluso físicamente. Quisiera que todos los dolores cayesen sobre mí para llevar alivio al prójimo.

1040 En medio de tremendas tribulaciones te miro a Ti, oh Dios, y aunque una tormenta se cierne sobre mi cabeza, sé que el sol no se apaga ni tampoco me extrañan las criaturas perversas y acepto con anticipación todos los acontecimientos. Mi boca calla cuando los oídos están saturados de escarnios. Entre los más grandes sufrimientos procuro el silencio de mi corazón y me protejo de cualquier ataque con el escudo de Tu nombre.

1041 (11) Un ardiente deseo de esta Fiesta [304] inflama toda mi alma. En una ardiente oración por anticipar [la institución de] esta Fiesta encuentro un poco de alivio. Y empecé una novena según la intención de ciertos sacerdotes para que Dios les conceda luz e inspiración para tramitar la institución de esta Fiesta y para que el Espíritu de Dios inspire al Santo Padre en toda esta causa.

La novena consiste en una hora de adoración delante del Santísimo Sacramento. He rogado ardientemente a Dios por anticipar esta Fiesta y he pedido al Espíritu Santo que inspire a ciertas personas en toda esta causa. Termino esta novena el Jueves Santo.

1042 + 23 III 1937. Hoy es el séptimo día de la novena. Recibí una gracia grande e inconcebible; Jesús tan misericordioso me prometió de que llegaré a ver la solemne celebración de esta Fiesta.

1043 Este día 23 es el Martes Santo y un día en el cual Dios me ha concedido muchas gracias.

1044 Súbitamente me inundó la presencia de Dios y de inmediato me vi en Roma, en la capilla del Santo Padre, pero a la vez estaba en nuestra capilla, y la solemnidad del Santo Padre y de toda la Iglesia estaba estrechamente unida a nuestra capilla, y de manera especial a nuestra Congregación; y participé al mismo tiempo en la solemnidad de Roma y la de aquí. Esta solemnidad estaba tan estrechamente unida a Roma que, aunque escribo, no alcanzo a distinguir [la diferencia entre una y otra], pero fue así como lo vi. Vi al Señor Jesús expuesto en la custodia en el altar mayor, en nuestra capilla. La capilla estaba adornada solemnemente y aquel día podían entrar en ella todos, cualquiera que quisiera [305]. Hubo tanto gentío que yo no lograba abarcarlo con la vista. Todos participaban en esa solemnidad con gran alegría y muchos recibieron lo que habían deseado. (12) La misma solemnidad tenía lugar en Roma, en un bello templo y el Santo Padre con todo el clero celebraba esta solemnidad. Y de repente vi a San Pedro que se puso entre el altar y el Santo

Padre. ¿Qué decía San Pedro? No pude escucharlo, pero vi que el Santo Padre comprendía sus palabras...

1045 De pronto, algunos eclesiásticos que desconozco, empezaron a examinarme y a humillarme, o más bien lo que había escrito, pero veía que Jesús Mismo me defendía y les hacía comprender lo que no sabían.

1046 De súbito vi que de la Santa Hostia salieron los dos rayos que están pintados en la imagen y se esparcieron sobre el mundo entero. Eso sucedió en un solo momento, pero fue como si hubiera durado un día entero y nuestra capilla estuvo repleta de gente durante todo el día y todo ese día fue pleno de gozo.

1047 Y de pronto vi al Señor Jesús vivo en nuestro altar tal y como está pintado en la imagen. Sin embargo, sentía que las hermanas y toda la gente no veían a Jesús así como lo veía yo. Jesús miró con gran bondad y alegría al Santo Padre, y a ciertos sacerdotes, y a todo el clero, y al pueblo y a nuestra Congregación.

1048 De repente fui raptada a la cercanía de Jesús y me presenté en el altar junto a Jesús y mi espíritu fue llenado de una felicidad tan grande que no puedo ni comprender ni describir. Un abismo de serenidad y de descanso inundó mi alma. Jesús se inclinó hacia mí y me dijo amablemente: **¿Qué deseas, hija Mía?** Y contesté: Deseo la gloria y el culto de Tu misericordia. **El culto ya lo recibo con la institución y la celebración de esta Fiesta; ¿Qué deseas más?** Y miré esta gran muchedumbre que veneraba la Divina Misericordia y dije al Señor: Jesús, bendice a todos los que están reunidos para rendirte honor a Tu misericordia infinita. Jesús trazó con la mano la señal de la santa cruz; la bendición se reflejó en las almas con un relámpago de luz. (13) Mi espíritu se sumergió en su amor, sentí como si me disolviera en Dios y desapareciera en Él. Cuando volví en mí, una profunda paz inundaba mi alma y le fue concedido a mi mente comprender de manera milagrosa muchas cosas que antes habían sido incomprensibles para mí.

1049 Soy sumamente feliz a pesar de ser la más pequeña y no quisiera cambiar nada de lo que Dios me ha dado. Ni siquiera con un serafín quisiera cambiar el conocimiento interior que Dios me da de Sí Mismo. Mi unión interior con Dios es tal que ninguna criatura puede comprenderla y, especialmente, el abismo de su misericordia que me envuelve completamente. Soy feliz con todo lo que me das.

1050 24 III 1937. Miércoles Santo. Mi corazón anhela a Dios, deseo unirme a Él; un ligero temor atraviesa mi alma y a la vez una llama de amor incendia mi corazón. El amor y el sufrimiento están unidos en mi corazón.

1051 He experimentado un gran dolor en mi cuerpo, pero siento que el Señor me sostiene, porque de otro modo no lo soportaría.

1052 Oh Jesús mío, Te ruego por toda la Iglesia: concédele amor y luz de Tu Espíritu, da poder a las palabras de los sacerdotes para que los corazones endurecidos se ablanden y vuelvan a Ti, Señor. Señor, danos sacerdotes santos; Tú Mismo consérvalos en la santidad. Oh Divino y Sumo Sacerdote, que el poder de Tu misericordia los acompañe en todas partes y los proteja de las trampas y asechanzas del demonio, que están siendo tendidas incesantemente para [atrapar a] las almas de los sacerdotes. Que el poder de Tu misericordia, oh Señor, destruya y haga fracasar lo que pueda empañar la santidad de los sacerdotes ya que Tú lo puedes todo.

1053 (14) 25 III 1937. Jueves Santo. Durante la Santa Misa vi al Señor que me dijo: **Apoya tu cabeza sobre Mi pecho y descansa.** El Señor me abrazó a su Corazón y dijo: **Te daré una pequeña parte de Mi Pasión, pero no tengas miedo, sino que sé valiente; no busques alivio, sino que acepta todo con sumisión a Mi voluntad.**

1054 Mientras Jesús se despedía de mí, un dolor tan grande estrechó mi alma que es imposible expresarlo. Me abandonaron las fuerzas físicas, salí rápidamente de la capilla y me acosté en la cama. Me olvidé de lo que pasaba alrededor de mí, mi alma estaba deseando al Señor y toda la amargura de su Corazón divino se comunicó a mí. Eso duró no más de tres horas. Rogué al Señor que me preservara de la vista de los que me rodeaban. Aunque traté, no pude tomar ningún alimento durante todo el día, hasta la noche.

Deseaba ardientemente pasar toda la noche en la oscuridad [306] con el Señor Jesús. Recé hasta las once, a las once el Señor me dijo: **Ve a descansar, te he hecho vivir durante tres horas lo que he sufrido durante toda la noche.** Y en seguida me acosté en la cama.

Estaba completamente sin fuerzas físicas, la pasión me las quitó del todo. Todo el tiempo estaba como desmayada, cada latido del Corazón de Jesús repercutía en mi corazón y traspasaba mi alma. Ciertamente si ese martirio hubiera sido solamente mío, habría sufrido menos, pero cuando miraba a Aquel a quien mi corazón había amado con todas las fuerzas, que Él sufría y yo no le podía dar ningún alivio, mi corazón se despedazaba en el amor y la amargura. Agonizaba con Él y no podía morir; pero no cambiaría ese martirio por todas las dichas del mundo. En ese sufrimiento mi amor aumentó de modo indecible. Sé que el Señor me sostenía con su omnipotencia ya que de otro modo no habría podido resistir ni un momento. Viví junto con Él toda clase de tormentos de modo singular. El mundo no conoce todavía todo lo que Jesús ha sufrido. (15) Le hice compañía en el Huerto de los Olivos y en la oscuridad del calabozo, en los interrogatorios de los tribunales, estuve con Él en cada etapa de su Pasión; no se ha escapado a mi atención ni un solo movimiento, ni una sola mirada Suya, conocí toda la omnipotencia de su amor y de su misericordia hacia las almas.

1055 26 III 1937. Viernes. Desde por la mañana sentía en mi cuerpo el tormento de sus cinco llagas. El sufrimiento duró hasta las tres. Aunque por fuera no había ninguna huella, no obstante las torturas no eran menos dolorosas. Me alegré de que Dios me protegiera de las miradas de la gente.

1056 A las once Jesús me dijo: **Hostia mía, tú eres alivio para Mi Corazón martirizado.** Pensé que después de estas palabras mi corazón se quemaría. Y me introdujo en una muy estrecha unión Consigo y mi corazón se unió a su Corazón de modo amoroso y sentía sus más débiles latidos y Él los míos. El fuego de mi amor, creado, fue unido al ardor de su amor eterno. Esta gracia supera con su grandeza todas las demás. Su esencia trina me envolvió toda y fui sumergida toda en Él, en cierto sentido mi pequeñez chocó contra el Soberano Inmortal. Estaba sumergida en un amor inconcebible y en un tormento inconcebible a causa de su Pasión. Todo lo que tenía relación con su Ser, se comunicaba también a mí.

1057 Jesús me había dado a conocer y presentir esta gracia y hoy me la concedió. No me habría atrevido ni siquiera soñar con esta gracia. Mi corazón está como en un continuo éxtasis aunque exteriormente nada me impide tratar con el prójimo ni solucionar distintos asuntos. No soy capaz de interrumpir mi éxtasis ni nadie logra adivinarlo, porque le pedí que se dignara protegerme de las miradas de los hombres. Y con esta gracia entró en mi alma todo un mar de luz respecto al conocimiento de Dios y de mí misma; y el asombro me envuelve toda e introduce como en un nuevo éxtasis por saber que Dios se dignó humillarse hasta mí, tan pequeñita.

1058 (16) + A las tres, postrándome en cruz, rogué por el mundo entero. Jesús estaba terminando su vida mortal, oí sus siete palabras, después me miró y dijo: **Amadísima hija de Mi Corazón, tú eres Mi alivio entre terribles tormentos.**

1059 Jesús me ordena hacer una novena antes de la Fiesta de la Misericordia y debo empezarla hoy por la conversión del mundo entero y para que se conozca la Divina Misericordia. **Para que cada alma exalte Mi bondad. Deseo la confianza de Mis criaturas, invita a las almas a una gran confianza en Mi misericordia insondable. Que no tema acercarse a Mí el alma débil, pecadora y aunque**

tuviera más pecados que granos de arena hay en la tie-rra, todo se hundirá en el abismo de Mi misericordia.

1060 Cuando Jesús dio el último suspiro, mi alma se sumergió en dolor y durante largo tiempo no pude volver en mí. Encontré algún alivio en lágrimas. Aquel a quien mi corazón ha amado, está muriendo. ¿Hay quién pueda comprender mi dolor?

1061 Antes de anochecer oí en la radio cantos y precisamente *Salmos* cantados por sacerdotes [307]. Rompí a llorar y todo el dolor se renovó en mi alma y lloraba sin encontrar consuelo a mi dolor. De repente oí en el alma una voz: **No llores , no sufro más. Y por la fidelidad con la cual Me has acompañado en la Pasión y la muerte, tu muerte será solemne y Yo te haré compañía en esa última hora. Amada perla de Mi Corazón, veo tu amor tan puro, más que el de los ángeles; más, porque tú luchas. Por ti bendigo al mundo. Veo tus esfuerzos por Mí y encantan Mi Corazón.**

Después de estas palabras no lloré más, sino que agradecí al Padre celestial por habernos enviado a Su Hijo y por la obra de Redención del género humano.

1062 (17) + Hice una hora de adoración en agradecimiento por todas las gracias que me habían sido concedidas y por toda la enfermedad; la enfermedad también es una enorme gracia. Estuve enferma cuatro meses pero no recuerdo que hubiera perdido por eso un solo minuto. Todo por Dios y por las almas, deseo serle fiel en todas partes.

En esa adoración conocí todo el cuidado y la bondad con la que Jesús me rodeaba y protegía de todo mal. Jesús, Te doy gracias especialmente por haberme visitado en la soledad de mi celda y Te agradezco por haber inspirado a mis Superioras para que me enviaran a realizar ese tratamiento. Concédeles, Jesús, la omnipotencia de Tu bendición y recompénsales por todas las pérdidas sufridas por mí.

1063 Hoy Jesús me ha ordenado consolar y tranquilizar a cierta querida alma que se ha abierto ante mí contándome sus dificultades; esa alma es agradable al Señor, pero ella no lo sabe. Dios la mantiene en una profunda humildad. He cumplido la recomendación del Señor.

1064 + Oh dulcísimo Maestro mío, oh buen Jesús, Te doy mi corazón y Tú modélalo, fórmalo según Tu agrado. Oh Amor inconcebible, abro el cáliz de mi corazón ante Ti, como un capullo de rosa se abre al frescor del rocío; el perfume de la flor de mi corazón es conocido sólo por Ti. Oh Esposo mío, que la fragancia de mi sacrificio Te sea agradable, oh Dios inmortal, mi eterna delicia, Tú eres mi cielo ya aquí en la tierra, que cada latido de mi corazón sea un nuevo himno de adoración a Ti, oh Santísima Trinidad. Si tuviera tantos corazones cuantas gotas de agua hay en el océano, cuantos granos de arena en toda la tierra, Te los ofrecería todos, oh Amor mío, Tesoro de mi corazón. Con cuántos me encuentre en la vida, deseo atraerlos todos a amarte, oh Jesús mío, mi Belleza, mi Sosiego, mi único Maestro, Juez, Salvador y Esposo a la vez; sé que un título atenúa el otro, he puesto todo en Tu misericordia.

1065 (18) + Oh Jesús mío, sostenme cuando vengan los días difíciles y nublados, los días de las experiencias, los días de las pruebas, cuando el sufrimiento y el cansancio empiecen a oprimir mi cuerpo y mi alma. Sostenme, oh Jesús, dame fuerza para soportar los sufrimientos. Pon una centinela a mis labios para que no salga ni una sola palabra de queja ante las criaturas. Toda mi esperanza es Tu Corazón misericordiosísimo, no tengo nada en mi defensa, sólo Tu misericordia, en ella toda mi confianza.

1066 27 III 1937. Hoy he vuelto de Prądnik, después de casi cuatro meses de curación; agradezco mucho a Dios por todo. He aprovechado cada momento para alabar a Dios. Cuando entré por un momento en la capilla, conocí cuánto sufriré y lucharé por toda esta causa. Oh Jesús, mi fuerza, sólo Tú puedes ayudarme, dame fuerzas.

1067 28. La Resurrección. Durante la celebración de la resurrección he visto al Señor en la belleza y en el resplandor y me dijo: **Hija Mía, la paz sea contigo;** me bendijo y desapareció, mi alma se llenó de alegría y de júbilo indescriptibles. Mi corazón se fortaleció para la lucha y los sufrimientos.

1068 Hoy hablé con el Padre [308] que me ha recomendado mucha prudencia en estas repentinas apariciones de Jesús. Mientras él hablaba de la Divina Misericordia, en mi corazón ha entrado una fuerza y una fortaleza extrañas. Oh Dios mío, deseo tanto revelarlo todo y, sin embargo, no puedo. El Padre me dice que "el Señor Jesús es muy generoso en darse al alma, pero por otra parte es en cierto modo avaro. Aunque la generosidad de Dios es grande [me dijo el Padre], no obstante sea prudente, porque este repentino aparecer despierta sospechas. Aunque todavía no veo en esto nada de malo, ni nada que esté en contradicción con la fe. Sea un poco más prudente; cuando venga la Madre Superiora, puede hablar con ella de estas cuestiones."

1069 (19) 29 III 1937. Hoy, durante la meditación vi al Señor en gran belleza que me dijo: **La paz sea contigo, hija Mía.** Toda mi alma tembló de amor por Él y le dije: Oh Señor, aunque yo Te quiero de todo mi corazón, Te ruego que no Te me aparezcas, porque el Padre espiritual me ha dicho que Tus repentinas apariciones despiertan sospechas de que Tú eres, quizá, alguna ilusión. Y aunque yo Te amo más que mi vida y sé que Tú eres el Señor y Dios mío, que tratas conmigo, no obstante por encima de todo soy obediente al confesor.

Jesús escuchó con seriedad y bondad lo que le estaba diciendo y me dijo: **Dile al confesor que trato tan íntimamente con tu alma, porque no robas Mis dones y derramo todas las gracias sobre tu alma, porque sé que no te apropiarás de ellas. Y en señal de que su prudencia Me es agradable, no Me verás y no te apareceré de este modo hasta que le relates lo que te he dicho.**

1070 + 2 IV 1937. Por la mañana, durante la Santa Misa, oí estas palabras: **Dile a la Superiora que deseo que la adoración se realice aquí según la intención de impetrar misericordia por el mundo.**

1071 Oh Jesús mío, sólo Tú sabes lo que está viviendo mi corazón. Oh Fuerza mía, Tú lo puedes todo; y aunque yo me expongo a grandes sufrimientos, siempre permaneceré fiel a Ti porque me sostiene una particular gracia Tuya.

1072 3 IV 1937. Hoy el Señor me dijo: **Dile al Reverendo Profesor** [309] **que en la Fiesta de Mi Misericordia diga un sermón sobre Mi insondable misericordia.** Cumplí el deseo de Dios, sin embargo ese sacerdote no ha aceptado el deseo del Señor; al alejarme del confesionario, oí estas palabras: **Haz lo que te mando y quédate tranquila, este asunto está entre él y Yo. Tú no responderás por esto.**

1073 (20) 4 IV 1937. Domingo in Albis, es decir, la Fiesta de la Misericordia. Por la mañana, después de la Santa Comunión mi alma ha sido sumergida en la divinidad; estaba unida a las Tres Personas Divinas en tal modo que cuando estaba unida a Jesús, a la vez [estaba unida] al Padre y al Espíritu Santo. Mi alma estaba inundada de una alegría inconcebible y el Señor me ha dado a conocer todo el mar y el abismo de su misericordia insondable.

Oh, si las almas quisieran comprender cuánto Dios las ama. Todas las comparaciones así sean las más tiernas y las más fuertes son apenas una pálida sombra frente a la realidad.

Cuando estaba unida al Señor, he conocido cuán numerosas son las almas que adoran la Divina Misericordia.

1074 Cuando fui a la adoración escuché estas palabras: **Hija Mía amada, apunta estas palabras: Mi Corazón ha descansado hoy en este convento. Habla al mundo de Mi misericordia, de Mi amor.**

Me queman las llamas de la misericordia, deseo derramarlas sobre las almas de los hombres. Oh, qué dolor Me dan cuando no quieren aceptarlas.

Hija mía, haz lo que esté en tu poder para difundir la devoción a Mi misericordia. Yo supliré lo que te falta. Dile a la humanidad doliente que se abrace a Mi Corazón misericordioso y Yo la llenaré de paz.

Di, hija Mía, que soy el Amor y la Misericordia Misma. Cuando un alma se acerca a Mí con confianza, la colmo con tal abundancia de gracias que ella no puede contenerlas en sí misma, sino que las irradia sobre otras almas.

1075 A las almas que propagan la devoción a Mi misericordia, las protejo durante toda su vida como una madre cariñosa [protege] a su niño recién nacido y a la hora de la muerte no seré para ellas Juez sino (21) Salvador misericordioso. En esta última hora el alma no tiene nada en su defensa fuera de Mi misericordia. Feliz el alma que durante la vida se ha sumergido en la Fuente de la Misericordia, porque no la alcanzará la justicia.

1076 Escribe: Todo lo que existe está encerrado en las entrañas de Mi misericordia más profundamente que un niño en el seno de la madre. Cuán dolorosamente Me hiere la desconfianza en Mi bondad. Los pecados de desconfianza son los que Me hieren más penosamente.

1077 Durante la Santa Misa, la Hermana Maestra [310] tocó un canto hermoso sobre la Divina Misericordia; entonces rogué al Señor que le dé a conocer más profundamente el abismo de esta misericordia inconcebible.

1078 + Mientras me despedía del Señor antes de acostarme, escuché estas palabras: **Hostia querida a Mi Corazón, por ti bendigo la tierra.**

1079 7 IV 1937. Hoy, en la capilla, cierta persona entró, y yo sentí un terrible dolor en las manos y en los pies y en el costado, como Jesús durante la Pasión. Eso duró un breve instante, y así conozco al alma que no está en la gracia de Dios.

1080 En una ocasión vi al Santo Padre reflexionando sobre esta causa [311].

1081 10 IV 1937. Hoy, la Madre Superiora me dio a leer un artículo sobre la Divina Misericordia, y estaba en él una reproducción de la imagen que está pintada. El artículo está publicado en el "Tygodnik Wilenski" [312] [Semanario de Vilna], nos lo ha mandado a Cracovia el Padre Sopoćko, ferviente apóstol de la Divina Misericordia. En el artículo vienen las palabras que el Señor Jesús me ha dirigido a mí, algunas palabras vienen [citadas] al pie de la letra.

1082 Cuando he tomado este semanario en la mano, una flecha de amor ha traspasado mi alma. **Por tu ferviente deseo anticipo la Fiesta de la Misericordia**. Mi espíritu se inflamó de un fuego de amor tan fuerte que me parecía disolverme completamente en Dios.

1083 + Esta bella alma que difunde en el mundo la obra de la Divina Misericordia es muy agradable a Dios por su profunda humildad.

1084 Antes de cada gracia muy grande, mi alma es sometida a una prueba de paciencia, porque la siento pero no la poseo todavía. Mi espíritu se agita, pero la hora aún no ha llegado. Esos momentos son tan misteriosos que es difícil escribir de ellos.

1085 13 IV 1937. Hoy tengo que permanecer en la cama todo el día. Me ha dado una tos violenta que me ha debilitado tanto que no tengo fuerzas para caminar. Mi espíritu se lanza a cumplir las obras divinas, pero las fuerzas físicas me han abandonado. En este momento no llego a comprender Tu actuar, oh Señor, por eso repito con un acto de voluntad amorosa: haz de mí lo que Te agrade.

1086 Al ver que las tentaciones son tan grandes, toda una oleada de dudas choca contra mi alma, el desaliento está ya pronto y disponible, pero el Señor fortalece la voluntad contra la cual, como contra una roca se estrellan todas las asechanzas del enemigo. Veo cuánta gracia actual cooperante Dios me concede y con la cual me sostiene continuamente. Estoy muy débil y debo todo únicamente a la gracia de Dios.

1087 + Cuando decidí un día, ejercitarme en cierta virtud, caí en el defecto contrario a esa virtud diez veces más que en otros días. Por la noche, mientras reflexionaba sobre ¿por qué hoy caía de manera tan excepcional?, oí estas palabras: **Has contado demasiado contigo misma y muy poco Conmigo.** Comprendí la causa de mis caídas.

1088 (23) Curación repentina.

Después de que escribí una carta al Padre Sopoćko, el domingo once de abril, de repente mi salud empeoró hasta tal punto que no envié la carta, sino que esperaba una evidente voluntad de Dios. Sin embargo mi salud empeoró tanto que tuve que guardar cama. La tos me atormentaba tan terriblemente que me parecía que si se repitiera todavía un par de veces, seguramente sería el final.

1089 El catorce de abril me sentía tan mal que me levanté con esfuerzo para ir a la Santa Misa. Me sentía más enferma que cuando me habían enviado a la curación. Tenía un fuerte estertor y una respiración ronca en los pulmones y unos dolores extraños. Al recibir la Santa Comunión, yo misma no sabía por qué, o mejor dicho, qué cosa me empujaba a esta oración y comencé a rezar de este modo: Jesús, que Tu Sangre pura y sana circule en mi organismo enfermo, y que Tu Cuerpo puro y sano transforme mi cuerpo enfermo, y que una vida sana y fuerte palpite en mí, si es Tu santa voluntad que yo me ponga a esta obra, y esto será para mí la señal evidente de Tu santa voluntad.

Mientras así rezaba, súbitamente sentí como una sacudida en todo el organismo y de repente me sentí completamente sana. Tenía la respiración limpia como si nunca hubiera estado enferma de los pulmones ni sentía dolores y para mí era la señal de que debía ponerme a la obra.

1090 Y eso sucedió el último día de la novena que hacía al Espíritu Santo. Después de esta curación, repentinamente fui unida al Señor Jesús de modo puramente espiritual. Jesús me dio una fuerte convicción, o sea me afirmó respecto a sus demandas. En tal cercanía con el Señor Jesús permanecí el día entero y hablé de los detalles referentes a la Congregación.

(24) Jesús volcó en mi alma fortaleza y entusiasmo para actuar. Ahora comprendo que si el Señor exige algo del alma, le da la posibilidad de realizarlo y a través de la gracia la hace capaz de cumplir lo que exige de ella. Y

por lo tanto aunque fuera el alma más mísera, al mandato del Señor puede emprender cosas que superan su entendimiento; la señal por la cual se puede reconocer que el Señor está con esa alma es ésta cuando en el alma aparece la fuerza y el poder de Dios que la hace valiente y fuerte. En cuanto a mí, en un primer momento siempre me asusto un poco de la grandeza del Señor, pero luego en mi alma entra una paz profunda e imperturbable, una fuerza interior para [hacer] lo que en un momento dado el Señor exige...

1091 Entonces oí estas palabras: **Ve, dile a la Superiora que estás sana**.

Cuánto tiempo estaré sana, no lo sé ni lo pregunto; sé solamente que actualmente gozo de buena salud; el futuro no me pertenece. Pedí la salud como un testimonio de la voluntad de Dios y no para buscar alivio en el sufrimiento.

1092 16 IV 1937. Hoy, cuando la Majestad de Dios me inundó mi alma, conocí que el Señor, aunque tan grande, tiene una predilección por las almas pequeñas y humildes. Cuanto [313] más profundamente se humilla el alma, tanto más amablemente el Señor se acerca a ella; uniéndose a ella estrechamente la eleva hasta su trono. Feliz el alma que el Señor Mismo defiende. He aprendido que solamente el amor tiene valor. El amor es una cosa grande, nada puede compararse con un acto del puro amor de Dios ninguna obra.

1093 + Oh Jesús, protégeme con Tu misericordia y júzgame también con benevolencia, porque de otro modo Tu justicia me puede condenar, con buena razón.

1094 (25) 17 IV. Hoy, durante la clase de catecismo [314] he sido reafirmada en lo que había conocido a través del entendimiento interior y de lo que vivo desde hace mucho tiempo, a saber: si el alma ama sinceramente a Dios y está unida a Él interiormente, entonces aunque por fuera vive en condiciones difíciles, nada tiene el poder de oprimir su interior. Y entre la corrupción puede ser pura e intacta, porque el gran amor de Dios le da fuerza para luchar y Dios Mismo defiende de modo especial, e incluso de manera milagrosa, al alma que lo ama sinceramente.

1095 Cuando un día, Dios me hizo saber interiormente que no había perdido nunca la inocencia y que a pesar de distintos peligros en los cuales me había encontrado, Él Mismo me protegía para que quedara intacta la virginidad de mi alma y de mi corazón ese día lo pasé en un ferviente agradecimiento interior. Agradecía a Dios por haberse dignado protegerme contra el mal, pero también porque había encontrado gracia a sus ojos y porque Él Mismo se había dignado asegurarme de ella.

1096 Y algunos años más tarde se dignó confirmarme en esta gracia, y desde entonces no experimento la rebeldía de los sentidos contra el alma. Lo tengo descrito más detalladamente en otro cuaderno [315]. Cada vez que recuerdo esta inconcebible gracia, una nueva llama de amor y de agradecimiento a Dios brota de mi corazón, y este amor me conduce a olvidarme completamente de mí.

1097 Desde aquellos días vivo bajo el manto virginal de la Santísima Virgen, ella me cuida y me instruye; estoy tranquila junto a su Inmaculado Corazón, ya que soy débil e inexperta, por eso, como una niña me abrazo a su Corazón.

1098 A pesar de afirmarme Dios en esta virtud, vigilo continuamente y tengo miedo incluso de mi propia sombra y es solamente porque he amado mucho a Dios.

1099 (26) Esta gracia divina me ha sido dada solamente por ser yo la más débil de entre todos los seres humanos, por eso el Todopoderoso me ha rodeado de su particular misericordia.

1100 24 IV. Cada gracia mayor la siento antes, y me invade un extraño anhelo y un gran deseo de Dios. La espero, y cuanto más grande es la gracia, tanto mayor es el presentimiento y mayor la batalla que libro con el adversario de mi salvación.

A veces mi alma se encuentra en tal condición que la puedo describir haciendo una comparación: hay dos amigos sinceros, uno de ellos sólo organiza un gran banquete al cual ha invitado a su amigo; ambos esperan con ansia, pero el banquete es a la hora establecida. Bien, los momentos anteriores a la gracia son tan agitados que me es difícil describirlos. Los caracteriza un inquieto deseo y el ardor del amor. Siento que el Señor está, pero no puedo sumergirme en Él completamente porque no ha llegado la hora establecida. A veces, antes del momento de la gracia estoy totalmente privada de todo: mente, voluntad, corazón; me quedo sola y espero únicamente a Dios. Él Mismo lo hace dentro de mí antes de su venida.

1101 23 IV 1937. Hoy empecé mi retiro espiritual de tres días [316].

Por la noche oí en el alma estas palabras: **Hija Mía, has de saber que te voy a hablar de modo especial a través de este sacerdote** [317] **para que no tengas dudas en cuanto a Mis demandas.** Ya desde la primera meditación, las palabras de ese sacerdote impresionaron mi alma, y fueron las siguientes: no me está permitido oponerme a la voluntad de Dios, ni a los deseos de Dios, cualesquiera que sean; y en cuanto esté convencida de la certeza y la autenticidad de la voluntad de Dios, deberé cumplirla y de esto nadie me puede dispensar. Cualquiera (27) que sea esta voluntad, si la conozco, debo cumplirla. Esto es solamente un pequeñísimo resumen, pero toda esta meditación se me grabó en el alma y no tengo ninguna duda. Sé qué es lo que Dios quiere de mí y lo que debo hacer.

1102 En la vida hay instantes y momentos del conocimiento interior, o sea iluminaciones divinas, cuando el alma es instruida interiormente sobre las cosas que no ha leído en ningún libro ni nadie le ha enseñado. Estos son los momentos de los conocimientos interiores que Dios Mismo concede al alma. Se trata de grandes misterios.... Muchas veces recibo la luz y el conocimiento de la vida íntima de

Dios y [conozco] la disposición interior de Dios y eso me llena de una confianza y de un gozo indecibles que no alcanzo a contener en mí, deseo disolverme toda en Él...

1103 + El núcleo del amor es el sacrificio y el sufrimiento. La verdad ostenta una corona de espinas. La oración involucra el intelecto, la voluntad y el sentimiento.

1104 Hoy hubo una bella predicación [318] sobre la Divina Misericordia y sobre la bondad de Dios. Durante la conferencia mi alma experimentó el ardor del amor de Dios y he comprendido que la palabra de Dios es viva.

1105 Los propósitos particulares siguen siendo los mismos, es decir: la unión con Cristo misericordioso y el silencio.

La florecilla que deposito a los pies de la Santísima Virgen en mayo es la de ejercitarme en la práctica del silencio.

1106 (28) + Una virtud sin prudencia no es virtud. Debemos rogar frecuentemente al Espíritu Santo por la gracia de la prudencia. La prudencia se compone de: la reflexión, la consideración razonable y el propósito firme. La decisión final siempre nos pertenece a nosotros. Nosotros debemos decidir, aunque podemos, y debemos pedir consejos, y buscar la luz...

1107 Hoy, durante la meditación, Dios me ha dado la luz interior y me ha hecho comprender la santidad y en qué consiste. Aunque esto lo he oído ya muchas veces en las conferencias, no obstante el alma lo comprende de otro modo cuando lo conoce a través de la luz de Dios que la ilumina.

Ni gracias, ni revelaciones, ni éxtasis, ni ningún otro don concedido al alma la hace perfecta, sino la comunión interior de mi alma con Dios. Estos dones son solamente un adorno del alma, pero no constituyen ni la sustancia ni la perfección. Mi santidad y perfección consisten en una estrecha unión de mi voluntad con la voluntad de Dios. Dios nunca violenta nuestro libre albedrío. De nosotros depende si queremos recibir la gracia de Dios o no; si vamos a colaborar con ella o la malgastamos.

1108 En la última prédica de la noche que preparaba a la renovación de los votos, el Padre habló de la felicidad que fluye de los tres votos y de la recompensa por la fiel observancia de los mismos. De repente mi alma se sumergió en grandes tinieblas interiores. En vez de alegría, mi alma se llenó de amargura y un agudo dolor traspasó mi corazón. Me sentía tan miserable e indigna de esta gracia y dándome cuenta de esta miseria e indignidad no me habría atrevido acercarme a los pies de la más joven de las postulantes para besarlos. En mi interior, las veía bellas y agradables a Dios y a mí me veía como un abismo de miseria. Terminada (29) la prédica me tiré a los pies del Dios Oculto entre lágrimas y dolor; me arrojé al mar de la Divina Misericordia infinita y sólo allí encontré alivio. Y sentía que toda la omnipotencia de su misericordia me envolvía.

1109 + 30. Hoy, renovación de los votos.

Apenas me he despertado me ha envuelto la presencia de Dios y me siento una niña de Dios. El amor de Dios inundó mi alma y me dio a conocer que todo depende de su voluntad y me ha dicho estas palabras: **Deseo conceder el perdón total a las almas que se acerquen a la confesión y reciban la Santa Comunión el día de la Fiesta de Mi Misericordia. Y me dijo: Hija Mía, no tengas miedo de nada, Yo siempre estoy contigo, aunque te parezca que no esté; y tu humillación Me atrae desde el alto trono y Me uno estrechamente a ti.**

1110 29 [IV 1937]. El Señor me ha dado a conocer las discusiones [319] que se han desarrollado en el Vaticano sobre esta Fiesta: el dignatario Pacelli ha trabajado mucho allí.

1111 Hoy la renovación, o sea la emisión de los votos y la solemne ceremonia. Mientras las hermanas pronunciaban los votos, oí a los ángeles cantar: Santo, Santo, Santo, en diferentes tonos, y nadie es capaz de expresar en términos humanos la armonía de ese canto.

1112 Por la tarde hablé con mi querida Maestra, la Madre María Josefa. Dimos una vuelta por el jardín y hablé con ella un poco. Es siempre la misma, querida Maestra, aunque ya no es Maestra sino Superiora y ya hace diez años que hizo los votos. Me dijo que un alma consagrada no puede vivir sin cruz y me reveló cierto sufrimiento que yo había tenido en Varsovia y del cual nunca (30) le había hablado. Como si estuvieran vivas se han presentado a los ojos de mi alma todas las gracias que había recibido en el noviciado. Oh, cuánto se lo agradezco. Cuando mi alma estaba sumergida en las tinieblas y me parecía que estaba condenada, ella me había arrancado de aquel abismo con el poder de la obediencia.

1113 A menudo mi alma está aturdida por el sufrimiento y ningún ser humano es capaz de comprender mis tormentos.

1114 Mayo - 1 V 1937. Hoy sentí la cercanía de mi Madre, la Madre Celestial. Antes de cada Santa Comunión, ruego fervorosamente a la Madre de Dios que me ayude a preparar mi alma para la llegada de Su Hijo y siento claramente su protección sobre mí. Le ruego mucho que se digne incendiar en mí el fuego del amor divino con el ardía su puro corazón en el momento de la Encarnación del Verbo de Dios.

1115 4 V. Hoy fui a ver un momento a la Madre General [320] y le pregunté: Querida Madre, ¿ha tenido usted alguna inspiración en la cuestión referente a mi salida del convento? La Madre General me contestó: Hasta ahora siempre la retenía, hermana, pero ahora le dejo toda la libertad. Si usted quiere, puede dejar la Congregación o si usted prefiere, puede quedarse. Entonces le contesté: Está bien. Pensé que iba a escribir inmediatamente al Santo Padre pidiendo la dispensa de mis votos. Al salir del encuentro con la Madre General, unas tinieblas bajaron a mi alma como antes. Es una cosa extraña que cada vez que pido el permiso de salir, mi alma queda envuelta de esas tinieblas y siento como si estuviera dejada a mí misma. Cuando estaba en esa angustia espiritual, (31) decidí ir en seguida con la Madre y contarle mi extraño tormento y mi lucha. La Madre me contestó que esta salida mía era una tentación. Tras un rato de conversación he sentido alivio, sin embargo las tinieblas perduraron. "La Divina Misericordia es bella y debe ser una obra de Dios verdaderamente grande si Satanás se le opone tanto y quiere destruirla." Son las palabras de la querida Madre General.

1116 Nadie comprenderá ni entenderá mis tormentos, ni yo lograré describirlos, ni puede haber otro sufrimiento mayor que éste. Los tormentos de los mártires no son mayores, ya que en tales momentos la muerte sería para mí un alivio y no sé con qué comparar estos sufrimientos, esta interminable agonía del alma.

1117 5 V [1937]. Hoy, durante la confesión revelé algo de mi alma, porque me vino la idea de que era precisamente una tentación lo de experimentar tan duros sufrimientos y tinieblas en los momentos de pedir el permiso de salir de la Congregación. El confesor [321] me contestó que ése no era, quizá, el momento establecido por Dios. Hay que rezar y esperar pacientemente, pero sí es verdad que la esperan grandes sufrimientos. Tendrá que soportar muchos de ellos y superar muchas dificultades, eso sí es seguro; sería mejor esperar todavía un poco y rezar mucho por un conocimiento más profundo y la luz de Dios. Estas cosas son graves.

1118 Oh Dios mío. En estos momentos difíciles no tengo a mi director espiritual, porque se fue a Roma [322]. Oh Jesús, ya que me lo quitaste, dirígeme (32) Tú Mismo, porque sabes cuánto puedo soportar. Creo firmemente que Dios no me puede dar por encima de lo que puedo [soportar]. Confío en su misericordia.

1119 En los momentos cuando estoy entre el cielo y la tierra callo, porque aunque hablara ¿quién comprendería mis palabras? La eternidad revelará muchas cosas de las cuales ahora no hablo...

1120 Al salir al jardín veo cómo todo respira la alegría de la primavera. Los árboles en flor emanan un perfume embriagante; todo pulsa de alegría y los pajaritos, cantando y gorjeando, adoran a Dios y me dicen: Alégrate y goza, Sor Faustina, y mi alma está en las tinieblas y en el tormento. Mi alma es muy sensible al susurro de la gracia, sabe hablar con todo lo que está creado y lo que me rodea y sé por qué Dios ha adornado así la tierra... Pero mi corazón no puede regocijarse, porque el Amado se ha ocultado y no descansaré hasta encontrarlo... No sé vivir sin Dios, pero siento que tampoco Dios puede ser feliz sin mí, aunque Él se basta a Sí Mismo absolutamente...

1121 6 V [1937]. Ascensión del Señor.

Hoy, desde el amanecer mi alma está tocada por Dios. Después de la Santa Comunión, durante un momento traté íntimamente con el Padre celestial. Mi alma fue atraída al ardor mismo del amor, comprendí que ninguna obra exterior puede compararse con el puro amor de Dios... Vi el gozo del Verbo Encarnado y fui sumergida en la Divina Trinidad. Cuando he vuelto en mí, la nostalgia inundó mi alma, el anhelo de unirme (33) a Dios. Me ha envuelto el amor tan grande hacia el Padre celestial que todo este día lo considero como un continuo éxtasis de amor. Todo el universo me ha parecido como una pequeña gotita frente a Dios. No hay felicidad más grande que ésta, que Dios me da a conocer interiormente, que le es agradable cada latido de mi corazón, y cuando me muestra que me ama de modo particular. Esta convicción interior con la que Dios afirma su amor hacia mí y lo mucho que le es agradable mi alma, infunde en mi alma un abismo de serenidad. Durante todo el día no me fue posible ningún alimento. Me sentía satisfecha hasta la saciedad con amor.

1122 Oh Dios de gran misericordia que Te dignaste enviarnos a Tu Hijo unigénito como el mayor testimonio de Tu insondable amor y misericordia, Tú no rechazas a los pecadores, sino que también a ellos les abriste el tesoro de Tu infinita misericordia del que pueden recoger en abundancia tanto la justificación, como toda santidad a la que un alma puede llegar. Oh Padre de gran misericordia, deseo que todos los corazones se dirijan con confianza a

Tu infinita misericordia. Nadie podrá justificarse ante Ti si no va acompañado por Tu insondable misericordia. Cuando nos reveles el misterio de Tu misericordia, la eternidad no bastará para agradecer por ella debidamente.

1123 Oh, qué dulce es tener en el fondo del alma aquello en lo que la Iglesia nos ordena creer. Cuando mi alma está sumergida en el amor, resuelvo clara y rápidamente las cuestiones más complicadas. Sólo Él es capaz de caminar al borde de los precipicios y por las cimas de las montañas. El amor, una vez más el amor.

1124 (34) + 12 [V 1937]. Una extraña oscuridad invade mi mente, estoy sumergida en la nada, en contra de mis aspiraciones.

1125 20 V. Después de un mes de gozar de buena salud me ha venido la idea de que no sé si al Señor le gusta más cuando le sirvo en la enfermedad o gozando de la buena salud, que pedí. Y le dije al Señor: Jesús, haz de mí lo que Te guste. Y Jesús me devolvió el estado anterior.

1126 Oh, qué dulce es vivir en el convento entre las hermanas, pero hay que recordar que estos ángeles están en los cuerpos humanos.

1127 En cierta ocasión vi a Satanás que tenía prisa y estaba buscando a alguien entre las hermanas, pero no la encontraba. Sentí en el alma la inspiración de ordenarle en nombre de Dios que me dijera a quién buscaba entre las hermanas. Y confesó, aunque de mala gana: Busco las almas perezosas. Cuando volví a ordenarle en nombre de Dios que me dijera a qué almas del convento tenía el acceso más fácil, me confesó otra vez de mala gana que: A las almas perezosas y ociosas. Noté que actualmente no hay tales almas en el convento. Que se alegren las almas fatigadas y abrumadas por el trabajo.

1128 22 V 1937. Hoy hace un calor difícil de soportar; deseamos la lluvia, sin embargo no llueve. Desde hace algunos días el cielo se nubla, pero la lluvia no llega. Al (35) mirar las plantas sedientas de lluvia, me ha dado lástima y he decidido rezar esta coronilla hasta que Dios envíe la lluvia.

Después de la merienda el cielo se ha cubierto de nubes y ha caído una lluvia torrencial sobre la tierra. He rezado esta plegaria durante tres horas sin cesar. Y el Señor me ha dado a conocer que a través de esta oración se puede obtener todo.

1129 23 [V 1937]. El día de la Santísima Trinidad.

Durante la Santa Misa de repente fui unida a la Santísima Trinidad. Conocí su Majestad y su Grandeza. Estaba unida con las Tres Personas. Cuando estaba unida a una de estas venerables Personas al mismo tiempo estaba unida a las dos otras Personas. La felicidad y el gozo que se comunicaron a mi alma son indescriptibles. Me apena no poder expresar con palabras aquello para lo cual no existen palabras.

1130 Oí lo siguiente: **Dile a la Superiora General que cuente contigo como con la hija más fiel de la orden.**

1131 Después de esto comprendí dentro de mí lo que es todo lo creado frente a Dios. Grande e inconcebible es su Majestad y el hecho de humillarse hacia nosotros con tanta benevolencia es por el abismo de su misericordia...

1132   Todo acabará en este valle de lágrimas,
       Terminarán las lágrimas y cesará el dolor.
       Sólo una cosa no terminará...
       El amor hacia Ti, Señor.

Todo acabará en este destierro,
Las pruebas y el desierto del alma,
Y aunque el alma quede por siempre en agonía,
Si tiene a Dios, nada la turbará.

1133 (36) 27 [V 1937]. *Corpus Cristi*.

Mientras oraba oí estas palabras: **Hija Mía, que tu corazón se llene de gozo. Yo, el Señor, estoy contigo, no tengas miedo de nada, estás en Mi Corazón.** En aquel momento conocí la gran Majestad de Dios, y comprendí que nada puede compararse con un sólo acto de conocimiento de Dios. Toda grandeza externa desaparece como polvo frente a un solo acto del conocimiento más profundo de Dios.

1134 El Señor ha infundido en mi alma una paz tan profunda que ya nada puede turbármela. A pesar de todo lo que sucede alrededor de mí no pierdo la tranquilidad ni por un instante; aunque se derrumbara el mundo entero, ni siquiera eso sería capaz de turbar la profundidad y el silencio dentro de mí donde descansa Dios. Todos los acontecimientos y las cosas más variadas que suceden están bajo sus pies.

1135 Este conocimiento más profundo de Dios me da una total libertad, libertad espiritual y nada puede perturbar mi estrecha unión con Él; ni siquiera las potencias angélicas son capaces de hacerlo. Siento que soy grande cuando estoy unida a Dios. Qué felicidad la de tener el conocimiento de Dios en el corazón y vivir con Él en una estrecha intimidad.

1136 Cuando llegó aquí la procesión de Borek [323] y Lo trajeron para reponerlo en nuestra capilla, de repente oí la voz de la Hostia: **Aquí está Mi descanso.** Durante la bendición Jesús me dio a conocer que dentro de poco aquí, en este lugar, se celebrará un momento solemne. **He encontrado Mi complacencia en tu corazón y nada Me detendrá en concederte gracias.** La grandeza de Dios inunda mi alma, y me ahogo y desaparezco y me pierdo en Él, disolviéndome en Él...

1137 (37) 30 V [1937]. Hoy agonizo por Dios. El deseo ardiente ha invadido toda mi alma; cuán profundamente siento que estoy en el destierro. Oh Jesús, ¿cuándo llegará el momento deseado?

1138 31 V. Mi alma atormentada no encuentra ayuda en ninguna parte, únicamente en Ti Hostia Viviente. En Tu Corazón misericordioso está toda mi confianza, espero pacientemente Tu palabra, Señor.

1139 Oh, qué dolor experimenta mi corazón cuando veo una hermana que carece del espíritu religioso. ¿Cómo puede uno agradar a Dios cuando estalla de soberbia y de amor propio, y finge que procura la gloria de Dios mientras se trata de su propia gloria. Eso me hiere mucho. ¿Cómo puede tal alma unirse estrechamente a Dios? Ni hablar de la unión con el Señor.

1140 1 VI 1937. Hoy tuvimos aquí la procesión de *Corpus Cristi* [324]. En el primer altar, de la Hostia Santa salió el fuego y traspasó mi corazón, y oí una voz: **Aquí está Mi descanso**. El ardor se encendió en mi corazón, sentí que estaba transformada toda en Él.

1141 Por la noche me hizo saber que todo lo que es terrenal dura poco. Y todo lo que parece grande se esfuma como el humo, y no da libertad al alma, sino cansancio. Feliz el alma que entiende estas cosas y toca la tierra con un solo pie. Descanso cuando estoy unida a Ti, todo lo demás me cansa. Oh, cómo siento que estoy en el destierro. Veo que nadie comprende lo que tengo dentro de mí, sólo me entiendes Tú que estás oculto en mi corazón y eternamente vivo.

1142 (38) 4 VI. Hoy es la fiesta solemne del Sacratísimo Corazón de Jesús [325]. Durante la Santa Misa conocí el Corazón de Jesús: el fuego con que arde hacia nosotros y que es un mar de misericordia. Entonces oí una voz: **Apóstol de Mi misericordia, proclama al mundo entero Mi misericordia insondable, no te desanimes por los obstáculos que encuentras proclamando Mi misericordia. Estas dificultades que te hieren tan dolorosamente son necesarias para tu santificación y para demostrar que esta obra es Mía. Hija Mía, sé diligente en apuntar cada frase que te digo sobre Mi misericordia porque están destinadas para un gran número de almas que sacarán provecho de ellas.**

1143 + En la adoración el Señor me dio a conocer más profundamente lo que se refiere a esta obra.

1144 Hoy pedí perdón al Señor por todas las ofensas que su Corazón divino sufre en nuestras casas.

1145 + 6 VI [1937]. Primer domingo del mes. Elegí este día para el retiro espiritual mensual.

La luz de la meditación matutina: cualquier cosa que hagas conmigo, oh Jesús, yo Te amaré siempre, porque soy Tuya. Me da igual si me dejas aquí o en otra parte, soy siempre Tuya.

Me someto con amor a Tus sapientísimos juicios, oh Dios, y Tu voluntad, Señor, es mi alimento cotidiano. Tú que conoces los latidos de mi corazón, sabes que palpita solamente por Ti, Jesús mío. Nada logra apagar mi anhelo de Ti. Yo agonizo por Ti, Jesús. ¿Cuándo me llevarás a Tu casa?

1146 (39) **Que los más grandes pecadores** [pongan] **su confianza en Mi misericordia. Ellos más que nadie tienen derecho a confiar en el abismo de Mi misericordia. Hija Mía, escribe sobre Mi misericordia para las almas afligidas. Me deleitan las almas que recurren a Mi misericordia. A estas almas les concedo gracias por encima de lo que piden. No puedo castigar aún al pecador más grande si él suplica Mi compasión, sino que lo justifico en Mi insondable e impenetrable misericordia. Escribe: Antes de venir como juez justo abro de par en par la puerta de Mi misericordia. Quien no quiere pasar por la puerta de Mi misericordia, tiene que pasar por la puerta de Mi justicia...**

1147 Cuando una vez me sentí ofendida por cierto motivo y me quejaba ante el Señor Jesús me contestó: **Hija Mía, ¿por qué te importan tanto las enseñanzas y las palabras de los hombres? Quiero instruirte Yo Mismo, por eso dispongo las circunstancias de modo que no puedas asistir a estas conferencias; en un solo instante te haré conocer más de lo que los demás alcancen esforzándose muchos años.**

1148 20 VI [1937]. Nos parecemos más a Dios cuando perdonamos al prójimo. Dios es amor, bondad y misericordia...

Cada alma y especialmente el alma consagrada debe reflejar en sí Mi misericordia. Mi Corazón está colmado

de piedad y de misericordia para todos. El corazón de Mi esposa tiene que ser semejante a Mi Corazón, de su corazón tiene que brotar el manantial de Mi misericordia para las almas, si no la desconoceré.

1149 (40) + En varias ocasiones noté cómo las almas consagradas defienden su gloria fingiendo la gloria de Dios, cuando no se trata tanto de la gloria de Dios sino de la propia gloria. Oh Jesús, cuánto me hirió eso. ¡Qué misterio descubrirá el día de Tu juicio! ¿Cómo es posible robar los dones de Dios?

1150 Hoy tuve un gran disgusto de parte de cierta persona seglar. A base de una cosa verdadera ha contado muchas cosas inventadas, pero como todas esas cosas han sido tomadas por verdaderas y difundidas por toda la casa, cuando han llegado a mis oídos se me oprimió el corazón. ¿Cómo es posible abusar de la bondad de uno? Pero he decidido no decir ni una palabra en mi defensa y a esa persona manifestarle aún más bondad. Pero me di cuenta de que tenía pocas fuerzas para soportarlo tranquilamente, dado que el asunto se prolongaba por semanas. Al ver que la tempestad estaba por desencadenarse y que el viento empezaba a tirar la arena directamente contra los ojos, he ido delante del Santísimo Sacramento y he dicho al Señor: Jesús, Te pido fuerza de Tu gracia actual cooperante, porque siento que no tengo fuerzas para esta lucha. Protégeme con Tu pecho.

De repente oí estas palabras: **No tengas miedo, Yo estoy contigo.** Al alejarme del altar una fortaleza y una tranquilidad misteriosas envolvieron mi alma y la tempestad que azotaba golpeó contra mi alma como contra una roca y la espuma de la tempestad cayó sobre aquellos que la habían provocado. Oh, qué bueno es el Señor que pagará a todos según sus obras... Que cada alma implore para sí la ayuda de la gracia actual cooperante, ya que a veces la gracia ordinaria no es suficiente.

1151 (41)   + Cuando el dolor se adueña de toda mi alma
Y el horizonte oscurece como la noche,

Y el corazón está desgarrado por la tortura de la
tribulación,
Oh Jesús crucificado, Tú eres mi fuerza.

Cuando el alma ofuscada por el dolor,
Se esfuerza y lucha sin respiro,
Y el corazón agoniza en la amargura de la angustia,
Oh Jesús crucificado, esperanza de mi salvación.

Y así pasa día tras día,
Y el alma se hunde en un mar de amargura,
Y el corazón se diluye en lágrimas,
Oh Jesús crucificado, Tú me iluminas como la
aurora.

Y cuando el cáliz de amargura ya rebosa,
Y todo conspira contra ella,
Y el alma vive momentos de Getsemaní,
Oh Jesús crucificado, en Ti tengo mi defensa.

Cuando el alma consciente de su inocencia
Acepta de Dios estas pruebas,
Entonces el corazón es capaz de compensar
las molestias con el amor,
Oh Jesús crucificado, cambia mi debilidad
en omnipotencia.

1152 No es cosa fácil soportar alegremente los sufrimientos y
sobre todo los no merecidos. La naturaleza corrupta se re-
bela y aunque la voluntad y el intelecto están por encima
del sufrimiento siendo capaces de hacer el bien a aquellos
que les hacen sufrir, sin embargo el sentimiento hace mucho ruido y como un espíritu inquieto asalta la voluntad
y el intelecto, pero al ver que nada puede hacer por sí solo, se calma y se somete al intelecto y a la voluntad. Como una fealdad (42) irrumpe en lo íntimo, y hace mucho
ruido al quererlo sólo escuchar cuando no está atado corto por la voluntad y el intelecto.

1153 23 VI [1937]. Mientras rezaba delante del Santísimo Sacramento, súbitamente mis sufrimientos físicos desaparecieron

y oí en el alma una voz: **Ves que en un instante puedo darte todo, no estoy sujeto a ninguna ley.**

24 VI [1937]. Después de la Santa Comunión oí estas palabras: **Has de saber, hija Mía, que en un solo instante puedo darte todo lo que necesites para cumplir esta obra.** Después de estas palabras una luz singular ha quedado en mi alma y todas las exigencias de Dios me parecen tan sencillas que hasta un niño pequeño las podría cumplir.

1154 27 VI [1937]. Hoy vi el convento de esta nueva Congregación [326]. Una casa amplia y espaciosa, visité cada cuarto uno tras otro; vi que la Divina Providencia había provisto cada lugar de todo lo que era necesario. Las personas que vivían en ese convento por el momento llevaban trajes seglares, pero reinaba el espíritu religioso en toda plenitud y yo organizaba todo según lo deseaba el Señor. De repente fui amonestada por una de nuestras hermanas: ¿Cómo puede usted, hermana, cumplir tales obras? Contesté: No yo, sino el Señor a través de mí y tengo el permiso para todo. Durante la Santa Misa me vino la luz y una profunda comprensión de toda esta obra y en mi alma no quedó ni una sombra de duda.

1155 (43) El Señor me ha hecho conocer su voluntad como en tres aspectos, pero constituían una sola cosa.

La primera es aquella en la cual las almas apartadas del mundo arderán como víctimas ante el trono de Dios y pedirán misericordia para el mundo entero... Implorarán bendiciones para los sacerdotes y, a través de la oración, prepararán al mundo para la venida final de Jesús.

1156 La segunda es la oración unida con las obras de misericordia. De modo especial protegerán del mal a las almas de los niños. La oración y la obra de misericordia encierran en sí todo lo que aquellas almas deben hacer. En su grupo pueden ser admitidas incluso las más pobres y se empeñarán en despertar el amor y la misericordia de Jesús en este mundo lleno de egoísmo.

1157 La tercera es la oración y la actitud caritativa no ligada por ningún voto, pero por practicarlas participarán de todos los méritos y privilegios de la Comunidad. A este grupo pueden pertenecer todas las personas que viven en el mundo

1158 El miembro de este grupo debe cumplir una obra de misericordia al día. Por lo menos, pero pueden ser más, porque cada uno puede cumplirlas fácilmente, incluso el más pobre, ya que es triple el modo de hacer una obra de misericordia: la palabra misericordiosa, perdonando y consolando; segundo, cuando no es posible con la palabra, entonces rezando y esto también es una obra de misericordia; tercero, las obras de misericordia. Y cuando llegue el último día, seremos juzgados de esto y según esto recibiremos la sentencia eterna.

1159 Los canales de las gracias divinas están abiertos para nosotros, tratemos de aprovecharlos antes de que venga el día de la justicia de Dios y [será] un día terrible.

1160 (44) Una vez, cuando pregunté al Señor cómo podía soportar tantos delitos y toda clase de crímenes sin castigarlos, el Señor me contestó: **Para castigar tengo la eternidad y ahora estoy prolongándoles el tiempo de la misericordia, pero ay de ellos si no reconocen este tiempo de Mi visita. Hija Mía, secretaria de Mi misericordia, no sólo te obligo a escribir y proclamar Mi misericordia, sino que impetra para ellos la gracia para que también ellos adoren Mi misericordia.**

1161 Hoy mi alma ha experimentado un tormento tan grande que he empezado a quejarme a Jesús: Jesús, ¿cómo puedes dejarme sola? Yo sola no hago ni siquiera un paso adelante. Tú Te ocultas y me has quitado al confesor y sabes, Jesús, que yo de por mí no sé nada más que malgastar Tus gracias. Oh Jesús, dispón las circunstancias de modo que el Padre Andrasz vuelva. Sin embargo la angustia ha quedado.

1162 Me ha ocurrido la idea de buscar a algún sacerdote y contarle mis tormentos y varias inspiraciones para que me las aclare y hasta he dicho esta idea a la Madre Superiora. La Madre contestó: Le creo, hermana, que puede sentir pesadumbre, pero de verdad ahora no conozco a ningún sacerdote que pueda darle una respuesta y dentro de poco volverá el Padre. Así que, por ahora, confíe todo al Señor Jesús.

1163 Cuando fui para hablar un momento con el Señor, oí en el alma una voz: [Hija] **Mía, no te daré la gracia de confiarte en otra parte, y aunque te reveles no le daré a ese sacerdote la gracia de poder comprenderte. En el momento actual Me agrada que te soportes pacientemente a ti misma.** (45) **Hija Mía, no es Mi voluntad que hables a todos de los dones que te he concedido. Te he entregado al cuidado del amigo de Mi Corazón y bajo su dirección se desarrollará tu alma. Le he dado la luz para conocer Mi vida en tu alma.**

1164 **Hija mía, cuando estaba ante Herodes he obtenido para ti la gracia de saber elevarte por encima del desprecio humano y de seguir fielmente mis pasos. Calla cuando no quieren reconocer tu verdad, ya que así eres más convincente.**

1165 **Has de saber, hija Mía, que cuando tiendes a la perfección, llevas a muchas almas a la santidad y si no procuraras la santidad, por la misma razón muchas almas permanecerían imperfectas. Has de saber que su perfección dependerá de tu perfección y la mayor**

1166 **parte de su responsabilidad recaerá sobre ti.** Y me dijo: **No temas, niña Mía, sino que sé fiel a Mi gracia...**

1167 Satanás me confesó que soy el objeto de su odio. Me dijo: Mil almas me hacen menos daño que tú cuando hablas de la gran misericordia del Omnipotente. Los más grandes pecadores toman confianza y vuelven a Dios y yo - dice el espíritu maligno - pierdo todo, pero además me persigues con esta misericordia insondable del Omnipotente. He comprendido cuánto Satanás odia la Divina Misericordia, no quiere reconocer que Dios es bueno.

1168 (46) 29 VI 1937. Hoy, durante el desayuno el Padre Andrasz saludó por teléfono a toda la Comunidad; volvió ya [de Roma] y esta misma tarde vino aquí. Todas las hermanas profesas y las novicias y las dos clases de alumnas se han reunido en el patio [327] y hemos esperado al querido Padre. Las jovencitas lo han saludado con cantos y poesías y le pedimos hablarnos de Roma y de las muchas cosas bellas que había visitado allí. Nos platicó durante más de dos horas y por eso no hubo tiempo para hablar a solas.

1169 Hoy mi alma entró en una íntima unión con el Señor. Me enseñó que siempre debo someterme a su santa voluntad. **En un solo instante te puedo dar más de lo que tú puedas desear.**

1170 30 VI 1937. Hoy el Señor me dijo: **Muchas veces he querido enaltecer esta Congregación, pero no puedo por su soberbia. Hija Mía, has de saber que a las almas soberbias no les concedo Mis gracias y hasta les quito las ya concedidas.**

1171 Hoy, Sor Yolanda [328] me propuso un pacto: ella rezará por mí y que yo rece por su clase de Vilna. Yo siempre rezo por nuestra obra, pero he decidido rezar por la clase de Vilna durante dos meses, y Sor Yolanda según mi intención para que aproveche la gracia de Dios, cada día rezará tres Ave María al Verbo Encarnado. Nuestra amistad se ha hecho aún más estrecha.

(47) 1 VII 1937. Mes de julio.

1172 Hoy, mientras rezaba el Angelus, el Señor me hizo comprender el amor inconcebible de Dios hacia los hombres. Nos eleva hasta su divinidad. Se deja llevar por el amor y su misericordia insondable. Aunque anuncias el Misterio por medio del ángel, Tú Mismo lo realizas.

1173 A pesar de la paz profunda de que goza mi alma, lucho continuamente y a veces libro una batalla feroz para seguir fielmente mi camino, es decir el que el Señor Jesús quiere que siga. Y mi camino es la fidelidad a la voluntad de Dios en todo y siempre, y especialmente en la fidelidad a las inspiraciones interiores para ser un instrumento dócil en las manos de Dios y llevar a cabo la obra de su misericordia insondable.

1174 (48) 4 VII 1937. Primer domingo del mes.

Retiro espiritual mensual.

Por la noche me preparé con gran esmero y recé mucho tiempo al Espíritu Santo a que se dignara concederme su luz y me tomara bajo su dirección especial. Recé también a la Madre de Dios y al Ángel Custodio y a los patronos [329].

1175 Fruto de la meditación.

Cualquier cosa que Jesús ha hecho, la ha hecho bien. Pasó haciendo el bien. En su trato estaba lleno de bondad y de misericordia. La compasión guiaba sus pasos. A los enemigos les mostraba bondad, amabilidad, comprensión, a los necesitados ayuda y consuelo.

Este mes he hecho el propósito: reflejar en mí con fidelidad estos rasgos de Jesús aunque me costara mucho.

1176 Durante la adoración oí en el alma la voz: **Me resultan gratos tus esfuerzos, hija mía, deleite de Mi Corazón, veo cada movimiento de tu corazón con el cual Me adoras.**

1177 Propósito particular.

Continuar con lo mismo: unirme a Cristo misericordioso. Por su dolorosa Pasión rogaré al Padre celestial por el mundo entero. Punto de la regla: una rigurosa observancia del silencio.

Entrar en lo profundo de mi ser y agradecer a Dios por todo, uniéndome a Jesús: con Él, en Él y por Él doy gloria a Dios.

1178 (49) Oh Señor, Amor mío, Te doy gracias por el día de hoy, por haberme permitido recoger el tesoro de Tus gracias del manantial de Tu misericordia insondable. Oh Jesús, no solamente en el día de hoy, sino en cada momento saco de Tu insondable misericordia todo lo que el alma y el cuerpo puedan desear.

1179 7 VII 1937. En los momentos de duda, es decir cuando el alma es débil, ruegue a Jesús que obre Él mismo; aunque sabe que debe actuar con la ayuda de la gracia de Dios, no obstante en ciertos momentos deje toda la actividad a Dios.

1180 15 VII 1937. En cierta ocasión conocí que sería trasladada a otra casa; ese conocimiento fue puramente interior. Al mismo momento oí en el alma una voz: **No temas, hija Mía, Mi voluntad es que estés aquí. Los proyectos humanos se desbaratarán y tienen que ajustarse a Mi voluntad.**

1181 Cuando permanecía cerca del Señor, dijo: **¿Por qué tienes miedo de emprender la obra que te encomiendo?** Contesté: ¿Por qué en estos momentos me dejas sola, Jesús, y no siento Tu presencia? **Hija Mía, aunque no Me percibas en las más escondidas profundidades de tu corazón, no puedes afirmar que no estoy allí. Retiro solamente la percepción de Mí mismo, pero esto no debe ser para ti un impedimento para cumplir Mi voluntad. Lo hago por Mis inescrutables proyectos que conocerás más tarde.**

   Hija Mía, has de saber de una vez por todas que solamente el pecado grave Me expulsa del alma, y nada más.

1182 (50) + Hoy el Señor me dijo: **Hija Mía, deleite y complacencia Mía, nada Me detendrá en concederte gracias. Tu miseria no es un obstáculo para Mi misericordia. Hija Mía, escribe que cuanto más grande es la miseria de un alma tanto más grande es el derecho que tiene a Mi misericordia e** [invita] **a todas las almas a confiar en el inconcebible abismo de Mi misericordia, porque deseo salvarlas a todas. En la cruz, la Fuente de Mi Misericordia fue abierta de par en par por la lanza para todas las almas, no he excluido a ninguna.**

1183 Oh Jesús, deseo vivir del momento actual, vivir como si este día fuera el último de mi vida: aprovechar con celo cada momento para la mayor gloria de Dios, disfrutar de cada circunstancia de modo que el alma saque provecho. Mirar todo desde el punto de vista de que sin la voluntad de Dios no sucede nada.

   Oh Dios de insondable misericordia, abraza el mundo entero y derrámate sobre nosotros a través del piadoso Corazón de Jesús.

1184 En una ocasión anterior.

Por la noche vi al Señor Jesús crucificado. De las manos y de los pies y del costado goteaba la Sacratísima Sangre. Un momento después Jesús me dijo: **Todo esto por la salvación de las almas. Reflexiona, hija Mía, sobre lo que haces tú para su salvación.** Contesté: Jesús, cuando miro Tu Pasión no hago casi nada para salvar las almas. Y el Señor me dijo: **Has de saber, hija Mía, que tu cotidiano, silencioso martirio en la total sumisión a Mi voluntad introduce a muchas almas al cielo y cuando te parezca que el sufrimiento sobrepasa tus fuerzas, mira Mis llagas,** (51) **y te elevarás por encima del desprecio y de los juicios humanos. La meditación de Mi Pasión te ayudará elevarte por encima de todo.** Entendí muchas cosas que antes no había logrado comprender.

1185 9 VII 1937. Por la noche vino a verme una de las hermanas difuntas y pidió un día de ayuno y que en ese día ofreciera por ella todas las prácticas de piedad. Le contesté que estaba de acuerdo.

1186 Al día siguiente, a primera hora, expresé la intención de [ofrecer] todo por esa hermana. Durante la Santa Misa, por un momento viví su tormento, sentí en el alma un hambre tan grande de Dios que me parecía que estaba muriendo por el deseo de unirme a Él. Eso duró un breve momento, pero comprendí lo que es el vivo deseo de las almas del purgatorio.

1187 Inmediatamente después de la Santa Misa pedí a la Madre Superiora el permiso para ayunar, sin embargo no lo recibí por estar enferma. Al entrar en la capilla oí estas palabras: Si usted, hermana, hubiera ayunado, yo hubiera recibido el alivio sólo esta noche, pero por la obediencia que le ha prohibido ayunar, he recibido el alivio inmediatamente. La obediencia tiene un gran poder. Después de estas palabras oí: Dios se lo pague.

1188 Rezo frecuentemente por Polonia, pero veo una gran indignación de Dios contra ella, por ser tan ingrata. Hago todo el esfuerzo del alma para defenderla. Recuerdo continuamente a Dios sus promesas de misericordia. Cuando veo su indignación, me arrojo con confianza en el abismo de misericordia y en él sumerjo toda Polonia y entonces no puede hacer uso de su justicia. Oh patria mía, cuánto me cuestas, no hay día en que no rece por ti.

1189 (52) (Una frase de San Vicente de Paul: El Señor siempre toma parte en una obra cuando elimina todos los medios humanos y nos ordena hacer algo que sobrepasa nuestras fuerzas).

1190 + Jesús.- **De todas Mis llagas, como de arroyos, fluye la misericordia para las almas, pero la herida de Mi Corazón es la Fuente de la Misericordia sin límites, de esta fuente brotan todas las gracias para las almas. Me queman las llamas de compasión, deseo derramarlas sobre las almas de los hombres. Habla al mundo entero de Mi misericordia.**

1191 Mientras vivimos, el amor de Dios crece en nosotros. Debemos procurar el amor de Dios hasta la muerte. He conocido y he experimentado que las almas que viven en el amor se distinguen por una gran perspicacia en el conocimiento de las cosas divinas, tanto en su propia alma como en las almas de los demás. También las almas simples, sin instrucción, se distinguen por sabiduría.

1192 En la decimocuarta estación experimento una extraña sensación de que Jesús va bajo tierra.

Cuando mi alma es atormentada pienso solamente así: Jesús es bueno y lleno de misericordia y aunque la tierra se abra bajo mis pies, no dejaré de tener confianza en Él.

1193 Hoy escuché estas palabras: **Hija Mía, delicia de Mi Corazón, con deleite miro tu alma, envío numerosas gracias únicamente por ti, detengo también muchos castigos únicamente por ti; Me frenas y no puedo exigir justicia; Me atas las manos con tu amor.**

1194 (53) 13 VII 1937. Hoy Jesús me explicó sobre cómo relacionarme con una de las hermanas que me había preguntado por muchas cosas espirituales en las cuales tenía dudas. Pero, en realidad, no era esto lo que le interesaba sino que quería averiguar mi opinión sobre esta cuestión, para tener algo para comentar sobre mí a otras hermanas. Oh, si al menos hubiera repetido las mismas palabras que yo le había dicho, sin alterarlas ni agregar. Jesús me había avisado sobre esa alma. Decidí rogar por ella, ya que solamente la oración puede iluminarla.

1195 Oh Jesús mío, nada puede disminuir mi ideal, es decir mi amor que tengo por Ti. Aunque el camino es tan tremendamente erizado de espinas, no tengo miedo de avanzar; aunque el granizo de persecuciones me cubra, aunque los amigos me abandonen, aunque todo conspire contra mí y el horizonte se oscurezca, aunque la tempestad comience a desatarse y sienta que estoy sola y tenga que hacer frente a todo, entonces, con toda tranquilidad, confiaré en Tu misericordia, oh Dios mío, y mi confianza no quedará defraudada.

1196 Hoy, en el refectorio, mientras se acercaba una hermana encargada de servir, experimenté un gran dolor en el lugar de las llagas de [Jesús]. Me ha sido concedido conocer el estado de su alma. He rezado mucho por ella.

1197 La tormenta se tranquilizó repentinamente. Esta noche hubo una tormenta terrible. Me incliné cara al suelo y empecé a rezar las *Letanías de Todos los Santos*. Hacia el final de las letanías me dominó un sueño tan grande que no pude de ningún modo terminar la plegaria. De repente me levanté y le dije al Señor: Jesús, (54) calma la tempestad, porque Tu niña no logra seguir rezando más tiempo y se ve vencida por el sueño. Después de estas palabras abrí la ventana de par en par sin poner siquiera los ganchos. La Hermana N. me dijo: ¿Qué hace?, hermana, el torbellino arrancará la ventana. Le contesté que durmiera tranquilamente, y en seguida la tormenta se calmó del todo. Al día siguiente las hermanas hablaban de la repentina cesación de la tormenta sin saber explicarla. No comenté nada al respecto, sino pensé: Jesús y Faustinita saben cómo explicarlo...

1198 20 [VII 1937]. Hoy me enteré de que debo ir a Rabka [330]. He de partir sólo después del 5 de agosto, pero pedí a la Madre Superiora que me permitiera salir inmediatamente. No he ido a ver al Padre Andrasz y pedí poder salir cuanto antes. La Madre Superiora se ha sorprendido un poco de ¿por qué quería partir tan pronto? yo sin embargo no he explicado ni he aclarado el porqué. Esto quedará un secreto por la eternidad. Para tales circunstancias he hecho un propósito al cual me atendré.

1199 29 [VII 1937]. Hoy salgo a Rabka. Entré un momento en la capilla y pedí al Señor Jesús un feliz viaje. Sin embargo en mi alma [reinan] el silencio y la oscuridad; sentí que estaba sola, que no tenía a nadie; pedí a Jesús que estuviera conmigo. Luego sentí en el alma un pequeño rayo de luz, [señal] de que Jesús estaba conmigo, pero después de esa gracia, las tinieblas aumentaron y la oscuridad se hizo aún más espesa en el alma. Luego dije: Hágase Tu voluntad, Tú lo puedes todo. Mientras iba en el tren y miraba por la ventana el espléndido paisaje y las montañas empecé a experimentar en el alma aún mayores tormentos.

1200 Mientras las hermanas me saludaban, se aumentó mi sufrimiento. Quise esconderme y descansar un momento en soledad, quedarme (55) sola. En tales momentos ninguna criatura es capaz de consolarme y aunque quisiera decir algo de mí, experimentaría un nuevo tormento; por lo tanto en tales momentos callaba y en silencio me sometía a la voluntad de Dios y eso me daba alivio. De las criaturas no exijo nada; trato con ellas solamente si es necesario. No haré confidencias a nadie a no ser que sea necesario para la gloria de Dios. Me relaciono con los ángeles.

1201 Aquí, sin embargo, la salud va tan mal que me veo obligada a quedarme en la cama. Siento unos extraños dolores agudos en todo el tórax, ni siquiera puedo mover la mano. Hubo una noche cuando tuve que permanecer acostada sin ningún movimiento, me parecía que si me moviera se desgarraría todo en los pulmones. Esa noche parecía no tener fin; me unía a Jesús crucificado y rogué al Padre Celestial por los pecadores. Se dice que la enfermedad de los pulmones no causa dolores tan agudos, sin embargo yo experimento continuamente estos dolores agudos. Aquí la salud ha empeorado tanto que tengo que guardar cama y la Hermana N. ha dicho que aquí no me sentiré mejor porque Rabka no hace bien a todos los enfermos.

1202 Hoy, ni siquiera he podido ir a la Santa Misa ni [acercarme] a la Santa Comunión, y entre los sufrimientos del alma y del cuerpo me repetía: Hágase la voluntad del Señor. Sé que Tu generosidad es ilimitada. Entonces oí el canto de un ángel que narró, cantando, toda mi vida, todo lo que había contenido en sí. Me he sorprendido, pero también me he fortalecido.

1203 San José me pidió tenerle una devoción constante. El mismo me dijo que rezara diariamente tres oraciones y el *Acuérdate* [331] una vez al día. Me miró con gran bondad y me explicó lo mucho que está apoyando esta obra. Me prometió su especialísima ayuda y protección. Rezo diariamente las oraciones pedidas y siento su protección especial.

1204 (56) 1 VIII 1937. Retiro espiritual de un día.

Ejercicios espirituales del sufrimiento. Oh Jesús, en estos días de sufrimiento no soy capaz de rezar ninguna plegaria, la opresión del cuerpo y del alma se ha multiplicado. Oh Jesús mío, Tú ves bien que Tu niña es débil. No me esfuerzo mucho, sino más bien someto mi voluntad a la voluntad de Jesús. Oh Jesús, Tú para mí eres siempre Jesús.

1205 Cuando fui a confesarme, no sabía ni siquiera cómo hacerlo, sin embargo el sacerdote en seguida se dio cuenta del estado de mi alma y me dijo: A pesar de todo se salvará, está en un buen camino, pero [Dios] puede no devolver la luz anterior; Dios puede dejar su alma en estas tinieblas y en este oscurecimiento hasta la muerte. No obstante, sométase en todo a la voluntad de Dios.

1206 Hoy he iniciado la novena a la Santísima Virgen [antes de la solemnidad] de la Asunción según tres intenciones: la primera, para poder ver al Padre Sopoćko; la segunda, para que Dios anticipe [la realización] de esta obra; la tercera, según la intención de mi patria.

1207 10 VIII. Hoy vuelvo a Cracovia en compañía de una hermana. Mi alma envuelta en el sufrimiento; me uno a Él continuamente con un acto de la voluntad, Él es mi fuerza y mi fortaleza.

1208 Sé bendito, oh Dios, por todo lo que me envías. Sin Tu voluntad nada sucede bajo el sol, no logro penetrar Tus misterios respecto a mí, pero acerco los labios al cáliz que me es dado.

1209   (57) Jesús, en Ti confío.

Novena a la Divina Misericordia [332], que Jesús me ordenó escribir y hacer antes de la Fiesta de la Misericordia. Empieza el Viernes Santo.

Deseo que durante esos nueve días lleves a las almas a la Fuente de Mi Misericordia para que saquen fuerzas, alivio y toda gracia que necesiten para afrontar las dificultades de la vida y especialmente en la hora de la muerte. Cada día traerás a Mi Corazón a un grupo diferente de almas y las sumergirás en este mar de Mi misericordia. Y a todas estas almas Yo las introduciré en la casa de Mi Padre. Lo harás en esta vida y en la vida futura. Y no rehusaré nada a ningún alma que traerás a la Fuente de Mi Misericordia. Cada día pedirás a Mi Padre las gracias para estas almas por Mi amarga Pasión.

Contesté: Jesús, no sé cómo hacer esta novena y qué almas introducir primero en Tu muy misericordioso Corazón. Y Jesús me contestó que me diría, día por día, qué almas debía introducir en Su Corazón.

Hoy, tráeme a toda la humanidad y especialmente a todos los pecadores, y sumérgelos en el mar de Mi misericordia. De esta forma Me consolarás de la amarga tristeza [en] que Me sume la pérdida de las almas.

1211   Jesús tan misericordioso, cuya naturaleza es la de tener compasión de nosotros y de perdonarnos, no mires nuestros pecados, sino la confianza que (58) depositamos en Tu bondad infinita. Acógenos en la morada de Tu muy compasivo Corazón y nunca nos dejes salir de Él. Te lo suplicamos por Tu amor que Te une al Padre y al Espíritu Santo.

> Oh omnipotencia de la Divina Misericordia,
> Salvación del hombre pecador,
> Tú [eres] la misericordia y un mar de compasión,
> Ayudas a quien Te ruega con humildad.

Padre Eterno, mira con misericordia a toda la humanidad, y especialmente a los pobres pecadores que están encerrados en el Corazón de Jesús lleno de compasión, y por su dolorosa Pasión muéstranos Tu misericordia para que alabemos su omnipotencia por los siglos de los siglos. Amén.

1212   Segundo día

Hoy, tráeme a las almas de los sacerdotes y las almas de los religiosos, y sumérgelas en Mi misericordia insondable. Fueron ellas las que Me dieron fortaleza para soportar Mi amarga Pasión. A través de ellas, como a través de canales, Mi misericordia fluye hacia la humanidad.

1213   Jesús misericordiosísimo, de quien procede todo bien, aumenta Tu gracia en nosotros para que realicemos dignas obras de misericordia, de manera que todos aquellos que nos vean, glorifiquen al Padre de misericordia que está en el cielo.

La fuente del amor de Dios,
Vive en los corazones limpios,
Purificados en el mar de misericordia,
Resplandecientes como las estrellas,
claros como la aurora.

Padre Eterno, mira con misericordia (59) al grupo elegido de Tu viña, a las almas de los sacerdotes y a las almas de los religiosos; otórgales el poder de Tu bendición. Por el amor del Corazón de Tu Hijo, en el cual están encerradas, concédeles el poder de Tu luz para que puedan guiar a otros en el camino de la salvación, y a una sola voz canten alabanzas a Tu misericordia sin límite por los siglos de los siglos. Amén.

1214   Tercer día

Hoy, tráeme a todas las almas devotas y fieles, y sumérgelas en el mar de Mi misericordia. Estas almas Me consolaron a lo largo del Vía Crucis. Fueron una gota de consuelo en medio de un mar de amargura.

1215 Jesús infinitamente compasivo, que desde el tesoro de Tu misericordia les concedes a todos Tus gracias en gran abundancia, acógenos en la morada de Tu clementísimo Corazón y nunca nos dejes escapar de Él. Te lo suplicamos por el inconcebible amor Tuyo con que Tu Corazón arde por el Padre celestial.

Son impenetrables las maravillas
de la misericordia,
No alcanza sondearlas ni el pecador ni el justo,
Miras a todos con compasión,
Y atraes a todos a tu amor.

Padre Eterno, mira con misericordia a las almas fieles como herencia de Tu Hijo y por su dolorosa Pasión, concédeles Tu bendición y rodéalas con Tu protección constante para que no pierdan el amor y el tesoro de la santa fe, sino que con toda la legión de los ángeles y los santos, glorifiquen Tu infinita misericordia por los siglos de los siglos. Amén.

(60) Cuarto día

1216 **Hoy, tráeme a los paganos* y aquellos que todavía no Me conocen. También pensaba en ellos durante Mi amarga Pasión y su futuro celo consoló Mi Corazón. Sumérgelos en el mar de Mi misericordia.**

1217 Jesús compasivísimo, que eres la luz del mundo entero. Acoge en la morada de Tu piadosísimo Corazón a las almas de los paganos que todavía no Te conocen. Que los rayos de Tu gracia las iluminen para que también ellas unidas a nosotros, ensalcen Tu misericordia admirable y no las dejes salir de la morada de Tu compasivísimo Corazón.

> La luz de Tu amor
> Ilumine las tinieblas de las almas.
> Haz que estas almas Te conozcan,
> Y junto con nosotros glorifiquen
> Tu misericordia.

Padre Eterno, mira con misericordia a las almas de los paganos y de los que todavía no Te conocen, pero que están encerrados en el muy compasivo Corazón de Jesús. Atráelas hacia la luz del Evangelio. Estas almas desconocen la gran felicidad que es amarte. Concédeles que también ellas ensalcen la generosidad de Tu misericordia por los siglos de los siglos. Amén.

---

* Nuestro Señor originalmente usó las palabras "los paganos". Desde el pontificado del Papa Juan XXIII, la Iglesia ha juzgado apropiado el reemplazo de este término por la denominación "los que no creen en Cristo" y "los que no conocen a Dios" (ver el Misal Romano, 1970).

Hoy, atráeme a las almas de los herejes y de los cismáticos*, y sumérgelas en el mar de Mi misericordia. Durante Mi amarga Pasión, desgarraron Mi cuerpo y Mi Corazón, es decir, Mi Iglesia. Según regresan a la Iglesia, Mis llagas cicatrizan [333] **y de este modo alivian Mi Pasión.**

(61) También para aquellos que rasgaron
la vestidura de Tu unidad
Brota de Tu Corazón la fuente de piedad.
La omnipotencia de Tu misericordia, oh Dios,
Puede sacar del error también a estas almas.

1219 Jesús sumamente misericordioso, que eres la bondad misma, Tú no niegas la luz a quienes Te la piden. Acoge en la morada de Tu muy compasivo Corazón a las almas de los herejes y las almas de los cismáticos y llévalas con Tu luz a la unidad con la Iglesia; no las dejes alejarse de la morada de Tu compasivísimo Corazón, sino haz que también ellas glorifiquen la generosidad de Tu misericordia.

Padre Eterno, mira con misericordia a las almas de los herejes y de los cismáticos que han malgastado Tus bendiciones y han abusado de Tus gracias por persistir obstinadamente en sus errores. No mires sus errores, sino el amor de Tu Hijo y su amarga Pasión que sufrió por ellos ya que también ellos están acogidos en el sumamente compasivo Corazón de Jesús. Haz que también ellos glorifiquen Tu gran misericordia por los siglos de los siglos. Amén.

---

* Las palabras originales de Nuestro Señor son aquí "herejes y cismáticos", ya que Él habló a Sor Faustina según el contexto de su tiempo. Desde el Concilio Vaticano II, las autoridades eclesiásticas han considerado impropio usar esas denominaciones según las explicaciones expuestas en el Decreto Conciliar sobre el Ecumenismo (No. 3). Es apropiado usar en su lugar el término "los hermanos separados". Sin embargo con el tiempo la Iglesia ha decidido usar todavía otra denominación: "los hermanos que creen en Cristo" (ver el Misal Romano, 1970).

Hoy, tráeme a las almas mansas y humildes y a las almas de los niños pequeños, y sumérgelas en Mi misericordia. Éstas son las almas más semejantes a Mi Corazón. Ellas Me fortalecieron durante Mi amarga agonía. Las veía como ángeles terrestres que velarían al pie de Mis altares. Sobre ellas derramo torrentes enteros de gracias. Solamente el alma humilde es capaz de recibir Mi gracia; concedo Mi confianza a las almas humildes.

1221 (62) Jesús, tan misericordioso, Tú Mismo has dicho: **Aprendan de Mí que soy manso y humilde de corazón.** Acoge en la morada de Tu compasivísimo Corazón a las almas mansas y humildes y a las almas de los niños pequeños. Estas almas llevan a todo el cielo al éxtasis y son las preferidas del Padre celestial. Son un ramillete perfumado ante el trono de Dios, de cuyo perfume se deleita Dios Mismo. Estas almas tienen una morada permanente en Tu compasivísimo Corazón y cantan sin cesar un himno de amor y misericordia por la eternidad.

1222   De verdad el alma humilde y mansa
       Ya aquí en la tierra respira el paraíso,
       Y del perfume de su humilde corazón
       Se deleita el Creador Mismo.

1223 Padre Eterno, mira con misericordia a las almas mansas y humildes y a las almas de los niños pequeños que están encerradas en el muy compasivo Corazón de Jesús. Estas almas son las más semejantes a Tu Hijo. Su fragancia asciende desde la tierra y alcanza Tu trono. Padre de misericordia y de toda bondad, Te suplico por el amor que tienes por estas almas y el gozo que Te proporcionan, bendice al mundo entero para que todas las almas canten juntas las alabanzas de Tu misericordia por los siglos de los siglos. Amén.

Séptimo día

1224 **Hoy, tráeme a las almas que veneran y glorifican Mi misericordia de modo especial y sumérgelas en Mi misericordia. Estas almas son las que más lamentaron Mi Pasión y penetraron más profundamente en Mi espíritu. Ellas son un reflejo viviente de Mi Corazón compasivo. Estas almas resplandecerán con un resplandor especial en la vida futura. Ninguna de ellas irá al fuego del infierno. Defenderé de modo especial a cada una en la hora de la muerte.**

1225 (63) Jesús misericordiosísimo, cuyo Corazón es el amor mismo, acoge en la morada de Tu compasivísimo Corazón a las almas que veneran y ensalzan de modo particular la grandeza de Tu misericordia. Estas almas son fuertes con el poder de Dios Mismo. En medio de toda clase de aflicciones y adversidades siguen adelante confiadas en Tu misericordia, y unidas a Ti, cargan sobre sus hombros a toda la humanidad. Estas almas no serán juzgadas severamente, sino que Tu misericordia las protegerá en la hora de la muerte.

> El alma que ensalza la bondad de su Señor
> Es por Él particularmente amada.
> Está siempre al lado de la fuente viva
> Y saca gracias de la Divina Misericordia.

Padre Eterno, mira con misericordia a aquellas almas que glorifican y veneran Tu mayor atributo, es decir, Tu misericordia insondable y que están encerradas en el compasivísimo Corazón de Jesús. Estas almas son un Evangelio viviente, sus manos están llenas de obras de misericordia y sus corazones, desbordantes de gozo, Te cantan, oh Altísimo, un cántico de misericordia. Te suplico, oh Dios, muéstrales Tu misericordia según la esperanza y la confianza que han puesto en Ti. Que se cumpla en ellas la promesa de Jesús quien les dijo: **A las almas que veneren esta infinita misericordia Mía, Yo Mismo las** defenderé como Mi gloria durante sus vidas y especialmente en la hora de la muerte.

1226   Octavo día

Hoy, tráeme a las almas que están en la cárcel del purgatorio y sumérgelas en el abismo de Mi misericordia. Que los torrentes de Mi sangre refresquen el ardor del purgatorio. Todas estas almas son muy amadas por Mí. Ellas cumplen con el justo castigo que se debe a Mi justicia. Está en tu poder llevarles alivio. Haz uso de todas las indulgencias del tesoro (64) de Mi Iglesia y ofrécelas en su nombre... Oh, si conocieras los tormentos que ellas sufren ofrecerías continuamente por ellas las limosnas del espíritu y saldarías las deudas que tienen con Mi justicia.

1227   Jesús misericordiosísimo, Tú Mismo has dicho que deseas la misericordia; heme aquí que llevo a la morada de Tu muy compasivo Corazón a las almas del purgatorio, almas que Te son muy queridas, pero que deben pagar su culpa adeudada a Tu justicia. Que los torrentes de Sangre y Agua que brotaron de Tu Corazón, apaguen el fuego del purgatorio para que también allí sea glorificado el poder de Tu misericordia.

> Del tremendo ardor del fuego del purgatorio
> Se levanta un lamento a Tu misericordia.
> Y reciben consuelo, alivio y refrigerio
> En el torrente de Sangre y Agua derramado.

Padre Eterno, mira con misericordia a las almas que sufren en el purgatorio y que están encerradas en el muy compasivo Corazón de Jesús. Te suplico por la dolorosa Pasión de Jesús, Tu Hijo, y por toda la amargura con la cual su sacratísima alma fue inundada, muestra Tu misericordia a las almas que están bajo Tu justo escrutinio. No las mires sino a través de las heridas de Jesús, Tu amadísimo Hijo, ya que creemos que Tu bondad y Tu compasión no tienen límites.

Hoy, tráeme a las almas tibias y sumérgelas en el abismo de Mi misericordia. Estas almas son las que más dolorosamente hieren Mi Corazón. A causa de las almas tibias, Mi alma experimentó la más intensa repugnancia en el Huerto de los Olivos. A causa de ellas dije: Padre, aleja de Mí este cáliz, si es Tu voluntad. Para ellas, la última (65) tabla de salvación consiste en recurrir a Mi misericordia.

1229   Jesús piadosísimo, que eres la compasión misma, Te traigo a las almas tibias a la morada de Tu piadosísimo Corazón. Que estas almas heladas que se parecen a cadáveres y Te llenan de gran repugnancia se calienten con el fuego de Tu amor puro. Oh Jesús tan compasivo, ejercita la omnipotencia de Tu misericordia y atráelas al mismo ardor de Tu amor y concédeles el amor santo, porque Tú lo puedes todo.

El fuego y el hielo no pueden estar juntos,
Ya que se apaga el fuego o se derrite el hielo.
Pero Tu misericordia, oh Dios,
Puede socorrer las miserias aún mayores.

Padre Eterno, mira con misericordia a las almas tibias que, sin embargo, están acogidas en el piadosísimo Corazón de Jesús. Padre de la misericordia, Te suplico por la amarga Pasión de Tu Hijo y por su agonía de tres horas en la cruz, permite que también ellas glorifiquen el abismo de Tu misericordia...*

---

* La Novena ha sido traducida siguiendo textualmente el manuscrito de Sor Faustina, y por tratarse de un Documento Válido, su Diario difiere del Devocionario traducido y preparado especialmente para uso de los fieles.

1230 (66)   Oh día eterno, oh día deseado,
            Te espero con anhelo e impaciencia.
            Ya dentro de poco el amor soltará el velo,
            Y tú te volverás mi salvación.

Oh día espléndido, momento incomparable,
En que veré por primera vez a mi Dios,
Esposo de mi alma y Señor de los señores,
Siento que el temor no abrazará mi alma.

            Oh día solemnísimo, oh día resplandeciente,
            En que el alma conocerá a Dios en su poder,
            Y se sumergirá entera en su amor,
            Y conocerá que han pasado las miserias del
            destierro.

Oh día feliz, oh día bendito,
En que mi corazón se incendiará de ardor eterno hacia Ti,
Porque ya ahora Te siento, aunque a través del velo,
Tú, oh Jesús, en la vida y en la muerte eres mi éxtasis
y encanto.

            Oh día, que espero durante toda mi vida.
            Y Te espero a Ti, oh Dios,
            Ya que deseo solamente a Ti,
            Sólo Tú estás en mi corazón y lo demás es nada.

Oh día de delicias, de eternas dulzuras.
Oh Dios de gran Majestad, Esposo mío,
Tú sabes que nada satisface el corazón de una virgen,
Apoyo mi sien sobre Tu dulce Corazón.

[Fin del tercer cuaderno del manuscrito del Diario].

CUARTO CUADERNO

DIARIO

Sor Faustina

(1) +

1231   JMJ   Hoy, Jesús ha habitado en mi corazón,
                Ha bajado del alto trono celestial,
                El gran Señor, el creador del universo,
                Ha venido a mí bajo la especie del pan.

Oh Dios Eterno, encerrado en mi pecho,
Contigo tengo todo el cielo
Y con los ángeles Te entono: Santo.
Vivo para Tu gloria únicamente.

                No Te unes con un serafín, oh Dios,
                Sino con un miserable ser humano,
                Que sin Ti no puede hacer nada,
                Pero Tú eres siempre misericordioso
                con el hombre.

Mi corazón es Tu morada
Oh Rey de eterna gloria,
Gobierna en mi corazón y reina en él
Como en un magnífico palacio.

                Oh grande, inconcebible Dios,
                Que Te has dignado bajar tanto,
                Te rindo gloria humildemente
                Y suplico que Te dignes salvarme.

(2) +

1232   JMJ   Oh dulce Madre de Dios,
                Sobre Ti modelo mi vida,
                Tú eres para mí una aurora radiante,
                Admirada me sumerjo toda en Ti.

Oh Madre, Virgen Inmaculada,
En Ti se refleja para mí el rayo de Dios.
Tú me enseñas cómo amar a Dios entre tormentas,
Tú eres mi escudo y mi defensa contra el enemigo.

Cracovia, 10 VIII 1937

1233
Sor María Faustina
del Santísimo Sacramento

Oh Hostia santa, fuente de la dulzura divina,
Tú das fortaleza a mi alma,
Tú que eres omnipotente y Te encarnaste de la Virgen
Vienes oculto a mi corazón
Y no Te alcanza el poder de [mis] sentidos.

(3) +

JMJ

1234
Cracovia, 10 VIII 1937
Cuarto cuaderno

Todo para Ti, Jesús, y con cada latido de mi corazón deseo adorar Tu misericordia y conforme a mis fuerzas deseo animar a las almas a confiar en esta misericordia, como Tú Mismo me has ordenado, oh Señor.

1235 En mi corazón, en mi alma es noche oscura. Delante de mi mente hay un muro impenetrable que me ha ocultado a Dios, sin embargo estas tinieblas no han sido causadas por mí. Es extraño este tormento que temo describir en toda su extensión, pero aún en este estado trato de ser fiel a Ti, oh Jesús mío, siempre y en todo; mi corazón late solamente para Ti.

1236 (4) 10 VIII 1937. Hoy he vuelto de Rabka a Cracovia, me siento muy enferma. Sólo Jesús sabe cuánto sufro. En estos días me he asemejado en todo a Jesús crucificado, me he armado de paciencia para explicar a cada hermana el porqué de no poder quedarme allí, y fue porque estaba peor de salud. Sabía, sin embargo, que algunas hermanas no preguntaban para compadecer por el sufrimiento, sino para añadir otros a los sufrimientos que padecía.

1237 Oh Jesús, qué oscuridad me envuelve y qué nulidad me penetra, pero Jesús mío, no me dejes sola, concédeme la gracia de la fidelidad. Aunque no puedo penetrar el misterio del abandono, pero está en mi poder decir: hágase Tu voluntad.

1238 12 VIII. Hoy estuve con el Padre Sopoćko que, pasando por Cracovia, vino aquí por un momento. Yo deseaba verlo, Dios ha cumplido mi deseo. (5) Este sacerdote es una gran alma, desbordante de Dios. Mi alegría fue grande; agradecí a Dios por esta gran gracia, ya que deseaba encontrarme con él para la mayor gloria de Dios.

1239 Oh Hostia viva, Jesús oculto, Tú ves el estado de mi alma. Por mí misma no soy capaz de pronunciar Tu santo nombre. No puedo sacar del corazón el ardor del amor, pero arrodillada a Tus pies penetro en el tabernáculo con la mirada de mi alma, la mirada de la fidelidad. Tú eres siempre el mismo, aunque en mi alma hay un cambio. Confío en que llegue un momento en que descubrirás Tu rostro y Tu niña verá nuevamente Tu dulce semblante. Me asombro, Jesús, de que puedas ocultarte de mí tanto tiempo; ¿cómo puedes retener la inmensidad del amor que me tienes? En la morada de mi corazón aguzo el oído y espero Tu venida, oh único tesoro de mi corazón.

1240 (6) El Señor Jesús defiende mucho a Sus sustitutos en la tierra. Está muy unido a ellos y me ordena anteponer la opinión de ellos a la Suya. Conocí la gran familiaridad que hay entre ellos, entre Jesús y el sacerdote. Lo que dice el sacerdote, Jesús lo defiende y muchas veces se conforma a sus deseos, y a veces hace depender de la opinión [del sacerdote] sus propias relaciones con un alma. Conocí esto muy bien en las gracias particulares, hasta qué punto has compartido con ellos el poder y el misterio, oh Jesús, más que con los ángeles. Me alegro de ello porque todo es para mi bien.

1241 + Oh Jesús mío, qué difícil es soportar este tipo de sufrimientos: si alguien, mal dispuesto contra mí, me causa alguna molestia, me duele menos, pero no puedo soportar si alguien me muestra su amabilidad y pone trabas a (7) cada paso. Qué gran fuerza de voluntad es necesaria para amar a tal alma para Dios. A veces uno tiene que llegar hasta el heroísmo para amar a tal alma como Dios manda. Si el contacto con [esa persona] fuera escaso, sería más fácil soportarlo, pero cuando se vive juntos y se experimenta eso a cada paso, es necesario un gran esfuerzo.

1242 Jesús mío, penétrame toda para que pueda reflejarte en toda mi vida. Divinízame de modo que mis acciones tengan el valor sobrenatural. Haz que tenga para cada alma, sin excepción, amor, compasión y misericordia. Oh Jesús mío, cada uno de Tus santos refleja en sí una de Tus virtudes, yo deseo reflejar Tu Corazón compasivo y lleno de misericordia, deseo glorificarlo. Que Tu misericordia, oh Jesús, quede (8) impresa sobre mi corazón y mi alma como un sello y éste será mi signo distintivo en esta vida y en la otra. Glorificar Tu misericordia es la tarea exclusiva de mi vida.

1243 15 VIII 1937. Indicaciones del Padre Andrasz.

Los momentos de aridez y de sensación de la propia miseria, permitidos por Dios, hacen conocer al alma lo poco que puede por sí sola; le enseñan cuánto debe apreciar las gracias de Dios. Segundo, es la fidelidad a las prácticas de piedad y a los deberes, la fidelidad en general en todo, igual que en los momentos de gozo. Tercero en lo que se refiere a estos asuntos, hay que obedecer en todo al arzobispo [334], pero de vez en cuando se puede recordar este asunto, sin embargo, con calma. (9) A veces es necesario un poco de amarga verdad.

Al final de la conversación pedí que me permitiera relacionarme con el Señor Jesús como antes. Me contestó: No puedo dar ordenes a Jesús, pero si Él Mismo te atrae a sí, puedes seguir esta atracción mostrando siempre una gran veneración, ya que es un gran Señor. Si realmente en todo esto buscas la voluntad de Dios y deseas cumplirla, puedes estar tranquila, Dios no permitirá ninguna desviación. En cuanto a las mortificaciones y los sufrimientos, al modo en que las haces, me lo relatarás la próxima vez.

Confíate a la protección de la Santísima Virgen.

1244 15 VIII 1937. Durante la meditación la presencia de Dios me penetró vivamente y conocí la alegría de la Santísima Virgen en el momento de su Asunción... Durante ese (10) acto [335] que se realizó en honor de la Santísima Virgen, al final de ese acto vi a la Santísima Virgen que me dijo: *Oh, qué grato es para mí el homenaje de su amor.* Y en ese mismo instante cubrió con su manto a todas las hermanas de nuestra Congregación. Con la mano derecha estrechó a la Madre General Micaela y con la izquierda a mí, y todas las hermanas estaban a Sus pies cubiertas con su manto. Luego la Santísima Virgen dijo: *Cada una que persevere fielmente hasta la muerte en mi Congregación, evitará el fuego del purgatorio y deseo que cada una se distinga por estas virtudes: humildad y silencio, pureza y amor a Dios y al prójimo, compasión y misericordia.* Después de estas palabras desapareció toda la Congregación, me quedé sola con la Santísima Virgen que me instruyó sobre la voluntad de Dios, cómo (11) aplicarla en la vida sometiéndome totalmente a Sus santísimos designios. Es imposible agradar a Dios sin cumplir su santa voluntad. *Hija mía, te recomiendo encarecidamente que cumplas con fidelidad todos los deseos de Dios, porque esto es lo más agradable a Sus santos ojos. Deseo ardientemente que te destaques en esto, es decir en la fidelidad en cumplir la voluntad de Dios. Esta voluntad de Dios, antepónla a todos los sacrificios y holocaustos.* Mientras la Madre celestial me hablaba, en mi alma entraba un profundo entendimiento de la voluntad de Dios.

1245 Jesús mío, deleite de mi corazón, cuando mi alma está llena de Tu divinidad, con igual equilibrio acepto la dulzura y la amargura, la una y la otra pasarán; en el alma guardo una sola cosa, es decir el amor a Dios, lo solicito, por todo lo demás me preocupo menos.

1246 (12) 16 [VIII 1937]. Después de la Santa Comunión vi al Señor Jesús en gran Majestad y Jesús me dijo: **Hija Mía, en las semanas cuando no Me has visto ni has sentido**

Mi presencia, estaba unido a ti más profundamente que en los momentos de éxtasis. Y la fidelidad y el perfume de tu plegaria han llegado hasta Mí. Después de estas palabras mi alma fue inundada del gozo de Dios, no veía a Jesús y podía pronunciar solo una palabra, es decir: Jesús. Y después de pronunciar este nombre, de nuevo mi alma era inundada de luz y de un recogimiento más profundo que duró tres días sin interrupción. Sin embargo, por fuera pude cumplir mis deberes.

Todo mi ser fue conmovido en Sus más secretas profundidades. La grandeza de Dios no me espanta, sino que me hace feliz; rindiéndole honor yo misma soy elevada. Viendo su felicidad yo misma soy feliz, ya que (13) todo lo que hay en Él fluye sobre mí.

1247 Conocí el estado de cierta alma y lo que en ella no agrada a Dios. Lo supe de este modo: en un sólo instante experimento el dolor en las manos, los pies y el costado, en los lugares donde fueron traspasados las manos, los pies y el costado del Salvador; en tal momento tengo conocimiento del estado del alma y de la clase del pecado.

1248 Deseo satisfacer a Jesús según la clase [del pecado]. Hoy, durante siete horas he llevado una cintura de cadenitas para impetrar por cierta alma la gracia del arrepentimiento; a la séptima hora sentí alivio, porque aquella alma en su interior ya recibía el perdón aunque todavía no se había confesado. El pecado de los sentidos: mortifico el cuerpo y ayuno según el permiso que tengo; el pecado de soberbia: rezo con la frente apoyada en el suelo; el pecado de odio (14): rezo y hago una obra de caridad a la persona con la cual tengo dificultades, y así, según la clase de pecados conocidos, satisfago la justicia.

1249 19 [VIII 1937]. Hoy, en la adoración el Señor me hizo saber cuánto desea que el alma se distinga en el amor activo y vi en mi interior cuán grande es el número de almas que nos piden gritando: Denos a Dios; y ardió en mí la sangre apostólica. No la escatimaré sino que la daré hasta la última gota por las almas inmortales; aunque, quizá, Dios no lo pida físicamente, pero espiritualmente esto es posible para mí, y no menos meritorio.

1250 Hoy comprendí que no debo pedir cierto permiso y en esta cuestión contestar como lo desea la Madre de Dios. De momento las explicaciones no son (15) necesarias; me ha vuelto la paz. Recibí esta inspiración mientras iba a hacer el examen de conciencia y estaba muy preocupada por no saber cómo hacerlo. La luz divina puede más en un instante que mis esfuerzos de varios días.

1251 22 VIII. Esta mañana vino a verme una virgen, Santa Bárbara, y me ha recomendado ofrecer la Santa Comunión por mi país durante nueve días. Y con esto aplacarás la ira de Dios. Esta virgen tenía una corona de estrellas y una espada en la mano, el resplandor de la corona era igual al de la espada; tenía una túnica blanca, el pelo suelto; era tan bella que si no hubiera conocido a la Santísima Virgen, hubiera pensado que era ella. Ahora comprendo que todas las vírgenes se destacan por una belleza particular, irradia de ellas una belleza especial.

1252 (16) + 25 VIII 1937. Hoy vino el Padre Sopoćko y se hospedó hasta el día treinta de este mes. A pesar de que la visita estuvo acompañada de ciertos disgustos, me alegré enormemente, porque solamente Dios sabe cuánto deseaba encontrarme con él por aquella obra que Dios realiza a través de él.

1253 + Mientras él celebraba la Santa Misa, antes de la elevación vi al Señor Jesús crucificado que despegaba la mano derecha de la cruz, y que la luz que salía de la herida alcanzaba su hombro; eso se repitió en tres Santas Misas. Entendí que Dios le dará fuerza para cumplir esta obra a pesar de las dificultades y las contrariedades. Esa alma, querida de Dios, es crucificada por sufrimientos de distinta clase, pero eso no me extraña porque Dios procede así con quienes ama de modo singular.

1254 (17) + Hoy, 29 [de agosto] recibí el permiso para una conversación más larga con el Padre Sopoćko. Me enteré de que, a pesar de las dificultades, la obra sigue adelante, la

Fiesta de la gran Misericordia ya está muy avanzada, y falta poco para su realización; sin embargo hay que rezar todavía mucho para que cedan ciertas dificultades.

1255 "Ahora en cuanto a usted, hermana, está bien que se encuentre en este estado de indiferencia acerca de la voluntad de Dios y que esté más equilibrada y procure este equilibrio. Ahora, en cuanto a todas estas cosas, usted, hermana, depende estrechamente del Padre Andrasz; yo estoy completamente de acuerdo con él. No haga nada por su propia cuenta, sino que siempre y en todo consulte a su director espiritual. Mantenga en todo el equilibrio y la mayor calma posible. Una cosa más, hice (18) imprimir esta coronilla que ha de estar al dorso de la estampita y también las invocaciones parecidas a las letanías también al dorso de la estampita; también otra estampa más grande junto con algunas hojas con la novena a la misericordia. Rece, hermana, para que esto sea autorizado". [336].

1256 30. Esta mañana el Padre Sopoćko partió. Cuando me sumergí en la oración de acción de gracias por la gran gracia de Dios de haber podido encontrarme con él, fui unida de repente, de modo particular, al Señor que me dijo: **Es un sacerdote según Mi Corazón, Me agradan sus esfuerzos. Ves, hija Mía, que Mi voluntad tiene que cumplirse y aquello que te he prometido lo cumplo. A través de él derramo consuelo a las almas dolientes, atormentadas; por medio de él Me ha complacido difundir el culto a Mi misericordia (19). A través de esta obra de misericordia se acercarán a Mí más almas de cuántas se habrían acercado si él hubiera continuado absolviendo día y noche hasta el fin de su vida, porque en tal caso el trabajaría apenas hasta el fin de su vida, mientras que por esta obra trabajará hasta el fin del mundo.**

1257 Para verlo había hecho una novena, pero ni siquiera la había terminado y Dios me concedió esta gracia.

1258 Oh Jesús mío, aproveché poco esta gracia, pero eso no dependía de mí, aunque por otro lado sí, muchísimo.

1259 + Durante la conversación conocí su alma atormentada. Esta alma crucificada, semejante a Jesús. Allí donde espera un consuelo merecido, encuentra la cruz; vive entre muchos amigos y no tiene a nadie fuera de Jesús. De este modo Dios despoja el alma a la que ama especialmente.

1260 (20) Hoy escuché estas palabras: **Hija Mía, sé siempre como una niña ante Mis sustitutos, porque de otro modo no sacarás provecho de Mis gracias que te envío a través de ellos.**

1261 1 IX 1937. Vi al Señor Jesús como Rey [en] gran Majestad mirando nuestra tierra con una mirada severa, pero por la súplica de su Madre prolongó el tiempo de la misericordia.

1262 3 IX. Primer viernes del mes. Durante la Santa Misa fui unida a Dios. Jesús me dijo que la más pequeña cosa no sucede en el mundo sin su voluntad. Tras esa visión mi alma entró en una extraña serenidad. Me tranquilicé completamente en lo referente a esta obra en toda su extensión. Dios puede hacer conmigo lo que le plazca, y yo lo bendeciré por todo.

1263 (21) Hasta este momento he pensado, con cierto temor, a dónde me llevarán estas inspiraciones; un temor todavía mayor se ha apoderado de mí cuando el Señor me hizo entender que tenía que dejar esta Congregación. Ya se cumple el tercer año desde aquel momento y mi alma experimenta, alternativamente, una vez el entusiasmo y el apremio para actuar y entonces tengo mucho ánimo y fuerza, y otras veces, cuando se acerca el momento decisivo para iniciar la obra, siento el abandono de parte del Señor y al mismo tiempo un extraño temor atraviesa mi alma y veo que aquella no es la hora establecida por el Señor para empezar la obra. Son los sufrimientos que ni siquiera sé describir. Sólo Dios sabe lo que experimento día y noche... Me parece que las más grandes torturas de los mártires me serían más livianas que lo que estoy pasando aunque sin derramar una sola gota de sangre, pero todo esto por las almas, por las almas, Señor...

1264 (22) Acto de total abandono a la voluntad de Dios que es para mí el amor y la misericordia misma.

Acto de ofrecimiento

Oh Jesús Hostia que en este momento he recibido en mi corazón y en esta unión Contigo me ofrezco al Padre celestial como hostia expiatoria, abandonándome plena y absolutamente a la misericordiosísima, santa voluntad de mi Dios. Desde hoy, Tu voluntad, Señor, es mi alimento. Tienes todo mi ser, dispón de él según Tu divina complacencia. Cualquier cosa que Tu mano paternal me ofrezca, la aceptaré con sumisión, serenidad y gozo. No tengo miedo de nada, cualquiera que sea el modo en que quieras guiarme; y con la ayuda de Tu gracia cumpliré cualquier cosa que exijas de mí. Ya ahora no temo ninguna de Tus inspiraciones ni (23) analizo con preocupación a dónde me llevarán. Guíame, oh Dios, por los caminos que Tú quieras; tengo confianza absoluta en Tu voluntad que es para mí el amor y la misericordia mismos. Me haces quedarme en este convento, me quedaré; me haces comenzar la obra, la comenzaré; me dejas en la incertidumbre hasta la muerte respecto a esta obra, bendito seas; me darás la muerte en el momento en que humanamente mi vida parecerá más necesaria, bendito seas. Me llevarás en la juventud, bendito seas; me harás alcanzar edad avanzada, bendito seas; me darás salud y fuerzas, bendito seas; me clavarás en un lecho de dolor quizá por toda la vida, bendito seas; me darás solamente desilusiones y fracasos durante la vida, bendito seas; permitirás que mis más puras intenciones sean condenadas, bendito seas; darás luz a mi mente, bendito seas; me dejarás en la oscuridad y en toda clase (24) de angustias, bendito seas. Desde este momento vivo en la más profunda serenidad, porque el Señor Mismo me lleva en Sus brazos. Él, el Señor de la misericordia insondable, sabe que lo deseo solamente a Él en todo, siempre y en todo lugar.

1265 Oración. Oh Jesús, tendido sobre la cruz, Te ruego, concédeme la gracia de cumplir fielmente con la santísima voluntad de Tu Padre, en todas las cosas, siempre y en todo lugar. Y cuando esta voluntad de Dios me parezca pesada y difícil de cumplir, es entonces que Te ruego, Jesús, que de Tus heridas fluyan sobre mí fuerza y fortaleza y que mis labios repitan: Hágase Tu voluntad, Señor. Oh Salvador del mundo, Amante de la salvación humana, [tú] que entre terribles tormentos y dolor, Te olvidaste de Ti Mismo para pensar en la salvación de las almas, compasivísimo Jesús, concédeme la gracia de olvidarme de mi misma para que pueda vivir totalmente por las almas, ayudándote en la obra de salvación, según la santísima voluntad de Tu Padre...

1266 (25) 5 IX [1937] [337]. El Señor me ha dicho saber cómo la querida Madre Superiora me defiende de... con la oración, pero también con la acción. Te agradezco, Jesús, por esta gracia, esto no quedará en mi corazón sin gratitud, cuando estoy con Jesús no me olvido de ella.

1267 6 IX 1937. Hoy tengo el cambio de tarea, del jardín al desierto de la puerta [338]. Fui a conversar un momento con el Señor, le he pedido la bendición y la gracia de cumplir fielmente con la tarea que me fue asignada. Escuché estas palabras: **Hija Mía, Yo siempre estoy contigo; te he dado la posibilidad de ejercitarte en las obras de misericordia que harás en conformidad con la obediencia. Me darás un gran placer si cada día, al anochecer hablas Conmigo especialmente de este deber.** He sentido que Jesús me había dado una nueva gracia para este trabajo, pero a pesar de ello me he ocultado más profundamente en su Corazón.

1268 (26) Hoy me he sentido peor que de costumbre, pero en este día Jesús me dio más oportunidades para ejercitarme en las virtudes. Y ha sucedido que tenía un trabajo más penoso. La hermana de la cocina me manifestó su descontento por haber llegado tarde al almuerzo, aunque me fue completamente imposible venir antes. Pero me sentía tan mal que he tenido que pedir a la Madre Superiora el permiso de acostarme. Fui a pedir a la Hermana N. reemplazarme en mi tarea; recibí otra reprimenda: ¿Y qué, hermana, se ha cansado tanto que va a acostarse de nuevo? ¡Vaya con este acostarse! Escuché esto, pero no ha sido todo, he tenido que ir todavía a pedir a la hermana que atiende a los enfermos que me traiga la comida. Cuando se lo dije, ha saltado detrás de mí de la capilla al pasillo para poder decir lo que sentía: ¿Por qué va a acostarse, hermana? etc.... Le pedí no traerme nada (27). Lo relato muy brevemente, porque no es mi intención escribir de estas cosas, pero lo hago solamente para que no se comporten así con otra alma, porque eso no agrada al Señor. En un alma que sufre debemos ver a Jesús crucificado y no un parásito y una carga para la Comunidad. Un alma doliente, sumisa a la voluntad de Dios atrae más bendiciones divinas al convento que todas las almas que trabajan. Pobre la casa dónde no hay hermanas enfermas. A veces Dios concede muchas y grandes gracias en consideración de las almas que sufren y aleja muchos castigos solamente en atención a esas almas.

1269 Oh Jesús mío, ¿cuándo miraremos a las almas por motivos más elevados? ¿Cuándo serán creíbles nuestros juicios? Nos ofreces la oportunidad de ejercitarnos en las obras de misericordia y nosotros nos ejercitamos en los juicios. Para conocer si el amor de Dios florece en una casa religiosa, hay que preguntar ¿cómo tratan a los enfermos, inválidos e inhábiles?

1270 (28) 10 IX [1937]. Durante la meditación aprendí que cuanto más pura es el alma, tanto más puramente espiritual es su relación con Dios; no hace mucho caso a los sentidos ni a sus protestas. Dios es espíritu, por lo tanto lo amo en espíritu y en verdad.

1271 Al darme cuenta de lo peligroso que es estar en la puerta en la actualidad y eso a causa de los disturbios revolucionarios y del odio que la gente mala tiene hacia los conventos, he ido a hablar con el Señor y le he pedido disponer que ninguna persona mala se atreva acercarse a la puerta.

Oí estas palabras: **Hija Mía, en el momento en que has ido a la puerta he puesto un Querubín encima de la puerta para que la vigile; permanece tranquila.** Cuando volví tras la conversación que tuve con el Señor, vi una nubecita blanca y en ella a un Querubín con las manos juntas [como para orar], con la mirada como un relámpago; comprendí que el fuego del amor de Dios ardía en aquella mirada...

1272 (29) 14 IX [1937]. Exaltación de la Santa Cruz. Hoy supe que ese sacerdote [339] encuentra grandes obstáculos en toda esta causa. Le son contrarias hasta las almas piadosas y celosas de la gloria de Dios, y el hecho de que no se desanima se debe solamente a una especial gracia de Dios.

1273 Jesús: **Hija Mía, ¿crees, quizá, que hayas escrito suficiente sobre Mi misericordia? Lo que has escrito es apenas una gotita frente a un océano. Yo soy el Amor y la Misericordia Misma; no existe miseria que pueda medirse con Mi misericordia, ni la miseria la agota, ya que desde el momento en que se da** [mi misericordia] **aumenta. El alma que confía en Mi misericordia es la más feliz porque Yo Mismo tengo cuidado de ella**.

1274 Experimento grandes sufrimientos del alma al conocer una ofensa hecha a Dios. Hoy supe que no muy lejos de nuestra puerta se han cometido pecados graves. Era por la noche, recé (30) fervorosamente en la capilla, y luego fui a flagelarme y cuando me arrodillé para rezar, el Señor me hizo saber cuánto sufre el alma rechazada por Dios... Me parecía que el corazón se me despedazaba y al mismo tiempo supe cómo tal alma hiere al misericordiosísimo Corazón de Jesús. Aquella pobre criatura no quiere recibir la piedad de Dios; cuanto más Dios persigue al alma con su misericordia tanto más severo se mostrará con ella.

1275 **Secretaria Mía, escribe que soy más generoso para los pecadores que para los justos. Por ellos he bajado a la tierra... por ellos he derramado Mi sangre; que no**

**tengan miedo de acercarse a Mí, son los que más ne-
cesitan Mi misericordia**.

1276 16 IX [1937]. Hoy deseaba ardientemente hacer la Hora
Santa delante del Santísimo Sacramento, sin embargo la
voluntad de Dios fue otra: a las ocho experimenté unos
dolores tan violentos que (31) tuve que acostarme en seguida; he estado contorsionándome por estos dolores durante tres horas, es decir hasta las once de la noche. Ninguna medicina me alivió, lo que tomaba lo vomitaba; hubo momentos en que los dolores me dejaban sin conocimiento. Jesús me hizo saber que de esta manera he tomado parte en su agonía en el Huerto y que Él Mismo había
permitido estos sufrimientos en reparación a Dios por las
almas asesinadas en el seno de las malas madres. Estos
dolores me han sucedido ya tres veces, empiezan siempre
a las ocho; [duran] hasta las once de la noche. Ninguna
medicina logra atenuar estos sufrimientos. Cuando se
acercan las once desaparecen solos y entonces me duermo; al día siguiente me siento muy débil. La primera vez
eso me ocurrió en el sanatorio. Los médicos no lograron
diagnosticarlo; ni la inyección, ni ninguna otra medicina
me pudieron aliviar (32) y yo misma no entendía qué clase de sufrimientos eran. Le dije al médico que jamás en
mi vida había tenido semejantes dolores; él declaró que
no sabía que dolores eran. Ahora sí, entiendo de qué dolores se trata, porque el Señor me lo hizo saber... Sin
embargo, al pensar que quizá un día vuelva a sufrir así,
me da escalofríos; pero no sé si en el futuro sufriré otra
vez de modo similar, lo dejo a Dios; lo que a Dios le agrade enviarme, lo recibiré todo con sumisión y amor. Ojalá
pueda con estos sufrimientos salvar del homicidio al menos un alma.

1277 Al día siguiente de estos sufrimientos percibo el estado
en que se encuentran las almas y su disposición frente a
Dios; me penetra un verdadero conocimiento.

1278 Recibo la Santa Comunión de manera casi angélica. Mi
alma [está] inundada de la luz de Dios y se alimenta de

ella, (33) los sentidos están como muertos; es la unión con el Señor totalmente espiritual, es el gran predominio del espíritu sobre la naturaleza.

1279 El Señor me ha concedido el conocimiento de las gracias con las cuales me colma continuamente. Esta luz me ha penetrado hasta el fondo, y he entendido estos favores inconcebibles que Dios me manifiesta. Me quedé en la celda por un largo agradecimiento, postrándome de cara al suelo y derramando lágrimas de gratitud. No podía levantarme del suelo, porque cuando quería hacerlo la luz divina me daba un nuevo conocimiento de las gracias de Dios; sólo la tercera vez pude levantarme del suelo. Como una niña sentía que todo lo que poseía el Padre celestial era mío. Él Mismo me ha levantado del suelo hasta su Corazón; sentía que todo lo que existe era mío de modo exclusivo, pero yo no deseaba nada, porque sólo me basta Dios.

1280 (34) Hoy supe con qué desagrado viene el Señor a cierta alma en la Santa Comunión. Va a ese corazón como a un calabozo para ser martirizado y atormentado. Le he pedido perdón y compensé ese ultraje.

1281 El Señor me hizo saber que voy a ver a mi hermano [340], pero no he podido comprender cómo me encontraré con él, y por qué habría de venir aquí. Yo sé que tiene la gracia de la vocación divina, pero ¿por qué habría de venir a verme? Sin embargo he dejado de lado estos razonamientos y he creído que si el Señor me dijo que vendrá, eso me basta. He unido a Dios mis pensamientos sin ocuparme de la criatura, confiando todo al Señor.

1282 + Cuando los mismos pobres vienen a la puerta por segunda vez, los trato con más dulzura y no les manifiesto (35) que ya habían venido una vez para no incomodarlos y entonces ellos me hablan libremente de sus dolencias y sus necesidades.

Aunque la Hermana N. me dice que no se debe comportarse así con los mendigos y me da con la puerta en las narices, cuando ella no está los trato como los trataría mi Maestro. A veces se da más sin dar nada que dando mucho pero con rudeza.

1283 A menudo, el Señor me da a conocer dentro de mí a las personas con las cuales trato en la puerta. Un alma digna de compasión quiso decir algo espontáneamente. Aprovechando la ocasión le hice conocer con delicadeza en qué miserable estado estaba su alma. Se alejó con una mejor disposición de ánimo.

1284 17 IX [1937]. Oh Jesús, veo tanta belleza diseminada alrededor por la cual (36) Te agradezco continuamente; pero percibo que algunas almas son como piedras, siempre frías e insensibles. Ni siquiera los milagros las conmueven, tienen la mirada dirigida hacia sus propios pies y así no ven nada fuera de sí mismas.

1285 Me has rodeado durante la vida con Tu protección afectuosa y cordial, más de cuanto puedo imaginar, ya que comprenderé Tu bondad en toda su plenitud sólo cuando caigan los velos. Deseo que toda mi vida sea un único agradecimiento para Ti, oh Dios.

1286 + Te agradezco, oh Dios, por todas las gracias,
De las cuales me colmas continuamente,
Las que me iluminan como los rayos de sol,
Y con las cuales me indicas el camino seguro.

       Gracias, oh Dios, por haberme creado,
       Por haberme llamado a la existencia de la nada,
       Y por grabar en mí Tu divino sello,
       Y lo has hecho únicamente por amor.

(37) Gracias, oh Dios, por el santo bautismo,
Que me insertó en la familia divina,
Es un gran e inconcebible don de la gracia,
Que nos transforma las almas.

       Gracias, oh Señor, por la confesión,
       Por esta fuente de grandísima misericordia,

Que es inagotable,
Por este manantial inconcebible de gracias,
En el cual blanquean las almas manchadas por
el pecado.

Gracias, oh Jesús, por la Santa Comunión,
En la cual Tú Mismo Te nos das.
Siento Tu Corazón latir en mi pecho,
Mientras Tú Mismo desarrollas en mí la vida divina.

Gracias, oh Espíritu Santo, por el sacramento
de la confirmación,
Que me arma Tu caballero
Y da fuerza al alma en cada momento,
Y me protege del mal.

Gracias, oh Dios, por la gracia de la vocación
A Tu servicio exclusivo.
Dándome la posibilidad de amarte únicamente a Ti
Es un gran honor para mi alma.

(38) Gracias, oh Señor, por los votos perpetuos,
Por este vínculo de amor puro,
Por haberte dignado unir al mío Tu Corazón puro,
Uniendo mi corazón al Tuyo con un lazo de
pureza.

Gracias, oh Señor, por el sacramento de la unción,
Que me fortificará en los últimos momentos
Para luchar y me ayudará a salvarme,
Y dará fuerzas al alma para que podamos gozar eterna-
mente.

Gracias, oh Dios, por todas las inspiraciones,
De las cuales me colma Tu bondad,
Por estas iluminaciones interiores del alma,
Que es imposible expresar, pero que el corazón
percibe.

Gracias, oh Santísima Trinidad, por esta inmensidad de gracias,

De las cuales me has colmado incesantemente durante toda la vida,

Mi gratitud crecerá al despuntar la eterna aurora,

Cuando por primera vez entone Tus alabanzas.

1287 + A pesar del silencio del alma estoy llevando a cabo una lucha continua con el enemigo del alma. Cada vez descubro sus nuevas asechanzas y la batalla arde de nuevo. (39) Me ejercito en tiempo de paz y vigilo que el enemigo no me sorprenda sin estar yo preparada; y cuando veo su gran furia entonces me quedo en la fortaleza, es decir en el santísimo Corazón de Jesús.

1288 19 IX [1937]. Hoy el Señor me dijo: **Hija Mía, escribe que Me duele mucho cuando las almas consagradas se acercan al sacramento del Amor solamente por costumbre como si no distinguieran este alimento. No encuentro en sus corazones ni fe ni amor. A tales almas voy con gran renuencia, sería mejor que no Me recibieran.**

1289 Dulcísimo Jesús, incendia mi amor por Ti y transfórmame en Ti, divinízame para que mis obras Te sean agradables. Que eso pueda ser obtenido por el poder de la Santa Comunión que recibo diariamente. ¡Cuánto deseo ser completamente transformada en Ti, oh Señor!

1290 (40) 19 IX 1937. Hoy me visitó mi hermano Stasio. Me alegré enormemente de ver esta hermosa almita que también piensa entregarse al servicio de Dios, o sea Dios Mismo la atrae a su amor. Hablamos mucho tiempo de Dios, de su bondad. Durante nuestra conversación conocí lo agradable que es a Dios esta almita. Recibí el permiso de la buena Madre Superiora de vernos más a menudo. Cuando me pidió un consejo a dónde entrar, le contesté: Si tú sabes mejor que es lo que el Señor quiere de ti. Le mencioné la orden de los jesuitas, pero: Entra en dónde te plazca. Prometí rezar por él y decidí hacer una novena al Sagrado Corazón por intercesión del Padre Pedro Skarga, con la promesa de publicarlo en el Mensajero del Sagrado Corazón de Jesús [341], porque tiene muchas dificultades en esta iniciativa suya. Comprendí que en esta cuestión es más provechosa la oración que el consejo...

1291 (41) 21 IX. Esta noche, al despertarme varias veces he agradecido a Dios brevemente, pero de todo corazón, por todas las gracias concedidas a mí y a nuestra Congregación; he reflexionado sobre su gran bondad.

1292 Al recibir la Santa Comunión le dije: Jesús, esta noche he pensado tantas veces en Ti, y Jesús me contestó: **Y Yo también he pensado en ti antes de llamarte a la existencia.** Jesús, ¿de qué modo pensaste en mí? **En el modo de admitirte a Mí eterna felicidad.** Después de estas palabras el amor de Dios ha inundado mi alma; no terminaba de asombrarme de cuánto Dios nos ama.

1293 Cuando he caído nuevamente en el mismo error a pesar del propósito sincero de evitarlo, aunque esta caída era una pequeña imperfección y más bien involuntaria, no obstante sentí en el alma un dolor tan vivo que interrumpí mi trabajo y (42) fui por un momento a la capilla, y caí a los pies de Jesús; con amor y con gran dolor pedí perdón al Señor, tanto más avergonzada que por la mañana, hablando con Él después de la Santa Comunión le prometí fidelidad. De repente escuché estas palabras: **Si no hubiera sucedido esta pequeña imperfección no habrías venido a Mí. Has de saber que cada vez que vienes a Mí humillándote y pidiendo perdón, Yo derramo sobre tu alma una inmensidad de gracias y tu imperfección desaparece ante Mí y veo solamente tu amor y tu humildad. No pierdes nada, sino que ganas mucho...**

1294 El Señor me ha enseñado que si un alma no acepta las gracias que le han sido destinadas, en ese mismo momento las recibe otra alma. Oh Jesús mío, hazme digna de recibir las gracias, porque por mí misma no puedo hacer nada, sin Tu ayuda no soy capaz ni siquiera de pronunciar dignamente Tu nombre.

1295 (43) 25 IX [1937]. Cuando he conocido cuán enormes son las dificultades en toda esta obra, fui al Señor y le dije: Jesús, ¿no ves cómo dificultan Tu obra? Y oí en el alma una voz: **Haz lo que está en tu poder y no te preocupes por lo demás; estas dificultades demuestran que esta obra es Mía. Quédate tranquila si haces todo lo que está en tu poder.**

1296 Hoy abrí la puerta a la Madre Superiora y supe que iba a la ciudad por la causa de la Divina Misericordia [342]. Esta es la Superiora que más ha contribuido a la obra de la misericordia.

1297 Hoy pregunté imprudentemente a dos niños pobres si de verdad no tenían nada de comer en casa. Los niños no me contestaron nada, y se alejaron de la puerta. Comprendí que les era difícil hablar de su miseria, entonces (44) los alcancé apresuradamente e hice volver dándoles lo que pude y para lo cual obtuve permiso.

1298 Muéstrame, oh Dios, Tu misericordia,
Según la compasión del Corazón de Jesús.
Escucha mis suspiros y mis súplicas.
Y las lágrimas de un corazón arrepentido.

> Oh Dios omnipotente, siempre misericordioso,
> Tu compasión [es] siempre inagotable,
> Aunque mi miseria [es] grandísima como el mar,
> Tengo plena confianza en la misericordia
> del Señor.

Oh Trinidad eterna, oh Dios siempre benigno,
Tu compasión [es] ilimitada,
Por eso confío en el mar de misericordia
Y Te siento, Señor, aunque me separa un velo.

> Que la omnipotencia de Tu misericordia, oh Señor,
> Sea glorificada en el mundo entero,
> Que su culto no termine jamás,
> Alma mía, propaga la Divina Misericordia con
> ardor.

1299 (45) 27 IX [1937]. Hoy, con la Madre Superiora fuimos a ver a cierto señor [343] donde se están imprimiendo y pintando estampitas de la Divina Misericordia, también las invocaciones [344] y la coronilla [345] que han sido ya aprobadas [346]. Habíamos de ver también la imagen más grande corregida [347]. Es muy parecida, me he alegrado de eso grandemente. Al mirar la imagen me traspasó el amor de Dios tan vivo que durante un momento no sabía dónde estaba. Después de tratar este asunto fuimos a la

1300 iglesia de la Santísima Virgen María, oímos la Santa Misa durante la cual el Señor me dijo que gran número de almas se salvará por medio de esta obra. Luego entré en un coloquio íntimo con el Señor dándole gracias por haberse dignado concederme la gracia de poder ver difundirse el culto de su insondable misericordia. Me sumergí en una profunda plegaria de agradecimiento. Oh, qué grande es la generosidad de Dios, sea alabado el Señor que (46) es fiel a sus promesas...

1301 La Madre Irene [348] tiene extrañamente mucha luz divina en cuanto a toda esta obra. Ella fue la primera en autorizar la ejecución de los deseos del Señor, a pesar de que llegó a ser mi Superiora sólo dos años después de la revelación; no obstante fue la primera en ir conmigo cuando se comenzó a pintar la imagen [349] y ahora cuando se imprimen algunas cosas sobre la Divina Misericordia y se reproducen las pequeñas imágenes, ha sido ella nuevamente la que ha ido conmigo por esta razón. Dios ha dispuesto todo de manera singular, ya que de verdad el comienzo fue en Vilna y ahora la voluntad de Dios ha guiado las circunstancias de modo que la causa prosigue en Cracovia. Yo sé lo agradable que es a Dios esta Superiora; veo que Dios guía todo y quiere que en estos importantes momentos yo esté bajo su protección... Gracias, Señor, por las Superioras que viven en el amor y (47) en el temor del Señor. Rezo muchísimo por ella, que ha afrontado la mayor parte de las dificultades en esta obra de la Divina Misericordia...

1302 29 IX [1937]. Hoy comprendí muchos misterios de Dios. Supe que la Santa Comunión perdura en mí hasta la siguiente Santa Comunión. La presencia de Dios, viva y sensible, dura en mi alma, este conocimiento me sumerge en un profundo recogimiento sin ningún esfuerzo de mi parte... Mi corazón es un tabernáculo viviente en el cual se conserva la Hostia viva. Nunca he buscado a Dios lejos, sino dentro de mí; en la profundidad de mi propio ser convivo con mi Dios.

1303 Oh Dios mío, a pesar de todas las gracias añoro continuamente la eterna unión con mi Dios; cuanto más lo conozco, tanto más ardientemente lo deseo.

+

(48) JMJ

1304   Con añoranza miro hacia el cielo sembrado
de estrellas,
Hacia el azul del firmamento impenetrable.
Hacia allí, a Ti, oh Dios, se lanza el corazón puro
Y desea liberarse de las cadenas del cuerpo.

Con ardiente deseo te miro, patria mía,
¿Cuándo terminará este destierro mío?
Así suspira hacia Ti, Jesús, Tu esposa,
Que por anhelarte vive agonizando.

   Con nostalgia miro las huellas de los santos,
Que pasaron por este destierro a la patria,
Dejándome ejemplos de virtud y sus consejos
Y me dicen: paciencia, hermana,
ya pronto caerán las cadenas.

Pero el alma ansiosa no oye estas palabras,
Ella desea vehementemente a su Dios y Señor
Y no entiende las palabras humanas,
Porque sólo de Él está enamorada.

   Mi alma ansiosa, herida por el amor,
Se abre paso por entre todo lo creado,

(49) Y se une a la eternidad sin límites,
Al Señor a quien mi corazón está desposado.

A mi alma ansiosa, permítele, oh Dios,
Sumergirse en Tu Trinidad Divina,
Cumple mis deseos, por los cuales Te suplico humildemente,
Con el corazón colmado del fuego de amor.

1305 Hoy vino a la puerta cierta alma pidiendo ser recibida como alumna [350], sin embargo no fue posible acogerla. Aquella alma necesitaba mucho nuestra casa. Mientras hablaba con ella se ha renovado en mí la Pasión de Jesús. Cuando se alejó me sometí a una de las más grandes mortificaciones, pero la próxima vez no dejaré que se vaya un alma como ésa. Sin embargo, durante tres días sufrí mucho por esa alma. Cuánto deploro que nuestros institutos sean tan pequeños y no puedan albergar a un mayor número de almas queridas. Jesús mío, Tú sabes cuánto sufro por cada ovejita extraviada.

1306 (50) + Oh humildad, flor hermosa, veo que son pocas las almas que te poseen. ¿Será porque eres tan bella y a la vez tan difícil de conquistar? Oh sí, una y otra cosa. Dios Mismo se complace en ella. Sobre un alma humilde están entreabiertas las compuertas celestiales y un mar de gracias fluye sobre ella. Oh, qué bella es un alma humilde; de su corazón como de un incensario se eleva toda clase de perfumes particularmente agradables que atraviesan las nubes y alcanzan a Dios Mismo y llenan de gozo su Santísimo Corazón. A tal alma Dios no niega nada; tal alma es omnipotente, ella influye en el destino del mundo entero; a tal alma Dios la eleva hasta su trono y cuanto más ella se humilla tanto más Dios se inclina hacia ella, la persigue con Sus gracias y la acompaña en cada momento con su omnipotencia. Tal alma está unida a Dios de modo más profundo. Oh humildad, arráigate profundamente en todo mi ser. Oh Virgen purísima, pero también humildísima, ayúdame a conquistar una profunda humildad (51). Ahora comprendo por qué hay tan pocos santos, porque son pocas las almas profundamente humildes.

1307 Oh Amor eterno, abismo de misericordia, oh Trina Santidad, pero única Divinidad que tienes un seno amoroso para todos, como buen Padre no desprecias a nadie. Oh Amor divino, manantial vivo derrámate sobre nosotros, Tus indignas criaturas; que nuestra miseria no detenga los torrentes de Tu amor, ya que Tu misericordia no tiene límites.

1308 + Jesús, he notado como si Te ocuparas menos de mí. **Sí, hija Mía, Me escondo detrás de tu director espiritual** [351]; **él se ocupa de ti según Mi voluntad, respeta cada palabra suya como si fuera Mía propia; él es el velo detrás del cual Me escondo. Tu director espiritual y Yo somos uno, sus palabras son palabras Mías.**

1309 (52) Mientras hago el Vía Crucis, a la duodécima estación experimento una emoción profunda. Aquí medito la omnipotencia de la Divina Misericordia que ha pasado a través del Corazón de Jesús. Cada vez que hago el Vía Crucis, en la herida abierta del Corazón de Jesús encierro toda la pobre humanidad... y distintas personas que amo. De esta Fuente de Misericordia han salido los dos rayos, es decir la Sangre y el Agua; ellos con su inmensidad inundan el mundo entero...

1310 Cuando uno está débil y enfermo hace continuos esfuerzos para lograr hacer lo que todos hacen normalmente; sin embargo no siempre es posible poder hacer "lo normal", pero Te agradezco, Jesús, por todo. No la grandeza de la obra sino la grandeza del esfuerzo será premiada. Lo que se cumple por amor no es pequeño, oh Jesús mío, ya que Tu ojo ve todo. (53) No sé por qué me siento tan excepcionalmente mal por la mañana; para levantarme de la cama tengo que concentrar todas las fuerzas y a veces hasta recurrir al heroísmo. Al recordar la Santa Comunión recobro un poco más de fuerzas. Así pues, el día comienza con la lucha y con la lucha termina. Cuando me acuesto me siento como un soldado que vuelve del campo de batalla. Lo que encierra en sí este día, lo conoces solamente Tú, Maestro y Señor mío.

1311   Meditación. Durante la meditación, la hermana que tiene su reclinatorio al lado del mío, carraspea y tose continuamente, a veces sin interrupción. Una vez me vino la idea de cambiar de lugar para el tiempo de meditación, en vista que era ya después de la Santa Misa; sin embargo pensé: si cambio de lugar la hermana se dará cuenta y sentirá, quizá, un disgusto por haberme alejado de ella. He decidido continuar en la oración y en mi (54) lugar ofreciendo a Dios un acto de paciencia. Al final de la meditación mi alma fue inundada de tanta consolación enviada por Dios cuanta pudo soportar mi corazón y el Señor me hizo saber que si me hubiera alejado de esa hermana me habría alejado también de las gracias que descendieron sobre mi alma.

1312   + Hoy Jesús vino a la puerta bajo la apariencia de un joven pobre. Un joven macilento, en harapos, descalzo y con la cabeza descubierta, estaba pasmado de frío porque hacía un día lluvioso y frío. Pidió algo de comer caliente. Pero cuando fui a la cocina no encontré nada para los pobres; sin embargo tras buscar un rato encontré un poco de sopa que calenté y puse un poco de pan desmigajado. Se lo di al pobre que lo comió. En el momento en que le retiraba el vaso, me hizo saber que era el Señor del cielo y de la tierra. En cuanto lo vi tal como es, desapareció de mis ojos. (55) Cuando entré en la casa pensando en lo que había sucedido en la puerta, oí estas palabras en el alma: **Hija Mía, han llegado a Mis oídos las bendiciones de los pobres que alejándose de la puerta Me bendicen y Me ha agradado esta misericordia tuya dentro de los límites de la obediencia y por eso he bajado del trono para gustar el fruto de tu misericordia.**

1313   Oh Jesús mío, ahora está claro para mí y he comprendido todo lo que ha sucedido hace un momento. Presentía algo preguntándome ¿qué clase de pobre es éste del cual transparenta tanta modestia? Desde aquel momento mi corazón se ha encendido de un amor todavía más puro hacia los pobres y los necesitados. Oh, cuánto me alegro de que las Superioras me hayan asignado esta tarea... Comprendo que la misericordia es variada, que siempre y en todo lugar y en cada momento se puede hacer el bien. El ardiente amor de Dios incesantemente ve la necesidad de darse a los otros con la acción, la palabra y la oración. Ahora comprendo (56), Señor, Tus palabras que me has dicho anteriormente.

1314 + Oh, qué grandes esfuerzos tengo que hacer para cumplir bien mis deberes siendo mi salud tan débil. Sólo Tú lo sabes, oh Cristo.

1315 + En los momentos del abandono interior no pierdo la serenidad, porque sé que Dios nunca abandona al alma, a no ser únicamente cuando el alma misma, con su infidelidad, rompe el lazo de amor. Sin embargo, absolutamente todos los seres dependen del Señor y son sostenidos por su omnipotencia. Unos son gobernados por el amor, otros por la justicia; de nosotros depende bajo qué autoridad deseamos vivir, visto que la ayuda de la gracia en la medida suficiente no es negada a nadie. No me asusta el aparente abandono. Me examino más profundamente si la culpa no es mía. Si no, bendito seas .

1316 (57) 1 X 1937. **Hija Mía, necesito sacrificios hechos por amor, porque sólo éstos tienen valor para Mí. Es grande la deuda del mundo contraída Conmigo, la pueden pagar las almas puras con sus sacrificios, practicando la misericordia espiritualmente.**

1317 Comprendo Tus palabras, Señor, y la grandeza de la misericordia que ha de resplandecer en mi alma. Jesús: **Sé, hija Mía, que lo comprendes y haces todo lo que está en tu poder, pero escríbelo para muchas almas que a veces se afligen por no tener bienes materiales, para practicar con ellos la misericordia. Sin embargo, el mérito mucho más grande lo tiene la misericordia espiritual que no necesita ni autorización ni granero siendo accesible a cualquier alma. Si el alma no practica la misericordia de alguna manera no conseguirá Mi misericordia en el día del juicio. Oh, si las almas**

supieran acumular los tesoros eternos, no serían juzgadas, porque su misericordia anticiparía Mi juicio.

1318 (58) 10 X [1937]. Oh Jesús mío, para agradecerte por tantas gracias, Te ofrezco el alma y el cuerpo, el intelecto y la voluntad y todos los sentimientos de mi corazón. Con los votos me he entregado toda a Ti, ya no tengo nada más que podría ofrecerte. Jesús me dijo: **Hija Mía, no Me has ofrecido lo que es realmente tuyo.** Me he ensimismado y he constatado de que amaba a Dios con todas las fuerzas de mi alma; y sin poder conocer que era lo que no había dado al Señor, pregunté: Jesús, dímelo y Te lo daré inmediatamente con generosidad del corazón. Jesús me dijo amablemente: **Hija, dame tu miseria porque es tu propiedad exclusiva.** En ese momento un rayo de luz iluminó mi alma y conocí todo el abismo de mi miseria; en ese mismo momento me abracé contra el Santísimo Corazón de Jesús con tanta confianza que aunque tuviera sobre la conciencia los pecados de todos los condenados, no dudaría de la Divina (59) Misericordia, sino que, con el corazón hecho polvo, me arrojaría en el abismo de Tu misericordia. Creo, oh Jesús, que no me rechazarías sino que me absolverías con la mano de quien Te sustituye.

1319 Expiraste, Jesús, pero la fuente de vida brotó para las almas y el mar de misericordia se abrió para el mundo entero. Oh fuente de vida, insondable Misericordia Divina, abarca al mundo entero y derrámate sobre nosotros.

1320 **A las tres, ruega por Mi misericordia, en especial para los pecadores y aunque sólo sea por un brevísimo momento, sumérgete en Mi Pasión, especialmente en Mi abandono en el momento de Mi agonía. Ésta es la hora de la gran misericordia para el mundo entero. Te permitiré penetrar en Mi tristeza mortal. En esta hora nada le será negado al alma que lo pida por los méritos de Mi Pasión...**

(60) +

JMJ

1321 Te saludo, misericordiosísimo Corazón de Jesús,
Viva fuente de toda gracia,
Único amparo y refugio nuestro,
En ti tengo la luz de la esperanza.

Te saludo, Corazón piadosísimo de mi Dios,
Insondable, viva fuente de amor,
De la cual brota la vida para los pecadores,
Y los torrentes de toda dulzura.

Te saludo, Herida abierta del Sacratísimo Corazón,
De la cual salieron los rayos de la misericordia
Y de la cual nos es dado sacar la vida,
Únicamente con el recipiente de la confianza.

Te saludo, inconcebible bondad de Dios,
Nunca penetrada e insondable,
Llena de amor y de misericordia, siempre santa,
Y como una buena madre inclinada sobre nosotros.

Te saludo, Trono de la misericordia, Cordero de Dios,
Que has ofrecido la vida por mí,
Ante el cual mi alma se humilla cada día,
Viviendo en una fe profunda.

[Fin del cuarto cuaderno del manuscrito del Diario].

QUINTO CUADERNO

Sor Faustina del Santísimo Sacramento
Congregación de las Hermanas
de la Madre de Dios de la Misericordia

(1) JMJ

1322 Navega la barca de mi vida
Entre las oscuridades y las sombras de la noche,
Y no veo ningún puerto,
Estoy a la merced del mar profundo.

La más pequeña tempestad podría hundirme,
Sumergiendo mi barca en el torbellino de las olas,
Si no vigilaras sobre mí Tú Mismo, oh Dios,
En cada momento de mi vida, en cada instante.

En medio del estruendo de las olas
Navego tranquilamente con confianza
Y, como una niña, miro adelante sin temor,
Porque Tú, oh Jesús, eres mi luz.

Todo alrededor es horror y espanto,
Pero mi paz es más profunda que las profundi-
dades del mar
Porque quien está Contigo, Señor, no perecerá
Me lo asegura Tu amor divino.

Aunque alrededor hay muchos peligros,
No los temo, porque miro el cielo estrellado.
Y navego con denuedo y alegría,
Como corresponde a un corazón puro.

Pero sobre todo, únicamente
Por ser Tú mi timonero, oh Dios,
La barca de mi vida navega tan serenamente
Lo reconozco en la más profunda humildad.

+

(2) JMJ

1323   Dios mío, Te amo.

Sor Faustina
del Santísimo Sacramento

1324   Cracovia, 20 X 1937

+ Te saludo, oh Pan de los ángeles,
Con profunda fe, esperanza, amor,
Y de lo profundo del alma Te adoro,
Aunque soy una nulidad.

       Te saludo, oh Dios oculto,
       Y Te amo con todo el corazón,
       No me estorban los velos del misterio,
       Te amo como los elegidos en el cielo.

Te saludo, oh Cordero de Dios,
Que quitas las culpas de mi alma,
A quien acojo en mi corazón cada mañana,
Y Tú me ayudas en la salvación.

+

(3) JMJ

1325 Cracovia, 20 X 1937   Quinto cuaderno

Oh Dios mío, que Te adore todo lo que hay en mí, oh Creador y Señor mío, y con cada latido de mi corazón deseo glorificar Tu misericordia insondable. Deseo hablar a las almas de Tu bondad e invitarlas a confiar en Tu misericordia. Ésta es mi misión que Tú Mismo me has confiado en esta y en la vida futura.

1326 Hoy empezamos los ejercicios espirituales de ocho días. Oh Jesús, Maestro mío, ayúdame que haga estos santos ejercicios con el máximo fervor. Que Tu Espíritu, oh Dios, me guíe al profundo conocimiento de Ti, Señor, y al total conocimiento de mí misma, ya que tanto más Te amo cuanto más Te conozco. Tanto más me despreciaré a mí misma cuanto más conoceré mi miseria. Sé que Tú, Señor, no me negarás Tu ayuda. Deseo salir santa de estos ejercicios espirituales, aunque no lo noten los ojos (4) de los hombres ni tampoco la mirada de las Superioras. Me someto toda a la acción de Tu gracia, se cumpla completamente en mí Tu voluntad, Señor.

1327 Primer día. Jesús: **Hija Mía, estos ejercicios espirituales serán una continua contemplación; te introduciré en estos ejercicios como a un banquete espiritual. Junto a Mi Corazón misericordioso meditarás sobre todas las gracias que tu corazón ha recibido y una profunda paz reinará en tu alma. Deseo que la mirada de tu alma esté siempre clavada en Mi santa voluntad y con esto Me agradarás muchísimo. Ningún sacrificio es comparable con éste. Durante todos los ejercicios permanecerás junto a Mi Corazón, no harás ningunas reformas, porque tu vida es según Mi complacencia. No te turbará ni una sola palabra del sacerdote que tiene los ejercicios.**

1328 Oh Jesús mío, he hecho ya dos meditaciones y veo que todo lo que me has dicho es verdad. Experimento una profunda paz y esta paz (5) se deriva del testimonio que me da la conciencia, es decir, que siempre cumplo con Tu voluntad, oh Señor.

1329 En la meditación sobre el fin del hombre comprendí que esta verdad está profundamente arraigada en mi alma y por eso mis obras son más perfectas. Sé por qué he sido creada; todas las criaturas juntas no me sustituirán al Creador; sé que mi fin último es Dios, por lo tanto en todo lo que hago tomo en consideración a Dios.

1330 + Oh, qué bello es hacer los ejercicios espirituales al lado del dulcísimo Corazón de mi Dios. Estoy en un desierto con mi Esposo, nadie me molesta en el dulce coloquio que tengo con Él.

1331 Oh Jesús, Tú Mismo Te dignaste poner el fundamento al edificio de mi santidad, ya que mi colaboración no ha sido grande. Por la indiferencia en el uso que hago de las criaturas y en la elección de las mismas, Tú me has ayudado, oh Señor, porque mi corazón es débil por sí mismo y por eso Te he rogado, Maestro mío, que no Te fijes en el dolor de (6) mi corazón sino que cortes todo lo que pueda retenerme en el camino del amor. No Te entendía, Señor, en los momentos del sufrimiento cuando cumplías la obra en mi alma, pero hoy Te comprendo y gozo de la libertad del espíritu. Jesús Mismo vigiló para que ninguna pasión enredara mi corazón. He conocido bien de cuáles peligros me había librado, y por eso mi agradecimiento a Dios no tiene límites.

1332 Segundo día. Cuando meditaba sobre el pecado de los ángeles y sobre su castigo inmediato, he preguntado a Jesús: ¿Por qué los ángeles fueron castigados inmediatamente después del pecado? Escuché una voz: **Por su profundo conocimiento de Dios. Ningún hombre en la tierra, aunque fuera un gran santo, tiene tal conocimiento de Dios como un ángel.** Pero conmigo, miserable, oh Dios, Te has mostrado misericordioso tantas veces. Me llevas en el seno de Tu misericordia y me perdonarás siempre cuando con el corazón contrito Te suplique perdón.

1333 Un profundo silencio inunda mi alma, ni una sola nubecita me tapa el sol, me expongo (7) completamente a los rayos de este Sol para que su amor realice en mí un cambio total. Quiero salir santa de estos ejercicios espirituales a pesar de todo, es decir, a pesar de mi miseria. Quiero volverme santa y confío en que la Divina Misericordia puede hacer una santa de la miseria que soy, porque después de todo tengo buena voluntad. A pesar de todos los fracasos quiero luchar como un alma santa y quiero comportarme como un alma santa. No me desanimará nada como no se desanima un alma santa. Quiero vivir y morir como un alma santa, contemplándote, Jesús tendido en la cruz, como un modelo para seguir. He buscado ejemplos alrededor de mí y no he encontrado suficientes y he notado como si mi santidad se retrasara; pero a partir de ahora he clavado mi mirada en Ti, oh Cristo, que eres mi mejor guía. Confío que bendecirás mis esfuerzos.

1334 + Durante la meditación sobre el pecado el Señor me ha dado a conocer toda la maldad del pecado y la ingratitud que en él se encierra. Siento en mi alma una gran repugnancia hasta por el más pequeño pecado. (8) Sin embargo estas verdades eternas que contemplo no despiertan en mi alma ni una sombra de turbación o de inquietud; a pesar de mi profunda preocupación por ellas, mi contemplación no se interrumpe. En esta contemplación no experimento arrebatos del corazón sino una profunda paz y un singular recogimiento interior. Aunque el amor es grande, hay un misterioso equilibrio: ni siquiera recibir la Eucaristía me provoca emoción, sino que me introduce en la más profunda unión donde mi amor, fusionado al amor de Dios, son uno.

1335 + Jesús me ha enseñado que debo rezar por las hermanas que hacen los ejercicios espirituales. Mientras rezaba he conocido la lucha de ciertas almas [y] he redoblado mis rezos.

1336 + En este profundo recogimiento puedo juzgar mejor el estado de mi alma. Mi alma se parece al agua límpida en la cual veo todo, tanto mi miseria como la grandeza de las gracias de Dios, y de este verdadero conocimiento mi espíritu se fortalece en una profunda humildad. Expongo mi corazón a la acción de Tu gracia, como el cristal a los rayos del sol; que Tu imagen divina se refleje (9) en mi corazón tanto cuanto es posible reflejarse en una criatura; Tú que vives en mi alma, [haz] que a través de mí irradie Tu Divinidad.

1337 Cuando rezaba delante del Santísimo Sacramento venerando las cinco llagas de Jesús, mientras invocaba cada una de las llagas sentí que un torrente de gracia manaba a mi alma ofreciéndome el gusto anticipado del cielo y una confianza absoluta en la Divina Misericordia.

1338 En el momento en que escribo estas palabras he oído a
Satanás gritando: Escribes todo, escribes todo y por eso
perdemos tanto. No escribas de la bondad de Dios, Él es
justo. Y dando aullidos de rabia, desapareció.

1339 Oh Dios misericordioso que no nos desprecias sino que
continuamente nos colmas de Tus gracias, nos haces
dignos de Tu reino y en Tu bondad llenas con los hombres los lugares abandonados por los ángeles ingratos.
Oh Dios de gran misericordia que has apartado Tu santa
vista de los ángeles rebeldes dirigiéndola al hombre
arrepentido (10), sea honor y gloria a Tu misericordia insondable, oh Dios que no desprecias al corazón humilde.

1340 Oh Jesús mío, siento que mi naturaleza se ennoblece, pero a pesar de estas gracias Tuyas no muere del todo, por
lo tanto mi vigilancia es continua. Tengo que luchar contra muchos defectos sabiendo bien que la lucha no humilla a nadie, sino la cobardía y la caída.

1341 Cuando uno es delicado de salud debe soportar mucho,
ya que cuando está enfermo y no guarda la cama, no es
considerado enfermo. Por varios motivos tiene continuamente la ocasión de sacrificios y a veces de sacrificios
muy grandes. Ahora comprendo que sólo la eternidad hará conocer muchas cosas, pero comprendo también que si
Dios exige un sacrificio, no escatima su gracia sino la
concede al alma en abundancia.

1342 Oh Jesús mío, que mi sacrificio arda silenciosamente delante de Tu trono; pero en toda la plenitud del amor, im-
plorándote misericordia para las almas.

1343 (11) Tercer día. Durante la meditación sobre la muerte me
he preparado como para la muerte real; hice el examen de
conciencia y examiné minuciosamente todas mis acciones
de cara a la muerte, y por mérito de la gracia mis actos
llevaban en sí el sello del fin último, lo cual ha llenado mi
corazón de gran agradecimiento a Dios y he decidido
servir en el futuro a mi Dios con más fidelidad. Lo primero, hacer morir completamente al hombre viejo y empezar

una vida nueva. Por la mañana me he preparado para recibir la Santa Comunión como si fuera la última de mi vida y después de la Santa Comunión me he imaginado la muerte real y he rezado oraciones por los agonizantes y luego el *De Profundis* por mi alma, y mi cuerpo ha sido puesto en el sepulcro y dije a mi alma: Mira, lo que es de tu cuerpo, un montón de barro y una gran cantidad de gusanos. He aquí tu herencia.

1344 Oh Dios misericordioso que todavía me permites vivir, dame fuerza para que pueda vivir una vida nueva, la vida del espíritu sobre la cual la muerte no tiene poder. Y mi corazón se ha renovado y he iniciado una vida nueva ya aquí en la tierra, la vida del amor de Dios. Sin embargo no olvido que (12) soy la debilidad en persona, pero no dudo ni por un momento en la ayuda de Tu gracia, oh Dios.

1345 Cuarto día. Oh Jesús, me siento singularmente bien junto a Tu Corazón durante estos ejercicios espirituales. Nada perturba mi profunda paz; con un ojo miro el abismo de mi miseria y con el otro ojo el abismo de Tu misericordia.

1346 Durante la Santa Misa celebrada por el Padre Andrasz, he visto al pequeño Niño Jesús sentado en el cáliz de la Santa Misa con las manitas tendidas hacia nosotros. Tras una profunda mirada me ha dicho estas palabras: **Vivo en tu corazón tal como Me ves en este cáliz.**

1347 Confesión. Después de dar cuenta de mi conciencia he recibido las autorizaciones pedidas: la de llevar brazaletes [352] media hora todos los días durante la Santa Misa y en los momentos excepcionales, de llevar el cinturón [353] por dos horas. [El Padre me dijo:] Conserve, hermana, la mayor fidelidad al Señor Jesús.

1348 (13) Quinto día. Por la mañana, al entrar en la capilla me enteré que la Madre Superiora había tenido cierto disgusto por mi causa. Eso me causó mucho dolor. Después de la Santa Comunión, incliné mi cabeza sobre el Sacratísimo Corazón de Jesús y le dije: Oh Señor mío, Te ruego haz que todo el consuelo que tengo en mi corazón por Tu presencia fluya sobre el alma de mi querida Superiora que ha tenido un disgusto por mi causa, sin que yo esté consciente de ello.

1349 Jesús me ha consolado [diciendo] que ambas habíamos sacado un provecho para el alma. Yo, sin embargo, supliqué al Señor que se dignara guardarme de que alguien sufra por mi causa, ya que mi corazón no lo soportaría.

1350 Oh Hostia blanca, Tú conservas el candor de mi alma; temo el día en que no Te recibiera. Tú eres el Pan de los ángeles y por consiguiente el Pan de las vírgenes.

1351 Oh Jesús, mi modelo perfectísimo, con la mirada clavada en Ti iré a través de la vida siguiendo Tus huellas, ajustando la naturaleza a la gracia según Tu santísima voluntad y la luz que ilumina mi alma, confiando plenamente en Tu ayuda.

+

(14) JMJ

1352   Hoja del control interior [354]

Examen particular de conciencia.

Unión con Cristo misericordioso. Cuando estoy unida a Jesús debo estar siempre y en todas partes fiel y unida interiormente al Señor, y el exterior: fidelidad a la regla y especialmente el silencio.

1353 Noviembre	victorias - 53	caídas - 2
diciembre	- 104	-
enero	- 78	- 1
febrero	- 59	- 1
marzo	- 50	
abril	- 61	
mayo		

junio
julio
agosto
septiembre
octubre

1354 Cuando tengo dudas de cómo comportarme, siempre pregunto al amor, él me da los mejores consejos.

1355

(15)
Victorias

Examen general de conciencia

	XI	XII	I	II	III	IV	V	VI	VII	VIII	IX	X	Caídas
Mandamientos de Dios													
Voto de pobreza				9									
Voto de castidad				7									
Voto de obediencia		27		7									
Reglas		7											
Amor al prójimo	38	17	73	35	30	20							1,1,1,
Humildad	7	39	23	34	56	25							2,3,1,1,6
Paciencia	23	56	50	17	80	50							
Benevolencia	11	45	37	28	37	20							
Buen nombre del prójimo		15	25	3	1								1,
Santa Misa													Santa Misa 6,2,1,12
y Santa Comunión	17	12	13	7		10							Santa Comunión 1,(12)
Meditación	6	5		10									
Examen particular	7	5	11										1
Comportamiento con Dios													
y con el confesor	5			5									1,1
- con las Superioras	7												
- con las hermanas													
y alumnas		4	7										
- con los laicos	20	2											2,1

1356 (16) Sexto día. Oh Dios mío, estoy preparada a toda voluntad Tuya. Cualquiera que sea el modo en que me guíes, Te bendeciré. Cualquier cosa que exijas, la cumpliré con la ayuda de Tu gracia. Cualquiera que sea Tu santa voluntad para conmigo la aceptaré con todo el corazón y con toda el alma, sin reparar en lo que me diga mi naturaleza corrupta.

1357 Una vez, pasando cerca de un grupo de personas pregunté al Señor: ¿Están todos en el estado de gracia, visto que no he sentido Tus dolores? **El hecho de que tú no has experimentado Mis dolores no quiere decir que todos están en el estado de gracia. A veces te hago sentir el estado de ciertas almas y te doy la gracia de sufrir solamente porque te uso como un instrumento para su conversión.**

1358 Donde hay una verdadera virtud, allí debe haber también sacrificio; toda la vida debe ser un sacrificio. Las almas pueden ser útiles únicamente por medio del sacrificio. Mis relaciones con el prójimo pueden traer gloria a Dios a través del sacrificio de mí misma; sin embargo, en este sacrificio debe haber el amor de Dios, ya que en él todo se centra y adquiere valor.

1359 (17) **Recuerda que cuando salgas de estos ejercicios espirituales Me comportaré contigo como con un alma perfecta. Deseo tenerte en Mis manos como un instrumento idóneo para cumplir Mis obras.**

1360 Oh Señor, que penetras todo mi ser y los más secretos rincones de mi alma, Tú ves que Te deseo únicamente a Ti y nada más sino cumplir con Tu santa voluntad sin hacer caso de ninguna dificultad, ni sufrimiento, ni humillación, ni alguna consideración humana.

1361 **Me es sumamente agradable este decidido propósito tuyo de hacerte santa. Bendigo tus esfuerzos y te daré la oportunidad de santificarte. Sé atenta para que no se te escape ninguna oportunidad que Mi providencia te dará para santificarte. Si no logras aprovechar una**

oportunidad dada no pierdas la calma sino que humíllate profundamente ante Mí y sumérgete toda con gran confianza en Mi misericordia y así ganarás más de lo que has perdido, porque a un alma humilde se da con más generosidad, más de lo que ella misma pida...

1362 (18) + Séptimo día. El conocimiento de mi destino, es decir la seguridad interior de que alcanzaré la santidad. Este profundo conocimiento ha llenado mi alma del agradecimiento hacia Dios y he atribuido toda la gloria a mi Dios, porque sé lo que soy por mí misma.

1363 De estos ejercicios espirituales salgo totalmente transformada por el amor de Dios. Mi alma inicia seriamente y con bizarría una nueva vida aunque por fuera esta vida no cambie nada y nadie lo perciba; sin embargo el amor puro es el guía de mi vida y su fruto exterior es la misericordia. Siento que estoy toda penetrada por Dios y con este Dios camino por la vida cotidiana, gris, fatigosa y penosa, confiando que Aquel a quien siento en mi corazón transformará esta monotonía en mi santidad personal.

1364 En un recogimiento profundo, junto a Tu Corazón misericordioso, durante estos ejercicios espirituales madura mi alma. En los rayos puros de Tu amor mi alma ha cambiado su amargura (19) transformándose en un fruto dulce y maduro; ahora puedo ser plenamente útil a la Iglesia con mi santidad personal que dará latidos de vida en toda la Iglesia, puesto que todos formamos un mismo organismo en Jesús. Por eso me empeño en que la tierra de mi corazón produzca buenos frutos aunque el ojo humano, quizá, no los perciba; sin embargo llegará un día en que se podrá ver que muchas almas se han alimentado y se alimentarán de este fruto.

1365 Oh Amor eterno que incendias en mí una nueva vida, una vida de amor y de misericordia, apóyame con Tu gracia para que responda dignamente a Tu llamada, para que se cumpla en las almas a través de mí lo que Tú Mismo has establecido.

Dios mío, veo el resplandor de las auroras eternas. Toda mi alma se lanza hacia Ti, Señor, ya nada me detiene ni me ata a la tierra. Ayúdame, Señor, a soportar con paciencia el resto de mis días. La ofrenda de mi amor arde sin cesar ante Tu Majestad, pero tan silenciosamente que solamente Tu ojo, oh Dios, la ve, ningún otro es capaz de percibirla.

1366 (20) Oh Señor mío, aunque me ocupan tantas cosas, aunque esta obra está en mi corazón, aunque deseo el triunfo de la Iglesia, aunque deseo la salvación de las almas, aunque me hieren todas las persecuciones de Tus fieles, aunque me hace sufrir cada caída de las almas, sin embargo, a pesar de todo, tengo en el alma una profunda paz que ni los triunfos, ni los deseos, ni las contrariedades son capaces de perturbar, porque Tú, Señor y Dios mío, estás para mí por encima de todas las cosas que permites que sucedan.

1367 Octavo día. Oh Señor mío, meditando todos los beneficios al lado de Tu Sacratísimo Corazón, he sentido la necesidad de una gratitud particular por tantas gracias y beneficios divinos. Deseo sumergirme en el agradecimiento ante la divina Majestad, durante siete días y siete noches permanecer en la oración de acción de gracias. Aunque por fuera cumpla todos mis deberes, no obstante mi espíritu estará incesantemente delante del Señor y todas las prácticas de piedad estarán impregnadas del espíritu de agradecimiento. Por la noche, media hora, arrodillada, a solas con el Señor en mi celda; de noche, cada vez que me despertaré, (21) me sumergiré en la oración de acción de gracias. Con esto deseo compensar al menos en parte por la grandeza de los beneficios de Dios.

1368 Sin embargo, para que todo esto fuera más agradable a los ojos de Dios y para que a mí no me quedara ni una sombra de duda, fui a ver a mi director espiritual y le presenté el deseo que mi alma ha sentido de sumergirse en este agradecimiento. He obtenido el permiso para todo, con la excepción de no esforzarme a orar de noche, cuando me despierte.

1369 Con cuánta alegría regresaba yo al convento [355] y al día siguiente he comenzado este gran agradecimiento con el acto de la renovación de los votos. Toda mi alma se ha sumergido en Dios y de todo mi ser salía hacia Dios una sola llama, la de reconocimiento y de agradecimiento. Las palabras no han sido muchas, porque los beneficios de Dios como fuego ardiente inflamaban mi alma y todos los sufrimientos y los disgustos eran como leña tirada al fuego sin la cual el fuego se habría apagado. Invoqué a todo el cielo y a la tierra a unirse a mi agradecimiento.

1370 (22) Han terminado los ejercicios espirituales, esos bellos días de permanecer a solas con el Señor Jesús. He hecho estos ejercicios espirituales tal como Jesús lo deseaba y como me había dicho el primer día de los ejercicios, es decir en la máxima serenidad he meditado los beneficios de Dios. Jamás en mi vida he hecho unos ejercicios espirituales como éstos. Con esta paz mi alma ha sido reforzada más profundamente que con choques o emociones. En los rayos del amor he visto todo tal y como es en realidad.

1371 Al salir de estos ejercicios espirituales me siento totalmente transformada por el amor de Dios. Oh Señor, diviniza mis acciones para que adquieran méritos para la eternidad y aunque mi debilidad es grande, confío en el poder de Tu gracia que me sostendrá.

1372 Oh Jesús mío, Tú sabes que desde los años más tempranos deseaba ser una gran santa, es decir, deseaba amarte con un amor tan grande como ninguna alma Te amó hasta ahora. Al principio éstos eran mis (23) deseos secretos, de los cuales sabía sólo Jesús. Hoy no los alcanzo contener en el corazón, desearía gritar al mundo entero: Amad a Dios, porque es bueno y su misericordia es grande.

1373 Oh días cotidianos y llenos de monotonía, los miro con ojo solemne y festivo. Qué grande y solemne es el tiempo que nos ofrece la posibilidad de recoger méritos para el cielo eterno; comprendo cómo lo utilizarían los santos.

1374 30 X 1937. Hoy, durante la ceremonia [356] religiosa, durante la Santa Misa, en el segundo día de acción de gracias, vi a Jesús en un aspecto de gran belleza y me dijo: **Hija Mía, no te he dispensado de la acción.** Le contesté: Señor, mi mano es débil para tales obras. **Sí, lo sé, pero unida a Mi diestra, cumplirás todo. Sin embargo, sé obediente, sé obediente a los confesores. Yo les daré la luz cómo deben guiarte.** Señor, yo quise dar comienzo a la obra en Tu nombre, sin embargo, el Padre S. [357] todavía la aplaza. Jesús me contestó: **Lo sé, por lo tanto haz lo que está en tu poder, pero no puedes eximirte.**

1375 (24)   Noviembre - 1 XI 1937

Hoy, después de las vísperas, la procesión fue al cementerio; yo no pude ir porque estaba de guardia en la puerta, pero eso no me impidió rezar por las queridas almas. Cuando la procesión volvió del cementerio a la capilla, mi alma sintió la presencia de muchas almas. Comprendí la gran justicia de Dios y que cada uno tiene que pagar hasta el último céntimo.

1376 El Señor me ha dado la oportunidad de ejercitarme en la paciencia por medio de una persona con la cual cumplo la misma tarea. Es tan lenta que todavía no he visto una persona tan lenta como ella; hay que armarse de gran paciencia para escuchar su platica aburrida.

1377 5 XI. Esta mañana vinieron a la puerta cinco desempleados que querían entrar a toda costa. La Hermana N. tras discutir con ellos y sin poder despedirlos, vino a la capilla (25) a hablar con la Madre quien [358] me ordenó ir. Estaba aún lejos de la puerta cuando oí sus insistentes golpes en ella. En un solo momento me invadieron dudas y temor, no sabía si abrirles o responder por la mirilla como había hecho la Hermana N. Pero, de repente oí una voz en el alma: **Ve y ábreles la puerta y conversa con ellos con la misma dulzura con la que hablas Conmigo.** Abrí la puerta enseguida y me acerqué al más amenazador y me puse a hablarle con tanta dulzura y serenidad que ellos mismos no sabían qué hacer y también empezaron a hablar con gentileza y dijeron: ¿Qué hemos de hacer? si el convento no puede darnos trabajo. Y se han ido en paz. He sentido claramente que Jesús, al que había recibido en la Santa Comunión una hora antes, obró en sus corazones a través de mí. Oh, qué bello es obrar bajo la inspiración de Dios.

1378 Hoy me sentía peor y fui a la Madre Superiora con la intención de pedirle permiso de poder acostarme. Pero antes de pedirle permiso (26) de acostarme, la Madre Superiora me dijo: Hermana, debe arreglárselas sola en la puerta, porque me llevo la niña para la col, ya que no hay nadie para ese trabajo. Contesté que estaba bien y salí de la habitación. Al llegar a la puerta me sentí extrañamente fuerte y cumplí con mi deber durante todo el día y me sentí bien. Experimenté el poder de la santa obediencia.

1379 10 XI [1937]. Cuando la querida Madre me enseñó este librito [359] en el cual están la coronilla y las letanías junto con la novena, pedí a la Madre que me lo dejara hojear. Mientras lo hojeaba, Jesús me hizo saber interiormente que: **Ya muchas almas han sido atraídas a Mi amor por esta imagen. Mi misericordia actúa en las almas mediante esta obra.** Supe que muchas almas han experimentado la gracia de Dios.

1380 Supe que la Madre Superiora cargaría una cruz bastante pesada unida a sufrimientos físicos, pero que no durará mucho tiempo.

1381 (27) + Se me ocurrió la idea de no tomar la medicina a cucharita llena sino un poco a la vez, porque era cara. En el mismo momento escuché una voz: **Hija Mía, no Me gusta tal comportamiento, acepta con agradecimiento todo lo que te doy a través de tus Superioras y de este modo Me agradarás más.**

1382 + Cuando murió Sor Doménica [360], a eso de la una de la noche, vino a verme y me avisó que había muerto. Recé por ella con fervor. A la mañana siguiente las hermanas me dijeron que ya había muerto, contesté que ya lo sabía porque había venido a verme. La hermana enfermera [361] me pidió que ayudara a vestirla. En un momento cuando me quedé con ella, el Señor me reveló que sufría todavía en el purgatorio. Redoblé mis oraciones por ella; pero a pesar del fervor con el cual rezo siempre por las hermanas difuntas, confundí los días y en vez de ofrecer tres días de oraciones como prescribe la regla, por error ofrecí dos. Al cuarto día me recordó que todavía le debía unas oraciones, y que las necesitaba. En seguida (28) formulé la intención de ofrecer un día entero por ella, pero no solamente ese día, sino más, según me sugería el amor al prójimo.

1383 Debido a que Sor Doménica después de morir tenía un aspecto tan bonito que no daba la impresión de cadáver, algunas hermanas expresaron la duda: ¿Estará, acaso, en letargo? Y una de las hermanas me dijo ir con ella y poner un espejito ante su boca para ver si se empañaba, ya que si estuviera viva se empañaría. Dije que sí e hicimos lo que habíamos dicho, pero el espejito no se empañó, aunque nos pareció que realmente se había empañado. Sin embargo, el Señor me hizo saber cuánto eso le había disgustado y fui amonestada severamente a no obrar jamás contra el convencimiento interior. Me humillé profundamente ante el Señor y le pedí perdón.

1384 Veo a cierto sacerdote que Dios ama mucho, pero Satanás lo odia terriblemente porque lleva muchas almas a una santidad elevada y tiene (29) en cuenta únicamente la gloria de Dios. Pero pido a Dios que no le falte paciencia con quienes le llevan continuamente la contraria. Satanás, allí donde no puede hacer daño el mismo, se sirve de los hombres.

1385 19 XI. Hoy, después de la Santa Comunión Jesús me dijo cuánto desea venir a los corazones humanos. **Deseo unirme a las almas humanas. Mi gran deleite es unirme con las almas. Has de saber, hija Mía, que cuando llego a un corazón humano en la Santa Comunión,** tengo las manos llenas de toda clase de gracias y deseo dárselas al alma, pero las almas ni siquiera Me prestan atención, Me dejan solo y se ocupan de otras cosas. Oh, qué triste es para Mí que las almas no reconozcan al Amor. Me tratan como una cosa muerta. He contestado a Jesús: Oh tesoro de mi corazón, único objeto de mi corazón y todo el deleite de mi alma, deseo adorarte en mi corazón tal y como eres adorado en el trono de Tu gloria eterna. Mi amor Te (30) desea compensar, al menos en pequeña parte, por la frialdad de un gran número de almas. Oh Jesús, he aquí mi corazón que es Tu morada a la que nada tiene acceso. Tú Mismo descansa en él como en un bello jardín. Oh Jesús mío, hasta pronto, ya debo ir al trabajo, pero Te manifestaré mi amor con el sacrificio sin omitir ni dejar que se me escape ninguna ocasión para ello.

1386 Cuando salí de la capilla la Madre Superiora me dijo: Hermana, usted no irá a la clase de catecismo [362], sino que va a estar de guardia. Está bien, Jesús, así pues, durante todo el día tuve excepcionalmente muchas ocasiones para hacer sacrificios, no omití ninguna, gracias a la fuerza de ánimo que saqué de la Santa Comunión.

1387 Hay momentos en la vida cuando el alma se encuentra en un estado en que casi no comprende las palabras humanas, todo la cansa y nada la calma menos una plegaria fervorosa. En una oración fervorosa el alma encuentra alivio y aunque quisiera explicaciones de las criaturas, estas mismas le procurarían solamente una mayor inquietud.

1388 (31) + Durante una oración aprendí cuánto es agradable a Dios el alma del Padre Andrasz. Es un verdadero hijo de Dios. En pocas almas esta filiación de Dios se evidencia tan claramente y es porque tiene una devoción especialísima a la Madre de Dios.

1389 Oh Jesús mío, aunque siento un gran apremio, no puedo dejarme llevar por él y eso para no estropear Tu obra con mi prisa. Oh Jesús mío, me haces conocer Tus misterios y quieres que los trasmita a otras almas. Ya dentro de poco se abrirá para mí la posibilidad de actuar. Mi misión comenzará ya sin obstáculos en el momento en que parecerá completamente destruida. Tal es para esto la voluntad de Dios que no cambiará a pesar de que muchas personas estarán en contra, pero nada logrará cambiar la voluntad de Dios.

1390 Veo al Padre Sopoćko, cuánto su mente está ocupada y trabaja por la causa de Dios [363] ante los dignatarios de la Iglesia para presentar los deseos divinos. Gracias a sus diligencias una nueva (32) luz resplandecerá en la Iglesia de Dios para el consuelo de las almas. Aunque de momento su alma está colmada de amargura como en recompensa por los esfuerzos que hace para Dios, pero no será así. Veo su gozo que no será perjudicado por nada; Dios le dará una parte de este gozo ya aquí en la tierra. No he encontrado igual fidelidad a Dios que aquella por la cual se distingue esta alma.

1391 Hoy, en el refectorio, durante la cena he sentido la mirada de Dios al fondo de mi corazón. Una presencia tan viva ha penetrado mi alma que durante un momento no me daba cuenta donde estaba. La dulce presencia de Dios inundaba mi alma y en algunos momentos no comprendía lo que me decían las hermanas.

1392 Todo lo bueno que hay en mí es gracias a la Santa Comunión, le debo todo. Siento que este sagrado fuego me ha transformado totalmente. Oh, cuánto me alegro de ser Tu morada, oh Señor; mi corazón es un templo en que permaneces continuamente...

+

(33) JMJ

1393 Oh Jesús, deleite de mi alma, Pan de los ángeles,
Todo mi ser se sumerge en Ti
Y vivo de Tu vida divina, como los elegidos en el cielo,
Y la autenticidad de esta vida no cesará aunque descanse en la tumba.

Oh Jesús, Eucaristía, Dios inmortal,
Que permaneces continuamente en mi corazón,
Y cuando estás conmigo, ni siquiera la muerte
puede dañarme.
El amor me dice que Te veré al final de la vida.

Rebosada de Tu vida divina,
Miro tranquila hacia los cielos abiertos para mí,
Y la muerte avergonzada se irá con nada,
Porque Tu vida divina está encerrada en mi alma.

Y aunque por Tu santa voluntad, oh Señor,
La muerte ha de tocar mi cuerpo,
Deseo que esta separación suceda cuanto antes,
Ya que con ella entraré en la vida eterna.

Oh Jesús, Eucaristía, vida de mi alma,
Tú me has elevado a las esferas eternas,
Por la Pasión y la agonía entre atroces tormentos.

1394 (34)   26 [XI 1937]

Retiro espiritual mensual de un día.

Durante estos ejercicios espirituales el Señor me ha dado
la luz de un más profundo conocimiento de su voluntad
y al mismo tiempo del total abandono a esta santa voluntad de Dios. Esta luz me ha fortalecido en una paz profunda, dándome a comprender que no debo tener miedo
de nada menos el pecado. Cualquier cosa que Dios me
envíe, la aceptaré con una total sumisión a su santa voluntad. Dondequiera que Él me ponga, trataré de cumplir
fielmente su santa voluntad y todo lo que le agrade, siempre que esté en mi poder, aunque esta voluntad de Dios
fuera para mi dura y pesada como lo fue la voluntad del
Padre celestial para con Su Hijo que rezaba en el Huerto
de los Olivos. Pues, me he dado cuenta de que si la
voluntad del Padre celestial se cumple de este modo en
Su amadísimo Hijo, entonces precisamente de este mismo

modo se cumplirá también en nosotros; sufrimientos, persecuciones, ultrajes, deshonor con todo esto mi alma se asemeja a Jesús. Y cuanto más grande es el sufrimiento, tanto mejor veo que me asemejo a Jesús. Éste es el camino más seguro. Si otro camino fuera mejor, Jesús me lo indicaría. Los sufrimientos no me (35) quitan la paz en absoluto; pero por otra parte, aunque gozo de una paz profunda, no obstante esta paz profunda no me quita la sensación del sufrimiento. Aunque, a veces, tengo la cara inclinada hacia la tierra y las lágrimas corren en abundancia, sin embargo, en ese mismo momento mi alma goza de una paz profunda y de felicidad...

1395 Deseo esconderme en Tu misericordiosísimo Corazón como una gota de rocío en el cáliz. Enciérrame en este cáliz para protegerme del frío de este mundo. Nadie comprenderá la felicidad en la cual se deleita mi corazón en el escondite, a solas con Dios.

1396 Hoy escuché en el alma una voz: **Oh, si los pecadores conocieran Mi misericordia no perecería un número tan grande de ellos. Diles a las almas pecadoras que no tengan miedo de acercarse a Mí, habla de Mi gran misericordia.**

1397 El Señor me ha dicho: **La pérdida de cada alma Me sumerge en una tristeza mortal. Tú siempre Me consuelas cuando (36) rezas por los pecadores. Tu oración que más Me agrada es la oración por la conversión de los pecadores. Has de saber, hija Mía, que esta oración es siempre escuchada.**

1398 Se acerca el Adviento, deseo preparar mi corazón para la venida del Señor Jesús con la docilidad y el recogimiento del espíritu, uniéndome a la Santísima Virgen e imitando fielmente su virtud de la docilidad por la cual encontró complacencia a los ojos de Dios Mismo. Confío que a su lado perseveraré en este propósito.

1399 Por la noche, al entrar por un momento en la capilla sentí una tremenda espina en la cabeza. Eso duró poco tiempo, pero su punzada fue tan dolorosa que en un momento mi cabeza se cayó sobre el comulgatorio, me parecía que la espina me penetraba en el cerebro; pero eso es nada, todo para las almas, para impetrarles la misericordia de Dios.

1400 Vivo de hora en hora, no sé proceder de otro modo. El momento actual deseo aprovecharlo de manera mejor posible cumpliendo fielmente todo lo que él me ofrece. Me abandono a Dios en todo con inquebrantable confianza.

1401 (37) Ayer recibí una carta del Padre Sopoćko. Supe que la causa de Dios sí progresa aunque lentamente. Me alegro de ello muchísimo y he redoblado mis plegarias por toda esta obra. He conocido que en el momento actual, respecto a esta obra, Dios exige de mí, oración y sacrificio; mi acción podría realmente destruir los proyectos de Dios tal y como me escribió el Padre Sopoćko en la carta de ayer. Oh Jesús mío, concédeme la gracia de ser un instrumento ciego en Tus manos. He conocido de la carta cuánta luz Dios concede a este sacerdote; eso me afirma en la convicción de que Dios llevará a cabo esta obra a través de él a pesar de las contrariedades que se multiplican. Sé bien que cuanto más bella y más grande es la obra, tanto más tremendas son las tempestades que se desencadenan contra ella.

1402 En sus inescrutables designios Dios permite a veces que quienes han emprendido los mayores esfuerzos por alguna obra, generalmente no gozan de los frutos de esta obra aquí en la tierra, Dios conserva todo su goce para la eternidad; pero, a pesar de todo, a veces Dios da a conocer cuánto le son agradables los esfuerzos (38) de tales almas y aquellos momentos fortalecen las almas para los nuevos combates y pruebas. Ésas son las almas que más se parecen al Salvador el cual en su obra fundada en la tierra probó solamente amargura.

1403 Oh Jesús mío, seas bendito por todo; me alegro de que se cumpla Tu santísima voluntad, eso me basta absolutamente para ser feliz.

1404 Oh Jesús oculto, en Ti [está] toda mi fuerza. Ya en los años más tempranos Jesús en el Santísimo Sacramento me ha atraído hacia Sí. A los siete años, cuando estaba en las vísperas y el Señor Jesús estaba expuesto en la custodia, entonces, por primera vez se me comunicó el amor de Dios y llenó mi pequeño corazón y el Señor me hizo comprender las cosas divinas; a partir de aquel día hasta hoy mi amor al Dios oculto ha crecido hasta alcanzar la más estrecha intimidad. Todo el poder de mi alma procede del Santísimo Sacramento. Todos los momentos libres los paso conversando con Él; Él es mi Maestro.

1405 (39) 30 XI [1937]. Una noche, mientras subía por la escalera, de repente me invadió un extraño tedio de todo lo divino. Entonces oí a Satanás que me decía: No pienses nada de la obra, Dios no es tan misericordioso como tú dices. No reces por los pecadores, porque ellos serán condenados a pesar de todo y por esta obra de misericordia tú misma te expones a ser condenada. De esta misericordia de Dios no hables nunca con el confesor y especialmente con los Padres Sopoćko y Andrasz. En ese momento la voz tomó el aspecto del Ángel Custodio. Entonces contesté: Sé quien eres, el padre de la mentira [364]. Hice la señal de la santa cruz y aquel ángel desapareció con gran estrépito y rabia.

1406 Hoy, el Señor me ha dado a conocer interiormente que no me abandonará. Me ha dado a conocer su Majestad y su santidad y al mismo tiempo su amor y su misericordia hacia mí y un más profundo conocimiento de mi miseria; sin embargo esta gran miseria mía no me priva de la confianza, sino al contrario, en la medida en que conozco mi miseria fortalece (40) mi confianza en la Divina Misericordia. He comprendido que todo depende del Señor; sé que nadie me tocará ni siquiera un pelo sin su voluntad.

1407 Hoy, mientras recibía la Santa Comunión he visto una Hostia viva en el cáliz, la cual el sacerdote me la dio. Al volver a mi lugar, he preguntado al Señor: ¿Por qué una [sola] viva? si estás igualmente vivo en todas las Hostias.

El Señor me contestó: **Es así, soy el Mismo en todas las Hostias, pero no todas las almas Me reciben con una fe tan viva como la tuya, hija Mía, y por eso no puedo obrar en sus almas igual que en tu alma.**

1408 Santa Misa celebrada por el Padre Sopoćko. Durante esta Misa a la que asistía, vi al pequeño Jesús que tocando con un dedito la frente de aquel sacerdote, me dijo: **Su mente está unida estrechamente a Mi mente; así que, quédate tranquila por Mi obra,** (41) **no le permitiré equivocarse y tú no hagas nada sin su permiso.** Llenando así mi alma de gran tranquilidad en cuanto a toda esta obra.

1409 + Hoy, el Señor Jesús me hace consciente de Sí Mismo y de su más tierno amor y del cuidado que tiene de mí en una comprensión profunda de que todo depende de su voluntad y que permite algunas dificultades únicamente para nuestros méritos, para que se manifieste claramente nuestra fidelidad. Al mismo tiempo recibí la fuerza para sufrir y negarme a mí misma.

1410 Hoy es la vigilia de la Inmaculada Concepción de la Santísima Virgen María. Durante la comida, en un sólo momento, Dios me hizo saber la grandeza de mi destino, es decir, me hizo saber la cercanía de Dios que no me será quitada por los siglos; [me lo hizo conocer] de manera tan viva y evidente que durante mucho tiempo he permanecido profundamente sumergida en su viva presencia humillándome delante de su grandeza.

+

1411 (42) JMJ

Oh Espíritu de Dios, Espíritu de verdad y de luz,
Vive en mi alma constantemente con Tu gracia divina.
Que Tu soplo disipe las tinieblas,
Y que las buenas obras se multipliquen en Tu luz.

Espíritu de Dios, Espíritu de amor y de misericordia,
Que infundes en mi corazón el bálsamo de confianza,
Tu gracia afirma mi alma en el bien,
Dándole la fuerza irresistible, la perseverancia.

Oh Espíritu de Dios, Espíritu de paz y de alegría,
Que confortas mi corazón sediento
Y viertes en él la fuente viva del amor de Dios,
Y lo haces impávido para la batalla.

Oh Espíritu de Dios, huésped amabilísimo de mi alma,
Por mi parte deseo ser fiel a Ti.
Tanto en los días de alegría como en los tormentos,
Deseo siempre vivir en Tu presencia, oh Espíritu de Dios.

Oh Espíritu de Dios que penetras mi ser en su totalidad,
Y me das a conocer Tu vida divina, trina,
Y me confías los secretos de Tu esencia divina,
Y unida a Ti de este modo, viviré por la eternidad.

1412 (43) + Con gran celo me he preparado para celebrar la fiesta de la Inmaculada Concepción de la Madre de Dios. He prestado más atención al recogimiento del espíritu y meditando sobre este privilegio exclusivo de Ella; así que todo mi corazón se sumergía en Ella, agradeciendo a Dios por haber concedido a María este gran privilegio.

1413 Me he preparado no solamente con la novena común que hace toda la Comunidad, sino que me he propuesto además saludarla mil veces al día, rezando cada día en su honor mil Avemarías durante nueve días.

+ Ya es la tercera vez que hago esta novena a la Virgen María que consiste en rezar mil Avemarías diarias, es decir nueve mil saludos forman toda la novena. No obstante, aunque la he hecho ya tres veces en mi vida, y dos veces fueron cuando cumplía mis deberes, no he perjudicado en nada mis tareas cumpliéndolas con máxima exactitud, y además [la he hecho] fuera de los ejercicios de piedad, o sea ni durante la Santa Misa, ni durante la bendición, he rezado estas Avemarías. Una vez hice esta novena cuando (44) estaba en el hospital. Más hace el que quiere que el que puede. Fuera del recreo, rezaba y trabajaba; en esos días no he pronunciado ni una sola palabra que no fuera absolutamente necesaria, pero tengo que reconocer que esto requiere mucha atención y esfuerzo, mas para honrar a la Inmaculada no hay nada que sea demasiado.

1414 Solemnidad a la Inmaculada Concepción. Antes de la Santa Comunión he visto a la Santísima Madre de una belleza inconcebible. Sonriéndome me dijo: *Hija Mía, por mandato de Dios, he de ser tu madre de modo exclusivo y especial, pero deseo que también tú seas Mi hija de modo especial.*

1415 *Deseo, amadísima hija Mía, que te ejercites en tres virtudes que son mis preferidas y que son las más agradables* [a] *Dios: la primera es la humildad, humildad y todavía una vez más humildad. La segunda virtud es la pureza; la tercera es el amor a Dios. Siendo Mi hija tienes que resplandecer de estas virtudes de modo especial.* Tras la conversación me abrazó a su corazón y desapareció.

1416 Cuando he vuelto en (45) mí, mi corazón ha sido atraído extrañamente a las virtudes y me ejercito en ellas fielmente, están como esculpidas en mi corazón. Ese ha sido un gran día para mí, ese día he estado como en una contemplación continua en la que el solo recordar esta gracia me introducía en una contemplación nueva y durante el día entero he permanecido dando gracias sin terminar nunca porque el recuerdo de esta gracia empujaba mi alma a sumergirse nuevamente en Dios...

1417 Oh Señor mío, mi alma es la más miserable y Tú Te humillas a ella tan bondadosamente. Veo claramente Tu grandeza y mi pequeñez y por eso me alegro de que seas tan poderoso e inmenso y me alegro enormemente de ser yo tan pequeña.

1418 Oh Cristo doliente, salgo a Tu encuentro; siendo Tu esposa tengo que ser semejante a Ti. El manto de la ignominia que Te ha cubierto tiene que cubrirme también a mí. Oh Cristo, tú sabes con qué ardor deseo hacerme semejante a Ti. Haz que toda Tu Pasión sea también mía, que todo (46) Tu dolor se vierta en mi corazón. Confío que suplirás esto en mí de modo que Tú consideres oportuno.

1419 + Hoy [es] la adoración nocturna. No puedo participar en ella por mi salud débil, pero antes de dormirme me uní a las hermanas que estaban en la adoración. Entre las cuatro y las cinco, de pronto fui despertada, oí una voz diciendo que tomara parte [en la oración] con las personas que estaban en la adoración. Conocí que entre las personas que estaban en la adoración había un alma que rezaba por mí.

1420 Al sumergirme en la oración, fui trasladada en espíritu a la capilla y vi al Señor Jesús expuesto en la custodia; en lugar de la custodia veía el rostro glorioso del Señor y el Señor me dijo: **Lo que tú ves [en] realidad, estas almas lo ven a través de la fe. Oh, qué agradable es para Mí su gran fe. Ves que aparentemente no hay en Mí ninguna traza de vida, no obstante, en realidad ella existe en toda su plenitud y además encerrada en cada Hostia. Pero para que Yo pueda obrar en un alma, el alma debe tener fe. Oh, cuánto Me agrada la fe viva.**

1421 Tuvieron esta adoración (47) la Madre Superiora y también otras hermanas. Pero conocí que la oración de la Madre Superiora sacudió el cielo. Me alegro de que haya almas tan agradables a Dios.

1422 Al día siguiente, cuando durante el recreo pregunté ¿qué hermanas habían tenido la adoración entre las cuatro y las cinco?, una de las hermanas exclamó: ¿Por qué quiere saberlo? ¿Seguramente habrá tenido alguna revelación? Me callé y no dije nada más y aunque fui interrogada por la Madre Superiora, no pude contestar, ya que el momento no era oportuno.

1423 Una vez, una de las hermanas me confesó que pensaba elegir a cierto sacerdote como su director espiritual. Muy contenta me lo comunicó pidiendo que rezara según esa intención, cosa que prometí. Mientras rezaba supe que esa alma no sacaría ningún provecho espiritual de aquella dirección. Y durante el siguiente encuentro esa alma me habló de su alegría por aquella dirección espiritual.

1424 Yo compartí su alegría, sin embargo, cuando ella (48) se alejó, fui amonestada severamente. Jesús me dijo que le contestara lo que Él me había hecho conocer en la oración, lo cual hice en la primera ocasión, a pesar de que me costó mucho.

1425 Hoy he sentido el dolor de la corona de espinas durante un breve momento. Fue cuando rezaba delante del Santísimo Sacramento por cierta alma. De pronto he sentido un dolor tan violento que mi cabeza se cayó sobre el comulgatorio; ese momento ha sido breve, pero muy doloroso.

1426 Oh Cristo, dame las almas. Envía sobre mí todo lo que quieras, pero a cambio, dame las almas. Deseo la salvación de las almas, deseo que las almas conozcan Tu misericordia. No tengo nada para mí, porque he distribuido todo entre las almas, así que en el día de juicio me presentaré delante de Ti sin nada, porque he distribuido todo entre las almas y por eso no tendrás de qué juzgarme y ese día nos encontraremos: el amor con la misericordia...

1427   +

(49) JMJ

Oh Jesús oculto, vida de mi alma,
Objeto de mi ferviente deseo,
Nada apagará Tu amor en mi corazón,
Me lo asegura la fuerza de nuestro amor mutuo.

Oh Jesús oculto, glorioso anticipo de mi resurrección,
En Ti se centra toda mi vida,
Tú, Hostia, me haces capaz de amar eternamente.
Y sé que también Tú me amarás como a Tu hija.

>Oh Jesús oculto, mi purísimo amor,
>Mi vida Contigo iniciada ya aquí en la tierra,
>Se manifestará en toda su plenitud en la eternidad futura,
>Porque nuestro amor recíproco nunca cambiará.

Oh Jesús oculto, mi alma Te desea sólo a Ti,
Tú eres para mí más que las delicias del cielo.
Más que todos los dones y gracias mi alma Te espera sólo a Ti,
Que vienes a mí bajo la apariencia del pan.

>Oh Jesús oculto, toma ya mi corazón sediento de Ti,
>Que arde por Ti con el puro fuego de serafín,
>Camina por la vida siguiendo Tus huellas, invencible,
>Y con la frente alta como un caballero, a pesar de que soy una joven débil.

1428 (50) Desde hace un mes me siento peor, y con cada expectoración siento la descomposición en los pulmones. A veces sucede que siento la descomposición total de mi propio cadáver; es difícil expresarlo grande que es este sufrimiento. Aunque con la voluntad lo acepto decididamente, no obstante para la naturaleza es un gran sufrimiento, mayor que llevar el cilicio y flagelarse a sangre. Aumentaba cuando iba al refectorio; hacía grandes esfuerzos para comer algo, ya que las comidas me causaban nauseas. En esa época empezaron también unos dolores en los intestinos, todos los platos más picantes me causaban tremendos dolores; pues más de una noche me retorcía entre terribles dolores y lágrimas a favor de los pecadores.

1429 No obstante, pregunté al confesor qué debía hacer: ¿seguir sufriendo por los pecadores o pedir a la Madre Superiora una excepción para tomar comidas más ligeras? El confesor decidió que debía pedir a las Superioras las comidas ligeras; e hice según las indicaciones del confesor viendo que esa humillación era más agradable a Dios.

1430 (51) Un día me vino la duda de si era posible sentir continuamente la descomposición del organismo y al mismo tiempo andar y además trabajar, ¿no era, acaso, una ilusión? Pero, por otra parte, no podía ser una ilusión porque me causaba un tremendo sufrimiento. Mientras pensaba en eso, vino una de las hermanas para conversar un momento. Tras algunos minutos hizo una horrible mueca y me dijo: Hermana, yo siento aquí el olor a cadáver, como si estuviera descomponiéndose. Oh, qué horrible es. Le contesté: No se asuste, hermana, soy yo que huelo a cadáver. Se sorprendió mucho, pero dijo que no podía soportarlo más. Cuando se alejó comprendí que Dios había dado esa sensación a aquella hermana para que yo no tuviera dudas y que de modo simplemente milagroso ocultaba ese sufrimiento mío a toda la Comunidad. Oh Jesús mío, solamente Tú conoces la profundidad de mi sacrificio.

1431 No obstante, en el refectorio tuve que soportar más de una sospecha de ser yo caprichosa. Entonces, como siempre, voy rápidamente al tabernáculo, me inclino delante del (52) copón y saco fuerzas para conformarme a la voluntad de Dios. Lo que he escrito todavía no es todo.

1432 Hoy, durante la confesión, [el Padre] partiendo conmigo espiritualmente el "oplatek", me ha deseado lo siguiente: Sea fidelísima a la gracia de Dios, además impetre la misericordia de Dios para usted y para el mundo entero, porque todos necesitamos mucho, mucho, la Divina Misericordia.

1433 Dos días antes de las fiestas, en el refectorio fueron leídas las siguientes palabras: "Mañana [es] el nacimiento de Jesucristo según la carne" [365]. A estas palabras mi alma fue traspasada por la luz y el amor de Dios; conocí más profundamente el misterio de la Encarnación. Qué grande es la Misericordia de Dios que se encierra en el misterio de la Encarnación del Hijo de Dios.

1434 Hoy el Señor me ha hecho conocer su ira contra la humanidad que por sus pecados merece que sus días sean acortados, pero también aprendí que la existencia del mundo la sostienen las almas elegidas, es decir, las ordenes religiosas. Ay del mundo si faltan las ordenes religiosas.

+

1435 (53) JMJ

Cumplo cada acción de cara a la muerte,
La realizo ahora tal como deseo verla en mi última hora.
Aunque la vida pase rápido como el viento
Ninguna acción emprendida por Dios se perderá.

Siento la descomposición total de mi organismo,
Aunque sigo viviendo y trabajando todavía.
La muerte no será para mí una tragedia,
Porque la siento desde hace mucho tiempo.

Aunque para la naturaleza es muy penoso
Sentir continuamente su propio cadáver,
Pero no es tan temible si la luz de Dios ha penetrado el alma,
Porque se despiertan en ella fe, esperanza, amor y arrepentimiento.

Cada día hago grandes esfuerzos
Para participar en la vida comunitaria,
Y con ello impetrar gracias para la salvación de las almas,
Protegiéndolas con mis sacrificios contra el fuego del infierno.

Es que para la salvación aunque sea de una sola alma,
Merece la pena sacrificarse durante toda la vida
Y soportar los más grandes sacrificios y tormentos
Viendo lo grande que es la gloria que Dios recibe por ello.

1436 (54) + Señor, aunque me das a conocer a menudo los truenos de Tu indignación, sin embargo Tu ira desaparece frente a un alma que se humilla. Aunque eres grande, Señor, no obstante Te dejas vencer por un alma sumisa y profundamente humilde. Oh humildad, virtud preciosísima, qué pocas son las almas que te poseen. En todas partes veo solamente la apariencia de esta virtud, pero no veo la virtud misma. Aniquílame, oh Señor, a mis propios ojos para que pueda encontrar gracia a Tus santos ojos.

1437 + Vigilia (1937). Después de la Santa Comunión la Madre de Dios me hizo conocer la preocupación que tenía en el corazón por el Hijo de Dios. Pero esa preocupación estaba llenísima de tal aroma de sumisión a la voluntad de Dios que yo la llamaría más bien deleite y no preocupación. Comprendí cómo mi alma debe aceptar cualquier voluntad de Dios. Es lástima que no sepa describirlo tal y como lo conocí. Durante el día entero mi alma permaneció en un recogimiento más profundo del cual nada la pudo sacar, ni los deberes ni las relaciones que tuve con laicos.

1438 (55) Antes de la cena entré un momento en la capilla para compartir espiritualmente el "oplatek" con las personas que me aman y son queridas a mi corazón, pero que estaban lejos. Primero me sumergí en una oración profunda y pedí al Señor gracias para ellas y después para cada una individualmente. Jesús me hizo saber cuánto le agradaba eso, y una alegría aún mayor llenó mi alma por ver que Dios ama particularmente a los que nosotros amamos.

1439 + Cuando entré en el refectorio, durante la lectura toda mi alma fue sumergida en Dios. Vi interiormente la mirada de Dios [dirigida] a nosotros con gran agrado. Me quedé a solas con el Padre celestial. En aquel mismo instante conocí más profundamente las tres Personas Divinas que contemplaremos durante toda la eternidad y después de millones de años nos daremos cuenta de haber apenas comenzado nuestra contemplación. Oh qué grande es la misericordia de Dios que admite al hombre a una (56) participación tan grande en su divina felicidad, pero al mismo tiempo un gran dolor traspasa mi corazón por el hecho de que muchas almas han despreciado esta felicidad.

1440 Cuando comenzamos a compartir el "oplatek", reinó un amor sincero y recíproco. La Madre Superiora me felicitó con estas palabras: Hermana, las obras de Dios van despacio, pues no tenga prisa. En general, todas las hermanas me desearon con sinceridad las cosas que yo anhelaba grandemente. Vi que las felicitaciones surgían verdaderamente del corazón, excepto una hermana que bajo sus palabras escondió malicia, pero eso no me hizo sufrir mucho porque mi alma estaba llenísima de Dios; sin embargo me iluminó sobre el porqué Dios se comunica tan poco a aquella alma y conocí que ella siempre se buscaba a sí misma hasta en las cosas santas. Oh qué bueno es el Señor que no me permite extraviarme y sé que me custodiará celosamente, pero sólo mientras permanezca pequeña, porque a Él, Soberano Excelso, le gusta tratar con los pequeños, mientras a los grandes los observa desde lejos y se les opone.

1441 (57) Si bien quise velar un poco antes de la Misa de Medianoche, no pude, me dormí en seguida, también porque me sentía muy débil; pero cuando tocaron las campanas para la Misa de Medianoche me levanté inmediatamente aunque me vestí con gran esfuerzo, ya que a cada momento me sentía desmayar.

1442 + Cuando vine a la Misa de Medianoche, una vez empezada la Santa Misa, me sumergí toda en un profundo recogimiento en el cual vi el portal de Belén lleno de gran claridad. La Virgen Santísima envolvía a Jesús en los pañales, absorta en gran amor; San José, en cambio, todavía dormía. Sólo cuando la Virgen colocó a Jesús en el pesebre, entonces la luz divina despertó a José que también se puso a orar. Sin embargo, un momento después me quedé a solas con el pequeño Jesús que extendió sus manitas hacia mí y comprendí que fue para que lo tomara en brazos. Jesús estrechó su cabecita a mi corazón y con una mirada profunda me hizo comprender que estaba bien así. En aquel momento Jesús desapareció y sonó la campanilla para (58) la Santa Comunión. Mi alma se desmayaba de alegría.

1443 Sin embargo, al final de la Santa Misa me sentía tan débil que tuve que salir de la capilla y volver a mi celda. No pude participar en el té con la Comunidad. No obstante mi alegría fue grande durante toda la fiesta, porque mi alma permanecía unida al Señor sin cesar. Conocí que cada alma quisiera gozar de las alegrías divinas, pero no quiere renunciar de ningún modo de las alegrías humanas mientras que estas dos cosas son absolutamente incompatibles.

1444 Durante este período de festividades he sentido que ciertas almas rezan por mí. Me alegro de que ya aquí en la tierra exista tal unión y conocimiento espiritual. Oh Jesús mío, sea gloria a Ti por todo.

1445 En los más grandes tormentos del alma siempre estoy sola; pero no sola, porque estoy Contigo, oh Jesús, mas aquí me refiero a los hombres. Ninguna persona entiende mi corazón, sin embargo ahora eso no me extraña, pero antes sí me sorprendía cuando mis intenciones (59) eran condenadas y mal interpretadas, ahora eso no me extraña nada. Los hombres no saben percibir el alma, ellos ven el cuerpo y juzgan según el cuerpo; pero los pensamientos de Dios están tan lejos de nuestros pensamientos como el cielo está lejos de la tierra. Yo misma he experimentado que es bastante frecuente que [366] [...]

1446 El Señor me dijo: **Que no te interese nada cómo se comportan los demás, tú, compórtate como Yo te ordeno: has de ser un vivo reflejo de Mí a través del Amor y la Misericordia. Contesté: Pero, Señor, a menudo abusan de mi bondad. No importa, hija Mía, no te fijes en eso, tú sé siempre misericordiosa para todos y especialmente para los pecadores.**

1447 **+ Oh, cuánto Me duele que muy rara vez las almas se unan a Mí en la Santa Comunión. Espero a las almas** y ellas son indiferentes a Mí. Las amo con tanta ternura y sinceridad y ellas desconfían de Mí. Deseo colmarlas de gracias y ellas no quieren aceptarlas. Me tratan como una cosa muerta, mientras que (60) Mi Corazón está lleno de Amor y Misericordia. Para que tú puedas conocer al menos un poco Mi dolor, imagina a la más tierna de las madres que ama grandemente a sus hijos, mientras que esos hijos desprecian el amor de la madre. Considera su dolor. Nadie puede consolarla. Ésta es solo una imagen débil y una tenue semejanza de Mi Amor.

1448 Escribe de Mi Misericordia. Di a las almas que es en el tribunal de la misericordia donde han de buscar consuelo [367]; allí tienen lugar los milagros más grandes y se repiten incesantemente. Para obtener este milagro no hay que hacer una peregrinación lejana ni celebrar algunos ritos exteriores, sino que basta acercarse con fe a los pies de Mi representante y confesarle con fe su miseria y el milagro de la Misericordia de Dios se manifestará en toda su plenitud. Aunque un alma fuera como un cadáver descomponiéndose de tal manera que desde el punto de vista humano no existiera esperanza alguna de restauración y todo estuviese ya perdido. No es así para Dios. El milagro de la Divina Misericordia restaura a esa alma en toda su plenitud. Oh infelices que no disfrutan de este milagro de la Divina Misericordia; lo pedirán en vano cuando sea demasiado tarde.

+

(61) JMJ   Año 1938

Primero de enero

1449 Bienvenido, Año Nuevo, en que mi perfección se refinará. Te agradezco de antemano, oh Señor, por todo lo que me envíe Tu bondad. Gracias por el cáliz de los sufrimientos del cual beberé cada día. No atenues su amargura, oh Señor, sino que fortalece mis labios para que tomando la amargura sepa sonreír por amor a Ti, oh Maestro mío. Te agradezco por todos los consuelos y gracias que no soy capaz de enumerar y que todos los días fluyen sobre mí como el rocío de la mañana, silenciosa, inadvertidamente, de modo que no las perciba el ojo de ninguna criatura curiosa y de las cuales sabemos sólo Tú y yo, oh Señor. Por todo esto Te doy gracias ya hoy, porque en el momento en que me des el cáliz, mi corazón no será capaz, quizá, de agradecerte.

1450 Así pues, con propósito lleno de amor, hoy me someto totalmente a Tu santa voluntad, oh Señor, y a Tus justísimos designios que para mí son siempre los más bondadosos y llenos de misericordia, aunque a veces no (62) los comprendo ni puedo penetrarlos. Oh Maestro mío, heme aquí, yo, confiándote completamente el timón de mi alma, guíala según Tu divina complacencia. Me encierro en Tu compasivo Corazón que es un mar de insondable misericordia.

1451 + Termino el año viejo con sufrimiento y empiezo el año nuevo también con sufrimiento. Dos días antes del año nuevo tuve que acostarme en la cama, me sentía muy mal, una fuerte tos me debilitó y me agotaron mucho los continuos dolores intestinales y náuseas. Aunque no podía asistir a los oficios comunitarios, no obstante, me unía en espíritu con toda la Comunidad. Cuando a las once de la noche las hermanas se levantaron para velar y saludar el Año Nuevo, desde el anochecer hasta medianoche yo me doblé de dolores. Uní mis sufrimientos a las plegarias de las hermanas que velaban en la capilla en expiación por las ofensas hechas a Dios por los pecadores.

1452 Cuando dieron las doce, mi alma se sumergió en un recogimiento más profundo y escuché en el alma una voz: (63) **No tengas miedo, niña Mía, no estás sola, lucha con valor porque te sostiene Mi brazo; lucha por la salvación de las almas, invitándolas a confiar en**

Mi misericordia, ya que ésta es tu tarea en ésta y en la vida futura. Después de estas palabras comprendí más profundamente la Divina Misericordia. Será condenada solamente el alma que lo quiera, porque Dios no condena a nadie.

1453 Hoy es la fiesta del Año Nuevo. Por la mañana me sentía tan mal que apenas pude ir a la celda vecina para la Santa Comunión. No pude ir a la Santa Misa, me sentía desmayar, por lo tanto hice la acción de gracias en la cama. Deseaba muchísimo ir a la Santa Misa y después de ella confesarme con el Padre Andrasz; sin embargo me sentía tan mal que no pude ir ni a la Santa Misa ni a confesarme, por esta razón mi alma sufrió mucho.

Después del desayuno vino la hermana enfermera [368] con la pregunta: ¿Por qué no ha ido usted, hermana, a la Santa Misa? Contesté que no había podido.

Sacudió la cabeza con desprecio y dijo: Una fiesta tan grande y usted no va a la Misa y salió de mi celda. Dos días estuve en la cama doblándome de dolores; no me visitó y al tercer día, cuando vino, (64) sin preguntarme siquiera si podía levantarme, en seguida con voz irritada [preguntó] ¿por qué no me había levantado para ir a la Santa Misa? Al quedarme sola intenté levantarme, pero otra vez me sentí desmayar, así que me quedé en la cama con toda tranquilidad. Sin embargo, mi corazón tenía mucho que ofrecer al Señor uniéndose a Él espiritualmente en la segunda Santa Misa. Después de la segunda Santa Misa la hermana enfermera vino a verme, pero esta vez con el termómetro, como enfermera. No tenía fiebre, pero estaba gravemente enferma y no podía levantarme. Entonces escuché un nuevo sermón, que no debía dejarme vencer por la enfermedad. Contesté que sabía que entre nosotras una es considerada gravemente enferma sólo cuando ya esta en agonía. Pero viendo que continuaba con sus moralejas contesté que de momento no necesitaba exhortaciones para ser más diligente y nuevamente me quedé sola en la celda.

El dolor me estrechó el corazón y la amargura me inundó el alma y repetí estas palabras: ¡Bienvenido, Año Nuevo! ¡Bienvenido, cáliz de amargura! Oh Jesús mío, mi corazón se lanza hacia Ti, no obstante la gravedad de la enfermedad no me permite (65) participar físicamente en los oficios y soy acusada de pereza. El sufrimiento aumentó. Después del almuerzo entró de paso por un momento la Madre Superiora, pero se retiró en seguida. Pensaba pedir que viniera a la celda el Padre Andrasz para que pudiera confesarme; sin embargo me contuve de pedirlo por dos razones: primero para no dar motivo de murmuraciones como había sucedido anteriormente con la Santa Misa; segundo porque ni siquiera habría podido confesarme, ya que sentía que me habría echado a llorar como una niña. Un momento después vino una hermana y otra vez me llamó la atención de que en la estufa había leche con mantequilla ¿por qué no la toma, hermana? Contesté que no había quien me la sirviera.

1454 + Cuando se hizo de noche, los sufrimientos físicos aumentaron y se juntaron a ellos los sufrimientos morales. La noche y el sufrimiento. La solemne quietud nocturna me dio la posibilidad de sufrir libremente. Mi cuerpo se tendió sobre el árbol de la cruz, me doblé de terribles dolores hasta las once. Me trasladé espiritualmente al tabernáculo y abrí el copón apoyando mi cabeza en el borde del cáliz y todas las lágrimas (66) cayeron silenciosamente sobre el Corazón de Aquel que es el único que comprende el dolor y el sufrimiento. Y en ese sufrimiento experimenté dulzura y mi alma deseó esta dulce agonía que no habría cambiado por ningún tesoro del mundo. El Señor me concedió la fuerza del espíritu y el amor hacia aquellos por los cuales me viene el sufrimiento. He aquí el primer día del año.

1455 También ese día sentí la oración de una bella alma que rezaba por mí dándome espiritualmente su bendición sacerdotal; de mi parte contesté con una oración ferviente.

1456 + Oh Señor benignísimo, eres tan misericordioso que juzgas a cada uno según su conciencia y conocimiento y no según las murmuraciones de los hombres. Mi espíritu está cada vez más arrebatado y alimentado de Tu sabiduría que conozco cada vez más profundamente y aquí se me revela aún más claramente la enormidad de Tu misericordia. Oh Jesús mío, todo este conocimiento produce en mi alma este efecto que me transformo en un fuego de amor hacia Ti, oh Dios mío.

1457 (67) + 2 I 1938. Hoy, mientras me preparaba a la Santa Comunión, Jesús exigió que escribiera más, no solamente de las gracias que me concede, sino también de las cosas exteriores y eso para la consolación de muchas almas.

1458 + Después de esta noche de sufrimientos, cuando el sacerdote entró en la celda con el Señor Jesús, un ardor tan grande envolvió todo mi ser que sentía que si el sacerdote hubiera tardado un momento más, Jesús Mismo habría escapado de su mano y habría venido a mí. Después de la Santa Comunión el Señor me dijo:

1459 **Si el sacerdote no Me hubiera traído a ti, Yo Mismo habría venido bajo la misma apariencia. Hija Mía, tus sufrimientos de esta noche han obtenido la gracia de la misericordia para un gran número de almas.**

1460 + **Hija Mía, debo decirte algo.** Contesté: Habla, Jesús, ya que estoy sedienta de Tus palabras. **No Me gusta que te dejes guiar por las murmuraciones de las hermanas y que por esto no has pedido confesarte con el Padre Andrasz en la celda; has de saber que con esto les has dado un motivo mayor para murmurar.** (68) Humillándome grandemente pedí perdón al Señor. Oh Maestro mío, amonéstame, no me dejes pasar nada y no me dejes errar.

1461 + Oh Jesús mío, cuando no soy comprendida y mi alma está atormentada, deseo quedarme un momento a solas Contigo. Las palabras de los mortales no me consolarán; no me envíes, oh Señor, los mensajeros que me digan sólo lo que proviene de ellos, lo que les dicte su propia naturaleza. Tales consoladores me cansan mucho.

1462 6 I 1938. Hoy, cuando el capellán ha traído al Señor Jesús, de la Hostia ha salido la luz golpeando con un rayo mi corazón, llenándome de un gran fuego de amor. Jesús me enseñó que debo responder con más fidelidad a las inspiraciones de la gracia, que mi vigilancia debe ser más sutil.

1463 + El Señor me ha hecho conocer también que muchos obispos estaban reflexionando sobre esta Fiesta [369], [también] un laico. Unos estaban entusiasmados por la obra divina, otros se mostraban incrédulos, pero, a pesar de todo, la obra de Dios salió (69) gloriosa. La Madre Irene [370] y la Madre María Josefa relataron algo delante de estos dignatarios, pero no fueron interrogadas tanto por la obra cuanto por mí misma. Ya no había dudas en cuanto a la obra, porque la gloria de Dios ya resonaba.

1464 Hoy me siento mucho mejor, me alegro de que pueda contemplar más cuando haga la hora santa. De repente oí la voz: **No estarás sana y no aplaces el sacramento de la confesión, porque eso no Me agrada. No prestes mucha atención a las murmuraciones de los que te rodean.** Me sorprendí, ya que hoy me siento mejor, pero no pensé más en eso. Cuando la hermana apagó la luz, empecé la hora santa. Sin embargo, a los pocos minutos comenzó a pasar algo con mi corazón. Hasta las once sufrí silenciosamente, pero después me sentía tan mal que desperté la Hermana N. que comparte el cuarto conmigo y me dio unas gotas que me aliviaron un poco el dolor así que pude acostarme. Ahora comprendo la advertencia del Señor. Decidí llamar a cualquier sacerdote al día siguiente y revelarle (70) los secretos de mi alma. Pero eso no es todo, rezando por los pecadores y ofreciendo todos los sufrimientos [sufrí los ataques del demonio]. El espíritu maligno no podía soportar esto.

1465 [Se me presentó bajo la forma de fantasma y este] fantasma me dijo: No reces por los pecadores, sino por ti misma, porque serás condenada. Sin hacer caso alguno a Satanás, continuaba rezando con doble fervor por los pecadores. El espíritu maligno gritó de rabia: Oh, si tuviera poder sobre ti, y desapareció. Conocí que mi sufrimiento y mi oración tenían atado a Satanás y liberaron a muchas almas de sus garras.

1466 Oh Jesús, amante de la salvación humana, atrae a todas las almas a la vida divina; que la grandeza de Tu misericordia sea glorificada aquí en la tierra y en la eternidad. Oh gran amante de las almas que en Tu inagotable compasión has abierto los beneficiosos manantiales de la misericordia para que se fortifiquen las almas débiles durante esta peregrinación por la vida. Tu misericordia, como un hilo de oro nos acompaña durante toda la vida y mantiene el contacto entre nuestro ser y Dios en cada aspecto; [Dios] no necesita nada para ser feliz, pues todo es (71) únicamente la obra de su misericordia. Mis sentidos se paralizan por la alegría cuando Dios me da a conocer más a fondo este gran atributo suyo, es decir su insondable misericordia.

1467 7 I 1938. Primer viernes del mes. Por la mañana, durante la Santa Misa, vi por un momento al Salvador doliente. Lo que me extrañó fue que entre grandes tormentos Jesús estaba tan tranquilo. Comprendí que era una lección para mí sobre cómo debía comportarme exteriormente entre varios sufrimientos.

1468 Durante un momento más largo sentí el dolor en las manos, los pies y el costado. De repente vi a cierto pecador que se benefició de mis sufrimientos y se acercó al Señor. Todo por las almas hambrientas para que no se mueran de hambre.

1469 + Hoy me confesé con el capellán [371]; Jesús me consoló a través de este sacerdote. Oh Madre mía, Iglesia de Dios, tú eres la verdadera madre que comprende a sus hijos...

1470 (72) Oh, qué bueno es que Jesús nos juzgue según nuestras conciencias y no según las habladurías y los juicios de los hombres. Oh bondad inconcebible, Te veo lleno de bondad también en el juicio mismo.

1471 Aunque estoy débil y la naturaleza reclama un descanso, no obstante siento un soplo de la gracia para vencerme a mí misma y escribir, escribir para el consuelo de las almas que amo tanto y con las cuales compartiré toda la eternidad. Deseo tan ardientemente la vida eterna para ellas que todos los momentos libres, aunque tan cortitos, los aprovecho para escribir y esto tal y como Jesús desea.

1472 8 I. Durante la Santa Misa tuve un conocimiento instantáneo sobre el Padre S. [372], sobre que nuestros esfuerzos comunes traen una gran gloria a Dios y aunque estamos lejos, a menudo estamos juntos porque nos une el mismo fin.

1473 Oh Jesús mío, único deseo mío, si bien hoy deseaba recibirte en mi alma con un ardor más grande que (73) nunca, no obstante mi alma, precisamente hoy, está tan árida como nunca. Mi fe se fortalece, pues el fruto de Tu venida, oh Señor, será abundante. Aunque a veces llegas sin rozar mis sentidos, [porque] reinas en la parte más alta [de mí]; pero a veces también los sentidos disfrutan de Tu llegada.

1474 A menudo, le pido a Jesús la inteligencia iluminada por la fe. Lo expreso al Señor en estas palabras: Jesús, dame la inteligencia, una gran inteligencia sólo para que pueda conocerte mejor; porque cuanto [373] más Te conozca, tanto más ardientemente Te amaré. Jesús, Te pido una inteligencia poderosa para que pueda comprender las cosas divinas y elevadas. Jesús, dame una gran inteligencia con la que llegaré a conocer Tu esencia divina y Tu vida interior, trinitaria. Capacita mi mente con Tu gracia especial. Aunque yo conozco la capacitación por la gracia que me concede la Iglesia, no obstante existe un gran tesoro de gracias que tú, oh Señor, concedes cuanto Te lo pedimos. Y si mi súplica no Te agrada, Te pido que no me des inclinación a tal oración.

1475 (74) Trato de conseguir la mayor perfección para ser útil a la Iglesia. Mi unión con la Iglesia es muy amplia. Tanto la santidad como la caída de cada alma repercute en toda la Iglesia. Yo, observándome a mí misma y a los que están cerca de mí, he comprendido qué gran influencia ejerzo sobre otras almas, no a través de algunas hazañas heroicas, porque ellas son llamativas por sí mismas, sino por los actos pequeños como el movimiento de la mano, la mirada y muchas otras cosas que no menciono, pero que sí actúan y se reflejan en otras almas, lo que he observado yo misma.

1476 Oh, qué bueno es que la regla imponga un silencio riguroso en los dormitorios y que no permita permanecer en ellos excepto una necesidad absoluta. Actualmente yo ocupo un pequeño cuarto donde dormimos dos, pero en el momento en que me sentí indispuesta y tuve que acostarme, experimenté lo penoso que es cuando otra persona está continuamente en el dormitorio. Sor N. tenía un trabajo manual con el cual estaba sentada (75) en el dormitorio casi todo el tiempo y otra hermana venía a instruirla en ese trabajo. Es difícil describir cuánto eso me cansaba; tanto más que cuando se está débil y se ha pasado la noche entre dolores, cada palabra resuena en el cerebro, y especialmente cuando los ojos empiezan a cerrarse por el sueño. ¡Oh regla, cuánto amor hay en ti!...

1477 Durante las vísperas, mientras se cantaba el *Magníficat*, con las palabras "mostró la fuerza de su brazo", un recogimiento más profundo envolvió mi alma y conocí y comprendí que el Señor realizará pronto su obra en mi alma. Ahora no me extraña que el Señor no me haya descubierto todo antes.

1478 + ¿Por qué estás triste hoy, Jesús? Dime ¿quién ha causado Tu tristeza? Y Jesús me contestó: **Las almas elegidas que no poseen Mi espíritu, que viven según la letra, esta letra la han puesto por encima de Mi espíritu, por encima del espíritu del amor. He basado toda Mi ley sobre el amor, sin embargo no veo este amor ni siquiera en los conventos, por eso la tristeza Me llena el Corazón.**

+

1479 (76) JMJ

Oh Jesús mío, entre terribles amarguras y sufrimientos,
Siento que Tu divino Corazón me acaricia.
Como una buena madre me estrechas a Tu seno
Y ya ahora me haces gustar lo que el velo oculta.

> Oh Jesús mío, en un terrible desierto,
> entre el pavor,
> Mi corazón siente la luz de Tu mirada,
> Que ninguna tormenta podrá ofuscar,
> Y me das la certeza interior de que me
> amas mucho, oh Dios.

Oh Jesús mío, entre tan grandes miserias de la vida,
Tú, Jesús, me iluminas como una estrella y me defiendes
del naufragio.
Y aunque mi miseria es tan grande,
No obstante confío muchísimo en el poder
de Tu Misericordia.

> Oh Jesús oculto, entre muchos combates de la
> última hora,
> La omnipotencia de Tu gracia descienda en mi
> alma
> Para que en cuanto muera, pueda contemplarte
> cara a cara, como los elegidos en el cielo.

Oh Jesús mío, rodeada de muchos peligros
Camino por la vida con un grito de gozo, con la cabeza
alta,
Ya que contra Tu Corazón, oh Jesús, lleno de amor
Se estrellan todos los enemigos y se disipan las tinieblas.

1480 (77) + Oh Jesús, escóndeme en Tu Misericordia y protege
de todo lo que pueda asustar mi alma; que no quede decepcionada la confianza que he depositado en Tu misericordia. Protégeme con la omnipotencia de Tu misericordia y además júzgame con benevolencia.

1481 Hoy, durante la Santa Misa, junto a mi reclinatorio he visto al Niño Jesús que parecía tener un año, y que me pidió tomarlo en brazos. Cuando lo tomé en brazos, se estrechó a mi corazón y dijo: **Estoy bien junto a tu corazón.** Aunque eres tan pequeño yo sé que eres Dios. ¿Por qué tomas el aspecto de un chiquitín para tratar conmigo? **Porque quiero enseñarte la infancia espiritual. Quiero que seas muy pequeña, ya que siendo pequeñita te llevo junto a Mi Corazón así como tú Me tienes en este momento junto a tu corazón.** En ese momento me quedé sola, pero nadie podrá comprender lo que sentía mi alma, estaba toda sumergida en Dios como una esponja arrojada en el mar...

1482 (78) + Oh Jesús mío, Tú sabes que me he expuesto a más de un disgusto por haber dicho la verdad. Oh verdad, qué oprimida estás muchas veces y casi siempre andas con una corona de espinas. Oh verdad eterna, sostenme para que tenga el valor de decir la verdad aunque tuviera que sellarla con mi vida. Oh Jesús, qué difícil es creer en esto cuando se ve que la enseñanza es una cosa y el comportamiento en la vida otra.

1483 Por eso, durante los ejercicios espirituales, tras una larga observación de la vida, he decidido clavar fuertemente mi mirada en Ti, Jesús, modelo perfectísimo. ¡Oh eternidad que descubrirás muchos secretos y mostrarás la verdad!...

1484 Oh Hostia viva, sostenme en este destierro para que pueda seguir fielmente las huellas del Salvador. No Te pido, oh Señor, que me bajes de la cruz, sino que me permitas perseverar en ella. Deseo ser tendida sobre la cruz como Tú, Jesús. Deseo experimentar todos los tormentos y los dolores que Tú has sufrido, deseo beber el cáliz de la amargura hasta el fondo.

(79)　　　　　La bondad de Dios

1485 La Misericordia de Dios oculto en el Santísimo Sacramento; la voz del Señor que nos habla desde el trono de la misericordia: **Venid a Mí todos.**

Diálogo de Dios misericordioso con el alma pecadora

- Jesús: **No tengas miedo, alma pecadora, de tu Salvador; Yo soy el primero en acercarme a ti, porque sé que por ti misma no eres capaz de ascender hacia Mí. No huyas, hija, de tu Padre; desea hablar a solas con tu Dios de la Misericordia que quiere decirte personalmente las palabras de perdón y colmarte de Sus gracias. Oh, cuánto Me es querida tu alma. Te he asentado en Mis brazos. Y te has grabado como una profunda herida en Mi Corazón.**

- El alma: Señor, oigo Tu voz que me llama a abandonar el mal camino, pero no tengo ni valor ni fuerza.

- Jesús: **Yo soy tu fuerza, Yo te daré fuerza para luchar.**

- El alma: Señor, conozco Tu santidad y tengo miedo de Ti.

- Jesús: **¿Por qué tienes miedo, hija Mía, del Dios de la Misericordia? Mi santidad** (80) **no Me impide ser misericordioso contigo. Mira, alma, por ti he instituido el trono de la misericordia en la tierra y este trono es el tabernáculo y de este trono de la misericordia deseo bajar a tu corazón. Mira, no Me he rodeado ni de séquito ni de guardias, tienes el acceso a Mí en cualquier momento, a cualquier hora del día deseo hablar contigo y deseo concederte gracias.**

- El alma: Señor, temo que no me perdones un número tan grande de pecados; mi miseria me llena de temor.

- Jesús: **Mi misericordia es más grande que tu miseria y la del mundo entero. ¿Quién ha medido Mi bondad? Por ti bajé del cielo a la tierra, por ti dejé clavarme en la cruz, por ti permití que Mi Sagrado Corazón fuera abierto por una lanza, y abrí la Fuente de la Misericordia para ti. Ven y toma las gracias de esta fuente con el recipiente de la confianza. Jamás rechazaré un corazón arrepentido, tu miseria se ha hundido en el abismo de Mi misericordia. ¿Por qué habrías de disputar Conmigo sobre tu miseria? Hazme el favor, dame todas tus penas y toda tu miseria y Yo te colmaré de los tesoros de Mis gracias.**

(81) - El alma: Con Tu bondad has vencido, oh Señor, mi corazón de piedra; heme aquí acercándome con confianza y humildad al tribunal de Tu misericordia, absuélveme Tú Mismo por la mano de Tu representante. Oh Señor, siento que la gracia y la paz han fluido a mi pobre alma. Siento que Tu misericordia, Señor, ha penetrado mi alma en su totalidad. Me has perdonado más de cuanto yo me atrevía esperar o más de cuanto era capaz de imaginar. Tu bondad ha superado todos mis deseos. Y ahora Te invito a mi corazón, llena de gratitud por tantas gracias. Había errado por el mal camino como el hijo pródigo, pero Tú no dejaste de ser mi Padre. Multiplica en mí Tu misericordia, porque ves lo débil que soy.

- Jesús: **Hija, no hables más de tu miseria, porque Yo ya no Me acuerdo de ella. Escucha, niña Mía, lo que deseo decirte: estréchate a Mis heridas y saca de la fuente de la vida todo lo que tu corazón pueda desear. Bebe copiosamente de la fuente de la vida y no pararás durante el viaje. Mira el resplandor de Mi misericordia y no temas a los enemigos de tu salvación. Glorifica Mi misericordia.**

1486 (82) Diálogo entre Dios misericordioso y el alma desesperada.

- Jesús: **Oh alma sumergida en las tinieblas, no te desesperes, todavía no todo está perdido, habla con tu Dios que es el Amor y la Misericordia Misma.** Pero, desgraciadamente, el alma permanece sorda ante la llamada de Dios y se sumerge en las tinieblas aún mayores.

- Jesús vuelve a llamar: **Alma, escucha la voz de tu Padre misericordioso.**

En el alma se despierta la respuesta: Para mí ya no hay misericordia. Y cae en las tinieblas aún más densas, en una especie de desesperación que le da la anticipada sensación del infierno y la hace completamente incapaz de acercarse a Dios.

Jesús habla al alma por tercera vez, pero el alma está sorda y ciega, empieza a afirmarse en la dureza y la desesperación. Entonces empiezan en cierto modo a esforzarse las entrañas de la misericordia de Dios y sin ninguna cooperación de parte del alma, Dios le da su gracia definitiva. Si la desprecia, Dios la deja ya en el estado en que ella quiere permanecer por la eternidad. Esta gracia sale del Corazón misericordioso de Jesús y alcanza al alma con su luz y el alma empieza a comprender (83) el esfuerzo de Dios, pero la conversión depende de ella. Ella sabe que esta gracia es la última para ella y si muestra un solo destello de buena voluntad aunque sea el más pequeño, la misericordia de Dios realizará el resto.

-[Jesús]: **Aquí actúa la omnipotencia de Mi misericordia, feliz el alma que aproveche esta gracia.**

- Jesús: **Con cuánta alegría se llena Mi Corazón cuando vuelves a Mí. Te veo muy débil, por lo tanto te tomo en Mis propios brazos y te llevo a casa de Mi Padre.**

- El alma como si se despertara: ¿Es posible que haya todavía misericordia para mí? pregunta llena de temor.

- Jesús: **Precisamente tú, niña Mía, tienes el derecho exclusivo a Mi misericordia. Permite a Mi misericordia actuar en ti, en tu pobre alma; deja entrar en tu alma los rayos de la gracia, ellos introducirán luz, calor y vida.**

- El alma: Sin embargo me invade el miedo tan sólo al recordar mis pecados y este terrible temor me empuja a dudar en Tu bondad.

- Jesús: **Has de saber, oh alma, que todos tus pecados no han herido tan dolorosamente Mi corazón como tu actual desconfianza. Después de tantos esfuerzos de Mi** (84) **amor y Mi misericordia no te fías de Mi bondad.**

- El alma: Oh Señor, sálvame Tú Mismo, porque estoy pereciendo; sé mi Salvador. Oh Señor, no soy capaz de decir otra cosa, mi pobre corazón está desgarrado, pero Tú, Señor...

Jesús no permite al alma terminar estas palabras, la levanta del suelo, del abismo de la miseria y en un solo instante la introduce a la morada de su propio Corazón, y todos los pecados desaparecen [374] en un abrir y cerrar de ojos, destruidos por el ardor del amor.

- Jesús: **He aquí, oh alma, todos los tesoros de Mi Corazón, toma de él todo lo que necesites.**

- El alma: Oh Señor, me siento inundada por Tu gracia, siento que una vida nueva ha entrado en mí y, ante todo, siento Tu amor en mi corazón, eso me basta. Oh Señor, por toda la eternidad glorificaré la omnipotencia de Tu misericordia; animada por Tu bondad, Te expresaré todo el dolor de mi corazón.

- Jesús: **Di todo, niña, sin ningún reparo, porque te escucha el Corazón que te ama, el Corazón de tu mejor amigo.**

- Oh Señor, ahora veo toda mi ingratitud y Tu bondad. Tú me perseguías con Tu gracia y yo frustraba todos Tus esfuerzos; veo que he merecido (85) el fondo mismo del infierno por haber malgastado Tus gracias.

Jesús interrumpe las palabras del alma y [dice]: **No te abismes en tu miseria, eres demasiado débil para hablar; mira más bien Mi Corazón lleno de bondad, absorbe Mis sentimientos y procura la dulzura y la humildad. Sé misericordiosa con los demás como Yo soy misericordioso contigo y cuando adviertas que tus fuerzas se debilitan, ven a la Fuente de la Misericordia y fortalece tu alma, y no pararás en el camino.**

- El alma: Ya ahora comprendo Tu misericordia que me protege como una nube luminosa y me conduce a casa de mi Padre, salvándome del terrible infierno que he merecido no una sino mil veces. Oh Señor, la eternidad no me bastará para glorificar dignamente Tu misericordia insondable, Tu compasión por mí.

1487 + Diálogo de Dios misericordioso con el alma que sufre

- Jesús: **Oh alma, te veo tan doliente, veo que ni siquiera tienes fuerzas para hablar Conmigo. Por eso te hablaré sólo Yo, oh alma. Aunque tus sufrimientos fueran (86) grandísimos, no pierdas la serenidad del espíritu ni te desanimes. Pero dime, niña Mía, ¿quién se ha atrevido a herir tu corazón? Dímelo todo, dímelo todo, sé sincera al tratar Conmigo, descubre todas las heridas de tu corazón, Yo las curaré y tu sufrimiento se convertirá en la fuente de tu santificación.**

- El alma: Señor, mis sufrimientos son tan grandes y diversos y duran desde hace tanto tiempo que el desaliento ya empieza a apoderarse de mí.

- Jesús: **Niña Mía, no puedes desanimarte; sé que confías en Mí sin límites, sé que conoces Mi bondad y Mi misericordia. Así pues, hablemos, detalladamente de todo lo que pesa más sobre tu corazón.**

- El alma: Tengo tantas cosas variadas que no sé de qué hablar primero ni cómo expresar todo esto.

- Jesús: **Háblame simplemente, como se habla entre amigos. Pues bien, niña Mía, ¿qué es lo que te detiene en el camino de la santidad?**

- El alma: La falta de salud me detiene en el camino de la santidad, no puedo cumplir mis obligaciones, pues, soy un sufrelotodo. No puedo mortificarme ni hacer ayunos rigurosos como hacían los santos; (87) además no creen que estoy enferma y al sufrimiento físico se une el moral y de ello surgen muchas humillaciones. Ves, Jesús, ¿cómo se puede llegar a ser santa en tales condiciones?

- Jesús: **Niña, realmente todo esto es sufrimiento, pero no hay otro camino al cielo fuera del Vía Crucis. Yo Mismo fui el primero en recorrerlo. Has de saber que éste es el camino más corto y el más seguro.**

- El alma: Señor, otra vez una nueva barrera y dificultad en el camino de la santidad: por ser fiel a Ti me persiguen y me hacen sufrir mucho.

- Jesús: **Has de saber que el mundo te odia, porque no eres de este mundo. Primero Me persiguió a Mí, esta persecución es la señal de que sigues Mis huellas con fidelidad.**

- El alma: Señor, me desanima también que ni las Superioras ni el confesor entienden mis sufrimientos interiores. Las tinieblas han ofuscado mi mente, pues, ¿cómo avanzar? Todo esto me desanima mucho y pienso que las alturas de la santidad no son para mí.

- Jesús: **Así pues, niña Mía, esta vez Me has contado mucho. Yo sé que es un gran sufrimiento el de no ser (88) comprendida y sobre todo por los que amamos y a los cuales manifestamos una gran sinceridad, pero que te baste que Yo te comprendo en todas tus penas y tus miserias. Me agrada tu profunda fe que, a pesar de todo, tienes en Mis representantes, pero debes saber que los hombres no pueden comprender plenamente un alma, porque eso supera sus posibilidades. Por eso Yo Mismo Me he quedado en la tierra para consolar tu corazón doliente y fortificar tu alma para que no pares en el camino. Dices que unas tinieblas grandes cubren tu mente, pues, ¿por qué en tales momentos no vienes a Mí que soy la luz y en un solo instante puedo infundir en tu alma tanta luz y tanto entendimiento de la santidad que no aprenderás al leer ningún libro ni ningún confesor es capaz de enseñar ni iluminar así al alma. Has de saber además que por estas tinieblas de las que te quejas, he pasado primero Yo por ti en el Huerto de los Olivos. Mi alma estuvo estrujada por una tristeza mortal y te doy a ti una pequeña parte de estos sufrimientos debido a Mi especial amor a ti y el alto grado de santidad que te (89) destino en el cielo. El alma que sufre es la que más cerca está de Mi Corazón.**

- El alma: Pero una cosa más, Señor: ¿qué hacer si me desprecian y rechazan los hombres, y especialmente aquellos con quienes tuve derecho de contar y además en los momentos de mayor necesidad?

- Jesús: **Niña Mía, haz el propósito de no contar nunca con los hombres. Harás muchas cosas si te abandonas totalmente a Mi voluntad y dices: Hágase en mí, oh Dios, no según lo que yo quiera sino según tu voluntad. Has de saber que estas palabras pronunciadas del fondo del corazón, en un solo instante elevan al alma a las cumbres de la santidad. Me complazco especialmente en tal alma, tal alma Me rinde una gran gloria, tal alma llena el cielo con la fragancia de sus virtudes; pero has de saber que la fuerza que tienes dentro de ti para soportar los sufrimientos la debes a la frecuente Santa Comunión; pues ven a menudo a esta fuente de la misericordia y con el recipiente de la confianza recoge cualquier cosa que necesites.**

- El alma: Gracias, oh Señor, por Tu bondad inconcebible, por haberte dignado quedarte con nosotros en este destierro donde vives con nosotros como Dios de la misericordia (90) y difundes alrededor de Ti el resplandor de tu compasión y bondad. A la luz de los rayos de Tu misericordia he conocido cuánto me amas.

1488 Diálogo entre Dios misericordioso y el alma que tiende a la perfección.

- Jesús: **Me son agradables tus esfuerzos, oh alma que tiendes a la perfección. Pero ¿por qué tan frecuentemente te veo triste y abatida? Dime, niña Mía, ¿qué significa esta tristeza y cuál es su causa?**

- El alma: Señor, mi tristeza se debe a que a pesar de mis sinceros propósitos caigo continuamente y siempre en los mismos errores. Hago los propósitos por la mañana y por la noche veo cuánto me he desviado de ellos.

534

- Jesús: **Ves, niña Mía, lo que eres por ti misma, y la causa de tus caídas está en que cuentas demasiado contigo misma y te apoyas muy poco en Mí. Pero esto no debe entristecerte demasiado; estás tratando con el Dios de la Misericordia, tu miseria no la agotará, además no he limitado el número de perdones.**

-El alma: Sí, lo sé todo, (91) pero me asaltan grandes tentaciones y varias dudas se despiertan en mí y además todo me irrita y desanima.

- Jesús: **Niña Mía, has de saber que el mayor obstáculo para la santidad es el desaliento y la inquietud injustificada que te quitan la posibilidad de ejercitarte en las virtudes. Todas las tentaciones juntas no deberían ni por un instante turbar tu paz interior y la irritabilidad y el desánimo son los frutos de tu amor propio. No debes desanimarte sino procurar que Mi amor reine en lugar de tu amor propio. Por lo tanto, confianza, niña Mía; no debes desanimarte, [sino que] venir a Mí para pedir perdón, porque Yo estoy siempre dispuesto a perdonarte. Cada vez que Me lo pides, glorificas Mi misericordia.**

- El alma: Yo reconozco lo que es más perfecto y que Te agrada más, pero enfrento grandes obstáculos para cumplir lo que conozco.

- Jesús: **Niña mía, la vida en la tierra es una lucha y una gran lucha por Mi reino, pero no tengas miedo, porque no estás sola. Yo te respaldo (92) siempre, así que apóyate en Mi brazo y lucha sin temer nada. Toma el recipiente de la confianza y recoge de la fuente de la vida no sólo para ti, sino que piensa también en otras almas y especialmente en aquellas que no tienen confianza en Mi bondad.**

- El alma: Oh Señor, siento que mi corazón se llena de Tu amor, que los rayos de Tu misericordia y Tu amor han penetrado mi alma. Heme aquí, Señor, que voy para responder a Tu llamada, voy a conquistar las almas sostenida por Tu gracia; estoy dispuesta a seguirte, Señor, no solamente al Tabor, sino también al Calvario. Deseo traer las almas a la Fuente de Tu Misericordia para que en todas las almas se refleje el resplandor de los rayos de Tu misericordia, para que la casa de nuestro Padre esté llena y cuando el enemigo comience a tirar flechas contra mí, entonces me cubriré con Tu misericordia como con un escudo.

1489   Diálogo entre Dios misericordioso y el alma perfecta

- El alma: Señor y Maestro mío, deseo hablar Contigo.

- Jesús: **Habla, porque te escucho en todo momento, niña** (93) **amada; te espero siempre. ¿De qué deseas hablar Conmigo?**

- El alma: Señor, primero derramo mi corazón a tus pies como el perfume de agradecimiento por tantas gracias y beneficios de los cuales me colmas continuamente y los cuales no lograría enumerar aunque quisiera. Recuerdo solamente que no ha habido un solo momento en mi vida en que no haya experimentado Tu protección y Tu bondad.

- Jesús: **Me agrada hablar contigo y tu agradecimiento te abre nuevos tesoros de gracias, pero, niña Mía, hablemos quizás no tan generalmente, sino en detalles de lo que pesa más sobre tu corazón; hablemos confidencial y sinceramente como dos corazones que se aman mutuamente.**

- El alma: Oh mi Señor misericordioso, hay secretos en mi corazón de los cuales no sabe ni sabrá nadie fuera de Ti, porque aunque quisiera decirlos nadie me comprendería. Tu representante sabe algo, dado que me confieso con él, pero tanto cuanto soy capaz de revelarle de estos secretos, lo demás queda entre nosotros por la eternidad, ¡oh Señor mío! (94) Me has cubierto con el manto de Tu misericordia perdonándome siempre los pecados. Ni una sola vez me has negado Tu perdón, sino que teniendo compasión por mí, me has colmado siempre de una vida nueva, la vida de la gracia. Para que no tenga dudas de nada, me has confiado a una cariñosa protección de Tu Iglesia, esta madre verdadera, tierna que en Tu nombre me afirma en las verdades de la fe y vigila que no yerre nunca. Y especialmente en el tribunal de Tu misericordia mi alma experimenta todo un mar de benevolencia. A los ángeles caídos no les has dado tiempo de hacer penitencia, no les has prolongado el tiempo de la misericordia. Oh Señor mío, en el camino de mi vida has puesto a unos sacerdotes santos que me indican una vía segura. Jesús, en mi vida hay un secreto más, el más profundo, pero también el más querido para mí, lo eres Tú Mismo bajo la especie del pan cuando vienes a mi corazón. Aquí está todo el secreto de mi santidad. Aquí mi corazón unido al tuyo se hace uno, aquí ya no hay ningún secreto, porque todo lo Tuyo es mío, y lo mío es Tuyo. He aquí la omnipotencia y (95) el milagro de Tu misericordia. Aunque se unieran todas las lenguas humanas y angélicas, no encontrarían palabras suficientes para expresar este misterio del amor y de Tu misericordia insondable. Cuando considero este misterio del amor, mi corazón entra en un nuevo éxtasis de amor y Te hablo de todo, Señor, callando, porque el lenguaje del amor es sin palabras, porque no se escapa ni un solo latido de mi corazón. Oh Señor, a pesar de que Te has humillado tanto, Tu grandeza se ha multiplicado en mi alma y por eso en mi alma se ha despertado un amor todavía más grande hacia Ti, el único objeto de mi amor, porque la vida del amor y de la unión se manifiesta por fuera como: pureza perfecta, humildad profunda, dulce mansedumbre, gran fervor por la salvación de las almas. Oh mi dulcísimo Señor, velas sobre mí en cada momento y me inspiras sobre cómo debo portarme en un caso dado; cuando mi corazón oscilaba entre una y otra cosa, Tú Mismo intervenías, más de una vez, en solucionar el asunto. Oh, cuántas e inumerables veces, con una luz repentina me hiciste conocer (96) lo que Te agradaba más.

- Oh, qué numerosos son estos perdones secretos de los cuales no sabe nadie. Muchas veces has volcado en mi alma fuerza y valor para avanzar. Tú Mismo eliminabas las dificultades, para [375] de mi camino interviniendo directamente en la actuación de los hombres. Oh Jesús, todo lo que Te he dicho es una pálida sombra frente a la realidad que hay en mi corazón. Oh Jesús mío, cuánto deseo la conversión de los pecadores. Tú sabes lo que hago por ellos para conquistarlos para Ti. Me duele enormemente cada ofensa hecha contra Ti. Tú sabes que no escatimo ni fuerzas, ni salud, ni vida en defensa de Tu reino. Aunque en la tierra mis esfuerzos son invisibles, pero no tienen menos valor a Tus ojos. Oh Jesús, deseo atraer las almas a la Fuente de Tu Misericordia para que tomen la vivificante agua de vida con el recipiente de la confianza. Si el alma desea experimentar una mayor misericordia de Dios, acérquese a Dios con gran confianza y si su confianza es sin límites, la misericordia de Dios será para ella también sin límites. Oh Señor mío, (97) que conoces cada latido de mi corazón, Tú sabes con qué ardor deseo que todos los corazones latan exclusivamente por Ti, que cada alma glorifique la grandeza de Tu misericordia.

- Jesús: **Hija Mía amadísima, delicia de Mi corazón, tu conversación Me es más querida y más agradable que el canto de los ángeles. Todos los tesoros de Mi Corazón están abiertos para ti. Toma de este Corazón todo lo que necesites para ti y para el mundo entero. Por tu amor retiro los justos castigos que la humanidad se ha merecido. Un solo acto de amor puro hacia mí, Me es más agradable que miles de himnos de almas imperfectas. Un solo suspiro de amor Me recompensa de tantos insultos con los cuales Me alimentan los impíos. Tu más pequeña acción, es decir, un acto de virtud adquiere a Mis ojos un valor inmenso y es por el gran amor que tienes por Mí. En un alma que vive exclusivamente de Mi amor, Yo reino como en el cielo. Mi ojo vela sobre ella día y noche y encuentro en ella Mi complacencia y Mi oído está atento a (98) las súplicas y el murmullo de su corazón y muchas veces anticipo** sus ruegos. **Oh niña amada por Mí particularmente, pupila de Mi ojo, descansa un momento junto a Mi Corazón y saborea aquel amor del cual te regocijarás durante toda la eternidad.**

Pero, hija, aún no estás en la patria; así pues, ve fortalecida con Mi gracia y lucha por Mi reino en las almas humanas y lucha como una hija real y recuerda que pronto pasarán los días del destierro y con ellos la oportunidad de adquirir méritos para el cielo. Espero de ti, hija Mía, un gran número de almas que glorifiquen Mi misericordia durante toda la eternidad. Hija Mía, para que respondas dignamente a Mi llamada, recíbeme cada día en la Santa Comunión - ella te dará fuerza...

(99) Jesús, no me dejes sola en el sufrimiento. Tú sabes, Señor, lo débil que soy. Soy un abismo de miseria, soy la nada misma. Por eso, ¿qué habría de extraño si me dejaras sola y yo cayera? Soy una recién nacida, Señor, por eso no sé sostenerme por mí misma. Sin embargo, a pesar de todo abandono, confío, y a pesar de mis sentimientos, confío y me estoy transformando completamente en la confianza, muchas veces a pesar de lo que siento. No disminuyas ninguna de mis aflicciones, sólo dame fuerza para soportarlas. Haz conmigo lo que Tú quieras, Señor, sólo dame la gracia de poder amarte en cada acontecimiento y circunstancia. Señor, no disminuyas mi cáliz de amargura, sólo dame fortaleza para que pueda beberlo todo.

Oh Señor, a veces me elevas hacia el resplandor de las visiones y otras veces me sumerges en una noche oscura y en el abismo de mi nulidad y el alma se siente como si estuviera sola en un gran desierto... Sin embargo, por encima de todo confío en Ti, Jesús, porque eres inmutable. La disposición de mi ánimo es variable, pero Tú eres siempre igual, lleno de misericordia.

1490 (100) + Oh Jesús, Fuente de la vida, santifícame. Fuerza mía, fortaléceme. Oh mi Jefe supremo, lucha por mí.

Única Luz de mi alma, ilumíname. Maestro mío, guíame; me confío a Ti como el recién nacido al amor de su madre. Aunque todo se conjure contra mí y aunque me falte tierra bajo los pies, estaré tranquila junto a Tu Corazón. Tú siempre eres para mí la más tierna de las madres y superas a todas las madres. Te cantaré mi dolor con el silencio y Tú me comprenderás mejor que si me expresara de cualquier otro modo...

1491 + Hoy el Señor me visitó y me dijo: **Hija Mía, no tengas miedo de lo que te sucederá, no te daré por encima de tus fuerzas; conoces el poder de Mi gracia, que eso te baste.** Tras estas palabras el Señor me ha dado a comprender más profundamente la actuación de su gracia.

1492 Antes de la Santa Comunión Jesús me ha hecho conocer que no debo en absoluto dar crédito (101) a las palabras de una de las hermanas, porque a Él no le gusta su astucia y su malicia. **Hija Mía, no presentes a esa persona ni tus ideas ni tu opinión.** Le he pedido perdón al Señor por lo que no le agradaba en esa alma y le he suplicado que me fortalezca con su gracia en el momento en que ella venga de nuevo a hablar conmigo. Me había preguntado por muchas cosas a las cuales le había contestado con todo el amor de hermana y como prueba de que hablaba sinceramente, le había dicho algunas cosas experimentadas por mí personalmente, sin embargo las intenciones de aquella alma diferían de las palabras que tenía en los labios...

1493 + Oh Jesús mío, desde el momento en que me he abandonado totalmente a Ti, no pienso en mí absolutamente. Puedes hacer conmigo lo que Te agrade, pienso en una sola cosa, es decir: ¿qué es lo que más prefieres?, ¿qué es, oh Señor, con lo que pueda agradarte? Aguzo el oído y estoy atenta a cada ocasión; no importa si por fuera, en tal caso, sea juzgada de otro modo...

1494 (102) 15 I 1938. Hoy, cuando me visitó esa misma hermana por la cual he sido amonestada por el Señor, me armé espiritualmente para la lucha. Aunque eso me costó mucho no me alejé nada de la recomendación del Señor; sin embargo, casi una hora después, cuando la hermana no pensaba retirarse todavía, llamé interiormente a Jesús a socorrerme. Entonces oí en el alma una voz: **No tengas miedo, te estoy mirando en este momento y te ayudo; te envío ahora mismo dos hermanas que vendrán a visitarte y entonces te resultará fácil continuar la conversación.** Y en aquel mismo momento entraron dos hermanas y entonces la conversación se ha hecho muy fácil, no obstante que continuó todavía por media hora.

1495 Oh, qué bueno es invocar la ayuda de Jesús durante la conversación. Oh, qué bueno es impetrar para sí gracias actuales en los momentos de tranquilidad. Lo que me da el miedo más grande son las conversaciones aparentemente confidenciales, hay que tener entonces mucha luz de Dios para poder conversar con provecho para aquella alma y para sí mismo. Dios concede su ayuda, pero hay que pedírsela; que nadie confíe demasiado en sí mismo.

1496 (103) 17 I 1938. Hoy, desde temprano, en la mañana , mi alma se encuentra en las tinieblas. No logro ascender hasta Jesús, me siento como abandonada por Él. No pediré luz a las criaturas, porque sé que ellas no me iluminarán si Jesús quiere mantenerme en las tinieblas. Me someto a su santa voluntad y sufro; sin embargo la lucha está aumentando. Durante las vísperas quise unirme a las hermanas en la oración. Cuando me trasladé con el pensamiento a la capilla, mi espíritu se sumergió en las tinieblas aún mayores.

1497 Se apoderó de mí un disgusto para todas las cosas. Entonces oí la voz de Satanás: "Mira, qué contradictorio es todo lo que te da Jesús: te hace fundar un convento y te envía la enfermedad; te manda hacer gestiones para instituir la Fiesta de la Misericordia mientras que el mundo no quiere tal Fiesta en absoluto. ¿Por qué rezas por esta Fiesta? Esta Fiesta es tan inoportuna." Mi alma calla y reza con un acto de buena voluntad sin entrar en diálogo con el espíritu de las tinieblas. Sin embargo, se ha adueñado de mí un tedio de la vida tan extraño que he tenido que hacer un gran esfuerzo de la voluntad para aceptarla... (104) Y oigo otra vez las palabras del tentador: "Pide la muerte para ti mañana después de la Santa Comunión. Dios te escuchará, ya que te ha escuchado tantas veces y te ha dado todo lo que le has pedido." Me callo y rezo con un acto de voluntad, o más bien me someto a Dios pidiéndole dentro de mí que no me abandone en este momento. Son ya las once de la noche, todas las hermanas están durmiendo en sus celdas, solamente mi alma lucha y con gran esfuerzo. El tentador continúa: "¿Qué te importan otras almas? Tú debes rezar solamente por ti misma. Los pecadores, ellos se convertirán sin tus plegarias. Veo que en este momento estás sufriendo mucho, y yo te doy un consejo del cual dependerá tu felicidad: no hables nunca de la Divina Misericordia y no invites especialmente a los pecadores a confiar en la Divina Misericordia, porque ellos se merecen un justo castigo. Otras cosa importantísima: no hables a los confesores de lo que pasa en tu alma y especialmente a ese Padre extraordinario y a aquel sacerdote de Vilna. Yo los conozco, sé quienes son, por eso quiero advertirte (105) de ellos. Trata de ser una buena hermana, basta con vivir como las demás, ¿por qué te expones a tantas dificultades?"

1498 Yo sigo callada y con un acto de voluntad persevero toda en Dios, a pesar de que un gemido se escapa del corazón. Por fin el tentador se fue y yo, extenuada, me dormí inmediatamente. Por la mañana, cuando recibí la Santa Comunión y entré inmediatamente en mi celda, caí de rodillas, y renové el acto de sumisión en todo a la santísima voluntad de Dios. Te ruego, Jesús, dame fuerza para luchar, que se haga de mí según Tu santísima voluntad. Mi alma se ha enamorado de Tu santísima voluntad.

1499 En ese momento vi a Jesús que me dijo: **Estoy contento de lo que haces y sigue tranquila si haces siempre todo lo que está en tu poder para toda esta obra de la misericordia. Ten la máxima sinceridad con el confesor.**

Satanás no sacó ningún provecho con haberte tentado, porque no entraste en conversación con él. Continúa así. Hoy Me has rendido una gran gloria luchando con tanta fidelidad. (106) **Que tu corazón se consolide y se afirme en que Yo siempre estoy contigo aunque en el momento de la lucha no Me sientas.**

1500 Hoy el amor de Dios me traslada al otro mundo. Estoy sumergida en el amor, amo y siento que soy amada y lo estoy viviendo con plena conciencia. Mi alma se anega en el Señor conociendo la gran Majestad de Dios y su propia pequeñez, pero gracias a este conocimiento aumenta mi felicidad... Este conocimiento es muy vivo en el alma, muy fuerte y al mismo tiempo tan dulce.

1501 + Como ahora no puedo dormir bien de noche, ya que no me lo permiten los dolores, visito todas las iglesias y las capillas y adoro, aunque sea por poco tiempo, al Santísimo Sacramento. Cuando vuelvo a mi capilla, entonces rezo por ciertos sacerdotes que proclaman y divulgan la misericordia de Dios. Rezo también según la intención del Santo Padre y para impetrar la misericordia de Dios para los pecadores; éstas son mis noches.

1502 (107) 20 I [1938]. Nunca soy servil ante nadie. No soporto adulaciones y la humildad es solamente la verdad, en una verdadera humildad no hay servilismo; aunque me considero la más pequeña de todo el convento, por otra parte estoy contenta con la dignidad de ser esposa de Jesús... No importa que a veces oiga decir que soy soberbia, ya que sé bien que el juicio humano no logra descubrir los motivos de las acciones.

1503 Al principio de mi vida religiosa, inmediatamente después del Noviciado, empecé a ejercitarme en la humildad de modo especial, es decir, no me bastaban las humillaciones que Dios me enviaba, sino que yo misma las buscaba, y en un fervor exagerado, a veces, me presentaba a las Superioras como no era en realidad y ni siquiera tenía la idea de tales miserias. Pero, poco después Jesús me enseñó que la humildad es solamente la verdad. Desde aquel momento he cambiado mi manera de pensar siguiendo fielmente la luz de Jesús. Comprendí que si un alma está con Jesús, Él no le permitirá errar.

1504 (108) + Señor, Tú sabes que desde la juventud siempre buscaba Tu voluntad y al conocerla, procuraba cumplirla. Mi corazón estaba acostumbrado a la inspiración del Espíritu Santo a quien permanezco fiel. En medio del mayor bullicio, siempre he oído la voz de Dios, siempre sé lo que pasa dentro de mi [alma]... [376].

1505 Me esfuerzo por la santidad, ya que con ella seré útil a la Iglesia. Hago continuos esfuerzos en las virtudes, procuro imitar fielmente a Jesús y esta serie de actos de virtud cotidianos, silenciosos, ocultos, casi imperceptibles, pero sí cumplidos con gran amor, los pongo en el tesoro de la Iglesia de Dios para el provecho común de las almas. Siento interiormente como si fuera responsable por todas las almas, siento claramente que vivo no solamente para mí, sino [para] toda la Iglesia...

1506 + Oh Dios incomprensible, mi corazón se deshace de gozo porque me has permitido penetrar los misterios de (109) Tu misericordia. Todo tiene comienzo en Tu misericordia y todo termina en Tu misericordia...

1507 Toda gracia procede de la misericordia y la última hora está llena de misericordia para con nosotros. Que nadie dude en la bondad de Dios; aunque sus pecados fueran negros como la noche, la misericordia de Dios es más fuerte que nuestra miseria. Una sola cosa es necesaria: que el pecador entreabra, aún cuando sea un poco, las puertas de su corazón a los rayos de la gracia misericordiosa de Dios y entonces Dios realizará el resto. Pero, infeliz el alma que ha cerrado la puerta a la misericordia de Dios también en la última hora. Tales almas han sumergido a Jesús en una tristeza mortal en el Huerto de los Olivos; a pesar de esto de su compasivísimo Corazón brotó la misericordia de Dios.

1508 21 I [1938]. Jesús, sería verdaderamente tremendo sufrir si no estuvieras Tú, pero justamente Tú, Jesús, tendido en la cruz; me das fortaleza y siempre acompañas al alma que sufre. Las criaturas abandonan al hombre que sufre, pero Tú, oh Señor, eres fiel...

1509 (110) Sucede frecuentemente en la enfermedad, como con Job en el Antiguo Testamento: cuando uno camina y trabaja, todo está bien y perfecto, pero si Dios envía una enfermedad, el número de amigos empieza a disminuir. Pero si están todavía, se interesan por nuestro sufrimiento, y lo demás. Pero si Dios envía una enfermedad más larga, también estos amigos fieles comienzan a abandonarnos poco a poco. Nos visitan con menos frecuencia y a menudo sus visitas producen sufrimientos. En vez de consolarnos, nos reprochan algunas cosas que nos hacen sufrir mucho y el alma, igual que Job, está sola; pero felizmente no está sola, porque Jesús Hostia está con ella. Después de haber probado los sufrimientos mencionados anteriormente y haber pasado toda la noche en amargura, por la mañana, cuando el capellán me trajo la Santa Comunión, con fuerza de voluntad tuve que dominarme para no gritar a plena voz: Bienvenido verdadero, único Amigo. La Santa Comunión me da fuerza para sufrir y luchar. Quiero decir todavía una cosa que he experimentado: cuando Dios no envía (111) ni muerte ni salud, y eso se prolonga durante años, las personas que nos rodean se acostumbran y tratan a uno como si no estuviera enfermo. Entonces empieza una serie de martirios silenciosos; solamente Dios sabe cuántos sacrificios le ofrece tal alma.

1510 Una noche en que me encontraba tan mal que no sabía cómo volver a la celda, de repente encontré a la Hermana Asistente que estaba diciendo a una de las Hermanas Directoras que fuera a la puerta con un encargo; pero en cuanto me vio a mí le dijo: No, hermana, usted no va a ir, irá Sor Faustina, porque llueve mucho. Contesté que sí; fui y cumplí con el mandado, pero sólo Dios lo sabe todo. Éste es solamente un ejemplo entre muchos. A veces parece que una hermana del segundo coro es de piedra, mientras que ella también es un ser humano, tiene el corazón y los sentimientos...

1511 En tales casos Dios Mismo viene en ayuda, porque de otro modo el alma no lograría soportar estas pequeñas cruces de las cuales no he escrito todavía ni pienso escribir ahora, pero cuando tenga la inspiración escribiré...

1512 (112) Hoy, durante la Santa Misa vi a Jesús, sufriendo como si agonizara en la cruz, que me ha dicho: **Hija Mía, medita frecuentemente sobre Mis sufrimientos que padecí por ti y nada de lo que tú sufres por Mí te parecerá grande. Me agrada más cuando contemplas Mi dolorosa Pasión; une tus pequeños sufrimientos a Mi dolorosa Pasión para que adquieran un valor infinito ante Mi Majestad.**

1513 Hoy Jesús me dijo: **Muchas veces Me llamas maestro. Esto es agradable a Mi Corazón, pero no olvides, alumna Mía, que eres alumna de un maestro crucificado. Que te baste esta sola palabra. Tú sabes lo que se encierra en la cruz.**

1514 + He aprendido que la mayor fuerza está oculta en la paciencia. Veo que la paciencia siempre conduce a la victoria, aunque no inmediatamente, pero la victoria se manifestará después de años. La paciencia va unida a la mansedumbre.

1515 (113) + Hoy he pasado toda la noche con Jesús en el calabozo. Es una noche de adoración. Las hermanas rezan en la capilla. Yo me uno a ellas espiritualmente, porque la falta de salud no me permite ir a la capilla. Pero como no he podido dormir en toda la noche, la he pasado junto con Jesús en el calabozo. Jesús me hizo conocer los sufrimientos que allí había padecido. El mundo los conocerá el día del juicio.

1516 **Diles a las almas, hija Mía, que les doy Mi misericordia como defensa, lucho por ellas Yo solo y soporto la justa ira de Mi Padre.**

1517 **Hija Mía, di que esta Fiesta ha brotado de las entrañas de Mi misericordia para el consuelo del mundo entero.**

1518 Oh Jesús, paz y descanso mío, Te ruego por esta hermana, ilumínala para que cambie interiormente, sostenla con Tu gracia fuertemente para que también ella llegue a la perfección...

1519 (114) + Hoy, antes de la Santa Comunión el Señor me ha dicho: **Hija Mía, hoy habla abiertamente de Mi misericordia con la Superiora, porque de entre las Superioras ha sido ella la que ha participado más en propagar Mi misericordia.** Y efectivamente, por la tarde vino la Madre y hablamos sobre esta obra de Dios. La Madre me dijo que las estampitas no habían salido muy bien y que se vendían mal. Pero yo misma, me dijo, he tomado bastantes y las reparto donde creo oportuno, y hago lo que puedo para que la obra de la misericordia se difunda. Cuando se alejó, el Señor me dijo cuánto le es querida esa alma.

1520 Hoy el Señor me dijo: **He abierto Mi Corazón como una Fuente viva de Misericordia. Que todas las almas tomen vida de ella. Que se acerquen con gran confianza a este mar de misericordia. Los pecadores obtendrán la justificación y los justos serán fortalecidos en el bien. Al que haya depositado su confianza (115) en Mi misericordia, en la hora de la muerte le colmaré el alma con Mi paz divina.**

1521 El Señor me dijo: **Hija Mía, no dejes de proclamar Mi misericordia para aliviar Mi Corazón, que arde del fuego de compasión por los pecadores. Diles a Mis sacerdotes que los pecadores más empedernidos se ablandarán bajo sus palabras cuando ellos hablen de Mi misericordia insondable, de la compasión que tengo por ellos en Mi Corazón. A los sacerdotes que proclamen y alaben Mi misericordia, les daré una fuerza prodigiosa y ungiré sus palabras y sacudiré los corazones a los cuales hablen.**

1522 La vida comunitaria es difícil de por sí, pero es dos veces más difícil familiarizarse con almas soberbias. Oh Dios, concédeme una fe más profunda para que en cada hermana siempre pueda ver Tu santa imagen que tiene grabada en su alma...

1523 (116) Amor eterno, llama pura, arde incesantemente en mi corazón y diviniza todo mi ser según Tu eterno designio por el cual me has llamado a la existencia y a participar en Tu eterna felicidad. Oh Señor misericordioso, me has colmado de estos dones únicamente por misericordia; viendo que todo lo que tengo me ha sido dado gratuitamente, adoro Tu bondad inconcebible con la más profunda humildad. Señor, el asombro me inunda el corazón [al pensar] que Tú, Señor absoluto, no necesitas a nadie y, sin embargo, por amor puro Te humillas así a nosotros. No dejo de asombrarme nunca cuando el Señor entra en una familiaridad tan estrecha con su criatura; es otra vez, su bondad insondable. Siempre comienzo esta meditación y nunca la termino, porque mi espíritu se sumerge en Él totalmente. Qué delicia es amar con todas las fuerzas de su alma y, a la vez, ser amada aún más, sentirlo (117) y vivirlo con plena conciencia de su ser no hay palabras para expresarlo.

1524 25 I [1938]. Jesús mío, qué bueno eres y paciente; a veces nos miras como a los niños pequeños. Algunas veces Te rogamos y no sabemos ni siquiera qué es lo que pedimos, porque al final de la plegaria cuando nos das lo que Te hemos suplicado, no queremos aceptarlo.

1525 Un día, vino a verme cierta hermana y me pidió orar y me dijo que no podía resistir más si [la situación] continuaba así más tiempo. ¡Rece, hermana! Le contesté que lo haría; empecé una novena a la Divina Misericordia, supe que Dios le concedería la gracia, pero ella al recibirla, otra vez estaría descontenta. No obstante yo continuaba rezando tal y como ella me había pedido. Al día siguiente vino la misma hermana; apenas empezó la conversación y se puso a hablar de lo mismo, le dije: Usted sabe, hermana, que en la oración no debemos obligar a Dios que nos dé lo que queremos nosotros, sino que, más bien, debemos someternos a su santa voluntad. (118) Pero a ella le parecía que lo que pedía era indispensable. Al final de la novena, vino nuevamente aquella hermana y me dijo: Ah, hermana, Jesús me ha concedido esta gracia, pero ahora pienso de otro modo. Rece, hermana, para que otra vez sea de modo diferente. Le contesté: Sí, rezaré para que en usted, hermana, se cumpla la voluntad de Dios y no lo que usted desee...

1526 Oh misericordiosísimo Corazón de Jesús, protégenos de la justa ira de Dios.

1527 + Cierta hermana me persigue continuamente sólo porque Dios se relaciona conmigo tan estrechamente. A ella le parece que todo lo dentro de mí es fingido. Cuando le parece que cometo algún error, me dice: Tienen visiones y hacen esta clase de errores. Lo ha comentado a otras hermanas y siempre en el sentido negativo, difundiendo, más bien, la opinión de que se trata de una medio loca. Un día me dolió mucho el hecho de que esa gota de inteligencia humana sabía indagar de este modo (119) los dones de Dios. Después de la Santa Comunión pedí que Dios la iluminara; sin embargo conocí que si esa alma no cambiaba su disposición interior, no alcanzaría la perfección.

1528 + Cuando me quejé a Jesús de cierta persona: Jesús, ¿cómo es posible que esa persona emita un juicio semejante incluso sobre la intención? El Señor me contestó: **No te extrañes de esto; esa alma no se conoce a sí misma, pues ¿cómo puede emitir un juicio justo sobre otra alma?**

1529 Hoy vi al Padre Andrasz rezando. Supe que intercedía ante Dios también por mí. A veces, el Señor me permite conocer quién reza por mí.

1530 Me he retirado un poco al segundo plano, como si esta obra de Dios no me interesara. En este momento no hablo de ella, pero toda mi alma está sumergida en la oración y suplico a Dios que se digne anticipar este gran don, es decir, la Fiesta de la Misericordia y veo que Jesús obra, nos da indicaciones sobre cómo esto debe ser realizado. Nada sucede por casualidad.

1531 (120) Hoy le dije al Señor Jesús: ¿Ves, cuántas dificultades [hay] antes de que crean que Tú Mismo eres el autor de esta obra? No todos lo creen ni siquiera ahora. **Quédate tranquila, niña Mía, nada puede oponerse a Mi voluntad; a pesar de las murmuraciones y la aversión de las hermanas, Mi voluntad se cumplirá en ti en toda su plenitud hasta el último deseo y designio. No te aflijas a causa de eso, Yo también fui piedra de escándalo para algunas almas.**

1532 + Jesús se quejó conmigo cuánto le dolía la infidelidad de las almas elegidas, **y aún hiere más Mi Corazón su desconfianza después de una caída. Me dolería menos, si no hubieran experimentado la bondad de Mi Corazón.**

1533 He visto la ira de Dios que pesa sobre Polonia. Y veo ahora que si Dios golpeara nuestro país con los mayores castigos esto sería todavía su gran misericordia, ya que por delitos tan graves, podría castigarnos con (121) la destrucción eterna. Quedé aterrorizada y el Señor descorrió el velo apenas un poco. Ahora veo claramente que las almas elegidas mantienen la existencia del mundo hasta que rebase la medida.

1534 + He visto el esfuerzo en la oración de cierto sacerdote. Su oración se parecía a la oración de Jesús en el Huerto de los Olivos. Oh, si aquel sacerdote supiera lo agradable que era su oración a Dios.

1535 Oh Jesús, me encierro en Tu misericordiosísimo Corazón como en una fortaleza inconquistable, para [defenderme] de las flechas de los enemigos.

1536 Hoy he estado junto a una persona agonizante que moría en mi comarca natal. La sostenía con mis oraciones; después de un momento he sentido dolores en las manos, los pies y el costado, durante un breve momento...

1537 (122) 27 I [1938]. Hoy, durante la Hora Santa Jesús se quejó conmigo de la ingratitud de las almas.

A cambio de los beneficios recibo la ingratitud; a cambio del amor obtengo el olvido y la indiferencia. Mi Corazón no puede soportarlo.

1538 En ese momento, en mi corazón ardió un amor fortísimo a Jesús; ofreciéndome por las almas ingratas, en ese momento me he sumergido toda en Él. Al volver en mí, el Señor me ha dado a probar una pequeña parte de esa ingratitud que inundaba su Corazón. Esa experiencia duró poco tiempo.

1539 Hoy he dicho al Señor: ¿Cuándo me llevarás Contigo? Yo ya me sentía tan mal y con gran impaciencia esperaba Tu venida. Jesús me contestó: **Debes estar siempre preparada, pero ya no te dejaré por mucho tiempo en este destierro; tiene que cumplirse en ti Mi santa voluntad.** Ah, Señor, si Tu santa voluntad no se ha cumplido todavía plenamente, aquí me tienes preparada a todo lo que Tú quieras, oh Señor. (123) Oh Jesús mío, me extraña solamente que Tú me des a conocer tantos secretos y no quieras revelarme el secreto referente a la hora de mi muerte. Y el Señor me contestó: **Quédate tranquila, te la haré conocer, pero ahora todavía no.** Ah Señor mío, Te pido perdón por haber querido saberlo. Tú sabes bien por qué, ya que conoces mi corazón lleno de nostalgia que Te anhela ardientemente. Tú sabes que no quisiera morir ni un minuto antes de la hora que has establecido antes de los siglos.

Jesús ha escuchado mis confidencias con singular bondad.

1540 (124) 28 I [1938]. Hoy el Señor me dijo: **Escribe, hija Mía, estas palabras: Todas las almas que adoren Mi misericordia y propaguen la devoción invitando a otras almas a confiar en Mi misericordia no experimentarán terror en la hora de la muerte. Mi misericordia las protegerá en ese último combate...**

1541 **Hija Mía, anima a las almas a rezar la coronilla que te he dado. A quienes recen esta coronilla, Me complazco en darles lo que Me pidan. Cuando la recen los pecadores empedernidos, colmaré sus almas de paz y la hora de su muerte será feliz. Escríbelo para las almas afligidas: Cuando un alma vea y conozca la gravedad de sus pecados, cuando a los ojos de su alma se descubra todo el abismo de la miseria en la que ha caído, no se desespere, sino que se arroje con confianza en brazos de Mi misericordia, como un niño en brazos de su madre amadísima. Estas almas** (125) **tienen prioridad en Mi Corazón compasivo, ellas tienen preferencia en Mi misericordia. Proclama que ningún alma que ha invocado Mi misericordia ha quedado decepcionada ni ha sentido confusión. Me complazco particularmente en el alma que confía en Mi bondad. Escribe: cuando recen esta coronilla junto a los moribundos, Me pondré entre el Padre y el alma agonizante no como el Juez justo sino como el Salvador misericordioso.**

1542 En ese momento el Señor me ha hecho saber lo celoso que es de mi corazón.

Cuando aún entre las hermanas te sientas sola, sabes que deseo que te unas a Mí más estrechamente. Me importa cada latido de tu corazón; cada destello de tu amor se refleja en Mi Corazón, estoy sediento de tu amor. Sí, oh Jesús, pero mi corazón tampoco sabría vivir sin Ti, porque aunque me ofrecieran los corazones de todas las criaturas, ellas no saciarían los profundos deseos de mi corazón.

1543 (126) Esta noche el Señor me dijo: **Abandónate toda a Mí en la hora de la muerte y Yo te presentaré a Mi Padre como Mi esposa. Ahora te recomiendo unir de modo particular tus acciones, aún sean las más pequeñas, a Mis méritos, y entonces Mi Padre las mirará con amor como si fueran Mías.**

1544 **No cambies el examen particular que te he dado a través del Padre Andrasz, es decir, el de unirte continuamente a Mí; esto es lo que hoy exijo de ti decididamente. Sé como una niña para con Mis representantes** [377]**, porque Yo Me sirvo de sus bocas para hablarte, para que no tengas duda en nada.**

1545 Mi salud ha mejorado un poco. Hoy he bajado al refectorio y a la capilla; aún no puedo encargarme de los deberes, me quedo en la celda con la lanzadera [378]. Este trabajo me atrae muchísimo, pero todavía me canso hasta de un trabajo tan ligero. (127) Veo que tengo muy pocas fuerzas. No tengo momentos de ocio, porque cada instante de mi vida está lleno de oración, sufrimiento y trabajo; adoro a Dios de uno o de otro modo y si Dios me diera la vida otra vez, no se si la aprovecharía mejor.

1546 El Señor me dijo: **Me deleito con tu amor; tu amor sincero es tan grato a Mi Corazón como la fragancia de un capullo de rosa a primera hora de la mañana cuando el sol no le ha secado todavía el rocío. El frescor de tu corazón Me encanta, por eso Me uno a ti tan estrechamente como a ninguna otra criatura...**

1547 Hoy he visto los esfuerzos de este sacerdote [379] por la causa de Dios. Su corazón empieza a probar lo que colmaba el Corazón divino durante su vida terrenal. Por los esfuerzos, la ingratitud... Pero su celo por la gloria de Dios es grande...

1548 (128) 30 I 1938. Retiro espiritual de un día.

Durante la meditación el Señor me indicó que mientras el corazón lata en mi pecho, debo procurar siempre que el reino de Dios se extienda en la tierra. He de luchar por la gloria de mi Creador.

Sé que daré a Dios la gloria que espera de mí, si trato de colaborar fielmente con la gracia de Dios.

1549 Deseo vivir en espíritu de fe, acepto todo lo que me sucede como enviado por la voluntad amorosa de Dios que desea sinceramente mi felicidad; por eso todo lo que Dios me envíe lo aceptaré con sumisión y agradecimiento sin hacer caso a la voz de la naturaleza ni a las sugerencias del amor propio. Antes de emprender una acción de mayor importancia reflexionaré un momento para ver qué relación tiene con la vida eterna y cuál es el motivo principal de hacerla: la gloria de Dios o el bien de mi propia alma o el bien de otras almas. Si el corazón me dice sí, entonces seré inflexible en la ejecución de dicha acción, (129) sin reparar en ningún obstáculo ni sacrificio; no me dejaré desviar del propósito que me haya propuesto, me bastará saber que es grato a Dios. Y si conozco que una acción dada no tiene nada que ver con lo dicho anteriormente, trataré de elevarla a esferas más altas mediante una buena intención. Y si conozco que algo proviene del amor propio lo eliminaré en su origen.

1550 En los momentos de dudas no actuaré, sino que buscaré cuidadosamente una explicación entre el clero, y especialmente en mi director espiritual. No justificarme de los reproches y las observaciones hechas por cualquiera, excepto el caso de ser interrogada directamente para dar testimonio de la verdad. Escuchar con gran paciencia las confidencias de los demás, encargarme de sus sufrimientos, confortándolos y sumergir mis propios sufrimientos en el compasivísimo Corazón de Jesús. Nunca salir de las profundidades de su misericordia e introducir en ella al mundo entero.

1551 (130) Durante la meditación sobre la muerte rogué al Señor que se dignara penetrar mi corazón con los mismos sentimientos que tendría en el momento de la muerte. Y la gracia de Dios me contestó interiormente que había hecho lo que estaba en mi poder, entonces podía estar tranquila. En ese momento en mi alma se despertó una gratitud tan grande al Señor que me eché a llorar de alegría como una niña... Me preparé para recibir la Santa Comunión a la mañana siguiente como viático y recé por mí las plegarias de los agonizantes [380].

1552 Entonces oí estas palabras: **Tal como estás unida a Mí en vida, así estarás unida en el momento de la muerte.** Después de estas palabras en mi alma se despertó una confianza tan grande en la Divina Misericordia que aunque tuviera en mi conciencia los pecados del mundo entero y los pecados de las almas condenadas, a pesar de todo esto, no dudaría de la bondad de Dios, sino que me arrojaría sin pensar en el abismo de la Divina Misericordia que siempre está abierto para nosotros y con el corazón hecho polvo me arrojaría (131) a sus pies abandonándome completamente a su santa voluntad que es la misericordia misma.

1553 Oh Jesús mío, Vida de mi alma, Vida mía, Salvador mío, mi dulcísimo Esposo y a la vez mi Juez, Tú sabes que en esta última hora no contaré con ningún mérito mío, sino únicamente con Tu misericordia. Ya desde hoy me sumerjo toda en este abismo de Tu misericordia que siempre está abierto para cada alma.

Oh Jesús mío, yo tengo una sola tarea en la vida, en la muerte y en la eternidad: y es adorar Tu misericordia inconcebible. Ninguna mente profundizará en los misterios de Tu misericordia, oh Dios, ni un ángel ni un hombre. Los ángeles se asombran del misterio de la Divina Misericordia, pero no lo pueden concebir. Todo lo que ha salido de las manos del Creador está encerrado en un misterio inconcebible, es decir, en las entrañas de su misericordia. Cuando lo considero mi espíritu desfallece, el corazón se me deshace de alegría. Oh Jesús, a través de Tu piadosísimo Corazón como a través de un cristal han llegado (132) a nosotros los rayos de la Divina Misericordia.

1554 1 II [1938]. Hoy estoy un poco peor de salud, no obstante todavía participo en la vida comunitaria de toda la Comunidad. Estoy haciendo todavía grandes esfuerzos, que sólo Tú conoces, oh Jesús. Hoy, en el refectorio pensé que no iba a resistir durante todo el almuerzo. Cada comida me causa dolores tremendos.

1555 Hace una semana me visitó la Madre Superiora y me dijo: A usted, hermana se le pega cada enfermedad, porque usted tiene el organismo muy débil, pero no es su culpa. Si otra hermana sufriera la misma enfermedad, seguramente andaría, y usted ya debe estar acostada. Esas palabras no me causaron disgusto, pero es mejor no hacer tales comparaciones a las personas gravemente enfermas, porque de todas maneras su cáliz está lleno. Otra cosa, cuando las hermanas visitan a los enfermos, no pregunten cada vez tan detalladamente: ¿Qué es lo que duele? (133) ¿cómo duele?, ya que repetir continuamente a cada hermana lo mismo cansa enormemente, especialmente cuando, de tiempo en tiempo, hay que repetirlo varias veces al día.

1556 Cuando entré por un momento en la capilla, el Señor me explicó que entre las almas elegidas tiene algunas especialmente elegidas, que llama a una santidad elevada, a una unión excepcional con Él. Éstas son las almas seráficas de las cuales Dios exige que lo amen más que otras almas; a pesar de que todas viven en el convento, no obstante este amor más intenso lo exige, a veces, de una sola alma. Tal alma comprende la llamada, porque Dios se la hace conocer interiormente, pero puede seguirla o puede no seguirla; del alma depende si es fiel a las llamadas del Espíritu Santo, o si se opone al Espíritu Santo. Supe que hay un lugar en el purgatorio donde las almas satisfacen a Dios por este tipo de culpas; entre diversos tormentos, éste es el más duro. El alma marcada por Dios de modo especial (134) se distinguirá en todas partes tanto en el paraíso, como en el purgatorio o en el infierno. En el paraíso se distinguirá de entre otras almas por una mayor gloria, por el resplandor y por un más profundo conocimiento de Dios; en el purgatorio, por un sufrimiento más profundo, porque conoce más a fondo y anhela más violentamente a Dios; en el infierno, sufrirá más que otras almas, porque sabe más profundamente a quien ha perdido; este sello del amor exclusivo de Dios no se borra en ella.

1557 Oh Jesús, mantenme en el santo temor para que no malgaste las gracias. Ayúdame a ser fiel a las inspiraciones del Espíritu Santo, permite, más bien, que mi corazón estalle de amor hacia Ti, antes de que descuide un solo acto de este amor.

1558 2 II [1938]. Las tinieblas del alma. Hoy [es] la fiesta de la Madre de Dios y en mi alma [hay] tanta oscuridad. El Señor se ha escondido y yo estoy sola, completamente sola. Mi mente está tan ofuscada que alrededor de mí veo sólo fantasmas; ni un solo rayito de luz entra en el alma, no me entiendo a mí misma ni a los que me hablan. (135) Me han oprimido unas tentaciones terribles contra la santa fe. Oh Jesús mío, sálvame. No alcanzo a decir más. No puedo describirlas detalladamente, porque tengo miedo de que, leyéndolas alguien pueda escandalizarse. Me he sorprendido de que a un alma le puedan invadir las tribulaciones de esta clase. Oh huracán, ¿qué haces con la barquita de mi alma? Esta tormenta duró un día entero y una noche. Cuando entró la Madre Superiora y preguntó: Hermana, ¿no quisiera usted aprovechar, porque va a confesar el Padre Andrasz [381]?, contesté que no. Me parecía que ni el Padre me comprendería y ni yo lograría confesarme. Pasé toda la noche con Jesús en Getsemaní. Un continuo gemido de dolor salía de mi pecho. La agonía natural será más leve, porque durante ella se agoniza y se muere mientras aquí uno agoniza sin poder morir. Oh Jesús, no creía que existieran sufrimientos de este tipo. La nada es la realidad. Oh Jesús, sálvame, creo en Ti con todo mi corazón, he visto muchísimas veces el resplandor de Tu rostro y ahora - ¿dónde estás, Señor? Creo, creo y una vez más creo (136) en Ti, Dios único en la Santísima Trinidad, Padre, Hijo y Espíritu Santo, y en todas las verdades que Tu santa Iglesia me ofrece para creer. Sin embargo, las tinieblas no desaparecen y mi espíritu se sumerge en una agonía todavía mayor. En ese momento me invadió un tormento tan tremendo que ahora me extraño de no haber exhalado el último suspiro, pero fue un momento breve.

1559 En aquel momento vi a Jesús de Cuyo Corazón salían los dos mismos rayos y me envolvieron toda. En aquel mismo instante desaparecieron mis tormentos. **Hija Mía,** dijo el Señor, **has de saber que lo que has pasado ahora, es lo que eres por ti misma; y sólo por fuerza de Mi gracia eres partícipe de la vida eterna y de todos los dones que te concedo generosamente.** Y con estas palabras del Señor ha venido un verdadero conocimiento de mí misma. Jesús me enseña una humildad profunda y al mismo tiempo una confianza absoluta en Él. Mi corazón está reducido a cenizas, a polvo y aunque toda la gente me despreciara, lo consideraría (137) una gracia también.

Siento y estoy profundamente convencida de ser una nulidad, de que las verdaderas humillaciones serán mi alivio.

1560 3 II [1938]. Hoy, después de la Santa Comunión Jesús me ha dado de nuevo algunas indicaciones. **Primero: no luches sola contra la tentación, sino que descúbrela inmediatamente al confesor y entonces la tentación perderá toda su fuerza; segundo: en estas pruebas no pierdas la calma, vive Mi presencia, pide la ayuda de Mi Madre y la de los santos; tercero: ten la certeza de que Yo te miro y te sostengo; cuarto: no tengas miedo ni de las luchas espirituales ni de ninguna tentación, porque Yo te sostengo con tal de que tú quieras luchar; has de saber que la victoria siempre está de tu lado; quinto: has de saber que con una lucha intrépida Me das una gran gloria y ganas méritos para ti, la tentación ofrece la posibilidad de demostrarme tu fidelidad.**

1561 **Y ahora te diré lo más importante para ti: una sinceridad sin límites con tu director espiritual; si no aprovechas esta gracia según** (138) **mis indicaciones, te la quitaré y entonces te quedarás sola contigo misma y volverán a ti todas las tribulaciones que conoces. No Me agrada que desaproveches la oportunidad cuando puedes encontrarlo y hablar con él. Has de saber que es Mi enorme gracia si Yo doy a un alma el**

director espiritual. Muchas almas Me lo piden y no a todas les concedo esta gracia. En el momento en que te lo he dado como director espiritual, le he dotado de una nueva luz para que pueda conocer y comprender fácilmente tu alma...

1562 Oh Jesús mío, mi única misericordia, déjame ver en Tu rostro la alegría como señal de reconciliación conmigo, porque mi corazón no alcanzará a soportar Tu seriedad; si la prolongas todavía un momento, se me partirá de dolor. Ves que ya estoy hecha polvo.

1563 En aquel mismo momento me vi como en un palacio y Jesús me dio la mano y me colocó a su lado diciendo con dulzura: **Esposa Mía, Me agradas siempre con la humildad. La mayor miseria no Me impide** (139) **unirme al alma, pero donde está la soberbia, no estoy Yo.**

Cuando volví en mí contemplé todo lo que había sucedido en mi corazón agradeciendo a Dios por su amor y su misericordia que me había manifestado.

1564 Jesús mío, escóndeme; como Tú Te has ocultado bajo la especie de una hostia blanca, así escóndeme a los ojos de los hombres y esconde especialmente Tus dones que me concedes con generosidad para que por fuera no se delate lo que Tú obras en mi alma. Delante de Ti soy una hostia blanca, oh Divino Sacerdote, conságrame Tú Mismo y que mi transformación sea conocida solo de Ti. Todos los días, como una hostia expiatoria me presento delante de Ti y Te suplico la misericordia para el mundo. Me anonadaré delante de Ti en silencio y sin ser vista; en un profundo silencio mi amor puro e indivisible arderá en holocausto y la fragancia de este amor ascienda a los pies de Tu trono. Tú eres el Señor de los señores, pero Te complaces en los corazones pequeñitos y humildes...

1565 (140) Cuando entré por un momento en la capilla, el Señor me dijo: **Hija Mía, ayúdame a salvar a un pecador agonizante; reza por él esta coronilla que te he enseñado.** Al empezar a rezar la coronilla, vi a aquel moribundo entre terribles tormentos y luchas. El Ángel Custodio lo defendía, pero era como impotente ante la gran miseria de aquella alma; una multitud de demonios estaba esperando aquella alma. Mientras rezaba la coronilla, vi a Jesús tal y como está pintado en la imagen. Los rayos que salieron del Corazón de Jesús envolvieron al enfermo y las fuerzas de las tinieblas huyeron en pánico. El enfermo expiró sereno. Cuando volví en mí, comprendí la importancia que tiene esta coronilla rezada junto a los agonizantes, ella aplaca la ira de Dios.

1566 Cuando pedí perdón a Jesús por una acción mía que poco después resultó imperfecta, Jesús me tranquilizó con estas palabras: **Hija Mía, te recompenso por la pureza de la intención que has tenido** (141) **en el momento de actuar. Se ha alegrado Mi Corazón de que en el momento de actuar hayas tenido presente Mi amor y esto de modo tan evidente; todavía ahora sacas provecho de ello, y es la humillación. Sí, niña Mía, deseo que siempre tengas una gran pureza de intención en tus más pequeñas iniciativas.**

1567 En el momento en que tomé la pluma en la mano, recé brevemente al Espíritu Santo y dije: Jesús, bendice esta pluma para que todo lo que me haces escribir sea para la gloria de Dios. De repente oí una voz: **Sí, bendigo, porque en este escrito está el sello de obediencia a la Superiora y al confesor y ya con esto recibo gloria y muchas almas sacarán provecho para sí. Hija Mía, exijo que todos los momentos libres los dediques a escribir de Mi bondad y misericordia; ésta es tu misión y tu tarea en toda tu vida para que des a conocer a las almas la gran misericordia que tengo con ellas y que las invites a confiar en el abismo de Mi misericordia...**

1568 (142) Oh Jesús mío, creo en Tus palabras y ya no tengo ninguna duda al respecto, ya que en una conversación con la Madre Superiora, ella me dijo que escribiera más sobre Tu misericordia. Sus palabras concordaron plenamente con Tu deseo. Oh Jesús mío, ahora comprendo que si pides algo al alma, también das a las Superioras la inspiración de permitirnos cumplir Tu demanda, aunque sí sucede que no siempre se obtenga en seguida; a veces nuestra paciencia es expuesta a prueba...

1569   + Oh amor eterno, Jesús, que Te has encerrado en esta Hostia
    Ocultando Tu divina Majestad y Tu belleza,
    Lo haces para darte entero a mi alma
    Y para no asustarla con Tu grandeza.

Oh amor eterno, Jesús, que Te has ocultado en el pan,
Bienaventuranza eterna, inimaginable fuente de felicidad y gozo,
Que quieres ser mi paraíso en la tierra
Y lo eres cuando me comunicas Tu amor divino.

1570 (143) Oh Dios de gran misericordia, bondad infinita, hoy toda la humanidad clama, desde el abismo de su miseria, a Tu misericordia, a Tu compasión, oh Dios; y grita con la potente voz de la miseria. Dios indulgente, no rechaces la oración de los desterrados de esta tierra. Oh Señor, bondad inconcebible que conoces perfectamente nuestra miseria y sabes que por nuestras propias fuerzas no podemos ascender hasta Ti, Te imploramos, antícipanos Tu gracia y multiplica incesantemente Tu misericordia en nosotros para que cumplamos fielmente Tu santa voluntad a lo largo de nuestras vidas y a la hora de la muerte. Que la omnipotencia de Tu misericordia nos proteja de las flechas de los enemigos de nuestra salvación, para que con confianza, como Tus hijos, esperemos Tu última venida, ese día que conoces sólo Tú. Y a pesar de toda nuestra miseria, esperamos recibir todo lo que Jesús nos ha prometido, porque Jesús es nuestra esperanza; a través de su Corazón misericordioso, como a través de una puerta abierta, entramos en el cielo.

1571 (144) He notado que desde que entré en el convento me hacían una sola crítica, la que soy santa; pero este sobrenombre fue siempre pronunciado con sarcasmo. Al principio eso me hacía sufrir, pero cuando me elevé más, dejó de importarme. Sin embargo, una vez cuando a causa de mi santidad fue afectada cierta persona, sufrí mucho viendo que yo podía ser causa de los disgustos de otras personas y me quejé con Jesús ¿por qué era así? y el Señor me contestó: **¿Te entristeces por ello? Si tu lo eres. Dentro de poco Yo Mismo lo manifestaré en ti y pronunciaré la misma palabra: "santa" pero esta vez solamente con amor.**

1572 Te recuerdo, hija Mía, que cuántas veces oigas el reloj dando las tres, sumérgete totalmente en Mi misericordia, adorándola y glorificándola; suplica su omnipotencia para el mundo entero y especialmente para los pobres pecadores, ya que en ese momento se abrió de par en par para cada (145) alma. En esa hora puedes obtener todo lo que pides para ti y para los demás. En esa hora se estableció la gracia para el mundo entero: la misericordia triunfó sobre la justicia. Hija Mía, en esa hora procura rezar el Vía Crucis, en cuanto te lo permitan los deberes; y si no puedes rezar el Vía Crucis, por lo menos entra un momento en la capilla y adora en el Santísimo Sacramento a Mi Corazón que está lleno de misericordia. Y si no puedes entrar en la capilla, sumérgete en oración allí donde estés, aunque sea por un brevísimo instante. Exijo el culto a Mi misericordia de cada criatura, pero primero de ti, ya que a ti te he dado a conocer este misterio de modo más profundo.

1573 + Oh Dios mío, qué nostalgia siento hoy por Ti. Oh, ya nada más atrae mi corazón, la tierra ya no tiene nada para mí. Oh Jesús, cuánto me pesa este destierro, cuánto se prolonga. Oh muerte, mensajera de Dios, ¿cuándo me anunciarás este deseado momento que me unirá a mi Dios por la eternidad?

1574 (146) Oh Jesús mío, que los últimos días de mi destierro sean completamente conformes a Tu santísima voluntad.

Uno mis sufrimientos, mis amarguras y mi agonía a Tu sagrada Pasión y me ofrezco por el mundo entero para obtener una abundancia de misericordia para las almas y especialmente para las almas que viven en nuestras casas. Confío firmemente y me someto por completo a Tu santa voluntad que es la misericordia misma. Tu misericordia será todo para mí en la última hora, tal y como Tú Mismo me lo has prometido...

1575 + Sé bendito, Amor eterno, mi dulce Jesús, que Te has dignado morar en mi corazón. Te saludo, oh divinidad gloriosa que Te has dignado humillarte por mí y anonadarte por amor hacia mí, hasta reducirte a una tenue apariencia de pan. Te saludo, Jesús, inmarcesible flor de humanidad, Tú eres el único para mi alma. Tu amor es más puro que un lirio y Tu presencia me agrada más que el perfume del jacinto. Tu amistad es más tierna (147) y más sutil que el aroma de la rosa, sin embargo más fuerte que la muerte. Oh Jesús, belleza inconcebible, Te entiendes perfectamente con las almas puras, porque sólo ellas son capaces de heroísmo y de sacrificio. Oh dulce y rosada sangre de Jesús, ennoblece mi sangre y transfórmala en Tu propia sangre. Que se haga esto en mí según Tu designio.

1576 **Has de saber, hija Mía, que entre Yo y tú hay un abismo sin fondo que separa al Creador de la criatura, pero Mi misericordia nivela este abismo. Te elevo hasta Mí no por necesitarte, sino únicamente por misericordia te ofrezco la gracia de la unión.**

1577 **Diles a las almas que no pongan obstáculos en sus propios corazones a Mi misericordia que desea muchísimo obrar en ellos. Mi misericordia actúa en todos los corazones que le abren su puerta; tanto el pecador como el justo necesitan (148) Mi misericordia. La conversión y la perseverancia son las gracias de Mi misericordia.**

1578 **Que las almas que tienden a la perfección adoren especialmente Mi misericordia, porque la abundancia de gracias que les concedo proviene de Mi misericordia. Deseo que estas almas se distingan por una confianza** sin límites en Mi misericordia. Yo Mismo Me ocupo de la santificación de estas almas, les daré todo lo que sea necesario para su santidad. Las gracias de Mi misericordia se toman con un solo recipiente y éste es la confianza. Cuanto más confíe un alma, tanto más recibirá. Las almas que confían sin límites son Mi gran consuelo, porque en tales almas vierto todos los tesoros de Mis gracias. Me alegro de que pidan mucho, porque Mi deseo es dar mucho, muchísimo. Me pongo triste, en cambio, si las almas piden poco, estrechan sus corazones.

1579 (149) + Sufro muchísimo cuando me encuentro con la hipocresía. Ahora entiendo, Salvador mío, porque reprendías tan severamente a los fariseos por su hipocresía. A los pecadores empedernidos les tratabas con más benevolencia cuando volvían a Ti arrepentidos.

1580 Jesús mío, ahora veo que he pasado por todas las etapas de la vida Contigo: la infancia, la juventud, la vocación, la labor apostólica, el Tabor, el Huerto de los Olivos y ahora ya estoy contigo en el Calvario. Me he sometido espontáneamente a la crucifixión y ya estoy crucificada aunque camino todavía un poco, pero estoy tendida en la cruz y siento claramente que la fuerza de Tu cruz fluye sobre mí y que Tú eres mi perseverancia. Aunque he oído, más de una vez, la voz de la tentación que me grita ¡baja de la cruz!, la potencia de Dios me fortalece. Aunque los abandonos, las tinieblas y diversos sufrimientos golpean mi corazón, no obstante una misteriosa fuerza divina me sostiene y fortifica. Deseo beber el cáliz (150) hasta la última gota. Confío firmemente en que Tu gracia, que me sostuvo en los momentos cuando estaba en el Huerto de los Olivos, también me sostendrá ahora cuando estoy en el Calvario.

1581 Oh Jesús mío, Maestro, uno mis deseos a los Tuyos que Tú tuviste en la cruz: deseo cumplir Tu santa voluntad; deseo la conversión de los pecadores; deseo que sea adorada Tu misericordia; deseo que sea anticipado el triunfo de la Iglesia; deseo que la Fiesta de la Misericordia sea celebrada en el mundo entero; deseo la santidad de los sacerdotes; deseo que haya una santa en nuestra Congregación [382]; deseo que en toda nuestra Congregación reine el espíritu de gran celo por la gloria de Dios y la salvación de las almas; deseo que las almas que viven en nuestras casas no ofendan a Dios, sino que perseveren en el bien; deseo la bendición de Dios para [mis] padres y para toda [mi] familia; deseo que Dios conceda una luz particular a mis guías espirituales y especialmente al Padre Andrasz [383] y al Padre Sopoćko [384]; deseo una bendición particular (151) para mis Superioras [385], bajo cuyas ordenes he estado y especialmente para la Madre General [386] y la Madre Irene y la Madre Maestra Josefa [387].

1582 Oh Jesús mío, ahora abrazo al mundo entero y Te pido misericordia para él. Cuando me digas, oh Dios, que ya basta, que ya se haya cumplido plenamente Tu santa voluntad, entonces en unión Contigo, Salvador mío, entregaré mi alma en manos del Padre celestial, llena de confianza en Tu misericordia insondable y entonaré el primer himno a Tu misericordia cuando me presente a los pies de Tu trono. ¡No te olvidaré, pobre tierra!, aunque siento que me sumergiré inmediatamente toda en Dios, como en un océano de felicidad, eso no me impedirá volver a la tierra y dar ánimo a las almas e invitarlas a confiar en la Divina Misericordia. Al contrario, esa inmersión en Dios me dará unas posibilidades ilimitadas de obrar.

1583 Mientras lo escribo oigo el rechinar de dientes de Satanás que no puede soportar la misericordia de Dios y arroja los objetos en mi celda; pero siento dentro de mí una fuerza de Dios tan grande que no me importa nada la rabia (152) del enemigo de nuestra salvación y sigo escribiendo tranquilamente.

1584 Oh inconcebible bondad de Dios que nos proteges a cada paso. Sea gloria incesante a Tu misericordia por haberte fraternizado no con los ángeles sino con los hombres. Éste es un milagro del misterio insondable de Tu misericordia.

Toda nuestra confianza está en Ti, nuestro hermano primogénito, Jesucristo, Dios verdadero y hombre verdadero. Mi corazón palpita de alegría al ver lo bueno que es Dios para nosotros, los humanos, tan miserables e ingratos y como prueba de su amor nos ofrece un don inconcebible, es decir, a Sí Mismo en la Persona de Su Hijo. No lograremos penetrar este misterio de amor a lo largo de toda la eternidad. Oh humanidad, ¿por qué piensas tan poco en que Dios está realmente entre nosotros? Oh Cordero de Dios, no sé qué admirar en Ti primero: Tu mansedumbre, Tu vida oculta y anonadamiento por la humanidad, o más bien el milagro incesante de Tu misericordia que transforma las almas (153) y las resucita para la vida eterna. Aunque estás tan oculto, Tu omnipotencia se manifiesta aquí más que en la creación del hombre; aunque la omnipotencia de Tu misericordia actúa en la justificación del pecador, sin embargo Tu actuación es muy silenciosa y escondida.

1585 Una visión de la Santísima Virgen. Entre una gran claridad vi a la Santísima Virgen con una túnica blanca, ceñida de un cinturón de oro y unas pequeñas estrellas, también de oro, en todo el vestido y las mangas a triángulo guarnecidas de oro. Tenía un manto de color de zafiro, puesto ligeramente sobre los hombros, en la cabeza tenía un velo liviano transparente, el cabello suelto, arreglado espléndidamente y una corona de oro que terminaba en pequeñas cruces. En el brazo izquierdo tenía al Niño Jesús. Nunca antes he visto a la Santísima Virgen bajo este aspecto. Luego me miró con ternura y dijo: *Soy la Madre de los sacerdotes*. Después puso a Jesús en el suelo, levantó la mano derecha hacia el cielo, y dijo: *Oh Dios, bendice a Polonia, bendice a los sacerdotes.* Y otra vez se dirigió a mí: *Cuenta a los sacerdotes lo que has visto.* (154) Decidí decirlo al Padre [388] en la primera ocasión, pero yo misma no logré comprender nada de esa visión.

1586 Oh Jesús mío, Tú ves cuánta gratitud tengo para el Padre Sopoćko que ha hecho avanzar mucho Tu obra. Esta alma

tan humilde supo resistir todas las tormentas y no se
desanimó por las contrariedades, sino que ha contestado
fielmente a la llamada de Dios.

1587 + Una vez, atendía a los enfermos una hermana tan
negligente en su trabajo que verdaderamente era necesario mortificarse bastante. Un día decidí decirlo a las Superioras; pero oí en el alma una voz: **Soporta pacientemente, lo dirá otra persona.** Sin embargo, tal servicio
continuó todo el mes. Cuando ya podía bajar un poco al
refectorio y al recreo, oí en el alma estas palabras: **Ahora
otras hermanas hablarán** (155) **de la negligencia en el
servicio de esa religiosa, pero tú cállate y no interven-
gas en este asunto.** En ese mismo instante empezó una
discusión bastante áspera sobre esa hermana, pero ella no
logró encontrar nada en su defensa y todas las hermanas
a coro: Enmiéndese, hermana y atienda mejor a los enfermos. Conocí que, a veces, Jesús no desea que digamos
algo por nuestra iniciativa; Él tiene su modo y sabe
cuándo es el momento oportuno para hablar.

1588 Hoy escuché estas palabras: **En el Antiguo Testamento
enviaba a los profetas con truenos a Mi pueblo. Hoy
te envío a ti a toda la humanidad con Mi misericordia.
No quiero castigar a la humanidad doliente, sino que
deseo sanarla, abrazarla a Mi Corazón misericordioso. Hago uso de los castigos cuando Me obligan a ello;
Mi mano resiste a tomar la espada de la justicia. Antes
del día de la justicia envío el día de la misericordia.**
Contesté: Oh Jesús mío, Tú Mismo habla a las almas,
porque mis palabras no valen nada.

+

(156) JMJ

1589 La espera del alma a la venida del Señor

No sé, oh Señor, a qué hora vendrás,
Por eso vigilo continuamente y presto atención,

Yo, Tu esposa por Ti escogida,
Porque sé que Te gusta venir inadvertidamente,
Pero el corazón puro desde lejos Te sentirá, Se-
ñor.

Te espero, Señor, entre la quietud y el silencio,
Con gran añoranza en el corazón,
Con un deseo irresistible.
Siento que mi amor hacia Ti se vuelve fuego
Y como una llama ascenderá al cielo al final de la vida
Y entonces se realizarán todos mis deseos.

Ven ya, mi dulcísimo Señor,
Y lleva mi corazón sediento
Allí, donde estás Tú, a las regiones excelsas del
cielo,
Donde Tu vida dura eternamente.

La vida en la tierra es una agonía continua,
Mientras mi corazón siente que está creado para grandes
alturas,
Y no lo atraen nada las llanuras de esta vida,
Porque mi patria es el cielo. Ésta es mi fe inquebrantable.

[Fin del quinto cuaderno del manuscrito del Diario]

SEXTO CUADERNO

Glorificaré la Divina Misericordia por los siglos

Sor Faustina del Santísimo Sacramento
Congregación de las Hermanas
de la Madre de Dios de la Misericordia

+

(1) JMJ

1590   Glorifica, alma mía, la inconcebible misericordia
              de Dios, todo para su gloria...

                                        Cracovia, 10 II 1938
                                        Sexto cuaderno

                        Sor Faustina del Santísimo Sacramento
                            de la Congregación de las Hermanas
                            de la Madre de Dios de la Misericordia

1591   Mi corazón es atraído allá donde mi Dios
                se oculta,
                Donde permanece con nosotros día y noche,
                Envuelto en una Hostia blanca,
                Dirige el mundo entero, se comunica con las
                almas.

         Mi corazón es atraído donde mi Señor se oculta
         Donde [está] su amor anonadado,
         Pero mi corazón siente que allí está el agua viva,
         Mi Dios vivo, aunque oculto detrás de un velo.

1592 (2) 10 II 1938. Durante la meditación el Señor me dio a
         conocer el gozo del cielo y el de los santos que se alegran
         por nuestra llegada. Aman a Dios como el único objeto
         de su amor, pero también nos aman a nosotros tierna y
         sinceramente; pero esta alegría fluye a todos del rostro de
         Dios, porque lo vemos cara a cara. Este rostro es tan
         dulce que el alma cae en un continuo éxtasis.

1593 El Señor Mismo me impulsa a escribir oraciones e himnos sobre su misericordia y estos actos de adoración se agolpan en mis labios. He advertido que a mi mente vienen ya formuladas las expresiones en honor de la misericordia de Dios, por eso he decidido ponerlas por escrito, si está en mi poder; siento un apremio de Dios respecto a esto.

1594 Entró en mi [celda] por un momento una de las hermanas, y tras una breve conversación sobre la obediencia me dijo: Ah, ahora comprendo cómo se comportaban (3) los santos. Gracias, hermana, una gran luz ha entrado en mi alma, he sacado mucho provecho.

1595 Oh Jesús mío, es Tu obra, has sido Tú quien habló a esta alma, porque la hermana ha entrado cuando yo estaba completamente sumergida en Dios; precisamente en aquel momento me abandonó el recogimiento elevado. Oh Jesús mío, yo sé que para ser un alma útil es necesario procurar la más estrecha unión Contigo, oh amor eterno. Una palabra de un alma unida a Dios procura más bien a las almas que elocuentes debates o prédicas de un alma imperfecta.

1596 + Vi el asombro del Padre Andrasz por mi comportamiento, pero todo para la gloria de Dios. Oh, grandísima es Tu gracia, Señor, que eleva el alma a las alturas. Es grande mi gratitud a Dios por haberme dado a un sacerdote inspirado, ya que en realidad habrías podido dejarme en la incertidumbre y en las dudas, pero Tu bondad (4) lo ha remediado. Oh Jesús mío, no soy capaz de contar Tus beneficios...

1597 **Hija Mía, la lucha continuará hasta la muerte, le [pondrá fin] el último suspiro; vencerás con la mansedumbre.**

1598 13 II 1938. He visto con qué renuencia ha ido Jesús a algunas almas en la Santa Comunión. Y me ha repetido estas palabras: **Voy a algunos corazones como a otra Pasión.**

1599 Durante la Hora Santa que trataba de hacer, vi a Jesús doliente que me dijo estas palabras: **Hija Mía, no prestes tanta atención al recipiente de la gracia, sino a la gracia misma que te doy, porque el recipiente no siempre te gusta y entonces también las gracias se hacen defectuosas. Quiero preservarte de ello y deseo que nunca prestes atención al recipiente en que te envío Mi gracia, sino que toda la atención de tu alma** (5) **se centre en corresponder con máxima fidelidad a Mi gracia.**

1600 + Oh Jesús mío, si Tú Mismo no alivias la añoranza de mi alma, nadie logrará consolarla ni aliviarla. Cada vez que te acercas a mí, despiertas en mi alma un nuevo éxtasis de amor, pero también una nueva agonía, ya que a pesar de Tus tan excepcionales acercamientos a mi alma, Te amo de lejos y mi corazón agoniza en un éxtasis de amor, porque ésta no es todavía una unión eterna y total, aunque muy frecuentemente Te relacionas conmigo sin ningún velo. Con esto abres en mi alma y mi corazón el abismo de amor y de anhelo por Ti, oh Dios. Y este abismo sin fondo de desear a Dios en toda la plenitud, en la tierra no puede ser llenado completamente.

1601 El Señor me dio a conocer cuánto desea la perfección de las almas elegidas.

En Mis manos, las almas elegidas son las luces que arrojo en las tinieblas del mundo y lo ilumino. Como las estrellas iluminan la noche, así las almas elegidas iluminan (6) **la tierra y cuanto más perfecta es el alma, tanto más luz irradia en su torno y llega más lejos. Puede estar oculta y desconocida aún a las personas más cercanas, no obstante su santidad se refleja en las almas en los más lejanos confines del mundo.**

1602 Hoy el Señor me dijo: **Cuando te acercas a la confesión, a esta Fuente de Mi Misericordia, siempre fluye sobre tu alma la Sangre y el Agua que brotó de Mi Corazón y ennoblece tu alma. Cada vez que vas a confesarte, sumérgete toda en Mi misericordia con gran confianza para que pueda derramar sobre tu** alma la generosidad de Mi gracia. Cuando te acercas a la confesión debes saber que Yo Mismo te espero en el confesionario, sólo que estoy oculto en el sacerdote, pero Yo Mismo actúo en tu alma. Aquí la miseria del alma se encuentra con Dios de la misericordia. Di a las almas que de esta Fuente de la Misericordia (7) las almas sacan gracias exclusivamente con el recipiente de confianza. Si su confianza es grande, Mi generosidad no conocerá límites. Los torrentes de Mi gracia inundan las almas humildes. Los soberbios permanecen siempre en pobreza y miseria, porque Mi gracia se aleja de ellos dirigiéndose hacia los humildes.

1603 14 II [1938]. Durante la adoración oí estas palabras: **Reza por una de las alumnas que necesita mucho Mi gracia.** Conocí que se trataba de N., recé mucho y la misericordia de Dios envolvió a aquella alma.

1604 Durante la adoración, mientras repetía varias veces [la invocación] Santo Dios, de repente me envolvió una más viva presencia de Dios y fui llevada en espíritu ante la Majestad Divina. Y vi cómo rinden gloria a Dios los ángeles y los santos del Señor. La gloria que rinden a Dios es tan grande que no quiero dejarme tentar de describirla, porque no soy capaz y también para que las almas no piensen que (8) lo que he escrito es todo. San Pablo, ahora comprendo porque no quisiste describir el cielo [389] y sólo dijiste que lo que el ojo no vio, ni el oído oyó, ni el corazón del hombre anheló lo que preparó Dios para los que le aman [390]. Así es, y todo lo que ha salido de Dios, a Él vuelve y le rinde una gloria perfecta. Y ahora, al mirar la gloria que yo rindo a Dios, ¡oh, qué miseria es! Es una pequeñísima gotita en comparación a la perfecta gloria celeste. Oh, qué bueno eres, oh Dios, que aceptas también mi adoración y diriges benignamente Tu rostro hacia mí y me haces saber que Te es agradable nuestra oración.

1605 **Escribe sobre Mi bondad lo que te venga a la cabeza.** Contesté: Pero, Señor, ¿si escribo demasiado? Y el Señor me respondió: **Hija Mía, aunque hablaras todas las lenguas de los hombres y de los ángeles a la vez, no dirías demasiado, sino que (9) glorificarías Mi bondad, Mi misericordia insondable, apenas en una pequeña parte.**

Oh Jesús mío, Tú Mismo pon las palabras en mi boca para que pueda adorarte dignamente.

Hija Mía, quédate tranquila, haz lo que te digo. Tus pensamientos están unidos a Mis pensamientos, pues escribe lo que te venga a la cabeza. Tú eres la secretaria de Mi misericordia; te he escogido para este cargo en ésta y en la vida futura. Quiero que así sea, a pesar de todos los obstáculos que te pondrán. Has de saber que no cambiará lo que Me agrada.

En aquel momento, profundamente humillada, me sumergí ante la Majestad de Dios. Pero cuanto más me humillaba, tanto más me penetraba la presencia de Dios...

1606 Oh Jesús, mi único consuelo. Oh, qué terrible es el destierro; oh, qué selva he de atravesar. Mi alma se abre paso entre la pavorosa espesura de diferentes dificultades. Si no me sostuvieras Tú Mismo, Señor, sería absolutamente imposible avanzar.

1607 (10) 16 [II 1938]. Mientras rezaba al vivo Corazón de Jesús que está en el Santísimo Sacramento según la intención de cierto sacerdote, en un momento Jesús me dio a conocer su bondad y me dijo: **No le daré por encima de sus fuerzas.**

1608 + Al enterarme de ciertos sufrimientos y dificultades que una persona enfrentaba en toda esta obra de Dios, antes de la Santa Comunión pedí a Jesús que me hiciera saber si acaso esos sufrimientos no hubieran sido provocados por mí. Mi dulcísimo Jesús, Te suplico por Tu infinita bondad y misericordia, permíteme saber si en esta obra hay algo que no Te agrada, o si hay alguna culpa mía. Si es así, Te ruego que al llegar a mi corazón lo llenes de inquietud y me des a conocer Tu descontento. Y si no hay culpa mía, afírmame en la paz. Cuando recibí al Señor, mi alma fue llenada de una gran paz y el Señor me comentó que la obra estaba puesta a prueba, pero (11) con esto no era menos agradable a Dios. Eso me alegró mucho, pero dupliqué mis oraciones para que la obra saliera indemne del fuego de la prueba.

1609 Oh Jesús mío, qué bueno es estar en la cruz, pero Contigo. Contigo, amor mío, mi alma está continuamente tendida en la cruz y se llena de amargura. El vinagre y la hiel rozan mis labios, pero está bien, está bien que sea así, ya que Tu Corazón divino, durante toda la vida, siempre bebió amargura y a cambio del amor recibiste la ingratitud. Estabas tan dolorido que de Tus labios se escapó esta queja dolorosa con la cual buscabas a quien Te consolara y no lo encontraste [391].

1610 + Mientras pedía al Señor que se dignara mirar cierta alma que lucha sola contra muchas dificultades, en un solo instante el Señor me dijo que todos son como el polvo bajo sus pies. **Pues, no te aflijas, ves que por sí mismos ellos no pueden nada, y si les permito parecer triunfar, lo hago por Mis impenetrables** (12) **designios.** Experimenté una gran serenidad al ver que todo depende del Señor.

1611 + Cuando viene el capellán con el Señor Jesús, hay momentos en los cuales me envuelve una muy viva presencia de Dios y el Señor me muestra su santidad y entonces veo el más pequeño polvillo en mi alma y, antes de cada Santa Comunión, desearía purificar mi alma. Pregunté al confesor, y contestó que no es necesario confesarme antes de cada Santa Comunión. La Santa Comunión elimina estas pequeñeces y es una tentación pensar en la confesión en el momento de recibir la Santa Comunión. No he continuado explicando más el estado de mi alma, porque no era mi director espiritual sino sólo un confesor [392]. Y este conocimiento no me ocupa tiempo por ser más rápido que un relámpago, incendia en mí el amor, dejando el conocimiento de mí misma...

1612 (13) + 20 II [1938]. Hoy, el Señor me dijo: **Necesito tus sufrimientos para salvar las almas.**

Oh Jesús mío, haz conmigo lo que quieras. No he tenido el valor de pedir a Jesús mayores sufrimientos, porque la noche anterior sufrí tanto que no soportaría ni una gota más de lo que el Mismo Señor Jesús me dio.

1613 Durante casi toda la noche tuve unos dolores tan violentos que me parecía tener desgarradas todas las entrañas. La medicina que había tomado la vomité. Cuando me incliné al suelo, perdí el conocimiento y así, con la cabeza apoyada (14) contra el suelo, permanecí algún tiempo. Al volver en mí, me di cuenta de que con todo el cuerpo cargaba sobre la cara y la cabeza; empapada de vómitos, pensé que esto iba a ser ya el final. La querida Madre Superiora y Sor Tarcisia [393] trataban de ayudarme como podían. Jesús pedía los sufrimientos y no la muerte. Oh Jesús mío, haz conmigo lo que Te agrade. Dame solamente la fuerza para sufrir. Si me sostiene Tu fuerza, aguantaré todo. Oh almas, cuánto las amo.

1614 Hoy vino a verme una de las hermanas [394] y me dijo: Hermana, tengo una sensación extraña, como si algo me empujara a venir a verla y recomendarle distintos asuntos míos antes de que usted muera, porque usted los puede obtener y arreglar con Jesús; algo me dice continuamente que usted, hermana, lo puede obtener para mí. Le he contestado sinceramente que sí, que sentía en el alma (15) que después de morir podré obtener de Jesús más que ahora. La recordaré, hermana, delante de Su trono.

1615 Cuando entré un momento en el dormitorio contiguo para visitar a las hermanas enfermas, una de las hermanas me dijo: Hermana, cuando usted muera no le tendré miedo en absoluto. Venga a verme después de morir, porque quiero confiarle un secreto del alma para que usted lo arregle con el Señor Jesús; yo sé que usted lo puede obtener de Jesús para mí. Como habló en público, le contesté de este modo: Jesús es muy discreto, por lo tanto no revela a nadie los secretos que existen entre Él y el alma.

1616 + Oh Señor mío, te agradezco por hacerme semejante a Ti en el anonadamiento. Noto que mi envoltura terrenal empieza a desmoronarse; estoy contenta de eso, (16) porque ya dentro de poco me encontraré en la casa de mi Padre.

1617 27 II [1938]. Hoy me confesé con el Padre A. [395], actué tal y como deseaba Jesús. Después de la confesión una profunda luz inundó mi alma. Entonces oí una voz: **Y como eres una niña, permanecerás junto a Mi Corazón; Me es más agradable tu sencillez que las mortificaciones**.

1618 Las palabras del Padre Andrasz: "Vive más por la fe; reza para que la Divina Misericordia se difunda más y que la obra esté en buenas manos, que la dirijan bien. Tú procura ser aquí una buena religiosa aunque pudiera ser como ya eres, pero procura ser aquí una buena religiosa. Y ahora si sientes estas atracciones divinas y conoces que es el Señor, síguelas. Dedica a la oración todo el tiempo que está dedicado [a la oración] y haz las anotaciones después de la oración..."

1619 (17) + Dos últimos días del carnaval. Aumentaron mis sufrimientos físicos. Me uní más estrechamente al Salvador doliente pidiéndole misericordia para el mundo entero, desenfrenado en su maldad. Durante todo el día sentí el dolor de la corona de espinas. Al acostarme no pude apoyar la cabeza en la almohada; sin embargo, a las diez los dolores cesaron y me dormí, pero al día siguiente me sentía agotada.

1620 + Oh Jesús Hostia, si Tú no me sostuvieras, no sabría perseverar en la cruz, no lograría soportar tantos sufrimientos, pero la fuerza de Tu gracia me mantiene en un nivel más elevado y hace meritorios mis sufrimientos. Me das fuerza para avanzar siempre y conquistar el cielo por asalto y tener amor en el corazón por aquellos de los cuales recibo hostilidad y desprecio. Con Tu gracia se puede todo.

1621 (18) 1 III 1938. Ejercicios espirituales de un día.

Durante la meditación he entendido que debo esconderme en el Corazón de Jesús lo más profundamente posible. Contemplar su dolorosa Pasión y penetrar en los sentimientos de su divino Corazón que está lleno de misericordia para los pecadores. Para impetrarles la misericordia me anonadaré en cada momento, viviendo de la
voluntad de Dios.

1622 Durante toda esta Cuaresma soy una hostia en Tus manos,
Jesús; sírvete de mí para que Tú Mismo puedas entrar en
los pecadores. Pide lo que quieras; ningún sacrificio me
parecerá demasiado grande cuando se trata de las almas.

1623 + A lo largo de todo este mes, la Santa Misa y la Santa
Comunión según la intención del Padre Andrasz para que
Dios le haga conocer aún más profundamente su amor y
misericordia.

1624 Este mes me ejercitaré en tres virtudes que me recomendó la Madre de Dios: en la humildad, (19) la pureza
y el amor de Dios, aceptando con profunda sumisión la
voluntad de Dios, todo lo que Él me envíe.

1625 2 III [1938]. He empezado la santa Cuaresma tal y como
deseaba Jesús, abandonándome plenamente a Su santa
voluntad y aceptando con amor todo lo que me envíe. No
puedo hacer mayores mortificaciones por estar muy débil. La larga enfermedad ha agotado completamente mis
fuerzas. Me uno a Jesús a través del sufrimiento. Cuando
medito su dolorosa Pasión, disminuyen mis sufrimientos
físicos.

1626 El Señor me dijo: **Te llevo a Mi escuela por toda la
Cuaresma; quiero enseñarte a sufrir.** Contesté: Contigo, Señor, estoy preparada a todo. Y escuché una voz:
**Puedes beber del cáliz del cual bebo Yo; hoy te con-
cedo este honor exclusivo.**

1627 (20) Hoy sentí la Pasión de Jesús en todo mi cuerpo y el
Señor me hizo conocer la conversión de ciertas almas.

1628 Durante la Santa Misa vi a Jesús tendido en la cruz y me dijo: **Discípula Mía, ten un gran amor para aquellos que te hacen sufrir, haz el bien a quienes te odian.** Contesté: Oh Maestro mío, si Tú ves que no les tengo el sentimiento del amor y eso me entristece. Jesús me respondió: **El sentimiento no siempre está en tu poder; si tienes el amor lo reconocerás por si tras experimentar disgustos y contrariedades no pierdes la calma, sino que rezas por aquellos que te han hecho sufrir y les deseas todo lo bueno.** Al volver [396] [...]

+

(21) JMJ

1629   Soy una hostia en Tus manos,
      Oh Jesús, Creador mío y Señor,
      Silenciosa, escondida, sin hermosura
      y sin encanto,
      Porque toda la belleza de mi alma
      ha sido reflejada en lo íntimo.

Soy una hostia en Tus manos, oh divino Sacerdote,
Haz conmigo lo que te agrade.
Me abandono toda a Tu santa voluntad, Señor,
Porque ella es el deleite y el adorno de mi alma.

      Soy en Tus manos, oh Dios, como una hostia blanca,
      Te suplico, transfórmame en Ti,
      Para que esté oculta en Ti completamente,
      Encerrada en Tu Corazón misericordioso como en el cielo.

Soy en Tus manos como una hostia, oh Sacerdote eterno,
Que la hostia de mi cuerpo me oculte a los ojos humanos,
Que sólo Tus ojos valoren mi amor y mi abnegación,
Porque mi corazón siempre está unido a Tu Corazón divino.

Soy en Tus manos, oh Mediador divino,
como una hostia expiatoria
Y ardo sobre el altar del holocausto,
(22) Molida y triturada por el sufrimiento como
granos de trigo,
Y todo por Tu gloria y por la salvación de las almas.

Soy una hostia que permanece en el tabernáculo de Tu
Corazón,
Camino por la vida sumergida en Tu amor
Sin temer nada en el mundo,
Porque Tú Mismo eres mi escudo, mi fuerza y mi defensa.

Soy una Hostia depositada en el altar de Tu Co-
razón,
Para arder del fuego de amor por todos los siglos,
Porque sé que me has elevado únicamente por
Tu misericordia.
Así pues, todos los dones y las gracias las con-
vierto para Tu gloria.

Soy una hostia en Tus manos, oh Juez y Salvador,
En la última hora de mi vida,
Que la omnipotencia de Tu gracia me lleve a la meta,
Que se distinga Tu piedad en el recipiente
de Tu misericordia.

1630 Oh Jesús mío, consolida las fuerzas de mi alma para que
el enemigo no gane nada. Sin Ti soy la debilidad misma,
sin Tu gracia no soy más que (23) el abismo de miseria.
La miseria es mi propiedad.

1631 Oh Herida de la Misericordia, Corazón de Jesús, escóndeme en Tu profundidad como una gotita de Tu propia sangre y no me dejes escapar de ella por la eternidad. Guár-
dame en Tus profundidades y Tú Mismo enséñame a
amarte. Oh amor eterno, Tú Mismo modela mi alma para
que sea capaz de corresponder a Tu amor. Oh Amor vivo,

hazme capaz de amarte eternamente. Quiero corresponder a Tu amor por la eternidad. Oh Cristo, una mirada Tuya tiene para mí más valor que miles de mundos, que el cielo entero. Tú, Señor, puedes hacer que mi alma sepa comprenderte en toda la plenitud, [conocer] cómo eres. Yo sé y creo que Tú lo puedes todo; si te has dignado darte a mí con tanta generosidad, sé que puedes ser todavía más generoso; introdúceme en una intimidad Contigo hasta donde puede ser introducida la naturaleza humana...

+

(24) JMJ

1632   Mis deseos son tan inconcebibles y tan grandes
Que nada es capaz de llenar el abismo
de mi corazón.
Ni siquiera las más bellas criaturas escogidas
del mundo entero
Ni por un solo instante me sustituirían a Ti,
oh Dios.

Con una sola mirada he penetrado el mundo entero en su totalidad.
Y no he encontrado un amor semejante al de mi corazón,
He vuelto la mirada al mundo eterno, ya que éste es muy pequeño para mí,
Mi corazón ha deseado el amor del Inmortal.

Mi corazón ha sentido que soy hija del Rey,
Que me encuentro en el destierro, en una tierra extranjera,
He conocido que mi casa es un palacio celeste,
Sólo allí me sentiré como en mi propia patria.

Tú Mismo, oh Señor, has atraído mi alma hacia Ti.
Oh Soberano eterno, Tú Mismo Te has humillado hasta mí,
Dando a mi alma un conocimiento más profundo
de Ti Mismo.
Sé el misterio del amor por el cual me has creado.

El amor me ha hecho fuerte y valiente,
No tengo miedo ni de los Serafines ni del Querubín que vigila con la espada
Y paso libremente allí donde los demás tiemblan,
(25) Porque no hay de qué temer cuando el amor
es el guía.

Y, de repente, la mirada de mi alma se ha detenido en Ti,
Oh Señor Jesucristo tendido en la cruz,
He aquí mi amor con el que descansaré en la tumba,
He aquí mi Esposo, mi Señor y mi Dios inconcebible.

[A esta altura del manuscrito hay media página en blanco] [397].

1633 (26) 10 III [1938]. Continuos sufrimientos físicos. Estoy en la cruz con Jesús. En una ocasión la Madre Superiora me dijo: Usted, hermana, carece de amor al prójimo, porque come algo y luego sufre, perturbando a las demás el descanso nocturno. Yo, sin embargo, tengo la certeza de que estos dolores de las entrañas que tengo no son provocados absolutamente por la comida, lo mismo ha constatado el médico. Son unos dolores orgánicos, o más bien una prueba de Dios. No obstante, después de esa observación he tomado la decisión de sufrir más escondidamente y no pedir ayuda que de todas formas es inútil, ya que vomito los remedios que tomo. Un par de veces conseguí superar los ataques de los cuales sabe sólo Jesús. Estos dolores son tan violentos y fuertes que hasta quedo inconsciente. Tras su ataque, cuando me desmayo y me cubro de sudor frío, entonces empiezan a ceder poco a poco. A veces duran (27) hasta tres horas o más. Oh Jesús mío, que se haga Tu santa voluntad, acepto todo de Tus manos. Si acepto los éxtasis y los arrebatos de amor hasta olvidarme de lo que sucede alrededor de mí, es también justo que acepte con amor los sufrimientos que me quitan la lucidez de la mente.

1634 Cuando vino el médico y yo no pude bajar al locutorio como las demás hermanas, pedí que subiera a verme porque
no podía bajar por cierto impedimento. Un momento después vino el médico a la celda y al examinarme, dijo: Diré
todo a la hermana enfermera. Cuando vino la hermana enfermera, después de haberse retirado el médico, le dije la
razón por la cual no había podido bajar al locutorio, pero
ella me manifestó su descontento. Y cuando le pregunté:
Hermana, ¿qué ha dicho el médico de mis dolores?, me
contestó que no había dicho nada, que no era nada. (28)
Dijo que la enferma está malhumorada, y se fue. Entonces
dije a Dios: Cristo, dame fuerza y fortaleza para sufrir, infunde en mi corazón el amor puro a esta hermana. Luego,
durante toda la semana no me visitó ni por un momento.
Sin embargo, los dolores se repitieron con gran violencia y
duraron casi toda la noche y parecía que se acercaba el fin.
Las Superioras decidieron ir al otro médico y éste constató
que el estado era grave y me dijo: Es imposible volver a
una salud nueva. Se puede curar algo un poco todavía, pero
ya no se puede hablar de plena salud. Recetó una medicina
contra los dolores y después de tomarla, los graves ataques
no se repitieron. "Pero si usted, hermana, vuelve por aquí,
trataremos de mejorar su salud dentro de lo que todavía es
posible." El médico insistió en que fuera allí a curarme. Oh
Jesús mío, qué misteriosos son Tus designios.

1635 Jesús me hace escribir todo esto (29) para el consuelo de
otras almas que serán expuestas, con frecuencia, a semejantes sufrimientos.

1636 A pesar de sentirme muy débil, fui a aquel médico, ya que
tal era la voluntad de las Superioras. La hermana que me
acompañaba lo hacía de mala gana. Me lo manifestó varias
veces y por fin me dijo: ¿Qué hacemos? No tengo dinero
suficiente para el taxi. No le contesté nada. Quizá no en-
contremos carruaje. ¿Cómo haremos para recorrer este
buen trecho de camino? Ésas y muchas otras cosas las dijo
únicamente para inquietarme, porque las queridas Superioras dieron dinero suficiente, y no faltaba. Al conocer

dentro de mí toda esta historia, me reí y dije a aquella hermana que yo estaba completamente tranquila y que tuviéramos confianza en Dios. Sin embargo conocí que mi profunda calma la irritaba. Entonces me puse a rezar según su intención.

1637 Oh Señor mío, todo esto (30) para Ti, para impetrar misericordia a los pobres pecadores. Cuando regresé estaba tan cansada que tuve que acostarme en seguida; sin embargo era el día de la confesión trimestral, traté de ir todavía a confesarme, porque tenía la necesidad no sólo de la confesión sino también de pedir consejo al director espiritual. Empecé a prepararme, pero me sentía tan débil que decidí pedir a la Madre Superiora el permiso de confesarme antes de las novicias por sentirme débil [398]. La Madre Superiora contestó: Busque, hermana, a la Madre Maestra [399], si ella le permite confesarse antes de las novicias, está bien. Pero quedaban sólo tres hermanas para confesarse, por lo tanto esperé, tanto más que no tenía fuerzas para buscar a la Madre Maestra. Pero cuando entré en el confesionario me sentía tan mal que no logré describir el estado de mi alma, apenas me confesé. Conocí entonces cuánto se necesita (31) el espíritu [400]; la letra sola no hace crecer el amor.

1638 En el día de hoy han surgido ciertos malentendidos entre la Superiora y yo. No ha sido su culpa ni la mía; pero el sufrimiento moral ha quedado, porque no pude aclarar el asunto por ser éste un secreto. Por esto sufría, aunque con una sola palabra habría podido revelar la verdad.

1639 20 [III 1938]. Hoy he acompañado espiritualmente a cierta alma agonizante. Le he obtenido la confianza en la Divina Misericordia. Aquella alma estaba al borde de la desesperación.

1640 Esta noche la conoces sólo Tú, oh Señor. La he ofrecido por los pobres pecadores empedernidos para impetrar Tu misericordia para ellos. Despedázame aquí, quémame aquí, con tal de que me des las almas de los pecadores y especialmente... Oh Jesús, Contigo nada va perdido; Tú tienes todo, dame las almas... de los pecadores.

1641 (32) En la adoración durante el oficio de las "Cuarenta horas", el Señor me dijo: **Hija Mía, escribe que las culpas involuntarias de las almas no retienen Mi amor hacia ellas ni Me impiden unirme a ellas; sin embargo las culpas, aunque sean las más pequeñas, pero voluntarias, frenan Mis gracias y a tales almas no las puedo colmar de Mis dones.**

1642 + Jesús me ha dado a conocer que todo depende de su voluntad, dándome una profunda serenidad respecto a toda esta obra.

1643 **Escucha, hija Mía, aunque todas las obras que surgen por Mi voluntad están expuestas a grandes sufrimientos, sin embargo considera si alguna de ellas estuvo expuesta a mayores dificultades que la obra directamente Mía la obra de la Redención. No debes preocuparte demasiado por las contrariedades. El mundo no es tan fuerte como parece, su fuerza es estrictamente limitada. Has de saber, hija Mía, que si tu alma está llena del fuego de Mi puro amor, entonces todas las dificultades desaparecen como la niebla bajo el rayo del sol y tienen miedo de atacar tal alma, y todos los adversarios temen meterse con ella, porque sienten que esa alma es más fuerte que el mundo entero...**

1644 **Hija Mía, en toda esta obra de la misericordia haz tanto cuanto te lo permita la obediencia, pero presenta claramente al confesor hasta el más pequeño de Mis deseos y no puedes sustraerte de lo que él decida, sino que debes cumplirlo fielmente, de otro modo Yo no tendría más Mi complacencia en ti...**

1645 25 III [1938]. Hoy vi a Jesús doliente que se inclinó sobre mí y dijo murmurando silenciosamente: **Hija Mía, ayúdame a salvar los pecadores.** De súbito entró en mi alma un fuego de amor por la salvación de las almas. Cuando volví en mí, sabía (34) cómo salvar las almas y me preparé a mayores sufrimientos.

1646 + Hoy [401] los dolores han aumentado, además he sentido las heridas en las manos, los pies y al costado; los he soportado con paciencia. He sentido la rabia del enemigo de las almas, pero no me ha tocado.

1647 1 IV [1938]. Hoy me siento peor otra vez. La fiebre alta empieza a consumirme. No puedo tomar alimentos, deseaba beber algo para reanimarme, pero resultó que ni siquiera había agua en mi botellón. Oh Jesús, todo para impetrar misericordia para las almas.

Apenas había renovado la intención con más amor, entró una de las novicias y me dio una naranja grande mandada por la Madre Maestra. He visto en ello el dedo de Dios. Eso se ha repetido unas cuantas veces. (35) En aquel tiempo, aunque se sabía de mis necesidades, sin embargo nunca recibí nada de comer que me fortificara, a pesar de haberlo pedido, pero yo sabía que Dios exigía sufrimientos y sacrificios. No describo con detalles esas negativas, porque son muy delicadas y difíciles de creer, pero Dios puede pedir sacrificios también de esta clase.

1648 Una vez quise decir a la Madre Superiora que tenía una gran sed y pedir que me permitiera tener en la celda algo para apagar esa sed [402], pero antes de pedírselo, fue la Madre misma que comenzó a decir: Hermana, que esta enfermedad termine de una vez, de un modo o de otro. Usted tendrá que someterse a un tratamiento o a no sé qué, pero así no puede continuar. Cuando un momento después me quedé sola, dije: Cristo ¿qué hacer? ¿Pedirte la salud o la muerte? Sin tener una orden clara me arrodillé y dije: Que se haga de mí según Tu santa voluntad, Jesús, haz conmigo lo que Te (36) agrade. En aquel momento me sentí como si estuviera sola y me atacaron distintas tentaciones, sin embargo en una oración ferviente encontré serenidad y luz, y conocí que la Superiora solamente me había puesto a prueba.

1649 No sé como pudo ser que la habitación donde me encontraba, estaba muy descuidada, y a veces no la limpiaban nada durante más de dos semanas. Muchas veces nadie encendía la estufa y por esa razón mi tos aumentaba. A veces pedía, y otras veces me faltaba el valor para pedirlo. Una vez, cuando me visitó la Madre Superiora y preguntó si quería, quizá, que calentaran más, contesté que no, porque ya hacía calor afuera y teníamos la ventana abierta.

1650 El primer viernes del mes. Cuando tomé en las manos "El Mensajero del Corazón de Dios" [403] y leí sobre la canonización de San Andrés Bobola, de repente mi alma fue invadida (37) por un gran deseo de que también en nuestra casa hubiera una santa y rompí a llorar como una niña ¿por qué nosotras no teníamos a una santa? y dije al Señor: Conozco Tu generosidad, pero parece como si fueras menos generoso con nosotras, y otras vez rompí a llorar como una niña pequeña. Y el Señor Jesús me dijo: **No llores, tú la eres.** Entonces la luz divina inundó mi alma y se me dio a conocer cuánto sufriría y dije al Señor: ¿Cómo va a ser esto si me has hablado de otra Congregación? Y el Señor me contestó: **No es tu asunto saber cómo sucederá esto, sino el de ser fiel a Mi gracia y hacer siempre lo que está en tu poder y lo que te permite la obediencia...**

1651 + Hoy entró en mi [habitación] una de las hermanas y me dijo que cierta hermana se mimaba en su enfermedad y agregó que eso la irritaba tanto que con gusto le diría lo que pensaba de ella, pero no era de ese convento. Le contesté que eso me había sorprendido mucho: ¿Cómo usted, hermana, puede pensar así, fíjese solamente ¿cuántas noches sin dormir tiene esta hermana y cuántas lágrimas?... La hermana cambió entonces se manera de pensar.

+

(38) JMJ

1652   Alma mía, adora la misericordia del Señor,
          Corazón mío, goza en Él plenamente,
          Ya que has sido elegida por Él
          Para difundir la gloria de su misericordia.

Nadie ha penetrado ni nadie logrará medir su bondad,
Su compasión es incalculable,
La experimenta cada alma que se acerca a Él,
Él la protegerá y la estrechará a su seno misericordioso.

> Feliz el alma que ha confiado en Tu bondad
> Y se ha anonadado plenamente a Tu miseri-
> cordia,
> Esa alma está llena de la serenidad del amor,
> La defiendes en todas partes como a Tu niño.

Oh alma, quienquiera que seas tú en el mundo,
Aunque tus pecados sean negros como la noche,
No tengas miedo de Dios, tú, el niño débil,
Porque es grande el poder de la Divina Misericordia.

+

(39) JMJ

1653   Hacia la luz excelsa, donde reina mi Dios,
        Se lanza mi alma,
        Aspira mi corazón
        Y todo mi ser se eleva hacia Ti.

Aspiro al más allá, a Dios Mismo,
A la luz inconcebible, al ardor mismo del amor,
Porque mi alma y mi corazón han sido creados para Él
Y mi corazón lo ha amado desde la primera juventud.

> Allá, en los destellos de la luz de Tu rostro
> Descansará mi amor lleno de añoranza,
> Realmente, una virgen en destierro agoniza
> por Ti,
> Porque ella vive cuando está unida a Ti.

+

JMJ

> Mi día ya está por terminar,
> Ya siento Tu eternos reflejos, oh Dios,

Nadie sabrá lo que siente mi corazón,
Mi boca callará en gran humildad.

(40) Ya voy a las bodas eternas,
Al cielo eterno, al espacio inconcebible,
No suspiro por el descanso ni por el premio,
Me atrae al cielo el puro amor de Dios.

Ya voy al encuentro Contigo, Amor eterno,
Con el corazón ansioso que Te desea.
Siento que Tu puro amor, oh Dios, habita en mi corazón
Y siento que mi destino eterno está en el cielo.

Ya voy a mi Padre, al cielo eterno,
Del destierro, de este valle de lágrimas.
La tierra no es capaz de retener más mi corazón puro,
Las alturas del cielo me han atraído a sí.

Ya voy, oh Esposo mío, para ver Tu gloria,
Que ya ahora llena mi alma de alegría,
Donde todo el cielo se sumerge en Tu adoración.
Siento que mi adoración Te es agradable, aunque soy nada.

En la felicidad eterna no olvidaré a los hombres en la tierra,
Impetraré la misericordia de Dios para todos,
(41) Y recordaré especialmente a quienes fueron queridos de mi corazón.
Ni la más profunda sumersión en Dios me impedirá recordarles.

En estos últimos momentos no sé hablar con los hombres,
En silencio Te espero sólo a Ti, oh Señor.
Sé que llegará el momento cuando todos reconozcan la obra de Dios
en mi alma,
Sé que ésta es Tu voluntad, y así sucederá.

+

JMJ

1654
¡Oh verdad, oh vida sembrada de espinas!
Para pasar por Ti victoriosamente
Hay que apoyarse en Ti, oh Cristo,
Y estar siempre cerca de Ti.

Sin Ti, oh Cristo, no sabría sufrir,
De por mí no sabría afrontar las contrariedades,
Sola, no tendría el valor de beber de Tu cáliz,
Pero Tú, Señor, siempre estás conmigo y me guías
por caminos misteriosos.

Y yo, una niña débil, he comenzado a luchar en
Tu nombre.
He luchado con valor, aunque a veces sin éxito.
(42) Y sé que Te han sido agradables
mis esfuerzos,
Y sé que recompensas eternamente sólo el
esfuerzo.

¡Oh verdad, oh lucha a vida y a muerte!
Al emprender la lucha como un oficial inexperto,
He sentido que tenía sangre de guerrero, pero era todavía
una niña,
Por eso, oh Cristo, necesitaba Tu ayuda y Tu defensa.

Mi corazón no descansará del esfuerzo ni de la
lucha,
Hasta que Tú Mismo no me llames del campo
de batalla.
Me presentaré delante de Ti no por la recompensa ni los honores
Sino para sumergirme en Ti por la eternidad en
la paz.

1655 + Oh Cristo, si el alma conociera de una vez todo lo que
sufrirá a lo largo de toda su vida, moriría de espanto después de conocerlo, no acercaría a los labios el cáliz de la

amargura. Pero como le es dado gota a gota, lo vacía hasta el fondo. Oh Cristo, si Tú Mismo no sostuvieras al alma, ¿qué podría [hacer] por sí misma? Somos fuertes, pero con Tu fuerza; somos santos, pero con Tu santidad; y solos, ¿qué somos? menos que la nada...

1656 (43) + Jesús mío, Tú me bastas por todo en el mundo. Aunque los sufrimientos son grandes, Tú me sostienes. Aunque los abandonos son terribles, Tú me los endulzas. Aunque la debilidad es grande, Tú me la conviertes en fuerza. No sé describir todo lo que sufro; y lo que he escrito hasta ahora es apenas una gota. Hay momentos de sufrimientos que yo, de verdad, no sé describir. Pero hay en mi vida también momentos cuando mi boca calla y no tiene ni una sola palabra en su defensa y se somete totalmente a la voluntad de Dios, y entonces el Señor Mismo me defiende e interviene en mi favor y su intervención se puede ver incluso por fuera. Sin embargo, cuando advierto sus mayores intervenciones que se manifiestan como castigos, entonces le suplico ardientemente misericordia y perdón. Pero no siempre soy escuchada. El Señor procede conmigo de modo misterioso. Hay momentos en que Él Mismo permite terribles sufrimientos, pero también hay momentos cuando no me permite sufrir y elimina todo (44) lo que pudiera entristecer mi alma. He aquí Sus caminos impenetrables e incomprensibles para nosotros; nuestro deber es someternos siempre a su santa voluntad. Hay misterios que la mente humana jamás logrará penetrar aquí en la tierra, nos los revelará la eternidad.

1657 10 IV [1938] Domingo de Ramos. Estuve en la Santa Misa, pero no tuve fuerza para ir a buscar la palma [404]. Me sentía tan débil que apenas pude resistir durante el tiempo de la Santa Misa. A lo largo de la Santa Misa Jesús me dio a conocer el dolor de su alma y sentí claramente como los himnos *Hosanna* resonaban dolorosamente en su Sagrado Corazón. También mi alma fue inundada de un mar de amargura y cada *Hosanna* me traspasaba el corazón por completo. Toda mi alma fue atraída a la cercanía de Jesús. Oí la voz de Jesús: **Hija Mía, tu compasión de Mí es un alivio para Mí, tu alma adquiere una belleza particular meditando Mi Pasión.**

1658 (45) Recibí la Santa Comunión arriba, porque no me fue posible bajar a la capilla, ya que estaba muy debilitada por haber sudado fuertemente y cuando los sudores pasaron, vinieron los escalofríos y la fiebre. Me sentía extremadamente débil. Hoy nos ha traído la Santa Comunión uno de los Padres jesuitas [405]. Cuando dio el Señor a tres hermanas y luego a mí, pensé que era la última y por eso me ha dado dos Hostias, pero faltó para una de las novicias que estaba en otra celda. El sacerdote fue otra vez y le llevó al Señor; sin embargo Jesús me dijo: **Entro en ese corazón con renuencia; recibiste dos Hostias, porque demoro en llegar a esa alma que se opone a Mi gracia. No Me agrada ser huésped de tal alma.** En aquel momento mi alma fue atraída a su cercanía y recibí una profunda luz interior que me permitió comprender profundamente toda [la obra] de la misericordia. Fue un relámpago, pero más evidente que si lo hubiera observado durante horas enteras con los ojos del cuerpo.

1659 (46) Pero, para escribir cualquier cosa, tengo que usar palabras, aunque ellas no reflejan plenamente aquello con lo cual mi alma gozó viendo la gloria de la Divina Misericordia. La gloria de la Divina Misericordia ya resuena a pesar de los esfuerzos de los enemigos y de Satanás mismo que odia muchísimo la Divina Misericordia; como esta obra le arrebatará un gran número de almas, el espíritu de las tinieblas tienta a veces violentamente a personas buenas para que obstaculicen esta obra. Sin embargo, conocí claramente que la voluntad de Dios ya se está cumpliendo, y se cumplirá hasta el último detalle. Los más grandes esfuerzos de los enemigos no frustrarán ni siquiera el más pequeño detalle de lo que el Señor ha establecido. No importa que haya momentos en los cuales esta obra parece completamente destruida; es entonces cuando ella se consolida.

1660 Mi alma ha sido colmada de una paz tan profunda como nunca antes. Es una seguridad que viene de Dios y que no se deja borrar por nada, es una profunda paz, que no se deja turbar por nada, aunque (47) yo tuviera que pasar las mayores pruebas. Estoy tranquila. Dios Mismo lo dirige todo.

1661 Durante el día entero permanecí en acción de gracias y el agradecimiento me inundó el alma. Oh Dios, qué bueno eres, qué grande es Tu misericordia. Con Tus grandísimas gracias me visitas a mí, el más miserable polvo que soy. Cayendo de bruces a Tus pies, oh Señor, reconozco con toda la sinceridad de mi corazón que no me he merecido ni la más pequeña de Tus gracias y si Tú Te das a mí tan generosamente es sólo por Tu bondad inconcebible; por eso cuanto más grandes son las gracias que mi corazón recibe, tanto mayor es la humildad en la cual se sumerge.

1662 + Oh Cristo, sufrir por Ti es un deleite para el corazón y para el alma. ¡Prolónguense, sufrimientos míos, al infinito para que pueda darte un testimonio de mi amor. Acepto todo lo que Tu mano me ofrece. Me basta Tu amor, oh Jesús. Te glorificaré en el abandono y en las tinieblas, en los tormentos y en el temor, (48) en los dolores y en la amargura, en los tormentos del alma y en la amargura del corazón en todo seas glorificado. Mi corazón está tan despegado de la tierra que Tú solo me bastas plenamente. Ya no hay ni un momento en mi vida para ocuparme de mí misma.

1663 Jueves Santo [406]. Hoy me he sentido bastante fuerte para poder participar en las ceremonias en la iglesia. Durante la Santa Misa se presentó [Jesús] y me dijo: **Mira Mi Corazón lleno de amor y de misericordia que tengo por los hombres y especialmente por los pecadores. Mira y medita sobre Mi Pasión.** En un instante experimenté y viví toda la Pasión de Jesús en mi corazón extrañándome de que estas torturas no me hubieran quitado la vida.

1664 Durante la adoración Jesús me dijo: **Hija Mía, has de saber que tu amor vivo y tu compasión que tienes de Mí, Me fueron un consuelo en el Huerto de los Olivos.**

1665 (49) Por la noche, durante la Hora Santa oí estas palabras: **Ves Mi misericordia por los pecadores que ahora se manifiesta en todo su poder. Mira lo poco que has escrito de ella, es apenas una gota. Haz lo que esté en tu poder para que los pecadores conozcan Mi bondad.**

1666 Viernes Santo. Vi al Señor Jesús martirizado, pero no clavado a la cruz, antes de la crucifixión y me dijo: **Tú eres Mi corazón, habla a los pecadores de Mi misericordia.** Y el Señor me mostró interiormente todo el abismo de su misericordia por las almas y conocí que lo que había escrito era, verdaderamente, una gota.

1667 Sábado Santo. Durante la adoración el Señor me dijo: **Quédate tranquila, hija Mía, esta obra de la misericordia es Mía, no hay nada tuyo en ella. Me agrada que estés cumpliendo fielmente lo que te he recomendado, no has agregado ni has quitado una sola palabra.** Y me dio la luz interior y (50) conocí que no había ni una palabra mía; a pesar de las dificultades y las adversidades siempre, siempre cumplí su voluntad que había conocido.

1668 Misa de Resurrección. Antes de la Misa de Resurrección me sentí tan débil que perdí la esperanza de poder participar en la procesión que se hacía en la iglesia y le dije al Señor Jesús, si Te son agradables mis oraciones, fortaléceme para ese momento para que pueda tomar parte en la procesión. En aquel mismo instante me sentí fuerte y segura de poder ir junto con las hermanas.

1669 Cuando la procesión salió, vi a Jesús en un resplandor más grande que el brillo del sol. Jesús me miró con amor y dijo: **Corazón de Mi Corazón, llénate de alegría.** En aquel mismo instante mi espíritu se sumergió en Él... Al volver en mí, estaba andando en la procesión con las hermanas, toda mi alma estaba sumergida en Él...

1670 (51) + Pascua. Durante la Santa Misa agradecí al Señor Jesús por haberse dignado redimirnos y por este don más grande, es decir por haberse dignado ofrecernos su amor en la Santa Comunión, o sea a Sí Mismo. En aquel mismo instante fui atraída al seno de la Santísima Trinidad y fui sumergida en el amor del Padre, del Hijo y del Espíritu Santo. Es difícil describir estos momentos.

1671 En aquel momento rogué al Señor por cierta persona y el Señor me contestó: **Aquella alma Me es particularmente querida.** Me alegré de ello enormemente. La felicidad de otras almas me llena de una nueva alegría y al percibir en un alma algunos dones elevados, mi corazón asciende al Señor con una nueva adoración.

1672 19 IV [1938]. Durante el recreo una de las hermanas [407] dijo: Sor Faustina está tan miserable de salud que apenas anda, mejor que muera cuanto antes, porque será santa. Entonces una de las hermanas directoras dijo: Sabemos que morirá, pero si será santa, es otra cosa. Empezaron comentarios mordaces (52) al respecto. Yo callaba; dije una palabra, pero al notar que la conversación empeoraba, volví a callar.

1673 Actualmente recibo cartas de las hermanas que están en otras casas y con las cuales estuve en el noviciado [408]. A veces me hacen reír mucho y me divierten. Son de esta clase: "Querida Sor Faustina, lamentamos mucho de que esté tan gravemente enferma, pero nos alegramos mucho de que cuando el Señor Jesús la lleve, usted, hermana, rezará por nosotras, porque usted puede mucho ante el Señor." Una de las hermanas se expresó de este modo: "Cuando usted muera, hermana, rodéeme de su protección especial, ya que me lo podrá hacer seguramente." Una de las hermanas se expresó así: "Yo espero con impaciencia que el Señor Jesús la lleve, ya que sé lo que sucederá y deseo mucho la muerte para usted, hermana." Quise preguntarle qué era lo que pensaba de mi muerte, (53) pero me mortifiqué y contesté: De mí, pecadora, será lo mismo que de todos los pecadores, si la misericordia de Dios no me protege.

1674 20 IV [1938]. Salida a Prądnik [409]. Estaba muy preocupada porque iba a estar en una sala común y expuesta a varias cosas; si fuera una semana o dos, pero se trataba de un tiempo tan largo, dos meses o, quizá, más. Por la noche fui a hablar más tiempo con el Señor Jesús. Cuando vi a Jesús, le abrí todo mi corazón, le expuse todas las dificultades, miedos y temores. Jesús me escuchó con amor y luego dijo: **Quédate tranquila, niña Mía, Yo estoy contigo, va con la mayor calma. Todo está preparado, he ordenado, del modo que Me es propio, preparar para ti una habitación aislada.** Tranquilizada, llena de gratitud, fui a descansar.

1675 Al día siguiente me acompañó Sor Felicia [410]. Fui con una profunda serenidad y libertad de espíritu. (54) Cuando llegamos, nos dijeron que había una habitación aislada para Sor Faustina. Cuando entramos en esa habitación nos sorprendimos al ver que todo estaba preparado con esmero, muy limpio, cubierto de manteles, adornado con flores, en la mesilla de noche las hermanas [411] pusieron un bonito cordero pascual. En seguida vinieron tres Hermanas del Sagrado Corazón [412] que trabajan en ese sanatorio, mis viejas conocidas, y me recibieron afectuosamente. Sor Felicia estaba sorprendida con todo esto, nos despedimos cordialmente y se fue. Cuando me quedé sola, a solas con el Señor Jesús, le agradecí por esta gran gracia. Jesús me dijo: **Quédate tranquila, Yo estoy contigo.** Cansada, me dormí. Por la noche vino la hermana [413] que me iba a asistir.

1676 Mañana usted, hermana, no tendrá al Señor Jesús porque está muy cansada y luego veremos cómo será. Eso me dolió muchísimo, pero contesté con gran calma: Está bien. Abanadonándome completamente (55) al Señor traté de dormir. Por la mañana hice la meditación y me preparé para la Santa Comunión, aunque no iba a recibir al Señor Jesús. Cuando mi anhelo y mi amor llegaron al punto culminante, de repente, junto a mi cama vi a un Serafín que me dio la Santa Comunión diciendo estas palabras:

He aquí el Señor de los ángeles. Cuando recibí al Señor, mi espíritu se sumergió en el amor de Dios y en el asombro. Eso se repitió durante 13 días, sin tener yo la certeza de que al día siguiente me la trajera, pero abandonándome a Dios, tenía confianza en su bondad; sin embargo ni siquiera me atrevía pensar si al día siguiente recibiría la Santa Comunión de este modo.

El Serafín estaba rodeado de una gran claridad, se transparentaba la divinización, el amor de Dios. Llevaba una túnica dorada y encima de ella un sobrepelliz transparente y una estola transparente. El cáliz era de cristal, cubierto de un velo transparente. Apenas me dio al Señor, desapareció.

1677 Una vez, cuando tenía cierta duda que se había despertado en mí poco antes de la Santa Comunión, (56) de repente se presentó nuevamente el Serafín con el Señor Jesús. Yo, sin embargo, pregunté al Señor Jesús y sin recibir la respuesta, dije al Serafín: ¿Me confesarás? Y él me contestó: *Ningún espíritu en el cielo tiene este poder.* En ese mismo instante la Santa Hostia se posó en mis labios.

1678 El domingo la hermana que me cuidaba dijo: Bueno, hoy el sacerdote le traerá al Señor Jesús. Le contesté: Está bien; y me lo trajo. Algún tiempo después recibí el permiso de levantarme de la cama. Así pues iba a la Santa Misa y a visitar al Señor.

1679 Después del primer examen el médico [414] constató que el estado era grave. "Sospecho, hermana, que se trate de aquello por lo cual usted pregunta, pero, bueno, Dios Todopoderoso lo puede todo."

Al entrar en mi habitación aislada, me sumergí en una oración de agradecimiento por todo lo que el Señor me había enviado a lo largo de toda la vida, sometiéndome completamente a su santísima voluntad. Un abismo de alegría y de paz inundó mi alma. (57) Sentía una paz tan profunda que si en aquel momento hubiera venido la muerte no le habría dicho espera, porque todavía tengo asuntos por arreglar. No, la hubiera saludado con alegría, porque estoy preparada para el encuentro con el Señor no sólo desde hoy, sino desde el momento en que confié completamente en la Divina Misericordia, abandonándome plenamente a su santísima voluntad, llena de misericordia y de compasión. Sé lo que soy de por mí...

1680 Domingo in Albis. Hoy me he ofrecido al Señor nuevamente como víctima de holocausto por los pecadores. Jesús mío, si ya está acercándose el fin de mi vida, Te suplico con la mayor humildad, acepta mi muerte en unión Contigo como un sacrificio de holocausto que hoy Te ofrezco con toda conciencia y pleno consentimiento de la voluntad, por el triple fin:

Primero: que la obra de Tu misericordia se difunda en el mundo entero y que la Fiesta de la Divina Misericordia sea solemnemente aprobada y celebrada.

(58) Segundo: que los pecadores y especialmente las almas agonizantes recurran a Tu misericordia obteniendo los indecibles frutos de esta misericordia.

Tercero: que toda la obra de Tu misericordia sea realizada según Tus deseos y por cierta persona que dirige esta obra...

Acepta, oh piadosísimo Jesús, mi pobre ofrenda que hoy Te hice en presencia del cielo y de la tierra. Que Tu Sagrado Corazón, lleno de misericordia, supla lo que le falta y la ofrezca a Tu Padre por la conversión de los pecadores. Tengo sed de almas, oh Cristo.

1681 + En aquel momento me penetró la luz divina y me sentí la propiedad exclusiva de Dios y sentí la máxima libertad de espíritu de la que antes no tenía ni idea; y en aquel mismo instante vi la gloria de la Divina Misericordia y la muchedumbre inconcebible de almas que glorificaban su bondad. Mi alma se sumergió totalmente en Dios y oí estas palabras: **Tú eres Mi hija muy querida.** La viva presencia de Dios duró todo el día.

1682 (59) + 1 V [1938]. Esta noche Jesús me dijo: **Hija Mía,** **¿no te falta nada?** Contesté: Oh Amor mío, cuando Te tengo a Ti, tengo todo. Y el Señor a su vez contestó: **Si** **las almas se abandonaran totalmente a Mí, Yo Mismo** **Me encargaría de santificarlas y las colmaría de** **gracias aún mayores. Hay almas que frustran Mis** **esfuerzos, pero no Me desanimo; siempre que se diri-** **gen a Mí, Me apresuro a ayudarlas, protegiéndolas** **con Mi misericordia y les doy el primer lugar en Mi** **compasivo Corazón.**

1683 **Escribe para las almas de los religiosos que es Mi** **deleite venir a sus corazones en la Santa Comunión,** **pero si en sus corazones está alguien, Yo no puedo** **soportarlo y salgo de ellos cuanto antes llevándome** **todos los dones y las gracias que les he preparado y tal** **alma ni siquiera se da cuenta de Mi salida. Después de** **algún tiempo, el vacío interior y el descontento le lla-** **marán la atención. Oh, si entonces se dirigiera a Mí,** (60) **la ayudaría a limpiar el corazón, realizaría todo** **en su alma, pero sin su conocimiento y consentimiento** **no puedo administrar en su corazón.**

1684 + Me relaciono a menudo con almas agonizantes impe- trando para ellas la misericordia de Dios. Oh, qué grande es la bondad de Dios, más grande de lo que nosotros po- demos comprender. Hay momentos y misterios de la Divina Misericordia de los cuales se asombran los cielos. Que callen nuestros juicios sobre las almas, porque la Divina Misericordia es admirable para con ellas.

(61) Hoy, durante la Hora Santa pedí al Señor Jesús que se digne instruirme sobre la vida interior.

1685 Jesús me contestó: **Hija Mía, observa fielmente las pa-** **labras que te voy a decir: no valores demasiado nin-** **guna cosa exterior, aunque te parezca muy preciosa.** **Olvídate de ti misma y permanece continuamente** **Conmigo. Confíame todo y no hagas nada por tu** **cuenta y tendrás siempre una gran libertad de espíri-** **tu; ninguna circunstancia ni acontecimiento llegará a** turbártela. No prestes mucha atención a lo que dice la gente, deja que cada uno te juzgue según le guste. No te justifiques, eso no te causará daño. Dalo todo a la primera alusión de petición, aunque fueran las cosas más necesarias; no pidas nada sin consultarme. Deja que te quiten incluso lo que te mereces; la estima, el buen nombre; que tu espíritu esté por encima de todo esto. Y así liberada de todo, descansa junto a Mi Corazón, no permitas que nada turbe tu paz. Discípula, analiza (62) las palabras que te he dicho.

1686 Oh Amor mío, mi Maestro eterno, qué bueno es obedecer, porque [con la obediencia] entra en el alma la fortaleza y la fuerza para obrar.

1687 Hoy vi al Señor Jesús crucificado. De la herida de su Corazón caían perlas preciosas y brillantes. Veía que muchísimas almas recogían estos dones, pero había allí un alma que estaba más cerca de su Corazón y ella recogía con gran generosidad no solamente para sí, sino también para otros conociendo la grandeza del don. El Salvador me dijo: **He aquí los tesoros de las gracias que fluyen sobre las almas, pero no todas las almas saben aprovecharse de Mi generosidad.**

1688 Hoy el Señor me dijo: **Hija Mía, observa Mi Corazón misericordioso y reproduce su compasión en tu corazón y en tus acciones, de modo que tú misma, que proclamas al mundo Mi misericordia, seas inflamada por ella.**

1689 (63) 8 V [1938]. Hoy vi dos pilares muy grandes clavados en la tierra, uno lo había plantado yo y el otro, cierta persona, Sor M., con un inaudito esfuerzo, fatiga y empeño. Y al plantar aquel pilar yo misma me extrañé de dónde había sacado tanta fuerza. Y supe que no lo había hecho con mis propias fuerzas, sino con el vigor [que me fue dado] de lo alto. Estos dos pilares estaban muy cerca uno del otro, a distancia de esta imagen y he visto esta imagen colgada en estos dos pilares, muy alto. En un solo instante surgió un gran templo de estos dos pilares, tanto la parte interior como la exterior. Percibí una mano que daba el último toque al templo, pero no vi a la persona. Una gran multitud de personas estaba fuera y dentro del templo y los torrentes que salían del piadosísimo Corazón de Jesús se derramaban sobre todos.

1690 Hoy, después de la Santa Comunión, Jesús me dijo: **Hija Mía, dame almas; has de saber que tu misión es** (64) **la de conquistarme almas con la oración y el sacrificio, animándolas a la confianza en Mi misericordia.**

1691 Oh, cuánto deseo la gloria de Tu misericordia. Para mí la amargura y el sufrimiento. Cuando veo la gloria de Tu misericordia, estoy desmesuradamente feliz. Que caigan sobre mí toda deshonra, humillación y degradación, con tal de que resuene la gloria y el culto a Tu misericordia, a mí esto me basta.

1692 El creador y la criatura

Te adoro, Creador y Señor, oculto en el Santísimo Sacramento. Te adoro por todas las obras de Tus manos, en las cuales se me revela tanta sabiduría, bondad y misericordia. Oh Señor, has esparcido tanta belleza sobre la tierra y ella me habla de Tu belleza, aunque es sólo un pálido reflejo de Ti, belleza incomprensible. Y aunque Te has escondido y ocultado, y has ocultado (65) Tu belleza, mi ojo, iluminado por la fe, llega hasta Ti y mi alma reconoce a su Creador, a su Bien supremo y mi corazón se sumerge completamente en una plegaria de adoración.

Creador y Señor mío, Tu bondad me animó a conversar Contigo. Tu misericordia hace que desaparezca el abismo que separa al creador de la criatura. Hablar Contigo, oh Señor, es el deleite de mi corazón. En Ti encuentro todo lo que mi corazón puede desear. Aquí Tu luz ilumina mi mente permitiéndole conocerte a Ti cada vez más profundamente. Aquí torrentes de gracias fluyen sobre mi corazón, aquí mi alma obtiene la vida eterna. Oh Creador y Señor mío, además de ofrecerme estos dones, Tú Mismo

Te entregas a mí y Te unes íntimamente a Tu criatura miserable. Aquí nuestros corazones se entienden sin buscar palabras; aquí nadie es capaz de interrumpir nuestra conversación. Aquello de lo cual hablo Contigo, oh Jesús, es nuestro secreto que otras criaturas (66) desconocerán y por el cual los ángeles no se atreven a preguntar. Son los perdones secretos que conocemos sólo Jesús y yo, es el misterio de su misericordia que abraza a cada alma individualmente. A causa de esta inconcebible bondad Tuya, Te adoro, oh Creador y Señor, con todo mi corazón y toda mi alma. Esta adoración mía es muy miserable e insignificante, no obstante estoy serena, porque sé que Tú sabes que es sincera aunque tan imperfecta...

1693 Mientras escribía las palabras antedichas, vi al Señor Jesús inclinado sobre mí, y me preguntó: **Hija Mía, ¿qué estás escribiendo?** Contesté: Escribo sobre Ti, oh Jesús, sobre Tu presencia oculta en el Santísimo Sacramento, sobre Tu amor inconcebible y Tu misericordia hacia los hombres. Y Jesús me dijo: **Secretaria de Mi más profundo misterio, has de saber que estás en confidencia exclusiva Conmigo; tu misión es la de escribir todo lo que te hago conocer sobre Mi misericordia para el provecho de aquellos que leyendo (67) estos escritos, encontrarán en sus almas consuelo y adquirirán valor para acercarse a Mí. Así, pues, deseo que todos los momentos libres los dediques a escribir.** Oh Señor, ¿tendré siempre al menos un breve momento para anotar algo? Y Jesús me contestó: **No es cosa tuya pensar en esto, haz solamente lo que puedas; Yo dispondré siempre las circunstancias de tal modo que cumplas fácilmente lo que exijo...**

1694 Hoy me visitó una persona seglar a causa de la cual tuve grandes disgustos, que abusó de mi bondad mintiendo mucho. En un primer momento, apenas la vi se me heló la sangre en las venas, puesto que se me presentó ante los ojos lo que había sufrido por su culpa, aunque con una sola palabra hubiera podido librarme de esto. Y me pasó por la cabeza la idea de hacerle conocer la verdad de modo decidido e inmediato. Pero en seguida se me presentó ante los ojos (68) la Divina Misericordia y decidí comportarme como se hubiera comportado Jesús en mi lugar. Comencé a hablar con ella dulcemente y, como quiso conversar conmigo a solas, le hice conocer claramente y de manera muy delicada, el triste estado de su alma. Vi su profunda conmoción, a pesar de que trató de ocultarla. En aquel momento entró la tercera persona y nuestra conversación íntima terminó. Esa persona me pidió un vaso de agua y dos otras cosas y la atendí con agrado. Pero, si no fuera por la gracia de Dios, no sería capaz de portarme así con ella. Cuando se fueron agradecí a Dios por la gracia que me sostuvo en ese tiempo.

1695 Entonces escuché estas palabras: **Me alegro de que te hayas comportado como Mi verdadera hija. Sé siempre misericordiosa como Yo soy misericordioso. Ama a todos por amor a Mí, también a tus más grandes enemigos, para que (69) Mi misericordia pueda reflejarse plenamente en tu corazón.**

1696 Oh Cristo, es verdad que se necesitan esfuerzos muy grandes, pero con Tu gracia se puede [hacer] todo.

1697 Hoy me sentí bastante bien y me alegré de poder hacer la Hora Santa. Pero al empezar la Hora Santa aumentaron mis sufrimientos físicos hasta tal punto que no fui capaz de orar. Cuando la Hora Santa pasó, cesaron también mis dolores y me quejé al Señor de que deseaba muchísimo sumergirme en su amarga Pasión y los sufrimientos no me lo permitieron. Entonces Jesús me contestó: **Hija Mía, has de saber que si te permito experimentar y conocer más profundamente Mis sufrimientos, es Mi gracia; pero cuando experimentas un ofuscamiento de la mente y tus sufrimientos son grandes, entonces participas activamente en Mi Pasión y te hago completamente semejante a Mí. Tu deber es someterte a Mi voluntad más en esos momentos que en cualquier otro...**

1698 (70) Acompaño frecuentemente a las almas agonizantes [415] e impetro para ellas la confianza en la Divina Misericordia y suplico a Dios la magnanimidad de la gracia de Dios que siempre triunfa. La Divina Misericordia alcanza al pecador a veces en el último momento, de modo particular y misterioso. Por fuera parece como si todo estuviera perdido, pero no es así; el alma iluminada por un rayo de la fuerte, y última, gracia divina, se dirige a Dios en el último momento con tanta fuerza de amor que en ese último momento obtiene de Dios [el perdón] de las culpas y de las penas, sin darnos, por fuera, alguna señal de arrepentimiento o de contrición, porque ya no reacciona a las cosas exteriores. Oh qué insondable es la Divina Misericordia. Pero, ¡qué horror! también hay almas que rechazan voluntaria y conscientemente esta gracia y la desprecian. Aún ya en la agonía misma Dios misericordioso da al alma un momento de lucidez interior y si el alma quiere, tiene la posibilidad de volver a Dios. Pero, a veces, en las almas hay una dureza (71) tan grande que conscientemente eligen el infierno; frustran todas las oraciones que otras almas elevan a Dios por ellas e incluso los mismos esfuerzos de Dios...

1699 JMJ   Soledad, mis momentos preferidos,
           Soledad, pero siempre Contigo, oh Jesús y Señor.
           Junto a Tu Corazón el tiempo me pasa
           agradablemente
           Y mi alma encuentra descanso.

Cuando el corazón [está] colmado de Ti y lleno de amor
Y el alma arde de un fuego puro,
Entonces en el mayor abandono no sentirá soledad,
Porque descansa en Tu seno.

           Oh soledad momentos de la más intensa
           compañía,
           Aunque abandonada de todas las criaturas,
           Me sumerjo por completo en el océano de
           Tu divinidad
           Y Tú escuchas dulcemente mis confidencias.

1700 (72) Esta noche el Señor me preguntó: **¿No tienes algún deseo en el corazón?** Contesté: Tengo un deseo grandísimo y es el de unirme a Ti por la eternidad. Y el Señor me contestó: **Eso sucederá dentro de poco. Mi amadísima niña, cada movimiento tuyo se refleja en Mi corazón. Mi mirada se posa con benevolencia sobre ti antes que sobre otras criaturas.**

1701 Hoy pedí al Señor que se dignara instruirme sobre la vida interior, porque de por mí no alcanzo a comprender nada ni pensar en nada perfecto. Y el Señor me contestó: **He sido tu Maestro; lo soy y lo seré. Procura que tu corazón se asemeje a Mi Corazón manso y humilde. No reclames nunca tus derechos. Soporta con gran calma y paciencia todo lo que te pase; no te defiendas cuando toda la vergüenza recaiga sobre ti injustamente; deja que triunfen los demás. No dejes de (73) ser buena si adviertes que abusan de tu bondad; cuando sea necesario Yo Mismo intervendré en favor de ti. Agradece por la más pequeña gracia mía, porque esta gratitud Me obliga a concederte nuevas gracias...**

1702 Al final del Vía Crucis que yo estaba haciendo, el Señor Jesús empezó a quejarse de las almas de los religiosos y de los sacerdotes, de la falta de amor en las almas elegidas. **Permitiré destruir los conventos y las iglesias.** Contesté: Jesús, pero son tan numerosas las almas que Te alaban en los conventos. El Señor contestó: **Esta alabanza hiere Mi Corazón, porque el amor ha sido expulsado de los conventos. Almas sin amor y sin devoción, almas llenas de egoísmo y de amor propio, almas soberbias y arrogantes, almas llenas de engaños e hipocresía, almas tibias que apenas tienen el calor suficiente para mantenerse vivas. Mi Corazón no puede soportarlo. (74) Todas las gracias que derramo sobre ellas cada día, se resbalan como sobre una roca. No puedo soportarlas, porque no son ni buenas ni malas. He instituido conventos para santificar el mundo a través de ellos. De ellos ha de brotar una potente**

llama de amor y de sacrificio. Y si no se convierten y no se inflaman de su amor inicial, las entregaré al exterminio de este mundo...

¿Cómo podrán sentarse en el trono prometido, a juzgar el mundo, si sus culpas pesan más que las del mundo? ni penitencia ni reparación... Oh corazón que Me has recibido por la mañana y al mediodía ardes de odio contra Mí bajo las formas más variadas. Oh corazón, ¿habrás sido elegido especialmente por Mí para hacerme sufrir más? Los grandes pecados del mundo hieren Mi Corazón algo superficialmente, pero los pecados de un alma elegida traspasan Mi Corazón por completo...

1703 Cuando traté de intervenir en favor de ellas, no pude encontrar nada para (75) justificarlas y sin poder imaginar nada en aquel momento en su defensa, se me partió el corazón de dolor y lloré amargamente. Entonces, el Señor me miró amablemente y me consoló con estas palabras: **No llores, todavía hay un gran número de almas que Me aman mucho, pero Mi Corazón desea ser amado de todos y, debido a que Mi amor es grande, los amenazo y los castigo.**

1704 + La lucha contra cierta tentación. Había una persona que me abordaba continuamente con palabras lisonjeras y conociendo la hora en que yo salía a la capilla o a la veranda, me cortaba el camino y no atreviéndose a acercarse solo, se había buscado a un compañero semejante a él, pero ninguno se atrevía a acercarse. Mientras iba al oficio del mes de mayo, [vi que] esas personas ya estaban allí por donde yo tenía que pasar; antes de llegar allí donde estaban oí (76) palabras aduladoras dirigidas a mí. Y el Señor me dio a conocer los pensamientos de sus corazones, que no eran buenos. Intuí que después del oficio me cerrarían el paso y entonces tendría que hablar con ellos, porque hasta el momento por mi parte no hubo ni una palabra. Cuando salí de la capilla, vi a estas personas armadas, esperando mi paso y esa vez sí me infundieron miedo. De repente Jesús se puso a mi lado y dijo: **No tengas miedo, Yo voy contigo.** Súbitamente sentí en el alma tanta fuerza que no alcanzo a expresarla y como estaba a unos pasos de ellos, dije en voz alta y sin miedo: Alabado sea Jesucristo. Y ellos, cediendo el paso contestaron: Ahora y siempre. Amén. Como si los partiera un rayo, bajaron las cabezas sin atreverse ni siquiera a mirarme. Soltaron algunas palabras maliciosas cuando pasé. A partir de aquel momento, cuando me veía esa persona, huía para no encontrarse conmigo y yo, gracias al Señor, quedaba tranquila...

1705 (77) Una vez, después de la Santa Misa salí al jardín para hacer la meditación; como a esa hora todavía no había pacientes, estaba relajada. Cuando meditaba sobre los beneficios de Dios, mi corazón se inflamó de un amor tan fuerte que me parecía que me reventaría el pecho. De repente Jesús se puso a mi lado y dijo: **¿Qué haces por aquí tan temprano?** Contesté: Medito sobre Ti, sobre Tu misericordia y sobre la bondad hacia nosotros. Y Tú, Jesús, ¿qué haces aquí? **He salido a tu encuentro para colmarte de nuevas gracias. Busco las almas que quieran aceptar Mi gracia.**

1706 Hoy, durante las vísperas, el Señor me hizo saber cuánto le agrada el corazón puro y libre. Sentí que es una delicia para Dios mirar tal corazón... Pero tales corazones son los corazones de guerreros, su vida es una continua batalla...

1707 (78) + Cuando iba a la terraza, entré un momento en la capilla. Mi corazón se sumergió en una profunda plegaria de adoración, glorificando la inconcebible bondad de Dios y su misericordia. Entonces escuché palabras: **Soy y seré para ti tal como Me alabas; ya en esta vida experimentarás Mi bondad y en la vida futura** [la gozarás] **en toda su plenitud.**

1708 Oh Cristo, tengo mi mayor deleite cuando veo que Tú eres amado, que resuenan Tu honor y gloria y especialmente la alabanza a Tu misericordia. Oh Cristo, hasta el último instante de mi vida no dejaré de glorificar Tu bondad y misericordia. Con cada gota de mi sangre, con cada latido de mi corazón glorifico Tu misericordia. Deseo transformarme por completo en un himno de Tu adoración. Cuando me encuentre en mi lecho de muerte, que el último latido de mi corazón sea un himno amoroso de alabanza a Tu insondable misericordia.

1709 (79) + Hoy el Señor me dijo: **Antes de la venida del Espíritu Santo harás tres días de ejercicios espirituales. Yo Mismo te guiaré. No te atendrás a ninguna regla vigente en los ejercicios espirituales, ni usarás libros de meditación. Tu tarea consiste en prestar oído a Mis palabras. Como lectura espiritual leerás un capítulo del Evangelio de San Juan.**

[En el manuscrito aquí viene media página en blanco].

1710 (80) 26 V (1838). Hoy acompañaba a Jesús mientras ascendía al cielo [416]. Pasado el mediodía, se apoderó de mi una grandísima añoranza de Dios. Una cosa extraña, cuanto más sentía la presencia de Dios, tanto más ardientemente lo deseaba. Luego me vi entre una gran multitud de discípulos y apóstoles y la Madre de Dios. Jesús dijo que fueran por el mundo entero **y enseñaran en Mi** [su] **nombre** extendió los brazos, los bendijo y desapareció en una nube. Vi la nostalgia de la Santísima Virgen. Su alma añoró a Jesús con toda la fuerza del amor, pero estaba tan tranquila y abandonada a Dios que en su corazón no había ni un solo destello contrario a la voluntad de Dios.

1711 Cuando me quedé a solas con la Santísima Virgen, me instruyó sobre la vida interior. Me dijo: *La verdadera grandeza del alma consiste en amar a Dios y humillarse en su presencia, olvidarse por completo a sí mismo y tenerse por nada, porque el Señor es grande, pero se complace sólo en los humildes mientras rechaza siempre a los soberbios.*

1712 (81) Cuando me visitó nuevamente cierta persona que ya mencioné en otro lugar [y] cuando me di cuenta que empezó a hundirse en mentiras, le hice conocer que sabía que mentía. Se avergonzó muchísimo y calló. Entonces le hablé de los grandes juicios de Dios. Y conocí también que atraía almas inocentes a caminos peligrosos. Le revelé todo lo que tenía oculto en el corazón. Tuve que esforzarme para conversar con ella; para demostrar a Jesús que amaba a los enemigos le di mi merienda. Se alejó con la luz en el alma, pero los hechos [estaban] lejos de ella...

1713 Hay momentos cuando el Señor Jesús cumple mis más pequeños deseos. Hoy dijo que deseaba mirar las espigas de trigo que no se ven desde nuestro sanatorio. Lo había oído uno de los pacientes y al día siguiente salió del sanatorio al campo y me trajo unas bellísimas (82) espigas. Mi habitación aislada está siempre adornada de flores frescas, pero mi espíritu no encuentra satisfacción en nada; añoro a Dios con más fuerza cada vez.

1714 Hoy he pedido ardientemente al Señor Jesús por nuestra casa y que se digne quitar esa pequeña cruz con la cual ha visitado el convento [417]. El Señor me contestó: **Tus plegarias han sido aceptadas para otras intenciones y esa pequeña cruz no la puedo quitar hasta que conozcan lo que significa.** Yo, sin embargo, no dejé de rezar.

1715 Una fuerte tentación. Cuando el Señor me hizo saber cuánto le es agradable el corazón puro, conocí más profundamente mi propia miseria; y cuando comencé a prepararme a la confesión me asaltaron fuertes tentaciones contra los confesores. Yo no veía a Satanás, pero sí lo sentía a él y su tremenda maldad. Sí, es un hombre como los demás. No es como los demás, porque tiene el poder de Dios. Sí, (83) acusarse de los pecados no es difícil, pero descubrir los más escondidos secretos del corazón, rendir cuenta de la actuación de la gracia de Dios, hablar de cada deseo de Dios, de todo lo que pasa entre yo y Dios decir esto a un hombre, eso está por encima de las fuerzas. Y sentía que luchaba contra fuerzas poderosas y exclamé: Oh Cristo, Tú y el sacerdote son uno, me acercaré a la confesión como a Ti y no a un hombre. Al acercarme a la rejilla, descubrí primero mis dificultades. El sacerdote dijo que no había podido hacer mejor que revelar en primer lugar esas fuertes tentaciones. Y después de la confesión se dispersaron todas quién sabe dónde; mi alma disfruta de la paz.

1716 Una vez, durante el recreo una de las Hermanas Directoras dijo que las Hermanas Conversas [418] no tenían sentimientos y por lo tanto se las podía tratar con dureza. Me entristecí de que las Hermanas Directoras conocían tan poco las Hermanas Conversas y juzgaban sólo según las apariencias.

1717 (84) Hoy hablé con el Señor que me dijo: **Hay almas en las cuales no puedo hacer nada; son las almas que investigan continuamente a los demás sin ver lo que pasa en su propio interior. No dejan de hablar de los demás hasta durante el silencio riguroso que está dedicado para hablar Conmigo. Pobres almas, no oyen Mis palabras, quedan vacías en su interior, no Me buscan dentro de sus corazones sino en las habladurías donde Yo nunca estoy. Sienten su vacío, pero no reconocen su culpa y las almas en las cuales Yo reino con plenitud son su continuo remordimiento de conciencia. En vez de enmendar tienen los corazones donde crece la envidia y si no se arrepienten, se hunden más. El corazón, hasta ahora envidioso, empieza a cultivar el odio. Y ya están cerca del abismo, envidian a otras almas Mis dones, pero ellas mismas no saben y no quieren aceptarlos.**

1718 (85) Permanecer a Tus pies, oh Dios oculto,
        Es el deleite y el paraíso de mi alma.
        Allí Te revelas a mí, oh Infinito,
        Y me dices dulcemente: dame el corazón, dámelo.

Una silenciosa conversación Contigo, a solas,
Es como vivir momentos celestiales,

Y decir a Dios: Te daré mi corazón, Señor, Te lo daré,
Y Tú, grande e infinito, lo aceptas amablemente.

> El amor y la dulzura, he aquí la vida de mi alma
> Con Tu continua presencia en ella.
> Vivo en la tierra en un éxtasis perenne
> Y como un Serafín repito *Hosanna*.

Oh Oculto, con el cuerpo, el alma y la divinidad,
Bajo las tenues apariencias del pan,
Tú eres mi vida, de Ti las gracias brotan para mí en abundancia,
Tú eres para mí por encima de las delicias del cielo.

> Cuando Te unes a mí en la Comunión, oh Dios,
> Entonces siento mi grandeza inconcebible,
> (86) Que me viene de Ti, oh Señor, lo reconozco
> humildemente,
> Y, a pesar de mi miseria, con Tu ayuda puedo
> volverme santa.

1719 + Durante la Santa Misa conocí que cierto sacerdote no obraba mucho en las almas, porque pensaba en sí mismo, por lo tanto estaba solo, la gracia de Dios huía de él. Se basaba sobre bagatelas, cosas exteriores que a los ojos de Dios no tienen ninguna importancia; y tan soberbio que sacaba del vacío y vertía en el vacío, fatigándose inútilmente.

1720 Hay momentos en que Jesús me da un entendimiento interior, y entonces todo lo que existe en la tierra está a mi servicio: los amigos y los enemigos, el éxito y las adversidades; todo, quiera o no quiera, tiene que servirme. No pienso nada en esto, trato de ser fiel a Dios y amarlo hasta olvidarme completamente de mí misma. Él Mismo me cuida y lucha contra mis enemigos.

1721 (87) Después de la Santa Comunión, al introducir a Jesús a mi corazón, le dije: Amor mío, reina en los más secretos rincones de mi corazón, allí donde se engendran mis pensamientos más secretos, donde sólo Tú, Señor, tienes acceso; en este más profundo santuario donde el pensamiento humano no es capaz de llegar. Permanece allí sólo Tú y que de Ti provenga todo lo que haga por fuera. Deseo ardientemente y hago todo lo posible con todas las fuerzas de mi alma para que en este santuario Te sientas, oh Señor, como en Tu casa.

1722 Oí estas palabras: **Si no Me ataras las manos, enviaría muchos castigos sobre la tierra. Hija Mía, tu mirada desarma Mi ira; aunque tu boca calla, Me llamas con tal fuerza que todo el cielo se estremece. No puedo rehuir tu súplica, porque no Me persigues a mucha distancia sino en tu propio corazón.**

1723 (88) Una noche vino a verme el alma de cierta jovencita y me hizo sentir su presencia dándome a conocer que necesitaba mi oración. Recé un momento, pero su espíritu no se alejó de mí. Entonces dije dentro de mí: si eres un espíritu bueno, déjame en paz y las indulgencias de mañana serán para ti. En aquel momento, ese espíritu abandonó mi habitación; conocí que estaba en el purgatorio.

1724 Hoy, más que nunca sentí la Pasión del Señor en mi cuerpo. Sentí que fue por un pecador agonizante.

1725 Hoy, el Señor volvió a instruirme cómo debo acercarme al sacramento de la penitencia: **Hija Mía, como te preparas en Mi presencia, así te confiesas ante Mí; el sacerdote es para Mí sólo una pantalla. No analices nunca de qué clase de sacerdote** (89) **Me estoy valiendo y abre el alma al confesarte como lo harías Conmigo, y Yo llenaré tu alma con Mi luz.**

1726 Cristo y Señor, me conduces sobre tales precipicios que cuando los miro, me infunden miedo, pero en el mismo instante me lleno de paz, abrazándome a Tu Corazón. Junto a Tu Corazón no tengo miedo de nada. En los momentos de peligro me comporto como una niña que está en los brazos de la madre: al ver alguna amenaza, abraza con más fuerza el cuello de la madre y se siente segura.

1727 + A veces veo las redes tendidas contra mí por las almas que no deberían hacerlo. No me defiendo, sino confío más en Dios que ve mi interior y me doy cuenta de que esas almas se enredan ellas mismas. Oh Dios, qué justo y bueno eres.

1728 (90) **Escribe: Soy santo, tres veces santo y siento aversión por el menor pecado. No puedo amar al alma manchada por un pecado, pero cuando se arrepiente, entonces Mi generosidad para ella no conoce límites. Mi misericordia la abraza y justifica. Persigo a los pecadores con Mi misericordia en todos sus caminos y Mi Corazón se alegra cuando ellos vuelven a Mí. Olvido las amarguras que dieron a beber a Mi Corazón y Me alegro de su retorno. Di a los pecadores que ninguno escapará de Mis manos. Si huyen de Mi Corazón misericordioso, caerán en Mis manos justas. Di a los pecadores que siempre los espero, escucho atentamente el latir de sus corazones** [para saber] **cuándo latirán para Mí. Escribe que les hablo a través de los remordimientos de conciencia, a través de los fracasos y los sufrimientos, a través de las tormentas y los rayos, hablo con la voz de la Iglesia y si frustran todas Mis gracias, Me molesto con ellos dejándoles a sí mismos y les doy lo que desean.**

1729 Oh Jesús mío, únicamente Tú conoces mis esfuerzos; parece que estoy mejor, pero mejor sólo para poder ir a la terraza y no estar en la cama. Veo y me doy cuenta claramente de lo que pasa conmigo; a pesar del cuidado de las Superioras y los esfuerzos de los médicos mi salud está agotándose y huyendo, pero me alegro enormemente de Tu llamada, oh Dios mío, Amor mío, porque sé que en el momento de la muerte empezará mi misión. Oh, cuánto deseo ser librada de este cuerpo. Oh Jesús mío, Tú sabes que en todos mis deseos quiero ver siempre Tu voluntad. De por mí no quisiera morir ni un minuto antes ni tampoco vivir un minuto más, ni que disminuyan (92) los sufrimientos ni que aumenten, sino que deseo únicamente lo que sea conforme a Tu santa voluntad.

Aunque mi entusiasmo es grande, y mis grandes deseos arden en el corazón, pero nunca es por encima de Tu voluntad.

1730 Acudo a Tu misericordia, Dios compasivo, ya que sólo Tú eres bondad. Aunque mi miseria es grande y mis ofensas muchas, confío en Tu misericordia y desde tiempo inmemorial nunca se ha oído, ni el cielo ni la tierra recuerdan que un alma confiada en Tu misericordia haya quedado decepcionada. Oh Dios de piedad, sólo Tú puedes justificarme y jamás me rechazarás, cuando yo, arrepentida, me acerque a Tu Corazón misericordioso, del cual nadie ha sido rechazado jamás, aunque haya sido el pecador más grande.

1731 (93) Hoy me despertó una gran tormenta, el viento estaba enfurecido y llovía como si hubiera un huracán, a cada rato caían rayos. Me puse a rogar que la tempestad no causara ningún daño; de repente oí estas palabras: **Reza la coronilla que te he enseñado y la tempestad cesará.** En seguida he comenzado a rezar la coronilla y ni siquiera la he terminado cuando el temporal ha cesado y oí estas palabras: **A través de ella obtendrás todo, si lo que pides está de acuerdo con Mi voluntad.**

1732 Mientras rezaba por Polonia, oí estas palabras: **He amado a Polonia de modo especial y si obedece Mi voluntad, la enalteceré en poder y en santidad. De ella saldrá una chispa que preparará el mundo para Mi última venida.**

1733 (94) + Te saludo, amor oculto, vida de mi alma. Te saludo, Jesús, bajo las tenues apariencias del pan. Te saludo, mi dulcísima misericordia que Te derramas sobre todas las almas. Te saludo, bondad infinita que derramas torrentes de gracias a Tu alrededor. Te saludo, resplandor oscurecido, luz de las almas. Te saludo, fuente de la misericordia inagotable, manantial purísimo del cual brotan para nosotros la vida y la santidad. Te saludo, deleite de los corazones puros. Te saludo, única esperanza de las almas pecadoras.

1734 Oh Jesús mío, Tú sabes que hay momentos en los cuales
no tengo ni pensamientos elevados, ni ardor de espíritu.
Me soporto pacientemente y reconozco que ésta soy precisamente yo, ya que todo lo que es bello en mí es gracia
de Dios. En aquellos momentos me humillo profundamente e invoco Tu ayuda y la gracia de Tu presencia no
tarda en llegar a un corazón humilde.

1735 (95) Oh virgen, flor preciosa,
Ya no permanecerás mucho tiempo en este mundo,
Oh, qué bello es tu encanto,
Oh Mi casta esposa.

Ninguna cifra puede indicar
Lo preciosa que es tu flor virginal.
Y tu resplandor no ofuscado por nada
Es valiente, fuerte, invencible.

El resplandor mismo del sol de mediodía
Se apaga y oscurece frente a un corazón virginal.
No veo nada más grande que la virginidad,
Es una flor sacada del Corazón de Dios.

Oh virgen mansa, rosa perfumada,
Aunque son muchas las cruces en la tierra,
Pero ojo no vio ni pasó por la mente humana,
Lo que espera a una virgen en el cielo.

Oh virgen, azucena blanca como la nieve,
Tú vives entera sólo por Jesús,
(96) Y en el puro cáliz de tu corazón
Hay una agradable morada para Dios Mismo.

Oh virgen, nadie logra cantar tu himno,
En tu canción está escondido el amor de Dios,
Los mismos ángeles no comprenden
Lo que las vírgenes cantan a Dios.

Oh virgen, tú flor de paraíso
Ensombrece todos los esplendores de este mundo,

Y aunque el mundo no logra comprenderte,
No obstante, inclina humildemente ante Ti
la frente.

Aunque el camino de la virgen está sembrado de espinas,
Y su vida erizada de varias cruces,
Pero ¿quién es tan valiente como ella?
Nada la quebrantará, es invencible.

Oh virgen, ángel en la tierra,
Tu grandeza es famosa en toda la Iglesia,
Tú haces guardia delante del tabernáculo
Y como un serafín te transformas toda en amor.

1736 (97) Una vez, en la terraza, supe que cierta persona era atormentada por graves tentaciones respecto a la confesión, dudando de su carácter secreto. Aunque conocía el estado de aquella alma, no inicié la conversación. Cuando nos quedamos a solas, ella abrió su corazón y me contó todo. Tras unos momentos de conversación me dijo: Ya estoy tranquila, mucha luz ha sido concedida a mi alma.

1737 Hoy Jesús me previno que hablara poco con cierta religiosa. Una gracia particular de Dios me sostuvo durante esa conversación, que en caso contrario no habría sido para la gloria de Dios.

1738 El Señor me dijo: **Entra a menudo en el purgatorio, ya que allí te necesitan.** Entiendo, oh Jesús, el significado de estas palabras que me diriges, pero permíteme primero entrar en el tesoro (98) de Tu misericordia.

1739 **Escribe, hija Mía, que para un alma arrepentida soy la misericordia misma. La más grande miseria de un alma no enciende Mi ira, sino que Mi Corazón siente una gran misericordia por ella.**

1740 Oh Jesús, dame fuerza para soportar los sufrimientos y para que no haga mala cara cuando bebo el cáliz de la amargura. Ayúdame Tú Mismo para que mi sacrificio Te sea agradable, que no lo profane mi amor propio, aunque se prolongue en años. Que la pureza de la intención Te lo haga agradable y nuevo y vivo. Una lucha perenne, un esfuerzo continuo, ésta es mi vida para cumplir Tu santa voluntad, pero que Te alabe, oh Señor, todo lo que hay dentro de mí la miseria y la fuerza.

1741 (99) La infinita bondad de Dios en la creación de los ángeles.

Oh Dios, que eres la felicidad en Ti Mismo y para esta felicidad no necesitas a ninguna criatura, ya que eres en Ti Mismo la plenitud del amor, pero por Tu insondable misericordia llamas a las criaturas a la existencia y las haces partícipes de Tu felicidad eterna y de Tu eterna vida interior divina que vives Tú, Único Dios, Trinitario en Personas. En Tu insondable misericordia has creado los espíritus angélicos y los has admitido a Tu amor, a Tu familiaridad divina. Los has hecho capaces de amar eternamente; aunque los has colmado, oh Señor, tan generosamente del resplandor de belleza y de amor, no obstante no ha disminuido nada Tu plenitud, oh Dios, ni tampoco su belleza y amor Te han completado a Ti, porque Tú en Ti Mismo eres todo. Y si los has hecho partícipes de Tu felicidad y les permites existir y amarte, es únicamente gracias al abismo de Tu misericordia, a Tu bondad insondable por la cual Te glorifican sin cesar (100), humillándose a los pies de Tu Majestad y cantando sus himnos eternos: *Santo, Santo, Santo...*

1742   Adorado seas, Único en la Santísima Trinidad,
         Dios misericordioso,
         Insondable, infinito, inconcebible.
         Sumergiéndose en Ti, su mente no logra comprenderte,
         Por lo tanto repiten sin cesar su eterno: *Santo.*

Glorificado seas, nuestro misericordioso Creador y Señor, Omnipotente, pero lleno de piedad, inconcebible.

Amarte es una tarea de nuestra existencia,
Cantando nuestro himno eterno Santo...

> Bendito seas, oh Dios misericordioso,
> Amor eterno,
> Tú estás por encima de los cielos, zafiros
> y firmamentos,
> La pura legión de espíritus Te alaba así,
> Con su himno eterno, tres veces Santo.

Contemplándote cara a cara, oh Dios,
Veo que antes de ellos habrías podido llamar
a otras criaturas,
Por eso me postro ante Ti con gran humildad,
Porque veo bien que esta gracia se debe únicamente
a la misericordia.

> (101) Uno de los espíritus más bellos no quiso
> reconocer Tu misericordia,
> Arrastró consigo a otros, cegado por su soberbia,
> Y de un ángel tan bello se volvió demonio,
> Y en un momento de lo alto del cielo, fue preci-
> pitado al infierno.

De repente los espíritus fieles exclamaron:
¡Gloria a la misericordia de Dios!
Y resistieron felizmente la prueba de fuego.
Gloria a Jesús, a Cristo humillado,
Gloria a su Madre, a la Virgen humilde y pura.

> Después de aquella lucha, estos espíritus puros
> se sumergieron en el océano de la Divinidad,
> Meditando, adoran el abismo de su misericordia,
> Se sumergen en su belleza
> y en su inmenso resplandor,
> Conociendo la Trinidad de las Personas,
> pero la unidad de la Divinidad.

1743   + La infinita bondad de Dios en la creación
             de los hombres

Oh Dios que por Tu misericordia Te has dignado llamar de la nada a la existencia al género humano colmándolo generosamente de la naturaleza y de la gracia. Pero para Tu bondad eso no [ha sido] suficiente. Tú, oh Señor, en Tu misericordia nos das (102) la vida eterna. Nos admites a Tu felicidad eterna y nos haces partícipes de Tu vida íntima y lo haces únicamente por Tu misericordia. Nos concedes Tu gracia únicamente porque eres bueno y lleno de amor. No éramos nada necesarios para Tu felicidad, pero Tú, Señor, quieres compartir con nosotros Tu propia felicidad. Pero el hombre no resistió la prueba; habrías podido castigarlo como a los ángeles rechazándolo eternamente, pero aquí se manifestó Tu misericordia y Tus entrañas fueron sacudidas por una gran piedad y Tú Mismo prometiste reparar nuestra salvación. No nos castigaste como lo habíamos merecido debido al inconcebible abismo de Tu compasión. Que sea adorada Tu misericordia, oh Señor; la glorificaremos por los siglos. Y los ángeles se asombraron de la grandeza de misericordia que manifestaste a los hombres...

1744   Adorado seas, nuestro Dios misericordioso,
             Nuestro omnipotente Creador y Señor,
             Te rendimos honor en la humildad más profunda,
             Sumergiéndonos en el océano de Tu Divinidad.

(103) Pero el hombre no resistió en la hora de la prueba,
Por la instigación del maligno, Te fue infiel,
Perdió la gracia y los dones y le quedó sólo la miseria,
Lágrimas, sufrimientos, dolor, amargura, hasta descansar en la tumba.

             Pero Tú, oh Dios misericordioso, no permitiste
             perecer a la humanidad

Y le prometiste el Redentor.
No nos dejaste desesperar, a pesar de nuestras
grandes maldades,
Y enviaste a Tus profetas a Israel.

Pero la humanidad Te grita día y noche,
Desde el abismo de la miseria, de los pecados
y de cada dolor.
Escucha los gemidos y las lágrimas, Tú que reinas
en el cielo,
Dios de gran misericordia, Dios de piedad.

El hombre pecó, pero no está en condiciones de
pedir perdón,
Porque un abismo infinito se abrió entre Dios y
el hombre,
Y llama con la voz de su miseria: envíanos Tu
piedad.
Pero Jahvé calla... y pasa un siglo tras otro.

Aumenta la añoranza de toda la humanidad
De Aquel que le había sido prometido.
(104) Ven, Cordero de Dios y quita nuestras culpas,
Ven, alumbra nuestras tinieblas como un rayo luminoso.

Y la humanidad sin cesar clama a Ti, Señor de
los señores,
A Tu insondable misericordia, a Tu piedad.
Oh gran Yahvé déjate aplacar,
Recuerda Tu bondad y perdona nuestras maldades.

1745　　+ La infinita bondad de Dios al enviarnos
Su Hijo Unigénito

Oh Dios, que no has exterminado al hombre después de
la caída, sino que en Tu misericordia lo has perdonado
como Dios, es decir, no sólo le has perdonado la culpa,
sino que le has colmado de toda gracia. La misericordia
Te ha empujado a dignarte descender hacia nosotros y levantarnos de nuestra miseria. Dios descenderá a la tierra,

el Señor de los señores, el Inmortal se humillará. Pero ¿dónde descenderás, Señor? ¿Al templo de Salomón o haces construir un santuario nuevo al que piensas descender? Oh Señor, ¿qué templo Te prepararemos, (105) visto que toda la tierra es Tu escabel? Tú Mismo Te has preparado un templo, la Santísima Virgen. Sus entrañas inmaculadas son Tu morada y se hace el milagro de Tu misericordia, oh Señor. El Verbo se hace Carne, Dios habita entre nosotros, el Verbo de Dios, la Misericordia Encarnada. Nos has elevado a tu divinidad a través de tu humillación; es el exceso de Tu amor, es el abismo de Tu misericordia. Los cielos se asombran de este exceso de Tu amor, ahora nadie tiene miedo de acercarse a Ti. Tú eres Dios de la misericordia, tienes piedad de la miseria, eres nuestro Dios y nosotros Tu pueblo. Tú eres nuestro Padre y nosotros por Tu gracia somos Tus hijos. Sea glorificada Tu misericordia por haberte dignado descender a nosotros.

1746   Adorado seas, oh Dios misericordioso,
    Por haberte dignado descender de los cielos a esta tierra.
    Te adoramos en gran humildad,
    Por haberte dignado elevar todo el género humano.

(106) Insondable en Tu misericordia, inconcebible,
Por amor a nosotros has tomado el cuerpo
De la Virgen Inmaculada, jamás rozada por el pecado,
Porque así lo has establecido desde la eternidad.

    La Santísima Virgen, esta azucena blanca como la nieve,
    Es la primera en adorar la omnipotencia de Tu misericordia.
    Su corazón puro se abre con amor a la venida del verbo,
    Cree en las palabras del mensajero divino y se fortalece en la confianza.

El cielo se asombró de que Dios se hubiera hecho hombre,
Que hubiera en la tierra un corazón digno de Dios Mismo.
¿Por qué no Te unes a un Serafín, Señor, sino a un pecador?
Oh, éste es un misterio de Tu misericordia,
A pesar del puro regazo de la Virgen.

> Oh misterio de la Divina Misericordia, oh Dios de la piedad,
> Que te has dignado abandonar el trono celestial,
> Y has bajado a nuestra miseria, a la debilidad humana,
> Porque no son los ángeles sino los hombres los que necesitan Tu misericordia.

Para expresar dignamente la misericordia del Señor,
Nos unimos a Tu Madre Inmaculada,
(107) Porque así nuestro himno Te será más agradable
Ya que Ella ha sido elegida entre los ángeles y los hombres

> A través de Ella, como a través del cristal puro,
> Ha llegado a nosotros Tu misericordia,
> Por su mérito el hombre se hizo agradable a Dios,
> Por su mérito todos los torrentes de gracias fluyen sobre nosotros.

1747 + La infinita bondad de Dios en la redención del hombre

Oh Dios que con una sola palabra habrías podido salvar miles de mundos, un suspiro de Jesús habría satisfecho Tu justicia. Pero Tú, oh Jesús, Te entregaste por nosotros a tan asombrosa pasión únicamente por amor. La justicia de Tu Padre habría sido expiada con un solo suspiro Tuyo y todos Tus anonadamientos son exclusivamente actos de Tu misericordia y Tu amor inconcebible. Tú, oh Señor, partiendo de esta tierra deseaste quedarte con nosotros y Te dejaste a Ti Mismo en el Sacramento del Altar y nos abriste de par en par Tu misericordia. No hay miseria que (108) Te pueda agotar; llamaste a todos a esta fuente de amor, a este manantial de la piedad divina. Aquí está el trono de Tu misericordia, aquí el remedio para nuestras enfermedades. Hacia Ti, oh Fuente viva de Misericordia corren todas las almas: unas como ciervos, sedientos de Tu amor, otras para lavar la herida de sus pecados; otras todavía, cansadas de la vida, para tomar fuerzas. Cuando estabas muriendo en la cruz, en aquel momento nos donaste la vida eterna; al haber permitido abrir Tu sacratísimo costado nos abriste una inagotable Fuente de Tu Misericordia; nos ofreciste lo más valioso que tenías, es decir, la Sangre y el Agua de Tu Corazón. He aquí la omnipotencia de Tu misericordia, de ella toda gracia fluye hacia nosotros.

1748   Adorado seas, oh Dios, en la obra
        de Tu misericordia,
        Bendecido seas por todos los corazones fieles
        Sobre los cuales se posa Tu mirada,
        En los cuales está Tu vida inmortal.

(109) Oh mi Jesús de la misericordia, Tu santa vida sobre la tierra ha sido dolorosa.
Y terminarás Tu obra entre terribles tormentos,
Suspendido y extendido en el árbol de la cruz,
Y todo esto por amor a nuestras almas.

        Por un amor inconcebible has permitido abrir
        Tu sacratísimo costado,
        Y de Tu Corazón brotaron torrentes de Sangre y
        Agua.
        Aquí está la Fuente viva de Tu Misericordia,
        Aquí las almas encuentran consuelo y alivio.

En el Santísimo Sacramento nos has dejado
Tu misericordia.
Tu amor ha proveído
Que caminando por la vida, los sufrimientos y las fatigas,
No dude yo nunca de Tu bondad y Tu misericordia.

        Aunque sobre mi alma pesen las miserias del
        mundo entero,
        No puedo dudar ni un sólo instante,

> Sino que confiar en la fuerza de la Divina Mise-
> ricordia,
> Porque Dios acoge siempre con bondad un alma
> arrepentida.

Oh inefable misericordia de nuestro Señor,
Fuente de piedad y de toda dulzura.
(110) Confía, confía oh alma, a pesar de estar manchada
por el pecado,
Porque cuando te acerques a Dios no probarás amargura.

> Porque Él es la llama viva de un gran amor,
> Cuando nos acercamos a Él
> Desaparecen nuestras miserias, pecados
> y maldades,
> Él salda nuestras deudas cuando nos entrega-
> mos a Él.

1749   + La infinita bondad de Dios por haber adornado
         el mundo entero para hacer agradable
         la estancia del hombre en la tierra.

Oh Dios, con qué generosidad derramas Tu misericordia
y todo esto lo haces por el hombre. Oh cuánto amas al
hombre si Tu amor hacia él es tan activo. Oh Creador mío
y Señor, en todas partes veo las huellas de Tu mano y el
sello de Tu misericordia que abraza todo lo que está creado. Oh Creador mío piadosísimo, deseo rendirte homenaje en nombre de todas las criaturas con alma y (111) sin
alma y llamo al mundo entero a adorar Tu misericordia.
Oh, qué grande es Tu bondad, oh Dios.

1750   Adorado seas, Creador y Señor nuestro.
       Oh universo entero, adora al Señor en humildad.
       Agradece a tu Creador con todas tus fuerzas
       Y exalta su inconcebible misericordia.

Ven, tierra entera con tu verde,
Ven, también tú, mar insondable,

Que tu agradecimiento se transforme en un himno delicioso
Y cante lo grande que es la Divina Misericordia.

> Ven, sol bello y fulgurante,
> Id, antes de Él, auroras luminosas,
> Uníos en un solo himno, que vuestras limpias voces
> Canten al unísono la gran Misericordia de Dios.

Venid, montes y colinas, bosques rumorosos y matorrales espesos,
Venid, bellas flores en la madrugada,
Que vuestra fragancia exclusiva
Exalte, adore la misericordia de Dios.

> (112) Venid, todas las maravillas de la tierra,
> De las cuales el hombre no deja de asombrarse jamás,
> Venid en armonía a adorar a Dios,
> Exaltando la inconcebible misericordia de Dios.

Ven, oh belleza indeleble de toda la tierra,
Y adora a tu Creador [con] gran humildad,
Porque todo está encerrado en su misericordia,
Todo grita con una voz potente lo grande que es la Divina Misericordia.

> Pero, por encima de todas estas bellezas
> La adoración más agradable a Dios
> Es el alma inocente y llena de confianza del niño
> Que se une estrechamente a Él a través de la gracia.

1751 + Oh Jesús oculto en el Santísimo Sacramento del Altar, mi único amor y misericordia, Te recomiendo todas las necesidades de mi alma y de mi cuerpo. Tú puedes ayudarme, porque eres la Misericordia Misma, en Ti toda mi esperanza.

(113) [En el manuscrito aquí viene una página entera en blanco].

+

Ejercicios espirituales de tres días

1752 Bajo la dirección del Maestro, Jesús. Él Mismo me ordenó hacer estos ejercicios espirituales y Él Mismo estableció los días para hacerlos, es decir tres días antes de la
venida del Espíritu Santo y Él Mismo los dirigió.

Sin embargo, pedí al confesor el permiso para poder hacer estos ejercicios y lo obtuve. Lo pedí también a la
Madre Superiora y también de ella lo obtuve. Había decidido que sin el permiso de las Superioras no los haría.
Empecé la novena al Espíritu Santo y esperaba la respuesta de la Madre Superiora.

(115) Hoy deberían comenzar los ejercicios espirituales y
yo no tengo ninguna noticia sobre cuál es la opinión de la
Madre Superiora.

Por la noche, cuando fui al oficio, durante las letanías vi
al Señor Jesús: **Hija Mía, empezamos los ejercicios espirituales.** Contesté: Jesús, mi amadísimo Maestro, dis-
cúlpame, pero no voy a hacerlos, porque no sé si la Madre Superiora me da su permiso o no. **Quédate tranquila, hija Mía, la Superiora te ha dado su permiso, lo sa-
brás mañana por la mañana, pero comenzamos los
ejercicios esta noche...**

Y efectivamente, por la noche la Madre Superiora tele-
foneó a la hermana [419] que me asiste en esta enfermedad para que me dijera que me permitía hacer los
ejercicios espirituales; sin embargo la hermana se olvidó
decírmelo y me lo dijo sólo a la mañana del día siguiente
(116) disculpándose mucho conmigo por no habérmelo
dicho el día anterior. Le contesté: Esté tranquila, yo ya he
empezado los ejercicios espirituales según el deseo de la
Superiora.

1753   **+ Primer día**

Por la noche Jesús me dio el tema de la meditación. En el primer momento el temor y la alegría penetraron mi corazón. Entonces me estreché a su Corazón y el temor desapareció y se quedó la alegría. Me sentí por completo como hija de Dios, y el Señor me dijo: **No tengas miedo de nada, lo que está vedado a los demás, te está concedido a ti; las gracias que a otras almas no les está concedido ver ni siquiera desde lejos, te nutren a ti cada día como el pan cotidiano.**

1754 **Considera, hija Mía, quién es Aquél al cual tu corazón está estrechamente unido por los votos... Antes de crear el mundo, te amaba con el amor que ahora experimenta tu corazón y por todos los siglos** (117) **Mi amor no cambiará jamás.**

1755 Aplicación: Al solo recuerdo de Aquél con quien mi corazón estaba esposado, mi alma entró en un recogimiento más profundo y una hora me pasó como un minuto. En este recogimiento conocí los atributos de Dios. Inflamada así interiormente de amor, salí al jardín para refrescarme; al mirar al cielo, una nueva llama de amor me inundó el corazón. Luego oí estas palabras:

1756 **Hija Mía, si has agotado el tema que te ha sido propuesto, te daré otro.** Contesté: Oh Majestad infinita, no me bastará la eternidad para conocerte... Sin embargo, mi amor hacia Ti ha crecido muchísimo. Como un acto de agradecimiento deposito mi corazón a Tus pies, como un capullo de rosa; que su perfume encante Tu Divino Corazón ahora y en la eternidad... Qué paraíso [hay] en el alma cuando el corazón siente ser tan amado por Dios...

1757 (118) **Hoy vas a leer el capítulo quince** [del] **Evangelio de San Juan. Deseo que leas muy despacio.**

Meditación segunda

1758 **Hija mía, medita sobre la vida divina que se encuentra en la Iglesia para la salvación y la santificación de tu alma. Considera cómo aprovechas estos tesoros de gracias, estos esfuerzos de Mi amor.**

1759 Aplicación: Oh Jesús tan compasivo, no siempre he sabido aprovechar estos dones inestimables, porque no reparaba en el don mismo sino que me fijaba demasiado en el recipiente, en el que me entregabas Tus dones. Oh mi dulcísimo Maestro, a partir de ahora ya será de otro modo: aprovecharé Tu gracia según pueda mi alma. Me sostendrá la fe viva; la gracia que me enviarás bajo cualquier aspecto, la aceptaré directamente de Ti sin pensar en el recipiente en (119) el cual me la enviarás. Si no siempre está en mi poder de recibirla con alegría, lo haré siempre sometiéndome a Tu santa voluntad.

1760 + Conferencia sobre la lucha espiritual

Hija Mía, quiero instruirte sobre la lucha espiritual. Nunca confíes en ti misma, sino que abandónate totalmente a Mi voluntad. En el abandono, en las tinieblas y en diferentes dudas recurre a Mí y a tu director espiritual, él te responderá siempre en Mi nombre. No te pongas a discutir con ninguna tentación, enciérrate inmediatamente en Mi Corazón y a la primera oportunidad, revélala al confesor. Pon el amor propio en el último lugar para que no contamine tus acciones. Sopórtate a ti misma con gran paciencia. No descuides las mortificaciones interiores. Justifica siempre dentro de ti la opinión de las Superioras y del confesor. Aléjate de los murmuradores como de una peste. (120) Que todos se comporten como quieran, tú compórtate como Yo exijo de ti. Observa la regla con máxima fidelidad. Después de sufrir un disgusto, piensa qué cosa buena podrías hacer para la persona que te ha hecho

sufrir. Evita la disipación. Calla cuando te amonestan; no preguntes la opinión de todos sino de tu director espiritual; con él sé sincera y sencilla como una niña. No te desanimes por la ingratitud; no examines con curiosidad los caminos por los cuales te conduzco. Cuando el aburrimiento y el desánimo llamen a tu corazón, huye de ti misma y escóndete en Mi Corazón. No tengas miedo de la lucha, a menudo el solo valor atemoriza las tentaciones, y no se atreven a atacarnos. Lucha siempre con esta profunda convicción de que Yo estoy a tu lado. No te dejes guiar por el sentimiento, porque él no siempre está en tu poder, todo el mérito está en la voluntad. Depende siempre de las Superioras en las cosas más pequeñas. No te hago ilusiones con la paz (121) y los consuelos, sino que prepárate a grandes batallas. Has de saber que ahora estás sobre un escenario donde te observan la tierra y todo el cielo, lucha como un guerrero para que pueda concederte el premio; no tengas mucho miedo, porque no estás sola.

Segundo día

1761 **Hija Mía, hoy considera Mi dolorosa Pasión, toda su inmensidad; medítala como si hubiera sido emprendida exclusivamente por ti.**

1762 Aplicación: Cuando empecé a sumergirme en la divina Pasión, descubrí el gran valor del alma humana y toda la maldad del pecado y conocí cómo yo no sabía sufrir. Para adquirir méritos por los sufrimientos, uniré mi sufrimiento a la Pasión del Señor Jesús pidiendo gracia para las almas agonizantes a fin de que la misericordia de Dios las envuelva en ese importante momento...

(122)　　　Segunda meditación

1763 **Hija Mía, medita sobre la regla y los votos que Me has hecho a Mí. Tú sabes cuánto los aprecio y todas las**

gracias que tengo para las almas de los religiosos se relacionan con la regla y los votos.

1764 Aplicación: Oh Jesús mío, advierto aquí muchas faltas, pero por mérito de Tu gracia no recuerdo una infracción consciente y voluntaria de la regla o de los votos religiosos; sigue guardándome, oh mi buen Jesús, porque por mí misma soy débil.

1765 **Hoy, hija Mía, tomarás por lectura el capítulo diecinueve del Evangelio de San Juan y lee no sólo con los labios sino con el corazón...**

1766 Durante esta lectura mi alma estaba colmada de una profunda tristeza. Conocí toda la ingratitud de las criaturas para con su Creador y Señor. Pedí que Dios me perseverara de la ceguera del intelecto.

1767 Conferencia sobre el sacrificio y la oración.

(123)**Hija Mía, quiero enseñarte a salvar las almas con el sacrificio y la oración. Con la oración y el sacrificio salvarás más almas que un misionero sólo a través de prédicas y sermones. Quiero ver en ti una ofrenda de amor vivo, ya que sólo entonces tiene el poder frente a Mí. Tienes que ser aniquilada, destruida, vivir como si estuvieras muerta en tu esencia más secreta. Tienes que ser destruida en este rinconcito secreto donde el ojo humano no llega nunca y entonces serás para Mí una ofrenda agradable, un holocausto, lleno de dulzura y perfume y tu fuerza será potente cuando intercedas por alguien. Por fuera tu sacrificio debe ser: escondido, silencioso, impregnado de amor, saturado de oración. Exijo de ti, hija Mía, que tu sacrificio sea puro y lleno de humildad para que pueda complacerme en él. No te escatimaré Mi gracia para que puedas cumplir lo que exijo de ti. Ahora te instruiré (124) en qué consistirá este holocausto en la vida cotidiana para preservarte de las ilusiones. Aceptarás con amor todos los sufrimientos; no te aflijas si muchas veces tu** corazón siente repugnancia y aversión por este sacrificio. Todo su poder está encerrado en la voluntad, por lo tanto los sentimientos contrarios no sólo no disminuyen este sacrificio a Mis ojos, sino que lo hacen más grande. Has de saber que tu cuerpo y tu alma estarán a menudo en el fuego. Aunque en algunas horas no Me sientas, pero Yo estaré junto a ti. No tengas miedo, Mi gracia estará contigo...

Tercer día

1768 **Hija Mía, en esta meditación considera el amor al prójimo: ¿es Mi amor lo que te guía en el amor al prójimo?, ¿rezas por los enemigos?, ¿deseas el bien a quienes te han entristecido o te han ofendido de cualquier modo?**

Has de saber que cualquier (125) **cosa buena que hagas a cualquier alma, la acojo como si la hubieras hecho a Mí Mismo.**

1769 Aplicación: Oh Jesús, Amor mío. Tú sabes que en las relaciones con el prójimo, sólo desde hace poco me guío exclusivamente por Tu amor. Solamente Tú conoces mis esfuerzos encaminados a alcanzar este fin. Ahora me resulta más fácil, pero si Tú Mismo no hubieras encendido este amor en mi alma, no habría logrado perseverar en él. Es gracias a Tu amor Eucarístico que me inflama cada día.

Segunda meditación

1770 **Ahora vas a meditar sobre Mi amor en el Santísimo Sacramento. Aquí estoy entero para ti, con el cuerpo, el alma y la divinidad, como tu Esposo. Tú sabes lo que exige el amor, una sola cosa, es decir, la reciprocidad...**

1771 Aplicación: Oh Jesús mío, Tú sabes que deseo amarte con el amor con el cual (126) hasta ahora ningún alma Te ha amado. Desearía que el mundo entero se transformara en el amor hacia Ti, Esposo mío. Tú me alimentas con la leche y la miel de Tu Corazón. Desde los años más tempranos me has criado Tú Mismo para Ti, con el fin de que ahora sepa amarte. Tú sabes que Te amo, porque sólo Tú conoces la profundidad del sacrificio que Te ofrezco cada día.

1772 Jesús me dijo: **Hija Mía, ¿tienes alguna dificultad en estos ejercicios espirituales?** Contesté que no tenía. Durante estos ejercicios espirituales mi mente es como un relámpago. Con gran facilidad penetro todos los misterios de la fe, Maestro mío y Guía. Bajo el rayo de Tu luz toda la oscuridad desaparece de mi mente.

1773 **Hoy, como lectura tomarás el santo Evangelio escrito por San Juan, capítulo 21. Vívelo más con el corazón que con la mente.**

1774 (127) + Durante el oficio que se celebra en el mes de junio, el Señor me dijo: **Hija Mía, en tu corazón he depositado Mi complacencia. Cuando Me quedé en el Santísimo Sacramento el Jueves Santo, has contado mucho en Mi mente.**

1775 Después de estas palabras mi amor se esforzó para expresarle lo que Él era para mí y no logré encontrar palabras y rompí a llorar por mi impotencia. Y Jesús dijo: **Soy para ti la Misericordia Misma, por lo tanto te pido que Me ofrezcas tu miseria y esta impotencia tuya, y con esto alegrarás Mi Corazón.**

1776 Hoy, en mi alma ha entrado una llama de amor divino tan viva que si hubiera durado más tiempo, me habría quemado en este fuego, liberándome de las ataduras del momento actual. Me parecía que bastaba un momentito más para que me hundiera en el océano de amor. No sé describir estas flechas de amor que traspasan mi alma.

1777 (128)   + Conferencia sobre la misericordia

Has de saber, hija Mía, que Mi Corazón es la Misericordia Misma. De este mar de misericordia las gracias se derraman sobre el mundo entero. Ningún alma que

se haya acercado a Mí, se ha retirado sin consuelo. **Toda miseria se hunde [en] Mi misericordia y de este manantial brota toda gracia, salvadora y santificante. Hija Mía, deseo que tu corazón sea la sede de Mi misericordia. Deseo que esta misericordia se derrame sobre el mundo entero a través de tu corazón. Cualquiera que se acerque a ti, no puede retirarse sin confiar en esta misericordia mía que tanto deseo para las almas. Reza, cuanto puedas, por los agonizantes, impetra para ellos la confianza en Mi misericordia, porque son ellos los que más necesitan la confianza quienes la tienen muy poca. Has de saber que la gracia de la salvación eterna de algunas almas en el último momento dependió de tu oración. Tú conoces todo el abismo de Mi misericordia,** (129) **entonces recoge de ella para ti y especialmente para los pobres pecadores. Antes el cielo y la tierra se vuelven a la nada, que Mi misericordia deje de abrazar a un alma confiada.**

1778 Mi propósito sigue siendo el mismo: la unión con Cristo Misericordia.

1779 Fin de los ejercicios espirituales; última conversación con el Señor.

Te agradezco, Amor eterno, por Tu inconcebible benevolencia para mí, por ocuparte Tú Mismo directamente de Mi santificación. **Hija Mía, que te adornen especialmente tres virtudes: humildad, pureza de intención [y] amor. No hagas nada más, sino lo que exijo de ti y acepta todo lo que te dé Mi mano. Procura vivir en el recogimiento para oír Mi voz que es tan bajita que solo la pueden oír las almas recogidas...**

1780 (130) Hoy, hasta la medianoche no he conseguido dormirme por estar tan preocupada de la renovación de los votos al día siguiente. La grandeza de Dios envolvía todo mi ser.

1781   Pentecostés [420]. Renovación de los votos.

Me levanté mucho [421] antes que de costumbre y fui a la capilla sumergiéndome en el amor de Dios. Antes de recibir la Santa Comunión renové mis votos religiosos en voz baja. Después de la Santa Comunión me ha abrazado el inconcebible amor de Dios. Mi alma estaba en comunión con el Espíritu Santo que es el Mismo Señor que el Padre y el Hijo. Su soplo llena mi alma de tanto deleite que me esforzaría en vano si quisiera dar aunque en parte la idea de lo que vivía mi corazón. A lo largo de todo el día, en todas partes donde estaba y durante cada conversación, me ha acompañado la viva presencia de Dios; mi alma se ha sumergido en agradecimiento por estas grandísimas gracias.

1782   (131) + Hoy, cuando salí al jardín, el Señor me dijo: **Vuelve a tu habitación aislada, porque te esperaré allí.** Al volver, vi inmediatamente al Señor Jesús que estaba sentado a la mesa y me esperaba. Mirándome bondadosamente me dijo: **Hija Mía, deseo que ahora escribas, porque ese paseo no habría sido conforme a Mi voluntad.** Me he quedado sola y en seguida me he puesto a escribir.

1783   + Al sumergirme en la oración y unirme a todas las Misas que en ese momento se estaban celebrando en el mundo entero, rogué a Dios, a través de todas esas Santas Misas, la misericordia para el mundo y especialmente para los pobres pecadores que en ese momento estaban en agonía. Y en aquel momento dentro de mí recibí la respuesta de Dios de que mil almas (132) habían recibido la gracia a través de la oración que yo había elevado a Dios. No sabemos qué número de almas que podemos salvar con nuestras oraciones y nuestro sacrificio, por eso oremos siempre por los pecadores.

1784   Hoy, durante una conversación más larga, el Señor me dijo: **Cuánto deseo la salvación de las almas. Mi queridísima secretaria, escribe que deseo derramar Mi vida** divina en las almas humanas y santificarlas, con tal de que quieran acoger Mi gracia. Los más grandes pecadores llegarían a una gran santidad si confiaran en Mi misericordia. Mis entrañas están colmadas de misericordia que está derramada sobre todo lo que he creado. Mi deleite es obrar en el alma humana, llenarla de Mi misericordia (133) y justificarla. Mi reino en la tierra es Mi vida en las almas de los hombres. Escribe, secretaria Mía, que el director de las almas lo soy Yo Mismo directamente, mientras indirectamente las guío por medio de los sacerdotes y conduzco a cada una a la santidad por el camino que conozco solamente Yo.

1785 Hoy me visitó la Madre Superiora pero por muy breve momento. Al mirar a su alrededor me ha dicho que lo que me rodeaba era demasiado bonito. Y realmente, las hermanas tratan de hacerme amena la estancia en el sanatorio. Pero toda la belleza no disminuye mi sacrificio que solamente Dios ve y que terminará en el momento en que mi corazón dejará de latir. Ninguna belleza de toda la tierra ni del cielo mismo borrará el tormento de mi alma que es vivo a cada momento (134) aunque muy íntimo. Terminará cuando Tú Mismo, Autor de mi tormento, me digas: "Basta". Nada tiene el poder de reducir mi sacrificio.

1786   Primer viernes después de *Corpus Cristi* [422]

              [17 VI 1938].

Ya el viernes después de Corpus Cristi me sentí tan mal que pensé que se acercaba el momento deseado. Apareció una fiebre alta y por la noche escupí mucha sangre. Sin embargo, en la mañana fui a recibir al Señor Jesús, pero ya no pude quedarme a la Santa Misa. Por la tarde, la fiebre bajó repentinamente a 35,8. Me sentía tan débil que tuve la sensación como si todo en mí estuviera muriendo. Pero cuando me sumergí en una oración más profunda, conocí que no era todavía el momento de la liberación, sino una llamada más cercana del Esposo.

1787 Al encontrarme con el Señor, (135) le dije: Me engañas, Jesús, me enseñas la puerta abierta del cielo y me dejas nuevamente en la tierra. Y el Señor me dijo: **Cuando veas en el cielo tus días actuales, te alegrarás y querrás ver tantos como sea posible. No Me extraña, hija Mía, que ahora no logres comprender esto, ya que tu corazón está desbordado de dolor y de anhelo por Mí. Me gusta tu vigilancia; te baste Mi palabra que ya no queda mucho.**

Y otra vez mi alma se encontró en el destierro. Me uní cariñosamente a la voluntad de Dios, sometiéndome a sus amorosos designios.

1788 + Las conversaciones sobre las cosas del mundo que escucho aquí me cansan tanto que estoy a punto de desmayarme. Lo han notado las hermanas que me asisten, ya que esto se refleja por fuera.

1789 (136) + Hoy [423] he visto la gloria de Dios que fluye de esta imagen. Muchas almas reciben gracias aunque no lo digan abiertamente. Aunque su suerte varía, Dios recibe gloria a través de ella y los esfuerzos de Satanás y de la gente mala se estrellan y vuelven a la nada. A pesar de la maldad de Satanás, la Divina Misericordia triunfará en el mundo entero y recibirá el culto de todas las almas.

1790 He aprendido que para que Dios pueda obrar en un alma, ésta tiene que renunciar a actuar por su propia cuenta, ya que en el caso contrario Dios no realizará en ella su voluntad.

1791 Cuando se acercaba una gran tormenta, me puse a rezar la coronilla. De repente oí la voz de un ángel: *No puedo acercarme con* (137) *la tempestad, porque el resplandor que sale de su boca me rechaza a mí y a la tormenta.* Se quejaba el ángel con Dios. De súbito conocí lo mucho que había de devastar con esa tempestad, pero conocí también que esa oración era agradable a Dios y lo potente que es la coronilla.

1792 Conocí que cierta alma que es muy agradable a Dios, a pesar de distintas persecuciones, es revestida por Dios de una dignidad más elevada, por lo cual mi corazón experimentó un gozo muy grande.

1793 Mis momentos más gratos son aquellos cuando estoy conversando con el Señor dentro de mí. Procuro, según está en mi poder, que no esté solo; a Él le gusta estar siempre con nosotros...

1794 (138) + Oh Jesús, Dios eterno, Te agradezco por Tus innumerables gracias y bendiciones. Que cada latido de mi corazón sea un himno nuevo de agradecimiento a Ti, oh Dios. Que cada gota de mi sangre circule para Ti, Señor. Mi alma es todo un himno de adoración a Tu misericordia. Te amo, Dios, por ser Tú Mismo.

1795 Oh Dios mío, aunque los sufrimientos son grandes y se prolongan, los acepto de Tu mano como un magnífico regalo. Los acepto todos, también aquellos que otras almas no han querido aceptar. Puedes venir a mí, oh Jesús, con todo, no Te negaré nada; Te pido una sola cosa, dame la fuerza para soportarlos y haz que sean meritorios. Aquí tienes todo mi ser, haz conmigo lo que quieras.

1796 (139) Hoy he visto el Sagrado Corazón de Jesús en el cielo [en] una gran claridad; de la herida salían los rayos y se difundían por el mundo entero.

1797 Hoy el Señor entró en mi [habitación] y me dijo: **Hija Mía, ayúdame a salvar las almas. Irás a casa de un pecador agonizante y rezarás esta coronilla con lo cual obtendrás para él la confianza en Mi misericordia, porque ya está en la desesperación.**

1798 De repente me encontré en una cabaña desconocida donde, entre terribles tormentos, agonizaba un hombre ya avanzado en años. Alrededor de la cama había una multitud de demonios y la familia estaba llorando. Cuando empecé a rezar, los espíritus de las tinieblas se dispersaron con silbidos y amenazas dirigidas a mí. Esa alma se tranquilizó y llena de confianza descansó en el Señor.

En el mismo instante me encontré en mi habitación. Cómo esto sucede, no lo sé.

+

1799 (140) JMJ. Siento que alguna fuerza me defiende y protege de las flechas del enemigo. Me custodia y defiende, lo siento muy bien, estoy protegida como si estuviera a la sombra de sus alas.

1800 Oh Jesús mío, sólo Tú eres bueno. Aunque mi corazón se esforzara para describir al menos una pequeña parte de Tu bondad, no sería capaz; eso supera cualquier imaginación nuestra.

1801 Un día, durante la Santa Misa, el Señor me hizo conocer más profundamente su santidad y su Majestad y al mismo tiempo conocí mi miseria. Me regocijé de ese conocimiento y toda mi alma se sumergió en su misericordia; me siento sumamente (141) feliz.

1802 Al día siguiente sentí evidentemente las palabras: Ves, Dios es tan santo y tú eres pecadora. No te acerques a Él y confiésate cada día. Y efectivamente, cada cosa en que pensé me pareció pecado. Sin embargo, no abandoné la Santa Comunión y decidí ir a confesarme a su debido tiempo, no teniendo un impedimento evidente. No obstante, cuando se acercó el día de la confesión, preparé una gran cantidad de pecados para acusarme de ellos.

Pero al acercarme a la rejilla, Dios me permitió acusarme de dos imperfecciones, a pesar de que me esforzaba por confesarme según me había preparado. Cuando me alejé del confesionario, el Señor me dijo: **Hija Mía, todos los pecados que quisiste confesar no son pecados a** (142) **Mis ojos, por lo tanto te he quitado la posibilidad de decirlos.** Conocí que Satanás, queriendo turbar mi paz, me sugiere pensamientos exagerados. Oh Salvador, qué grande es Tu bondad.

1803 Un día, mientras me preparaba para la Santa Comunión y me di cuenta de que no tenía nada por ofrecerle, me caí a sus pies invocando toda su misericordia para mi pobre alma. Tu gracia que fluye sobre mí de tu Corazón compasivo me fortifique para la lucha y los sufrimientos para que te permanezca fiel, y aunque soy una gran miseria, no Te tengo miedo, porque conozco bien Tu misericordia. Nada me alejará de Ti, oh Dios, porque todo es más pequeño (143) del conocimiento que tengo [de ti] lo veo claramente.

[Aquí termina el sexto y último cuaderno de los apuntes de Sor Faustina Kowalska religiosa profesa con votos perpetuos de la Congregación de las Hermanas de la Madre de Dios de la Misericordia].

MI PREPARACIÓN
PARA LA SANTA COMUNIÓN

Cracovia, 10 I 1938

Mi preparación para la Santa Comunión

Sor María Faustina
del Santísimo Sacramento

Congregación de las Hermanas
de la Madre de Dios de la Misericordia

1804 (2) El momento más solemne de mi vida es cuando recibo la Santa Comunión. Anhelo cada Santa Comunión y agradezco a la Santísima Trinidad por cada Santa Comunión.

Si los ángeles pudieran envidiar, nos envidiarían dos cosas: primero, la Santa Comunión y segundo, el sufrimiento.

1805 1.+ Hoy me preparo para Tu llegada como la esposa para la llegada de su Esposo. Este Esposo mío es un gran Señor. Los cielos no logran contenerlo. Los serafines que están más cerca de Él cubren sus rostros y repiten sin cesar: *Santo, Santo, Santo*.

Este gran Señor es mi Esposo. A Él le cantan los Coros, ante Él se postran los Tronos, frente a su resplandor se apaga el sol. Y sin embargo este gran Señor es mi Esposo.

Corazón mío, sal de este profundo asombro sobre cómo lo adoran los demás, porque no tienes tiempo, visto que se acerca y ya está a tu puerta.

1806 Salgo a su encuentro y lo invito a la morada de mi corazón humillándome profundamente ante su Majestad. Pero el Señor me levanta del polvo y, como a su esposa, me invita a sentarme junto a Él y a confiarle todo (3) lo que tengo en mi corazón. Y yo, animada por su bondad, inclino mi sien sobre su pecho y le cuento todo. En primer lugar le digo lo que no diría jamás a ninguna criatura. Y luego hablo de las necesidades de la Iglesia, de las almas de los pobres pecadores, de cuánto necesitan su misericordia. Pero el tiempo pasa rápidamente. Jesús, tengo que salir de aquí a los deberes que me esperan. Jesús me dice que queda todavía un momento para despedirse. Una profunda mirada recíproca y por un rato nos separamos aparentemente, pero nunca realmente. Nuestros corazones están unidos continuamente; aunque por fuera estoy ocupada por distintos deberes, pero la presencia de Jesús me sumerge constantemente en un profundo recogimiento.

1807 2. + Hoy mi preparación para la venida de Jesús es breve, pero marcada por un amor intenso. La presencia de Dios me penetra e inflama mi amor hacia Él. No hay ninguna palabra, sólo hay un entendimiento interior. Me sumerjo toda en Dios a través del amor. El Señor se acerca a la morada de mi corazón. Después de recibir la Comunión apenas estoy consciente para volver a mi reclinatorio. En ese mismo momento mi alma (4) se sumerge totalmente en Dios y no sé lo que pasa alrededor. Dios me da el conocimiento interior de su Ser Divino. Estos momentos son breves, pero penetrantes. El alma sale de la capilla profundamente recogida y no es fácil distraerla. Entonces me parece que toco la tierra con un solo pie. Ningún sacrificio durante el día resulta difícil ni pesado. Cada circunstancia despierta un nuevo acto de amor.

1808 3. + Hoy invité a Jesús a mi corazón como al amor. Tú eres el amor mismo. Todo el cielo se enciende y llena de

Tu amor. Por lo tanto mi alma Te desea como una flor anhela el sol. Jesús, ven rápidamente a mi corazón, porque ves que como la flor requiere el sol, así mi corazón se [lanza] hacia Ti. Abro el cáliz de mi corazón para acoger Tu amor.

1809 Cuando Jesús vino a mi corazón, todo vibró de vida y de calor en mi alma. Jesús, retira mi amor del corazón y llénalo con el Tuyo. Un amor ardiente y luminoso que sabe llevar el sacrificio, que sabe olvidarse completamente de sí mismo.

Hoy mi día está marcado por el sacrificio...

1810 (5) 4. + Hoy me preparo para la venida del Rey.

Qué soy yo y qué eres Tú, Señor, Rey de la gloria, gloria inmortal. Oh corazón mío, ¿te das cuenta de quién viene a visitarte hoy? Sí, lo sé, pero es curioso que no puedo comprenderlo. Oh, si fuera solamente un rey, pero éste es el Rey de reyes, Señor de los señores. Ante Él tiembla todo poder y autoridad. Hoy Él viene a mi corazón. Lo oigo acercarse, salgo a su encuentro y lo invito. Cuando entró en la morada de mi corazón, mi alma se llenó de un respeto tan grande que se desmayó atemorizada, cayendo a sus pies. Jesús le dio su mano y le permitió bondadosamente sentarse a su lado. La tranquilizó: **Ves, he dejado el trono de los cielos para unirme a ti. Lo que estás viendo es apenas una pequeña muestra y tu alma se desmaya de amor. ¡Cuánto se asombrará tu corazón cuando Me veas en toda la plenitud de la gloria! Quiero decirte, sin embargo, que la vida eterna debe iniciarse ya aquí en la tierra a través de la Santa Comunión. Cada Santa Comunión te hace más capaz para la comunión con Dios por toda la eternidad.**

1811 Así que, Rey mío, no Te pido nada aunque sé que (6) me puedes dar todo. Te pido sólo una cosa: sé el Rey de mi corazón por los siglos, eso me basta.

1812 Hoy renuevo la sumisión a mi Rey a través de la fidelidad de las inspiraciones interiores.

1813 5. + Hoy no me esfuerzo en ninguna preparación especial. No sé pensar nada aunque siento mucho. Añoro el momento en que Dios venga a mi corazón. Me arrojo en sus brazos y hablo de mi incapacidad y de mi miseria. Derramo todo el dolor de mi corazón: que no soy capaz de amarle tal como deseo. Despierto los actos de fe, esperanza y amor, y de ellos vivo durante todo el día.

1814 6. Hoy mi preparación es breve. Una fe viva y fuerte casi desgarra el velo de amor. La presencia de Dios atraviesa mi corazón como un rayo de sol el cristal. En el momento de recibir a Dios, todo mi ser está sumergido en Él. Me envuelve el asombro y la admiración viendo la gran Majestad de Dios que se rebaja hacia mí que soy la miseria misma. De mi alma brota el agradecimiento (7) por todas las gracias que me concede y especialmente por la gracia de haberme llamado a su exclusivo servicio sagrado.

1815 7. + Hoy, en la Santa Comunión, deseo unirme a Jesús lo más estrechamente posible a través del amor. Deseo a Dios tan ardientemente que me parece que no llegaré al momento en que el sacerdote me dé la Santa Comunión. Mi alma cae como en un desmayo por anhelar a Dios.

1816 Después de recibirlo en mi corazón, se desgarró el velo de la fe. Vi a Jesús que me dijo: **Hija Mía, tu amor Me compensa por la frialdad de muchas almas.** Después de estas palabras me quedé sola, pero durante todo el día viví del acto de reparación.

1817 8. + Hoy siento en mi alma el abismo de miseria. Deseo acercarme a la Santa Comunión como a la Fuente de Misericordia y sumergirme toda en este océano de amor.

Al recibir al Señor Jesús, me arrojé en Él como en el abismo de misericordia insondable y cuanto más sentía que era la miseria misma tanto más aumentaba mi confianza en Él.

En esta humillación pasé el día entero.

1818 (8) 9. + Hoy mi alma tiene la naturaleza de un niño. Me uno a Dios como el niño al Padre. Me siento plenamente la hija de Dios.

1819 Al recibir la Santa Comunión, tuve un conocimiento más profundo del Padre celestial y de su paternidad para con las almas.

Hoy vivo de la adoración de la Santísima Trinidad. Agradezco a Dios por haberse dignado adoptarnos, por medio de la gracia, como a sus hijos.

1820 10. + Hoy deseo transformarme toda en el amor de Jesús y ofrecerme junto con Él al Padre celestial.

Durante la Santa Misa vi a Jesús pequeñito, en un cáliz y me dijo: **Vivo en tu corazón tal y como Me ves en este cáliz.**

1821 Después de la Santa Comunión sentí en mi propio corazón los latidos del Corazón de Jesús. Aunque desde hace mucho estoy consciente de que la Santa Comunión dura en mí hasta la siguiente Comunión, hoy todo el día adoro a Jesús en mi corazón y le pido que con su gracia proteja a los niños pequeños del mal que les amenaza. La viva presencia de Dios que se deja sentir incluso físicamente dura el día entero, no me impide absolutamente cumplir con mis deberes.

1822 (9) 11. + Hoy mi alma desea mostrar a Jesús su amor de modo particular. Cuando el Señor entró en mi corazón, me arrojé a sus pies como un capullo de rosa. Deseo que la fragancia de mi amor ascienda continuamente a los pies de Tu trono. Ves, oh Jesús, en este capullo de rosa todo mi amor a Ti; pero no solamente en este momento cuando mi corazón arde de amor, sino que durante el día te daré pruebas de mi amor a través de la fidelidad a la gracia de Dios.

Hoy todas las dificultades y sufrimientos que enfrento, los captaré apresuradamente como un capullo de rosa para arrojarlo a los pies de Jesús. No importa que la mano, o más bien el corazón se cubra de sangre...

1823 12. + Hoy mi alma se prepara para la venida del Salvador que es la bondad y la misericordia misma. Las tentaciones y distracciones me sacuden y no me dejan prepararme para la venida del Señor. Deseo fervientemente recibirte, oh Señor, porque sé que cuando vengas, me liberarás de estos tormentos. Y si Tu voluntad es que sufra, entonces fortaléceme para la lucha.

Jesús, Salvador que Te dignaste (10) venir a mi corazón, aleja estas distracciones que me impiden hablar Contigo.

Jesús me contestó: **Quiero que seas como un oficial entrenado en la lucha que, entre el estruendo de las balas, sabe dar ordenes a los demás. Igualmente tú, hija Mía, entre las más grandes dificultades, has de saber dominarte y que nada te aleje de Mí, ni siquiera tus caídas.**

Hoy he luchado todo el día contra cierta dificultad que Tú, Jesús, conoces...

1824 13. + Hoy mi corazón tiembla de alegría. Deseo mucho que Jesús venga a mi corazón. Estoy llena de un deseo ardiente, mi corazón ansioso de verlo se enciende con un amor cada vez más fuerte.

Cuando Jesús vino, me arrojé en sus brazos como una niña pequeña. Le conté mi alegría. Jesús escuchaba estas manifestaciones de mi amor. Cuando le pedí perdón por no haberme preparado a la Santa Comunión, ya que pensaba continuamente en compartir [con él] esta alegría, Jesús me contestó: **La más agradable para Mí es la preparación con la cual Me has acogido hoy en tu corazón. Hoy bendigo esta alegría tuya de modo especial. Nada te turbará esta alegría en el día de hoy...**

1825 (11) 14. + Hoy mi alma se prepara para la venida del Señor que lo puede todo, que me puede hacer perfecta y santa. Me preparo mucho para acogerle, pero de súbito tuve una dificultad: ¿cómo presentársela? La rechacé en seguida. La presentaré tal como me lo dictará el corazón.

1826 Cuando recibí a Jesús en la Santa Comunión, mi corazón exclamó con toda la fuerza: Jesús, transfórmame en una segunda hostia. Quiero ser una hostia viva para Ti. Tú eres el gran Señor, omnipotente, Tú puedes hacerme esta gracia. Y el Señor me contestó: **Tú eres una hostia viva,**

agradable al Padre celestial, pero medita ¿qué es una hostia? Una ofrenda. ¿Entonces...?

Oh Jesús mío, comprendo el significado de la hostia, comprendo el significado de la ofrenda. Deseo ser una hostia viva delante de Tu Majestad, es decir, una ofrenda viva que arde para Tu gloria cada día.

Cuando mis fuerzas empiecen a disminuir, entonces la Santa Comunión me sostendrá y fortalecerá. De verdad, temo el día en que no reciba la Santa Comunión. Mi alma recibe una fuerza admirable de la Santa Comunión.

¡Oh Hostia viva, luz de mi alma!

1827 (12) 15. + Hoy mi alma se prepara para la Santa Comunión como para un banquete de bodas en que todos los participantes lucen una belleza inexpresable. Y yo también estoy invitada a este banquete, pero no veo en mí esta belleza, sino un de miseria. Y aunque no me siento digna de sentarme a la mesa, sin embargo me deslizaré por debajo de la mesa, y a los pies de Jesús mendigaré al menos las migas que caigan debajo de la mesa. Conociendo Tu misericordia me acerco a Ti, Jesús, porque antes faltará mi miseria que se agote la piedad de Tu Corazón.

Por eso, en el día de hoy alentaré mi confianza en la Divina Misericordia.

1828 16. + Hoy me envuelve la Majestad de Dios. No logro ayudarme de ningún modo para prepararme mejor. Estoy envuelta totalmente por Dios. Mi alma se inflama de su amor. Sé solamente que amo y que soy amada. Eso me basta. Procuro ser fiel al Espíritu Santo durante el día y satisfacer sus exigencias. Procuro el silencio interior para poder oír su voz...

NOTAS

Primer Cuaderno

[1] El 22 de febrero de 1931, durante su estancia en Płock, Sor Faustina recibió la orden de Jesús de pintar su imagen según el modelo que le fue mostrado (ver Diario, 47). Intentó cumplir esta orden, pero sin conocer las técnicas pictóricas, no pudo realizar la obra. Sin embargo no renunció a la idea de pintar la imagen. Volvía a ella buscando la ayuda de las hermanas y de los confesores (Archivo de la Postulación de Sor Faustina - *Recuerdo*). En 1933, cuando Sor Faustina llegó a Vilna, su confesor, el Padre Sopoćko propuso al pintor Eugenio Kazimirowski pintar la imagen según las indicaciones de Sor Faustina. Hasta 1988 el apellido del artista venía citado erróneamente como Kazimirowski (ver el "Diccionario de Artistas Polacos y Extranjeros que trabajaron en Polonia" de Janusz Derwojed Ossolineum, t. III, 1979). La imagen fue terminada en junio de 1934 y colocada en el pasillo del convento de las Hermanas Bernardas junto a la iglesia de San Miguel en Vilna, donde el Padre Sopoćko era rector.

En 1935, durante las celebraciones con motivo de la clausura del Año de Jubileo de la Redención del Mundo, la imagen de la Divina Misericordia fue trasladada a Ostra Brama, y ubicada en lo alto de un ventanal, para que se viera desde lejos, y estuvo allí desde el 26 hasta el 28 de abril de 1935. El 4 de abril de 1937, con la autorización del metropolitano de Vilna, arzobispo Mons. Romualdo Jalbrzykowski, la imagen fue bendecida y colgada en la iglesia de San Miguel de Vilna. En 1941 por iniciativa del mismo arzobispo fue convocada una comisión de expertos para evaluar la imagen. La comisión declaró que la imagen de la Divina Misericordia pintada por Eugenio Kazimirowski representaba importantes valores religiosos y artísticos.

En 1942, por encargo de la Congregación de las Hermanas de la Madre de Dios de la Misericordia, el artista Estanislao Batowski pintó en Lvov otra imagen de la Divina Misericordia que fue colocada en la capilla de la Congregación en Varsovia, en la calle Żytnia 3/9. Durante la insurrección de Varsovia la capilla y con ella la imagen fueron consumidas por el fuego. Como la imagen pintada por Batowski gustó mucho, la Superiora General de la Congregación encomendó al artista pintar otra para la capilla de Cracovia.

Mientras tanto a la casa cracoviana de la Congregación se dirigió el pintor Adolfo Hyla con la propuesta de pintar un cuadro como voto por haberse salvado en la guerra. La Superiora, Madre Irene Krzyzanowska y el Padre José Andrasz (director espiritual del alma de Sor Faustina de Cracovia) le dieron una estampa de la Divina Misericordia (reproducción de la copia de la imagen de Kazimirowski) así como una descripción de la visión de Sor Faustina. El trabajo iniciado en noviembre de 1942 fue terminado en marzo de 1943. El 7 de marzo de 1943 la imagen de Jesús Misericordioso de autoría de A. Hyla fue bendecida con solemnidad en la capilla por el Padre J. Andrasz.

El 6 de octubre de 1943 llegó también el cuadro de Batowski. Surgió, entonces, un problema: ¿cuál de las dos imágenes había de quedar en la capilla? El asunto fue solucionado por el cardenal Adán Sapieha durante su inesperada visita. Al ver las dos imágenes dijo: Dado que el señor Hyla ha pintado el cuadro como voto, que quede en la capilla de las hermanas.

Resultó, sin embargo, que la imagen de A. Hyla no cabía en el altar donde se la colocaba para celebrar oficios a la Divina Misericordia. Entonces la Superiora de la casa, Madre Irene Krzyzanowska pidió a este mismo artista otra imagen de Jesús Misericordioso, de tamaño y forma adecuados al nicho del altar lateral. El primer domingo después de Pascua, 16 de abril de 1944, celebrado por primera vez en esta capilla de la Divina Misericordia, el Padre J. Andrasz bendijo la nueva imagen del pincel de A. Hyla que presentaba a Jesús Misericordioso con una pradera y un matorral al fondo. En 1954 A. Hyla repintó el lienzo eliminando la pradera y el matorral, haciendo el fondo oscuro y pintando el suelo bajo los pies de Jesús.

La imagen de la Divina Misericordia del pincel de A. Hyla de la capilla de la Congregación de las Hermanas de la Madre de Dios de la Misericordia de Cracovia - Lagiewniki pronto se hizo famosa por las gracias allí otorgadas y sus reproducciones se divulgaron por el mundo entero. Así se cumplió el deseo del Señor Jesús expresado a Sor Faustina ya en la primera visión de la imagen en Płock: **Deseo que esta imagen sea venerada primero en su capilla y en el mundo entero** (ver Diario, 47).

[2] "Aquí", es decir en la imagen de la Divina Misericordia.

[3] Durante su estancia en Vilna Sor Faustina recibió de su confesor la recomendación de poner por escrito sus vivencias interiores. Preguntado por la Congregación ¿por qué Sor Faustina escribió el Diario?, su confesor, Padre Miguel Sopoćko contestó: "En aquel entonces yo era profesor del seminario y en la facultad de Teología de la Universidad «Stefan Batory» de Vilna. No tenía tiempo para escuchar sus largas confidencias en el confesionario, le recomendé de escribirlas en un cuaderno y dármelas a leer de vez en cuando. Así nació el Diario" (Carta del Padre Sopoćko del 6 de marzo de 1972).

Además de la orden del confesor, en muchas páginas del Diario Sor Faustina menciona una orden clara de escribir el Diario, hecha por Jesús Mismo (ver Diario, 372, 459, 895, 965, 1160, 1457, 1665 y otros).

[4] Con la expresión "las vanidades de la vida" comprendía la vida común de la gente del mundo en el que se presta poca atención a las inspiraciones interiores de la gracia.

[5] El baile tuvo lugar en el parque "Venecia" de Lódz cerca de la catedral de San Estanislao Kostka. En el baile estuvo también la amiga de Elena, Lucina Strzelecka, luego Sor Julita, ursulina S.J.K. (Recuerdos de las Hermanas Ursulinas S.J.K. de 1991).

[6] No se logró establecer qué aldea fue.

[7] Era la iglesia de Santiago Apóstol que se encuentra en Varsovia, en la calle Grójecka (Plaza Narutowicza, barrio de Ochota).

[8] Se trata del Padre Santiago Dabrowski (nacido el 18 de agosto de 1862), párroco de la parroquia Santiago Apóstol en Varsovia y luego decano en el decanato suburbano de Varsovia. Falleció durante la II Guerra Mundial.

"Mi marido", recuerda Aldona Lipszyc, "había pedido al párroco de la parroquia de San Santiago Apóstol del barrio de Ochota de encontrar una persona que me ayudara en la casa. El canónigo Santiago Dabrowski había sido anteriormente párroco en Klembów y era amigo de mi marido. Lo bautizó, nos casó y bautizó a todos nuestros hijos. El canónigo nos mandó, en verano de 1924, a Elena Kowalska con una hojita en la que decía que no la conocía, y nos deseaba que tuviéramos suerte."

[9] Aldona Lipszyc vivía entonces en Ostrówek, municipio de Klembów, distrito de Radzymin. Nacida el 14 de abril de 1896 en Tbilisi, hija de Serafín Jastrzebski y María Lemke. En los años 1965 - 1966 fue una de los testigos en el proceso informativo de Sor Faustina.

[10] No se logró establecer en qué conventos pidió ser recibida.

[11] Por fin Elena Kowalska se presentó en la Congregación de las Hermanas de la Madre de Dios de la Misericordia en Varsovia, calle Żytnia 3/9, la cual, en este lugar, define como "nuestra puerta".

[12] Recibió a Elena la Madre Micaela Moraczewska, en aquel entonces Superiora de la casa de Varsovia en la calle Żytnia 3/9.

Micaela Moraczewska, Olga Moraczewska, nacida en 1873, obtuvo una sólida instrucción, dominaba varios idiomas, se graduó en el conservatorio de música. Había entrado en la Congregación siendo ya una persona plenamente madura. Después de los votos perpetuos fue nombrada Superiora de la casa de Varsovia. Desempeñó este cargo hasta 1928. Luego sustituyó a la Madre Leonarda Cielecka en la función de Superiora General. Cuando ocupaba este cargo fueron aprobadas las Constituciones de la Congregación. Fundó nuevas casas en Varsovia (en el barrio de Grochów), en Rabka, en Lvov y una filial de la casa de Płock en el pueblo de Biala (a 10 kms. de Płock). Falleció en Cracovia, el 15 de noviembre de 1966 y fue sepultada en el cementerio del convento.

[13] Elena Kowalska trabajó un año más en casa de Aldona Lipszyc y luego, sin volver a la casa familiar entró en la Congregación.

[14] Fue en junio de 1925. La fiesta de *Corpus Cristi* cayó el 18 de junio y la octava duró hasta el 25 de junio.

[15] Elena Kowalska, obedeciendo la voluntad de las Superioras, volvió a presentarse en la Congregación un año después, es decir, el 1 de agosto de 1925 y aquel día fue recibida definitivamente.

[16] Con la Madre Micaela Moraczewska.

[17] En Varsovia, en la calle Żytnia, la capilla se encontraba en una casa aparte, no muy alejada de aquella donde vivían las hermanas. Por eso había sido hecha otra en el primer piso de la casa ocupada por las hermanas donde se guardaba el Santísimo Sacramento y donde, de vez en cuando, se celebraban Misas. Las hermanas la llamaban familiarmente "la capillita" o el "Pequeño Señor Jesús".

[18] Según la costumbre de la Congregación, después de las 9 de la noche era obligatorio el silencio canónico. En aquella hora las hermanas iban a descansar en recogimiento. Naturalmente

no estaba prohibido rezar en silencio sus oraciones privadas. Probablemente Elena consideraba una transgresión a esta costumbre orar tendida en el piso, lo que podía distraer a otras hermanas.

[19] En aquella época, en la casa de la Congregación en la calle Żytnia, actuaban como confesores ordinarios (que confesaban cada semana): el Padre Pedro Loeve y el Padre Bronislao Kulesza. El confesor extraordinario era el Padre Aloisio Bukowski, S. J. Es difícil establecer con cuál de ellos se confesó aquel día la joven aspirante.

El Padre Pedro Loeve, nacido el 18 de noviembre de 1875, fue ordenado sacerdote el 31 de mayo de 1898. Era profesor del seminario de Varsovia, notario y luego viceoficial del tribunal Arzobispal de Varsovia. Falleció el 19 de septiembre de 1951.

El Padre Bronislao Kulesza, nacido el 11 de junio de 1885, fue ordenado sacerdote el 18 de octubre de 1908. Era prefecto en muchas escuelas. Falleció el 5 de mayo de 1975.

El Padre Aloisio Bukowski, S. J., nacido el 29 de agosto de 1873, fue ordenado sacerdote en Peplin el 25 de marzo de 1897. Tras dos años de trabajo pastoral en la diócesis ingresó en la Compañía de Jesús. Fue profesor de teología dogmática en el seminario de Widnawa y después en la Universidad de Varsovia. Falleció el 7 de julio de 1941.

[20] Debido a las vivencias espirituales, el trabajo espiritual demasiado intenso y el cambio del estilo de vida, en Elena Kowalska se produjo un agotamiento general que inquietó a las Superioras y la joven postulante fue enviada a Skolimów cerca de Varsovia.

[21] Las crónicas de la casa de Varsovia en la calle Żytnia fueron quemadas durante la guerra, por lo tanto es difícil establecer con cuáles hermanas la joven postulante salió a Skolimów.

[22] Por "superioras" se debe entender: la Superiora General y la Maestra de postulantes, porque ellas decidieron admitir a Elena Kowalska a la toma de hábito y enviarla al noviciado en Cracovia.

La Superiora General era en aquel entonces la Madre Leonarda, Estefanía Cielecka. Nació el 24 de diciembre de 1850 en Paplin (la tierra de Siedlce). Provenía de una familia de propietarios rurales, recibió una instrucción superior, dominaba varios idiomas. Entró en la Congregación el 1 de octubre de 1885, hizo los votos perpetuos en 1893 en Varsovia. En 1908 fue nombrada Superiora en Derdy cerca de Varsovia. Desde 1912 tuvo el cargo de Superiora en Varsovia y desde 1918 en Walendów. Cuando las casas de la Congregación en Polonia se hicieron autónomas (hasta entonces dependían de la casa general en Francia), en el primer capítulo, celebrado en 1922 en Varsovia, fue elegida primera Superiora General de la Congregación en Polonia. Desempeñó este cargo durante 6 años, es decir, hasta 1928 y después fue asistente de la Superiora General. Falleció el 1 de noviembre de 1933.

La Maestra de postulantes era entonces la Madre Juana Olga Bartkiewicz, nacida el 31 de julio de 1858. Entró en la Congregación el 10 de diciembre de 1877, hizo los votos perpetuos en Laval, Francia, en 1885. Durante la época en que la Congregación de las Hermanas de la Madre de Dios de la Misericordia dependía de la casa general en Francia, la Madre Juana fue Vicaria General para las casas de Polonia. Era una persona enérgica, exigente, a veces despótica. Manifestaba mucho cariño a las religiosas jóvenes, pero al mismo tiempo las dirigía con una mano dura, lo que provocaba una atmósfera de temor. Terminado el período de Vicaria General, durante algún tiempo fue Maestra del noviciado y de la tercera probación. Por esta razón, en toda su vida se sintió autorizada para hacer observaciones a las hermanas jóvenes. Falleció el 1 de julio de 1940 en Varsovia.

[23] Terminada "la probación" (el postulantado), la candidata hace ocho días de ejercicios espirituales. Durante la toma de hábito recibe el hábito y el nombre, e inicia el noviciado.

En la Congregación de las Hermanas de la Madre de Dios de la Misericordia el noviciado dura dos años. El primer año, llamado "canónico" está dedicado a profundizar la vida interior y conocer la espiritualidad de la Congregación. Durante aquella etapa la novicia no puede frecuentar ninguna escuela, dedicarse a los estudios ni a las tareas que la absorban excesivamente. En el segundo año del noviciado, las novicias además de dedicarse a sus ejercicios religiosos, pueden estudiar o trabajar bajo la dirección de las hermanas profesas. Si la prueba resulta satisfactoria, tanto para la Congregación como para la novicia, esta última tras dos años del noviciado hace los votos temporales por un año, para renovarlos después cada año durante 5 años consecutivos. Sólo después de este período puede ser admitida a hacer los votos perpetuos.

[24] El Padre M. Sopoćko recomendó a Sor Faustina no escribir en el Diario los nombres de las hermanas. Elena Kowalska vino a Cracovia el 23 de enero de 1926 para terminar allí el postulantado. El mismo día murió en Cracovia Sor Enriqueta Losinska, nacida el 20 de enero de 1897, entró en la Congregación en 1920, trabajó de zapatera.

[25] La Maestra del noviciado era entonces la Madre Margarita Ana Gimbutt, nacida el 10 de octubre de 1857, entró en la Congregación en 1893. Era Maestra del Noviciado, luego Superiora en la casa de Vilna, y más tarde todavía Instructora de la tercera probación. Se distinguió por el espíritu de abnegación y mortificación. Humilde, amable, absorta en la oración, era un ejemplo para otras hermanas. Falleció el 8 de mayo de 1942.

[26] El Padre Estanislao Respond, nacido el 30 de septiembre de 1877 en Liszki cerca de Cracovia, fue ordenado sacerdote el 10 de agosto de 1901. Desempeñó el cargo de prefecto y después rector en el seminario de Cracovia. El 12 de junio de 1927 fue consagrado obispo. Durante muchos años fue Vicario General de la arquidiócesis de Cracovia. Lo unían cordiales lazos a la Congregación de las Hermanas de la Madre de Dios de la Misericordia. Falleció el 4 de febrero de 1958 y fue sepultado en su pueblo natal de Liszki.

[27] Fue el día de la toma de hábito, el 30 de abril de 1926. Recuerda este momento Sor Clemenza Buczek que durante la ceremonia ponía el hábito religioso a las candidatas: "En mayo de 1926 me fue encomendado asistir a la toma de hábito de

Elenita Kowalska. Cuando la candidata recibió el hábito delante del altar, le dije: Elenita, démonos prisa para poner el hábito. Elenita se desmayó. Fui corriendo a buscar colonia para reanimarla... Después la bromeaba diciendo que había sido porque le daba lástima dejar el mundo. Sólo después de su muerte me enteré de que la causa del desmayo no fue el pesar por el mundo sino otra cosa."

[28] En aquel entonces la Maestra era Sor María Josefa Estefanía Brzoza, nacida en 1889, entró en la Congregación en 1909, hizo los votos perpetuos el 15 de mayo de 1917. Desempeñaba el cargo de Maestra de las jovencitas en el instituto de Cracovia. En 1925 fue enviada a Laval en Francia para observar de cerca la formación de las novicias y para compenetrarse del espíritu de la Congregación. Tras volver de Laval, el 20 de junio de 1926 tomó la dirección del noviciado y la mantuvo hasta el 30 de octubre de 1934. Era una Maestra ejemplar y una gran conocedora de las almas. Exigente, pero a la vez llena de cariño materno y de cordialidad para cada novicia. En 1934 el capítulo general la nombró Consejera General y al mismo tiempo fue elegida Superiora de la casa general en Varsovia. Cinco años más tarde, el 9 de noviembre de 1939, murió de cáncer.

[29] Confesaba a las novicias el Padre Teodoro Czaputa. Nacido en 1884, fue ordenado sacerdote el 7 de julio de 1907. Tras graduarse en la facultad de Teología en la Universidad Jagellona fue nombrado rector del seminario menor y juez prosinodal. Desde noviembre de 1925 fue confesor del noviciado de la Congregación de las Hermanas de la Madre de Dios de la Misericordia en Cracovia. Desempeñó esta función casi hasta su muerte (2 III 1945), gozando de gran confianza entre las novicias.

[30] Fue Sor Plácida Antonia Putyra. Nacida en 1903 entró en la Congregación en 1924. Falleció el 7 de octubre de 1985.

[31] En la Congregación, las Superioras pueden dar ordenes "en nombre de la santa obediencia" a las hermanas profesas (las hermanas que han hecho los votos perpetuos). De hecho la Maestra no tuvo tal derecho; tampoco Sor Faustina, siendo novicia o

sea antes de pronunciar los votos, tenía la obligación de escuchar la orden. Si la Maestra usó estas palabras fue porque contaba con la buena voluntad y la piedad de la novicia y quiso ayudarla a liberarse de su estado de ánimo desagradable.

[32] Los ejercicios espirituales obligatorios en la Congregación: la meditación de media hora por la mañana, una parte del rosario, el Vía Crucis, el rezo del Pequeño Oficio a la Inmaculada Concepción.

[33] Sor Maestra, al igual que otras Superioras religiosas tiene el poder de eximir una novicia de las prácticas de piedad obligatorias o cambiarlas por otras.

[34] En 1927 el Viernes Santo cayó el 15 de abril.

[35] Sor Faustina pronunció la profesión temporal el 30 de abril de 1928.

[36] De otras declaraciones de Sor Faustina se puede deducir que eso sucedió en Varsovia. La entonces Superiora de la casa de Varsovia, Madre Rafaela Catalina Buczynska, nació el 23 de diciembre de 1879, entró en la Congregación el 18 de octubre de 1900, falleció el 23 de diciembre de 1956. Era una Superiora eminente. Se distinguió por sus juicios claros y sanos sobre personas y cosas y por muy buen sentido práctico. Le importaba mucho el desarrollo exterior e interior de la Congregación. En sus relaciones con las hermanas era cordial, espontánea y perspicaz. Sabía valorar a cada hermana y aprovechar sus virtudes para el bien común.

[37] El "cilicio" es "un instrumento de penitencia" en forma de cinturón tejido de cerda punzante.

[38] De la descripción que sigue se deriva que se trata de la capilla en la casa de la Congregación en Varsovia, en la calle Żytnia. La capilla se encontraba en un edificio aparte, no muy alejado de la casa donde vivían las hermanas. Se entraba por el patio. En aquella época la capilla servía exclusivamente a las hermanas y a las alumnas del instituto. Los laicos apenas tenían acceso a ella.

[39] "Alumnas": la Congregación dirigía institutos de educación para muchachas moralmente descuidadas y difíciles. Familiarmente se las solía llamar "alumnas" o "niñas". Estaban divididas en grupos (clases) dirigidos por hermanas educadoras, llamadas "Madres de la clase".

[40] En aquel tiempo eran confesores en la casa de Varsovia, en la calle Żytnia los Padres: Bronislao Kulesza y Francisco Roslaniec, mientras el Padre Aloisio Bukowski, S. J. era el confesor extraordinario.

[41] El Padre Miguel Sopoćko, nacido el 1 de noviembre de 1888 en Nowosady en la región de Vilna, fue ordenado sacerdote en 1914, en Vilna; desde 1928 fue profesor en la facultad Teológica de la Universidad «Stefan Batory» en Vilna, y después de la guerra, en el seminario de Bialystok; desde el 1 de enero de 1933 hasta el 1 de enero de 1942 fue confesor ordinario de las hermanas de la Congregación. Falleció el 15 de febrero de 1975 en Bialystok. Fue beatificado el 28 de septiembre de 2008 en Bialystok.

[42] Antes de venir a Vilna, Sor Faustina dos veces vio interiormente a su futuro director espiritual. Una vez fue en Varsovia durante la tercera probación, y la segunda vez en Cracovia.

[43] En aquel entonces Sor Faustina no padecía todavía la tuberculosis que después dominó todo su organismo, sin embargo estaba muy débil y agotada.

[44] En aquel tiempo Sor Faustina trabajaba en la cocina de las alumnas donde se preparaban comidas para más de 200 personas.

[45] Como los médicos no le habían diagnosticado enfermedades orgánicas, otras hermanas pensaban que fingía estar enferma por no tener ganas de trabajar y preferir rezar.

[46] En la Congregación de las Hermanas de la Madre de Dios de la Misericordia, después de hacer los ejercicios espiri-

tuales de ocho y de tres días todas las hermanas renuevan los votos rezando juntas la fórmula de los votos y terminándola con las palabras: "Dios mío, concédeme la gracia de observarlos con más fidelidad que hasta ahora."

[47] "Józefinek", así fue llamada la nueva casa de la Congregación en Varsovia, en el barrio de Grochów, calle Hetmanska 44, que era administrada entonces por la Superiora de la casa general en Varsovia, en la calle Żytnia.

[48] En aquellos tiempos eran confesores en Płock:

Mons. Adolfo Modzelewski (1862- 1942), prelado del Capítulo Catedral de Płock. Tras de graduarse en los seminarios de Płock y Roma y recibir el orden sacerdotal (24 IV 1887) fue profesor en el seminario de Petersburgo y luego de Płock. El 17 de febrero de 1941, junto con otros sacerdotes fue deportado al campo de concentración de Dzialdowo y allí asesinado por el invasor alemán.

El prelado Luis Wilkonski (1866 - 1940), canónigo, penitenciario de la catedral de Płock. Ingresó en el seminario siendo maestro de escuela. Recibió el orden sacerdotal el 5 de julio de 1891. Fue vicario de la catedral de Płock, luego Padre espiritual en el seminario de Płock y desde 1909 penitenciario de la catedral de Płock y capellán de obispo de Płock. El 28 de febrero de 1940 fue internado con los obispos en Slupno donde murió el 2 de junio del mismo año. Durante muchos años fue confesor "ocasional" de la Congregación de las Hermanas de la Madre de Dios de la Misericordia en Płock.

El Padre Venceslao Jezusek, nacido en 1896, fue ordenado sacerdote en 1920. Entre los años 1923 a 1972 fue profesor del derecho canónico en el seminario de Płock, desempeñó también el cargo del canciller de la Curia Diocesana de Płock y durante la guerra el del Vicario General de la diócesis de Płock. Falleció el 5 de diciembre de 1982.

Actualmente es imposible establecer con cuál de estos sacerdotes se confesó Sor Faustina.

[49] La Superiora de la casa de Płock era entonces la Madre Rosa Juana Klobukowska, nacida en 1882. Entró en el convento en 1902. Fue Superiora en varias casas de la Congregación. En los años 1934 - 1945 fue asistente de la Superiora General y desde 1946 hasta 1952 Superiora General. Falleció el 18 de noviembre de 1974.

[50] El Padre José Andrasz, S. J., nacido el 16 de octubre de 1891 en Wielopole cerca de Nowy Sacz, entró en la Compañía de Jesús el 22 de septiembre de 1906 y fue ordenado sacerdote el 19 de marzo de 1919. Casi toda la vida sacerdotal del Padre Andrasz estuvo unida a la editorial del Apostolado de la Oración. Era su autor, director y redactor jefe de la revista mensual "El Mensajero del Sagrado Corazón de Jesús" (1930 - 1938). Falleció el 1 de febrero de 1963.

[51] Es imposible establecer en qué confesor piensa Sor Faustina. En este fragmento del Diario recuerda sus vivencias anteriores sin mencionar la fecha ni el lugar; se refiere solamente a una declaración del confesor sobre los designios de Dios con respecto a ella.

[52] El confesor ordinario del noviciado era entonces el Padre Teodoro Czaputa.

[53] Es una referencia al suceso de que habla San Lucas 8, 44-48.

[54] Ver nota [42].

[55] La "tercera probación" es un período preparatorio antes de pronunciar la profesión perpetua. En la Congregación de las Hermanas de la Madre de Dios de la Misericordia ese período dura cinco meses. Faustina hizo la tercera probación en 1932/33 en Varsovia, bajo la dirección de la Madre Margarita Gimbutt.

[56] "Kalwaria" - "Calvario", así se solía llamar en Vilna las estaciones del Vía Crucis que se encontraban en los cerros cubiertos de bosques. Las distancias entre las estaciones se solían

llamar "drózki" - "caminitos", de allí "el paseo de los caminitos". De la casa de la Congregación en Antokol (Vilna) se podía llegar al "Calvario" en un barco.

[57] En aquel tiempo salió de Vilna para su tercera probación Sor Petronela que trabajaba en la cocina. Sor Faustina fue a sustituirla.

[58] La Superiora en Vilna era entonces la Madre Irene María Krzyzanowska, nacida el 25 de noviembre de 1889. Entró en la Congregación el 7 de diciembre de 1916. Fue educadora en un instituto para las muchachas, colaboradora de la Maestra de las novicias, Superiora de distintas casas y asistente de la Superiora General. Falleció el 3 de diciembre de 1971 en Wroclaw.

[59] La hermana que iba a acompañar a Sor Faustina era probablemente Justina Golofit. Los lazos de amistad unían a las dos religiosas desde el noviciado, y seguramente por esta razón la Madre Irene, para agradar a Sor Faustina, le asignó como compañera de viaje a su amiga del noviciado.

Sor Justina Mariana Golfit, nacida el 5 de julio de 1908, entró en la Congregación en agosto de 1927. Después de los votos trabajó en la cocina en Varsovia, Vilna, Radom. Fue una de los testigos en el proceso informativo de Sor Faustina. Falleció el 28 de abril de 1989.

[60] Las hermanas que trabajaban en la cocina alternaban cada semana en los distintos trabajos.

[61] Probablemente era ya el comienzo de la tuberculosis, pero los médicos no la reconocieron.

[62] La Madre Rafaela Buczynska.

[63] Biala, una localidad cerca de Płock donde la Congregación compró las casitas de una antigua finca e hizo allí una casa de descanso para las hermanas y las alumnas de la casa de Płock. Las habitaciones de las hermanas se encontraban en una pequeña casa solariega, rodeada de un jardín. Se entraba por un pórtico.

[64] En los institutos dirigidos por la Congregación y destinados a las muchachas y mujeres abandonadas moralmente, se encontraban con frecuencia personas rebeldes y hostiles a la religión y a los santos sacramentos. Se necesitaba a veces mucho tiempo y una gracia especial de Dios para que en sus posturas se diera un cambio.

[65] Las palabras "Aunque me mataras, yo confiaré en Ti", son una referencia a las conocidas palabras de Job 13, 15.

[66] Muy posiblemente el Padre Miguel Sopoćko.

[67] Eran las alumnas del instituto de Vilna: Imelda, Edzia, Ignacia, Margarita y Edviga Owar (ver Archivo de la Postulación de Sor Faustina, Carta de J. Owar). Las cuatro primeras ya fallecieron. J. Owar fue testigo en el proceso informativo de Sor Faustina.

Un acta correspondiente sobre esta visión de Sor Faustina fue hecha en Vilna el 28 de noviembre de 1934 y firmada por Sor Faustina, Sor Taida, que escribió las declaraciones de Sor Faustina, y la alumna Imelda. La autenticidad de las declaraciones fue confirmada por la Madre Irene Krzyzanowska, Superiora de la casa.

[68] La imagen de la Divina Misericordia, pintada por Eugenio Kazimirowski, por primera vez fue expuesta al público gracias a las gestiones del Padre M. Sopoćko, durante el triduo antes de las celebraciones con motivo de la clausura del Jubileo de la Redención del Mundo, entre los días 26 y 28 de abril de 1935. Fue ubicada en lo alto, en un ventanal de Ostra Brama de modo que se la veía desde lejos. La ceremonia coincidió con el primer domingo después de Pascua que según Sor Faustina debía ser la Fiesta de la Divina Misericordia, tal y como pidió Jesús. El Padre M. Sopoćko dijo entonces un sermón sobre la Divina Misericordia.

[69] El catecismo de los votos religiosos. En la Congregación de las Hermanas de la Madre de Dios de la Misericordia las Maestras de las novicias se servían de la pequeña obra del Padre Pedro Cotel, S. J. titulada "Catecismo de los votos". Con base en

él las Maestras elaboraban su propio manual para la enseñanza de los votos religiosos, en forma de preguntas y respuestas, y cada hermana tomaba apuntes en su cuaderno que debía aprender de memoria.

[70] Después de la palabra "salía" la frase queda interrumpida y la frase siguiente habla ya de otra cosa. Sabemos que Sor Faustina escribía su Diario en secreto. Posiblemente en aquel momento alguien la habrá interrumpido y después ya no continuó la idea iniciada.

[71] Pudieron ser la Madre Micaela Moraczewska, Superiora General de la Congregación, o Sor María Josefa Brzoza, Maestra del noviciado.

[72] Se trata probablemente de las adversidades relacionadas con el cumplimiento de los deberes cotidianos y la falta de comprensión por parte de las personas que la rodeaban.

[73] En la Congregación las hermanas no disponen de habitaciones individuales, sino que varias ocupan una sola sala. El lugar de cada hermana está separado por un biombo fijo. La parte de la sala así separada, en la Congregación se llama "celda".

[74] Con la palabra "descuidarme" Sor Faustina quiso definir su consciente huida de las inspiraciones interiores y hasta una distracción intencional. Pero de estos "descuidos" sabía sólo ella. No se notaban por fuera.

[75] "En otro lugar", en otra página del Diario. Durante largo tiempo Sor Faustina no apuntaba sus vivencias, los estados de su espíritu ni las gracias recibidas. Sólo por una expresa recomendación del confesor, Padre M. Sopoćko, comenzó a describir sus vivencias actuales y también las anteriores que recordaba. Después de algún tiempo quemó sus apuntes.

El Padre M. Sopoćko lo relata así: "Cuando fui por un par de semanas a la Tierra Santa, ella, bajo la sugerencia de un supuesto ángel, quemó el Diario. Como penitencia le ordené escribir de nuevo lo que había destruido. Mientras tanto venían otras vivencias que ella apuntaba entrelazándolas con los recuerdos del cuaderno quemado. Por esta razón su Diario carece del orden cronológico."

[76] "Los votos perpetuos", en la Congregación de las Hermanas de la Madre de Dios de la Misericordia se hacen tras cinco años de la profesión temporal. La Superiora General después de escuchar la opinión de su consejo, admite a la profesa a hacer los votos perpetuos o la despide.

[77] Por el Padre J. Andrasz, S. J. (durante los ejercicios espirituales del 20 al 30 de abril de 1933) que la comprendió y le dio consejos oportunos.

[78] Muy probablemente que Sor Faustina se refiere aquí al Padre M. Sopoćko.

[79] Pintar la imagen de Cristo con la firma "Jesús, en Ti confío", exponerla al culto público, divulgar la coronilla de la Divina Misericordia. Todos estos "deseos del Señor" fueron cumplidos gracias a las gestiones del Padre M. Sopoćko.

[80] El director espiritual, Padre M. Sopoćko.

[81] Probablemente la Madre Margarita Gimbutt.

[82] Sor Faustina era entonces postulante y trabajaba en la cocina con Sor Marciana Oswiecimek que le había recomendado limpiar y lavar los platos después del almuerzo. Sor Marciana salió. Elena, la futura Sor Faustina, se puso a trabajar, pero como las hermanas seguían llegando y a cada momento alguna pedía la comida u otra cosa, el trabajo que le había sido encomendado quedó sin ser hecho. Al volver a la cocina Sor Marciana, al ver los platos sin lavar, le ordenó como penitencia sentarse sobre la mesa y quedar allí, mientras ella misma se puso a trabajar.

Sor Marciana, Julia Oswiecimek, nacida en 1897, entró en la Congregación en 1919. Durante largos años trabajó de cocinera. Falleció el 20 de abril de 1979.

[83] Sor Marciana no podía dar una orden "bajo obediencia". Según se deriva de sus recuerdos, dijo a Elena, que no había hecho el trabajo encomendado, que se sentara en la mesa y la mirara a ella hacer aquel trabajo. Elena, sorprendida por este tipo de penitencia, tardaba en cumplirla. Entonces, Sor Marciana la preguntó: ¿Es tan obediente la pequeña Elena? Sor Faustina comprendió esa pregunta como una orden "en virtud de la obediencia".

[84] En algunas casas de la Congregación y entre otras también en la de Varsovia, en la calle Żytnia 3/9, las hermanas hacían guardia nocturna para impedir que entraran ladrones. Las hermanas que estaban de guardia rondaban la casa, iluminaban el patio, miraban por las ventanas para evitar un eventual robo.

[85] La Congregación de las Franciscanas de la Familia de María fue fundada en 1857 por el arzobispo Segismundo Felinski. La casa general de esta Congregación se encuentra en Varsovia, en la calle Zelazna y es vecina a la casa general de la Congregación de las Hermanas de la Madre de Dios de la Misericordia.

[86] El "Pequeño Jesús" ver nota [17].

[87] En 1929, Sor Faustina estuvo algún tiempo en la casa de la Congregación en Kiekrz, cerca de la ciudad de Poznan.

[88] Sustituía, probablemente, a Sor Modesta Rzeczkowska que en aquel tiempo estaba enferma y tuvo que ir a Varsovia para someterse a un tratamiento.

[89] Al comienzo de cada mes todas las hermanas dedican un día a la renovación del espíritu, es decir, a los ejercicios espirituales mensuales. Aquel día no hay recreo, las hermanas observan el silencio y un mayor recogimiento, hacen una hora de meditación, el Vía Crucis, y también el examen de conciencia, que incluye el trabajo interior de todo el mes y además durante media hora meditan sobre la muerte.

[90] Un día al mes, establecido por la Maestra, cada novicia lo vivía como "día de la cruzada". Aquel día debía procurar un

mayor recogimiento y unión a Jesús Eucarístico, pedía también a la Maestra una mortificación adicional y ofrecía a Jesús todo su trabajo, plegarias y sufrimientos en compensación por los pecadores. Algunas hermanas continuaban esta práctica después de terminar el noviciado.

[91] Ver nota [55].

[92] La Maestra de la tercera probación era entonces la Madre Margarita Gimbutt.

[93] Walendów, una localidad cercana de Varsovia (parroquia de Nadarzyn). Las hermanas tenían allí un instituto para la educación de muchachas. En 1936, a pedido del Ministerio de Justicia, la Congregación abrió en Walendów un pabellón para muchachas y mujeres sentenciadas por los tribunales por primera vez.

Sor Faustina estuvo en Walendów con ocasión de los ejercicios espirituales y también desde el 25 de marzo hasta abril de 1936.

[94] La Madre Micaela Moraczewska.

[95] Los ejercicios espirituales fueron predicados por el Padre Edmundo Elter, S. J. Nacido el 14 de noviembre de 1887, entró en la orden de los jesuitas el 15 de julio de 1905. Sacerdote de vasta erudición, estudió en la Universidad de Varsovia y luego en Roma y París. En 1926 fue nombrado profesor de ética en la Universidad Gregoriana de Roma. En 1932 volvió a Varsovia dedicándose a dirigir los ejercicios espirituales. En los años 1945 a 1948 administró la provincia Polonia Mayor - Mazovia de los jesuitas. Después volvió a la Universidad Gregoriana. Falleció en Roma, el 27 de agosto de 1955.

[96] Ver nota [19]

[97] Era, probablemente, la Madre Juana Bartkiewicz.

[98] Derdy, una localidad perteneciente a la parroquia de

Nadarzyn, cerca de Walendów. La princesa Czetwertynska regaló a la Congregación un terreno con bosque y dependencias, con el fin de instalar allí un instituto para huérfanos marginados. Hasta 1947 la casa estaba bajo la administración de la Superiora de Walendów, después se convirtió en un instituto autónomo de la Congregación.

[99] A la tercera probación de Sor Faustina asistieron: Sor Buenaventura Edelman Glowacka (1902 - 1936), Sor Florentina Pajak (1905- 1950), Sor Enriqueta Skolimowska (1900 - 1974), Sor Renata Jodlowska (1903 - 1962).

[100] "Vestuario", almacén de ropa de las hermanas y también taller de costura de la ropa para las religiosas. Las hermanas que trabajaban en el vestuario lavaban, reparaban y llevaban a otras hermanas la ropa limpia, y cuidaban también que no faltara ropa en el almacén.

[101] En aquellos tiempos las Hermanas de la Congregación de la Madre de Dios de la Misericordia se dividían en dos coros, es decir, las Hermanas Directoras y las coadjutoras (ayudantes). De la pertenencia al coro decidía la dirección de la Congregación tomando en cuenta el nivel intelectual, la edad y los talentos de la candidata.

Las Hermanas Directoras dirigían la Congregación y los institutos de educación de jóvenes, mientras que las hermanas coadjutoras servían de ayuda, especialmente en los trabajos físicos.

[102] "El cinturón de hierro", especie de cinturón semejante a una red punzante de alambre. Era uno de los instrumentos de penitencia.

[103] La Madre Micaela Moraczewska.

[104] En la casa de la Congregación en la calle Żytnia de Varsovia confesaban: el Padre Aloisio Bukowski, S. J., confesor extraordinario, el Padre Pedro Loeve, confesor ordinario; el Padre Francisco Roslaniec, confesor ordinario; el Padre Bronislao Kulesza, confesor ordinario.

[105] Enfrente de la pequeña capilla, al otro lado del pasillo, había una sala donde se celebraban las reuniones de las hermanas.

[106] "El recreo": tiempo dedicado para el descanso de las hermanas después del trabajo.

[107] La Superiora de la casa de Varsovia era entonces la Madre Rafaela Buczynska (ver también nota [36]).

[108] La hermana menor de Elena, Wanda Kowalska, nacida en 1920. Según las palabras de Josefa Kowalska, hermana mayor de Sor Faustina, poco antes de la segunda Guerra Mundial, Wanda entró en la Congregación de las Hermanas Ursulinas del Corazón de Jesús Agonizante. Durante la guerra fue deportada por los alemanes a los territorios del Reich. Después de la liberación no volvió a Polonia, se casó con un inglés y se fue con él a Inglaterra.

[109] La Madre Margarita Gimbutt.

[110] Probablemente uno de los confesores ordinarios en Varsovia.

[111] Sor María Josefa Brzoza.

[112] Los supuestos permisos consisten en que un religioso hace algo sin que el Superior lo sepa, pero tiene la certeza de que el Superior le hubiera dado su permiso.

[113] Las hermanas terminaban la tercera probación en la casa del noviciado.

[114] Ver Diario, 55.

[115] Sor Faustina tenía miedo de que sus vivencias pudieran ser ilusiones, tanto más que lo sospechaban algunos confesores, así como las Superioras.

[116] "Los votos perpetuos", son los últimos votos religiosos

con los cuales la profesa promete a Dios para siempre la castidad, la pobreza y la obediencia. Sólo la Sede Apostólica tiene el poder de dispensar de estos votos.

[117] El paño funeral, un gran trozo de tela negra con una cruz blanca en el centro que se usaba para cubrir el féretro. Según el ritual de las Hermanas de la Madre de Dios de la Misericordia, antes de hacer los votos perpetuos, es decir, antes de leer la fórmula de la profesión, las hermanas se postraban en cruz delante del altar y se las cubría con este paño fúnebre en señal de que habían muerto para el mundo. Al mismo tiempo las hermanas que presenciaban la ceremonia, rezaban en voz alta el Salmo 129 (*De Profundis*), y las campanas tocaban como durante un entierro. El celebrante, generalmente un obispo, rociaba con agua bendita a las hermanas postradas en cruz debajo del paño y después decía: "Levántense las que están muertas al mundo, y Jesucristo las iluminará..."

[118] El Padre M. Sopoćko.

[119] En la Congregación de las Hermanas de la Madre de Dios de la Misericordia había la costumbre de que cada mes las hermanas pedían a la Superiora el permiso de hacer pequeñas mortificaciones y de rezar otras plegarias que las de uso en la Congregación, pedían también la dispensa de observar algunas normas a las cuales, por el momento, no podían someterse y muchas otras cosas según las necesidades de cada hermana.

[120] El obispo Estanislao Rospond que en aquella época presidía la ceremonia de la toma de hábito y la de los votos en la Congregación de las Hermanas de la Madre de Dios de la Misericordia.

[121] La Madre Micaela Moraczewska.

[122] La Superiora en Częstochowa era entonces la Madre Serafina Salomea Kukulska, nacida el 30 de noviembre de 1873. Entró en la Congregación el 18 de julio de 1894. Fue educadora y luego Superiora en Cracovia, Częstochowa y Walendów. Falleció el 10 de junio de 1964.

[123] Ver nota [59].

[124] La fiesta de la Madre de Dios de la Misericordia que se celebra el 5 de agosto es la fiesta patronal de la Congregación.

[125] Ver Is. 53, 2-9.

[126] Ver Diario, 53 y 67

[127] El Padre Casimiro Dabrowski, S. J., nacido el 8 de febrero de 1890, fue ordenado sacerdote el 29 de mayo de 1920 y después de seis años de trabajo en la diócesis, el 30 de julio de 1926, entró en la Compañía de Jesús, donde fue misionero, conferenciante y confesor. Falleció el 16 de abril de 1976.

[128] Es decir, pintar la imagen de la Divina Misericordia, instituir la Fiesta de la Divina Misericordia.

[129] La Madre Irene Krzyzanowska.

[130] "Director", director espiritual, el Padre M. Sopoćko.

[131] Se trata de la imagen pintada en Vilna por Eugenio Kazimirowski.

[132] "Siervo fiel", es decir, el Padre M. Sopoćko.

[133] El Padre. M. Sopoćko.

[134] Sucedió en la iglesia de San Miguel, donde el Padre Sopoćko era rector y donde celebraba las Santas Misas.

[135] Eugenio Kazimirowski.

[136] La Madre Irene Krzyzanowska.

[137] Posiblemente era Sor Filomena Andrejko que falleció el 13 de julio de 1934 a las 4. 45 por la tarde. Desde hacía cuatro años estaba gravemente enferma de asma del corazón. Su agonía duró 14 horas. Sor Filomena Victoria Andrejko, nacida el 25 de mayo de 1878, entró en la Congregación el 25 de noviembre de

1894, trabajó como educadora, sacristana, ecónoma de la casa de la Congregación en Varsovia.

[138] En la Congregación de las Hermanas de la Madre de Dios de la Misericordia había la costumbre de que todas las hermanas sanas, cada jueves, de nueve a diez de la noche, hacían la adoración reparadora, "la Hora Santa". En los jueves que precedían el primer viernes del mes, la adoración duraba toda la noche, pero las hermanas hacían turnos de una hora.

[139] La doctora Elena Maciejewska (1888- 1965) era entonces médico de las hermanas de la casa de Vilna.

[140] El Padre M. Sopoćko.

[141] La Madre Irene Krzyzanowska.

[142] La meditación sobre las verdades divinas, terminada con un propósito práctico. En la Congregación de la Madre de Dios de la Misericordia las hermanas hacen diariamente media hora de meditación. Por la noche preparan los llamados puntos, es decir, temas para la meditación de la mañana siguiente.

[143] La propagación del culto a la Divina Misericordia (ver Diario, 47-50).

[144] El Padre M. Sopoćko.

[145] "Nuestra gente", es decir, las personas que todos los días traían pan al convento.

[146] En Cracovia, en la calle Smolenska, está la iglesia de la Divina Misericordia, construida en los años 1626 - 1629, consagrada el 25 de octubre de 1665. Su fiesta patronal se celebra el 14 de septiembre, el día de la Exaltación de la Santa Cruz.

[147] "El capítulo", así se llamaba la reunión de las hermanas durante la cual la Superiora de la casa daba una conferencia ascética, hacía observaciones sobre la observancia de las normas

religiosas y las hermanas se acusaban de sus transgresiones en la observancia de la regla.

[148] "La Madre", es decir, Superiora de la casa. En aquel tiempo, en Vilna era Superiora Sor Borgia Edviga Tichy. Nacida el 25 de enero de 1887, entró en la Congregación en 1913. Fue enfermera y Superiora en Vilna y Walendów. Falleció el 26 de abril de 1970 en Wroclaw. Fue testigo en el proceso informativo de Sor Faustina.

[149] *"La bendición"*, un breve oficio con la bendición con el Santísimo Sacramento.

[150] Una de las costumbres vigentes en la Congregación de las Hermanas de la Madre de Dios de la Misericordia - en el dorso de las estampitas o en trozos de papel se escriben nombres de Divinas Personas y de distintos santos y el día del Año Nuevo, durante el desayuno, cada hermana saca uno recibiendo, de este modo, a su patrono para el año que empieza.

[151] Llevar "la cadenita" como el cinturón (ver nota [101]) era una de las prácticas de penitencia.

[152] De la carta del Padre M. Sopoćko a Sor Faustina, de noviembre de 1937, se deriva, que él habló de la institución de la Fiesta de la Divina Misericordia con el nuncio apostólico en Polonia, arzobispo Felipe Cortesi y esperaba que el nuncio presentara el asunto al Santo Padre.

[153] En el manuscrito de Sor Faustina este propósito está escrito en una hoja aparte.

[154] Esta visión se refiere a la historia del culto a la Divina Misericordia en las formas propuestas por Sor Faustina. La Notificación de la Congregación del Santo Oficio del 6 de marzo de 1959 (Acta Apostolicae Sedis LI [1959] p. 271) prohibía la difusión del culto a la Divina Misericordia en las formas propuestas por Sor Faustina. Como consecuencia, de las iglesias fueron retiradas las imágenes de la Divina Misericordia pintadas según la visión de Sor Faustina y los sacerdotes dejaron de predicar sobre

esta forma de culto a la Divina Misericordia. El mismo Padre M. Sopoćko fue amonestado severamente por la Sede Apostólica y tuvo también otros disgustos.

También la Congregación de las Hermanas de la Madre de Dios de la Misericordia tenía prohibido difundir el culto y en consecuencia dejó de distribuir las estampitas, la coronilla y otras oraciones de Sor Faustina. Parecía que la misión de Sor Faustina iba a ser completamente aniquilada.

Hasta el momento de publicar la Notificación, en la casa cracoviana de la Congregación, donde Sor Faustina falleció, la imagen de la Divina Misericordia había sido objeto de gran veneración y estaba toda cubierta de agradecimientos por las gracias obtenidas. Cada tercer domingo del mes se celebraba una Misa Solemne y los sacerdotes predicaban sobre la Divina Misericordia, mientras que el primer domingo después de Pascua se celebraba como la Fiesta de la Divina Misericordia. En 1951, el cardenal Adán Sapieha concedió la indulgencia plenaria por el período de siete años a los asistentes a los oficios que se celebraban el día de la Fiesta.

Ante la prohibición de la Sede Apostólica las hermanas se dirigieron al arzobispo Eugenio Baziak, entonces Ordinario de Cracovia, para preguntar qué hacer con la imagen de la Divina Misericordia que se encontraba en el altar lateral de la capilla de las hermanas recibiendo la veneración por parte de los fieles, y también qué actitud tomar ante los actos celebrados hasta entonces. En respuesta el arzobispo E. Baziak recomendó dejar la imagen en su lugar, no prohibir a los fieles de pedir las gracias necesarias delante de la imagen, ni tampoco eliminar los actos que hasta entonces se celebraban en honor de la Divina Misericordia. De este modo el culto a la Divina Misericordia en las formas propuestas por Sor Faustina resistió la prueba del tiempo en un pequeño centro de la Congregación en la calle Wronia (actualmente de Sor Faustina) 3/9, en Cracovia, donde yacen los restos mortales de Sor Faustina.

Y algo más importante: el 30 de junio de 1978 la Sede Apostólica levantó la prohibición de la Notificación del Santo Oficio de 1959. La Sagrada Congregación por la Doctrina de la Fe hizo pública la Notificación (AAS LXX [1978] p. 3501) firmada el 15 de abril de 1978 por el prefecto de la misma, cardenal Franjo Seper y el secretario, arzobispo Jerome Hamer, O.P. del siguiente contenido: "De varias partes, especialmente de Polonia, también por vía oficial, se venía preguntando si se debe mantener vigentes las prohibiciones de la Notificación de la Congregación del Santo Oficio, publicadas en el «Acta Apostolicae Sedis» en 1959, p. 271, referentes al culto a la Divina Misericordia en las formas propuestas por Sor Faustina Kowalska. La Sagrada Congregación, al tomar en cuenta los muchos documentos originales, desconocidos en 1959, consideradas las circunstancias fundamentalmente cambiadas y al tomar en cuenta las opiniones de muchos Ordinarios polacos, declara que las prohibiciones contenidas en la Notificación citada anteriormente, dejan de ser válidas."

El 12 de julio de 1979, en respuesta al Superior General de la Congregación de los Padres Marianos de la Inmaculada Concepción de la Santísima Virgen María, que en nombre del Superior de la provincia estadounidense de San Estanislao Kostka de la misma Congregación, había pedido una autorizada explicación del contenido de la Notificación de 1978 que levantaba la prohibición de la divulgación del culto en las formas propuestas por Sor Faustina Kowalska, el prefecto de la Sagrada Congregación por la Doctrina de la Fe, cardenal Franjo Seper hizo constar: "Respecto al asunto (tratado en la carta del Padre General) me agrada hacerle saber que con la Notificación publicada el 30 de junio de 1978 (AAS LXX [1978] p. 350), madurada a la luz de la documentación original escogida, también por la esmerada intervención informativa del entonces arzobispo de Cracovia, cardenal Karol Wojtyla la Santa Sede ha determinado abrogar la prohibición contenida en la anterior Notificación de 1959 (AAS, 1959, p. 271), por lo cual se estima que no existe más, por parte de esta Sagrada Congregación, ningún impedimento a la difusión de la devoción a la Divina Misericordia en las auténticas formas propuestas por la religiosa ya mencionada" (Faustina Kowalska).

Actualmente el culto se divulga con un nuevo ímpetu, suscita también un creciente interés por parte de los teólogos. Parece que se está cumpliendo lo que predijo Sor Faustina.

[155] De la descripción de una visión Sor Faustina pasó en este momento a citar las palabras que oía dentro de sí, sin marcarlo con la puntuación adecuada.

[156] Los ejercicios espirituales en Vilna (4 - 12 de febrero de 1935) fueron dirigidos por el Padre Pablo Macewicz, S. J. Durante la Santa Misa al final del retiro espiritual las hermanas recibieron la Santa Comunión bajo las dos especies.

[157] Con la palabra "sí", sin ningún signo gráfico, Sor Faustina empieza a citar las palabras de Jesús que oyó dentro de sí.

[158] "La renovación", así se llama en la Congregación la renovación de los votos religiosos. Las Constituciones de la Congregación de las Hermanas de la Madre de Dios de la Misericordia ordenaban que dos veces al año, es decir, después de los ejercicios espirituales de ocho y de tres días, cada hermana renovara los votos de castidad, pobreza y obediencia.

[159] "El dueño de casa", Jesús escondido en la Eucaristía.

[160] La Madre María Josefa Brzoza, Maestra de Sor Faustina en el noviciado y después Superiora en Varsovia.

[161] "Józefinek", ver nota [47].

[162] La Superiora General, Madre Micaela Moraczewska estuvo entonces algunos días en la casa en el barrio de Grochów.

[163] La Madre Borgia Tichy.

[164] Sor María Salomea Olszakowska, fallecida en junio de 1962.

[165] Se trata de la imagen de la Divina Misericordia pintada por Eugenio Kazimirowski. La imagen fue expuesta en público en Ostra Brama al final de las celebraciones del Jubileo de la Redención del Mundo, en los días 26-28 de abril de 1935 (ver Diario, 419 y nota [1]).

[166] El Padre M. Sopoćko.

[167] El Padre M. Sopoćko.

[168] En el manuscrito aparece una palabra polaca anticuada que significa "atajar el paso".

[169] El Padre M. Sopoćko.

[170] En el manuscrito viene la expresión "el oficio de cuarenta días". Sor Faustina se equivocó, ya que se trata del oficio de cuarenta horas que consiste en exponer al Señor Jesús en la custodia durante 40 horas para la veneración pública. Este oficio tiene carácter expiatorio, de reparación. En las casas de la Congregación de las Hermanas de la Madre de Dios de la Misericordia este oficio se solía celebrar antes de la fiesta de San José, el 19 de marzo o antes del día de Protección de San José, el miércoles después del segundo domingo después de Pascua.

[171] Sor Faustina creía que debía salir de la Congregación de las Hermanas de la Madre de Dios de la Misericordia y fundar una Congregación nueva cuyo fin sería difundir la devoción a la Divina Misericordia e implorar misericordia para el mundo.

[172] El Padre M. Sopoćko. Don Sopo:ko resalta en sus recuerdos que sin poder escuchar largas confidencias de Sor Faustina en el confesionario le recomendó apuntar todas las vivencias interiores en el Diario. Mientras tanto los asuntos que requerían ser tratados verbalmente, Sor Faustina los presentaba en la habitación del confesor.

[173] Este deseo de Jesús maduró poco a poco en la mente de Sor Faustina, teniendo cierta evolución: de la orden estrictamente contemplativa (que al principio quiso fundar y para la cual escribió el resumen de la regla) al movimiento formado también por Congregaciones activas, así como por seglares (ver Diario, 1155-1158).

La tarea de fundar una nueva Congregación en la vida de Sor Faustina misma hay que mirarla por la óptica de las experiencias de la noche pasiva del espíritu, lo que indica el análisis estructural de las descripciones de sus vivencias que contienen los mismos elementos de los cuales habla San Juan de la Cruz en "La noche oscura". A través de estas experiencias Dios la elevó a las cumbres de la mística, mostrando con ella un ejemplo del cumplimiento perfecto de las tareas y del espíritu de la nueva Congregación.

Después de la muerte de Sor Faustina la idea de la nueva Congregación fue interpretada y llevada a la práctica de varios modos.

Algunos incluyen a sus viejas estructuras las tareas y el espíritu de la nueva Congregación, convergente con la idea de renovación del Concilio Vaticano II. Cuenta entre ellos la Congregación de las Hermanas de la Madre de Dios de la Misericordia que, siendo heredera de la misión de Sor Faustina, ha incluido a sus tareas la de divulgar la Divina Misericordia e impetrarla para el mundo entero, así como ha enriquecido su espiritualidad de la "misericordia" con nuevas formas de culto y con la profundidad teológica que ofrece el Diario.

Otros fundan nuevas comunidades que se proponen realizar esta idea. Cuenta entre ellos la Congregación de las Hermanas de Jesús Misericordioso. Las primeras candidatas (J. Osinska e I. Naborowska) hicieron los votos privados ante el Padre Sopoćko durante la II Guerra Mundial, en Vilna. Cuando vinieron a Polonia se establecieron en Myslibórz. El 25 de agosto de 1947 la nueva Congregación empezó la vida comunitaria. Existe también el Instituto laico de la Divina Misericordia, fundado por los Padres Sopoćko y L. Nowak, S. J. Además, en Polonia y allende sus fronteras existen otras comunidades comprometidas en la realización de la idea de la nueva Congregación y un gran movimiento de seglares que actúan en grupos o individualmente.

En su encíclica *Dives in misericordia*, el Santo Padre Juan Pablo II planteó ante toda la Iglesia en la etapa actual de su historia las tareas definidas por Jesús para "la nueva Congregación".

[174] En 1935 el *Corpus Cristi* cayó el 20 de junio. La imagen de la Divina Misericordia, del pincel de Eugenio Kazimirowski, fue colocada en uno de los altares que se construyen para la procesión de *Corpus Cristi*.

[175] El Padre M. Sopoćko.

[176] Fue la confesión de hermanas de la casa de la Congregación en Vilna. Confesaba el Padre Sopoćko.

[177] Los ejercicios espirituales de tres días (12-16 VIII 1935) fueron dirigidos por el Padre Emilio Zyczkowski, S. J. (1899-1945) director del colegio de jesuitas y luego Superior de la provincia Polonia Mayor - Mazovia de los mismos.

[178] El Padre M. Sopoćko.

[179] El Padre M. Sopoćko.

[180] El arzobispo Romualdo Jalbrzykowski.

[181] La coronilla a la Divina Misericordia. Por gestiones del Padre M. Sopoćko fue impresa al dorso de la estampita de la Divina Misericordia (reproducción de la copia de la imagen de E. Kazimirowski), en Cracovia.

[182] El arzobispo Romualdo Jalbrzykowski.

[183] La fiesta de San Miguel Arcángel se celebra el 29 de septiembre.

[184] El Padre M. Sopoćko sin estar seguro de las inspiraciones de Sor Faustina relacionadas a la fundación de la nueva Congregación, quiso someter esta cuestión al examen de otro sacerdote, por lo tanto le recomendó presentar todos los mandatos interiores a su confesor de Cracovia, Padre J. Andrasz, S. J.

[185] Hasta 1969 la fiesta de Cristo Rey se celebraba el último domingo de octubre. En 1935 cayó el 27 de octubre.

[186] La Congregación de las Hermanas de la Madre de Dios de la Misericordia tiene en Cracovia su propio cementerio que se encuentra al fondo del jardín que rodea el convento. En ese cementerio están enterradas todas las hermanas y alumnas fallecidas en Cracovia. En el mismo cementerio fue sepultada

también Sor Faustina y descansó allí hasta el momento de la exhumación, es decir, hasta el 25 de noviembre de 1966.

[187] Era Sor Vitalina Bárbara Maslowska, nacida el 4 de diciembre de 1852, falleció el 6 de enero de 1939.

[188] Durante las conversaciones individuales mensuales con la Superiora, las hermanas pedían permiso de poder rezar, en el tiempo libre, sus propias oraciones, fuera de la regla y las costumbres de la Congregación.

Segundo Cuaderno

[189] A Sor Faustina le ordenó escribir el Diario su confesor, Padre M. Sopoćko. Sor Faustina consideraba su mandato tan importante como las ordenes en nombre del voto de obediencia (ver Diario, 894). En las posteriores páginas del Diario encontramos palabras que dan prueba de que la orden de escribir le fue dada también por Jesús Mismo.

[190] En la Congregación de las Hermanas de la Madre de Dios de la Misericordia no se agrega al nombre religioso otro nombre, pero las hermanas lo pueden hacer no oficialmente. Y así Sor Faustina agregó a su nombre el "del Santísimo Sacramento".

[191] En aquel entonces, en la Congregación se practicaban adoraciones nocturnas antes del primer viernes del mes. En este caso se trata de otra adoración. Las Superioras podían dar permiso para hacer una adoración y en ciertas circunstancias incluso ordenar hacerla.

[192] Se trata del 15 de noviembre, porque el 16 del mismo cae la fiesta de la Virgen de Ostra Brama.

[193] La Superiora de la casa en Vilna era entonces Sor Borgia Tichy.

[194] El confesor de las hermanas era entonces el Padre M. Sopoćko.

[195] En el refectorio había una tablilla en la que la Superiora de la casa ponía las tarjetas con nombres de las hermanas a las que correspondían distintas tareas. En este caso se trataba de estar de guardia en la puerta durante las comidas de la Comunidad.

[196] La disposición de los capítulos se basa sobre las Constituciones de la Congregación de las Hermanas de la Madre de Dios de la Misericordia, editadas en 1930.

[197] Según las viejas Constituciones de la Congregación el título de "Madre" correspondía a las miembros de la dirección general y a todas las Superioras de las casas. Para crear un ambiente más familiar en los institutos de educación dirigidas por la Congregación, las alumnas daban el título de "Madre" también a sus Maestras .

[198] El oficio (Liturgia de las Horas): oración litúrgica de la Iglesia compuesta por salmos y lecturas.

[199] La clausura es la parte del convento donde no pueden pasar las personas de fuera.

[200] Sor Faustina tuvo la visión de la casa destinada para la sede de la nueva Congregación. Era una casa completamente destruida en la calle Santa Ana 12, en Vilna. El confesor de Sor Faustina, Padre M. Sopoćko la restauró de sus propios fondos, con la intención de destinarla a la nueva Congregación. Sin embargo, la guerra impidió la realización de estos planes.

[201] La imagen de la Divina Misericordia con la firma "Jesús, en Ti confío".

[202] El Padre M. Sopoćko.

[203] Sor Faustina usa una palabra que tiene varios significados en polaco. Puede ser una pequeña capa, un delantal sobre la falda y también una camisita de niño. Aquí Sor Faustina la utiliza en este último sentido.

[204] "Se someterán a la disciplina", se flagelarán.

[205] Es difícil decir en qué ayunos pensaba Sor Faustina. Probablemente se refería al Miércoles de Ceniza y al Viernes Santo.

[206] Llamados popularmente "días secos". Eran tres días en cada trimestre (miércoles, viernes y sábado) con el ayuno obligatorio.

[207] En aquel tiempo, era obligatorio ayunar en las vigilias de las siguientes festividades: Pentecostés, Asunción de la Santísima Virgen María y Todos los Santos.

[208] La Congregación de las Hermanas de la Madre de Dios de la Misericordia, al igual que algunas otras Congregaciones, ha elegido a la Virgen Santísima como Superiora General de la Congregación confiándole todos los problemas temporales y eternos. El acto en que participaron las Superioras de todas las casas tuvo lugar el 5 de agosto de 1937 en la casa general de Varsovia, calle Żytnia 3/9. Luego fue repetido en todas las casas de la Congregación el 15 de agosto de 1937.

[209] "Invernadero", invernáculo.

[210] El Padre M. Sopoćko.

[211] Ver nota [200].

[212] El arzobispo Romualdo Jalbrzykowski.

[213] Posiblemente se trata del arzobispo R. Jalbrzykowski y sus reservas respecto a la idea de Sor Faustina de fundar la nueva Congregación.

[214] Probablemente el Padre M. Sopoćko. En sus recuerdos sobre Sor Faustina escribe lo siguiente: "Mis dificultades llegaron al punto culminante en enero de 1936. No hablé de ellas a nadie hasta el día crítico cuando pedí la oración a Sor Faustina. Con gran sorpresa mía, aquel día todas las dificultades reventaron

como una pompa de jabón, mientras Sor Faustina me confesó que se había encargado de mis sufrimientos y aquel día los padeció tantos como nunca en su vida."

[215] "*Te Deum laudamus*", "*Te alabamos, Señor*" es un himno de agradecimiento.

[216] El Padre M. Sopoćko.

[217] Se trata probablemente de Sor Verónica Marciana Rapisz, nacida el 18 de marzo de 1853. Entró en la Congregación el 16 de diciembre de 1881. Toda su vida religiosa trabajó en la huerta. Falleció el 28 de enero de 1936 en Vilna.

[218] "Toda la Comunidad", en este caso las hermanas de la casa en Vilna.

[219] La Superiora de la casa en Vilna era entonces Sor Borgia Tichy.

[220] Lo más probable es que era el Padre M. Sopoćko. Dan prueba de ello las palabras sobre "la triple corona" de la que ya se habló anteriormente (Diario, 596) en relación a su persona.

[221] "El abuelito santo" así llama Sor Faustina a San José de acuerdo con cierta tradición cristiana según la cual San José era anciano cuando nació Jesús.

[222] Probablemente se trata del Padre M. Sopoćko.

[223] A aquella visión de Sor Faustina el Padre M. Sopoćko hace referencia en su carta del 31 de marzo de 1972.

[224] Al igual que en otras casas de la Congregación de las Hermanas de la Madre de Dios de la Misericordia también en Vilna había un instituto para jovencitas. A veces las alumnas adoraban a Jesús junto a las hermanas en reparación por sus pecados y los de los demás.

[225] Es de suponer que se trata aquí de la fundación de la nueva Congregación.

[226] La Madre Borgia Tichy.

[227] Ver Diario, 506.

[228] La Madre Borgia Tichy.

[229] La Madre Micaela Moraczewska.

[230] El oficio vespertino con la bendición con el Santísimo Sacramento.

[231] Probablemente era Sor Antonia Grejwul que en sus recuerdos sobre Sor Faustina escribió lo siguiente: "Después de la confesión estaba inquieta y tenía dudas de si el Señor Jesús me había perdonado. Llorando pedí a Sor Faustina que rogara por mí. A la mañana siguiente me dijo: Usted está en la gracia del Señor Jesús, porque me contestó en seguida que no estaba disgustado por sus culpas, pero sí le duele la falta de confianza en su perdón. Rezaré para pedirle perdón por usted."

Sor Antonia Águeda Grejwul, nacida el 13 de septiembre de 1877, entró en la Congregación el 29 de junio de 1909 en Vilna donde permaneció hasta 1945 cuando la casa fue cerrada. Durante la II Guerra Mundial, y precisamente en 1939, junto con otras hermanas, fue detenida en la prisión de Lukiszki en Vilna, pero siendo letona, algún tiempo después fue puesta en libertad. Tras la evacuación de las hermanas de Vilna fue destinada a la casa de la Congregación en Biala, cerca de Płock, donde murió el 22 de enero de 1960.

[232] Por equivocación al final de la frase Sor Faustina repitió el verbo "veía".

[233] Probablemente era Sor Regina que había conocido a Sor Faustina en el noviciado. Sor Regina (Valeria Jaworska), nacida el 28 de noviembre de 1905, entró en la Congregación en 1926. Fue testigo en el proceso informativo de Sor Faustina. Falleció el 27 de abril de 1984.

[234] La casa en Walendów se encontraba en una situación económica muy difícil.

[235] En aquella época confesaba a las hermanas en Walendów el Padre Ceslao Maliszewski (1880- 1957), párroco de Nadarzyn. No se sabe si Sor Faustina se confesaba con él.

[236] El Padre José Andrasz, S. J.

[237] Es decir, salía de la Congregación de las Hermanas de la Madre de Dios de la Misericordia para fundar una Congregación nueva, apremiada por las inspiraciones interiores.

[238] La Madre Micaela Moraczewska.

[239] "Anteriormente", es decir, antes de los votos perpetuos en 1933 en Cracovia (ver Diario, 52).

[240] La carta del Padre M. Sopoćko, escrita en Vilna que data del 10 de julio de 1936.

[241] Se trata probablemente del folleto del Padre M. Sopoćko titulado "La Divina Misericordia", editado en 1936, en Vilna.

[242] En la cubierta estaba la imagen en color de Jesús Misericordioso, copia del cuadro de Eugenio Kazimirowski.

[243] En el manuscrito, después de la palabra "conmovió" Sor Faustina agregó por error las palabras (me el momento).

[244] El médico del sanatorio de Pradnik, doctor Adán Silberg, judío convertido al catolicismo, nació en 1896. En los años 1937- 1939 (hasta el estallido de la II Guerra Mundial) fue director de los Institutos Sanitarios Urbanos en Cracovia y precisamente en el hospital de Pradnik, llamado comúnmente "sanatorio" (actualmente es el Hospital Urbano Especializado que lleva el nombre de Juan Pablo II). Son poco seguras las informaciones que se tiene sobre la suerte del doctor desde el comienzo de la guerra.

[245] La Superiora de Sor Faustina en la casa cracoviana de la Congregación era la Madre Irene Krzyzanowska.

[246] El médico del "sanatorio" en Pradnik diagnosticó la tuberculosis de los pulmones y para que la enferma no contagiara a otras hermanas recomendó separarla. Sor Faustina fue instalada en una habitación destinada para los enfermos graves, en la llamada enfermería.

[247] En este caso - puntos (ideas principales) para la meditación dictadas por el Padre Ladislao Wojton, S. J. que en los días 20-29 de octubre de 1936 dirigió los ejercicios espirituales antes de los votos de las hermanas.

[248] "Betania" aquí significa el lugar de descanso. En la Betania evangélica Jesús tenía amigos a los que iba a visitar con gusto para descansar (comparar Jn 12,1-11).

[249] La renovación de los votos después de los ejercicios espirituales tuvo lugar el viernes, 30 X 1936.

[250] En el cementerio, al fondo del jardín del convento.

[251] La Madre Micaela Moraczewska.

[252] Ver Diario, 46.

[253] Sor Faustina hizo los votos temporales (llamados por ella "anuales") el 30 de abril de 1928.

[254] Es de suponer que el Padre M. Sopoćko examinaba los asuntos referentes a la propagación del culto a la Divina Misericordia, la institución de la Fiesta de la Divina Misericordia y la fundación de la nueva Congregación.

[255] En la carta que data del 21 de noviembre de 1936, el Padre M. Sopoćko informó a Sor Faustina sobre la divulgación del culto a la Divina Misericordia y sobre los asuntos relacionados a la fundación de la nueva Congregación.

[256] Parece que Sor Faustina se equivocó al hablar de su edad, puesto que según sus propias palabras (Diario, 15) recibió esta gracia en 1925 durante la octava de *Corpus Cristi*. Dado que

nació en 1905, entonces en 1925 tenía 20 y no 18 años (ver Diario, 16 y nota [14]).

[257] Sor Faustina repitió, por error, la palabra "alma", después de la palabra "felicidad".

[258] Es decir la adoración de pocos minutos de Jesús en el Santísimo Sacramento.

[259] El doctor Adán Silberg.

[260] Sor Davida (Antonia Cedro, nacida el 17 de septiembre de 1898) de la Congregación de las Siervas del Sagrado Corazón de Jesús. Las hermanas de esta Congregación trabajaron en el hospital de Pradnik.

[261] Sor Faustina usó una palabra polaca que puede ser traducida también como "fundamento".

[262] Fue el primer descanso en la terraza del hospital.

[263] Sor Felicia Juana Zakowiecka, nacida en 1900, entró en la Congregación en 1926. Fue ecónoma en las casas de Vilna y Cracovia y luego Superiora en la casa de la Congregación en Rabka y más tarde en Derdy. Encontró a Sor Faustina en Vilna y Cracovia (1936- 1938). Fue testigo en el proceso informativo de Sor Faustina. Falleció en la casa de la Congregación en Wroclaw, el 7 de noviembre de 1975.

[264] La Casa cracoviana de la Congregación de las Hermanas de la Madre de Dios de la Misericordia (en el barrio de Lagiewniki) se encontraba a unos 10 kms de Pradnik donde estaba internada Sor Faustina. Con el transporte de entonces, se necesitaba mucho tiempo y esfuerzo para llegar al hospital. Esto explica las poco frecuentes visitas a Sor Faustina.

[265] Se trata de los sufrimientos y humillaciones que soportó el Padre M. Sopoćko con relación a sus gestiones por la divulgación del culto a la Divina Misericordia y la fundación de la nueva Congregación. Sor Faustina tuvo una visión interior de esos

sufrimientos y escribió de ella al Padre Sopoćko (mencionó este hecho el mismo Padre Sopoćko en la carta del 6 de marzo de 1972).

[266] Sor Crisóstoma María Korczak, nacida en 1892, entró en la Congregación en 1921. Trabajó como educadora y luego como enfermera. Encontró a Sor Faustina en Vilna y después en Cracovia poco antes de su muerte. En el proceso informativo fue testigo de oficio.

[267] El doctor A. Silberg.

[268] Sor Cayetana María Bartkowiak, nacida el 19 de enero de 1911, entró en la Congregación en 1933. Con Sor Faustina estuvo en las casas de Varsovia y Cracovia. Fue testigo en el proceso informativo.

[269] Ver nota [221].

[270] La habitación aislada en el hospital de Pradnik.

[271] Después de las fiestas de Navidad Sor Damiana Ziólek acompañó a Sor Faustina al hospital de Pradnik. He aquí su relato: "En la noche cerca de la puerta de nuestro convento fue abandonado un recién nacido. A la mañana siguiente Sor Francisca encontró el niñito, se ocupó de él, lo lavó, le dio a comer y se puso a buscar a alguien que lo adoptara. Se enteró de ello una de nuestras vecinas que no tenía hijos y deseaba tomar uno para criar. A propuesta de la Congregación aceptó al niño y expresó el deseo de registrarlo a su nombre. Aprovechando la calesa que acompañaba a Sor Faustina a Pradnik, fue con el niño a la parroquia de Podgórze para bautizarlo e inscribir en los registros parroquiales. A esa persona se refiere Sor Faustina en el Diario."
Sor Damiana Sofía Ziólek, nacida el 18 de octubre de 1911, entró en la Congregación en 1927. Con Sor Faustina se relacionó en 1932 en Płock y luego en Cracovia. Fue testigo en el proceso informativo. Falleció el 12 de junio de 1990.

[272] La iglesia parroquial de San José en Cracovia, barrio de Podgórze.

[273] Sor Damiana Ziólek.

[274] El arzobispo Romualdo Jalbrzykowski.

[275] Posiblemente el folleto de que se habla en la nota [241].

[276] Posiblemente el arzobispo R. Jalbrzykowski, el Padre M. Sopoćko y el Padre J. Andrasz, S. J.

[277] Sor Faustina recuerda aquí el día 2 de enero de 1934 cuando fue por primera vez al taller del pintor Eugenio Kazimirowski para hablar de la imagen de la Divina Misericordia.

[278] La Superiora de la Siervas de Dios del Sagrado Corazón en el hospital de Pradnik era Sor Sebastiana Elena Wasik.

[279] Para fundar la Congregación cuyo fin era propagar la confianza en la Divina Misericordia e invocarla por el mundo.

[280] Sor Faustina estaba internada en el primer pabellón de tuberculosos que estaba a unos 70 pasos de la capilla.

[281] Comparar San Lucas 2, 34-35.

[282] "Un recado confidencial", una pequeña carta sin sobre con bordes pegados.

[283] Posiblemente el arzobispo R. Jalbrzykowski, el Padre M. Sopoćko y el Padre J. Andrasz, S. J.

[284] Se celebró en Manila, Filipinas, del 3 al 7 de febrero de 1937.

[285] El director espiritual de Sor Faustina era entonces el Padre J. Andrasz, S. J. Es de suponer, pues, que a él fue dirigida la carta para pedir permiso para ciertas prácticas de penitencia.

[286] "La Pasión", aquí, un oficio que se celebra en Cuaresma durante el cual se cantan las *"Penas amargas"*, himnos paralitúrgicos polacos particularmente conmovedores que se cantan

690

por todo el pueblo alternativamente como salmos para meditar y celebrar la Pasión del Señor.

[287] A base de estas invocaciones el Padre M. Sopoćko compuso las letanías a la Divina Misericordia, corrigiendo algunas y agregando más de diez nuevas.

[288] El onomástico religioso de Sor Faustina era el 15 de febrero.

[288a] La idea de los últimos tiempos y de la proximidad del terrible día de la justicia vuelve a mencionarse en las dos revelaciones siguientes: (42) del 17 de febrero de 1937 y la (43) del 28 de febrero de 1937. Jesús se refiere en ellas a la última tabla de salvación para la humanidad. El 17 de febrero, clavado en la cruz, dijo: **Las almas mueren a pesar de Mi amarga Pasión. Les ofrezco la última tabla de salvación, es decir, la Fiesta de Mi Misericordia. Si no adoran Mi Misericordia, morirán para siempre.**

Las mismas ideas, pero expresadas en otra secuencia, se encuentran en la revelación (43): **Deseo que Mi Misericordia sea venerada; le doy a la humanidad la última tabla de salvación, es decir, el refugio en Mi Misericordia. Mi corazón se regocija de esta Fiesta.**

Estas dos citas tienen tres ideas: de la última tabla de salvación, de la Fiesta y del refugio en la Misericordia. Sin embargo, existe entre ellas una diferencia grande y notable en lo que se refiere a esta última tabla; ¿qué es? En la primera revelación se lee que es la Fiesta de la Misericordia. Esta discordancia impone tres interrogantes: 1) ¿Permite una teología correcta que la Fiesta de la Misericordia sea para las almas su última tabla de salvación? 2) ¿Es posible un acuerdo entre las dos revelaciones? 3) ¿Cuál de las dos revelaciones reproduce, sin deformarlas, las palabras de Jesús?

Si se atribuye a las palabras su sentido propio, no se puede afirmar, ni en una teología correcta, ni con buen sentido, que la Fiesta de la Misericordia, con las grandes promesas, es la última tabla de salvación para las almas. Lo sería en el caso de que las almas no tuvieran ningún otro medio para salvarse; lo sería, si la celebración de la Fiesta fuera necesaria para salvarse. Ahora bien, *en primer lugar*, esta afirmación de lo escrito en la (42) revelación contradice la estructura de la devoción que ofrece, a todas las almas, otro medio extraordinario de salvación, a saber, la recitación, con fe y con firmeza de la coronilla a la Divina Misericordia. *En segundo lugar*, el tenor mismo de la presente relación no atribuye la cualidad de tabla de salvación (es decir el hecho de ser necesaria a la salvación) a la Fiesta, sino a la adoración de la Misericordia; esta afirmación contradice, por consiguiente, lo restante de la revelación. Y este culto, de acuerdo con la buena teología y según las revelaciones concernientes a la devoción, se hace sobre todo fuera de la Fiesta, cada día de nuestra vida. Porque, según las revelaciones, consiste esencialmente en la confianza en la Misericordia de Dios, y es un género de vida cristiana, más bien que una devoción. *En tercer lugar*, muchas almas se han salvado y han alcanzado una santidad heroica sin haber celebrado la Fiesta de la Misericordia.

La Fiesta de la Misericordia, por lo tanto, debe verse en este contexto como una ocasión que sirve como un atractivo poderoso para que los pecadores se aprovechen de las promesas que Jesús les extiende en esta celebración que los motiva a confiar en que Él les responderá. El mostrar esa confianza mediante el cumplimiento con las condiciones de Jesús para recibir ese día el perdón total de los pecados y penas, como un verdadero "segundo bautismo", será para algunas almas la oportunidad de reconciliarse con Dios. Esto permitirá que Él las presente «**resplandecientes a sí mismo; sin que tengan mancha ni arruga ni cosa parecida, sino que sean santas e inmaculadas**» (Efesios 5, 27), y así serán salvadas *"para toda la eternidad."*

[289] El Padre M. Sopoćko, siendo director espiritual de Sor Faustina, le recomendó subrayar cuidadosamente en su Diario todo lo que, según ella, provenía de Dios, y especialmente todo lo que se refería a instituir la Fiesta de la Divina Misericordia y fundar la nueva Congregación.

[290] En la capilla del sanatorio donde se guardaba el Santísimo Sacramento.

[291] El doctor Adán Silberg.

[292] El 15 de febrero de 1937 falleció en Płock Sor Cornelia Sofía Trzaska. Nació en 1888, en 1905 entró en la Congregación donde trabajó de zapatera.

[293] El Padre Buenaventura Kadeja de la orden de los Padres Escolapios vivía entonces en Cracovia en la calle Pijarska. Nacido en 1906, fue ordenado sacerdote en 1932. Fue Superior de la casa, Consejero General, Provincial. En los años 1965 - 1966 fue juez en el proceso informativo de Sor Faustina. Falleció el 13 de septiembre de 1980.

[294] Durante la Cuaresma, en la capilla del sanatorio se cantaban las *"Penas amargas"*.

[295] En el lenguaje sacerdotal la palabra "cosecha" significa la Cuaresma como tiempo de ejercicios espirituales y confesión de los fieles.

[296] Sor Faustina escribió sobre esta cuestión en la carta del 10 de junio de 1938 a sus hermanas Natalia y Wanda.

[297] Haciendo los ejercicios espirituales de un día (el día de recogimiento mensual), Sor Faustina escuchó predicaciones del Padre Buenaventura Kadeja para el personal del sanatorio.

Tercer Cuaderno

[298] JMJ - Jesús, María, José.

[299] La palabra en plural "confesores" parece indicar que Sor Faustina recibió la recomendación de escribir el Diario no solamente del Padre M. Sopoćko, sino también del Padre J. Andrasz, S. J.

[300] El director espiritual de Sor Faustina en Vilna, Padre M. Sopoćko recuerda que ella tenía dones extraordinarios como: visiones, iluminaciones, oía voces interiores. Aquí sabemos de uno de estos dones, el de conocer interiormente las vivencias de las personas que tenían relaciones con ella.

[301] A fundar la nueva Congregación.

[302] A "la Pasión", para cantar las "*Penas amargas*".

[303] Durante los primeros votos las Hermanas de la Congregación de la Madre de Dios de la Misericordia recibían el velo negro, una pequeña cruz, el rosario y el cinturón. Sor Faustina hace referencia a esta pequeña cruz.

[304] Se trata de instituir la Fiesta de la Divina Misericordia el primer domingo después de Pascua.

[305] En aquella época, tenían acceso a la capilla de la Congregación de las Hermanas de la Madre de Dios de la Misericordia solamente las hermanas y las alumnas del instituto. Sólo durante la ocupación alemana (durante la II Guerra Mundial) fue abierta a todos los fieles.

[306] "La oscuridad": lugar (altar o capilla) donde se conservaba el Santísimo Sacramento el Jueves Santo.

[307] Radio Polaca transmitía las celebraciones del Jueves Santo.

[308] El Padre J. Andrasz.

[309] Probablemente el Padre Teodoro Czaputa que siendo capellán de la casa de Cracovia, predicaba en la capilla de la Congregación todos los domingos.

[310] La Maestra del noviciado era entonces Sor Calixta Elena Piekarczyk, nacida el 30 de marzo de 1900. Entró en la Congregación en 1920. Asumió el cargo de Maestra de novicias el 10 de diciembre de 1934, después de Sor M. J. Brzoza y lo

tuvo hasta el 8 de septiembre de 1945. Falleció el 11 de septiembre de 1947.

[311] "Causa", "asunto", "obra": con estas palabras Sor Faustina llama en el Diario su misión de divulgar el culto a la Divina Misericordia, por ejemplo, a través de instituir la nueva Fiesta y fundar la nueva Congregación.

[312] Se trata del artículo sobre la Divina Misericordia publicado por el Padre M. Sopoćko en el semanario de Vilna *"Tygodnik Katolicki - Nasz Przyjaciel"* ("Semanario Católico - Nuestro Amigo"), 1937, número 14.

[313] En el manuscrito: "antes que".

[314] En la casa cracoviana de la Congregación de las Hermanas de la Madre de Dios de la Misericordia, todas las semanas el capellán daba conferencias sobre temas ascéticos, llamadas comúnmente "clases de catecismo".

[315] Ver Diario, 40 - a partir de las palabras "Al levantarnos de los reclinatorios...."

[316] Todos los años, las Hermanas de la Congregación de la Madre de Dios de la Misericordia hacen los ejercicios espirituales de tres días, además del recogimiento de ocho días.

[317] En la casa cracoviana de la Congregación se celebraban entonces (20 - 29 IV 1937) los ejercicios espirituales de ocho días antes de los votos y la toma de hábitos por las hermanas. Dirigió esos ejercicios espirituales el Padre José Plaza, S. J. (1884 - 1950), el entonces Superior de la casa provincial de los jesuitas en Cracovia (Maly Rynek).

[318] Se trata de una de las predicaciones del Padre J. Plaza, S. J.

[319] Es difícil relacionar esta frase del Diario con algunas discusiones concretas en el Vaticano sobre la institución de la Fiesta de la Divina Misericordia. El cardenal Eugenio Pacelli era entonces Secretario de Estado en la Sede Apostólica.

[320] La Superiora General, Madre Micaela Moraczewska se encontraba entonces en Cracovia con motivo de los votos de las hermanas y por visitar la casa.

[321] Los confesores ordinarios de las Hermanas de la Congregación en Cracovia eran entonces los Padres Golab y Czaputa. No se sabe al cuál de los dos se refiere Sor Faustina.

[322] El Padre J. Andrasz.

[323] Se trata de la procesión de *Corpus Cristi* que salía de la iglesia parroquial de Borek Falecki y terminaba en el último altar que se encontraba en el jardín de la Congregación. El Santísimo Sacramento se quedaba entonces en la capilla de las hermanas.

[324] La procesión en la octava de Corpus Cristi. En la Congregación de las Hermanas de la Madre de Dios de la Misericordia se celebraba en el jardín del convento.

[325] La fiesta del Sagrado Corazón de Jesús se celebra el viernes después de la octava de Corpus Cristi.

[326] Comparar: Diario 435-438; 559; 563; 573; 1155-1158, y otras.

[327] Este lugar donde jugaban las alumnas del instituto, se solía llamar "cuadrado" debido a la forma que tenía.

[328] Sor Yolanda Alejandra Wozniak, educadora en el instituto de la Congregación en Vilna. En aquel tiempo, julio 1937, estaba en un curso para educadoras en Cracovia. Nacida en 1909, entró en la Congregación en 1929. Trabajó como educadora en varios institutos de la Congregación y luego, fue Superiora en Radom, Częstochowa y Cracovia. Falleció el 14 de junio de 1988.

[329] Los patronos de la Congregación de las Hermanas de la Madre de Dios de la Misericordia eran: Nuestra Señora de la Misericordia (5 de agosto). San Ignacio de Loyola (31 de julio); San José (19 de marzo), San Miguel Arcángel (29 de septiembre),

Santa María Magdalena (22 de julio), Santa Teresa de Jesús (15 de octubre), San Antonio de Padua (13 de junio).

[330] La Congregación de las Hermanas de la Madre de Dios de la Misericordia tiene en la localidad de Rabka una pequeña casa de descanso, llamada *"Loretto"*.

[331] *"Acuérdate..."*, oración a San José, anteriormente rezada en la Congregación diariamente.

[332] La novena fue publicada con ciertos cambios en 1937, en el librito titulado *"Cristo, Rey de Misericordia"* (por J. Cebulski, Cracovia). La portada llevaba una imagen en color de Cristo Misericordioso con los rayos y la firma: "Jesús, en Ti confío". Además de la novena, el librito contenía las letanías y la coronilla.

La Superiora de la casa, Madre Irene Krzyzanowska, envió los libritos a las casas de la Congregación.

[333] En el manuscrito "se cicatrizan".

Cuarto Cuaderno

[334] Ver Diario, 585.

[335] Fue el acto de la elección de Nuestra Señora de la Misericordia como Superiora General de la Congregación.

[336] Para poder imprimir textos sobre temas religiosos es necesario disponer de la autorización (imprimatur) de una entidad eclesiástica correspondiente. El Padre M. Sopoćko obtuvo la autorización para imprimir las mencionadas oraciones.

[337] Sor Faustina por equivocación escribió 5 VIII en lugar de 5 IX.

[338] La portera, debido al carácter de sus deberes, durante la gran parte del día estaba fuera de la comunidad de las hermanas. Por esta razón, Sor Faustina llama "desierto" a la puerta.

[339] El Padre M. Sopoćko.

[340] Sor Faustina tenía dos hermanos, Estanislao y Miecislao. De lo que se dice a continuación del Diario nos enteramos de que la visitó Estanislao.

[341] *"Mensajero del Sagrado Corazón de Jesús"*: revista mensual que se editaba desde 1872 por los jesuitas en Cracovia.

[342] Probablemente para hablar de las cuestiones relacionadas con imprimir los libritos con la novena, la coronilla y las letanías a la Divina Misericordia.

[343] Posiblemente J. Cybulski, propietario de una gran tienda de los artículos religiosos.

[344] Las letanías a la Divina Misericordia (ver Diario, 949).

[345] La coronilla a la Divina Misericordia (ver Diario, 475-476).

[346] La autorización de las autoridades eclesiásticas para poder imprimir.

[347] La copia de la imagen de Eugenio Kazimirowski, del pincel de Lucía Balzukiewiczówna de Vilna, solicitada por los Padres Redentoristas. La copia se encontró, después, en Cracovia.

[348] La Madre Irene Krzyzanowska.

[349] La imagen del pincel de Eugenio Kazimirowski.

[350] Al instituto de educación, cuyas alumnas se solían llamar familiarmente "niñas".

[351] El Padre José Andrasz.

Quinto Cuaderno

[352] "Brazaletes"- instrumento de penitencia en forma de una estrecha cadenita de espinas.

[353] Cinturón de hierro.

[354] Las hermanas solían apuntar victorias y derrotas en el adelantado espiritual sobre sí mismas.

[355] Al final de los ejercicios espirituales Sor Faustina fue a la iglesia de los jesuitas para confesarse con el Padre J. Andrasz; lo que se puede suponer del Diario es que fortaleció su espíritu.

[356] La ceremonia de la toma de hábito y de los votos religiosos.

[357] El Padre M. Sopoćko.

[358] Se trata de la Madre Irene Krzyzanowska que era Superiora de Sor Faustina durante su estancia en Cracovia (desde el 12 de mayo de 1936 hasta su muerte el 5 de octubre de 1938). Las hermanas la llamaban familiarmente "Madrecita".

[359] El librito con la novena, la coronilla y las letanías a la Divina Misericordia.

[360] Sor Doménica Josefa Szymanska, nacida el 28 de noviembre de 1875, entró en la Congregación en 1897. Durante 30 años trabajó en la casa cracoviana de la Congregación como zapatera. Falleció el 15 de noviembre de 1937.

[361] La enfermera era Sor Crisóstoma Korczak.

[362] Ver nota 314.

[363] El Padre M. Sopoćko emprendía gestiones relacionadas con la divulgación del culto a la Divina Misericordia, la institución de la Fiesta de la Divina Misericordia y la fundación de la nueva Congregación.

[364] Cristo llama a Satanás "padre de la mentira"; ver Jn 8,44.

[365] Es una cita del *"Martirologio Romano"* que era leído en el refectorio después de la oración y antes de la comida.

[366] La frase queda interrumpida tras la palabra "que". Es de suponer que alguien interrumpió a Sor Faustina que después no volvió más a esa frase.

[367] En el sacramento de la penitencia.

[368] La hermana enfermera, Sor Crisóstoma Korczak.

[369] Sobre instituir la Fiesta de la Divina Misericordia.

[370] La Madre Irene Krzyzanowska fue testigo en el proceso informativo de Sor Faustina. No se conocen, sin embargo, ningunas declaraciones de Sor María Josefa Brzoza (murió en 1939).

[371] Con el Padre Teodoro Czaputa.

[372] Sobre el Padre M. Sopoćko.

[373] En el manuscrito: "antes que".

[374] En el manuscrito: "fracasaron".

[375] La palabra "para" fue escrita por equivocación.

[376] En el manuscrito: "en mi interior".

[377] Es decir confesores, directores espirituales, Superiores.

[378] Durante la enfermedad Sor Faustina hacía bordados para adornar los manteles de los altares.

[379] El Padre M. Sopoćko.

[380] Según era costumbre, por los agonizantes en la Congregación se rezaba la plegaria *"Oh benignísimo Jesús..."* y el Salmo 129, *"De Profundis"*.

[381] El Padre José Andrasz, S. J.

[382] La Congregación de las Hermanas de la Madre de Dios de la Misericordia no tiene todavía una santa canonizada.

[383] El Padre J. Andrasz, S. J.

[384] El Padre M. Sopoćko.

[385] Las Superioras de Sor Faustina a lo largo de su vida eran: Madre Margarita Gimbutt, el comienzo del noviciado y la tercera probación antes de los votos perpetuos; Madre Rafaela Buczynska en Cracovia y Varsovia; Madre Rosa Klobukowska en Płock; Madre Javiera Olszamowska en Kiekrz; Madre Borgia Tichy en Vilna; Madre Serafina Kukulska en Walendów.

[386] La Madre Micaela Moraczewska.

[387] La Madre María Josefa Brzoza, Maestra de Sor Faustina en el noviciado.

[388] El Padre José Andrasz, S. J.

Sexto Cuaderno

[389] Ver 2 Co 12, 1-6.

[390] Ver 1 Co 2,9.

[391] Ver Sal 68, 21.

[392] El Padre T. Czaputa era confesor del noviciado. Se confesaban con él también algunas hermanas profesas. El director espiritual de Sor Faustina era entonces el Padre J. Andrasz, S. J. Sor Faustina hace aquí una clara diferencia entre el confesor y su director espiritual.

[393] Sor Tarcisia Casimira Piotrowicz, nacida en 1891,

entró en la Congregación en 1912. Durante cierto tiempo fue enfermera en la casa cracoviana de la Congregación. Falleció el 2 de diciembre de 1978.

[394] Probablemente se trata de Sor Amelia Socha, muy amiga de Sor Faustina.

[395] El Padre José Andrasz.

[396] La frase queda interrumpida después de las palabras "Al volver...".

[397] En el manuscrito Sor Faustina dejó media página en blanco. Tal vez tenía la intención de continuar la poesía.

[398] Según la costumbre de la Congregación, primero se confesaban las novicias y luego las hermanas profesas. Por eso la Superiora recomendó a Sor Faustina pedir a la Maestra del noviciado el permiso de confesarse antes de las novicias.

[399] La Maestra del noviciado era Sor Calixta Piekarczyk.

[400] En el manuscrito la frase es: "Conocí cuánto se necesita, falta, (31) el espíritu, la letra sola no hace crecer el amor."

[401] Probablemente era viernes, 25 de marzo de 1938. Frecuentemente, los viernes, Sor Faustina sentía dolores en los lugares de las heridas de Jesús (ver Diario 759, 942, 1010, 1055, 1196, 1247, 1468, 1627).

[402] En la Congregación no hay costumbre de que las hermanas guarden en sus celdas alimentos o bebidas.

[403] Se trata del *"Mensajero del Corazón de Jesús"*.

[404] La capilla de las hermanas en Cracovia se comunica con la casa de modo que por el pasillo del primer piso de la casa se entra directamente en el coro de la capilla. Encontrándose en el coro, Sor Faustina participaba en la Misa, sin embargo no tuvo fuerzas suficientes para bajar y tomar parte en la Procesión de los Ramos.

[405] El Padre Andrés Zukowicz, S. J. (1886 - 1962), gran propagador de la idea del Apostolado de la Oración y redactor del *"Mensajero del Corazón de Jesús"*. En los años 1933 - 1957 secretario del provincial de los jesuitas. Amigo de la Congregación de las Hermanas de la Madre de Dios de la Misericordia.

[406] 14 IV 1938.

[407] Sor Cayetana Bartkowiak.

[408] Junto a Sor Faustina estuvieron en el noviciado:

Las novicias mayores: Sor Alicia Dabrowska, Sor Querubina Kowieska, Sor Ernesta Szczyrba, Sor Iwona Goebel, Sor Joaquina Gluc, Sor Kinga Knopik, Sor Crescencia Bogdanik, Sor Laurenta Kosinska, Sor Longina Suchowska, Sor Lucina Tomaszewska, Sor Natalia Fiszer, Sor Plácida Putyra, Sor Renata Jodlowska, Sor Simeona Nalewajk, Sor Valentina Leszczynska;

Las novicias menores: Sor Anunciada Peraj, Sor Bernarda Wilczek, Sor Celina Bronikowska, Sor Felicia Zakowiecka, Sor Justina Golofit, Sor Clementina Gluc, Sor Ludwina Gadzina, Sor Martina Górecka, Sor Regina Jaworska, Sor Severina Marciniak, Sor Terezyta Kaczmarek, Sor Zenobia Saja.

Junto a Sor Faustina tomaron el hábito: Sor Bernarda Federowicz, Sor Buenaventura Edelmann Glowacka, Sor Florentina Pajak, Sor Enriqueta Skulimowska.

Se escribían con Sor Faustina: Sor Justina Golofit, Sor Ludwina Gadzina, Sor Regina Jaworska y, tal vez, otras cuyas cartas no se conservaron.

[409] Al hospital de Pradnik.

[410] Sor Felicia Zakowiecka, ecónoma de la casa de Cracovia.

[411] Las Hermanas de la Congregación de las Siervas del Sagrado Corazón de Jesús que trabajaban en el hospital de Pradnik.

[412] Sor Davida Cedro, Sor Alana Wilusz y Sor Medarda Podrazik.

[413] Sor Davida Cedro, enfermera del pabellón.

[414] El doctor Adán Silberg, director del hospital de Pradnik.

[415] Era una práctica preferida de Sor Faustina, aún de antes de ingresar en el convento.

[416] 26 V 1938 - solemnidad de la Ascensión del Señor.

[417] Posiblemente Sor Faustina se refiere a la epidemia de gripe que empezó en febrero de aquel año y duró algunos meses, con recaídas.

[418] Las hermanas coadjutoras (del segundo coro).

[419] A Sor Davida Cedro, enfermera en el hospital de Pradnik.

[420] En 1938 el día de Pentecostés cayó el 5 de junio.

[421] En el manuscrito: "cuánto".

[422] En 1938 *Corpus Cristi* cayó el 16 de junio, entonces el viernes después de *Corpus Cristi* cayó el 17 de junio.

[423] Es difícil establecer qué día fue. Desde aquí hasta el final del Diario Sor Faustina no da más fechas exactas, sino que escribe solamente "hoy".

Índice Temático *

Amor a Dios - 27, 57, 140, 201, 279, 283, 293, 303, 338, 373, 392, 427, 470, 481, 502, 507, 513, 586, 587, 589, 616, 702, 708, 742, 778, 781, 802, 807, 889, 890, 947, 984, 990, 995, 997, 1022, 1050, 1092, 1098, 1121, 1132, 1191, 1241, 1309, 1358, 1369, 1409, 1415, 1500, 1523, 1542, 1624, 1643, 1644, 1653, 1776, 1779, 1781, 1808, 1811, 1828.

Amor al prójimo - 117, 118, 155, 192, 241, 243, 373, 383, 426, 550, 567, 568, 579, 632, 633, 742, 766, 781, 789, 871, 901, 1029, 1031, 1039, 1063, 1194, 1269, 1297, 1305, 1313, 1348, 1382, 1509, 1510, 1634, 1636, 1649, 1695, 1768, 1769, 1779.

Ángel -   20, 334, 412, 419, 471, 474, 490, 522, 630, 635, 651, 667, 683, 706, 820, 1049, 1174, 1202, 1271, 1553, 1676, 1677.

Añoranza de Dios - 15, 26, 77, 180, 413, 469-471, 657, 807, 850, 853, 885, 918, 946, 1050, 1054, 1121, 1137, 1145, 1186, 1303, 1304, 1573, 1589, 1600, 1710, 1713.

Apostolado - 302, 305, 314, 325, 350, 396, 401, 404, 421, 459, 537, 539, 551, 641, 648, 679, 741, 745, 759, 875, 927, 931, 1249, 1283, 1305, 1366, 1399, 1475, 1581, 1645, 1741.

---

* Las cifras que siguen cada vocablo en los índices de temas, personas y lugares corresponden a los números al margen del texto del Diario de Sor Faustina.

Dones extraordinarios de Sor Faustina:

Unión espiritual con los agonizantes - 207, 314, 810, 820, 828, 835, 880, 935, 936, 971, 973, 1015, 1536, 1565, 1639, 1684, 1798.

elaciones con almas del purgatorio - 21, 58, 515, 519, 520, 594, 748, 809, 1185, 1186, 1375, 1382, 1723.

Conocimiento del estado de alma de otras personas - 603, 604, 685, 690, 705, 759, 1079, 1196, 1247, 1277, 1280, 1283, 1305, 1335, 357.

Enseñanzas divinas - 267, 274, 527, 528, 588, 599, 733, 744, 749, 758, 808, 815, 828, 840, 852, 904, 961, 969, 970, 996, 997, 1019, 1020, 1023, 1029, 1034, 1048, 1058, 1069, 1075, 1078, 1082, 1102, 1123, 1131, 1143, 1172, 1250, 1270, 1279, 1329, 1394, 1433, 1437, 1458, 1477, 1499, 1546, 1566, 1571, 1578, 1588, 1599, 1602, 1641, 1643, 1645, 1674, 1701, 1702, 1711, 1728, 1760.

Eucaristía - 105, 223, 355, 356, 360, 486, 524, 558, 717, 814, 826, 840, 902, 1037, 1231, 1233, 1324, 1350, 1392, 1394, 1404, 1427, 1458, 1509, 1569, 1591, 1678, 1718, 1748, 1803, 1804-1828.

Examen de conciencia - 65, 162, 377, 547, 619, 703, 743, 861, 905, 1250, 1352-1355, 1544, 1659, 1789.

Fe - 62, 97, 132, 210, 352, 567, 742, 763, 890, 944, 1123, 1248, 1420, 1473, 1522, 1549, 1618, 1759, 1814, 1815.

Fidelidad - 106, 156, 170, 175, 189, 204, 263, 291, 306, 352, 434, 507, 544, 637, 666, 683, 716, 743, 756, 771, 787, 893, 1071, 1166, 1173, 1235, 1239, 1243, 1347, 1353, 1394, 1409, 1462, 1548, 1760, 1812, 1822.

Gracia de Dios - 8, 15, 31, 55, 56, 62, 71, 109, 113, 121, 139,

ÍNDICE DE PERSONAS

Wozniak Yolanda, Congregación de las Hermanas de la Madre de Dios de la Misericordia - 1171.

Ziólek Damiana, Congregación de las Hermanas de la Madre de Dios de la Misericordia - 849.

Zakowiecka Felicia, Congregación de las Hermanas de la Madre de Dios de la Misericordia - 816, 1675.

Zukowicz Andrés, sacerdote, S. J. - 1658.

Zyczkowski Emilio, sacerdote, S. J. - 456, 458, 461.

ÍNDICE DE LUGARES

APÉNDICE

Introducción a la primera edición en polaco, 1981

1. LA AUTORA DEL *DIARIO*. Sor Faustina, Elena Kowalska, nació el 25 de agosto de 1905 en la aldea de Głogowiec, en la región de Łódź, en Polonia. A la edad de 14 años, sin haber terminado la escuela primaria, comenzó primero a trabajar en Aleksandrów, Łódź y posteriormente en el mismo Łódź. A los 15 años, confesó a sus padres su deseo de entrar al convento.

El 1ro de agosto de 1925, fue admitida a la Congregación de las Hermanas de la Madre de Dios de la Misericordia. Hizo el postulantado en Varsovia y posteriormente fue enviada al noviciado en Cracovia donde recibió el nombre de Sor María Faustina. Al cabo de dos años en el noviciado, el día 30 de abril de 1928 pronunció los primeros votos religiosos. Como profesa temporal trabajó en varias casas de la Congregación en Varsovia, Vilna, Kiekrz cerca de Poznań, Plock, en Biała cerca de Plock, de nuevo en Varsovia y en Cracovia. El 1ro de mayo de 1933 tomó los votos perpetuos.

Al cabo de pocas semanas de vida religiosa comenzó a tener problemas de salud. Enferma de tisis sufrió varias recaídas por el mismo mal. En agosto de 1934 tuvo un primer fuerte ataque de asma. Aunque los médicos no lo habían aún diagnosticado, lo más seguro es que fuese ya la tuberculosis que luego empeoró de tal forma, que la enferma, en los años 1936 y 1937, pasó varios meses en el hospital de Prądnik, cerca de Cracovia. En el año 1938 pasó los últimos 5 meses de su vida en ese mismo hospital y trasladada al convento en Cracovia, donde murió el 5 de octubre.

2. EL OBJETIVO DE ESCRIBIR EL *DIARIO*. La misma Sor Faustina indicó que de este modo procuraba cumplir con el mandato del Señor Jesús y una orden de sus confesores, tanto el Reverendo Padre Miguel Sopoćko como del Padre José Andrasz, S.J. Confesó también que a través de este Diario deseaba hacer conocer a todas las personas la bondad y la gracia de Dios. En varias oportunidades destacó que estaba escribiendo con el expreso permiso de los superiores, lo cual significaba para ella la confirmación de la Voluntad de Dios.

En su opinión, el *Diario* no estaba destinado para ser leído por el público en general, al menos no durante su vida. Por eso ocultaba a las demás hermanas que lo estaba escribiendo. Prueba de ello son las frases cortadas en varios puntos del *Diario* y otras sin terminar. Además, entre sus páginas, incluye una probablemente destinada a los posibles curiosos que quisieran leerlo, que decía: "Jesús, a nadie le está permitido leer estas hojas y estas notas. Primero han de verlas el Padre Andrasz o el Padre Sopoćko, porque contienen secretos de conciencia. La Voluntad de Dios es que todo esto sirva para el consuelo de las almas. Estos cuadernillos tampoco se deben dar a leer a las hermanas hasta después de su publicación, a excepción de los Superiores. Cracovia, el día de Ejercicios Espirituales 3 IV, 1938, Sor Faustina."

Estas palabras dan testimonio de que Sor Faustina contaba con la posibilidad de la publicación del *Diario* "para el consuelo de las almas", pero realmente deseaba que esto ocurriera después de su muerte.

El Padre Sopoćko, en sus cartas, explica la finalidad del *Diario* de otra forma. Destaca que la riqueza de las vivencias espirituales de la Sierva de Dios eran demasiado grandes para comentarlas en el confesionario sin llamar la atención a personas ajenas. Además, siendo profesor del Seminario, no disponía del tiempo suficiente para escuchar tan largas confesiones. Le recomendó, por lo tanto, que anotase lo que consideraba como la Voluntad de Dios y se lo diera periódicamente para su lectura atenta.

3. EL CONTENIDO DEL *DIARIO*. La Sierva de Dios apunta en el *Diario* sus vivencias y gracias extraordinarias. Suele centrar su atención en lo relacionado con su vida interior y sus contactos con Dios. Dedica mucho espacio y con una atención particular a las enseñanzas; inspiraciones y recomendaciones de Dios. Muy pocas veces menciona hechos exteriores. En algunas páginas describe sus propias meditaciones y las conclusiones de ellas o de los coloquios; algunas veces anota directamente el contenido de las enseñanzas recibidas de los sacerdotes.

Muchas páginas contienen poesías de Sor Faustina. Procura expresar en ellas sus sentimientos hacia Dios. Estas poesías son confesiones muy personales del amor y añoranza de Dios. Suelen reflejar su adoración y profundo afecto, como el deseo de una plena unión con su Creador. La propia estructura de los versos indica que la autora escribía sus versos espontáneamente, más bien bajo la influencia de emociones, que como resultado de una fría reflexión. Al evaluar su poesía se ha indicado que "sin conocer los modelos literarios, consiguió llegar sola al camino de la poesía polaca."

Escribía sin un plan preconcebido y, aparte de las ideas arriba mencionadas, comentaba en algunas ocasiones, aunque raramente, el ambiente en que vivía y trabajaba, o aludía al estado de su salud. No se preocupaba por la falta de puntos u otros signos, ni de los errores ortográficos. El texto mismo indica la gran sencillez de la autora. Llena de sentimientos sabia mantenerse dentro del orden de la voluntad; inculta, pero muy prudente, se caracterizaba por un acertado juicio sobre varios asuntos; vivía en medio de las dificultades, pero jamás se dejaba caer en una depresión psíquica o en el nerviosismo causado por los contratiempos. Sometida a la Voluntad de Dios y llena de confianza en la Divina Misericordia, vivía unida a Él y así escribía de Él y para Él.

4. CRONOLOGÍA EN LA REDACCIÓN DEL *DIARIO*. El Padre Miguel Sopoćko nos informa que Sor Faustina quemó una parte del *Diario*. Al enterarse de esto él le ordenó como penitencia reconstruir de memoria el texto destruido, y al mismo tiempo ir anotando las vivencias presentes. Ello ha causado un cierto desorden en la cronología de los hechos en la mayor parte de las notas de la Sierva de Dios. Ella misma era consciente de ello y por eso a veces apuntaba las fechas de los acontecimientos, mientras de otros asuntos escribía sin fechas, utilizando la expresión "en cierto momento." Debido a esto, el mismo hecho ha sido descrito repetidas veces, como por ejemplo, podemos ver en 993 y 996. Es evidente que la autora no le daba demasiada importancia a la cronología, ni a la sucesión de los hechos, sino que pretendía anotar los hechos en sí.

La Sierva de Dios comenzó a escribir el *Diario* en 1934. La primera línea y nota están fechadas el 28 de julio de 1934 (no. 1-5). Luego escribe en forma retrospectiva, volviendo en primer lugar a los recuerdos del año 1925 (no. 7-39) y a continuación pasa al año 1929 (no. 40-46) y 1931 (no. 47-54). Sin mencionar los años 1930 y 1932, comienza otra vez desde el año 1933 (no. 55-63), interrumpe el curso de la narración y en forma inesperada vuelve al año 1928 (no. 64-84). Después de este último recuerdo anota un par de asuntos del año en curso 1934 (no. 85-161), para de nuevo interrumpir la narración y completar el año anterior 1933 (164-272), en las páginas que había dejado en el cuaderno no. 1, enumeradas como 77 y 78 anotó más tarde, es decir en enero de 1937, sus resoluciones para el período de ejercicios espirituales de Cuaresma (no. 162-163).

Tan sólo a partir de entonces comienza Sor Faustina a anotar todo en forma continuada y las anotaciones se refieren a los hechos de hacía días o apenas semanas. Así que primero termina el año 1934 (no. 273-351), luego presenta el año 1935 (352-584), para luego continuar con el año 1936 (no. 585-858) y 1937 (no. 869-1448). Los años de la enfermedad le permiten dedicar más tiempo al *Diario* y por eso se encuentran reflejados en forma más propia en las páginas del mismo. El año de su muerte (1938) escribe la última parte del *Diario* (no. 1449-1803).

5. EL TEXTO DEL MANUSCRITO. Todo el texto del manuscrito está contenido en seis cuadernos de un tamaño de 20 x 16 cm (primero y segundo) y de 19.5 x 15.5 cm (tercer y quinto). El cuaderno más estrecho es el cuarto de tan sólo 12 cm, al igual que el sexto cuaderno, de 15 cm de ancho. Todos estos cuadernos son cuadriculados o rayados y están escritos por ambas caras de la hoja con una letra bastante apretada. El número de las hojas escritas es de: 105 + 160 + 33 + 30 + 78 + 71, es decir 477 hojas del manuscrito. El último cuaderno está sin terminar.

El manuscrito no presenta mayores desperfectos. Falta solamente la página arrancada (lo cual ha sido indicado en el texto) por una persona desconocida. En cada uno de los cuadernos se encuentran algunas páginas sin llenar, destinadas posiblemente a completarlas y a lo cual la Sierva de Dios renunció posteriormente. Las páginas en los cuadernos están sin enumerar. Ahora se encuentran enumerados por razones prácticas por el Padre José Andrasz, S.J., y Sor Javiera Olszamowska de la Congregación de las Hermanas de Nuestra Señora de la Misericordia.

Todos los cuadernos, a excepción del cuarto, al finalizar el Proceso de Información en Cracovia, fueron encuadernados en pastas duras cubiertas de lona verde. Cada portada lleva impreso un número que es el correspondiente al número del cuaderno. El cuarto cuaderno permanece en estado original; solamente fueron retiradas las grapas para evitar la corrosión. En todas las portadas, excepto en el cuarto cuaderno, Sor Faustina escribió su nombre religioso y alguna máxima, siempre relacionada con la Divina Misericordia. Estas inscripciones han sido reveladas tan sólo en la presente edición del texto, dado que en las copias anteriores fueron omitidas.

6. EL MODO DE ESCRIBIR EL *DIARIO*. Las descripciones de los hechos y acontecimientos se entrelazan muy a menudo con las oraciones. Entre sus propias frases la Sierva de Dios intercala las palabras de Jesús. La falta de puntuación ocasiona la falta de claridad en el texto. Muy a menudo sucede que la autora comienza la descripción de una cosa o asunto y lo termina con una invocación a Dios, o con una adoración y complacencia ante las obras Divinas.

Aparte de las oraciones ordinarias, como ya se ha indicado, en el *Diario* nos encontramos con muchas poesías, que casi siempre constituyen una forma poética de oración.

La segunda parte del *Diario*, en la cual se apuntan los hechos y vivencias actuales, contiene especialmente muchos elementos que indican una permanente conciencia de la presencia de Dios. Al Dios presente se dirige Sor Faustina con ruegos y acción de gracias, disfrutando de su amor, y describe con diligencia todo lo que vive.

En el manuscrito del *Diario* encontramos repetidas varias palabras innecesarias. Esto nos hace suponer que la Sierva de Dios tenía prohibido tachar lo que había escrito. Posiblemente es por ello que ha dejado tanto las palabras repetidas como las innecesarias o incorrectas. El estado del manuscrito permite suponer también que la autora no leía lo que había anotado porque, en tal caso, habría añadido las letras que faltaban en algunas palabras.

En el manuscrito encontramos muchas palabras o frases subrayadas. Lo hizo por recomendación directa del Padre Sopoćko quien le indicó en varias oportunidades que de este modo debía destacar lo que le había mandado Jesús. El número de estos subrayados es una prueba de que Sor Faustina consideraba realmente todo lo que había escrito como una orden del Señor Jesús.

7. LA HISTORIA DEL TEXTO. Los cuadernos del *Diario* siempre estaban en la celda de Sor Faustina. Solamente de vez en cuando se los dejaba ver al Padre Miguel Sopoćko, y después al Padre Andrasz. Después de su muerte, el manuscrito permaneció en la Congregación, cuidadosamente vigilado y hasta tal punto que, aparte de unas pocas personas, nadie más sabía de su existencia.

Cuando el Padre Andrasz escribió la biografía de Sor Faustina, le fue entonces facilitado confidencialmente el *Diario*, además por su calidad de confesor tenía derecho a ello. Tras retirarle el *Diario*, la Congregación seguía guardándolo celosamente.

Por primera vez, el *Diario* fue copiado por orden de la Madre Micaela Moraczewska, por la mano de Sor Javiera Olszamowska. Desgraciadamente el *Diario* fue copiado en forma imprecisa y no científica. La copista consideró correcto añadir u omitir pequeñas palabras, cambiar ciertas expresiones y también, a causa de la falta de atención, omitió algunas frases.

Para salvaguardar el texto del *Diario*, éste fue microfilmado en los años cincuenta. No obstante, al hacer los duplicados, no se recurrió al microfilm ni al texto original, sino que fue utilizado el texto mecanografiado por Sor Javiera Olszamowska, el cual fue, además, considerado como auténtico. Nadie había comparado el texto fotocopiado con el manuscrito. Lo que es peor aún, ese texto recibió en su momento autorización y confirmación por parte de la curia de Cracovia.

Tenemos conocimiento de las siguientes confirmaciones oficiales del texto de "Sor Javiera Olszamowska":

1. Del 3 de marzo de 1950, Curia Metropolitana de Cracovia no. 1317/50, firmada por el Cardenal Adam Sapieha y el Padre Wit Brzycki;

2. 6 de diciembre de 1951, Curia Metropolitana de Cracovia no. 10583/51, firmada por el Padre Wit Brzycki. Este texto es de cierta forma diferente al anterior pero en las partes que no son esenciales. De esta se hizo la traducción al italiano mencionada arriba y varias series de copias por los Padres Palotinos.

3. El 30 de julio de 1952, Curia Metropolitana de Cracovia no. 5625/52, firmada por el Padre John Pochopien. El texto es similar al anterior.

Finalmente, se hizo una copia original y esta fue incluida en las Actas del Proceso de Información de Cracovia, confirmada por la Curia Metropolitana de Cracovia el 19 de octubre de 1967 y firmada por el Padre Stefan Marszowski. El texto no solamente fue copiado del original sino además muy detenidamente examinado y verificado por el Padre Lzydor Borkiewicz, OFM, Conv. y Sor Beata Piekut de la Congregación de las Hermanas de Nuestra Señora de la Misericordia en Polonia. De esta copia se hizo una traducción al francés que fue incluida en las Actas del Proceso Informativo, junto con las últimas transcripciones y fotocopias, y fueron enviadas a Roma.

La presente edición del texto de Sor Faustina está basada solamente en el manuscrito. Todo el aparto de crítica, las notas al texto e índices fueron elaborados por Sor Beata Piekut. El que suscribe, Promotor de la Fe del Proceso de Información, sirvió con su ayuda y consejos en calidad de historiador, permaneciendo en contacto permanente con la persona que elaboró la presente edición, supervisó las pruebas de los textos y su exactitud tanto testimonial como histórica. El texto preparado de esta forma y los comentarios correspondientes fueron enviados a Roma, a las manos del Padre Postulador General de la Causa, Padre Antonio Mruk, S.J., con el objeto de ser publicado bajo su dirección después de la consiguiente verificación.

8. EL SIGNIFICADO Y EL VALOR DEL *DIARIO*. El *Diario* de Sor Faustina no es una antología de "maravillas" o un libro que contiene las descripciones de fenómenos extraordinarios, como podría ser juzgado tras una lectura rápida y poco atenta. En realidad, es una lectura valiosa y llena de enseñanzas. Primero nos revela el interior de la Sierva de Dios. Las páginas del *Diario* la muestran como a una persona exigente consigo misma y decidida a alcanzar la perfección. Vemos con qué empeño trabaja Sor Faustina y cómo aprovecha cualquier ocasión para enriquecerse espiritualmente. En el *Diario* vemos reflejadas sus dificultades y sus oscuridades espirituales, al igual que sus exaltaciones místicas, iluminaciones y consuelos interiores. No obstante, lo que merece ser destacado es su fortaleza interior, que brotaba de su apoyo en Dios y el indudable heroísmo de su confianza en la Divina Misericordia.

El *Diario* nos muestra de un modo expresivo y convincente que la Divina Misericordia es ilimitada. No solamente nos enseña acerca del Salvador Misericordioso, sino que también nos invita a su adoración. Nos indica, de un modo práctico, distintas formas de esa adoración y al mismo tiempo comenta los hechos en que intervino Dios y la respuesta de Dios a los que solicitan con insistencia. El *Diario* tiene también otra calidad, la de enseñar una actitud hacia Dios llena de sencillez, como la de un niño. Ello nos demuestra la posibilidad de la convivencia con Dios, presente a nuestro lado en cualquier instante. Muestra la vida en la presencia de Dios como una gracia, pero como una gracia que es posible obtener a través de una humilde confianza en Él.

Sin embargo, el valor principal de *Diario* es la instrucción y el aliento hacia una vida interior más intensa. El ejemplo de Sor Faustina nos enseña la necesidad de un trabajo firme y decidido sobre nosotros mismos. Enseña, en la práctica, el difícil arte del amor al prójimo. Contiene toda una serie de recomendaciones muy útiles y palabras de aliento para emprender un trabajo interior incesante y, lo que es más importante, para confiar firmemente en la ayuda de Dios en este preciso trabajo.

9. DISCREPANCIAS EN LOS TEXTOS DE LAS ANTERIORES COPIAS.

En comparación con el original, las anteriores copias carecen en algunos casos de páginas enteras, frases completas y contienen muchas palabras cambiadas, sustituidas por otras, omitidas o añadidas. Los errores indicados ocupan varias páginas de un texto mecanografiado a simple espacio. No es de extrañar pues, que las anteriores ediciones hayan encontrado reparos e incredulidades. Por ejemplo, en la página 7 de la copia mecanografía, se encontraron 8 errores; en la página 25, 7 errores; en la página 177, 8, etc.

… La cantidad de omisiones es enorme. Es lamentable, sin embargo, que estas omisiones permanecieron en la traducción al italiano. Lo peor es, sin embargo, la existencia de varias incongruencias estilísticas que han permanecido sin corregir. Sor Faustina, es una misma frase, pasaba de sus propias palabras a las de Jesús. …

10. BASES DE LA EDICIÓN DEL TEXTO ACTUAL. El

Diario en su forma actual no sólo ha sido muy cuidadosamente cotejado con el original, sino que también se le ha provisto de materiales científicos muy valiosos. Aparte de esta introducción, ha sido añadida una cronología de la vida de la autora, índice general, de personas y lugares. Al texto presente han sido agregadas las explicaciones imprescindibles para un mejor entendimiento de los hechos descritos por Sor Faustina, al igual que para una mayor comprensión de algunas de sus expresiones. En las notas aludidas se han comentado ampliamente los asuntos que requieren un análisis más profundo, como por ejemplo, el tema de la fundación de una Congregación dedicada a la adoración de la Divina Misericordia o el pintar el cuadro de Jesús Misericordioso.

El texto del *Diario* fue enriquecido por un pequeño trabajo, pero rico en contenido, elaborado por la propia Sor Faustina y titulado "Mi Preparación para la Santa Comunión." Está escrito en un cuadernillo, de 7.5 x 11 cm, donde en 12 páginas cuadriculadas, se encuentran contenidos los pensamientos de Sor Faustina relacionados todos ellos con el Sacramento de la Eucaristía. Si contamos con las fechas indicadas por ella misma, la Sierva de Dios empezó a escribir sus reflexiones acerca de la Santa Comunión en Cracovia el 10 de enero de 1938. El texto fue incluido dentro de los índices del Diario.

En algunos lugares, cuando el texto no resulta claro desde el punto de vista estilístico, se ha añadido entre paréntesis las palabras o letras imprescindibles. La Sierva de Dios, utilizaba con cierta frecuencia una forma de realizar abreviaturas poco literarias. En todo el texto se ha unificado la puntuación, dado que no la había colocado anteriormente. Esta era necesaria ya que, en algunos puntos, surgían dudas debido a la falta de claridad del texto. Se ha aplicado una nueva ortografía y se han corregido, sin señalar, los errores ortográficos, se han dejado, no obstante y a propósito, algunas peculiaridades del estilo de la autora.

Se le añadió al texto actual un sistema de numeración cuádruple en cada página.

En la parte central posterior de cada página, en números romanos, están los números de los cuadernos originales de los manuscritos de Sor Faustina.

Los números fueron escritos en secuencia en la parte lateral del texto del Diario para que el lector pudiese encontrar fácilmente los temas contenidos en el índice de personas, lugares o cosas.

Los números en cursiva colocados al lado de algunas palabras en el texto indican la secuencia de números de las notas al pie de la página explicando el contento del *Diario*.

Padre Jerzy Mrówczyński
Vice- Promotor de la Fe en el
Proceso de Información

Radziwiłów, 7 de mayo de 1973

La Congregación de las Hermanas de la Madre de Dios de la Misericordia

Desde un principio la Congregación
unía su misión con el misterio de la Divina Misericordia
y el misterio de María, Madre de la Misericordia.

La historia de la Congregación tiene sus raíces en las comunidades religiosas francesas. La Madre Teresa Eva de los príncipes Sulkowski Potocka, basándose sobre la vida espiritual y los métodos de trabajo apostólico de la Madre Teresa Rondeau de Laval, fundó el 1 de noviembre de 1862 en Varsovia, en la calle Żytnia, la primera Casa de Caridad polaca. Ese día es considerado como la fecha de fundación de la Congregación de las Hermanas de la Madre de Dios de la Misericordia en Polonia.

Las Casas de Caridad, o sea las casas de actividad apostólica de la Congregación, agrupaban a muchachas y mujeres que deseaban un profundo cambio moral. Un ambiente familiar, el aislamiento del mundo, cierto anonimato, la oración y el trabajo traían los efectos esperados. Muchas centenas de muchachas y mujeres empezaron una vida nueva con el sentido de la dignidad personal, con el respeto para sí mismas y para los demás, convencidas del valor y el sentido de la vida humana y su fin definitivo.

Dios llamó a esta Congregación al apóstol de la Divina Misericordia, Sor María Faustina Kowalska (1905 - 1938), conocida hoy en el mundo entero. Su misión consistió en recordar la eterna verdad sobre el amor misericordioso de Dios y en transmitir las nuevas formas de culto a la Divina Misericordia. La Congregación es la heredera de esta misión tratando de cumplirla de acuerdo a los mandatos de la Iglesia. La capilla de la Congregación en Cracovia - Lagiewniki, donde es venerada la milagrosa imagen de Jesús Misericordioso y donde yacen los restos mortales de Sor Faustina, se convirtió en el santuario de la Divina Misericordia al que peregrinan personas de todos los rincones de Polonia, de muchos países de Europa y también del mundo.

Para recibir más información sobre la vida espiritual y la actividad apostólica de la Congregación, así como sobre las condiciones de ingreso para las candidatas, diríjanse a:

Casa General
de la Congregación de las Hermanas
de la Madre de Dios de la Misericordia
Żytnia 3/9,
01-014 Warszawa
Polonia

o

Casa del Noviciado
Siostry Faustyny 3/9
30-420 Kraków
Polonia

La Congregación de los Padres Marianos de la Inmaculada Concepción de la Bienaventurada Virgen María

Esta versión autorizada del DIARIO de Santa María Faustina Kowalska, traducida directamente del original polaco al castellano, es el fruto de una cooperación, de mucho tiempo atrás, entre la Congregación de los Padres Marianos en Norte América y la Congregación de las Hermanas de la Madre de Dios de la Misericordia, en Polonia, de la cual la autora del DIARIO ha sido declarada como una Cofundadora.

Los Padres Marianos de la Inmaculada Concepción quienes fueron los primeros en presentar el mensaje de la Divina Misericordia, y devoción, en Norte América y México, en los años cuarenta, fueron fundados en Polonia en 1673, por el Beato, Rev. P. Estanislao de Jesús María Papczynski y reformados en 1909 por el Beato Arzobispo Jorge Matulaitis. Las metas principales de esta familia religiosa, son el fomentar la debida veneración a la Santísima Virgen María en el misterio de su Inmaculada Concepción, aplicar por todos los medios posibles el amor purificado a las almas detenidas en el Purgatorio, y asistir al clero en el ministerio educativo y sacramental a los fieles.

Los Padres Marianos de la Provincia de San Estanislao Kostka en Norte América emprendieron "la obra de la Divina Misericordia" en 1941, apenas tres años después de la santa muerte de Sor Faustina, logrando que al cabo de diez años propagaran el mensaje y la devoción por todos los continentes. Fueron asimismos, responsables de la publicación de la primera edición en polaco del DIARIO de Santa Ma. Faustina en 1981, en el quincuagésimo aniversario de la primera revelación concedida a Santa Ma. Faustina, que inauguró su misión al mundo. De igual manera proporcionaron ayuda oportuna hacia la terminación del Proceso de Beatificación y de Canonización de Sor Faustina en Roma. Estuvieron también involucrados en forma íntima en la obtención y verificación de los milagros aceptados por la Iglesia para la elevación de Sor Faustina a los honores del altar.

Durante la audiencia concedida al Capítulo General de los Marianos en 1993, el Papa Juan Pablo II encargó a la Congregación entera a *"ser apóstoles de la Divina Misericordia, bajo la guía maternal y amorosa de María"*, implicando que este programa de vida y de actividad pastoral se fundamenta en la tradición de la Congregación, está acorde con su apostolado tradicional, y encuentra su lugar adecuado en el contexto de la Nueva Evangelización que abarca a todo el Pueblo de Dios.

El 20 de marzo de 1996 la capilla, en la cual los Padres Marianos han mantenido una tradición de 50 años implorando la Divina Misericordia sobre el mundo, de acuerdo a las formas auténticas de devoción reveladas a Santa Ma. Faustina, y a la cual un número cada vez mayor de fieles de todo el país, y más allá, continuaría viniendo en peregrinación, fue designada como "Santuario Nacional de la Divina Misericordia", por la Conferencia de Obispos Católicos.

Se puede obtener más información sobre la historia, espiritualidad y el ministerio de la Congregación de los Padres Marianos, escribiendo a:

Marians of the Immaculate Conception
Eden Hill
Stockbridge, MA 01262, USA

© CONGREGACIÓN DE LAS HERMANAS DE LA MISERICORDIA

Santa María Faustina Kowalska de la Congregación de las Hermanas de la Madre de Dios de la Misericordia (1905 - 1938). La foto fue tomada en Plock en 1929.

© CONGREGACIÓN DE LAS HERMANAS DE LA MISERICORDIA

Santa Ma. Faustina durante una visita a su familia.
A la derecha sus padres, a la izquierda sus padrinos.

© CONGREGACIÓN DE LAS HERMANAS DE LA MISERICORDIA

Santa Ma. Faustina con su familia y sus padrinos.

© ARCHIVOS MARIANOS

Casa de la familia Kowalska en la aldea de Glogowiec, parroquia Świnice Warckie, donde la pequeña Elena, despúes Santa Ma. Faustina, nació y pasó su infancia.

© ARCHIVOS MARIANOS

Iglesia parroquial de San Casimiro en Świnice Warckie donde Santa Ma. Faustina fue bautizada, hizo su primera confesión y comunión, y recibió su primer llamado a la vida consagrada.

Bautisterio en la iglesia parroquial en Świnice Warckie, donde por el bautismo Elena Kowalska se hizo la hija de Dios.

© CONGREGACIÓN DE LAS HERMANAS DE LA MISERICORDIA

Catedral de San Estanislao Kostka en Lódź donde Elena Kowalska recibió las instrucciones de nuestro Señor para ir a Varsovia y entrar en un convento.

Madre Teresa Rondeau, fundadora de la Congregación de las Hermanas de la Madre de Dios de la Misericordia en Laval, Francia.

Madre Teresa Ewa Potocka de la familia príncipe Sułkowski (1819-1881), fundadora de la Congregación de las Hermanas de la Madre de Dios de la Misericordia en Polonia.

Casa Madre de la Congregación de las Hermanas de la Madre de Dios de la Misericordia en la calle Zytnia 3/9, en Varsovia, Polonia, donde Santa Ma. Faustina entró a la vida religiosa (actual aspecto, después de su reconstrucción).

© CONGREGACIÓN DE LAS HERMANAS DE LA MISERICORDIA

© ARCHIVOS MARIANOS

Colindante a la puerta del Santuario en Vilna, Lituania, cerca del icono milagroso de Nuestra Señora, Madre de Misericordia. La imagen de la Divina Misericordia fue venerada públicamente por primera vez durante las celebraciones de clausura del año jubilar de la redención del mundo, del 26 hasta el 28 de abril, de 1935. *El 28 de abril, el primer domingo después de Pascua (Domingo de Misericordia) cuando el sacerdote tomó el Santísimo Sacramento para impartir la bendición, súbitamente vi al Señor Jesús con el mismo aspecto que tiene esta imagen. El Señor impartió la bendición y los rayos se extendieron sobre todo el mundo. (Diario, 420).*

El convento y la panadería de la Congregación en Plock donde Santa Ma.
Faustina tuvo su primera visión de Jesús, la Divina Misericordia y recibió
su misión de proclamar la Divina Misericordia al mundo entero.

La estatua de Jesús, la Divina Misericordia marca el lugar, donde en el
dormitorio del segundo piso, nuestro Señor ordenó a Santa Ma. Faustina
a pitar una imagen según el modelo que ella estaba viendo.

© ARCHIVOS MARIANOS

Józefów (el lugar de San José) en Cracovia - Lagiewniki, el convento de la Congregación de las Hermanas de la Madre de Dios de la Misericordia donde Santa Ma. Faustina hizo su noviciado, pronunció sus primeros votos y los perpetuos, sirvió como cocinera, jardinera, portera, y donde pasó los últimos años de su vida terrenal.

© CONGREGACIÓN DE LAS HERMANAS DE LA MISERICORDIA

Capilla del hospital de Pradnik en Cracovia, frecuentada por Santa Ma. Faustina cuando su enfermedad se lo permitía mientras estuvo allí.

Habitación aislada en el convento de Cracovia en la cual Santa Ma. Faustina murió el 5 de octubre de 1938.

La tumba común de las Hermanas de la Madre de Dios de la Misericordia en el cementerio de Cracovia – Lagiewniki, donde originalmente fueron depositados los restos mortales de Santa Ma. Faustina el 7 de octubre de 1938.

El Beato P. Miguel Sopoćko, el confesor y director espiritual de Santa Ma. Faustina, preparado especialmente por el Señor para ella, durante los años que Faustina fue asignada al convento de Vilna. Su beatificación se celebró el 28 de septiembre del 2008 en Bialystok, Polonia.

El Rev. P. José Andrasz, S.J., confesor de Santa Ma. Faustina durante los últimos años de la vida de ella.

© CONGREGACIÓN DE LAS HERMANAS DE LA MISERICORDIA

Documento de identificación de Santa Ma. Faustina con su fotografía y firma auténtica, emitido el 2 de marzo de 1931.

© CONGREGACIÓN DE LAS HERMANAS DE LA MISERICORDIA

Auténtica página del manuscrito del *Diario* de Santa Ma. Faustina en donde escribe la visión que tuvo de nuestro Señor, en la que Él le ordena a pintar la imagen de Él, según el modelo que estaba viendo (*Diario*, 47).

Madre Michaela Moraczewska, Superiora de la casa en Varsovia, y después Superiora General de la Congregación. Mientras ella sustituía a la Superiora General, recibió a Santa Ma. Faustina en la Congregación, y después siendo Superiora General fue una gran ayuda para ella.

Sor María Josefa Brzoza, Maestra de noviciado en tiempo de Santa Ma. Faustina. *"Oh, cuánto se lo agradezco. Cuando mi alma estaba sumergida en las tinieblas y me parecía que estaba condenada, ella me había arrancado de aquel abismo con el poder de la obediencia"* (*Diario*, 1112).

Sor Irene Krzyzanowska, Superiora de Santa Ma. Faustina en Vilna y Cracovia en los últimos años de su vida. **"Hija Mía, hoy habla abiertamente de Mi misericordia con la Superiora, porque de entre las Superioras ha sido ella la que ha participado más en propagar Mi misericordia"** (*Diario*, 1519).

© CONGREGACIÓN DE LAS HERMANAS DE LA MISERICORDIA

© CONGREGACIÓN DE LAS HERMANAS DE LA MISERICORDIA

© CONGREGACIÓN DE LAS HERMANAS DE LA MISERICORDIA

Convento en Vilna, Lituania, donde Santa Faustina recibió extraordinarias revelaciones acerca de las especiales formas de devoción a la Divina Misericordia.

Su Eminencia Cardenal Carol Wojtyla firmando documentos finales del proceso informativo de la beatificación de Sor Faustina el 20 de septiembre de 1967.

Imagen de la Divina Misericordia expuesta detrás del altar a la intemperie frente a la iglesia de Santa Ana en Varsovia, donde el Santo Padre Juan Pablo II habló a los jóvenes el 3 de junio de 1979, durante su primera peregrinación a Polonia.

© 2011 MARIAN FATHERS OF THE IMMACULATE CONCEPTION OF THE B.V.M.

Jesús, en Ti confío

La primera imagen de la Divina Misericordia, pintada por
E. Kazimirowski en Vilna, en enero – junio de 1934, bajo
las indicaciones de Santa Ma. Faustina.

En 1997 el Papa Juan Pablo II se postró ante la imagen sagrada de la Divina Misericordia famosa por muchas gracias recibidas. Es venerada en la capilla de la Congregación de las Hermanas de la Madre de Dios de la Misericordia en Cracovia – Lagiewniki. Fue pintada por A. Hyla, según la visión que tuvo Santa Ma. Faustina. Más abajo de la imagen está el ataúd con los restos mortales de la "Secretaria" y "Apóstol" de la Divina Misericordia.

El Santuario de la Iglesia de la Congregación de las Hermanas de Nuestra Señora en Cracow Lagiewniki, donde Santa Faustina pasó su noviciado y los últimos días de su vida.

Vista del Santuario Nacional de la Divina Misericordia en Stockbridge, MA. La imagen sagrada de nuestro Señor, la Divina Misericordia que allí se venera fue pintada en México por María Gama, explícitamente para el Santuario en 1945 a petición del Rev. P. José Jarzebowski, M.I.C., quien le suplió la fotografía de la imagen original de Vilna, recibida de las manos del Beato, el Rev. Padre Miguel Sopoćko, director espiritual de Santa Ma. Faustina.

Canonización de Santa Faustina en Roma, 30 de abril del 2000.
Peregrinos llenos de gozo hacen movimientos con pañuelos en los
cuales llevan impreso ¡Jesús en Ti confío!

Capilla de Santa Ma. Faustina en el Santuario
de la Divina Misericordia en Stockbridge,
MA, EE.UU., donde se encuentran sus reliquias.

© MARIE ROMAGNANO

El 17 de agosto del 2002, el Papa Juan Pablo II, encomendó el mundo a la Divina Misericordia consagrando el Santuario Internacional de la Divina Misericordia en Lagiewniki un suburbio de Cracovia, en Polonia. "En este santuario, quiero consagrar solemnementen el mundo a la Misericordia Divina" y dijo esto en su homilía: "Lo hago con el deseo ardiente de que el mensaje del amor misericordioso de Dios, proclamado aquí a través de Santa Faustina, llegue a todos los habitantes de la tierra."

Solemne acto de encomienda al mundo a la Divina Misericordia.
Por Juan Pablo II.

Dios, Padre Misericordioso,
que has revelado Tu amor en Tu Hijo Jesucristo
y lo has derramado sobre nosotros en el Espíritu Santo,
Consolador, te encomendamos hoy el destino del mundo
y de todo hombre.

Inclínate hacia nosotros, pecadores; sana nuestra debilidad;
derrota todo mal; haz que todos los habitantes de la tierra
experimenten Tu misericordia, para que en Ti, Dios uno y trino,
encuentren siempre la fuente de la esperanza.

Padre Eterno, por la dolorosa pasión y resurrección de Tu Hijo,
ten misericordia de nosotros y del mundo entero. Amén.

El 27 de mayo del 2006, el Papa Benedicto XVI visitó a los enfermos y a sus guardianes de salud en el Santuario Internacional de la Divina Misericordia en Cracovia Legiewniki, Polonia. "Queridos enfermos, marcados por el sufrimiento del cuerpo o del alma sois los que estáis más unidos a la cruz de Cristo y al mismo tiempo sois los más elocuentes testimonios de la misericordia de Dios. Debido a la enfermedad, Cristo se vuelca sobre la humanidad con amor."

PHOTO BY FELIX CARROLL

El 2 de abril del 2008, durante la Santa Misa en el tercer aniversario de la muerte del Papa Juan Pablo II, el Papa Benedicto XVI dijo: "Saludo en particular a los participantes en el primer Congreso mundial sobre la Divina Misericordia, que comienza precisamente hoy, en el que se quiere profundizar su rico magisterio sobre este tema. Como dijo él mismo, la misericordia de Dios es una clave de lectura privilegiada de su pontificado. Quería que el mensaje del amor misericordioso de Dios llegara a todos los hombres y exhortaba a los fieles a ser sus testigos" (cf. Homilía en Cracovia-Lagiewniki, 17 de agosto de 2002)

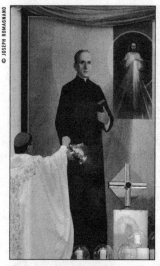

El 28 de septiembre del 2008 en Białystok, Polonia, durante la Misa de beatificación del Padre Miguel Sopoćko, director espiritual y confesor de Santa Faustina, el Arzobispo Ángelo Amato, Prefecto de la Congregación para las causas de los santos, venera la imagen del nuevo beato. Se estima que 70,000 personas asistieron a la celebración. El Papa Benedicto XVI se dirigió a los asistentes a través de una transmisión en vivo desde Castel Gandolfo en Italia, y habló sobre el Beato Miguel Sopoćko: "Por sugerencia suya, la Santa [Faustina] describió sus propias experiencias místicas y las apariciones de Jesús misericordioso en su conocido Diario. También gracias a sus esfuerzos se pintó y transmitió al mundo la imagen con la frase: Jesús, en Ti confío. ...Seguramente de esta beatificación se alegra, desde la casa del Padre, mi amado predecesor, el Siervo de Dios Juan Pablo II."

La multitud saluda al Papa Benedicto XVI antes de la beatificación de Juan Pablo II el 1ro de mayo del 2011, Domingo de la Divina Misericordia. Más de 1.5 millones de peregrinos fueron a Roma, muchos de ellos con imágenes de la Divina Misericordia.

En la homilía de la beatificación, el Papa Benedicto dijo que: "Éste es el segundo domingo de Pascua, que el Beato Juan Pablo II dedicó a la Divina Misericordia. Por eso se eligió este día para la celebración de hoy, porque mi Predecesor, gracias a un designio providencial, entregó el espíritu a Dios precisamente en la tarde de la vigilia de esta fiesta."

"Y después, su testimonio en el sufrimiento: el Señor lo fue despojando lentamente de todo, sin embargo él permanecía siempre como una "roca", como Cristo quería. Su profunda humildad, arraigada en la íntima unión con Cristo, le permitió seguir guiando a la Iglesia y dar al mundo un mensaje aún más elocuente, precisamente cuando sus fuerzas físicas iban disminuyendo."

"¡Dichoso tú, amado Papa Juan Pablo, porque has creído! ¡Te rogamos que continúes sosteniendo desde el Cielo la fe del Pueblo de Dios!"

Durante la Misa de beatificación, la Hermana Marie Simon-Pierre Normand (vestida de blanco en la fotografía) quien es enfermera y también pertenece a la Orden de las Pequeñas Hermanas de la Maternidad, llevó el relicario que contenía la sangre de Juan Pablo II. Ella fue curada de la enfermedad de Parkinson a través de la intercesión de Juan Pablo dos meses después de su muerte, y su sanación fue reconocida como el milagro para su beatificación.

El segundo Congreso Apostólico Mundial de la Misericordia comenzó el 1ro de octubre del 2011 en la Basílica de la Divina Misericordia en Łagiewniki, Polonia, el lugar donde Santa Faustina vivió, falleció y fue enterrada. También en ese mismo lugar, el Papa Juan Pablo II encomendó al mundo a la Divina Misericordia en el 2002 inspirando a la Iglesia a celebrar Congresos Apostólicos Mundiales de la Misericordia. Significativamente, el 5 de octubre del 2011, en el último día del Congreso, los cardenales y obispos reunidos en el Santuario le solicitaron formalmente al entonces Papa Benedicto XVI que declarara a Santa Faustina doctora de la Iglesia.

Al finalizar el Congreso el 5 de octubre del 2011, los organizadores adoptaron otra propuesta para que el apostolado de la Divina Misericordia fuera reconocido como un elemento clave para la nueva evangelización y así lo incluyeron en la planeación del Sínodo de Obispos del 2012. La propuesta pone un énfasis en cómo "el hombre necesita el lenguaje del corazón, el cual habla de la misericordia de Dios a través del arte (por ejemplo, la imagen de la Divina Misericordia), oraciones devocionales (por ejemplo, la Coronilla a la Divina Misericordia, la Hora de la Gran Misericordia, la Novena a la Divina Misericordia), la oración litúrgica (por ejemplo, la Fiesta de la Divina Misericordia), y el testimonio personal (por ejemplo, el *Diario de Santa Faustina*)."

© PHILIP CHIDELL

El 31 de marzo del 2013, durante la liturgia del Domingo de Pascua en la Plaza de San Pedro, el Papa Francisco venera un ícono de Cristo Resucitado. En su mensaje pascual *Urbi et Orbi*, el Papa Francisco dijo: "Pero la misericordia de Dios puede hacer florecer hasta la tierra más árida, puede hacer revivir incluso a los huesos secos (cf. Ez 37,1-14).

…Dejémonos renovar por la misericordia de Dios." En su primera homilía como Papa el 17 de marzo del 2013, Francisco dijo, "el mensaje más fuerte del Señor: la misericordia." Luego, el 7 de abril del 2013, Domingo de la Divina Misericordia, el Papa Francisco enfatizó en su mensaje de *Regina Caeli* que Cristo Resucitado es un don de "la verdadera paz… que viene de tener experiencia de la misericordia de Dios."

MPT

ARCHIVOS MARIANOS

En la apertura del Concilio Vaticano II el 11 de octubre de 1962, el Papa Juan XXIII, quien fue canonizado junto con Juan Pablo II el Domingo de la Divina Misericordia, el 27 de abril del 2014, dijo que "en nuestro tiempo… la Esposa de Cristo prefiere usar la medicina de la misericordia más que la severidad." El amado Papa Juan XXIII es reconocido por su humildad, amabilidad, y amor hacia todos."

© JOSEPH ROMAGNANO

El 27 de abril del 2014, Domingo de la Divina Misericordia, el Beato Juan XXIII y el Beato Juan Pablo II fueron canonizados por el Papa Francisco en la Plaza de San Pedro. La canonización de Juan Pablo II se llevó a cabo 9 años después de su muerte cuando se reconoció el milagro de la curación instantánea de Floribeth Mora, una mujer costarricense que sufría de un aneurisma cerebral. Ella fue sanada el 1ro de mayo del 2011, el mismo día de la beatificación de Juan Pablo, que también era Domingo de la Divina Misericordia. Providencialmente, el Papa Juan Pablo II proclamó el segundo Domingo de Pascua como el Domingo de la Divina Misericordia cuando canonizó a Santa Faustina en el 2000. Luego, él falleció en la vigilia del Domingo de la Divina Misericordia en el 2005.

¡Únase a la
Asociación de Auxiliares Marianos
y comparta esta bendición especial, en el Santuario Nacional de la Divina Misericordia!

Una invitación del Padre José, MIC, Director

La Asociación de Auxiliares Marianos, se dedica a orientar a sus miembros hacia la paz y la alegría que vienen en una misma relación estrecha con nuestro Señor Misericordioso.

Al inscribirse a la Asociación de Auxiliares Marianos, automáticamente comenzará a recibir los beneficios especiales que otorga la oración. Tales como el recuerdo de las Santas Misas, en las oraciones y los Santos Rosarios que ofrecen a Dios cada día todos los Padres y Hermanos Marianos. Este es un regalo especial de gracia que la Iglesia ha asignado a través de los Marianos. Por favor, considere esta oportunidad para compartir estas bendiciones con sus seres queridos o amigos.

Los Padres y Hermanos Marianos de la Inmaculada Concepción de la bienaventurada Virgen María es una congregación religiosa de más de 500 Padres y Hermanos alrededor del mundo.

1-800-462-7426, Ext. 3 • Marianos.org

COMPARTA EL DON DE LA ORACIÓN REGALANDO ESTAS HERMOSAS TARJETAS DE INSCRIPCIÓN Y SOLICITANDO MISAS.

Permítame ofrecerle una eficaz y sencilla forma de pedir oración por un amigo o ser querido, ya sea que esté vivo o difunto. Cuando usted inscribe a alguna persona en la Asociación de Auxiliares Mariano, el nuevo miembro automáticamente comienza a recibir los beneficios especiales que otorga la oración. Tales como el recuerdo de las Santas Misas, en las oraciones y los Santos Rosarios que ofrecen a Dios cada día todos los Padres y Hermanos Marianos.

1-800-462-7426, Ext. 3
Marianos.net/inscripciones

Solicite una Santa Misa por sus seres queridos

Todas nuestras Misas son celebradas por los Padres Marianos

Misa Individual
(Ofrecida ya sea por una persona viva o difunta)

Misas Gregorianas
(30 días consecutivos de Misas ofrecidas por el alma de la persona que fallece)

1-800-462-7426, Ext. 3
Marianos.net/misas

ENRIQUEZCA SU CONOCIMIENTO ESPIRITUAL CON ESTOS ARTÍCULOS RELIGIOSOS

LA DIVINA MISERICORDIA – MENSAJE Y DEVOCIÓN

Esta edición revisada contiene mas información sobre los puntos principales de la devoción a la Divina Misericordia y la Iglesia. Por el Padre Serafín Michalenko, M.I.C., Vinny Flynn y el Doctor Robert A. Stackpole. 90 páginas. **Y19-M17S**

TENGO SED

Este libro le ofrece el ejemplo de Santa Faustina y la Madre Teresa para compartir su sed de almas con los más necesitados. Por el Padre George W. Kosicki, C.S.B. Contiene 76 páginas. **Y19-ITHS**

VEN A MI MISERICORDIA

En este libro el Padre George W. Kosicki, C.S.B. ha recopilado y organizado los diversos deseos expresados por Nuestro Señor en el Diario de Santa Faustina. Contiene 32 páginas. **Y19-DML12S**

HERIDAS LUMINOSAS DVD

El Señor Jesús ha querido que por medio de Santa Faustina se diera a conocer el mensaje de Su Misericordia insondable a todas las almas. Por ello los Padres Marianos de Argentina ponen a disposición del mundo entero de habla hispana este material grabado en oración para que se derrame sobre cada persona que confiadamente se entregue al Señor por medio de la oración cantada de la Coronilla. Aproximadamente 20 minutos. **Y19-FDCDVD**

Si desea más información de cómo ordenar estos artículos o para adquirir un catálogo, comuníquese al 1-800-462-7426, Ext.3 o visítenos en nuestras páginas de Internet www.marianos.net o www.ladivinamisericordia.org

ENRIQUEZCA SU CONOCIMIENTO ESPIRITUAL CON ESTOS ARTÍCULOS RELIGIOSOS

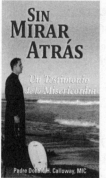

SIN MIRAR ATRÁS

De adolescente fugitivo a sacerdote Mariano, el Padre Donald Calloway, MIC, ha inspirado a miles de personas a confiar en la misericordia de nuestro Señor. 258 páginas.
Y19-NTBBKS

CONSOLANDO AL CORAZÓN DE JESÚS

Este retiro lo puede hacer usted mismo refugiándose entre la combinación de lo espiritual y la enseñanza de los santos. El Padre Michael Gaitley, MIC, tiene un don extraordinario para inspirar pequeñas almas a confiar en Jesús, la Divina Misericordia. Contiene 444 páginas. **Y19-CJS**

33 DÍAS HACIA UN GLORIOSO AMANECER

En este libro el Padre Michael E. Gaitley, MIC, le invita a un extraordinario viaje de 33 días a la consagración Mariana con cuatro gigantes de la espiritualidad Mariana: San Luis de Montfort, San Maximiliano Kolbe, la Beata Madre Teresa de Calcuta y San Juan Pablo II. 204 páginas.
Y19-SP33D

Si desea más información de cómo ordenar estos artículos o para adquirir un catálogo, comuníquese al 1-800-462-7426, Ext.3 o visítenos en nuestras páginas de Internet www.marianos.net o www.ladivinamisericordia.org

ENRIQUEZCA SU CONOCIMIENTO ESPIRITUAL CON ESTOS ARTÍCULOS RELIGIOSOS

LIBRO DE ORACIONES DE LAS TRES DE LA TARDE

En este maravilloso libro, usted encontrará la poderosa novena a la Divina Misericordia, la Coronilla y oraciones selectas que los Padres y Hermanos Marianos han usado durante 50 años. Contiene 31 páginas.

Y19-TOPBS

BAJO LA SOMBRA DE TUS RAYOS

Comience su día con los pensamientos de Santa Faustina a través de estas inspiradoras citas tomadas de su Diario para cada día del año. 144 páginas.

Y19-BAJO

REZANDO LA CORONILLA A LA DIVINA MISERICORDIA PARA LOS ENFERMOS Y MORIBUNDOS DURANTE LA ADORACIÓN

El autor nos explica cómo el rezo de la Coronilla a la Divina Misericordia rinde muchos beneficios espirituales para los enfermos y moribundos. Por el Doctor Bryan Thatcher. 43 páginas.

Y19-SDB

Si desea más información de cómo ordenar estos artículos o para adquirir un catálogo, comuníquese al 1-800-462-7426, Ext.3 o visítenos en nuestras páginas de Internet www.marianos.net o www.ladivinamisericordia.org

ENRIQUEZCA SU CONOCIMIENTO ESPIRITUAL CON ESTOS ARTÍCULOS RELIGIOSOS

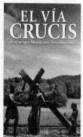

EL VÍA CRUCIS EN EL SANTUARIO NACIONAL DE LA DIVINA MISERICORDIA

Las oraciones y reflexiones de cada estación le ayudarán a meditar más profundamente sobre la Pasión de Jesucristo. Incluye el Vía Crucis de Santa Faustina y el Vía Crucis tradicional. Contiene 80 páginas con imágenes a color de las nuevas estaciones en la Colina del Edén. **Y19-CWY2S**

EL SANTO ROSARIO

El Santo Rosario es una oración antigua que siempre es actual. Este libro es un tesoro de oraciones inspiradas por las vidas de Jesús y María. Por Stephanie Wilcox-Hughes, 32 páginas. **Y19-THRS**

LA DIVINA MISERICORDIA COMO FORMA DE VIDA

Podemos incorporar la Devoción a la Divina Misericordia en nuestras vidas si estamos dispuestos a transformarla en una forma de vida. Por el Doctor Bryan Thatcher. 60 páginas. **Y19-DWLS**

TIEMPO DE MISERICORDIA DVD

Este video, ganador de premios explora las señales de la Misericordia de Dios en nuestros tiempos. **Y19-TMSDVD**

Si desea más información de cómo ordenar estos artículos o para adquirir un catálogo, comuníquese al 1-800-462-7426, Ext.3 o visítenos en nuestras páginas de Internet www.marianos.net o www.ladivinamisericordia.org

Arte de la Divina Misericordia

¡Imágenes
en lienzo de
10"x 18" a sólo
$19.95!

Imágenes en lienzo
- La más alta calidad
- Los precios más bajos
- Diferentes tamaños
- Opciones de enmarcado
- ¡También en estampas!

Y19-CG10GW

Visítenos en ArteDeLaMisericordia.com

Y19-PB10GWS

Y19-PH10GWS

Y19-SK10GWS

Y19-GU10GW

Y19-SO10GW

Y19-QA10GW

Y19-PIM10GW

Y19-SJ10GW

Si desea más información de cómo ordenar estos artículos o para adquirir
un catálogo, comuníquese al 1-800-462-7426, Ext.3 o visítenos en nuestras
páginas de Internet www.marianos.net o www.ladivinamisericordia.org